AF831690

Das

Bayer. Ausführungsgesetz

zum Bürgerlichen Gesetzbuche

vom 9. Juni 1899.

Erläutert

von

Ferd. Böhm,
K. b. Oberstlandesgerichtsrath †.

und

Max Klein,
Reichsgerichtsrath.

München.
J. Schweitzer Verlag (Arthur Sellier).
1901.

Vorwort.

Das Ausführungsgesetz zum BGB. einer erläuternden Besprechung zu unterziehen, hatte Herr Oberstlandesgerichtsrath **Ferdinand Böhm** schon vor längerer Zeit ins Auge gefaßt. Die vollständige Ausführung seines Planes, für die ich ihm die auf seinen Wunsch zugesicherte Mitwirkung gewährte, hat jedoch im vorigen Jahre in Folge einer länger andauernden Krankheit desselben eine erhebliche Verzögerung erfahren.

Schon war die Aussicht begründet, daß er in diesem Jahre mit der Kräftigung seiner Gesundheit seine frühere Arbeitsfähigkeit wieder erlangen werde. Indeß wurde dem Leben des trefflichen, insbesondere um die Wissenschaft des internationalen Privatrechtes hoch verdienten Mannes am 6. März lfd. J. durch einen Gehirnschlag ein jähes Ende bereitet.

Die nunmehr zum Abschlusse gelangten Erläuterungen zum Ausführungs-Gesetze haben vorzugsweise die Bestimmung, dem Bedürfnisse der Gerichtspraxis zu dienen, welcher sie die aus der Begründung des Regierungsentwurfes und den Landtagsverhandlungen zu entnehmenden Auslegungsbehelfe in ausführlicherer Weise bieten wollen, als dies in dem gediegenem Buche von Henle und Schneider nach dessen ganzer Anlage geschehen konnte.

Möge der vorliegenden Arbeit, in welcher die Bemerkungen zu den Artikeln 2 bis 57 und 135 bis 169 von dem Verblichenen, die übrigen aber von mir verfaßt sind, eine wohlwollende und nachsichtige Beurtheilung zu theil werden!

Leipzig, im April 1901.

Klein.

Inhaltsverzeichniß.

Zur gefl. Beachtung: Die Materialien von Becher sind, insoweit deren Abth. IV/V. Bd. 2 in Frage steht, im vorliegenden Kommentare wegen Außerachtlassung der bei Becher enthaltenen Berichtigung zum Theile unrichtig citiert. Die betr. Notiz zu Anfang von Abth. IV/V. Bd. 2 lautet:

> Die Seitenzahlen der Beilage B zu den Verhandlungen des Justizgesetzgebungsausschusses der Kammer der Abgeordneten 1889 (vgl. S. 1 bis 130) beginnen nicht mit 1, sondern mit 67 und endigen daher nicht mit 67, sondern mit 133. Demzufolge ist am Rande auf Seite 1 statt Seite 1 zu lesen S. 67, auf Seite 3 statt S. 2: S. 68, auf Seite 5 statt S. 3: S. 69 u. s. w.

Berichtigungen und Nachträge.

1. S. 9 ist vor lit. d noch beizusetzen: „Die Form der Eheverträge der Mitglieder des Kgl. Hauses und der mit solchen Eheverträgen verbundenen Erbverträge bestimmt sich nach der A.VO. vom 16. Juni 1900 (Ges. und V.Bl. S. 481)."

2. S. 15 Z. 23 ist zu lesen statt „v. Staudinger und v. Stengel's Wörterbuch": „v. Staudinger in v. Stengel's Wörterbuch."

3. S. 16 zu lit. c noch beizusetzen, am Schlusse: Vgl. noch über Ehehaften v. Roth bayer. Civ.R. Bd. II Abth. 3 S. 304 ff. und Becher, L.C.R. S. 1087.

4. S. 23 Z. 2 v. unten, bei Förster-Eccius ist statt 5. Aufl. III S. 394 ff. zu lesen: 7. Aufl. III S. 419 ff.

5. S. 23 Z. 1 v. unten ist noch zu setzen: S. noch Art. 85.

6. S. 30 Z. 3 muß es heißen 41 (statt: 28.)

7. S. 43 ist zu Art. 11 als Bem. 4 zu setzen: „Vgl. noch Min.Bekanntm. vom 12. Juli 1900 Zahlungen aus den Staatskassen an auswärtige Empfangsberechtigte im Postanweisungsverkehre betr. (Just.Min.Bl. S. 1018)".

8. S. 46 ist am Schlusse der Bem. zu Art. 14 dem Citate des Art. 50 des Ges. Ueberg.Vorschr. betr. noch beizufügen: „Art. 119 dess. Ges."

9. S. 47 ist in Fußnote 1 noch anzureihen: S. auch Bl. f. R.A. 65 S. 201 ff.

10. S. 161 ist am Schlusse von Bem. 7 noch beizufügen: „Vgl. noch die zur Ergänzung von § 13 der erwähnten Min.Bekanntm. erlassene Min.Bekanntm. vom 13. Aug. 1900, die Führung der Waisenlisten betr. (Just.Min.Bl. S. 1131)".

11. S. 162 ist am Schlusse von Art. 93—99 Bem. 9 zu setzen: „Ueber Ersatz der baaren Auslagen bei diesen Versammlungen vgl. die Min.Bekanntm. vom 23. Aug. 1900 den Gemeindewaisenrat betr. (Just.Min.Bl. S. 1134)."

12. S. 188 ist am Schlusse von Bem. 5 dem Citate des Art. 50 des Ges. Uebergangsvorschr. betr. noch anzufügen: „Art. 119 dess. Ges."

13. S. 198 Fußnote 1 sind noch zu erwähnen die Kommentare von Fuchs, ferner von Rausnitz.

14. S. 215 ist zu Fußnote 5 hinzusetzen: „Jene Umgestaltung ist jetzt erfolgt durch die A.V. v. 30. Juli 1900 die Organisation und Wirkungskreis der Bergbehörden betr. (Ges. und V.Bl. S. 839)." Gleichzeitig mit dieser Verordnung wurden auch oberbergpolizeil. Vorschriften vom k. Staatsministerium d. Innern erlassen (Ges. u. V.Bl. 1900 S. 843).

15. S. 235 ist zu Fußnote 2 noch nachzutragen: „Brater, Kommentar zum Jagdausübungsges. (Dollmann's Ges.Samml. Th. III B. I S. 85 ff.)"

16. S. 290 muß es statt „VI" heißen „V".

17. S. 316 ist in Fußnote 1 der Beisatz veranlaßt: „Zum Gesetze vom 8. Aug. 1878 sind auch Vollzugsvorschriften erlassen worden (Ges. u. V.Bl. 1901 S. 41)."

18. S. 331 Z. 1 ist statt „Ziff. XIII" einzusetzen: „Ziff. XIV"

19. S. 353 ist zu Ziff. XIX Nr. 1 nach dem 1. Satze hinzuzufügen: „Hierauf bezieht sich auch die zum Vollzuge der Art. 69 ff. (neuer Fassung) erlassene Just.Min.Bekanntm. vom 11. Juni 1900, die Handhabung der Dienstaufsicht über die Gerichte und Notare durch die äußeren Dienstaufsichtsbehörden betr. (Just.Min.Bl. S. 997 ff.)."

Vorgeschichte des Ausführungsgesetzes zum Bürgerlichen Gesetzbuche.

Ueber das Verhältniß des vorbezeichneten Gesetzes zur Reichsgesetzgebung und zu den das bürgerliche Recht betreffenden anderen Landesgesetzen ist in der Einleitung S. 1 ff. eine kurze Ausführung enthalten.

Der gegenwärtige, dieser Einleitung vorausgehende Abschnitt ist dem Zwecke gewidmet, die Entstehungsgeschichte des Ausf.Ges. zum BGB. in gedrängter Form zur Darstellung zu bringen.

1. Mit Rücksicht auf die Größe und die Wichtigkeit der durch die Prüfung und Berathung des Entwurfes eines Ausführungsgesetzes zum Bürgerlichen Gesetzbuch und der damit in Zusammenhang stehenden weiteren Gesetzentwürfe [1]) bedingten Aufgabe wurde in einem an frühere Gesetze [2]) sich anschließenden Gesetze vom 15. Juni

1) Welche durch die Einführung des am 1. Januar 1900 in Kraft getretenen BGB. und der mit ihm in Verbindung stehenden Reichsgesetze veranlaßt waren. Diese Reichsgesetze sind folgende: die Grundbuchordnung, das Gesetz über die Zwangsversteigerung und die Zwangsverwaltung nebst Einführungsgesetz hiezu, das Handelsgesetzbuch mit dem dazu gehörigen Einführungsgesetze, das Gesetz über Angelegenheiten der freiwilligen Gerichtsbarkeit, das Gesetz, betreffend Aenderungen des Gerichtsverfassungsgesetzes und der Strafprozeßordnung, das Gesetz betreffend Aenderungen der Civilprozeßordnung nebst Einführungsgesetz dazu und das Gesetz betreffend Aenderungen der Konkursordnung mit dem hiezu gehörigen Einführungsgesetze.

2) Vergl. Gesetz vom 15. Mai 1848 die Behandlung neuer Gesetzbücher betr. (Ges.Bl. S. 17), welches in den Gesetzen vom 18. Okt. 1871 den Vollzug der Einführung des Strafgesetzbuchs u. s. w. betr. (Ges.Bl. 1871/72 S. 2), ferner vom 15. Juli 1878 die Behandlung der durch die Ausführung der Reichs-Prozeßordnungen und des Reichs-Gerichtsverfassungs-Gesetzes veranlaßten Gesetzentwürfe betr. (Ges. und V.Bl. S. 359) und vom 19. Februar 1879 die Behandlung der Gesetzentwürfe über das Gebührenwesen und die Erbschaftssteuer betr. (Ges. und V.Bl. S. 31) vorbehaltlich einiger Abänderungen gleichmäßige Anwendung gefunden hat. Hiezu kommt noch das Gesetz vom 12. Februar 1880 die Behandlung der Gesetzentwürfe über die direkten Steuern betr. (Ges. und V.Bl. S. 25), dessen Bestimmungen bei dem Gesetze vom 15. Juni 1898 nebst einigen Abweichungen und Ergänzungen zur Anwendung gelangten.

Nach Art. 2 des letzteren Gesetzes bestehen die Ausschüsse für die durch die Einführung des BGB. und der damit zusammenhängenden Reichsgesetze veranlaßten Aenderungen in der Kammer der Reichsräthe aus 7, in jener der Abgeordneten aus 15 Mitgliedern und ist zur Beschlußfähigkeit in der ersteren Kammer der Anwesenheit von mindestens 5, in derjenigen der Abg. von mindestens 11 Mitgliedern erforderlich. Im Hindlick auf Art. 4 des Ges. können den Ausschüssen Gesetzentwürfe, welche zu dem Gegenstande ihrer Aufgabe gehören, unmittelbar vorgelegt werden.

1898 (Ges. und V.Bl. S. 307)[3]) die Bestimmung getroffen, daß zur Vorberathung dieser Entwürfe besondere Ausschusse zu wählen seien, welche auch nach der Beurlaubung des Landtages in Thätigkeit zu bleiben haben. Den nach Maßgabe dieses Gesetzes in beiden Kammern gebildeten Ausschüssen[4]) wurden von der k. Staatsregierung sieben Gesetzentwürfe übermittelt und zwar

A) dem besonderen (XVIII.) Ausschusse der Kammer der Abgeordneten folgende sechs Entwürfe, nämlich diejenigen

a) eines Ausführungsgesetzes zum Bürgerlichen Gesetzbuche, mit einem Nachtrage,

b) eines Gesetzes, die durch Einführung des BGB. veranlaßten Aenderungen der seit 1818 erlassenen Gesetze betr.,

c) eines Gesetzes, die durch die Einführung des BGB. veranlaßten Uebergangsvorschriften betr.,

d) eines Notariatsgesetzes,

e) eines Gesetzes, Aenderungen des Gebührengesetzes betr. und

f) von Uebergangsvorschriften für das eheliche Güterrecht;

B) dem besonderen (VIII.) Ausschusse der Kammer der Reichsräthe

---

3) Bevor die auf Grund des Gesetzes vom 15. Juni 1898 gewählten Ausschüsse in Thätigkeit traten, wurden bereits folgende mit der Einführung des BGB. in Zusammenhang stehende Landesgesetze verkündet, nämlich das Ges. vom 18. Juni 1898 die Vorbereitung der Anlegung des Grundbuchs in den Landestheilen rechts des Rheins betr. (Ges. u. V.Bl. S. 367), das Ges. vom 1. Juli 1898 das Liegenschaftsrecht in der Pfalz betr. (Ges. u. V.Bl. S. 370) und das Ges. vom 15. Juni 1898 das Unschädlichkeitszeugniß betr. (Ges. u. V.Bl. S. 301).

4) Dem von der Kammer der Reichsräthe gewählten besonderen Ausschusse gehörten folgende 7 Mitglieder an,

nämlich die R.R. v. Auer, Dr. v. Bechmann, Graf Fugger v. Glött, Heffert, v. Küffner, Dr. v. Schmitt und Frhr. v. Soden-Fraunhofen.

Von diesen wurden R.R. v. Auer zum Vorsitzenden und Frhr. v. Soden zum Sekretär durch den Ausschuß ernannt.

Die Kammer der Abgeordneten berief in ihren besonderen Ausschuß nachstehende 15 Mitglieder:

die Abg. Brünings, Dr. Casselmann, Fuchs, Johann Geiger, Josef Geiger, Josef Huber, Lerno, Lutz, Michel, Dr. Ratzinger, Seeberger, Segitz, v. Stobäus Wagner und v. Walter,

während die Abg. Conrad, Landmann und Franz Xaver Schmidt zu Ersatzmännern gewählt worden sind.

Der verlebte Abg. Johann Geiger wurde durch den Abg. Landmann, der wegen Krankheit ausgetretene Abg. Brünings durch den Abg. Conrad ersetzt. An Stelle der in den Ausschuß als Mitglieder eingetretenen Abg. wurden die Abg. Beckh und Burger zu Ersatzmännern ernannt.

Der Ausschuß hat den Abg. v. Stobäus zum Vorsitzenden, den Abg. Wagner zu dessen Stellvertreter, ferner den Abg. Casselmann zum Schriftführer und den Abg. Michel zum stellv. Schriftführer gewählt.

den Entwurf eines Ausführungsges. zu der Grundbuchordnung und zu dem Gesetz über die Zwangsversteigerung und die Zwangsverwaltung.

2. Dem Ausf.Ges. zum BGB. liegen zwei nebst ihrer Begründung in den Verhandlungen der Kammer der Abgeordneten 1898/99 Beil. Bd. X Abth. I Beilage A (S. 1—65) und Beilage B (S. 67—133)[5]) abgedruckte Entwürfe, nämlich

a) der aus 125 Artikeln bestehende eines Ausf.Ges. zum BGB. (Beil. A) und

b) der aus 45 Artikeln sich zusammensetzende eines Ges., die durch die Einführung des BGB. veranlaßten Aenderungen der seit 1818 erlassenen Gesetze betr. (Beil. B) zu Grunde.

Zu diesen Entwürfen kamen noch die später von der k. Staatsregierung eingebrachten Nachträge (Beil. D, J und X).

Die Berichterstattung über diese Entwürfe oblag folgenden Landtagsmitgliedern, nämlich

über Beil. A dem Reichsrath Dr. v. Schmitt und dem Abg. Wagner,
" " B " " v. Küffner und " " v. Walter,
" " J. u. X " " Dr. v. Bechmann sowie dem Abg. Michel, für die auf das pfälz. Recht bezüglichen Vorschriften und für die übrigen dem Abg. Dr. Casselmann.

Für alle Entwürfe war hinsichtlich der das pfälzische Recht betreffenden Bestimmungen Reichsrath Hessert in der Kammer der R.R. zum Berichterstatter ernannt worden. Korreferenten wurden nicht in der Kammer der Reichsräthe aufgestellt, wohl aber in der Kammer der Abg. und zwar

für Beil. A Abg. Lerno,
" " B " Conrad und
" " J u. X " v. Walter.

3. Bei den im Ausschusse der Kammer der Abg. erfolgten beiden Lesungen der Beilage A, von welchen die erste 14, die andere 2 Sitzungen in Anspruch nahm, haben 39 Artikel und zwar in der ersten Lesung 34, in der zweiten 5 Artikel Aenderungen oder Zusätze erhalten. Hiezu kam noch in der 2. Lesung die Einschaltung eines Art. (14a), welcher jedoch nach seiner durch die Reichsrathskammer erfolgten Ablehnung weggefallen ist. Die Beil. B wurde bei der 1. Lesung in 7 Sitzungen, bei der zweiten in einer einzigen Sitzung nebst der Beil. D berathen und es ergab sich dabei eine Aenderung von 12 Artikeln.

In der Kammer der R.Räthe erforderten die Ausschußverhandlungen für die Beilage A — bei Berücksichtigung der im Ausschusse der Abg.Kammer gefaßten Beschlüsse (Beil. E) — in der 1. Lesung 5 Sitzungen, in der 2. eine einzige, für die in der Fassung des Ausschusses der Abg.Kammer (als Beil. G) der Berathung unterstellte Beilage B und zwar vorzugsweise aus Anlaß der vom R.R. Dr. v. Schmitt vorgebrachten „Anträge und Bemerkungen" 3 Sitzungen. Dabei wurden 18 Aenderungen an Artikeln der Beil. A und 10 an denen der Beil. B vorgenommen.

---

5) Becher, die gesammten Materialien zu dem Ausf.Ges. zum BGB. vom 9. Juni 1899 Abth. IV u. V Bd. I S. 77 ff. und Bd. II S. 1 ff.

Die Ergebnisse der Beschlußfassung wurden in beiden Kammern durch je eine Redaktions-Kommission festgestellt; von der Kommission der Kammer der R.Räthe wurde auf Anregung der k. Staatsregierung die Vereinigung der beiden Entwürfe (Beil. A und B) zu dem Entw. eines Ausf.Ges. zum BGB. beschlossen.

Bei der vom Ausschusse der Kammer der Abgeordneten in 3 Sitzungen über die Beschlüsse des Ausschusses der Reichsraths-Kammer gepflogenen Berathung erfolgt, — abgesehen von den Art. 14a, 19 Nr. 1, 32 der Beil. A und den zu den Art. 18, 53, 67 und 96a getroffenen Aenderungen — die Zustimmung zu sämmtlichen in der anderen Kammer gefaßten Beschlüssen. Die letzte Ausschußberathung in der Kammer der Abg. (vgl. Beil. O, welche die Gegenüberstellung der vereinigten Entwürfe in der Fassung der Regierungsvorlagen und der Beschlüsse des Aussch. der Abg.Kammer enthält) führte beinahe eine völlige Uebereinstimmung herbei.

4. In 7 öffentlichen Sitzungen beschäftigte sich die Kammer der Abgeordneten mit der Berathung der in den Beilagen A und B sowie im Nachtrage D enthaltenen Entwürfe. Wenige, aber zum Theile bedeutungsvolle Anträge wurden hiebei eingebracht. Der im Ausschusse abgelehnte Antrag des Abg. Lerno, welcher durch Streichung der im Art. 1 der Beil. A angeführten Art. 86 und 87 Einf.Ges. zum BGB. die Aufhebung der Amortisationsgesetze bezweckte, ohne einen Ersatz hiefür in Vorschlag zu bringen (Beil. N, Nr. I), gelangte nach eingehenden Erörterungen zur Annahme,[6]) während die weiteren Anträge desselben Abgeordneten[7]) zu den Art. 83 ff. der Beil. A (Art. 93 ff. des Gesetzes), wodurch die gesetzliche Mitgliedschaft der Pfarrvorstände im Gemeindewaisenrathe erwirkt werden sollte (Beil. N, Nr. II) und zu Art. 122 [31], welcher auf die Vorentscheidung des Verwaltungsgerichtshofes sich bezieht (Beil. N[8] und N[10]) ebenso wie die zum Gesinderechte gestellten und die auf Abänderung der rechtsrheinischen Gemeindeordnung gerichteten Anträge des Abg. Segitz mit Gen. (Beil. N[1], N[2] und N[6]) die Ablehnung erfuhren.

5. Der öffentlichen Sitzung der Kammer der Reichsräthe ging eine in 2 Sitzungen vorgenommene Berathung in deren Ausschusse über die in den öffentlichen Sitzungen der Abgeordneten-Kammer gefaßten Beschlüsse voraus. In diesem Ausschusse hatte die k. Staatsregierung den Antrag gestellt, die in Art. 1 der Beil. A angezogenen Art. 86, 87 Einf.Ges. z. BGB. daselbst auszuscheiden, jedoch an Stelle der bisherigen Amortisationsgesetze durch Einschaltung der für das ganze Königreich eine einheitliche Regelung der Sache in das Auge fassenden Art. 4b, 4c und 4d einen Ersatz zu schaffen. Der Reichsraths-Ausschuß nahm diesen Antrag nebst einem zu Art. 44 vorgebrachten weiteren Regierungsantrage, welcher die Aufnahme eines 4. Absatzes in Art. 51 des Ges. zur Folge hatte, an und erhöhte in den Art. 4b und 4c die sog. pragmatische Summe auf 10,000 Mark. Im Uebrigen trat der Ausschuß unter gleichzeitiger Aufrechterhaltung der Streichung von Art. 14a den von

6) Auch der Antrag Casselmann und Gen. zu Art. 24a wurde in der Fassung der Beil. N[5] (Art. 29 des Ges.) gleichwie ein zu Art. 122 [31] gestellter Antrag des Abg. Wagner (Beil. N[9]) angenommen.

7) Diese Anträge des Abg. Lerno mit Gen. hatten, ebenso wie derjenige zu Art. 1 schon im Ausschusse der Kammer der Abg. längere Ausführungen veranlaßt.

der Kammer der Abg. gefaßten Beschlüssen mit einigen wenigen Aenderungen bei. Dieser in der Fassung der Beil. O u. T ergangene Ausschußbeschluß fand die Billigung der Reichsrathskammer in deren öffentlicher Sitzung vom 19. Mai 1899.

Nachdem der Ausschuß der Abg.Kammer über die Rückäußerung der Kammer der Reichsräthe in Berathung getreten war, ertheilte jene Kammer in ihrer öffentlichen Sitzung vom 3. Juni 1899 den Beschlüssen der R.R.Kammer mit der Maßgabe ihre Zustimmung, daß in das Gesetz ein die Englischen Fräulein betreffender Artikel (Art. 9 des Ges.) aufzunehmen sei, womit die Kammer der Reichsräthe im Einklange mit deren Ausschusse sich einverstanden erklärt hat. Der auf diese Weise am 6. Juni 1899 zu Stande gekommene Gesammtbeschluß ist in der Anlage zur Beilage Zqu niedergelegt.

Verzeichniß der Abkürzungen.

A.A.Pr. oder A.A.Prot. = Verhandlungen des Justiz-Gesetzgebungsausschusses der Kammer der Abgeordneten, Beil. Bd. XX Abt. II zu den Verhandlungen der Kammer der Abgeordneten 1898.

Abg.K = Kammer der Abgeordneten.

Abt. = Abtheilung.

A.G. oder Ausf.Ges. = Ausführungsgesetz.

A.G. z. C.P.O. oder z. Civ.Pr.O. = Ausführungsgesetz zur Civilprozeßordnung und Konkursordnung.

A.G. z. G.B.O. = Ausführungsgesetz vom 9. Juni 1899 zu der Grundbuchordnung und zu dem Gesetz über die Zwangsversteigerung und die Zwangsverwaltung.

A.G. z. G.V.G. = Ausführungsgesetz zum Gerichtsverfassungsgesetz.

Bd. = Band.

Becher, L.C.R. = Becher, das rechtsrheinische Bayerische Landescivilrecht und Landescivilprozeßrecht unter Berücksichtigung der freiwilligen Gerichtsbarkeit. 2 Bände. München 1896.

Becher, Mat. I = Becher, die gesammten Materialien zu den das Bürgerliche Gesetzbuch und seine Nebengesetze betreffenden bayerischen Gesetzen und Verordnungen IV u. V Abt. Bd. I.

Beil. z. Verf.Urk. = Beilage zur Verfassungsurkunde.

Bek. = Bekanntmachung.

Bl. f. adm. Pr. = Blätter für administrative Praxis in Bayern, begründet von Brater.

Bl. f. R.A. = Seufferts Blätter für Rechtsanwendung nun herausgegeben von Dr. v. Staudinger.

BGB. = Bürgerliches Gesetzbuch.

c. c. = code civil (pfälzisches Civilgesetzbuch).

c. d. p. = code de procédure.

C.P.O. oder Civ.Pr.O. = Civilprozeßordnung.

Döll. = Döllinger Verordnungensammlung.

E.G. oder Einf.Ges. = Einführungsgesetz.

E.G. z. BGB., z. C.P.O., z. H.G.B., z. Zw.V.G. = Einführungsgesetz zum Bürgerlichen Gesetzbuch, zur Civilprozeßordnung, zum Handelsgesetzbuch, zum Gesetze über die Zwangsversteigerung und die Zwangsverwaltung.

Entsch. = Entscheidungen.

Erg.Bd. = Ergänzungsband.

F.G. = Freiwillige Gerichtsbarkeit.

F.M.Bl. = Bayer. Finanzministerialblatt

Forstges. = Forstgesetz vom 28. März 1852.

G.B.O. = Grundbuchordnung.

Gde.O. = Gemeindeordnung.

G.F.G. = Gesetz über die Angelegenheiten der freiwilligen Gerichtsbarkeit in der Fassung der Bekanntmachung vom 20. Mai 1898 (Reichsges. Bl. S. 771).

Ges. = Gesetz.

Ges. u. V.O.Bl. oder Ges. u. V.Bl. = Gesetz- und Verordnungsblatt.
Gew.O. = Gewerbeordnung.
G.V.G. = Gerichtsverfassungsgesetz.
H.G.B. = Handelsgesetzbuch.
Hyp.G. oder Hyp.Ges. = Hypothekengesetz vom 1. Juni 1822.
J.M.B. oder Just.Min.Bek. = Justizministerialbekanntmachung.
J.M.Bl. = Justizministerialblatt.
J.M.E. oder Just.Min.Entschl. = Justizministerialentschließung.
K. d. A. oder K. d. Abg. = Kammer der Abgeordneten.
K. d. R.R. = Kammer der Reichsräthe.
K.O. oder Konk.O. = Konkursordnung.
pf. Liegenschaftsges. = Ges. über das Liegenschaftsrecht in der Pfalz.
Mot. A oder Motive A = Begründung des Entwurfs eines Ausführungsgesetzes zum Bürg.Ges.B., Beil. A zu den Verhandlungen des Ges.Geb.Ausschusses der Kammer der Abgeordneten 1898 (Beil. Bd. XX Abt. I).
Mot. B oder Motive B = Begründung des Entwurfs eines Gesetzes, die durch die Einführung des Bürgerlichen Gesetzbuchs veranlaßten Aenderungen der seit 1818 erlassenen Gesetze betr., Beil. B der Verhandlungen des Gesetzgebungsausschusses der Kammer der Abgeordneten 1898 (Beil. Bd. XX Abs. I).
Nachl.O. = Nachlaßordnung (Bekanntmachung des k. Staatsministeriums der Justiz vom 31. Dezbr. 1899 das Nachlaßwesen betr., Just.-Min.Bl. 1900 S. 1).
N.G. oder Not.Ges. = Notariatsgesetz.
Not.Gesch.O. = Geschäftsordnung für die Notariate vom 24. Dezbr. 1899, Just.-Min.Bl. S. 591.
Pr.L.R. = Preußisches Landrecht.
Prot. = Protokoll.
P.St.G.B. oder Pol.Str.G.B. = Polizeistrafgesetzbuch.
R.Bl. oder Reg.Bl. = Regierungsblatt.
R.Ges.Bl. = Reichsgesetzblatt.
R.G.Entsch. = Entscheidungen des Reichsgerichts.
R.R.A.Pr. oder R.R.A. Prot. = Verhandlungen des Justizgesetzgebungsausschusses der Kammer der Reichsräthe.
v. Roth oder v. Roths b. C.R. = v. Roth, bayerisches Civilrecht.
S. oder Samml. = Sammlung.
St.B. = Stenographische Berichte über die Landtags-Verhandlungen.
Str.G.B. = Strafgesetzbuch.
Ueberg.Ges. = Gesetz vom 9. Juni 1899 Uebergangsvorschriften zum Bürgerl. Gesetzbuch betr.
V.O. = Verordnung.
V.U. oder Verf.Urk. = Verfassungsurkunde.
V.G.H. oder Verw.G.H. = Verwaltungsgerichtshof.
Vorm.O. = Vormundschaftsordnung (Bekanntm. des Staatsministerium der Justiz vom 18. Januar 1900 das Vormundschaftswesen betr., Just.Min.Bl. S. 181).
Zust.V.O. = Zuständigkeitsverordnung vom 24. Dezbr. 1899.
Zw.V.G. oder Zw.V.Ges. = Gesetz über die Zwangsversteigerung und die Zwangsverwaltung.

Einleitung.

1. Ist auch das Gebiet des bürgerlichen Rechtes zum größten Theile jetzt reichsgesetzlich geordnet worden, so stellt sich dennoch der landesgesetzlicher Regelung überlassene Theil desselben keineswegs als ein unerheblicher dar.

Wichtige Gegenstände, welche in das Bereich des am 1. Januar 1900 in Kraft tretenden Bürgerlichen Gesetzbuches nicht aufgenommen wurden, sind durch das hiezu erlassene Einführungsgesetz[1]) dem Landesrechte vorbehalten worden; für eine Reihe anderer Sachen gibt das letztere Gesetz es den einzelnen Bundesstaaten anheim, Anordnungen zu erlassen, welche von den Vorschriften des BGB. abweichen, sowie in einigen von diesem Gesetzbuche geordneten Gebieten besondere Einrichtungen aufrecht zu erhalten oder neu einzuführen. Zur Ergänzung seiner Bestimmungen hat ferner das BGB. an mehreren Stellen landesgesetzliche Vorschriften sowie Verordnungen der Landesregierungen in Bezug genommen.

Der Ausschluß von der Regelung durch die Reichsgesetzgebung hat unter anderem darin seinen Grund, daß die Verschiedenheit der Bedürfnisse und Anschauungen in den einzelnen Ländern einer einheitlichen Ordnung für das ganze Reich im Wege steht, wie dies bei dem Gesinderechte, einem großen Theile des Nachbarrechtes, dem mit der Ueberlassung eines Grundstückes in Verbindung stehenden Leibgedings- oder Auszugsvertrage, dem zum Schutze von Grundstücken dienenden Pfändungsrechte und bei der nach Stockwerken oder Gelassen erfolgten Theilung eines gemeinschaftlichen Hauses der Fall ist. Bei anderen Gegenständen war ausschlaggebend, daß entweder für sie ein Zusammenhang mit dem öffentlichen Rechte der Bundesstaaten besteht[2]) oder daß für dieselben eine besondere staatliche Aufsicht oder eine die Wohlfahrt der Einzelnen fördernde staatliche Thätigkeit geboten erscheint.[3])

---

1) Auch in den Einf.Gesetzen zum Hand.Ges.B., zu den Gesetzen betr. Aenderungen des Ger.Verfass.Ges. u. der Strafproz.O., der Civ.Pr.O. u. Konk.O. und zum Ges. über die Zwangsversteigerung u. Zwangsverwaltung sowie in der Grundbuchordnung ist eine Anzahl von Vorbehalten für die Landesgesetze aufgestellt. Das Gesetz über die Angelegenheiten der freiwilligen Gerichtsbarkeit räumt sogar in § 200 dem Landesrechte die allgemeine Ermächtigung ein, zur Ergänzung und Ausführung des bezeichneten Gesetzes dienende Vorschriften zu erlassen.

2) In dieser Hinsicht sind hervorzuheben: die Zwangsenteignung, die im öffentl. Interesse bestimmten Beschränkungen des Eigenthums, der Ersatz des bei Zusammenrottungen verursachten Schadens, die besonderen Rechte der öffentlichen Sparkassen, die Vorrechte der öffentlichen Pfandleihanstalten, die besonderen Einrichtungen des Staatsschuldenwesens, die Zwangserziehung Minderjähriger, die Bevormundung der in einer öffentlichen Anstalt und unter öffentlicher Aufsicht erzogenen Minderjährigen, das Beamtenrecht mit Einschluß der Haftung des Staates für fehlerhafte Amtshandlungen sowie eine Reihe von Gegenständen des Kirchenrechts.

3) Hieher gehören das Wasserrecht, das Jagd- und Fischereirecht, das Bergrecht, die Flurbereinigung, die Ablösung der Dienstbarkeiten und Reallasten, die Gutszer-

Von den der Landesgesetzgebung überlassenen Gegenständen liegen einige außerhalb des allgemeinen bürgerlichen Rechts und bilden daher das Gebiet eines Sonderrechtes, das sich seiner Eigenart entsprechend entwickelt hat. Hieher gehören das Privatfürstenrecht, das Recht des hohen Adels und des vorm. Reichsadels, dasjenige der Familienfideikommisse und das Lehenrecht.

2. Soweit das bürgerliche Recht der Landesgesetzgebung anheimgegeben ist, kann diese die bereits bestehenden Vorschriften entweder aufrechterhalten oder durch neue ersetzen. Die Frage, ob sie dieses oder jenes wählen soll, läßt sich nicht für alle Fälle einheitlich beantworten. Bezüglich der vorerwähnten Sonderrechte und für die meisten der mit dem öffentlichen Rechte in Zusammenhang stehenden Gegenstände, für welche ohne gleichzeitiges Eingreifen in die Verhältnisse des öffentlichen Rechtes eine neue Regelung als unthunlich sich darstellt, erschien es angezeigt, den älteren Rechtszustand unverändert zu belassen. Dagegen wurde es als angemessen befunden, für die dem bürgerlichen Verkehre angehörende Thätigkeit der öffentlichen Sparkassen und der öffentlichen Pfandleihanstalten sowie für die mit dem Vormundschaftsrechte in Zusammenhang stehenden Einrichtungen des öffentlichen Erziehungswesens einige neue gesetzliche Anordnungen zu treffen. Was hingegen die übrigen Vorbehalte anbelangt, so ist zu unterscheiden zwischen den seit der Verkündung der Verfassungsurkunde erschienenen und den vor diesem Zeitpunkte erlassenen Gesetzen. Die letzteren eignen sich abgesehen von einigen Ausnahmen nicht zur Aufrechterhaltung, weil sie mit den Bedürfnissen und Anschauungen der Gegenwart vielfach nicht mehr im Einklange sich befinden. Dagegen sollen die ersteren vorbehaltlich der erforderlichen Aenderungen fortbestehen bleiben.[4]) Für die wichtigsten derjenigen Gebiete, in denen der Staat eine besondere Aufsicht übt oder eine die Interessen der Einzelnen fördernde Thätigkeit an den Tag legt (Wasserrecht, Jagdausübung, Bergrecht, Flurbereinigung, Ablösung), sind bereits neuere Gesetze erlassen worden.

trümmerung und das Pfandleihgewerbe. Die Landesgesetze bestimmen ferner den Vorrang der aus öffentlichen Mitteln zur Verbesserung von Grundstücken gewährten Darlehen und können die lastenfreie Veräußerung kleinerer Theilflächen eines mit Rechten Anderer belasteten Grundstücks erleichtern (Ges. v. 15. Juni 1898 das Unschädlichkeitszeugniß betr., Ges. u. V.O.Bl. S. 301). Sache der Landesgesetze ist es außerdem, gewisse Belastungen von Grundstücken auszuschließen sowie die Grundsätze zu bestimmen, nach denen bei der Vererbung landwirthschaftlicher Grundstücke der für die Abfindung der Miterben und die Berechnung des Pflichttheils maßgebende Ertragswerth festgestellt werden soll, und, wenn sie es für geboten erachten, das Anerbenrecht, das Rentengut oder eine Verschuldungsgrenze für Grundstücke einzuführen.

4) Der Grundgedanke des Ausf.Ges. läßt sich hienach, wie der Ref. der Kammer der Reichsräthe in seinem schriftlichen Berichte S. 1 u. 2 (Becher die gesammten Materialien zum Ausf.Ges. zum BGB. Abth. IV Bd. I S. 699) zutreffend bemerkte, in Kürze dahin zusammenfassen:

a) Aufrechterhaltung der neueren (d. h. der nach der Verfass.Urk. erlassenen) von den Reichsgesetzen nicht berührten Landesrechtsvorschriften als Regel mit vorbehaltenen Ausnahmen,
b) Aufhebung der älteren Gesetze als Regel mit vorbehaltenen Ausnahmen und
c) Reform des nach beiden Richtungen fortbestehenden Landesrechtes zum Zwecke der Anpassung an die neuen allgemeinen Vorschriften.

3. Während in der Pfalz bisher der code civil anzuwenden war, zerfällt das rechtsrheinische Bayern in das Herrschaftsgebiet des gemeinen Rechts und in dasjenige des preußischen Landrechts.[5]) In dem Geltungsbereiche der beiden letzteren besteht eine große Anzahl von örtlichen Gewohnheitsrechten und Statutarrechten,[6]) von welchen nur das bayerische Landrecht vom Jahre 1756 auf das ganze Gebiet des bürgerlichen Rechtes sich erstreckt. Die Mehrzahl der anderen dagegen betrifft nur einige Theile des Rechts, insbesondere das eheliche Güterrecht, Vormundschaftsrecht, sowie das Erbrecht; manche enthalten nur wenige Rechtssätze.

Die Aufhebung der bisherigen größeren Rechte und kleineren Statuten nebst den Gewohnheitsrechten beseitigt einen Zustand, welcher eine große Zerrissenheit der Rechtsgebiete[7]) bewirkte und vielfache für die Rechtsanwendung schwierige Fragen der örtlichen Statutenkollision mit sich brachte. In Verbindung mit der positiv schaffenden Thätigkeit des Ausf.Ges. bietet sie aber noch die Möglichkeit, das in Tit. VIII § 7 der Verf.Urk. vorgezeichnete, schon früher angestrebte Ziel eines und desselben für das ganze Königreich bestehenden Bürgerlichen Gesetzbuches auch auf dem Gebiete des Landesrechtes zu erreichen.

4. Das vorliegende Gesetz enthält nicht alle landesgesetzlichen Vorschriften, welche durch die Einführung des BGB. und der mit diesem in Zusammenhang stehenden Reichsgesetze veranlaßt werden. Einzelne Materien sind bereits durch neue Landesgesetze geregelt, so insbesondere durch das Gesetz v. 15. Juni 1898 das Unschädlichkeitszeugniß betr. (Ges. u. V.O.Bl. S. 301), das Gesetz v. 18. Juni 1898 die Vorbereitung der Anlegung des Grundbuchs in den Landestheilen rechts des Rheins betr. (Ges. u. V.O.Bl. S. 367), das Ges. über das Liegenschaftsrecht in der Pfalz v. 1. Juli 1898 (Ges. u. V.O.Bl. S. 370). Weiter wurden in dieser Beziehung bereits erlassen das Gesetz v. 9. Juni 1899 Uebergangsvorschriften zum BGB. betr. (Ges. u. V.O.Bl. Nr. 28 Beilage zum Landtagsabschiede S. 83), das Ausf.Ges. zur Grundbuchordnung u. zum Gesetze über die Zwangsversteigerung und die Zwangsverwaltung vom gleichen Tage (ebendaselbst S. 125), das Notariatsgesetz v. 9. Juni 1899 (ebendaselbst S. 137), ferner das Gesetz vom gleichen Tage Aenderungen des Gesetzes über das Gebührenwesen betr. (ebendas. S. 167). Späteren Gesetzen sind noch vorbehalten die Fragen der Einführung eines Anerbenrechtes (Art. 64 des Einf.Ges. zum BGB.), der Zwangserziehung (Art. 135 ebendaselbst) sowie des einheitlich zu regelnden Fischereirechtes (Art. 69 ebendas.). Die Vorschriften über Pfändungsrecht, Pfandgeld u. Ersatzgeld (Art. 89 Einf.Ges. z. BGB.) sind gleichfalls vorläufig noch ausgeschieden worden.

Die Aenderungen und Ergänzungen der Verfassungsurkunde und der seit der Verkündung der letzteren erlassenen Gesetze waren zunächst in einem besonderen Entwurfe, die durch die Einführung des Bürgerlichen Gesetzbuches veranlaßten Aenderungen der seit 1818 erlassenen Gesetze betreffend, den Kammern vorgelegt worden, wurden aber im Verlaufe der Berathung der gesetzgebenden Faktoren des Landtages mit dem Gesetze zur Ausführung des Bürgerlichen Gesetzbuches vereinigt und bilden nunmehr die Artikel 135 ff. dieses Gesetzes.

5) In einigen kleinen Bezirken galt auch das österreich. Bürg.Ges.Buch.

6) v. Roth zählt deren 55 (Bayer.Civ.R. Bd. I S. 6 der 2. Aufl.); über die hievon abweichenden Berechnungen Anderer vgl. man Roth a. a. O. S. 5.

7) Nicht bloß in demselben Bezirke waren mehrere Rechte bisher maßgebend; es traf häufig zu, daß für das nämliche Dorf mehrere, ja selbst 4—5 Rechte anzuwenden waren. Beispiele hiefür liefert die Civilgesetzstatistik von v. Völderndorff in größerer Anzahl.

Ausführungsgesetz

zum Bürgerlichen Gesetzbuche

vom 9. Juni 1899.

(Gesetz- und Verordnungsblatt 1899 Nr. 28: Beilage zum Landtags-Abschied S. 1 ff.)

Im Namen Seiner Majestät des Königs.

Luitpold,

von Gottes Gnaden Königlicher Prinz von Bayern, Regent.

Wir haben nach Vernehmung des Staatsrathes mit Beirath und Zustimmung der Kammer der Reichsräthe und der Kammer der Abgeordneten und in Ansehung der Artikel 135, 139, 140, des Art. 166 Ziff. IX, des Artikel 171 Ziff. V, XI und des Artikel 174 unter Beobachtung der in Tit. X § 7 der Verfassungsurkunde vorgeschriebenen Formen beschlossen und verordnen, was folgt:

Aufrechterhaltung älterer Vorschriften.

Artikel 1.

Neben dem Bürgerlichen Gesetzbuche bleiben die Vorschriften des bürgerlichen Rechtes, welche aus der Zeit vor der Erlassung der Verfassungsurkunde vom 26. Mai 1818 stammen, nur insoweit in Geltung, als sie in den Artikeln 56 bis 59, 69, 74 bis 76, 78, 80, 89, 109, 111, 132, 133 des Einführungsgesetzes zum Bürgerlichen Gesetzbuch und im § 16 Nr. 1 des Einführungsgesetzes zur Civilprozeßordnung vorbehalten sind.

Soweit in den in Kraft bleibenden Gesetzen und in diesem Gesetz auf örtliche Verordnungen oder auf das Herkommen verwiesen ist, behalten die bestehenden Verordnungen und das Herkommen ihre Geltung.

I. Art. 1 hatte nach dem Reg.Entw. und nach den Beschlüssen der Ges.Geb.Ausschüsse beider Kammern die Fassung „Mit dem Inkrafttreten des BGB. verlieren die Vorschriften des bürgerlichen Rechtes, welche aus der Zeit vor der Erlassung der Verfassungsurkunde vom 26. Mai 1818 stammen, ihre Geltung, insoweit sie nicht in den Artikeln u. s. w." Das Gesetz sagt hingegen: „Neben dem BGB. bleiben die Vorschriften des bürgerlichen Rechtes, welche aus der Zeit u. s. w. stammen, nur in soweit in Geltung, als sie in den Artikeln u. s. w." Wenn hienach vermöge der Gesetzesfassung auch das Ergebniß erzielt wird, daß die aus der Zeit vor dem 26. Mai 1818 herrührenden, in Absatz 1 nicht vorbehaltenen Gesetze nicht mehr fort bestehen können, so ist dennoch damit zugleich vermieden, daß gesetzliche Bestimmungen, welche durch Reichsgesetze bereits aufgehoben sind, durch die Landesgesetzgebung noch einmal außer Kraft gesetzt werden.[1])

---

1) Damit dieses bei der im Reg.Entw. enthaltenen Ausdrucksweise gleichfalls vermieden werde, hatte der Referent der Reichsr.Kammer den Vorschlag gemacht, im

II. Nur die älteren Vorschriften des bürgerlichen Rechtes haben am 1. Januar 1900 ihre Gültigkeit verloren, nicht die dem öffentlichen Rechte angehörigen. Die Worte „bürgerliches Recht" faßt das Gesetz in demselben Sinne, wie die Reichsgesetze, insbesondere die Civilprozeßordnung und das hiezu erlassene Einführungsgesetz sie verstehen, in dem Sinne von „materiellem Rechte" auf.[2]) Unter den Vorschriften des bürgerlichen Rechtes sind sowohl die dem Gesetzesrechte als auch die dem Gewohnheitsrechte angehörenden inbegriffen.

III. Rechtliche Vorschriften aus der Zeit vor Erlassung der Verfass.-Urk. können künftighin nur noch dann zur Anwendung gelangen, wenn sie zu einem, der in Abs. 1 vorbehaltenen Gebiete zählen oder wenn ein Herkommen oder örtliche Verordnungen in Frage stehen, auf welche in den in Kraft bleibenden Gesetzen verwiesen ist. Es treten deßhalb mit Rücksicht auf Abs. 1 das preußische Landrecht, das pfälzische Recht, das bayerische Landrecht u. s. w. neben dem gemeinen Rechte außer Wirksamkeit. Wenn dieß hinsichtlich des code civil am Schlusse des Art. 175 noch besonders ausgesprochen ist, so war hiebei die Absicht maßgebend, dieses Gesetz auch bezüglich seiner öffentlichrechtlichen Bestimmungen aufzuheben. Für diejenigen Gebiete, bezüglich deren in Abs. 1 ein Vorbehalt gemacht ist, haben jene aufgehobenen Gesetze, insoweit dieselben bisher galten, auch in Zukunft noch in Anwendung zu kommen. Vergl. auch noch für die Uebergangszeit Art. 189 Einf.Ges. z. BGB., Art. 177 des gegenw. Ausf.Ges.

IV. Unter den Ausnahmen des Abs. 1 sind nicht aufgeführt, obgleich das Einf.Ges. zum BGB. das Landesrecht in dieser Beziehung zur Regelung ermächtigt hat:

a) das unter den heutigen Verhältnissen bedeutungslos gewordene und wegen der Nichterwähnung des desfallsigen Art. 73 Einf.Ges. auch aufgehobene Salpeterregal,[3])

b) das Anerbenrecht (Art. 64 Einf.Ges.),

c) die Zwangserziehung (Art. 135 Einf.Ges.), weil die k. Staatsregierung noch nicht Zeit gefunden hat, den bei b) und c) in Betracht kommenden Fragen näher zu treten,

d) das Stockwerkseigenthum (Herbergsrecht, Art. 131 Einf.Ges.), weil keine Absicht bestund, von der in letzterem Art. ausgesprochenen Befugniß für die Landesgesetzgebung Gebrauch zu machen. Das Stockwerkseigenthum ist, von einigen Bezirken

---

Anschlusse an andere Ausf.Ges., z. B. das preußische, die Form zu wählen „die von den Reichsgesetzen unberührt gelassenen Vorschriften des bürgerlichen Rechtes". Der Ministerial-Kommissär konnte diesem zum Beschlusse nicht erhobenen Vorschlage die Anerkennung seiner logischen Berechtigung nicht versagen, bemerkte aber, daß der Reg.Entw. sich nach dem Vorbilde derjenigen Fassung gerichtet habe, welche in Bayern bei den seit dem Jahre 1871 zu den Reichsgesetzen erlassenen Ausf.Ges. bisher üblich gewesen sei und welche allerdings die etwa bereits theilweise erfolgte Aufhebung durch die Reichsgesetzgebung nicht in Berücksichtigung gezogen habe. (RR. A. 5. Prot. S. 3, Becher Materialien Bd. I S. 739).

2) RR. A. 5. Prot. S. 3. (Aeußerung des Minist.Kommissärs). Becher a. a. O. Man vergl. auch die Motive zu § 16 Einf.Ges. zur Civ.Pr.O. (Hahn Materialien zur Civ.Pr.O. Bd. I S. 504.) Neben diesem § enthalten noch die §§ 266, 267, 422 u. 1027 Civ.Pr.O. neuerer Fassung sowie die §§ 10 u. 17 Einf.Ges. z. Civ.Pr.O. eine Hinweisung auf das bürgerliche Recht.

3) Das Regal der Perlfischerei besteht noch zu Recht (Art. 46 Abs. 2 des Wasserbenützungsges. v. 28. Mai 1852)

abgesehen, im Absterben begriffen.[4]) Für die vorhandenen Herbergsrechte ist durch Art. 182 Einf.Ges. in ausreichendem Maße Vorsorge getroffen;

e) die Vorschriften über das Erbpachtrecht (Art. 63 Einf.Ges.), weil es dem Willen des Gesetzes entspricht, daß derartige Verträge in der Pfalz künftighin ebensowenig als im rechtsrhein. Bayern zugelassen werden sollen.[5])

V. Die in Abs. 1 des Regier.Entw. durch Anführung des § 16 Nr. 1 des Einf.-Ges. z. Civ.Pr.O. und einer Reihe von Artikeln des Einf.Ges. z. BGB. getroffenen Ausnahmen haben im Gesetze insofern eine Aenderung erfahren, als der Vorbehalt des Art. 90 Einf.Ges. z. BGB. von der K. Staatsregierung zurückgezogen wurde und die Erwähnung der auf die Amortisationsgesetze sich beziehenden Art. 86—88 dess. Ges. in Wegfall kam. Als Ersatz hiefür sind die im Reg.Entw. nicht enthalten gewesenen Art. 7 bis 10 in das Ges. neu eingestellt worden.

VI. Bezüglich derjenigen Artikel des Einf.Ges. zum BGB., welche Art. 1 Ausf.Ges. ausdrücklich anführt, sowie hinsichtlich des ebendaselbst erwähnten § 16 Nr. 1 des Einf.Ges. z. Civ.Pr.O. ist im einzelnen Nachstehendes zu bemerken:

1. Art. 56 des Einf.Ges. läßt die Bestimmungen der Staatsverträge[6]) unberührt, welche ein Bundesstaat mit einem ausländischen Staate vor dem Inkrafttreten des BGB. geschlossen hat.

a) Das Recht der deutschen Bundesstaaten, mit auswärtigen Mächten Staatsverträge abzuschließen, ist in der Reichsverfassung zwar nicht ausdrücklich anerkannt, aber auch nicht ausdrücklich entzogen. Aus den leitenden Grundsätzen der Reichsverfassung geht indeß hervor, daß dieses Recht einer Beschränkung unterliegt. Die Zuständigkeit zum Abschluß von Staatsverträgen vertheilt sich zwischen Reich und den Einzelstaaten in der gleichen Weise wie diejenige zur Gesetzgebung und Verwaltung. (v. Seydel III S. 734, Laband I S. 637 und die bei diesem in Anm. 1 angef. Schriftsteller.) Innerhalb der Grenzen seiner Zuständigkeit hat der Einzelstaat nicht bloß dem Auslande, sondern auch den anderen Bundesstaaten und dem Reiche gegenüber ein Vertragsrecht. (Seydel III

---

4) Die im Jahre 1882 vom K. Staatsministerium der Justiz angeordneten Erhebungen lassen entnehmen, daß in den Jahren 1877 bis 1881 im Ganzen 158 neu begründete Herbergsrechte zur Eintragung im Hypoth.Buche angemeldet wurden und zwar in 26 von den vorhandenen 240 bayer. Amtsgerichtsbezirken. Davon treffen 70 auf den Sprengel des k. Amtsgerichts Memmingen. In München, wo in den rechts der Isar gelegenen Vorstädten in den erwähnten 5 Jahren 1944 Herbergsrechte bestanden, kam kein Fall einer Neuanmeldung vor. (Jacubezky, Bemerkungen zu dem Entwurf BGB. S. 188 und 189). Vgl. auch Art. 42 des bayer. Ges. Uebergangsvorschr. zum BGB. betr.

5) Aeuß. des Minist.Kommiss., A.A.Prot. S. 11. Becher Materialien I S. 154. Die Streitfrage zur Entscheidung zu bringen, ob seit der Geltung des code civil die Begründung von Erbpachtverhältnissen mit dringlicher Wirkung in der Pfalz überhaupt möglich war, hatte das Gesetz keine Veranlassung. Es handelte sich hier um das Dekret v. 18/29. Dez. 1790 relatif au rachat u. s. w. Tit. I im Zusammenhange mit Art. 543 code civil.

6) Ueber Staatsverträge vergl. man v. Seydel bayer. Staatsrecht, 2. Aufl. Bd. III S. 732 ff., Laband Das Staatsrecht des deutschen Reiches, 3. Aufl., Bd. I S. 597 ff. und die bei letzterem angegebene Literatur.

S. 735): Ein Staatsvertrag erzeugt an sich nur völkerrechtliche Befugnisse und Pflichten, keine Rechtssätze, er verbindet an sich bloß die Vertragsschließenden; staatsrechtliche Gültigkeit erhält er erst durch die Staatsgewalt. (Laband I S. 627, 628.) Ueber das Recht des Königs von Bayern zum Abschlusse solcher Verträge und über die Frage, inwieweit ein Mitwirkungsrecht des Landtags besteht, s. v. Seydel III S. 735.

Wenn das Reich ein Gesetz erläßt, so beseitigt dasselbe nach Art. 2 der Reichsverfassung alle mit demselben im Widerspruch stehenden landesgesetzlichen Vorschriften, insbesondere auch die auf Grund eines Staatsvertrages ergangenen (Laband I S. 635). Dasselbe muß der Fall sein hinsichtlich eines späteren Landesgesetzes, mit welchem früher abgeschlossene Staatsverträge des betreffenden Bundesstaats sich nicht in Einklang bringen lassen.

b) Durch Art. 56 des E.G. ist ausgesprochen, daß die von einem Bundesstaate mit einer auswärtigen Macht eingegangenen Staatsverträge durch das BGB. nicht außer Kraft gesetzt werden. Der Schutz, welchen der in Abs. 1 des Art. 1 des Ausf.Ges. enthaltene Vorbehalt jenes Art. 56 den vor Verkündung der Verfass.Urk. zustandegekommenen Staatsverträgen civilrechtlichen Inhaltes gewährt, besteht darin, daß dieselben aufrechterhalten werden. Dies hat zur Voraussetzung, daß sie am 31. Dezember 1899 noch in Kraft waren. Auf Verträge, welche an diesem Tage durch die Reichs- oder Landesgesetze aufgehoben gewesen oder aus völkerrechtlichen Gründen außer Wirksamkeit getreten waren, vermag Art. 1 des Ausf.Ges. keinen Einfluß mehr auszuüben.

c) Darüber, ob die unter Bundesstaaten geschlossenen Staatsverträge, durch welche der Landesgesetzgebung gegenwärtig überlassene Materien geordnet wurden, noch in Kraft fortbestehen, ist aus Art. 1 nichts zu entnehmen, da derselbe solche Verträge nicht betrifft. Es kann keinem Zweifel unterliegen, daß Staatsverträge der letzteren Art in ihrer Gültigkeit unberührt bleiben. Dies wurde auch bei den in beiden Kammern gelegentlich der Berathung des Art. 1 gepflogenen Ausschußverhandlungen ohne Widerspruch anerkannt. (A.A.Prot. S. 5, 6; 5. R.R.Prot., Becher Mat. I S. 143, 745.)

Dem vom Referenten der Kammer der Abgeordn. gestellten Verlangen, die hier noch in Betracht kommenden älteren Staatsverträge einzeln aufzuzählen, erklärte die k. Staatsregierung nicht entsprechen zu können. (A.A.Prot. S. 4, Becher Mat. I S. 141.)

Man vergl. die in Döllinger's Verordnungssammlung Bd. I S. 193 ff. zum Abdruck gebrachten Staatsverträge sowie Kletke, Die Staatsverträge des Königreichs Bayern (1860), in welch' letzterem Werke die in dem Zeitraum von 1806 bis 1858 abgeschlossenen St.V. wiedergegeben sind. Die bei Döllinger enthaltenen St.V. gehören in ihrer Eigenschaft als Friedens-, Landes-, Grenz- und Tauschverträge ihrem Inhalte nach wohl ausschließlich dem öffentlichen Rechte an.

2. In Ansehung der Landesherrn[7]) und der Mitglieder der landesherrlichen Familien sowie der Mitglieder der fürstlichen Familie Hohenzollern

---

7) Hinsichtlich der Rechtsverhältnisse des Königs von Bayern und der Mitglieder des Kgl. Hauses in civilrechtlicher Beziehung vergl. v. Roth bayer. Civilrecht 2. Aufl. I S. 211 ff., v. Seydel bayer. Staatsrecht I S. 176 ff., S. 211 ff., v. Pözl Lehrb. des b. Verfass.Rechts 5. Aufl. S. 399 ff., S. 210 ff.

finden die Vorschriften des BGB. nach Art. 57 des Einf.Ges. Abs. 1 nur insoweit Anwendung, als nicht besondere Vorschriften der Hausverfassungen oder der Landesgesetze abweichende Bestimmungen enthalten. Das Gleiche gilt nach Abs. 2 bezüglich der daselbst erwähnten fürstlichen Häuser.

a) Die Hausverfassungen und die Landesgesetze haben hier den Vorzug vor dem Reichsrechte. Welche der vor dem 26. Mai 1818 erlassenen landesgesetzlichen und hausverfassungsmäßigen Bestimmungen für die nicht bayerischen Landesherrn und fürstlichen Familienmitglieder, wie Art. 57 des Einf.Ges. im Auge hat, in Betracht kommen, soll hier nicht untersucht werden, obwohl die bayer. Gerichte in einigen Fällen immerhin in die Lage kommen können, sich mit dieser Frage zu befassen. (Vergl. H. Schulze Die Hausgesetze der regierenden deutschen Fürstenhäuser.)

In Bayern sind in dieser Beziehung Vorschriften, welche der Erlassung der Verfass.Urk. vorausgehen, kaum mehr zu berücksichtigen. Das K. Familiengesetz v. 28. Juli 1808 (Reg.Bl. 1810 S. 777) ist durch dasjenige v. 18. Januar 1816 (Döllinger V.O.Samml. Bd. 2 S. 18) ersetzt und das letztere ist abgesehen von den auf Titel und Wappen der Mitglieder des K. Hauses sich beziehenden Art. 4 bis 9 desselben durch das Kgl. Familienstatut v. 5. August 1819 (Reg.-Bl. 1821 S. 1) aufgehoben. Insoferne sich in letzterer Hinsicht Zweifel ergeben haben, sind dieselben durch das Gesetz, die Festsetzung einer permanenten Civilliste betr., v. 1. Juli 1834 (Ges.Bl. S. 125) endgiltig beseitigt worden. Vgl. hierüber v. Seydel I S. 203 ff. und S. 208.

b) Gleichwie das Reichsrecht (Art. 57 Einf.Ges. in Uebereinstimmung mit § 5 Einf.Ges. zur Civ.Pr.O. und § 6 Einf.Ges. zum Ger.Verf.Ges.) zwischen dem Landesherrn und den Mitgliedern der landesherrlichen Familie unterscheidet, machen auch Verfass.Urk. und Familienstatut einen Unterschied zwischen dem König und den Mitgliedern des kgl. Hauses. Als letztere sind zu erachten die ebenbürtige Gemahlin des Königs, der von der Regierung zurückgetretene König und dessen ebenbürtige Gemahlin sowie die Königin-Wittwe, alle Prinzen und Prinzessinnen, welche von dem gemeinschaftlichen Stammvater des kgl. Hauses durch anerkannte, ebenbürtige und rechtmäßige Ehe in männlicher Linie abstammen und die ebenbürtigen Gemahlinnen und Wittwen der dem kgl. Hause angehörigen Prinzen. Dies gilt sowohl für die kgl. Hauptlinie als auch für die herzogliche Nebenlinie (v. Seydel I S. 208, 209).

c) Hinsichtlich der civilrechtlichen Verhältnisse des Königs und der Mitglieder des kgl. Hauses sei hier folgendes bemerkt: Der König ist nach Tit. VIII § 2 des Fam.Stat. von 1819 in seinen „Dispositionen“ an die Vorschriften der bürgerlichen Gesetze nicht gebunden; er kann demnach über sein Privatvermögen (Chatoullegut) jede beliebige Verfügung treffen, ohne das bürgerliche Recht irgendwie zu beachten. Seine Civilliste, welche nach Art. 1 des Ausf.Ges. zur Civ.-Pr.O. ihren allgemeinen Gerichtsstand vor den Gerichten der Hauptstadt hat, kann jedoch wegen privatrechtlicher Verbindlichkeiten gerichtlich belangt werden. Für den Fall, wenn der König ohne Hinterlassung einer letztwilligen Verfügung stirbt, vgl. v. Seydel I S. 183 und die davon abweichende Meinung Roth's I S. 214 ff.

Die Mitglieder des kgl. Hauses haben dagegen gemäß Tit. VIII § 5 Fam.Stat. bei Verfügungen über ihr Privatvermögen die bürgerlichen Gesetze zu beachten, nach welchen sich auch die Erbfolge in dieses Vermögen bestimmt. Hiebei ist jedoch nicht das geltende allgemeine bürgerliche Recht, sondern das Civilrecht im Gegensatz zum öffentlichen Rechte gemeint. (v. Roth I S. 213 Anm. 12, v. Seydel I S. 211, v. Pözl S. 212). Es geht deßhalb für sie das dem Hausgesetze subsidiäre, durch Art. 57 Einf.Ges. in seiner Gültigkeit nicht berührte Privatfürstenrecht dem Reichsrechte vor. (S. auch die Aeußerung des k. Staatsministers der Justiz A.A.Prot. S. 6, Becher Mat. S. 145).

d) Für Familienfideikommisse des Königs oder der Mitglieder des kgl. Hauses ist das Familienstatut maßgebend und nicht die VII. Verfass.Beil. König Max II. hat ein Privatfideikommiß errichtet (Reg.Bl. 1870 S. 194). Es bestehen ferner zwei Fam.Fid.Komm. im herzoglich bayer. Hause, nämlich das bayer. Fid.Komm. Tegernsee (Ges. u. V.O.Bl. 1876 S. 653) und dasjenige der herzoglichen Nebenlinie des kgl. Hauses (Reg.Bl. 1869 S. 1777).

e) Für die Mitglieder der landesherrlichen Familie wurde bisher mit Rücksicht auf § 87 Hypoth.Ges. in Verbindung mit Tit. X § 1 des Fam.Stat. das Hypothekenamt bei den Oberlandesgerichten geführt. Zur Führung des Grundbuchs werden künftighin von dem Zeitpunkte an, in dem dasselbe als angelegt anzusehen ist, die Amtsgerichte zuständig sein. Art. 1 des Ausf.Ges. zur Grundbuchordnung und zum Ges. über die Zwangsversteigerung u. s. w. vom 9. Juni 1899, welcher für die Verrichtungen des Grundbuchamts die Amtsgerichte als zuständig erklärt, setzt für die Mitglieder des kgl. Hauses keine Ausnahme fest. Für das Privatvermögen des Königs kam bisher schon nicht das Oberlandesgericht, sondern das Amtsgericht als Hypothekenamt in Betracht. (Art. 1 Ausf.Ges. z. Civ.Pr.O. u. K.O.).

f) Auf einen Erwerb, dem wegen einer unzulässigen oder nur beschränkt zulässigen Veräußerung oder Belastung die Vorschriften des Art. 57 Einf.Ges. und der hiedurch aufrechterhaltenen landesgesetzlichen Bestimmungen entgegenstehen, finden die Anordnungen des BGB. zu Gunsten derjenigen, welche Rechte von einem Nichtberechtigten herleiten, gemäß Art. 61 Einf.Ges. entsprechende Anwendung. Die Bestimmungen der Landesgesetze oder Hausverfassungen, welche hiemit d. i. mit §§ 892, 893, 932 ff., 1036 und 1207 BGB. im Widerspruche stehen, verlieren ihre Gültigkeit.

3. Nach Art. 58 Einf.Ges.[8]) bleiben aufrechterhalten die Vorschriften der Landesgesetze und nach Maßgabe dieser diejenigen der Hausverfassungen in Ansehung der Familienverhältnisse und der Güter derjenigen Häuser, welche vormals reichsständisch gewesen und seit 1806 mittelbar geworden sind oder welche diesen Häusern bezüglich der Familienverhältnisse und der Güter durch Beschluß der vorm. deutschen Bundesversammlung oder vor dem Inkrafttreten des BGB. durch Landesgesetz gleichgestellt

8) Ueber den standesherrlichen Adel vgl. v. Roth I S. 215 ff., v. Seydel I S. 319 ff., v. Pözl Verf.Recht S. 197 ff., über das Selbstgesetzgebungsrecht (Autonomie) des hohen Adels v. Seydel I S. 327 ff., v. Roth I S. 111 ff.; bezüglich des Adels überhaupt v. Seydel I S. 308 ff., Hoffmann Das Recht des Adels und der Fideikommisse (1896) S. 45 ff.; s. auch hinsichtl. des hohen Adels die bei v. Rönne preußisches Staatsrecht II S. 280 und G. Meyer Lehrb. des deutschen Staatsr. 3. Aufl. S. 677 angef. Literatur.

worden sind. Dies gilt nach Abs. 2 auch zu Gunsten des vorm. Reichsadels und derjenigen Familien des landsässigen Adels, welche vor dem 1. Januar 1900 dem vorm. Reichsadel durch Landesgesetz gleichgestellt wurden.

a) Für die in den Abs. 1 u. 2 erwähnten Häuser und Familien gehen die Landesgesetze und nach Maßgabe dieser die Hausverfassungen dem Reichsrechte vor, jedoch nicht allgemein, sondern nur in Ansehung der Familienverhältnisse und der Güter. Die Worte „nach Maßgabe" wollen nicht sagen, daß die Hausverfassungen mit den Landesgesetzen materiell in Uebereinstimmung zu bringen sind; sie bedeuten vielmehr, daß die Landesgesetze dafür entscheidend sind, ob die Hausverfassungen Gültigkeit haben und ob Abänderungen und Ergänzungen derselben zulässig erscheinen. (Fischer-Henle Handausg. zum BGB. vgl. Anm. 1 zu Art. 58 Einf.-Ges.).

b) Die Häuser, welche vormals reichsständisch gewesen und seit 1806 mittelbar geworden sind, gehören dem standesherrlichen, dem hohen Adel an. Gleichgestellt ist denselben durch Beschluß der vorm. deutschen Bundesversammlung die Familie der Grafen von Giech (Bekanntm. in Weber Ges. u. V.O. Samml. Bd. 5 S. 283).

Vor Erlassung der Verfass.Urk. wurde dem hohen Adel durch kgl. Entschließung vom 20. März 1807 gleichgestellt die Familie der Grafen v. Pappenheim (Döll. V.O. S. 4 S. 190 ff.). Vgl. auch noch die kgl. Entschl. v. 27. Jan. 1825 a. a. O.)

Die in Bayern bestehenden standesherrlichen Familien[9]) sind bei v. Pözl § 78 S. 206 aufgeführt.

c) Für die standesherrlichen Häuser kommt in erster Reihe in Betracht die IV. Verfass.Beil. Aber auch die VI. Verfass.Beil. findet hierauf Anwendung, insoweit nicht die IV. eine andere Bestimmung trifft (§ 136 der VI. Beil.). Aus der Zeit vor dem 26. Mai 1818 sind zu erwähnen die kgl. Deklaration vom 19. März 1807 betr. die Bestimmung der künftigen Rechtsverhältnisse der der kgl. Souveränität unterworfenen Fürsten, Grafen u. s. w. (Reg.Bl. S. 465), die kgl. Entschl. vom 25. Mai 1807 (Reg.Bl. S. 889), welche jene Deklaration in Bezug auf die Familienverträge erläuterte und die deutschen Bundesakte vom 8. Juni 1815 (Reg.Bl. 1817 S. 652). Daß die Deklaration von 1807 noch insoweit in Kraft bleibt, als dieselbe nicht durch die IV. Verfass.Beil. abgeändert ist, wurde im Schlußsatze der letzteren ausdrücklich ausgesprochen. Das Ges. v. 4. Juni 1848 über Aufhebung der standes- und gutsherrlichen Gerichtsbarkeit u. s. w. hat viele Bestimmungen der Dekl. v. 1807 außer Kraft gesetzt. Die dermalen noch in Geltung befindlichen Vorschriften derselben sind in Brater's Handausg. zur Verf.Urk. (4. Aufl. von Pfeil) auf S. 150 ff. wiedergegeben.

d) Durch § 9 der IV. Verfass.-Beil. sind die nach den Grundsätzen der früheren deutschen Verfassung noch bestehenden Familienverträge der Standesherrn aufrechterhalten und ist den letzteren die Befugniß verliehen, über ihre Güter und Familienverhältnisse verbindliche Verfügungen zu treffen, welche dem König

---

9) Ueber die mehrfache Eigenthümlichkeiten bietenden Verhältnisse der standesherrlichen Familien der Fürsten von Thurn und Taxis, bezüglich deren am 27. März 1812 (Döllinger V.O. S. 4 S. 169) eine kgl. Deklaration erlassen wurde, vgl. v. Pözl § 79 S. 209. Die freiwillige Gerichtsbarkeit derselben ist jetzt auf den Staat übergegangen (Art. 106 des Ges. vom 9. Juni 1899 Uebergangsvorschr. z. BGB. betr.).

vorzulegen sind. Dieser hat das Recht, die bezeichneten Verfügungen auf ihre Gesetzmäßigkeit zu prüfen; einer Bestätigung unterliegen jedoch dieselben nicht. (Seydel I S. 327; V.O. vom 25. Mai 1807, Reg.Bl. S. 889).[10])

e) Bezüglich der standesherrlichen Familiengüter vgl. noch die Art. 13 u. 16 des Ausf.Ges. zur Grundbuchordnung u. s. w. vom 9. Juni 1899.

f) Hinsichtlich der in Abs. 2 des Art. 58 Einf.Ges. erwähnten Familien sind — abgesehen von Tit. V § 3 der Verf.Urk. und den Verfass.Beil. V u. VI — in Berücksichtigung zu ziehen die in § 136 der VI. Verfass.Beil. in Bezug genommene kgl. Deklaration vom 31. Dezember 1806 (Reg.Bl. 1807 S. 193) die der kgl. Souveränität unterworfene Ritterschaft und ihre Hintersassen betr., welche durch Entschl. vom 27. Juli 1818 (Döllinger V.O. S. 4 S. 211) auf den Untermainkreis ausgedehnt worden ist, ferner die V.O. vom 25. Mai 1807 (Reg.Bl. S. 889). Nachdem die gutsherrliche Gerichtsbarkeit durch Ges. v. 4. Juni 1848 aufgehoben ist, gehören nur noch wenige Bestimmungen der Deklaration von 1806 dem geltenden Rechte an. Diese sind in der Handausgabe von Brater zur Verfass.Urk. (4. Aufl. besorgt von Pfeil) auf S. 148 ff. zusammengestellt.

g) Die Stellung der vorm. Reichsritterschaft unterscheidet sich in Bayern nicht wesentlich von derjenigen des landsässigen Adels (v. Seydel I S. 317). Die der bayer. Landeshoheit untergebenen ehem. unmittelbaren Reichsadeligen genießen nach Tit. V § 3 der Verfass.Urk. diejenigen Rechte, welche in Gemäßheit der kgl. Deklaration d. h. derjenigen vom 31. Dezember 1806 durch die konstitutionellen Edikte zugesichert wurden. Diese sind die V., VI. und VII. Verfass.Beil. Nach lit. A Nr. 5 der genannten Deklaration erfordern die Familienverträge der vorm. Reichsritterschaft zu ihrer Gültigkeit künftighin die Beobachtung der gesetzlichen Vorschriften und müssen die bereits errichteten, wenn sie ferner gültig sein sollen, dem Könige eingesendet werden. Eine förmliche Bestätigung ist nach der die Deklar. von 1806 erläuternden kgl. Entschl. v. 25. Mai 1807 (Reg.Bl. S. 889) nicht nothwendig. Die Vorlage bezweckt nur die Prüfung der Gesetzmäßigkeit.

h) Die Bestimmung des Art. 61 Einf.Ges. z. BGB. gilt für Art. 58 ebenso wie für Art. 57 dieses Gesetzes. (Vgl. oben Bem. f. zu Art. 57).

10) Die veröffentlichten Hausgesetze des hohen Adels sind bei v. Roth I S. 112 aufgezählt. Hiezu kommen noch Hausgesetze für folgende standesh. Familien: Ortenburg Reg. Bl. 1843 S. 505, 1860 S. 457, Ges. u. V.O.Bl. 1891 S. 415; Thurn u. Taxis R.Bl. 1855 S. 605; Schönborn R.Bl. 1868 S. 2025; Leiningen R.Bl. 1869 S. 961; Erbach R.Bl. 1873 S. 97, Ges. u. V.O.Bl. 1875 S. 9; Oettingen: fürstliches Gesammthaus Ges. u. V.O.Bl. 1876 S. 391; Oettingen-Wallerstein R.Bl. 1870 S. 1337, Ges. u. V.O.Bl. 1885 S. 2, 1892 S. 54; Fugger Ges. u. V.O.Bl. 1884 S. 105, 1886 S. 555 und Giech Ges. u. V.O.Bl. 1894 S. 75.

Im Ges. u. V.O.Bl. von 1882 (S. 163) wurde das Ges. v. 26. April 1882 betr. die Hausgesetze des fürstlichen Gesammthauses Nassau bekannt gemacht. Es ist, wie v. Seydel I S. 323 mit Recht bemerkt, selbstverständlich, daß die Bestimmungen der IV. Verfass.Beil. auf deutsche Herrscherhäuser nicht entsprechend Anwendung finden können, deren Staaten in Folge späterer Ereignisse zu bestehen aufgehört haben.

4. Vermöge Art. 59 Einf.Ges. bleiben unberührt die landesgesetzlichen Vorschriften über Familienfideikommisse und Lehen mit Einschluß der allodifizirten Lehen sowie über Stammgüter.[11])

A. a) Nachdem die früher bestehenden Geschlechtsfideikommisse schon vor dem Jahre 1818 aufgehoben[12]) worden waren und die Errichtung neuer Familienfideikommisse nur in der Form der gesetzlich geregelten Majorate zu Gunsten adeliger Familien erlaubt worden war, hat die Verf.Urk. in ihrer VII. Beil. (Edikt über die Familienfideikommisse) die Bestimmungen bezüglich der letzteren in einheitlicher Weise festgesetzt und zwar im wesentlichen auf Grundlage der für die Majorate bestehenden Vorschriften. Die bisherigen Majorate wurden hiedurch nicht aufgehoben; es wurde vielmehr den Stiftern Gelegenheit gegeben, dieselben in F.F.Kommisse, welche der VII. Verfass.Beil. entsprechen, innerhalb zweijähriger Frist umzuwandeln. F.F.K. können auch künftighin nur zum Vortheile adeliger Personen und Familien errichtet werden.

Man kann folgende Arten von F.F.K. unterscheiden:

aa) solche, für welche die VII. Verfass.Beil. und das hiezu erlassene authentische Gesetz vom 11. Septbr. 1825 (Ges.Bl. S. 32) maßgebend sind;

bb) diejenigen der Standesherrn, für welche nicht die VII., sondern die IV. Verfass.Beil. Platz greift;

cc) die auf Grundlage der Edikte v. 28. Juli 1808 und v. 22. Dez. 1811 errichteten Majorate, welche bis zum 20. Mai 1820 nicht in F.F.K. umgewandelt wurden und welche gemäß § 103 der VII. Verf.Beil. nach den in den Majoratsurkunden bestimmten Rechten fortbestehen bleiben;

dd) Die F.F.K. der vorm. Reichsritterschaft, für welche, wenn sie in ihrem alten Komplexe bestanden und nicht inzwischen an einen anderen Besitzer übergegangen sind, hinsichtlich der zu ihnen bereits gehörigen Bestandtheile die Bestimmungen der deutschen Bundesakte v. 8. Juni 1815 (s. Reg.Bl. 1817 S. 635) nach § 104 der VII. Verf.Beil. gelten, während die Vorschriften der letzteren bei Vermehrungen in Anwendung kommen;

ee) die F.F.K., welche in den seit dem Jahre 1812 von Bayern erworbenen Gebietstheilen bereits vorhanden waren und nach § 106 der VII. Verf.Beil. für forthin gültig erklärt sind.

b) Nach der VII. Verf.Beil., welche für die unter dd und ee aufgeführten F.F.K. insoweit gilt, als nicht die Familienverträge und die von den Stiftern getroffenen Verfügungen ausdrücklich etwas Anderes festsetzen (§ 103 lit. c.), werden F.F.K.

---

11) Bezügl. der Familienfid.Komm. vgl. v. Roth II 3. Abth. S. 48 ff., Becher b. Landesciv.R. S. 936 ff. und die bei beiden angegebene Literatur, ferner v. Pözl § 54 S. 149 ff. und Hoffmann Das Recht des Adels und der Fideikomm. in Bayern (1896) S. 1 ff. — Hinsichtl. der Lehen v. Roth II, 3. Abth., S. 1 ff., Becher a. a. O. S. 922 und die dort angef. Literatur; für die Stammgüter v. Roth a. a. O. S. 48.

12) Edikt vom 28. Juli 1808 (Reg.Bl. S. 2029) über den Adel im Königr. Bayern und Edikt v. 22. Dez. 1811 (Reg.Bl. 1812 S. 5) die bisherigen adeligen Familienfideikommisse und künftigen Majorate im Königreiche Bayern betr. Nach bayer. Landrechte Th. III Kap. 10 §§ 1—25 waren die Familienfideikommisse eine rein privatrechtliche Einrichtung und kein Adelsvorrecht. Das Edikt v. 28. Juli 1808 setzte an deren Stelle eine politische Einrichtung, die Majorate, jedoch nur für den Adel.

erst wirksam durch gerichtliche Bestätigung und durch Eintrag in die Fideikommißmatrikel (§ 22 lit. c.). Diese genießt indeß nicht den öffentlichen Glauben des Hypothekenbuchs (Becher S. 943 Anm. 10). Die Fideikommißschulden sind entweder solche erster Klasse, welche auf der Substanz und den Früchten des ganzen F.K., oder solche II. Klasse, welche nur auf dessen Früchten lasten. (Näheres hierüber §§ 56 u. ff. der VII. Verf.Beil.). Die F.F.K. der Standesherrn bestehen nicht erst kraft Eintrags in die Matrikel, sondern schon vermöge der von denselben auf Grund ihrer Selbstgesetzgebung (Autonomie) geschlossenen und zur öffentlichen Kenntniß gebrachten Familienverträge. Diese letzteren und die Uebereinstimmung der betreffenden Gläubiger damit sind auch maßgebend dafür, inwieweit ein Eintrag der F.K.Schulden in die Matrikel zu erfolgen hat. (Bl. f. R.A. 2. Erg.Bd. S. 371). Die F.F.K. bilden einen der Gerichtsbarkeit der Oberlandesgerichte anheimfallenden Gegenstand der freiwilligen Rechtspflege (§ 14 der VII. Verf.Beil.). Die Behandlung derselben richtet sich nach den Vorschriften der A.V.O. v. 3. März 1857 die Instruktion über die F.F.K betr. (Reg.Bl. S. 253), welche an Stelle der früheren Instruktion v. 22. Dez. 1818 (Reg.Bl. 1819 S. 17) getreten ist. Ueber Einsicht der Fid.Komm.Matrikel und Abschrift aus derselben s. Art. 134 des Ausf.Ges. Für die von Mitgliedern des kgl. Hauses errichteten F.F.K. ist, wie schon oben zu Anm. dd bemerkt wurde, das kgl. Familienstatut v. 1819 maßgebend.

c) In der Pfalz, in welcher bisher nach Art. 896 des code civil F.F.K. nicht möglich waren, können solche auch in Zukunft nicht errichtet werden. (Art. 135 des gegenwärtigen Ausf.Ges.). [13])

d) Art. 61 des Einf.Ges. z. Civ.Pr.O. findet auch auf Fideikommißgüter Anwendung; über deren Eintragung in das Grundbuch vgl. Art. 13 des Ausf.-Ges. zur Grundbuchordnung u. s. w. v. 9. Juni 1899; hinsichtlich der Zwangsvollstreckung in solcher Güter s. Art. 34—36 des letzteren Ges. Vgl. auch noch § 15 des Einf.Ges. zur Civ.Pr.O. und Art. 16 des Ausf.Ges. zur Grundb.-Ordn. u. s. w.

B. Das die Lehen betreffende Recht ist durch das Edikt über die Lehensverhältnisse v. 7. Juli 1808 (Reg.Bl. S. 1893), welches durch das Ges. v. 15. August 1828 die Revision des Lehensediktes betr. (Ges.Bl. S. 353) eine Aenderung erfahren hat, für das Königreich einheitlich geregelt.

a) Alle Privatlehen sind durch das Edikt v. 1808 §§ 22, 24 als aufgehoben erklärt; durch die IV. Verfass.Beil. § 57 ist indeß zu Gunsten der standesherrlichen Familien dahin eine Ausnahme gemacht, daß denselben ihre Aktivlehen belassen wurden. Abgesehen hievon kommt die aktive Lehensfähigkeit nur dem König zu (§ 34 Ed. v. 1808), welcher jedoch im Falle des Tit. III § 5 der Verf.Urk. an die Zustimmung des Landtags gebunden ist. Passiv lehensfähig ist jeder bayr. Staatsbürger (§ 36 Ed. v. 1808). Die Mannlehen der Krone (Thron-, Ritter- und Kanzlei-Lehen) können nicht bloß in liegenden Gütern,

---

13) Die Anregung des Ref. d. K. der Abg., für das ganze Königreich eine gesetzliche Bestimmung etwa dahin zu treffen, „Fam.Fid.Kommisse durch Grundstücke zu vergrößern oder neue F.F.K. zu errichten, ist untersagt," fand im Ausschusse keine genügende Unterstützung (Schriftlicher Bericht des Ref. S. 3, A.A.Prot. S. 8 flg., Becher Mat. I S. 147 flg.).

sondern auch in thronlehnbaren Würden und in Rentenlehen bestehen. Die durch V.O. v. 6. Juni 1815 (Reg.Bl. S. 481) angeordnete zwangsweise Lehensallodifikation kam durch das bereits erwähnte Ges. v. 18. Aug. 1828 wieder in Wegfall. Ueber Allodifikation vgl. v. Roth II 3. Abth. S. 44 ff. und Becher b. L.C.R. S. 923, 924. Alle noch vorhandenen Lehen mit Ausnahme der thronlehnbaren Würden und der auf kgl. Dotation oder auf Staatsverträgen beruhenden wurden mit Ges. v. 4. Juni 1848 die Ablösung des Lehensverbandes betr. für ablösbar erklärt.

b) Für die Lehensgüter gilt auch Art. 61 des Einf.Ges. z. Civ.Pr.O.; über Eintrag der Lehen und allodif. Lehen im Grundbuche s. Art. 14 u. 15 des Ausf.-Ges. z. Grundb.Ordn. u. s. w. v. 9. Juni 1899; hinsichtlich des Nachweises der Nachfolge s. Art. 16 des erwähnten Ges. für die Zwangsvollstreckung s. Art. 36 dess. Ges. Vgl. auch noch § 15 des Einf.Ges. zur Civ.Pr.O.

C. Stammgüter waren, wie Roth II 3. Abth. S. 48 bemerkt, früher eine weitverbreitete Einrichtung, sind aber mit Auflösung des alten deutschen Reiches der Mehrzahl nach in Familienfideikommisse verwandelt worden. Auf die Frage, ob es in Bayern Stammgüter gebe, erwiderte der kgl. Staatsminister der Justiz, es sei für das Gesetz keine Veranlassung gegeben, dieselbe zu entscheiden. Er fügte noch bei, „beim fränkischen Adel dürften wohl noch Stammgüter bestehen, insbesondere spricht die VII. Verf.Beil. von solchen Gütern." (§ 102) A.A.Prot. S. 9, Becher Mat. I S. 149.

D. Unter Art. 59 E.G. fallen auch die landwirthschaftlichen Erbgüter nach dem bayer. Gesetze v. 22. Febr. 1855 (Ges.Bl. S. 49). Vgl. Wagner in v. Staudinger's Kommentar z. BGB. bei Anm. 3 z. Art. 59 E.G.

Vgl. auch § 15 des Einf.Ges. zur Civ.Pr.O.

5. In Art. 69 des Einf.Ges. sind die landesgesetzlichen Bestimmungen über Jagd und Fischerei[14]) unbeschadet der Vorschriften des die unerlaubte Aneignung betreffenden § 958 Abs. 2 des B.G.B. und der Bestimmungen über Ersatz des Wildschadens (§ 835, vgl. hiezu auch Art. 70—72 des Einf.Ges. z. B.G.B.) aufrechterhalten.

a) Wie der k. Staatsminister der Justiz bemerkte (A.A.Prot. S. 11, Becher Mat. I S. 153), kommt von älteren Gesetzen hier insbesondere in Betracht die V.O. der österreichischen-bayerischen Landesadministration v. 21. Sept. 1815 (Amtsbl. S. 253), Siebenpfeiffer (1. Aufl.) Handb. der Verfass. u. Verwaltung Rheinbayerns Bd. 4 S. 36), welche durch die V.O. der bayr. Landesadministr. am linken Rheinufer v. 11. Juli 1816 (Amtsbl. S. 105) auf den Kreis Landau erstreckt worden ist und die Grundlage des pfälzischen Jagdrechts bildet. Die in Art. 143 des gegenwärtigen Ausf.Ges. enthaltene Bestimmung (Ziffer I) zur Ergänzung des rechtsrhein. Jagdausübungsgesetzes wird künftighin auch für die Pfalz gelten. Im Uebrigen bleiben die Bestimmungen der V.O. v. 21. Sept. 1815 unberührt.

b) für das rechtsrhein. Bayern ist das Recht zur Jagdausübung durch das Gesetz v. 30. März 1850 die Ausübung der Jagd betr. (Ges.Bl. S. 117) geregelt, wodurch alle entgegenstehenden früheren Bestimmungen außer Kraft gesetzt sind.

---

14) Ueber Jagd vgl. v. Roth II, 3 S. 235 ff., Becher L.C.R. S. 1035 ff. und die bei beiden angef. Literatur; über Fischerei vgl. Becher a. a. O. S. 1044 ff. und die bei ihm und Roth a. a. O. S. 270 Anm. 21 erwähnte Literatur.

Die Frage, welche Thiergattungen als jagdbare erscheinen, war durch dieses Gesetz bisher nicht entschieden, und blieb daher den Partikularrechten überlassen; dieselbe wurde vom Reichsgerichte (Entschl. in Straff. 10 S. 234) als eine civilrechtliche bezeichnet. Mit Rücksicht auf die durch Art. 143 des Ausf.Ges. erfolgte einheitliche Ordnung der Sache können die statutarrechtlichen Vorschriften künftighin hier nicht mehr in Anwendung kommen. Ob der Jagdberechtigte durch Aneignung an dem jagdbaren Thiere Eigenthum erlangt, hängt von dem Landesrechte ab. Alle bisher in Bayern maßgebenden Rechte gestehen ein Eigenthumsrecht zu (Motive B 27, Becher Mat. II S. 52). Streitig ist es nach Pfälzer Recht, ob zur Aneignung schon die tötliche Verletzung des Wildes genügt. Durch die Besitzergreifung eines Unberechtigten kann nach dem in Art. 69 des Einf.Ges. vorbehaltenen § 958 Abs. 2 des BGB. — ohne Rücksicht auf landesgesetzliche Vorschriften — weder für jenen, noch auch für den Berechtigten ein Eigenthum begründet werden. Ueber die Befugniß zur Inbesitznahme nicht jagdbarer Thiere vgl. Becher b. L.C.R. S. 1036 und die Anm. 9 dort Citirten sowie die daselbst erwähnten abweichenden Meinungen von Roth und Seydel. Wenn die Frage ausschließlich nach dem Civilrechte zu entscheiden ist, so erscheint künftighin wohl nicht das Landesrecht, sondern das BGB. ausschlaggebend.

c) Bei dem bisherigen Rechte verbleibt es auch für die Frage, inwieweit der Fischereiberechtigte zur Erlegung von jagdbaren Thieren befugt ist. (Entschl. des vorm. Kassat.Hofs Bd. 4 S. 434).

d) Auf welche Fische und sonstige Wasserthiere das Fischereirecht sich erstreckt, bemißt sich nach dem örtlichen Civilrechte (v. Staudinger und v. Stengel's Wörterbuch des deutschen Verwalt.Rechts I S. 409). In dieser Hinsicht sind die bisherigen Partikularrechte in fortdauernder Gültigkeit. Bezüglich dieser s. v. Roth II, 3. Abth. S. 270 Anm. 21).

e) Die Perlfischerei ist, wie bereits oben S. 5 Anm. 3 bemerkt wurde, ein staatliches Regal.

6. Im Hinblick auf Art. 74 Einf.Ges. bleiben unberührt die landesgesetzlichen Vorschriften über Zwangsrechte, Bannrechte und Realgewerbeberechtigungen.[15]).

a) Obwohl § 7 der Gewerbeordnung die auf Vertrag beruhenden, mit ausschließlichen Gewerbeberechtigungen verbundenen Zwangs- und Bannrechte nicht beseitigt (v. Landmann Bd. I S. 90), so sind dennoch in Bayern ausschließliche Gewerbebefugnisse sowie Zwangs- und Bannrechte schon längst aufgehoben und zwar in den Landestheilen rechts des Rheins seit Anfang dieses Jahrhunderts, in der Pfalz seit 1791. (v. Landmann I S. 88.) Ferner haben die in § 7 Ziff. 2 Gew.O. ausgenommenen Abdeckereiberechtigungen civilrechtlich in Bayern längst aufgehört. (Landmann I S. 90). Der Vorbehalt des Art. 74 E.G. wird demgemäß, insoweit Zwangs- und Bannrechte in Frage stehen, in Bayern nicht praktisch sein. Wo solche Rechte, welche jetzt fortan nicht mehr erworben und auch nicht neu begründet werden können (§ 10 Gew.O.), überhaupt noch in Geltung sich befinden sollten, sind dieselben nach § 8 Gew.O. ablösbar.

---

15) v. Landmann Kommentar zur Gewerbeordnung 3. Aufl. Bd. I S. 88 ff., v. Roth II, 3. Abth. S. 107 ff., Becher S. 1082 ff. und die bei denselben angef. Literatur. Bezüglich der Ehehaften s. auch außerdem noch v. Roth II, 3. Abth. S. 304 ff.

b) Das bayr. Recht kennt als dingliche Gewerberechte nur die **Realgewerbeberechtigungen.** Ueber den Begriff derselben, welchen die Gewerbeordnung nicht bestimmt, besteht keine einheitliche Auffassung in der Wissenschaft (Seydel Gewerbepolizeirecht S. 20). Man wird, wie v. Landmann I zu § 10 Anm. 5 bemerkt, als Absicht der Gew.O. ansehen dürfen, daß alle diejenigen Gewerberechte aufrechterhalten werden sollen, welche nach dem betreffenden Partikularrechte mit einem dinglichen Charakter ausgestattet sind. Das bayrische Recht, welches in Art. 7 des Gewerbsgesetzes vom 30. Januar 1868 (Ges.Bl. 1866/69 S. 309) die Realgewerbeberechtigungen als fortbestehend erklärte, unterscheidet zwischen radizirten Rechten und Realrechten im engeren Sinne. Ein Recht der ersteren Art ist die an ein bestimmtes Grundstück geknüpfte Befugniß zur Ausübung eines Gewerbes wie z. B. der Baderei, Gastwirthschaft u. s. w. Ein Realrecht im engeren Sinne stellt eine solche Berechtigung dar, welche ohne an einem bestimmten Grundstücke zu haften, vererblich sowie veräußerlich ist und gleich einem dinglichen Rechte behandelt wird. (v. Landmann I zu § 10 Anm. 5 und die dort angef. Schriftsteller.) Näheres über den Unterschied von radizirten Rechten und Realrechten im engeren Sinne s. Becher b. L.C.R. S. 1083 Anm. 3. Die Realrechte, welche dem Inhaber kein Verbietungsrecht gewähren (Becher a. a. O. Anm. 2), konnten bisher selbständige Hypothekenobjekte sein, während die radizirten Rechte nur als Zugehörungen eines Anwesens mit diesem zum Gegenstand einer Hypothekbestellung gemacht werden konnten. Realrechte im engeren Sinne konnten seit der V.O. v. 1. Dez. 1804 die Handwerksbefugnisse betr. (Reg.Bl. 1805 S. 47), radizirte Gewerberechte seit dem Gewerbegesetze von 1868 nicht mehr neu begründet werden. Auch durch die Reichsgew.Ordn. (§ 10 Abs. 2) ist die Neubegründung von Realgewerbeberechtigungen verboten; der Uebertragung solcher bereits bestehender Rechte an andere Personen ist durch jene jedoch kein Hinderniß in den Weg gelegt. Hinsichtlich der Verlegung (Transferirung) von radizirten Rechten vergl. noch Becher S. 1084 Anm. 8.

c) Zu den Realgewerbeberechtigungen gehören auch die Ehehaften, welche hauptsächlich im Gebiete des bayerischen Landrechts sich finden. Sie sind nach dem Gesetze vom 23. Febr. 1868 (Ges.Bl. S. 333) ablösbar und stellen sich theils als radizirte Rechte, theils als Realrechte im engeren Sinne dar. Für sie kommen in Betracht Th. II cap. 8 § 7 des bayer. Landr., ferner die Mandate vom 3. Mai 1779 und vom 19. Mai 1784 § 17 (Mayr Gen.Samml. I S. 384 u. II S. 1477). Die Leistungen der Ehehaftsverwandten d. h. der Eigenthümer der den Ehehaftsverband bildenden Grundstücke sind Reallasten.

d) Die auf den Vorbehalt des Art. 74 Einf.Ges. bezüglichen, der Zeit vor dem 26. Mai 1818 angehörenden mehrfachen landesrechtlichen Vorschriften, von deren Aufzählung im einzelnen hier Umgang genommen werden will, sind aus der Darstellung Becher's im L.C.R. S. 1083 ff. zu entnehmen.

7. Es besteht die Absicht, das **Versicherungs-** und das **Verlagsrecht,** welche beide in **Art. 75 u. Art. 76** Einf.Ges. der landesrechtlichen Regelung noch überlassen sind,[16]) mit der Zeit reichsgesetzlich zu ordnen. Bis zur Verwirklichung

---

16) Bezüglich des Versicherungsrechts bleiben nach Art. 75 die landesrechtlichen Vorschriften nur insoweit aufrecht, als in dem BGB. nicht besondere Bestimmungen

dieses Vorhabens sollen in Bayern, damit keine Lücke geschaffen werde, neben den seit dem 26. Mai 1818 ergangenen auch noch die vor diesem Zeitpunkte erlassenen in Kraft bleiben. Der Referent der Kammer der Abgeordneten hob hiebei hervor (A.A.Prot. S. 12, Becher Mat. I S. 156), daß als solche ältere Gesetze das preußische Landrecht und das österreichische bürgerliche Gesetzbuch noch in Betracht kämen. Hinsichtlich des Versicherungsvertrags ist diese Bemerkung, insoweit sie sich auf das preuß. Landrecht bezieht, wohl nicht zutreffend. Denn die desfallsigen Bestimmungen dieses Gesetzes in Th. II Tit. 8 §§ 1934 ff. wurden durch Art. 4 des bayer. Einf.Ges. zum allgemeinen deutschen Handelsges.Buche v. 10. Nov. 1861 (Ges.-Bl. 1859/62 S. 425) ausdrücklich außer Kraft gesetzt. Dagegen sind die durch das Reichsges. über das Urheberrecht an Schriftwerken u. s. w. v. 11. Juni 1870 (R.G.Bl. S. 339) in ihrer Gültigkeit nicht berührten (Allfeld zu diesem Gesetz S. 52) Vorschriften des preuß. Landrechts über den Verlagsvertrag Th. I Tit. 11 §§ 996 ff. noch als zu Recht bestehend zu erachten. Sonderbestimmungen für die Pfalz bestehen weder bezüglich der Versich.Rechts noch auch hinsichtlich des Verlagsrechts. (A.A.Prot. S. 12, Becher Mat. I S. 156).

8) Durch Art. 78 des Einf.Ges. werden diejenigen Vorschriften des Landesrechtes geschützt, inhaltlich welcher die Beamten für die von ihnen angenommenen Stellvertreter und Gehülfen in weiterem Umfange als nach dem BGB. d. h. nach § 278 desselben haften.

Die vom Ref. der Abg.Kammer erwähnten Bestimmungen des Art. 1384 code civil und des preuß. Landrechts in Th. I Tit. 13 §§ 46—48 betreffen, wie der k. Staatsminister der Justiz mit Recht bemerkte, die allgemein durch das bürgerliche Recht bestimmte Haftung für die Handlungen Dritter (Kinder, Zöglinge, Lehrlinge, Beauftragte u. s. w.) und sind deshalb durch das BGB. aufgehoben. (AA. Prot. S. 12, Becher Mat. I S. 156). Art. 78 des Einf.Ges. hat hingegen die für Beamte hinsichtlich ihrer Haftung bestehenden besonderen Vorschriften im Auge. Dieselben stehen mit denjenigen Bestimmungen des öffentlichen Rechtes in innigem Zusammenhange, nach welchen gewisse Arten von Beamten ihre Gehülfen selbst zu wählen berechtigt sind, wie die Notare, die Rentamtmänner und die pfälz. Hypothekenbewahrer. Die weitergehende Vertretungsverbindlichkeit, wie sie z. B. durch das Gesetz vom 21. Oktober 1807 betr. die Hypothekenbewahrer für die Pfalz vorgesehen ist, soll, wie der kgl. Ministerialkommissär Dr. von Jacubezky sagte, deshalb vorerst noch fortbestehen bleiben, weil es dermalen an der genügenden Zeit gebricht, um die durch Abänderung jener Vorschriften bedingten organisatorischen Aenderungen vorzunehmen.

---

getroffen sind z. B. in den §§ 1045, 1046, 1127—1130, 1385, 1388, 1529, 1531 und 1654. Die von den einzelnen Bundesstaaten eingeführten Versicherungen (Brand-, Hagel-, Vieh-V.) werden indeß auch nach der in Aussicht genommenen reichsgesetzlichen Regelung des allgem. Versicherungsrechts die landesrechtliche Ordnung noch beibehalten. (Motive A S. 13, Becher Mat. I S. 33.)

Ueber Versicherungsrecht vgl. Cohn Der Versich.Vertrag (1878), Staudinger Lebensversich.Vertrag (1858), Ehrenberg Rückversicherung (1885), Ehrenberg Versicherungsrecht (1889), Oefele Handb. der sozialen Versich.Gesetze (1893).

Ueber Verlagsrecht vgl. Wächter Verlagsrecht, Klostermann Urheberrecht (1876) S. 145 ff., Allfeld Das Reichsges. betr. das Urheberrecht u. s. w. v. 11. Juni 1870 (1893) S. 52 ff., Schürmann Die Rechtsverhältnisse der Autoren und Verleger, insbes. S. 323 ff.

(A.A.Prot. S. 13, Becher Mat. I S. 156, 157). Bezüglich der Gerichtsschreibereien ist eine derartige organisatorische Aenderung, wonach der Beamte seine Gehülfen nicht mehr zu wählen befugt ist, bereits durch die A.V.O. v. 12. Juni 1892 die Geschäftseinrichtung der Gerichtsschreibereien betr. und Just.Min.Bekanntm. hiezu v. 14. Juni 1892 (J.M.Bl. S. 131, 132) erfolgt. In Folge der Einführung des BGB. sind diesbezügliche neuere Vorschriften bisher nicht erlassen worden. Hinsichtlich der Rentämter ist eine solche neue Organisation in Aussicht genommen.

9) In Art. 80 des Einf.Ges. werden, insoweit nicht in dem BGB. eine besondere Bestimmung getroffen ist (vgl. §§ 197, 394, 400, 411, 570, 839, 841, 1315, 1784 u. 1888 BGB., s. auch Art. 77 u. 79 Einf.Ges. hiezu), die landesgesetzlichen Vorschriften über die vermögensrechtlichen Ansprüche und Verbindlichkeiten der Beamten, der Geistlichen und der Lehrer an öffentlichen Unterrichtsanstalten aus dem Amts- oder Dienstverhältnisse mit Einschluß der Ansprüche der Hinterbliebenen aufrecht erhalten.[17]) Unberührt bleiben ferner die landesrechtlichen Bestimmungen über das Pfründenrecht. Das Landesrecht kann nach Art. 80 Abs. 1 das BGB. nur ergänzen, aber nicht abändern.

a) Man hatte, wie der k. Staatsminister der Justiz[18]) bemerkte, bei Erwähnung des Art. 80 Einf.Ges. vorzugsweise die Pensionspragmatik von 1805 d. h. die Hauptlandespragmatik über die Dienstverhältnisse der Staatsdiener vom 1. Januar 1805 (Reg.Bl. S. 225) im Auge. Damit stehen im Zusammenhang die auf Wittwen- und Waisenfondsbeiträge sich beziehende V.O. v. 8. Juni 1807 (Reg.Bl. S. 1105) und die hiezu erlassene erläuternde Minist. Entschl. v. 10. Juli 1807 (Reg.Bl. S. 1342). Auch die V.O. v. 16. Aug. 1817 die den Bediensteten bei Versetzungen zu bewilligenden Umzugsgebühren betr. (Reg.Bl. S. 835) muß gleichfalls hieher gerechnet werden.

Der Ausdruck „Pfründenrecht" ist in Art. 80 im weitesten Sinne gewählt und umfaßt daher nicht bloß das Nutzungsrecht des Pfarrers, sondern auch dasjenige anderer Inhaber von kirchlichen Stellen.[19]) Es kommen hier in Berücksichtigung die auf Streitigkeiten in Pfründesachen sowie auf Interkalarstreitigkeiten bezüglichen V.O. v. 21. April 1807, 8. Juli 1811 u. 14. Aug. 1813 (Weber Ges. u. V.O.S. I S. 135, 349, 432), ferner die pfälzische V.O. v. 6. Nov. 1817 (Amtsbl. S. 567). Außerdem ist noch hervorzuheben das für die Besoldungsverhältnisse der protestantischen Geistlichen in der Pfalz, insbesondere für den Umfang ihres Staatsgehalts maßgebende Dekret v. 13. Fructidor XIII (A.A.

---

17) Ueber die vermögensrechtlichen Verhältnisse der Beamten, insbesondere der pragmatischen Beamten in Bayern vgl. v. Seydel I S. 237 ff., über das Pfründenrecht v. Seydel III S. 601 ff. und die dort Citirten sowie die bei Becher Landes-C.R. hinsichtl. des kathol. Pfründenrechts S. 340 enthaltenen Citate. —

Es ist bestritten, ob der Staatsdienst, wie dies Seydel annimmt, ganz dem Bereiche des öffentlichen Rechts oder ob derselbe theils dem Staatsrechte, theils dem Privatrechte angehört (hierüber Seydel II S. 185). Wie v. Seydel II S. 240 bemerkt, ist es nicht dem Begriffe des Staatsdieners, wohl aber demjenigen eines pragmatischen Staaatsdieners wesentlich, daß dessen Dienstleistung eine entgeltliche ist. Die Bestimmungen der IX. Verf.Beil. gehen davon aus, daß der Staatsdiener, welcher nach Maßgabe derselben angestellt ist, auch eine Besoldung bezieht.

18) A.A.Prot. S. 13. Becher Mat. I S. 157.

19) Fischer-Henle Handausgabe zum BGB. vgl. Anm. 4 zu Art. 80 Einf.Ges.

Prot. 13, Becher Mat. I, S. 157). Dieses Dekret ist abgedruckt bei Siebenpfeiffer Handb. der Verfass. u. s. w. Rheinbayerns Bd. 2 S. 455.

b) Bezüglich der Ansprüche der Staatsdiener auf Besoldung ist jetzt nicht mehr die Pragmatik von 1805, sondern die IX. Verfass.Beil. (Edikt über die Verhältnisse der Staatsdiener vorzüglich in Beziehung auf ihren Stand und Gehalt) entscheidend. Die auf Umzugsgebühren sich beziehenden Art. XIII—XV jener Pragmatik sind nunmehr durch die bereits erwähnte V.O. v. 16. Aug. 1817 ersetzt, welche im Hinblick auf § 20 der IX. Verf.Beil. als eine verfassungsrechtliche Bestimmung zu erachten ist. Dagegen gehört die gleichfalls in der IX. Verf.Beil. (§ 28) ausdrücklich vorbehaltene Pragmatik von 1805 in ihrem die Pensionsverhältnisse der Beamten regelnden Art. XXIV noch dem geltenden Rechte an. Die Pension der Hinterbliebenen pragmatischer Staatsdiener ist nach § 1 des letzteren Artikels „ein auf die Wittwen und Kinder der Staatsdiener übergehender Ergänzungstheil der Gehälter." Die Pension der Kinder dauert in der Regel bis zum Schlusse des 20. Lebensjahres und ist mit dem Eintritte in das 21. Jahr oder mit dem Eintritt einer früheren Versorgung von selbst erloschen (§ 8 des Art. XXIV). Ueber die Ausnahmen von dieser Regel s. § 9 a. a. O. in Verbindung mit § 78 des Landtagsabschieds v. 29. Dez. 1831 Abschn. III. Der Begriff der Versorgung ist seit dem Urtheile der Vereinigten Civilsenate des Obersten Landesgerichts v. 11. Juli 1893 (Samml. der Entsch. 14 S. 673), wonach sowohl das Einkommen aus Privatvermögen als auch dasjenige aus privater Erwerbsthätigkeit als Unterlage der Versorgung im Sinne der Hauptlandespragmatik anzusehen ist, jetzt nicht mehr streitig.

c) Die Gehaltsverhältnisse der pragmatischen Staatsdiener sind in Bayern durch das jeweils geltende Gehaltsregulativ geordnet. Dermalen maßgebend ist die V.O. v. 11. Juni 1892 (Ges. u. V.O.Bl. S. 209). S. hiezu die Min.Bek. v. 12. Juni 1892 (Just.M.Bl. S. 143). Für die nicht pragmatischen Staatsdiener gilt die VO. v. 23. Juni 1894 (Ges. u. V.O.Bl. S. 321).

d) Was die Lehrer an den öffentlichen Unterrichtsanstalten anbelangt, so sind die ordentlichen und außerordentlichen Professoren der Universitäten und der Lyzeen, sowie die Professoren anderer bayerischer Hochschulen pragmatische Beamte. Dasselbe ist der Fall hinsichtlich der den Mittelschulen angehörigen Professoren und Gymnasiallehrer an humanistischen und Realgymnasien, der Professoren und pragmatischen Lehrer an den Industrieschulen, der Professoren der Kunstgewerbeschulen u. s. w. In dieser Beziehung gilt das zu b und c oben bereits Gesagte. Die Lehrer an den Volksschulen sind dagegen Gemeindebeamte (vgl. die Erläut. zu Art. 60 Ausf.Ges.).

e) Was die vermögensrechtlichen **Verbindlichkeiten** der Beamten betrifft, vgl. IX. Verf.Beil. § 21 Abs. 2, preuß. Landrecht Th. I Tit. 11 §§ 21—25 u. 385—387, Anhang zum L.R. § 16, Code civil Art. 1596, 1597. Die Bestimmung in der II. Verfass.Beil. § 68 wegen Versiegelung des Nachlasses der Geistlichkeit besteht noch zu Recht; die V.O. v. 2. Sept. 1811 und Art. 911 des Code de procedure sind, insoweit sie auf die Siegelung des Nachlasses von Beamten sich beziehen, durch Art. 106 des gegenw. Ausf.Ges. ersetzt.

f) Das Rechtsverhältniß des Pfründebesitzers zum Pfründevermögen ist ein privatrechtliches, da demselben die Verwaltung des bezeichneten Vermögens in der

Eigenschaft eines Nutznießers zusteht (v. Seydel III S. 601). Dasselbe unterliegt jedoch der staatlichen Kuratel, welche der Regel nach von den Distriktsverwaltungsbehörden, in wichtigeren Fällen durch die Kreisregierungen Kammer des Innern ausgeübt wird. Den geistlichen Oberbehörden kommt es zu, hiebei Erinnerungen zu erheben. Den katholischen und protestantischen Geistlichen sind zu ihrer Kongrua aus Staatsmitteln wiederholt Gehaltsaufbesserungen zu Theil geworden, welche jedoch nicht Gegenstand rechtlicher Ansprüche sind.[20] Die Gehaltsverhältnisse in der Pfalz sind besonders geordnet.[21])

g) Ueber die Aufrechnung gegen Gehälter und Pensionen sowie hinsichtlich der Uebertragung von Wittwen- und Waisenbezügen s. Art. 12 Ausf.Ges. Bezüglich der Empfangnahme von Zahlungen aus öffentlichen Kassen s. Art. 11 desselben Gesetzes.

10. Art. 89 des Einf.Ges. will die landesgesetzlichen Vorschriften über die zum Schutze der Grundstücke und der Erzeugnisse von Grundstücken gestattete Pfändung von Sachen mit Einschluß der Vorschriften über die Entrichtung von Pfandgeld oder Ersatzgeld auch fernerhin in Geltung belassen.

Wie der kgl. Staatsminister der Justiz erklärte (A.A.Prot. 29, Becher Mat. I S. 185), besteht die Absicht, das Privatpfändungswesen demnächst zum Gegenstande eines besonderen Gesetzentwurfs zu machen. Bis ein solches Gesetz zu Stande gekommen ist, werden die bisherigen Bestimmungen der Partikularrechte noch in Kraft bleiben. Vgl. in dieser Beziehung Th. II cap. 6 § 24 des bayer. Landrechts, Th. I Tit. 14 §§ 413 ff. des preuß. Landr. u. Tit. II Art. 12 des in der Pfalz geltenden Gesetzes v. 22. Sept. bezw. 6. Okt. 1791 die Feldgüter u. Feldpolizei betr. (neben mehreren Artikeln des pfälz. Forststrafgesetzes v. 28. Dez. 1831). Ueber Privatpfändung s. noch v. Roth Bd. I S. 376 § 64 und die daselbst erwähnten Schriften.

11. Im Hinblick auf die Bestimmungen des Art. 109 des Einf.Ges. bleiben die landesgesetzlichen Vorschriften über die im öffentlichen Interesse erfolgende Entziehung, Beschädigung oder Benutzung einer Sache, Beschränkung des Eigenthums und Entziehung oder Beschränkung von Rechten aufrechterhalten.

12) Art. 111 des Einf.Ges. sichert diejenigen landesgesetzlichen Vorschriften, welche im öffentlichen Interesse das Eigenthum in Ansehung thatsächlicher Verfügungen beschränken.

a) Die im öffentlichen Interesse geschehende Entziehung, Beschädigung oder Benutzung einer Sache u. s. w. ist Enteignung.[22])

Art. 109 erstreckt sich abgesehen von der Entziehung, Beschädigung und Benutzung einer Sache auch auf die Beschränkung des Eigenthums. Art. 111 betrifft ebenfalls eine im öffentlichen Interesse vorgenommene Beschränkung des Eigenthums nämlich diejenige in Ansehung thatsächlicher Verfügungen. Im Gegensatze hiezu dürfte Art. 109 die durch Belastung mit Dienstbarkeiten

20) Vgl. in dieser Beziehung sowie über die Höhe der Kongrua für die Geistlichen beider Konfessionen v. Seydel III S. 604 Anm. 46 u. 48.

21) Vgl. hierüber Siebenpfeiffer Handb. der Verf. u. s. w. Rheinbayerns II S. 453 ff., A. Geib Handb. für die Gemeindebehörden der Pfalz 2. Aufl. S. 79 ff., S. 92 ff. v. Wand Gem.O. f. die Pfalz S. 203 ff.

22) Ueber Enteignung vgl. Henle Die Zwangsenteignung von Grundstücken in Bayern und die dort S. 33, 34 sowie bei Becher L.C.R. S. 588, 589 angegebenen Schriften.

erfolgende Eigenthumsbeschränkung zum Gegenstande haben. Den rechtlichen Inhalt des Eigenthums einzuschränken, steht der Landesgesetzgebung abgesehen von den Fällen der Art. 115 bis 117 u. 119 Einf.Ges. nicht zu.

Mehrere des hier in Betracht kommenden vor dem 26. Mai 1818 erlassenen Vorschriften enthalten theils solche Anordnungen, welche eine Zwangsenteignung, theils solche, welche Eigenthumsbeschränkungen thatsächlicher Art darstellen. Eine genaue Scheidung jener Vorschriften nach den Gesichtspunkten der Art. 109 u. 111 würde eine Stellungnahme zu ihren einzelnen Paragraphen oder Artikeln nothwendig machen. (Art. 109 bezieht sich auch auf Einziehung von Akten, Registern u. s. w.)

b) Sowohl im rechtsrhein. Bayern, als auch in der Pfalz gilt für die Zwangsenteignung das durch die Art. 45 bis 55 des Ausf.Ges. zur Civ.Pr.O. u. K.O. und durch Art. 139 des gegenw. Ausf.Ges. theilweise abgeänderte Gesetz vom 17. Nov. 1837 die Zwangsabtretung des Grundeigenthums für öffentliche Zwecke betr. (Ges.Bl. 1837/38 S. 109), durch welches die rechtsrhein. V.O. v. 14. Aug. 1815 (Reg.Bl. S. 724) sowie das pfälz. Gesetz v. 8. März 1810 (Siebenpfeiffer Verfassung u. s. w. Bd. 4 S. 171) aufgehoben wurden. Abgesehen hievon enthalten mehrfache bayerische Gesetze und auch einige Reichsgesetze Zwangsenteignungsbestimmungen.[23])

c) Nicht aufgehoben durch das Zwangsabtretungsgesetz v. 1837 sind mehrfache ältere Vorschriften, welche der Landtagsabschied v. 17. Nov. 1837 (Ges.Bl. S. 9) in lit. C als durch jenes Gesetz nicht abgeändert bezeichnet. Diese Vorschriften betreffen unter Anderem die Verhältnisse des Straßenbaues hinsichtlich der Kiesgruben und überhaupt alle „anderen dergleichen Sachen", (wie der Landtagsabsch. sich ausdrückt), „über welche neben der V.O. v. 14. Aug. 1815, dann im Rheinkreise neben dem Ges. v. 8. März 1810 besondere Gesetze und V.O. bestanden und vollzogen worden sind."

d) Für das rechtsrhein. Bayern kommt hier in Betracht vorzugsweise die

---

23) In dieser Hinsicht sind zu erwähnen das Ges. v. 28. Mai 1852 die Benützung des Wassers betr. (Ges.Bl. 1851/52 S. 489), das Ges. v. gleichen Tage Bewässerungs- u. Entwäss.Unternehmungen zum Zwecke der Bodenkultur betr. (Ges.Bl. 1851/52 S. 456), das Ges. v. 28. Mai 1852 den Uferschutz und den Schutz gegen Ueberschwemmungen betr. (Ges.Bl. 1851/52 S. 577), das Ges. v. 29. Mai 1886 die Flurbereinigung betr. (Ges.Bl. S. 271). Die hier einschlägigen Artikel dieser Gesetze sind bei Henle die Zwangsenteignung u. s. w. S. 170 ff. abgedruckt. Ferner sind noch die Art. 124—147 u. 150 des Berggesetzes v. 20. März 1869 (Ges.Bl. S. 673) anzuführen. Vgl. hiezu unten die Artikel 147, 148, 149, 171 und 157 des Ausführungs-Gesetzes. Von den Reichsgesetzen sind Art. 41 Abs. 1 der Reichsverfassung, die §§ 51 u. 52 der Gew.Ord. u. die §§ 1—33 des Ges. v. 21. Dez. 1871 betr. die Beschränkungen des Grundeigenthums in der Umgebung v. Festungen (R.G.Bl. S. 459) hervorzuheben. Hiezu kommen noch vielfache landes- und reichsgesetzliche Bestimmungen, welche die Zwangsenteignung (Ablösung) selbstständiger unkörperlicher Rechte sowie die Zwangsabtretung und Wegnahme beweglicher Gegenstände gestatten z. B. die Ablösungsgesetze v. 4. Juni 1848, das Jagdausübungsges. v. 30. März 1850 u. s. w. Die hier in Berücksichtigung kommenden Gesetze sind bei Henle a. a. O. S. 18, 19 aufgezählt. Auch soll hier die V.O. v. 20. Juni 1855 die Erbauung von Eisenbahnen betr. (Reg.Bl. S. 653), welche eine Ergänzung zum Zwangsabtretungsges. v. 1837 bildet nicht unerwähnt gelassen werden.

V.O. v. 3. Juli 1812 die Entschädigung der Unterthanen für die zu Kiesgruben oder Steinbrüchen abgetretenen Gründe betr. (Reg.Bl. S. 1353, auch abgedr. bei Henle S. 157), welche für die damals zu Bayern gehörigen Landestheile noch als giltig zu erachten, jedoch auf die Entnahme anderer Materialien als Kies nicht zu erstrecken ist. (Henle S. 42, 43). Damit in Zusammenhang stehen die auf desfallsige Entschädigungen sich beziehenden Min.Entschl. v. 18. April 1817 u. v. 5. Aug. 1819 (Döllinger V.O. S. Bd. 3 S. 282, 16 S. 710). Weitere diesbezügliche Verordnungen, welche die Anlegung von Kiesgruben und Steinbrüchen für den Straßenbau und die Abtretung der hiezu erforderlichen Grundstücke betreffen, finden sich bei Henle S. 42 verzeichnet.

Die „anderen dgl. Sachen", von welchen lit. C des Landtagsabsch. v. 1837 spricht, betreffen vorzugsweise thatsächliche Eigenthumsbeschränkungen im Sinne des Art. 111 Einf.Ges. Solche sind enthalten in der V.O. v. 16. Aug. 1805 die Verbesserung der Staatsstraßen betr. (Reg.Bl. S. 897, auch abgedr. bei Henle S. 160) und beziehen sich auf das Pflügen neben den Staatsstraßen, die Zurücksetzung oder Nichterrichtung von Zäunen und Mauern an solchen Straßen u. s. w. Weiter sind derartige Beschränkungen zurückzuführen auf eine Reihe von Vorschriften, welche das Auslichten des Gehölzes an Staatsstraßen anordnen. Vgl. hierüber Henle S. 44. In dieser Hinsicht seien hervorgehoben das Mandat v. 29. April 1773 Aushauen des Holz und Gebüsch u. s. w. betr., die V.O. v. 17. Febr. 1804 die Pflanzung der Bäume an den Hochstraßen betr. und die V.O. v. 13. Febr. 1809 die Auslichtung der Gehölze an den Straßen betr. (Die hier genannten Vorschriften sind bei Henle S. 165 ff. abgedruckt).

Wegen der durch jene V.O. über die Erhaltung der Staatsstraßen und das Auslichten an denselben herbeigeführten Eigenthumsbeschränkungen ist kein Entschädigungsanspruch gewährt. (Henle S. 44 zu a u. b).

c) Was die Pfalz anbelangt, so bezeichnete der kgl. Staatsminister der Justiz bei Berathung des Art. 111 die Ordonnanz vom August 1669 sur le fait des eaux et forêts als hieher gehörig. (A.A.Prot. S. 30, Becher Mat. I S. 186). In einem Dekrete v. 22. Januar 1808 ist Art. 7 Tit. 28 dieser Ordonnanz ausdrücklich aufrechterhalten und sind demgemäß die an schiffbare Flüsse angrenzenden Grundbesitzer für verpflichtet erklärt, den Leinpfad frei zu lassen. (Siebenpfeiffer Handb. der Verfassung u. s. w. Bd. 4 S. 201) Der Abg. Michel führte im Ges.geb.Aussch. zu Art. 109 das Gesetz vom 9. Ventôse XIII, das Ges. v. 16. Sept. 1807 relative au dessèchement des marais und das Dekret v. 10. Juli 1791 concernant la conservation et le classement des places de guerre u. s. w. als hier einschlägig, an und bemerkte, daß noch eine Reihe anderer Bestimmungen hier in Betracht käme. (A.A.Prot. S. 30, Becher Mat. I S. 186). Die vom bezeichneten Abg. erwähnten Vorschriften sind bei Siebenpfeiffer a. a. O. Bd. 4 S. 6, 23 u. S. 504 wiedergegeben. Das genannte durch ein Dekret v. 16. Dez. 1811 theilweise abgeänderte Ges. vom Jahre XIII enthält mehrfache thatsächliche Eigenthumsbeschränkungen zu Gunsten der Obstbaumzucht, während das Ges. v. 16. Sept. 1807 allerdings mehrere Enteignungsbestimmungen aufweist. Dasselbe ist indeß in dieser Beziehung durch Art. 27 des Ges. v. 8. März 1810, insoweit es mit diesem nicht im Einklange steht, ausdrücklich aufgehoben. Die Art. 50, 53 u. 54, welche Abg. Michel anführte, dürften durch das Gesetz v. 1810 nicht berührt sein. (Siebenpfeiffer a. a. O. Bd. 4 S. 171). Die Giltigkeit des Dekrets v. 1791 wird ferner nicht zu beanstanden sein, insoweit dasselbe mit dem sog. Reichsrayongeſ. v. 21. Dez. 1871 nicht im Widerspruche sich befindet.

Außerdem dürfte hier noch angeführt werden das Dekret v. 16. Dez. 1811, welches im Tit. VIII für die Eigenthümer der an Landstraßen gepflanzten Bäume mehrere Eigenthumsbeschränkungen verfügt. (Siebenpfeiffer a. a. O. Bd. 4 S. 7).

f) Der in Art. 109 in Bezug genommene Art. 52 Einf.Ges. trifft Vorsorge für den an den entzogenen, beschädigten u. s. w. Sachen berechtigten und durch die Entziehung in seinem Rechte beeinträchtigten Dritten. Er setzt voraus, daß dem Eigenthümer der Sache auf Grund eines Reichsgesetzes ein Entschädigungsanspruch gewährt ist, setzt also für den Eigenthümer selbst kein Entschädigungsrecht fest. Art. 53 bestimmt das Nähere für den in Art. 52 erwähnten Entschädigungsanspruch. Was Art. 52 in Bezug auf Reichsgesetze bestimmt, gilt nach Art. 109 für die Landesges.Gebung, insoweit diese nicht etwas Anderes anordnet.

13. Nach Art. 132 des Einf.Ges. bleiben unberührt die landesgesetzlichen Vorschriften über die Kirchenbaulast und Schulbaulast.[24])

In dieser Beziehung besteht in Bayern zur Zeit kein einheitliches Recht. Auf eine vom Referenten der Kammer der Abg. gestellte Anfrage bemerkte der Kultusminister im Ges.-Geb.Aussch.,[25]) er vermöge die Erklärung nicht abzugeben, daß eine einheitliche Regelung der Kirchen- und Schul-Baulast ins Auge gefaßt sei, er befinde sich auch nicht in der Lage, über das Bedürfniß nach einheitlicher Behandlung der betreffenden Bestimmungen ein sicheres Urtheil zu fällen. Die Baupflicht bezüglich der

---

24) Die einschlägige Literatur ist in v. Seydel's bayer. Staatsrecht Bd. III S. 600 aufgeführt; vgl. auch die Literaturangaben bei Becher b. Landesciv.R. S. 335. Hiezu kommt noch J. A. Englmann Handb. des bayer. Volksschulrechts (3. Aufl. von Stingl).

25) A.A.Prot. S. 31. (Becher Mat. I S. 189, 190.)

26) v. Seydels bayer. Staatsr. III S. 600.

27) In einem oberstrichterl. Urtheile (Samml. der Entsch. Bd. 2 S. 101) heißt es bezüglich der Kirchenbaupflicht des Patrons nach den Bestimmungen des trident. Conzils, dieselbe sei eine auf kirchlichen Einkünften ruhende Reallast; auf anderen Realitäten könne die kirchliche Baulast nur durch vertragsmäßige Fundirung als Reallast errichtet werden. In Samml. 10 S. 17 (auch Bl. f. R.A. 48 S. 188) ist die Baupflicht im Allgemeinen als eine den deutschen Reallasten analoge Reallast bezeichnet, welche sowohl im Ganzen als auch hinsichtlich der einzelnen Leistungen obligatorischer Natur sei. Ein anderes Urth. (Samml. 6 S. 572 flg) spricht auf S. 577 davon, daß die gemischt dingliche und persönliche Natur der Baupflicht in der Praxis anerkannt sei, gleichwie der oberste Gerichtshof in einem Erkenntn. (Bl. f. R.A. 32 S. 313) erwähnt, daß er von jeher die gemischt dingliche u. persönliche Beschaffenheit der Verpflichtung zu Hand- und Spanndiensten festgehalten habe. Hiebei dürfte nicht außer Acht gelassen werden, daß bezüglich der rechtlichen Eigenschaft der Reallasten drei Meinungen sich vertreten finden, daß nämlich 1) das Recht auf das Ganze und die einzelnen Leistungen obligatorischer Natur, 2) das Recht als ganzes dinglich, dasjenige auf die einzelnen Leistungen obligatorisch und 3) beide Rechte von dinglicher Beschaffenheit seien. (Roth's bayer. Civilr. Bd. II, 2 S. 142—144, Förster-Eccius preuß. Privatrecht 5. Aufl. III S. 394 ff.). Vgl. auch BGB. § 1105 ff. u. Motive zum BGB. III S. 572 ff.

Kultusgebäude, welche in § 64 lit. f der II. Verfass.Beil. als weltlicher Gegenstand erklärt ist, gehört, insoweit es sich nicht um Leistungen wegen des Pfarrverbandes handelt, dem bürgerlichen Rechte an.[26]) Sie wird in der oberstrichterlichen Rechtsprechung gewöhnlich als Reallast aufgefaßt.[27]) Herkommen u. unvordenkliche Verjährung spielen bei Begründung der Baupflicht eine bedeutende Rolle. Nach preuß. Landr., welches die unvord. Verj. nicht kennt, kommt desto häufiger die ungewöhnliche Verj. hier in Betracht. Für die Fixirung und Ablösung der Baupflicht s. das Grundentlastungsges. v. 4. Juni 1848 (Ges.Bl. S. 97) und das Gesetz v. 28. Mai 1852 die Sicherung, Fixirung und Ablösung der auf dem Zehntrechte lastenden kirchlichen Baupflicht betr. (Ges.Bl. S. 702). Die Frage, ob eine Konkurrenzpflicht gegeben ist, fällt der Entscheidung der Gerichte anheim; dagegen gehören vor die Verwaltungsbehörden — bei feststehender Konkurrenzpflicht — die Fragen, ob ein Anlaß zur Konkurrenz vorliegt und wie hoch sich die zu leistenden Beiträge belaufen. (Samml. oberstr. Entsch. 14 S. 810 u. die dort angef. V.O. v. 16. Dez. 1812 u. 1. Okt. 1830 Döllinger V.O. S. 11 S. 1400 u. 1422.)

Im Einzelnen ist zu bemerken und zwar zunächst zur Frage

A. der Kirchenbaulast:

a) Nach gemeinem Rechte, welches nach Plenarbeschluß vom 12. Nov. 1855 (Reg.Bl. S. 1269), insoweit dasselbe nicht durch Partikularrecht wie z. B. das preuß. Landrecht ausgeschlossen ist, nicht nur für kathol., sondern auch für protest. Kirchen gilt, sind die Kosten der Wiederherstellung der Pfarrkirchen und der dazu gehörigen Gebäude, falls nicht durch Herkommen oder spezielle Rechtstitel (Vertrag, Anerkenntniß) für einen Anderen die primäre Baupflicht begründet ist,

1. prinzipaliter aus den Renten des Kirchenstiftungsvermögens (nicht der kirchlichen Stiftungen mit besonderem Zwecke),

2. subsidiär

und zwar in erster Klasse von dem Zehntbesitzer (patronus fructuarius, nicht von dem patronus simplex), überhaupt von demjenigen, welcher Früchte des Kirchenvermögens bezieht, unbeschadet der Kongrua,

in zweiter Klasse von den Pfarrgemeindegliedern

zu tragen. (concil. trident. sess. 21 cap. 7 de reform).[28]). In letzter Reihe kommen subsidiär in Berücksichtigung die Rentenüberschüsse anderer Kultusstiftungen.

Diese Grundsätze gelten für Pfarrkirchen und deren Zugehörungen (Pfarrhäuser und Benefizialgebäude) bei Neubauten und Hauptreparaturen, demnach nicht für Kathedral- und Collegialkirchen, Filial- und Nebenkirchen. Die innere Kircheneinrichtung ist aus dem Kirchenvermögen, eventuell von der Kirchengemeinde zu bestreiten. Hand- und Spanndienste sind in der Baulast inbegriffen. Pflichtig ist nicht der Laikalzehnt, sondern nur der Klerikalzehnt d. h. derjenige Groß- und Kleinzehnt, welcher der Pfarrkirche gehörte. Für die Eigenschaft des Klerikalzehnts spricht eine durch ständige Rechtsprechung des obersten Gerichtshofs anerkannte Rechtsvermuthung. Die Wendung kleinerer Baufälle liegt bei Kirchen dem Kirchenvermögen, bei Pfarrhäusern

---

28) Dieses 7. Kapitel ist abgedruckt bei Krick, kirchl. Baupflicht und kirchl. Bauwesen S. 181.

dem Pfründebesitzer als Nutznießer ob. (Näheres bei v. Krais Handb. der inneren Verwaltung 3. Aufl. Bd. I S. 307 ff., Permaneder kirchl. Baulast 3. Aufl. S. 6 ff., zur dießbezügl. Rechtsprechung, Burkhard kirchl. Baupflicht S. 143 ff., Becher b. Landesciv.R. S. 336). Hiezu kommen noch Samml. oberstr. Entsch. Bd. 13 S. 543; 15 S. 18. 862; Bl. f. RA. 57 S. 171.

b) Im Gebiete des bayer. Landrechts sind die Bestimmungen des L.R. Th. II cap. 10 § 18 Nr. 8, Anmerk. zu Th. I cap. 7 § 42 Nr. 7 und der in Döllinger's V.O. Samml. Bd. 11 S. 1389 ff. u. S. 1502 abgedruckten Mandate vom 10. Dez. 1766, 4. Okt. 1770, 6. Juli 1789, 14. Aug. 1794 u. s. w. insbesondere des die dezimatorische Kirchenbaupflicht spezialisirenden vom 4. Oktob. 1770 maßgebend. Es gilt hier die durch das tridentin. Conzil bestimmte Reihenfolge. Wenn ein Fall der gesetzlichen Konkurrenz vorhanden ist, so erscheint in der Regel jeder Besitzer eines im Pfarrbezirke erhobenen Großzehnts, derselbe mag geistlicher oder weltlicher Natur sein, als beitragspflichtig. Als Klerikalzehnt wird jeder Zehnt angesehen, welcher geistlichen Personen, Stiftern oder Klöstern gehört, außer wenn er nachweisbar unter lästigem Titel (Kauf, Tausch usw.) in andere Hände gelangt ist.[29]) Bei der Konkurrenz der Zehntberechtigten ist die Unterscheidung von Klerikal- und weltlichem Zehnt nicht für die Beitragspflicht als solche, sondern nur für das Maß derselben von Belang, da die Zehnten ersterer Art in je 30, diejenigen letzterer Art in je 50 Jahren einen durchschnittlichen Jahresertrag abgeben, jene sohin $3^1/_2$%, diese 2% als Jahresrate entrichten sollen. Ist die Zeit der letztmaligen Beitragsleistung unbekannt oder geht dieselbe über 100 Jahre zurück, so sind 100 Jahresraten aufzubringen. Die Hand- und Spann-Dienstpflicht der Parochianen ist für alle Konkurrenzbauten festgestellt.[30]) (Vgl. noch Permaneder kirchl. Baulast S. 81 ff., v. Krais Handb. der inneren Verwaltung Bd. I S. 312 ff. und zur Rechtsprechung Becher b. Landesciv.R. S. 336 und Burkhard kirchl. Baupflicht S. 143 ff.).

c) Nach preußischem Landrechte Th. II Tit. 11 § 710 hat es da, wo in Ansehung der Kosten zum Baue und zur Unterhaltung der Kirchengebäude durch Verträge, rechtskräftige Erkenntnisse, ununterbrochene Gewohnheiten oder besondere Provinzialgesetze gewisse Regeln bestimmt sind, hiebei auch ferner sein Bewenden. In Ermanglung solcher besonderer Bestimmungen soll der Bauaufwand hauptsächlich aus dem Kirchenvermögen genommen werden und bei dessen Unzureichendheit ist der Ausfall von dem Patron und den Eingepfarrten gemeinschaftlich zu tragen (a. a. O. § 712 u. § 720 u. ff.). Bei Landkirchen treffen den Patron $^2/_3$, hingegen die Eingepfarrten $^1/_3$ des Geldbetrags, bei Stadtkirchen diese $^2/_3$ und den Patron $^1/_3$, bei Landkirchen haben die Eingepfarrten überdieß die erforderlichen Hand- und Spanndienste unentgeltlich zu leisten,[31]) bei städt. Kirchen werden die dießbezüglichen Kosten zu den übrigen geschlagen. An den Pfarrgebäuden hat der Nutznießer die kleinen Ausbesserungen d. h. solche, welche entweder keinen Baaraufwand oder doch nicht mehr als 3

29) Landr. Th. II cap. 10 § 2, Mandat v. 4. Okt. 1770 Regel IV, Min.-Entschl. v. 13. Juni u. 7. Nov. 1854 den Vollzug des Ges. üb. Sicherung u. s. w. der kirchl. Baulast betr.

30) Mandat v. 4. Okt. 1770 Nr. 2, Anm. z. L.R. Th. I cap. 7 § 42 Ziff. 6 u. geistl. Rathsordnung v. 16. Aug. 1779 (Döll. V.O. Samml. 11 S. 1397).

31) Preuß. L.R. Th. II Tit. 11 §§ 731, 740, 714, 719.

Thaler Kosten erfordern, sowie die Unterhaltung gewisser vom Gesetze besonders bezeichneter Gegenstände aus eigenen Mitteln zu bestreiten.

Wo die brandenburgische Konsistorial-Ordnung vom 21. Jan. 1594 (Arnold's Beiträge zum deutschen Privatrecht II S. 12), deren gesetzliche Geltung für die ehemaligen Fürstenthümer Ansbach und Bayreuth durch den oberstrichterlichen Plenarbeschluß vom 14. Febr. 1844 (Reg.Bl. S. 181) Anerkennung gefunden hat, in Kraft ist, hat das preuß. L.R. nur subsidiär in Anwendung zu kommen. Nach dem General-Artikel VIII der bezeichneten Konsist.Ord. ist da, wo der Landesherr Patron ist, d. i. unabhängig von dem Vorschlage eines Dritten die Pfarrstelle besetzt, bei Unzureichendheit des dem Gotteshause gehörigen Vermögens der Staat hinsichtlich sämmtlicher Kultusgebäude baupflichtig, während die Gemeinde nur zu „gutwilligen" Beiträgen veranlaßt werden kann. Für kleine Baufälle in der Wohnung hat der Pfarrer jährlich 5 fl. aus eigenen Mitteln aufzuwenden.[32])

d) Im Bezirke des ehem. Großherzogthums Würzburg gründet sich die Baupflicht auf die fürstbischöfl. V.O. vom 11. April 1687 (Döll. V.O. Samml. 11 S. 1387) und vom 26. März 1759 (L.Mand. Samml. II S. 746). Die Vorschriften des Tridentinums über Konkurrenzpflicht sind hiedurch nicht geändert, die Dezimatoren sind nach dem Verhältnisse ihrer Zehntrenten subsidiär als baupflichtig erklärt, während die Eingepfarrten die Hand- und Spanndienste unentgeltlich zu leisten haben. Im Einklange mit dem gemeinen Rechte ist der Begriff des Klerikalzehnts aufgefaßt, verschieden von jenem ist die Baupflicht am Kirchthurm geregelt. Auch bilden die Hand- und Spanndienste keinen Bestandtheil der Baupflicht; sie sind vielmehr in allen Fällen sowohl bei primärer als auch bei subsidiärer Konkurrenz unentgeltlich zu bethätigen.[33])

e) Das Mainzer[34]) und das Eichstätter Gewohnheitsrecht haben die Bestimmungen des tridentin. Conzils in einigen Punkten geändert. Nach dem ersteren erscheinen der Zehntberechtigte zum Pfarrhause und Kirchenchore, die Kirchenfabrik zum Kirchenschiffe und die Gemeinde zum Kirchenthurme baupflichtig. Im Eichstätter Rechte ist der Dezimator nur als subsidiär baupflichtig erachtet und wird hinsichtlich der Zehnten zwischen der Pfarr- und Filialflur sowie bezüglich der Leistungspflicht zwischen Matristen und Filialisten unterschieden. Die Filialisten haben mit Hand- und Spanndiensten nur zur Filialkirche und zum Pfarrhause zu konkurriren; der gleiche Maßstab gilt für die Konkurrenzpflicht der Filialzehnten.

B) Was nun die Schulbaulast[35]) betrifft, so liegt kraft öffentlichen Rechtes nach Art. 1 des Schuldotationsgesetzes vom 10. Nov. 1861 (Ges.Bl. S. 297) die

32) Zur Rechtspr. hinsichtl. des preuß. Landr. u. der brand. Konf.O. vgl. Becher d. Landesciv.R. S. 336, 337, u. Samml. oberstr. Entsch. 15 S. 819.

33) Vgl. noch Bl. f. R.A. 4 S. 81 u. Becher d. Landesciv.R. S. 337 Nr. 8, sowie Samml. oberstr. Entsch. 15 S. 18.

34) Dasselbe gilt im Bezirke des K. Landgerichts Aschaffenburg.

35) Vgl. hinsichtl. der Baupflicht an Schulgebäuden sowie an Schul- und Meßnerhäusern Bl. f. R.A. 12 S. 154; 13 S. 45; 14 S. 104; 15 S. 413; 18 S. 352; 19 S. 93; 22 S. 388; 25 S. 267; 31 S. 44; 48 S. 174; 2. Erg.Bd. 369; Samml. oberstr. Entsch. 2 S. 163; 8 S. 378; 10 S. 15; 14 S. 812; 15 S. 687; 7 S. 713. Bl. f. adm. Praxis Bd. 3 S. 227; 9 S. 114; 19 S. 26, 49 und 30 S. 300.

Verbindlichkeit zur Bestreitung des gesammten Aufwandes für die Errichtung und den Unterhalt der Volksschulen vorbehaltlich der Bestimmungen in Art. 6 u. 7 des erwähnten Gesetzes den politischen Gemeinden insoweit ob, als nicht dieser Aufwand von Dritten vermöge privatrechtlicher Verpflichtung geleistet werden muß. Durch jenen Art. 1 sind die älteren Vorschriften aufgehoben, insofern dieselben eine öffentlich rechtliche Verpflichtung hinsichtlich des Baues von Schulhäusern und Lehrerswohnungen aussprechen wie z. B. Th. II Tit. 12 §§ 34—36 preuß. L.R. und die geistliche Rathsinstruktion v. 25. April 1783 (Mayr Gen. Samml. 2 S. 1159) in der hier erwähnten Beziehung.

Bestimmungen civilrechtlicher Natur, welche eine Baupflicht zu begründen vermögen, werden indeß durch Art. 1 des Ges. von 1861 nicht in ihrer Giltigkeit berührt. Eine privatrechtliche Schulbaulast wird allerdings häufiger auf Herkommen, Vertrag oder Vergleich als auf Gesetz beruhen. Die dem Staate auf Grund des Patronatsrechtes nach der in den ehem. Fürstenthümern Ansbach und Bayreuth geltenden, vermöge des oberstrichterl. Plenarbeschlusses vom 14. Febr. 1844 (Reg.Bl. S. 181) als maßgebendes Gesetz zu erachtenden brandenburgischen Consistorialordnung vom 21. Jan. 1594 (Gen. Art. VIII) obliegende Baupflicht erstreckt sich auch auf Schulhäuser;[36]) sie wird in der Rechtsprechung auch als eine civilrechtliche aufgefaßt.

Die gleichzeitig zur Wohnung des Meßners dienenden Schulgebäude (Schul- und Meßnerhäußer) sind nach gemeinem Rechte (Permaneder kirchl. Baulast §§ 62, 103, v. Krais Handb. der inn. Verw. I S. 376, 377), welches in dieser Beziehung im Gebiete des bayr. Landrechts subsidiär in Anwendung kommt (Samml. oberstr. Entsch. 10 S. 15; 14 S. 810) als Kultusgebäude anzusehen. Für sie greifen daher, wie dieß auch vom obersten Landesgerichte und von dem Verwaltungsgerichtshofe angenommen wird, die Grundsätze über kirchliche Baulast Platz. Dasselbe ist auch der Fall bezüglich des preußischen Landrechtes nach Th. II Tit. 12 § 37 desselben und, wie dieß in der Samml. oberstr. Entsch. 15 S. 687 dargelegt ist, auch hinsichtlich der Consistorialordnung von 1594.

Die öffentlich rechtliche Pflicht zur Herstellung und Unterhaltung der Schul- und Meßnerhäuser bemißt sich im Bezirke des bayer. Landrechts nach der geistlichen Rathsinstruktion v. 25. April 1783, nach deren Ziffern 8 und 9 die Baukosten von dem Kirchenvermögen und der Gemeinde zu gleichen Theilen zu tragen sind. Diese Rathsinstruktion findet durch die Ministerialentschließung vom 22. Juni 1815 (Döllinger V.O. Samml. 11 S. 461) eine Ergänzung, indem dieselbe in Ziff. II bestimmt, daß der Lokalschulfond bezw. die Schulgemeinde an den Bau- und Unterhaltungskosten der Wohnung des Schullehrers, welcher zugleich Meßner ist, $^1/_4$, das Kirchenvermögen hingegen $^3/_4$ zu tragen habe. Hiebei ist jedoch, wie der Verwaltungsgerichtshof in seiner Entsch. Bd. 9 S. 114 hervorhebt, von der Voraussetzung auszugehen, daß es sich bei einer solchen Bauführung um die gleichmäßige Erfüllung beider Zwecke handelt, welchen ein derartiges Gebäude dienen soll, also um eine bauliche Vornahme, welche sich auf die Doppelbestimmung des Gebäudes bezieht. Trifft dieß nicht zu, so gelten nicht die Spezialvorschriften der geistlichen Rathsinstruktion (gleichwie des § 37

---

36) Arnold's Beiträge zum deutschen Privatrecht Bd. 2 S. 13, 171; Bl. f. R.A. 12 S. 156; Samml. oberstr. Entsch. 15 S. 687.

Th. II Tit. 12 § 37 des preuß. Landrechtes). Es treten vielmehr, insoweit bloß der Schulzweck in Frage steht, die allgemeinen Regeln des Art. 1 des Schulbedarfsges. bezw. der Art. 6 u. 7 desselben in Wirksamkeit. Die Zuständigkeit der Civilgerichte und der Verwaltungsbehörden bezw. des Verw.Ger.Hofes hinsichtlich der die Baupflicht an Schulhäusern sowie an Schul- und Meßnerhäusern betreffenden Streitigkeiten beurtheilt sich nach denselben Grundsätzen, welche für die kirchliche Baulast maßgebend sind. (Vgl. in dieser Beziehung Becher b. Landescivilrecht S. 338—340).

14) Art. 133 Einf.Ges. wahrt der Landesgesetzgebung die Ermächtigung zur Erlassung von Vorschriften über das Recht auf Kirchenstühle und Begräbnißplätze.

Hinsichtlich der Kirchenstühle sind zu erwähnen: die geistliche Rathsinstruktion v. 25. April 1783 (Döllinger V.O.S. Bd. 11 S. 1435), die Ministerialentschließung v. 9. Okt. 1813 die rücksichtlich der Kirchenstühle in den protest. Kirchen zu beobachtende Ordnung betr. (Döllinger 11 S. 1435); ferner Th. II Tit. 11 § 676 bis 685 des preuß. Landrechts sowie Art. 68, 69, 71 u. 72 des pfälz. Dekrets v. 30. Dez. 1809 die Fabriken betr. (Siebenpfeiffer Handb. der Verfass. u. s. w. Bd. 2 S. 472). Hiezu kommt noch die in der Min.Entschl. v. 9. März 1832 (Döllinger 11 S. 1439) als noch zu rechtbestehend bezeichnete, für das ehem. Fürstenthum Ansbach erlassene V.O. v. 9. Febr. 1736, nach welcher die Kirchenstühle nicht erblich gemacht werden können. Bezüglich der Erbbegräbnisse sind zu nennen Th. II Tit. 11 §§ 461 u. 185 des preuß. Landr., dann Art. 10 bis 12 des Dekrets vom 23. Prair XII sur les sépultures (Siebenpfeiffer a. a. O. Bd. 3 S. 523). Was insbesondere die Kirchenstühle betrifft, so erkannte das Reichsgericht nach gemeinem Rechte einen mit petitorischen und possessorischen Rechtsmitteln verfolgbaren civilrechtlichen Anspruch hieran an. (Entsch. des Reichsg. in Civ.S. 7 S. 137, 16 S. 159.) In Entsch. 24 S. 174 bezeichnete es dieses Recht nicht als jus in re aliena am Kirchenstuhle oder Kirchengebäude, sondern als das Recht, von der Kirchengemeinde die dauernde Ueberlassung bestimmter Sitze zum ausschließlichen Gebrauche bei dem Gottesdienste zu fordern. Nach einem Urtheile des bayer. Kompetenzconfliktssenats v. 13. Jan. 1871 (Reg.Bl. S. 273) ist die Begründung eines Privatrechts an Kirchenstühlen möglich; ein solcher civilrechtl. Anspruch folgt jedoch nicht schon aus der Zutheilung eines Kirchenstuhles durch die Kirchenverwaltung. Auf demselben Standpunkte befinden sich die Entsch. des O.G.H. (Slg. 5 S. 892).

15. § 16 Nr. 1 E.G. zur Civ.Pr.O. ist in Art. 1 mit Rücksicht auf die der Zeit vor dem 26. Mai 1818 angehörenden Civilstandsurkunden, welche noch vor der Einführung des Ges. v. 6. Febr. 1875 über die Beurkundung des Personenstandes und die Eheschließung errichtet sind, angezogen worden, um die Beweiskraft derselben außer Zweifel zu stellen.[37])

VII. Der Regier.Entw. zum Ausf.Ges. beabsichtigte, auch noch die auf die Art. 86, 87, 88 Einf.Ges. zum BGB. sich beziehenden älteren Vorschriften des bürgerlichen Rechtes aufrechtzuerhalten. Nach längeren Erörterungen im Landtage wurde beschlossen, die bezeichneten Artikel des Einf.Ges., welche die sog. Amortisationsgesetze betreffen, aus Art. 1 auszuscheiden. Dagegen wurde diese Materie in den neueingeschalteten Art. 7—10 des Ausf.Ges. (Beschränkungen des Erwerbes juristischer Personen) geregelt.

---

37) Motive A S. 16; Becher Mat. I S. 39.

(Vgl. die Bem. zu den erwähnten Artikeln.) Auf die Aufrechterhaltung der den gleichfalls im Reg.Entw. angezogenen Art. 90 Einf.Ges. betreffenden älteren Bestimmungen wurde von der k. Staatsregierung verzichtet. (A.A.Prot. S. 29, 30 Becher Mat. I S. 185, 186.

VIII 1. Insoweit sich Herkommen u. örtliche Verordnungen auf diejenigen vorbehaltenen Gebiete beziehen, welche in den im Abs. 1 erwähnten Artikeln des Einf.Ges. behandelt werden, bestehen dieselben schon vermöge des Abs. 1 zu Recht[38]), wenngleich sie aus der Zeit vor Erlassung der Verf.Urk. stammen. Die aufrechterhaltende Bestimmung des Abs. 2 erweist sich daher vorzugsweise für dasjenige Herkommen und für jene örtlichen Verordnungen wirksam, welche einem solchen vorbehaltenen rechtlichen Gebiete nicht angehören. Für die Gültigkeit des fraglichen Herkommens sowie der örtlichen Verordnungen ist es jedoch Erforderniß, daß in einem in Kraft bestehenden Gesetze auf sie verwiesen ist. Dieß ist z. B. der Fall in den durch Art. 147 Ausf.Ges. geänderten Art. 47 Abs. 1, 54, 59 Abs. 1, 60 Abs. 1 u. 68 Abs. 1 des Ges. v. 28. Mai 1852 über die Benützung des Wassers, ferner in der rechtsrhein. Gem.Ord. u. im Ges. v. 28. Mai 1852 über den Uferschutz und den Schutz gegen Ueberschwemmungen. Auch nimmt der das Anwenderecht betreffende Art. 76 des Ausf.Ges. auf örtliches Herkommen Bezug, weßhalb in Abs. 2 des Art. 1 nach den Worten „in den in Kraft bleibenden Gesetzen" die im Reg.Entw. nicht enthalten gewesenen Worte eingeschaltet sind „und in diesem Gesetz".

2. Herkommen wird in der Regel in objektivem Sinne, als Gewohnheitsrecht verstanden. Es ist in diesem Sinne die Uebung einer Rechtsnorm, welche von einer gewissen Klasse von Personen namentlich in Ansehung des Besitzes gewisser Realitäten in einem gegebenen Bezirke in der Meinung ihrer rechtsverbindenden Kraft seit einer langen Reihe von Jahren gleichförmig beobachtet wird. Man wendet jenen Ausdruck in der bayerischen Rechtsprechung aber auch auf ein Rechtsverhältniß[39]) an, bezüglich dessen von einer längere Zeit hindurch bloß in Hinsicht auf ein individuelles Objekt bestehenden gleichförmigen Uebung die Rede ist. Es handelt sich dabei nicht um die Uebung einer Rechtsnorm, sondern um die Ausübung eines Rechts. Das Herkommen in diesem subjektiven uneigentlichen Sinne fällt mit der Verjährung zusammen[40]). Da Art. 1 die Rechtsquellen im Auge hat, so dürfte sich derselbe auf das subjektive Herkommen

---

38) Aeußerung des Minist.Kommissärs A.A.Prot. S. 33 u. 34; Becher Mat. I S. 193, 194.

39) Diese Unterscheidung tritt schon in einem oberstrichterlichen Urtheile vom Jahre 1840 (Bl. f. R.A. Bd. 7 S. 142) zu Tage, welchem eine Abhandlung in Bl. f. R.A. Bd. 7 S. 33 vorausgeht, und kehrt in mehrfachen oberstrichterlichen Erkenntnissen wieder. (Bl. f. R.A. Bd. 19 S. 285; 21 S. 490, 491; 22 S. 298, 299; 40 S. 280; 41 S. 106; Samml. oberstr. Entsch. Bd. 1 S. 425; 5 S. 806 u. 9 S. 11). Vgl. auch Puchta Gewohnheitsrecht Bd. 2 S. 114 ff.

40) Bl. f. R.A. Bd. 19 S. 285; 40 S. 280; 41 S. 106; Samml. oberstr. Entsch. Bd. 5 S. 806 u. 9 S. 11. Daß das Wort Herkommen eine mehrfache Bedeutung hat, erkennt auch das Reichsgericht (Entsch. in Civ.S. Bd. 33 S. 198) an, wobei es betont, daß subjektive Rechte im Wege des Gewohnheitsrechts (also des objektiven Herkommens) nicht begründet werden können. Es wäre vielleicht besser, das Wort Herkommen überhaupt nicht im uneigentlichen Sinne zu gebrauchen und nur auf das Gewohnheitsrecht einzuschränken.

nicht beziehen. Es hat sich auch der k. Staatsminister der Justiz auf Anfrage des Referenten der Kammer der Abg. dahin geäußert, daß das in Art. 1 erwähnte Herkommen im Sinne von Gewohnheitsrecht aufzufassen sei.[28])

3) Aus dem Begriffe des Herkommens folgt, daß das bloße Handeln nach Maßgabe einer gesetzlichen Vorschrift ein solches nicht begründen kann. (Sammlg. oberstr. Entsch. 3 S. 245). Gewohnheitsrecht ist eine Uebung, welche sich gebildet hat bei dem Mangel einer gesetzlichen Regel oder gegen die gesetzliche Vorschrift. Da wenigstens nach gemeinem Rechte das Gewohnheitsrecht eine dem Gesetzesrechte gleichkommende Rechtsquelle bildet und sonach alle Bestimmungen des letzteren der Einwirkung des Gewohnheitsrechtes unterliegen, so darf der im Ges.Geb.-Aussch. der Kammer der Abg. kundgegebenen, von einzelnen Aussch.Mitgliedern in Zweifel gezogenen Anschauung des Minist.Kommissärs[42]), daß auf dem Gebiete der Gesetze vom 28. Mai 1852 und der rechtsrhein. Gem.Ord. auch in Zukunft ein neues Herkommen entstehen könne, wohl beigepflichtet werden.

Volljährigkeitserklärung.

Artikel 2.

Für die Volljährigkeitserklärung ist das Staatsministerium der Justiz zuständig.

1. Nach § 3 BGB. kann ein Minderjähriger, der das 18. Lebensjahr vollendet hat, durch Beschluß des Vormundschaftsgerichtes für volljährig erklärt werden. Durch Art. 2 Ausf.Ges. ist indeß die Volljährigkeitserklärung, welche für die Landestheile rechts des Rheins bisher zu den Kronrechten gehörte, vermöge des in Art. 147 Abs. 1 Einf.Ges. zum BGB. enthaltenen Vorbehaltes[1]) dem Staatsministerium der Justiz übertragen worden.[2])

2. Die Vollj.Erklärung ist nach § 4 BGB. nur zulässig, wenn der Minderjährige seine Einwilligung ertheilt. Steht derselbe unter elterlicher Gewalt, so ist auch die Einwilligung des Gewalthabers erforderlich, es sei denn, daß diesem weder die Sorge für die Person nach auch die Sorge für das Vermögen des Kindes zusteht. Für eine minderjährige Wittwe ist die Zustimmung des Gewalthabers nicht erforderlich. Die Vollj.Erklärung soll nach § 5 BGB. nur erfolgen, wenn sie das Beste des Minderjährigen befördert. Sie ist nach Annahme der Motive A zum BGB. (I, 56) eine Rechtsvergünstigung, welche nur durch eine obrigkeitliche Verfügung erlangt werden kann, beim Vorhandensein der gesetzlichen Voraussetzungen gewährt werden muß und in Ermanglung derselben nicht bewilligt werden darf.

3. Folge der Bestimmung in Art. 2 ist die Anwendbarkeit des § 196 des Reichsges. vom 17. Mai 1898 über die Angelegenheiten der freiwill. Gerichtsbarkeit

---

41) A.A.Prot. S. 33; Becher Mat. I S. 193.

42) A.A.Prot. S. 34—36; Becher Mat. I S. 194—196.

1) Art. 147 Abs. 1 lautet: Unberührt bleiben die landesgesetzlichen Vorschriften, nach welchen für die dem Vormundschaftsgericht oder dem Verlassenschaftsgericht obliegenden Verrichtungen andere als gerichtliche Behörden zuständig sind.

2) In der Pfalz gehörte die Emanzipationserklärung bisher zur Zuständigkeit des Vormundschaftsrichters.

(R.G.Bl. S. 228), wonach, wenn für die Vollj.Erklärung nach Landesgesetz die Zentralstelle des Bundesstaates zuständig ist, die im 1. Abschnitte des erwähnten Gesetzes für die Gerichte gegebenen Vorschriften nicht Platz greifen und die Verfügung, durch welche der Minderjährige für volljährig erklärt wird, mit der Bekanntmachung an den Minderjährigen in Wirksamkeit tritt.

4. Ueber die Behandlung der Gesuche um Vollj.Erklärung trifft die Bekanntm. des k. St.Ministeriums der Justiz vom 24. Dez. 1899 die Volljährigkeitserklärung betr. (Just.Min.Bl. 1900 S. 108) die erforderlichen Ausführungsbestimmungen. Hienach ist der Antrag auf V.Erkl., in welchem die denselben begründenden Thatsachen zu bezeichnen sind, bei dem Vormundschaftsgerichte zu stellen. (§§ 1, 2). Dieses hat zu ermitteln, ob die erforderlichen Voraussetzungen (§§ 3—5 BGB.) gegeben sind, die Verwandten sowie die Verschwägerten des Mündels gemäß § 1847 BGB. zu hören u. das weiter in § 3 der Min.Bek. Vorgeschriebene zu beachten, worauf es den Antrag mit den Ermittlungen und den etwa vorhandenen Vormundschaftsakten an den landgerichtlichen Staatsanwalt zum Zwecke der durch Vermittlung des Oberstaatsanwalts an das k. St.Ministerium der Justiz zu bewirkenden Vorlage abzugeben hat. Die genannten Behörden haben sich bezüglich des Antrags und auch darüber gutachtlich zu äußern, welche Gebühr für die Entscheidung über den Antrag nach den Vermögensverhältnissen des Minderjährigen als angemessen sich darstellt. (§ 4.)

5. Die Gebühr für die Volljährigkeitserklärung (d. h. für die Entscheidung über den Antrag einschließlich des vorangegangenen Verfahrens) beträgt 20 bis 200 ℳ. — Art. 220 Z. 1 des Gesetzes über das Gebührenwesen. —

Namensänderungen.

Artikel 3.

Der Familiennamen kann, soweit nicht ein Anderes vorgeschrieben ist, nur mit Bewilligung des Königs geändert werden.

Zu einer Aenderung des Vornamens ist die Bewilligung der zuständigen Behörde erforderlich.

Die Ausführungsbestimmungen werden von den zuständigen Staatsministerien erlassen.

1. Die Bestimmungen des BGB. über das Recht des Familiennamens bringen unter gewissen Voraussetzungen eine Aenderung des Namens mit sich (§§ 1355, 1577, 1616, 1706, 1736, 1757, 1758, 1772), insbesondere verleiht die Ehelichkeitserklärung den Namen des Vaters, die Annahme an Kindesstatt denjenigen des Annehmenden. Insoweit jene Bestimmungen nicht zur Anwendung kommen, also bei dem Mangel einer Regelung durch das BGB. die Landesgesetze in Geltung bleiben, ersetzt das Gesetz die bisherigen Vorschriften durch eine einheitliche Anordnung, mittels deren es die Familiennamen — vorbehaltlich der obenerwähnten Vorschriften des BGB. — von der Bewilligung des Königs abhängig macht. Dieß entspricht dem bisherigen Rechtszustande; vgl. für die Landestheile rechts des Rheins das churfürstl. Mandat vom 12. März 1677, (Döllinger V.O. Samml. Bd. 3 S. 391), Min.Entschl. v. 2. Juli 1848 (Döll. V.O. S. Bd. 23 S. 116) und für die Pfalz das Dekret vom 6. Fructidor II, sowie das Gesetz vom 11/21. Germinal XI Tit. II.[1])

1) S. hiezu auch Blätter f. administr. Praxis Bd. 31 S. 225, 32 S. 129, 137, 33 S. 142, 209, 230, 37 S. 113, 38 S. 38.

2. Zu einer Aenderung des Vornamens ist die Bewilligung der zuständigen Behörde nothwendig. Dieß war im rechtsrhein. Bayern schon bisher der Fall (v. Krais Handb. der inneren Verwaltung im dießrhein. Bayern 3. Aufl. Bd. I S. 159), indem die dießbezüglichen Gesuche von den Distriktsverwaltungsbehörden zu bescheiden waren. — (Min.Entschl. v. 8 3. 1866 Just.Min.Bl. S. 62).[2]) — Das Gleiche galt bis jetzt für bloße Namensberichtigungen — Min.Entschl. v. 16. Mai 1866 (Just.Min.Bl. S. 158). Künftighin wird dieß allerdings anders sein, insoweit Namensberichtigungen in Frage stehen.

3. Bisher war das Verfahren, in welchem die Kgl. Bewilligung erbeten wurde, kein einheitliches. Während in der Pfalz dasselbe den Gerichten übertragen war und die Bewilligung der Namensänderung nach Art. 6 des Ges. vom 11/21. Germinal XI erst 1 Jahr nach der Veröffentlichung in Kraft trat, fiel in den Landestheilen rechts des Rheins die Behandlung der betreffenden Gesuche, insoferne dieselben nicht mit den Anträgen auf Ehelichkeitserklärung oder auf Bewilligung einer Annahme an Kindesstatt verbunden waren, nach § 64 der Formationsverordnung vom 9. Dez. 1825 in die den Behörden der inneren Verwaltung zukommende Geschäftsaufgabe. Die erwähnten Gesuche wurden von den Distriktspolizeibehörden behandelt und mit gutachtlichem Berichte der Kreisregierung vorgelegt (Min.Entschl. vom 8. März 1850, Döllinger 210 S. 22 S. 181), welche den Oberstaatsanwalt einzuvernehmen hatte, — Min.Entschl. vom 18. April 1863 (Weber Ges. u. V.O. Samml. Bd. 6 S. 166) u. Just.Min.Entschl. v. 6. Mai 1863 (Weber Bd. 6 S. 168).

4. Ueber Gesuche um Bewilligung zur Aenderung des Familiennamens hat nach der Zuständigkeitsverordnung vom 24. Dez. 1899 (Ges. u. V.O.Bl. S. 1229) § 1 das Staatsministerium des Innern im Benehmen mit dem k. St.M. der Justiz dem Könige zu berichten. Wenn es sich aber um einen adeligen Namen handelt, so fällt die Berichterstattung dem Staatsministerium des Kgl. Hauses und des Aeußern im Benehmen mit den genannten beiden anderen Ministerien zu. Nach § 2 der bezeichneten VO. wird die zur Aenderung des Vornamens erforderliche Bewilligung von der Distriktspolizeibehörde ertheilt, in deren Bezirk der Antragsteller seinen Wohnsitz oder in Ermanglung desselben seinen Aufenthalt hat. Ist auch ein solcher nicht gegeben, so ist die Distr.P.Beh. der Heimatgemeinde des Antragstellers hiezu berufen. In München ist die Polizeidirektion zuständig. Vor der Entscheidung über das Gesuch hat sich die Distr.P.Beh. mit dem landgerichtlichen Staatsanwalte zu benehmen.

5. Im Hinblick auf § 3 der erwähnten Zust.V.O. werden die erforderlichen Ausführungsbestimmungen in Ansehung adeliger Namen vom Staatsministerium des Kgl. Hauses und des Aeußern, bezüglich andrer Namen dagegen von den Staatsministerien der Justiz und des Innern gemeinschaftlich erlassen.[3])

6. Art. 3 Abs. 1 und 2 beziehen sich nur auf Personen, welche die bayer. Staatsangehörigkeit besitzen. (Vgl. nachstehende Min.Bek. §§ 6, 14).

---

2) Man vgl. auch Bl. f. adm. Pr. Bd. 28 S. 262, 31 S. 267, 33 S. 230.

3) Die von den kgl. Staatsministerien der Justiz und des Innern im Vereine mit dem St.Ministerium der Finanzen erlassene Bekanntmachung v. 27. Dez. 1899 Namensänderungen betr. (Ges. u. V.O.Bl. S. 1241), bestimmt:

I. Aenderung des Familiennamens.

A. Fälle, in welchen zur Aenderung des Familiennamens die Allerhöchste landesherrliche Genehmigung nicht erforderlich ist.

§ 1. Nach Artikel 3 Abs. 1 des Ausführungsgesetzes zum Bürgerlichen Gesetzbuche kann der Familiennamen, soweit nicht ein Anderes vorgeschrieben ist, nur mit Bewilligung des Königs geändert werden.

Die anderen Vorschriften, auf welche hier Bezug genommen wird, finden sich im Bürgerlichen Gesetzbuch und beziehen sich

1. auf Fälle, in welchen die Aenderung des Familiennamens kraft Gesetzes eintritt,
2. auf Fälle, in welchen der Eintritt dieser Aenderung an die Abgabe einer Erklärung gegenüber der zuständigen Behörde geknüpft ist.

§ 2. Kraft Gesetzes tritt die Aenderung des Familiennamens ein:

1. durch Verehelichung (BGB. § 1355),
2. durch Legitimation (BGB. § 1719 mit § 1616),
3. durch Ehelichkeitserklärung (BGB. § 1736 mit § 1616),
4. durch Annahme an Kindesstatt (BGB. § 1758),
5. durch Aufhebung der Annahme an Kindesstatt (BGB. § 1772),
6. wenn die eheliche Gemeinschaft nach der Aufhebung (BGB. § 1575) wiederhergestellt wird und die Frau nach der Aufhebung das Recht, den Namen des Mannes zu führen, verloren hatte (BGB. §§ 1577, 1587).

§ 3. Durch Erklärung gegenüber der zuständigen Behörde tritt eine Aenderung des Familiennamens in folgenden Fällen ein:

1. Die geschiedene Frau kann ihren Familiennamen wieder annehmen. War sie vor der Eingehung der geschiedenen Ehe verheirathet, so kann sie auch den Namen wieder annehmen, den sie zur Zeit der Eingehung dieser Ehe hatte, es sei denn, daß sie allein für schuldig erklärt ist. Die Wiederannahme des Namens erfolgt durch Erklärung gegenüber der zuständigen Behörde; die Erklärung ist in öffentlich beglaubigter Form abzugeben (BGB. § 1577 Abs. 2).

Zur Entgegennahme der Erklärung ist die Distriktspolizeibehörde zuständig, in deren Bezirke die Frau ihren Wohnsitz oder in Ermangelung eines im Deutschen Reiche gelegenen Wohnsitzes ihren Aufenthalt hat (Zuständigkeitsverordnung § 15).

2. Ist die geschiedene Frau allein für schuldig erklärt, so kann der Mann ihr die Führung seines Namens untersagen. Die Untersagung erfolgt durch Erklärung gegenüber der zuständigen Behörde; die Erklärung ist in öffentlich beglaubigter Form abzugeben. Die Behörde soll der Frau die Erklärung mittheilen. Mit dem Verluste des Namens des Mannes erhält die Frau ihren Familiennamen wieder (BGB. § 1577 Abs. 3).

Zur Entgegennahme der Erklärung ist die Distriktspolizeibehörde zuständig, in deren Bezirke der Mann seinen Wohnsitz oder in Ermangelung eines im Deutschen Reiche gelegenen Wohnsitzes seinen Aufenthalt hat (Zuständigkeitsverordnung § 16).

3. Die unter Ziffer 1 und 2 aufgeführten Vorschriften gelten in Ansehung des Namens der Frau, auch wenn die eheliche Gemeinschaft nach § 1575 des Bürgerlichen Gesetzbuchs aufgehoben ist (BGB. § 1586, Zuständigkeitsverordnung § 17).

4. Der Ehemann der Mutter eines unehelichen Kindes kann durch Erklärung gegenüber der zuständigen Behörde dem Kinde mit Einwilligung des Kindes und der Mutter seinen Namen ertheilen; die Erklärung des Ehemanns sowie die Einwilligungserklärungen des Kindes und der Mutter sind in öffentlich beglaubigter Form abzugeben (BGB. § 1706 Abs. 2).

Zur Entgegennahme der Erklärung des Ehemanns ist die Distriktspolizeibehörde zuständig, in deren Bezirke der Ehemann seinen Wohnsitz oder in Ermangelung eines im Deutschen Reiche gelegenen Wohnsitzes seinen Aufenthalt hat (Zuständigkeitsverordnung § 18).

In München ist zur Entgegennahme der in den Ziffern 1 bis 4 bezeichneten Erklärungen die kgl. Polizeidirektion zuständig (Zuständigkeitsverordnung § 19).

§ 4. Die im § 3 bezeichneten Erklärungen sind zum Protokolle der Distriktspolizeibehörde abzugeben oder schriftlich bei ihr einzureichen. Im letzteren Falle muß die Unterschrift durch einen Notar beglaubigt sein. Wird die Unterschrift außerhalb Bayerns beglaubigt, so bestimmt sich die Form der Beglaubigung nach den für den Ort der Beglaubigung geltenden Vorschriften.

Ist die Person, deren Namen durch eine der vorbezeichneten Erklärungen geändert wird, minderjährig oder bevormundet, so hat die Distriktspolizeibehörde dem Vormundschaftsgerichte Mittheilung zu machen.

B. Fälle, in welchen zur Aenderung des Familiennamens die Allerhöchste landesherrliche Genehmigung erforderlich ist.

§ 5. Abgesehen von den vorstehend unter A. aufgeführten Fällen ist gemäß Artikel 3 Abs. 1 des Ausführungsgesetzes zum Bürgerlichen Gesetzbuche zur Aenderung des Familiennamens die Allerhöchste landesherrliche Bewilligung erforderlich.

Hinsichtlich dieser Namensänderungen ist Folgendes zu beachten:

§ 6. Die Bestimmung in Artikel 3 Abs. 1 des Ausführungsgesetzes zum Bürgerlichen Gesetzbuche bezieht sich nur auf solche Personen, welche die bayerische Staatsangehörigkeit besitzen.

Als Aenderung des Familiennamens ist auch die Aenderung der Schreibweise sowie die Beifügung eines weiteren Namens oder eines sonstigen Zusatzes anzusehen.

§ 7. Gesuche um die Bewilligung zur Aenderung des Familiennamens sind bei der Distriktspolizeibehörde, in deren Bezirke der Gesuchsteller seinen Wohnsitz oder in Ermangelung eines Wohnsitzes seinen Aufenthalt hat, schriftlich einzureichen oder zu Protokoll zu erklären. Hat der Gesuchsteller in Bayern weder seinen Wohnsitz noch seinen Aufenthalt, so ist die Distriktspolizeibehörde der Heimathgemeinde des Gesuchstellers zuständig. In München ist die kgl. Polizeidirektion zuständig.

§ 8. Das Gesuch ist zu begründen.

Dem Gesuche sind beizulegen:

1. der Nachweis der bayerischen Staatsangehörigkeit,
2. ein beglaubigter Auszug aus dem Geburtsregister,
3. wenn um die Aenderung des Familiennamens einer verheiratheten Person nachgesucht wird, ein beglaubigter Auszug aus dem Heirathsregister.

§ 9. Die Distriktspolizeibehörde hat über das Gesuch

1. die Heimatgemeinde,
2. diejenigen Personen zu vernehmen, von welchen sie annimmt, daß sie an der Aenderung ein Interesse haben.

Sie hat ferner behufs Würdigung der Gebührenfrage über die Vermögens-, Einkommens- und Erwerbsverhältnisse des Gesuchstellers die erforderlichen Erhebungen zu pflegen.

§ 10. Soll der Namen eines Minderjährigen oder Bevormundeten geändert werden, so hat die Distriktspolizeibehörde nach Beendigung der Vernehmungen die Verhandlungen dem Vormundschaftsgerichte zur Aeußerung zu übersenden.

§ 11. Nach der Beendigung des Verfahrens hat die Distriktspolizeibehörde die Verhandlungen der kgl. Regierung, Kammer des Innern, unter gutachtlicher Aeußerung über das Gesuch und über die Gebühr vorzulegen.

§ 12. Die kgl. Regierung, Kammer des Innern, hat zunächst die Verhandlungen dem Oberstaatsanwalte bei dem Oberlandesgerichte zur Aeußerung mitzutheilen.

Dieser hat sich nach Anhörung des Amtsgerichts und des Staatsanwalts bei dem Landgericht über das Gesuch zu äußern.

Die kgl. Regierung hat sodann die Verhandlungen dem kgl. Staatsministerium des Innern unter gutachtlicher Aeußerung über das Gesuch und über die Gebühr vorzulegen.

§ 13. Von der über das Gesuch getroffenen Entscheidung hat die Distriktspolizeibehörde den Gesuchsteller schriftlich zu verständigen.

Handelt es sich um die Aenderung des Namens einer minderjährigen oder bevormundeten Person, so hat die Distriktspolizeibehörde von der getroffenen Entscheidung dem Vormundschaftsgerichte Mittheilung zu machen.

II. Aenderung des Vornamens.

§ 14. Nach Artikel 3 Abs. 2 des Ausführungsgesetzes zum Bürgerlichen Gesetzbuch ist zu einer Aenderung des Vornamens die Bewilligung der zuständigen Behörde erforderlich.

Diese Bestimmung bezieht sich nur auf solche Personen, welche die bayerische Staatsangehörigkeit besitzen.

§ 15. Die zu einer Aenderung des Vornamens erforderliche Bewilligung wird von der Distriktspolizeibehörde ertheilt, in deren Bezirke der Antragsteller seinen Wohnsitz oder in Ermangelung eines Wohnsitzes seinen Aufenthalt hat. Hat der Antragsteller in Bayern weder seinen Wohnsitz noch seinen Aufenthalt, so ist die Distriktspolizeibehörde der Heimathgemeinde des Antragstellers zuständig. In München ist die kgl. Polizeidirektion zuständig. (Zuständigkeitsverordnung § 2 Abs. 1).

§ 16. Gesuche um die Bewilligung zur Aenderung des Vornamens sind bei der nach § 15 zuständigen Distriktspolizeibehörde schriftlich einzureichen oder zu Protokoll zu erklären.

Das Gesuch ist zu begründen.

Dem Gesuche sind beizulegen:

1. der Nachweis der bayerischen Staatsangehörigkeit,
2. ein beglaubigter Auszug aus dem Geburtsregister.

§ 17. Die Distriktspolizeibehörde hat über das Gesuch

1. die Heimathgemeinde,
2. diejenigen Personen zu vernehmen, von welchen sie annimmt, daß sie an der Aenderung ein Interesse haben.

Sie hat ferner behufs Würdigung der Gebührenfrage über die Vermögens-, Einkommens- und Erwerbsverhältnisse des Gesuchstellers die erforderlichen Erhebungen zu pflegen.

§ 18. Soll der Vornamen eines Minderjährigen oder Bevormundeten geändert werden, so hat die Distriktspolizeibehörde nach Beendigung der Vernehmungen die Verhandlungen dem Vormundschaftsgerichte zur Aeußerung zu übersenden.

§ 19. Vor der Entscheidung hat die Distriktspolizeibehörde dem Staatsanwalte bei dem Landgerichte die Verhandlungen zur Aeußerung mitzutheilen (Zuständigkeitsverordnung § 2 Abs. 2).

Dieser hat sich nach Anhörung des Amtsgerichts über das Gesuch zu äußern.

§ 20. Von der über das Gesuch getroffenen Entscheidung hat die Distriktspolizeibehörde den Gesuchsteller schriftlich zu verständigen.

Vereine.

Artikel 4.

Für die Entziehung der Rechtsfähigkeit eines Vereines nach § 43 des Bürgerlichen Gesetzbuchs und für die Erhebung des Einspruchs gegen die Eintragung eines Vereins oder einer Aenderung der Satzung in das Vereinsregister nach § 61 Abs. 2 u. § 71 Abs. 2 des Bürgerlichen Gesetzbuchs ist die Distriktspolizeibehörde, in München die Polizeidirektion, zuständig. Gegen den Beschluß auf Entziehung der Rechtsfähigkeit sowie gegen den Einspruch findet binnen einer Frist von zwei Wochen Beschwerde an die Regierung, Kammer des Innern, statt. Gegen die Entscheidung der Regierung ist weitere Beschwerde an den Verwaltungsgerichtshof zulässig. Für die Beschwerde an den Verwaltungsgerichtshof gelten die Vorschriften des Art. 45 Abs. 2, 3 des Gesetzes vom 8. August 1878, betreffend die Errichtung eines Verwaltungsgerichtshofes und das Verfahren in Verwaltungsrechtssachen.

Handelt es sich um die Aenderung des Vornamens einer minderjährigen oder bevormundeten Person, so hat die Distriktspolizeibehörde von der getroffenen Entscheidung dem Vormundschaftsgerichte Mittheilung zu machen.

III. Gebühren.

§ 21. Für die Erklärung, daß die geschiedene Frau den Familiennamen wieder annimmt oder daß der Ehemann der geschiedenen Frau die Führung des Namens untersagt (BGB. § 1577), wird gemäß Artikel 221 des Gebührengesetzes eine Gebühr von 3 bis 50 Mark erhoben.

Das Gleiche gilt für die Erklärung des Mannes der Mutter eines unehelichen Kindes, daß er dem Kinde seinen Namen ertheile. (BGB. § 1706).

§ 22. Für die Genehmigung der Aenderung eines Familiennamens, einschließlich des vorangegangenen Verfahrens, wird vorbehaltlich der Bestimmung des Artikel 242 des Gebührengesetzes (Bewilligung zur Aenderung adeliger Namen) gemäß Artikel 220 Abs. 1 Ziff. 1 des Gebührengesetzes eine Gebühr von 20 bis 200 Mark erhoben.

Diese Gebühr wird nach Artikel 220 Abs. 2 des Gebührengesetzes im Falle der Abweisung des Gesuchs nur zur Hälfte und, wenn dasselbe noch vor Erlaß der Entscheidung zurückgenommen wird, zu zwei Zehntheilen erhoben.

§ 23. Für die Gebührenbewerthung der Verhandlungen über Gesuche um die Bewilligung zur Aenderung des Vornamens kommen die Vorschriften der Artikel 198 und ff. und die allgemeinen Bestimmungen des Gebührengesetzes zur Anwendung.

IV. Vermerke in den Standesregistern.

§ 24. Die Distriktspolizeibehörde hat über jede Namensänderung, die nicht kraft Gesetzes eintritt, dem Standesbeamten, in dessen Register die Geburt der Person, deren Namen geändert ist, und bei Verheiratheten auch dem Standesbeamten, in dessen Register die Eheschließung beurkundet ist, Mittheilung zu machen.

Der Standesbeamte hat die Namensänderung am Rande der Geburtsurkunde und bei Verheiratheten auch am Rande der Heirathsurkunde zu vermerken, die Mittheilung der Distriktspolizeibehörde dem Sammelakt einzuverleiben und das alphabetische Verzeichniß zu vervollständigen. Der Vermerk ist auch im Nebenregister einzutragen. Ist das Nebenregister schon an das Amtsgericht abgegeben, so hat der Standesbeamte über die Eintragung des Vermerkes dem Amtsgerichte zu berichten. In der Pfalz hat der Amtsrichter den Bericht dem Staatsanwalte bei dem Landgerichte vorzulegen.

V. Bekanntmachung der genehmigten Namensänderungen.

§ 25. Die genehmigten Aenderungen von Familiennamen werden im Amtsblatte des kgl. Staatsministeriums des Innern und im Kreisamtsblatte, die genehmigten Aenderungen von Vornamen im Kreisamtsblatte bekanntgemacht.

VI. Uebergangsbestimmung.

§ 26. Auf die am 1. Januar 1900 anhängigen Gesuche finden die neuen Vorschriften Anwendung.

München, den 27. Dezember 1899.

1. Nach § 43 des Bürgerlichen Gesetzbuchs kann einem Vereine die Rechtsfähigkeit aus gewissen Gründen entzogen werden. Ferner kann nach § 61 Abs. 2 u. § 71 Abs. 2 des BGB. die Verwaltungsbehörde gegen die Eintragung eines angemeldeten Vereines in das Vereinsregister und gegen die Eintragung einer angemeldeten Aenderung der Satzung eines eingetragenen Vereines Einspruch erheben. Die Zuständigkeit und das Verfahren, insbesondere auch das Beschwerdeverfahren sind durch vorstehenden Artikel im Anschluß an das zum Reichsgesetze, betreffend die Erwerbs- und Wirthschaftsgenossenschaften, vom 1. Mai 1889 erlassene Ausführungsgesetz vom 28. November 1889 (G. u. V.Bl. S. 581) und an das zu dem Reichsgesetze, betreffend die Gesellschaften mit beschränkter Haftung, v. 20. April 1892 erlassene Ausführungsgesetz vom 22. Mai 1892 (G. u. V.Bl. S. 19) geregelt.

2. Die anerkannten Vereine nach dem bayer. Gesetze vom 29. April 1869, betreffend die privatrechtliche Stellung der Vereine, sowie der Erwerbs- und Wirthschaftsgesellschaften gelten nach Art. 1 des Gesetzes, Uebergangsvorschriften zum Bürgerlichen Gesetzbuche betreffend (G. und V.O.Bl. 1899, Nr. 28, Beil. z. Landtagsabschied S. 83 ff.) seit Inkrafttreten des Bürgerlichen Gesetzbuchs als eingetragene Vereine. Das bezeichnete Gesetz vom 29. April 1869 ist durch Art. 175 des Ausf.-Ges. zum BGB. Nr. 23 (s. diesen Artikel) aufgehoben.

3. Bei den Verhandlungen im Justizausschusse ist es seitens des Regierungskommissärs als selbstverständlich erachtet worden, daß Vorschriften, welche bezüglich der Beschwerdefristen des Gesetzes v. 8. August 1878 eine Aenderung gebracht haben, auch hier Anwendung finden. Vgl. hiezu kgl. Deklaration vom 15. Juni 1898, die Wahrung der Beschwerdefrist in Verwaltungsrechtssachen (G. u. V.Bl. S. 294), wonach bei Beschwerden, welche nach den Art. 11, 22 u. 45 des Gesetzes vom 8. August 1878 erhoben werden, sowie bei jenen Beschwerden, welche zufolge besonderer Gesetze nach den Bestimmungen jenes Gesetzes zu behandeln sind, die Beschwerdefrist auch dann als gewahrt anzusehen ist, wenn die Beschwerde innerhalb der gesetzlichen Frist bei einer unrichtigen Instanz angebracht wurde.

4. Anders als für die Entziehung der Rechtsfähigkeit eines Vereines ist die Zuständigkeit für die Verleihung der Rechtsfähigkeit an einen Verein geregelt, dessen Zweck auf einen wirthschaftlichen Geschäftsbetrieb gerichtet ist. Hier ist kgl. Entschließung erforderlich, welche nach Vernehmung des kgl. Staatsm. des Innern erfolgt. Gleiches gilt von der Genehmigung einer Aenderung des Vereinszwecks, während die Genehmigung einer sonstigen Aenderung der Satzungen dem kgl. Staatsm. des Innern zusteht. (Zuständigkeitsverordnung v. 24. Dez. 1899 § 4, Ges. u. V.O.Bl. S. 1229).

Stiftungen.

Artikel 5.

Erlischt eine Stiftung des bürgerlichen Rechtes, so fällt das Stiftungsvermögen in Ermangelung eines anderen Anfallberechtigten an den Fiskus. Die Vorschrift des Titel IV § 9 Abs. 4 der Verfassungsurkunde bleibt unberührt.

1. Das Bürgerliche Gesetzbuch unterscheidet in seinen die Stiftungen betreffenden Vorschriften zwischen Stiftungen des bürgerlichen und Stiftungen des öffentlichen Rechtes. Diese Unterscheidung deckt sich nicht völlig mit der für das bayerische Recht in Geltung gekommenen Unterscheidung zwischen öffentlichen Stiftungen und reinen Privatstiftungen.

Nach der herrschenden Anschauung wird als öffentliche Stiftung im Sinne des bayerischen Rechtes jede Stiftung angesehen, mit deren Zwecke sich ein öffentliches Interesse verknüpft (Vergl. v. Seydel's bayer. Staatsrecht, 2. Aufl. II § 284 zu den Noten 19, 20, v. Kahr, Gemeindeordnung I S. 678, 679). Das Bürgerliche Gesetzbuch dagegen betrachtet eine Stiftung nicht schon deswegen als Stiftung des öffentlichen Rechtes, weil sich mit ihrem Zwecke ein öffentliches Interesse verknüpft, sondern verlangt einen organischen Zusammenhang mit dem Staate, einer Gemeinde oder einem sonstigen Verband oder einer Anstalt des öffentlichen Rechtes, der die Stiftung zu einer öffentlichen Einrichtung macht. In der Bestimmung darüber, was erforderlich ist, um eine Stiftung in die öffentlichen Einrichtungen einzugliedern, hat die Landesgesetzgebung freie Hand. Es genügt aber nicht, daß die Verwaltung der Stiftung mit Rücksicht auf den Zweck derselben einer öffentlichen Behörde übertragen ist (vgl. § 86 des BGB., Art. 91 des Einf.Ges. z. BGB.)[1]). Die Verfassung der Stiftungen des bürgerlichen Rechtes ist in dem § 86 des Bürgerlichen Gesetzbuchs theilweise geordnet; im Uebrigen bestimmt sie sich nach den Landesgesetzen und dem Stiftungsgeschäfte. Für die Verfassung der Stiftungen des öffentlichen Rechtes sind abgesehen von der Vorschrift des § 89 Abs. 2 des BGB. nur die Landesgesetze maßgebend.

Ein im Justizausschuß der Kammer der Reichsräthe gestellter Antrag, durch ausdrückliche Bestimmung den Begriff der Stiftungen des öffentlichen Rechtes festzusetzen, wurde abgelehnt. Bei der Debatte hierüber betonte der Ministerialkommissär Senatspräsident Dr. von Jacubezky, daß der Begriff der öffentlichen Stiftungen, wie er sich im bayerischen Recht ausgebildet habe, für die Beziehungen, für welche er bisher maßgebend gewesen, unberührt bleibe und seine bisherige Bedeutung behalte, und daß der Unterschied zwischen Stiftungen des öffentlichen Rechtes und Stiftungen des bürgerlichen Rechtes derselbe sei wie zwischen Körperschaften des öffentlichen Rechtes und Privatkörperschaften (Vereinen) sowie daß für das Rechtsgeschäft, durch das der einzelne sein Vermögen dem Stiftungszwecke widme, die Vorschriften des Bürgerlichen Gesetzbuchs gelten.[2]) Vgl. auch die Erläuterung Nr. 2 zu nachstehendem Artikel 6.

Nach § 5 der Zuständigkeitsverordnung vom 24. Dezember 1899 (G. u. V.Bl. S. 1230) ist die Ertheilung der zur Entstehung einer rechtsfähigen Stiftung erforderlichen Genehmigung der kgl. Entschließung vorbehalten.

2. Bezüglich der Stiftungen des öffentlichen Rechtes vgl. auch die neue Fassung des Art. 67 der Gemeindeordnung vom 29. April 1869 für die Landestheile diesseits des Rheins nach Artikel 158 Ziff. IV des Ausf.G. (s. unten).

3. Nach § 88 des BGB. fällt mit dem Erlöschen der Stiftung das Vermögen an die in der Verfassung bestimmten Personen. Darüber, wem das Vermögen zufällt, falls die Verfassung nichts darüber enthält, ist im BGB. keine Bestimmung getroffen. Es muß daher, obwohl das Einf.Ges. einen entsprechenden Vorbehalt nicht enthält, das Landesgesetz maßgebend bleiben. Diese Lücke ist durch obigen Artikel ausgefüllt.

4. Eine Stiftung erlischt jedenfalls dann, wenn die Erfüllung des Stiftungszweckes unmöglich geworden (vgl. § 87 Abs. 1 des BGB.). Außerdem können in der Verfassung der Stiftung noch andere Erlöschungsgründe vorgesehen sein.

5. Wenn bei Erlöschung einer Stiftung des bürgerlichen Rechtes der Fiskus

---

1) Motive B, S. 106.

2) Näheres R.A.Pr. S. 252 ff., Becher Mat. I S. 893 ff.

eintritt, dann gilt schon kraft des BGB. § 88 der § 46 des G.B. mit seinen zwei Sätzen. Es finden also 1. die Vorschriften über eine dem Fiskus als gesetzlichem Erben anfallende Erbschaft entsprechende Anwendung und 2. hat der Fiskus das Vermögen thunlichst in einer den Zwecken der Stiftung entsprechenden Weise zu verwenden. Unter keinen Umständen darf das Stiftungsvermögen für den Fiskus eingezogen werden.[3])

6. Die Beschwerde gegen eine Entscheidung über die Verwendung des Stiftungsvermögens durch den Fiskus geht nicht an den Verwaltungsgerichtshof, da es sich hier um eine reine Ermessensfrage handelt; oberste Instanz ist hier das Ministerium.[4])

7. Nach Titel IV § 9 Abs. 4 der Verfassungsurkunde ist allen Religionstheilen, ohne Ausnahme, das Eigenthum der Stiftungen und der Genuß ihrer Renten nach den ursprünglichen Stiftungsurkunden und dem rechtmäßigen Besitze, vollständig gesichert, gleichviel ob dieselben für den Kultus, den Unterricht oder die Wohlthätigkeit bestimmt sind.

Artikel 6.

Für den Vollzug von Stiftungsbestimmungen und für die Aufsicht über die Stiftungen sind, unbeschadet der Zuständigkeit des Verwaltungsgerichtshofs, die Verwaltungsbehörden zuständig, sofern nicht die Stiftung ausschließlich privaten Zwecken dient.

1. Das bayerische Recht hatte bisher einen geschriebenen Rechtssatz des Inhalts von Art. 6 nicht. Der Artikel 8 Ziff. 35 des Gesetzes über den Verwaltungsgerichtshof setzt die Zuständigkeit der Verwaltungsbehörden voraus, er zieht nicht die Grenze zwischen den Gerichten und den Verwaltungsbehörden in Stiftungssachen, sondern bestimmt, welche von den zur Zuständigkeit der Verwaltungsbehörde gehörenden Stiftungssachen Verwaltungsrechtssachen sind, und spricht von Stiftungen schlechthin, nicht von öffentlichen Stiftungen. Durch Artikel 6 ist nun der Rechtsübung, auf welcher die Bestimmung der Zuständigkeit der Verwaltungsbehörden beruht, eine feste gesetzliche Grundlage gegeben.

2. Die Bestimmung ist für die öffentlichen Stiftungen gegeben, was dadurch ausgedrückt ist, daß die ausschließlich privaten Zwecken dienenden Stiftungen ausgenommen sind; damit ist auch gesagt, daß alle Stiftungen, die nicht ausschließlich privaten Zwecken dienen, öffentliche Stiftungen im Sinne des bayerischen Rechtes sind.[1])

Beschränkung des Erwerbes juristischer Personen.

Artikel 7.

Schenkungen oder Zuwendungen von Todeswegen an geistliche Gesellschaften bedürfen zu ihrer Wirksamkeit dem vollen Betrage nach der landesherrlichen Genehmigung, wenn sie Gegenstände im Werthe von mehr als zehntausend Mark betreffen.

Der Berechnung des Werthes wiederkehrender Leistungen wird ein Zinssatz von vier vom Hundert zu Grunde gelegt.

3) A.A.Pr. S. 46 f., Becher Mat. I S. 213 f.

4) A.A.Pr. S. 47, Becher Mat. I S. 216 f.

1) Vgl. hiezu R.A.Pr. S. 252.

Artikel 8.

Zum Erwerbe von Gegenständen des unbeweglichen Vermögens, deren Werth den Betrag von zehntausend Mark übersteigt, bedürfen geistliche Gesellschaften auch außer dem Falle des Artikel 7 der landesherrlichen Genehmigung.

Zum unbeweglichen Vermögen im Sinne dieser Vorschrift gehören auch Rechte an einem Grundstücke mit Ausnahme der Hypotheken, Grundschulden und Rentenschulden.

Artikel 9.

Die Vorschriften der Artikel 7, 8 erstrecken sich nicht auf die Englischen Fräulein in Bayern.

Artikel 10.

Die Vorschriften der Artikel 7, 8 finden auf ausländische juristische Personen, die religiöse oder wohlthätige Zwecke oder Zwecke des Unterrichts oder der Erziehung verfolgen, mit der Maßgabe Anwendung, daß die Genehmigung bei einem den Betrag von fünftausend Mark übersteigenden Werthe, im Falle des Erwerbes des Eigenthums an einem Grundstück ohne Rücksicht auf den Werth erforderlich ist.

1. Durch die Anführung der Art. 86 u. 87 Einf.Ges. in Art. 1 Ausf.Ges. suchte der Reg.Entw. die bisher bestehenden Amortisationsgesetze einfach aufrecht zu erhalten. Der von dem Abg. Lerno und Genossen gestellte und in öffentlicher Sitzung der Kammer der Abg. zur Annahme gelangte[1]) Antrag, in Art. 1 Abs. 1 die Art. 86 u. 87 Einf.Ges. zu streichen, hatte hingegen den Zweck, für die geistlichen Gesellschaften jede Beschränkung des Erwerbs zu beseitigen. In dem der Reichsrathskammer zuerst vorgelegten Entwurfe der Art. 4b—4d hat die K. Staatsregierung es unternommen, eine einheitliche Regelung des gesammten Amortisationsrechtes anzubahnen. Diese Artikel fanden nach längerer Debatte und einigen Abänderungen schließlich Annahme in der denselben in Art. 7—10 des Ausf.Ges. gegebenen Fassung. Die Bezugnahme auf Art. 86 u. 87 Einf.Ges. wurde in Folge dessen überflüssig.

2. Die Amortisationsgesetzgebung[2]) war bisher in den verschiedenen Landestheilen keine einheitliche. Durch die Allerh. V.O. vom 27. April 1807 Ziff. 4 wurde zwar das altbayer. Amortisationsrecht auf das ganze Königreich erstreckt; aber für die nach diesem Zeitpunkte erworbenen Gebietstheile[3]) erfolgte keine solche Ausdehnung. Es ist

---

1) Stenogr. Ber. der K. der Abg. 1899 Bd. XIII S. 666. (Becher Mat. Bd. III Abth. IV u. V S. 92).

2) Vgl. hiezu die Abhandlung von Meurer in Bl. f. adm. Praxis Bd. 49 S. 1 ff. und die S. 1 daselbst angeführte Literatur, Becher b. Landesciv.Recht I S. 310 ff., ferner die Rede der Abg. Wagner (Referent) und Lerno (Corref.) Stenogr. Ber. 1899 Bd. XIII S. 613 ff. u. S. 616 ff., sowie des K. Staatsministers Dr. v. Landmann a. a. O. S. 641 ff. u. Verh. der K. der R.Räthe 1899 Bd. VIII S. 323, Becher Mat. Bd. III Abth. IV u. V S. 25 ff., S. 30 ff., S. 61 ff., S. 277[10] ff.

3) Diese Gebietstheile behielten ihr bisheriges Amortisat.Recht; in Regensburg, das ein solches Recht nicht besaß, wurden Amortis.Gesetze nicht eingeführt.

deshalb Veranlassung gegeben, das bisherige Amortisat.Recht für die einzelnen Landestheile gesondert zur Darstellung zu bringen.[4])

a) In den altbayer. Provinzen kommen in dieser Beziehung abgesehen von dem Dekrete vom 3. Januar 1675, wodurch den Klöstern der Verkauf einschichtiger Güter verboten wurde, und einigen anderen Erlassen aus dem 17. Jahrh. die Mandate vom 1. Aug. 1701, 27. Jan. 1760, 13. Okt. 1764 (Pragmatik), 9. Febr. 1787 und 27. April 1807 (Mayr Gen.Samml. IV S. 756, II S. 775 und 1078, IV S. 892, Döllinger V.O. Samml. VIII S. 836) in Betracht. Während die früheren Erlasse den Erwerb von Grundstücken ohne Rücksicht auf Titel und Betrag untersagten, wenn nicht eine landesherrliche Genehmigung erfolgt ist, ließ das Mandat vom 13. Okt. 1764 hinsichtlich des unentgeltlichen Erwerbs beweglicher Gegenstände eine Beschränkung eintreten und setzte die sog. pragmatische Summe auf 2000 Gulden fest. Die V.O. vom 27. April 1807 faßte den Inhalt der von ihr auf andere Gebietstheile erstreckten altbayer. Amortis.-Gesetze dahin zusammen, daß die von einem Kloster zu erwerbende Summe auf 2000 fl. in Geld beschränkt und jede Vermehrung von Grundeigenthum verboten sei. Durch die V.O. vom 10. Nov. 1811 (Döll. V.O. Samml. XI S. 1176) wurde das Mandat vom 9. Februar 1787, welches Stiftungen an die Kirchen im Auslande verbot, auf das gesammte Königreich ausgedehnt. Hiezu kommen noch die V.O. vom 10. Okt. 1790, die auf das Donaumoos sich beziehende V.O. vom 23. April 1792 und noch verschiedene Dekrete, von welchen z. B. eines vom 15. Nov. 1780 die Ursulinen in Landshut, eines vom 23. Dez. 1794 die Englischen Fräulein und eines von 1836 die Benediktiner betraf.

b) In den nach Erlassung des Mandats vom 27. April 1807 zu Bayern hinzugekommenen Gebietstheilen fand entweder eine ähnliche Beschränkung des Grundstückserwerbs statt, wie dieß nach Mandat von 1701 der Fall war, oder außerdem noch eine Einschränkung des unentgeltlichen Erwerbs beweglicher Gegenstände, wie solche in der Pragmatik von 1764 erfolgte. In ersterer Beziehung sind folgende in einigen unterfränk. Amtsgerichten geltende Rechte zu nennen, nämlich das Würzburger, Fuldaer und Coburger Recht, in letzterer Hinsicht das Mainzer Landrecht, das österreichische Recht, das preußische Landrecht und das Pfälzer Recht.

Quelle des im Gebiete des ehem. Fürstbisthums Würzburg und im vorm. Löwenstein'schen Amte Rothenfeld in Herrschaft gewesenen Würzb. Rechts ist das fürstbischöfl. Mandat v. 31. Juli 1725 (abgedr. Bl. f. adm. Pr. 49 S. 49), worin mehrfache frühere V.O. bestätigt werden. Für das Fuldaer Recht ist das Dekret vom 23. Okt. 1767, für das Coburger Recht dasjenige vom 26. Aug.

---

4) Von einigen Seiten wurde in Abrede gestellt, daß die Amortis.Gesetzgebung überhaupt zu Recht bestanden habe; die K. Staatsregierung ist dieser Anschauung entschieden entgegengetreten. Ueber die Frage der bisherigen Geltung dieser Gesetzgebung siehe Meurer Bl. f. adm. Pr. 49 S. 65 ff., über die für und gegen solche Gesetze sprechenden Gründe Meurer a. a. O. S. 79 ff. Der kgl. Staatsminister Dr. v. Landmann nahm an, daß nur für die Klöster die Amortis.Ges. Geltung haben, während für das Kirchen- und Pfründestiftungsvermögen die Staatskuratel in Betracht komme (Verh. der K. der R.R. 1899 Bd. VIII S. 324); Meurer tritt dieser einschränkenden Auffassung entgegen, a. a. O. S. 73 ff.

1756 zu erwähnen. (Näheres hierüber Bl. f. adm. Pr. a. a. O. S. 52, 53). Nach dem in einigen unterfränk. Amtsgerichtsbezirken eingeführten Mainzer Landrechte, insbesondere dem churfürstl. Edikte vom 5. April 1737 war die Veräußerung der liegenden Güter an geistliche corpora und ad manus mortuas verboten, ferner war der unentgeltliche Mobiliarerwerb der Klöster und der ordensähnlichen Niederlassungen, insoweit er über 1500 fl. ging, untersagt. Die gleiche pragmat. Summe für bewegliche Sachen findet sich in dem in einigen bayer. Gebietstheilen geltenden österreich. Rechte vorzugsweise in dem Gesetze vom 26. Aug. 1771 vor, welches auch dem Immobiliarerwerbe entgegentrat. Das in mehreren fränkischen Bezirken bisher maßgebend gewesene preuß. Landrecht verbietet den Immob.Erwerb ohne Rücksicht auf Werth und Titel (Th. II Tit. XI § 194), insoweit nicht landesherrliche Genehmigung erfolgt ist, während es jeden unentgeltlichen Mobiliarerwerb der Kirche (nicht bloß der Klöster) von dieser Bewilligung abhängig macht, insoferne er mehr als 500 Thaler beträgt. In der Pfalz kommen neben Art. 910 und 937 des Code civil noch verschiedene Dekrete und Staatsrathsgutachten in Betracht. Die Staatsgenehmigung in der Form einer landesherrlichen V.O. wurde später für Schenkungen an die Kirchenfabriken in der Höhe bis zu 300 Francs durch die Genehmigung des Bezirksamts ersetzt; im übrigen ist für die Kirchenfabriken ministerielle Bewilligung erforderlich. Bei Begründung neuer Stiftungen mit eigener Persönlichkeit und besonderer Zweckbestimmung bedarf es der landesherrlichen Genehmigung. Bei bloßer Vermehrung bestehender Stiftungen ertheilt das Bezirksamt die Annahme-Erklärung bis zu 240 Mk., bei höheren Beträgen die Kreisregierung.

3. Die Art. 7 u. 8 gelten für geistliche Gesellschaften d. h. solche Körperschaften, welche geistliche Gesellschaften im Sinne des § 76 Abs. 2 lit. c der II. Verfass.Beil. sind. Eine nähere Begriffsbestimmung als diese hat der K. Staatsminister des Innern f. K. u. Sch.A. nicht abgegeben. Derselbe erklärte vielmehr[5]), daß die Austragung dieser Frage der Praxis, der Rechtsprechung überlassen bleibe. Jedoch gab er einige Beispiele, indem er bemerkte[6]), daß Klöster-Orden, ordensähnliche Kongregationen und Bruderschaften, insoweit letztere nicht ohnehin unter die Stiftungskuratel fallen, hiezu zu rechnen sein werden. Die Frage, ob die Englischen Fräulein den geistlichen Gesellschaften beizuzählen sind, ist mit Rücksicht auf Art. 9 gegenstandslos. Was die Diakonissenanstalten betrifft, so erwiderte der kgl. Staatsminister[7]) auf die Anfrage eines Reichsraths, daß dieselben bisher nicht als geistliche Gesellschaften angesehen worden seien, daß dieser Umstand jedoch keineswegs ausschließe, sie in der Rechtsanwendung künftighin als solche Gesellschaften aufzufassen.

4. Nicht im Erwerbe beschränkt sind kirchliche Einrichtungen, welche nicht geistliche Gesellschaften bilden, wie die bischöfl. Stühle, die Domkapitel und die bischöfl. Seminarien.[8]) Auch für die einzelnen Klosterangehörigen kommt künftighin jede Einschränkung in Wegfall.

---

5) Verh. der K. der R.R. 1899 Bd. VIII S. 351, Becher Mat. III Abth. IV, V S. 277[22].

6) a. a. O. S. 332, Becher a. a. O. S. 277[14].

7) a. a. O. S. 352, Becher a. a. O. S. 277[22].

8) Verh. der K. der R.R. 1899 Bd. VIII S. 332. (Aeuß. des K. Staatsministers Dr. v. Landmann), Becher a. a. O. S. 277[14].

5. Landesherrliche Genehmigung ist

A. nicht erforderlich

bei dem nicht durch eine Schenkung oder eine Zuwendung von Todeswegen veranlaßten Erwerbe von beweglichem Vermögen durch inländische geistliche Gesellschaften, also bei Erlangung durch Kauf, Tausch u. s. w.,

B. dagegen nothwendig

a) ohne Rücksicht auf den Werth

für die in Art. 10 näher bezeichneten ausländischen juristischen Personen im Falle des Eigenthumserwerbs an einem Grundstücke,

b) bei einem den Betrag von 5000 Mk. übersteigenden Werthe

für die vorerwähnten ausländischen juristischen Personen der Regel nach, insoweit also der Fall zu a) nicht zutrifft,

c) bei einem höheren Werthe als 10000 Mk.

aa) für Schenkungen oder Zuwendungen von Todeswegen an inländische geistliche Gesellschaften,

bb) für einen Erwerb von Gegenständen des unbeweglichen Vermögens durch solche Gesellschaften.

Der Genehmigung bedürfen Schenkungen oder Zuwendungen nicht etwa blos für den die Summe von 10000 Mk. übersteigenden, sondern, wie dieß in Art. 7 ausgesprochen ist, für den vollen Betrag. Der gleiche Grundsatz gilt auch für die Fälle der Art. 8, 10. Bei Berechnung des Werthes wiederkehrender Leistungen (nach Art. 7) wird ein Zinssatz von 4% zur Grundlage genommen; ebenso verhält es sich nach Art. 10. Zum unbeweglichen Vermögen im Sinne des Art. 8 gehören auch Rechte an einem Grundstücke; Hypotheken, Grundschulden und Rentenschulden sind jedoch nicht hinzu zu rechnen.

6. Die Bestimmungen der Art. 7 u. 8 finden auf die Englischen Fräulein in Bayern[9]) keine Anwendung; dagegen ist die Geltung des Art. 10 hinsichtlich der Engl. Fräulein außerhalb Bayerns nicht gehemmt.

Zahlungen aus öffentlichen Kassen.

Artikel 11.

Zahlungen aus öffentlichen Kassen sind, soweit nicht ein Anderes bestimmt ist, an der Kasse in Empfang zu nehmen, welche die Zahlung zu leisten hat.

1. Nach § 270 des Bürgerl. G.B. sind Geldzahlungen regelmäßig in der Art zu bewirken, daß der Schuldner auf seine Gefahr und Kosten das Geld dem Gläubiger an dessen Wohnsitz oder nach Umständen an den Ort seiner gewöhnlichen Niederlassung übermittelt. Obige Ausnahme hievon beruht auf dem Vorbehalt des Art. 92 des E.G. z. BGB., welcher die landesgesetzlichen Vorschriften, nach denen Zahlungen aus öffentlichen Kassen an der Kasse in Empfang zu nehmen sind, beläßt.

---

9) Auf die Engl. Fräulein in Bayern wurden die Amortisationsgesetze bisher gleichfalls nicht angewendet. Das Privilegium, das sie thatsächlich genossen, beruhte indeß nicht auf einem Allerhöchsten Dekrete, sondern einem Erlasse des geistlichen Rathes vom 23. Dez. 1794, also auf einer Auslegung des kurfürstlichen Willens durch den geistl. Rath (Stenogr. Ber. der R.R.K. 1899 Bd. VIII S. 354), Becher a. a. O. S. 277[83].

2. Die Kasse der Reichsbankstelle wird, da die Reichsbank ihre spezielle Verfassung hat, durch jene Bestimmung nicht getroffen. Dagegen gehören zu den öffentlichen Kassen im Sinne des Artikels auch die Kgl. Bank und ihre Filialen, ferner die Kassen der Gemeinden und Distrikte, sowie der öffentlichen Stiftungen.

3. Auf einen im Justizausschusse der Abgeordnetenkammer gemachten Vorschlag, einen Beisatz dahin anzufügen, daß der Gläubiger befugt sein solle, schriftlich von der öffentlichen Kasse zu verlangen, daß ihm das Geld auf seine Kosten und Gefahr durch die Post übermittelt werde, wodurch eine Erleichterung für die in größerer Entfernung vom Rentamtssitze wohnenden Beamten, Geistlichen, Lehrer und Geschäftsleute gegeben werden sollte, wurde nicht eingegangen. Seitens des Kommissärs des Staatsministeriums der Finanzen wurde jedoch die Zusicherung erteilt, daß in dieser Beziehung die Rentämter mit bezüglichen Instruktionen versehen werden würden. Hiebei erklärte auch der Kommissär des K. Staatsministeriums der Justiz, eingesendete Quittungen seien nicht blos Beweisurkunden, solche enthielten vielmehr ein Rechtsgeschäft, Anerkennungsgeschäft, man könne also nicht sagen, daß solche Quittungen keinen Werth hätten, wenn nachgewiesen werden könne, daß sie vor der Zahlung eingeschickt worden seien. [1])

Aufrechnung gegen Gehälter und Pensionen. Uebertragung von Wittwen- und Waisenbezügen.

Artikel 12.

Gegen die Ansprüche der Hof-, Staats- und Gemeindebeamten, öffentlichen Diener und Geistlichen auf Gehalt oder Pension können Ansprüche aus dem Amts- oder Dienstverhältnisse sowie die von dem Gehalt oder der Pension zu entrichtenden Steuern oder Umlagen unbeschränkt aufgerechnet werden.

Für die Ansprüche der Hinterbliebenen der im Abs. 1 bezeichneten Bediensteten auf Wittwen- und Waisenbezüge gilt das Gleiche in Ansehung der von den Bezügen zu entrichtenden Steuern oder Umlagen. Die Wittwen- und Waisenbezüge können weder abgetreten noch verpfändet werden.

Auf die Bezüge der Angehörigen des Heeres und deren Wittwen und Waisen finden diese Vorschriften keine Anwendung.

1. Nach § 394 Satz 1 des BGB. findet, soweit eine Forderung der Pfändung nicht unterworfen ist, eine Aufrechnung (Kompensation) gegen dieselbe nicht statt. Der gleichen Beschränkung ist nach § 400 des BGB. die Zulässigkeit der Abtretung der Forderung unterworfen. Die Bestimmung des Art. 12 beruht nun auf dem Vorbehalte des Art. 81 des E.G. z. BGB., wonach durch die Landesgesetzgebung die Uebertragbarkeit der Ansprüche der Beamten, der Geistlichen und der Lehrer an öffentlichen Unterrichtsanstalten, sowie der Hinterbliebenen dieser Personen auf Besoldung, Wartegeld, Ruhegehalt, Wittwen- und Waisengeld beschränkt und die Aufrechnung gegen solche abweichend von der Vorschrift des § 394 des BGB. zugelassen werden kann. Die Vorschrift des Art. 12 schließt sich dem bisher in Bayern nach dem nun nach Art. 175 Nr. 31 des gegenwärtigen Gesetzes in Wegfall kommenden Ge-

1) A.A.Pr. S. 46 ff., Becher Mat. I S. 214 ff.

setze vom 16. Dezember 1887 (G. u. V.Bl. S. 695) geltenden Rechte an. Das Verbot der Abtretung und Verpfändung der Wittwen- und Waisenbezüge entspricht auch den reichsgesetzlichen Vorschriften im § 17 des Gesetzes vom 20. April 1881, betr. die Fürsorge für die Wittwen und Waisen der Reichsbeamten, (R.G.Bl. S. 85) und im § 19 des Gesetzes vom 17. Juni 1887, betr. die Fürsorge für die Wittwen und Angehörigen des Reichsheeres und der Kaiserlichen Marine (R.G.Bl. 237). In Ansehung der Angehörigen des Heeres und ihrer Wittwen und Waisen verbleibt es, auch soweit sie unter den Vorbehalt des Art. 81 fallen, mit Rücksicht auf den Bündnißvertrag vom 23. November 1870 bei den reichsrechtlichen Vorschriften.

2. Der Vorschlag des Referenten im Justiz-Ges.Geb.Ausschuß der Kammer der Abg. die Aufrechnungsbefugniß auf ein Drittheil des Gehaltes 2c. zu beschränken, fand keinen Anklang, nachdem insbesondere seitens des Regierungskommissärs im Ausschusse erklärt worden war, daß lediglich solche Ansprüche aufgerechnet werden können, welche aus dem Amts- und Dienstverhältnisse entspringen, daß nicht das fiskalische, sondern das dienstliche Interesse maßgebend sein solle und daß durch Direktiven der Centralstellen Sicherheit dafür gegeben sei, die Regierung werde von der Unbeschränktheit der Aufrechnung keinen zu ausgedehnten Gebrauch machen.[1])

3. Die nicht statusmäßigen Beamten fallen unter die Vorschrift des Artikels; die im Tagelohn beschäftigten Personen dagegen sind weder Beamte noch Bedienstete, auf sie ist daher Art. 12 nicht anwendbar. Die Volksschullehrer sind als Gemeindebeamte oder -Bedienstete zu erachten.

Als Hinterbliebene im Sinne des Artikels können die für ehelich erklärten Kinder oder angenommene Kinder eines Beamten nicht in Betracht kommen, denn nach den für die Pensionsansprüche maßgebenden Bestimmungen haben eben diese Kinder keinen Anspruch auf Pension.[2])

4. Unter den Art. 12 fallen auch die Ersatzansprüche nach Art. 60 dieses Gesetzes.[3])

5. Ueber Pfändung der obigen Ansprüche s. § 850 der Civilprozeßordnung.

Bierlieferungsvertrag.

Artikel 13.

Wird zwischen einem Brauer und einem Wirthe ein Vertrag über die Lieferung von Bier ohne Bestimmung der Menge des zu liefernden Bieres geschlossen, so gilt, soweit nicht ein Anderes vereinbart wird, als Gegenstand des Vertrags der gesammte Bedarf an Bier, der sich in dem Gewerbebetriebe des Wirthes während der Dauer des Vertragsverhältnisses ergibt. Der Wirth ist verpflichtet, den Bedarf ausschließlich von dem Brauer zu beziehen, der Brauer hat dem Wirthe die jeweils verlangten Mengen zu liefern. Ist die Dauer des Vertragsverhältnisses nicht bestimmt, so kann dieses von jedem Theile für den Schluß des Monats September jedes Jahres gekündigt werden.

Geht das Geschäft des einen oder des anderen Theiles durch Rechtsgeschäfte unter Lebenden auf einen Dritten über, so hat der bis-

---

1) A.A.Pr. S. 56, **Becher** M. I, 231.
2) A.A.Pr. S. 57, **Becher** M. I, 233.
3) A.A.Pr. S. 56, **Becher** M. I, 232.

herige Inhaber dafür einzustehen, daß der neue Inhaber in den Vertrag eintritt.

1. Nach Artikel 18 des Einführungsgesetzes zum Handelsgesetzbuch vom 10. Mai 1897 (R.G.Bl. 437) bleiben die landesgesetzlichen Vorschriften über den Vertrag zwischen dem Brauer und dem Wirthe über die Lieferung von Bier unberührt, soweit sie das sich aus dem Vertrage ergebende Schuldverhältniß für den Fall regeln, daß nicht besondere Vereinbarungen getroffen werden. Auf diesem Vorbehalte beruhen die Bestimmungen der Artikel 13 und 14.

Die Vorschrift des Artikels 13 nimmt das Recht wieder auf, welches früher in Bayern gegolten hat (Abschn. III § 26 des Landtagsabschiedes vom 10. November 1861, Tit. II Artikel 23 bis 27 der Verordnung vom 25. April 1811, die künftige Regulirung des Biersatzes im Königreich Bayern und die Verhältnisse der Brauer sowohl unter sich als zu dem Publikum betreffend und §§ 11, 12 des Gesetzes vom 23. Mai 1846, die Regulirung des Biersatzes und die Verhältnisse der Brauer zu den Wirthen betreffend) und welches nunmehr auf die Pfalz erstreckt wird.

2) Die Bestimmung in Abs. 1 des Artikels schließt selbstverständlich nicht aus, daß auch nach dem heutigen Rechtszustande Verträge über die Lieferung einer bestimmten Menge Bieres geschlossen werden können.

Nach dem letzten Satze des Absatzes 1 kann das Vertragsverhältniß, wenn seine Dauer nicht bestimmt ist, von jedem Theile für den Schluß des Monats September jeden Jahres gekündigt werden. Daß eine gewisse Zeit vorher, vor Schluß des September gekündigt wird, ist nicht nothwendig; es genügt, wenn der Brauer vor dem letzteren Zeitpunkt von der Kündigung Kenntniß hat. Der Grund liegt darin, daß die nach der alten Art eingerichteten Brauereien, deren Interessen die Art. 13 u. 14 vorzugsweise im Auge haben, vor dem 1. Oktober überhaupt nicht anfangen zu brauen.

3. Durch Absatz 2 ist für den Besitzvorgänger die Verpflichtung begründet, dafür zu sorgen, daß der neue Inhaber in den Vertrag eintritt. Erfüllt er diese Verpflichtung nicht, so ist er dem anderen Theile für den daraus entstehenden Schaden ersatzpflichtig. Eine Bestimmung zu treffen, daß der Besitznachfolger an sich für die Schulden seines Vorgängers zu haften habe, wäre die Landesgesetzgebung nicht zuständig, da die ihr durch den obenerwähnten Art. 18 eingeräumte Ermächtigung nicht so weit reicht.

4. Bei Gelegenheit der Berathung über Art. 13 im Justiz-Ges.Geb.Ausschuße der Abg.Kammer wurde vom Ministerialkommissär ausdrücklich bemerkt, daß die Zwangs- und Bannrechte in Bayern schon zu Anfang des 19. Jahrhunderts aufgehoben wurden und daß jetzt auch nach § 10 der deutschen Gewerbeordnung neue Zwangs- und Bannrechte nicht mehr begründet werden können. (A.A.Pr. S. 62, Becher M. I S. 245.)

5. Schon bei der ersten Lesung im Justiz-Ges.Geb.Ausschuße der Abg.Kammer wurde beantragt, dem Art. 13 einen Zusatz des Inhalts zu geben, daß der Wirth unberechtigt sein solle, vom Vertrage zurückzutreten, wenn der Brauer ihm vertragswidriges Bier geliefert habe. Es kam jedoch zu keiner Einigung und die desfallsigen Anträge wurden zurückgezogen. Die in 2. Lesung in veränderter Gestalt wieder eingebrachten und angenommenen Anträge wurden dann vom Justizausschuße der Reichsrathskammer abgelehnt, wobei es schließlich verblieben ist. Der Minist.Kommissär betonte im Just.Aussch. der K. d. Abg. es handle sich hier nicht um eine Besonderheit der bayerischen Bierlieferungsverträge, sondern um eine Frage, welche sich bei allen

Lieferungsverträgen ähnlicher Art ergebe und ihre Beantwortung in der Anwendung des Satzes finde, daß der Vertrag so auszulegen sei, wie Treue und Glauben mit Rücksicht auf die Verkehrssitte es erfordere. Von Seite einiger Abg. wurde hiebei bemerkt, es werde demjenigen Wirthe, welchem wiederholt schlechtes Bier geliefert wurde, auch künftighin ein Rücktrittsrecht zustehen, gleichwie ein solches schon bisher von der Rechtsprechung anerkannt worden sei.[1])

6. Nach Art. 4 des Ges. Überg.Vorschr. z. BGB. betr. bestimmt sich das Rechtsverhältniß aus einem vor dem 1. Jan. 1900 geschlossenen Bierlieferungsvertrage von diesem Zeitpunkte an nach den Vorschriften des Art. 13 u. 14 des Ausf.Ges.

Artikel 14.

Ist bei dem Bestehen eines Vertragsverhältnisses der im Artikel 13 Abs. 1 bezeichneten Art der Wirth Eigenthümer des Grundstücks, auf welchem er sein Geschäft betreibt, so kann der Brauer verlangen, daß ihm für den gestundeten oder rückständigen Kaufpreis des gelieferten Bieres eine Sicherungshypothek an dem Grundstücke bestellt wird.

Hat der Wirth noch andere Grundstücke, die mit dem seinem Geschäftsbetriebe dienenden Grundstücke gemeinschaftlich bewirthschaftet werden, so kann die Erstreckung der Sicherungshypothek auf diese Grundstücke verlangt werden, soweit sie erforderlich ist, damit der Betrag des Kaufpreises durch den Werth des Grundstückes doppelt gedeckt wird. Der Werth wird unter Abzug der Belastungen berechnet, die der Sicherungshypothek im Range vorgehen.

Artikel 14 bietet Ersatz für die früheren gesetzlichen Hypothekentitel des Brauers und giebt einen obligatorischen Anspruch auf die Bewilligung des Eintrages einer Sicherungshypothek, wie es der § 648 des B.G.B. zu Gunsten der Bauhandwerker thut. Hiebei ist aber ein Vertragsverhältniß im Sinne des Art. 13 Abs. 1 vorausgesetzt, da die Vorschrift nur für ein dauerndes Vertragsverhältniß, wie es durch die herkömmlichen Bierverträge begründet wird, nicht für einen Kaufvertrag über eine Menge Bieres paßt. Wenn der Wirth die Hypothekstellung verweigert, ist es dem Brauer ermöglicht, nach § 885 mit 883 BGB. eine einstweilige Verfügung zu erwirken, auf Grund deren dann zur Sicherung seines Anspruchs die Eintragung einer Vormerkung im Grundbuche erfolgen kann. Bis zu der Zeit, zu welcher das Grundbuch als angelegt anzusehen ist, gilt der dem Gläubiger kraft Gesetzes zustehende Anspruch auf Einräumung einer Sicherungshypothek als gesetzlicher Hypothektitel (Art. 50 des Ges. Übergangsvorschr. z. BGB. betr.)

Gesinderecht.[1])

1. Durch den Art. 95 des Einf.Ges. zum BGB. werden die landesgesetzlichen Vorschriften, welche dem Gesinderechte angehören, nicht nur soweit sie öffentlich rechtlicher,

---

1) Näheres s. A.A.Pr. S. 59 ff., 390 ff., R.A.Pr. S. 16 ff., Becher Mat. I, 237 ff. 614 ff., 938 ff., 761 ff.

1) Vgl. Kähler Gesindewesen und Gesinderecht; Meixner Das Dienstbotenwesen in Bayern mit besonderer Rücksicht auf München und für das neueste Recht noch Frhr. v. Aufseß Das Gesinderecht nach dem BGB. und dem Ausf.Ges. zu letzterem und

sondern — vorbehaltlich gewisser Ausnahmen — auch soweit sie bürgerlich rechtlicher Natur sind, aufrecht erhalten. Unberührt bleiben nach Abs. 1 des Art. 95 insbesondere auch die landesgesetzlichen Vorschriften über die Schadensersatzpflicht desjenigen, welcher Gesinde zum widerrechtlichen Verlassen des Dienstes verleitet oder in Kenntniß eines noch bestehenden Gesindeverhältnisses in Dienst nimmt oder ein unrichtiges Dienstzeugniß ertheilt. Die Landesgesetzgebung ist also im Allgemeinen für zuständig erklärt. Jedoch enthalten Abs. 2 und 3 des Art. 95 folgende Ausnahmen. Für die Landesgesetzgebung bindend sind nach Abs. 2 l. c. die Vorschriften des BGB. über die Geschäftsfähigkeit (BGB. §§ 104—115), über die Wirksamkeit von Erklärungen, welche nicht vollgeschäftsfähigen Personen gegenüber abgegeben werden (§ 131), über die Haftung für Gehülfen (§ 278), über gewisse Pflichten des Dienstberechtigten (§§ 617—619), über die äußerste Dauer des Dienstvertrags (§ 624), über die Verantwortlichkeit des Dienstherrn für den von diesem widerrechtlich verursachten Schaden (§§ 831, 840 Abs. 2), sowie über die Einwilligung des Mannes zu einem Rechtsgeschäfte, durch das sich die Frau zu einer von ihr in Person zu bewirkenden Leistung verpflichtet (§ 1358).

Auch steht nach Abs. 3 des Art. 95 dem Dienstberechtigten ein Züchtigungsrecht gegenüber dem Gesinde nicht zu.

Auf dieser Grundlage erhielt durch die Artikel 15—31 das Gesinderecht in Bayern seine Neuregelung. Diese Artikel enthalten jedoch die für das Gesindeverhältniß maßgebenden Vorschriften nur insoweit, als die allgemeinen Bestimmungen des BGB. über den Dienstvertrag (§§ 611 bis 630) durch landesgesetzliche Vorschriften abgeändert oder ergänzt werden. Die für das Gesindeverhältniß geltenden allgemeinen Vorschriften des Reichsrechtes sind hier nicht wiederholt, dagegen ist vorbehalten, in die Dienstbotenbücher eine Anleitung aufzunehmen, welche in leicht verständlicher Weise die das Gesindewesen betreffenden wesentlichen Bestimmungen der Reichs- und der Landesgesetze, insbesondere des Bürgerlichen Gesetzbuchs und des gegenwärtigen Gesetzes, enthält.

2. Das Gesetz enthält eine Begriffsbestimmung, was unter Gesinde (Dienstboten) zu verstehen sei, nicht. Mit den Motiven des Entwurfes war man darüber einig, daß die Lücke nicht durch Zurückgehen auf das jeweilige bürgerliche Recht ergänzt werden soll, daß vielmehr das Wort „Dienstboten" in dem von dem Dienstbotenwesen handelnden Hauptstücke des Polizeistrafgesetzbuchs in der landläufigen Bedeutung aufzufassen sei (vgl. Verh. der Kamm. der Abg. 1859/60 III S. 190). Es entscheiden mithin die einzelnen Umstände des Falles. Wenn ein Zweifel besteht, ob Jemand als Dienstbote oder Gewerbsgehülfe zu betrachten sei, so wird man darauf sehen müssen, ob die betreffende Person mehr für die Hauswirthschaft oder für die Zwecke des Gewerbebetriebes zu dienen hat; und wenn sie beiden Arbeitszwecken dient, so wird auf den Willen des Arbeitgebers und Arbeitnehmers, in welcher Eigenschaft die betreffende Person gedungen wird und sich verdungen hat, Rücksicht zu nehmen sein. Wenn ein solcher Wille nicht zu ermitteln ist, so muß eben entscheiden, was überwiegt. Bei Taglöhnern wird es ankommen auf die Kriterien der Dauer der Arbeitszeit, der Art der Beschäftigung und der häuslichen Gemeinschaft.[2])

---

v. Ölhafen Das Dienstbotenwesen in Bayern nach dem BGB. und dem Ausf.Ges. hiezu. (Die letzten drei sind kleinere Schriften).

2) Motive A S. 21; A.A.Pr.S. 71, Becher M. I, 48, 243, 264; vgl. auch Landmann, Kommentar zur Gewerbeordnung 3. Aufl. Bd. II S. 6—8.

Artikel 15.

Auf das Rechtsverhältniß zwischen der Dienstherrschaft und dem Dienstboten finden die allgemeinen Vorschriften des bürgerlichen Rechtes nur insoweit Anwendung, als sich nicht aus den Artikeln 16—28 ein Anderes ergibt.

1. Art. 15 bringt die Stellung des Gesetzes zu den allgemeinen Vorschriften des bürgerlichen Rechtes, namentlich den Vorschriften über den Dienstvertrag zum Ausdruck. Es ist damit außer Zweifel gestellt, daß die Bestimmungen in §§ 611 bis 630 des BGB., soweit sie nicht im gegenwärtigen Gesetz ausdrücklich geändert sind, hinsichtlich des Gesinderechts gelten und daß dies insbesondere der Fall ist bezüglich der §§ 616 bis 618, welche den Dienstboten den nöthigen Schutz hinsichtlich ihrer Gesundheit, Sittlichkeit sowie ihrer religiösen Bedürfnisse verleihen.[1])

2. Die vom preuß. Landrechte Th. II Tit. 5 §§ 86 ausgesprochene, im bayer. Gesinderecht sonst nicht erwähnte Verbindlichkeit der Dienstherrschaft, für kranke Dienstboten zu sorgen, ist in den §§ 617, 619 BGB. in bindender Weise geregelt. Neben den dort getroffenen Anordnungen bleiben landesgesetzliche Vorschriften nur insoweit fortbestehen, als dieselben dem Gesinde weitergehende Ansprüche gewähren. Dieß wäre zwar bezüglich des preuß. Landrechts theilweise der Fall; allein da den desfallsigen Bestimmungen im Hinblick auf die Art. 11, 20 des Gesetzes über die öffentliche Armen- und Krankenpflege v. 29. April 1869 und auf Art. 2 Abs. 1, 2 des bayer. Ausf.Ges. v. 26. Mai 1892 zum Reichskrankenversicherungsges. v. $\frac{15. \text{ Juni } 1883}{10. \text{ April } 1892}$ keine erhebliche Bedeutung zuzuschreiben ist, so konnte zu Gunsten der Rechtseinheit von der Aufnahme der diesbezüglchen Vorschriften des preuß. Landrechts Umgang genommen werden. Der Satz des letzteren Gesetzes in Th. II Tit. 5 § 94 hinsichtlich der über die Dienstzeit hinaus sich erstreckenden Verpflichtung der Herrschaft zur Unterstützung des Dienstboten kommt mit Th. I Tit. 13 §§ 80, 81 des in Frage stehenden Gesetzes selbst in Wegfall.

3. Angesichts der §§ 618, 619 BGB. kommt dem Landesrechte nicht mehr die Befugniß zu, über die Verpflichtung der Dienstherrschaft zur Herstellung und Unterhaltung der zum Zwecke der Dienstverrichtung bestimmten Räume, Vorrichtungen und Geräthschaften sowie in Anbetracht des Wohn- und Schlafraumes, der Verpflegung, dann der Arbeits- und Erholungszeit noch Bestimmungen zu treffen.[2])

Artikel 16.

Personen, die nicht im Besitze der bürgerlichen Ehrenrechte sind oder unter Polizeiaufsicht stehen, kann die Polizeibehörde das Halten von Dienstboten unter achtzehn Jahren untersagen.

Personen, die nach § 361 Nr. 6 des Strafgesetzbuchs polizeilicher Aufsicht unterstellt sind, dürfen Dienstboten unter einundzwanzig Jahren nicht halten.

Die Entlassung von Dienstboten, welche diesen Vorschriften zuwider gehalten werden, kann von der Polizeibehörde erzwungen werden.

---

1) A.A.Pr. S. 72, Becher M. I, 264, 265.

2) Motive A S. 24, Becher Mat. I S. 53.

1. Den Vorschriften des Bürgerlichen Gesetzbuchs §§ 104—115 (Geschäftsunfähigkeit, beschränkte Geschäftsfähigkeit und deren Folgen), 1358 (Verhältniß der Ehegatten zu einander, Stellung der Frau, persönlich zu bewirkende Leistungen der Frau) kommt zwingende Kraft zu, solche bleiben daher von der Landesgesetzgebung unberührt; ebenso die Vorschrift des § 1357 über die Schlüsselgewalt der Frau, welche dieselbe berechtigt, innerhalb ihres häuslichen Wirkungskreises die Geschäfte des Mannes für ihn zu besorgen und ihn zu vertreten, und wonach sich also künftig die Frage bemißt, ob die Frau alle oder doch die weiblichen Dienstboten dingen könne.

2. Die Vorschrift des Artikel 16 Abs. 1 ist nicht auf den Ehegatten einer der dort bezeichneten Personen, auch nicht auf sonstige Familienangehörige oder solche Personen, die überhaupt zu dem Hausstande gehören, auszudehnen.[1])

3. Die Polizeibehörde **kann** untersagen, kann also die einzelnen Fälle erwägen, daher einen Dienstherrn, der wegen eines in sittlicher Beziehung nicht gerade bedenklichen Delikts der bürgerlichen Ehrenrechte entkleidet ist, anders behandeln, als einen andern.

4. Eine Strafe für den Fall der Nichtbefolgung der Untersagung ist nicht angedroht. Die Polizeibehörde ist jedenfalls befugt, nach Abs. 3 die Entlassung zu erzwingen.

5. Der § 361 Nr. 6 des Strafgesetzbuchs betrifft Weibspersonen, welche wegen gewerbsmäßiger Unzucht einer polizeilichen Aufsicht unterstellt sind. Solchen ist nach Abs. 3 obigen Artikels das Halten von Dienstboten unter 21 Jahren unbedingt verboten, so daß es nicht erst der Untersagung durch die Polizeibehörde bedarf.

6. Auf den dem Dienstboten gebührenden Schadensersatz finden die besonderen Bestimmungen des Artikel 26 Anwendung.[2])

7. Nach § 7 der Verordnung vom 24. Dez. 1899 (Zuständigkeitsverordnung, G. u. V.Bl. S. 1231) ist die zur Untersagung des Haltens von Dienstboten zuständige Polizeibehörde sowohl die Orts- als auch die Distriktspolizeibehörde, in München die kgl. Polizeidirektion.

Artikel 17.

Verdingt sich ein Dienstbote an mehrere Dienstherrschaften für dieselbe Zeit, so hat er bei derjenigen Dienstherrschaft auf deren Verlangen einzutreten, mit welcher er den Dienstvertrag zuerst geschlossen hat; den übrigen Dienstherrschaften ist er zum Schadensersatze verpflichtet.

1. Die Anregung des Referenten Wagner im Justizausschusse der K. d. A., eine Ausnahme von Art. 17 für den Fall festzusetzen, daß der Dienstbote bereits bei einer Dienstherrschaft eingetreten ist, welche keine Kenntniß von der mehrmaligen Verdingung hat und den Dienstboten behalten will, fand im Ausschusse keinen Anklang. Art. 17 findet also auch Anwendung, wenn der Dienstbote bei einer der mehreren Dienstherrschaften den Dienst bereits angetreten hat, auch wenn dieselbe im guten Glauben war.

2. Der Zwang des Art. 17 tritt nur auf Verlangen der betreffenden Dienstherrschaft ein.

3. Das polizeiliche Vorführungsrecht wird durch diesen Artikel nicht berührt.

4. Für den Schadensersatz, den die übrigen Dienstherrschaften beanspruchen können, gelten die besonderen Vorschriften des Art. 26.

---

1) A.A.Pr. S. 73, Becher M. I, 267.

2) Motive A. S. 21, Becher M. I, 49.

Artikel 18.

Das Draufgeld wird im Zweifel nicht vom Lohne abgezogen und im Falle der Aufhebung des Dienstverhältnisses, wenn die Dienstherrschaft zum Schadensersatze verpflichtet ist, nicht auf den zu ersetzenden Betrag angerechnet.

1. Das Bürgerliche Gesetzbuch (§ 336) betrachtet das bei der Eingehung eines Vertrages gegebene Draufgeld im Zweifel als Zeichen des Vertragsabschlusses, als Reugeld gilt die Draufgabe im Zweifel nicht. Dies gilt auch hier für den Gesindevertrag. Auf keinen Fall ist das Zustandekommen des Gesindevertrages durch das Geben eines Draufgeldes bedingt.[1])

2. Die Worte „im Zweifel“ bedeuten hier, wie im Bürgerlichen Gesetzbuch, nur, daß die Vorschrift eine Auslegungsregel ist, daß sie nur gelten will, wenn nicht aus der Vereinbarung sich etwas Anderes ergiebt. Bei der Auslegung der Vereinbarung sind aber nicht nur die gebrauchten Worte zu berücksichtigen, sondern auch die Umstände, unter denen der Vertrag geschlossen worden ist, und hiebei kommt auch eine allgemeine Uebung einer einzelnen Gegend in Betracht, sofern man annehmen darf, daß die Betheiligten ihren Vertrag in dem Sinne geschlossen haben, in welchem an dem Orte, an welchem der Vertrag zustandekam, derartige Verträge immer geschlossen zu werden pflegen. Ein örtliches Gewohnheitsrecht ist jedoch nicht vorbehalten, die Vorschrift des Artikels kommt also ohne Rücksicht auf die Rechtssätze, die sich in einzelnen Gegenden bisher durch Gewohnheitsrecht entwickelt haben, zur Geltung.[2])

3. Die Frage, ob das Draufgeld am Lohne abgezogen werden kann, wird hier im Gegensatz zur Bestimmung des BGB. § 337 Abs. 1 und im Einklange mit Art. 42 des Entwurfs eines Bürgerl. Gesetzbuchs für Bayern (1861) verneint.

4. Wird das Dienstverhältniß unter Umständen aufgehoben, welche die Verpflichtung des Dienstberechtigten zum Schadensersatze begründen, so verbleibt das Draufgeld dem Dienstboten ohne Anrechnung auf den Schadensersatz. Für die übrigen Fälle kommen die Vorschriften des BGB. § 337 Abs. 2, wonach die Draufgabe zurückzugeben ist, wenn der Vertrag wieder aufgehoben wird, und des § 338 Satz 1, in Anwendung, welch letzterer bestimmt, daß, wenn die vom Geber geschuldete Leistung in Folge eines Umstandes, den er zu vertreten hat, unmöglich wird oder der Geber die Wiederaufhebung des Vertrages verschuldet, der Empfänger berechtigt ist, die Draufgabe zu behalten. Der Dienstbote ist also auch in diesen Fällen zur Rückgabe des Draufgeldes nicht verpflichtet, wenn das Dienstverhältniß erst nach dem ersten Termine, für den der Dienstbote kündigen konnte, aufgehoben wird; erfolgt die Aufkündigung früher, so behält der Dienstbote einen Theil des Draufgeldes nach dem Verhältnisse der abgelaufenen Dienstzeit zu der Zeit, die er bis zum ersten Kündigungstermine zu dienen haben würde.[3])

Artikel 19.

Der Dienstbote ist der Dienstherrschaft zur Treue verpflichtet; er hat den Anordnungen der Dienstherrschaft oder ihres Vertreters in Ansehung der ihm nach dem Vertrag und der Sitte obliegenden Ver-

1) Mot. A. S. 22, Becher M. I, 50.
2) A.A.Pr. S. 78, Becher M. I, 275.
3) Vgl. Mot. A. S. 22; A.A.Pr. S. 78; Becher M. I, 50, 274 ff.; § 628 Satz 1 d. BGB.'s.

richtungen und der häuslichen Einrichtungen Folge zu leisten, der Dienstherrschaft und ihrem Vertreter Achtung zu erweisen und sich anständig zu führen. In Fällen der Noth hat er vorübergehend auch solche seinen Kräften und seiner Stellung entsprechende Dienste zu leisten, die nicht zu seinen im Vertrage bestimmten Obliegenheiten gehören.

1. Die Art und das Maß der dem Dienstboten obliegenden Verrichtungen bestimmen sich nach dem Vertrag und der Sitte. Nach § 157 BGB. sind Verträge so auszulegen, wie Treue und Glauben mit Rücksicht auf die Verkehrssitte es erfordern. Nach § 133 BGB. ist übrigens bei Auslegung einer Willenserklärung der wirkliche Wille zu erforschen und nicht an dem buchstäblichen Sinne des Ausdrucks zu haften. Dies gilt auch für den Dienstvertrag. In Fällen der Noth muß aber der Dienstbote vorübergehend auch solche seinen Kräften und seiner Stellung entsprechende Dienste leisten, die nicht zu seinen vertragsmäßigen Obliegenheiten gehören. Wann ein Fall der Noth vorliegt und ob die verlangten Dienste den Kräften und der Stellung des Dienstboten entsprechen, ist Frage des einzelnen Falles. Demnach kann ein Dienstbote z. B. zur Krankenpflege in einem Falle verpflichtet sein, im anderen nicht. Regelmäßig und insbesondere auf dem Lande wird die Krankenpflege von den Dienstboten verlangt werden dürfen. Bei ansteckenden Krankheiten wird, jedenfalls da wo besondere Krankenpfleger zu haben sind, oder der Kranke leicht in einem Spital untergebracht werden kann, eine Ausnahme zuzulassen sein.[1])

2. Unter dem Vertreter der Dienstherrschaft ist nicht bloß ein ständiger Vertreter, wie z. B. ein Hausmeister rc. zu verstehen; auch solche Personen kommen in Frage, die nur vorübergehend die Stellvertretung der Dienstherrschaft übernehmen, und den Anordnungen derselben müssen die Dienstboten ebenso nachkommen, wie denen der Dienstherrschaft selbst.

3. Die gesetzliche Pflicht, der Dienstherrschaft Achtung und Treue zu erweisen und sich anständig zu führen, hat die Berechtigung der Dienstherrschaft zur Folge, Zuwiderhandlungen zu rügen und wegen schwerer Verletzung der Pflicht das Dienstverhältniß ohne Einhaltung der Kündigungsfrist zu kündigen.[2])

4. Daß dem Dienstherrn ein Züchtigungsrecht gegenüber den Dienstboten nicht zusteht, ist bereits in Art. 95 Abs. 3 des Einf.Ges. z. BGB. bestimmt. Selbstverständlich besteht ein Zurechtweisungsrecht; der Dienstherr handelt bei Ausübung desselben in Wahrung berechtigter Interessen, so daß nicht auf jede Kleinigkeit Beleidigungsklage gegründet werden kann. Beim Schweigen des Gesetzes behält das Zurechtweisungsrecht auch seine strafrechtliche Bedeutung (vgl. Entsch. des Reichsgerichts in Strafsachen II S. 7).[3])

5. Nach § 613 Satz 1 BGB. hat der zur Dienstleistung Verpflichtete die Dienste im Zweifel in Person zu leisten. Hieraus folgt, daß das Gesinde sich in den ihm übertragenen Geschäften nicht vertreten lassen darf. Ausnahmen hievon werden wohl zuzulassen sein, insbesondere, wenn die Lage des Dienstherrn hiedurch nicht verschlechtert wird. Auch ist nicht ausgeschlossen, daß der zur Dienstleistung Verpflichtete der Mitwirkung von Gehilfen sich bedient.

---

1) R.R.A.Pr. S. 10, 11, Becher M. I, 781 ff.
2) Mot. A. 22, Becher M. I, 51.
3) Motive A. S. 22, 23, A.A.Pr. S 79, Becher M. I, 51, 277.

6. Nach § 276 Abs. 1 BGB. hat der Dienstverpflichtete Vorsatz und Fahrlässigkeit zu vertreten, was auch für den Gesindevertrag zu gelten hat. In Bezug auf Fahrlässigkeit des Dienstboten ist es im Gegensatz zu mehreren früheren Partikulargesetzgebungen, wonach der Dienstbote ein geringes Versehen (culpa levissima) nur dann zu verantworten hatte, wenn er gegen den Befehl der Dienstherrschaft gehandelt, ihm nicht obliegende Geschäfte ohne Auftrag übernommen oder sich zu Arbeiten verdungen hat, die einen besonderen Grad von Sorgfalt erfordern, hier bei den allgemeinen Grundsätzen belassen. Das BGB. kennt lediglich den Unterschied zwischen grober Fahrlässigkeit (culpa lata) und einfacher Fahrlässigkeit (culpa levis). Ein Versehen, das nur bei vorzüglichen Fähigkeiten oder besonderer Sachkenntniß oder ungewöhnlicher Aufmerksamkeit vermeidbar ist, begründet regelmäßig keine Verantwortlichkeit, da man diese Eigenschaften im Allgemeinen von den Dienstboten nicht fordern kann. Bei der Entscheidung der Frage, ob ein Verschulden vorliegt, müssen die Umstände in Betracht gezogen werden, unter denen gehandelt worden ist. Es muß oft etwas geschwind ausgeführt werden und die Nöthigung zur Geschwindigkeit bringt die Gefahr einer ungeschickten Bewegung mit sich, die leicht Schaden verursacht. Anderseits ist die Verantwortlichkeit auch nicht auf grobe Fahrlässigkeit beschränkt, da solches der Anschauung und Uebung des täglichen Lebens widersprechen würde.[4])

Artikel 20.

Ist der dem Dienstboten zu gewährende Lohn nach längeren Zeitabschnitten als Vierteljahren bemessen, so kann der Dienstbote nach dem Ablaufe von je drei Monaten der Dienstzeit die Zahlung der Hälfte des auf diesen Zeitraum treffenden Betrags verlangen.

1. Während Art. 19 die Verpflichtungen der Dienstboten regelt, handelt Art. 20 von den Verpflichtungen der Dienstherrschaft. Der letztere Artikel hat hauptsächlich die ländlichen Dienstboten im Auge, bei welchen ein Jahreslohn Sitte ist.

Unter den Verpflichtungen der Dienstherrschaft steht obenan diejenige zur Lohnzahlung und zur Gewährung der sonstigen vertragsmäßigen Vergütung. In dieser Beziehung ist maßgebend die Bestimmung des BGB. in § 611 Abs. 1, daß durch den Dienstvertrag derjenige, welcher Dienste zusagt, zur Leistung der versprochenen Dienste, der andere Theil zur Gewährung der vereinbarten Vergütung verpflichtet wird. Eine Vergütung gilt nach § 612 Abs. 10 als stillschweigend vereinbart, wenn die Dienstleistung den Umständen nach nur gegen eine Vergütung zu erwarten ist. Gegenüber dem § 614 l. c. jedoch, wonach die Vergütung nach der Leistung der Dienste und, wenn die Vergütung nach Zeitabschnitten bemessen wird, nach dem Ablaufe der einzelnen Zeitabschnitte zu entrichten ist, enthält obiger Artikel eine Abänderung, um dem Dienstboten im gegebenen Falle einen Rechtsanspruch auf einen Theil des verfallenen Lohnes zu sichern.

2. Der Reg.Entw. enthielt noch den Beisatz: „Eine im Voraus getroffene Vereinbarung, nach der die Zahlung später erfolgen soll, ist nichtig". Dieser zweite Satz wurde im Just.Gef.Geb.Aussch. der Reichsrathskammer gestrichen, weil derselbe die Vertragsfreiheit in ungerechtfertigter Weise beschränkt.[1])

---

4) Mot. A. S. 22, 23, A.A.Pr. 80, 81, Becher M. I, 51, 280.

1) Becher Mat. I S. 783 ff.

3. Der Anspruch auf Dienstlohn verjährt, da das Ausf.Ges. keine anderweitige Regelung trifft, nach BGB. § 196 Abs. 1 nro. 8 in 2 Jahren.[2])

Artikel 21.

Die Dienstherrschaft kann ihre Entschädigungsansprüche wegen einer auf Vorsatz oder grober Fahrlässigkeit beruhenden Verletzung der dem Dienstboten obliegenden Verpflichtungen gegen dessen Lohnforderung unbeschränkt aufrechnen.

1. Die Lohnforderung des Dienstboten kann nicht in unbeschränkter Weise zum Gegenstande einer Zwangsvollstreckung gemacht werden. Sie darf erst dann mit Beschlag belegt werden, nachdem die Dienstleistung erfolgte und der Tag, an welchem der Lohn zu entrichten war, abgelaufen ist, ohne daß dieser vom Dienstboten eingefordert worden war. (§ 850 Abs. 1 nro. 1 der Civ.Proz.Ordn. im Zusammenhalte mit § 1 des Gesetzes v. 21. Juni 1869 betr. die Beschlagnahme des Arbeits- oder Dienstlohnes.) Insoweit hienach die Lohnforderung der Pfändung nicht unterworfen ist, findet nach § 394 BGB. auch eine Aufrechnung gegen die erwähnte Forderung nicht mehr statt. Diese von dem — durch Art. 175 Ziff. 31 des gegenw. Ausf.Ges. allerdings aufgehobenen — bisherigen bayerischen Gesetze vom 18. Dezbr. 1887, die der Pfändung nicht unterworfenen Sachen und Forderungen betr. (Art. 2 Satz 1) abweichende Bestimmung des BGB. hat die Vorschrift des Art. 21 zur Nothwendigkeit gemacht. Die darin ausgesprochene Beseitigung der Aufrechnungsbefugniß findet ihre Begründung in dem Umstande, daß der Geldlohn nur einen Theil der vertragsmäßigen Vergütung des Dienstboten bildet und daß dieser nicht in gleicher Weise wie andere Lohnarbeiter behufs Deckung seines Lebensbedarfs auf den in Geld geleisteten Lohntheil anzuweisen ist. Der durch die Aufrechnungsberechtigung gewährte Schutz ist für die Dienstherrschaft nicht nur ein Deckungsmittel für den bereits entstandenen Schaden, sondern auch ein Sicherungsmittel gegen die aus der Pflichtverletzung entstehende Schädigung.[1])

2. Nur für Ansprüche wegen vorsätzlicher Verletzung der dem Dienstboten obliegenden Verpflichtungen gestattete Art. 15 des Reg.Entw. die unbeschränkte Aufrechnung. Der Abg. Wagner brachte jedoch als Referent im Just.Ges.Geb.Aussch. der K.d.Abg.[2]) den Antrag ein, der Dienstherrschaft nicht blos wegen vorsätzlicher, sondern auch wegen der aus grober Fahrlässigkeit begangener Pflichtverletzungen die Aufrechnung zuzugestehen. Dieser Antrag gelangte trotz des entschiedenen Widerspruches der k. Staatsregierung sowohl in dem Ges.Geb.Aussch. der Kammer der Abg. als auch in jenem der Kammer der R.R. zur Annahme.[3]) Der Begriff „grobe Fahrlässigkeit" bemißt sich nach §§ 276 u. 277 des BGB.

Artikel 22.

Das Dienstverhältniß eines landwirthschaftlichen Dienstboten ist im Zweifel als für ein Dienstjahr und, falls es im Laufe eines Dienst-

---

2) Motive A S. 24, Becher Mat. I S. 53.

1) Motive A S. 23, Becher Mat. I S. 53.

2) A.A.Pr. S. 88 ff., Becher Mat. I S. 294 ff.

3) A.A.Pr. S. 92, 6. R.R.A.Pr., Becher Mat. I S. 303 u. S. 791.

jahrs beginnt, als für die Zeit bis zum Schlusse dieses Dienstjahrs eingegangen anzusehen. Ist das Dienstverhältniß auf unbestimmte Zeit eingegangen, so ist die Kündigung nur für den Schluß eines Dienstjahrs und nur unter Einhaltung einer Kündigungsfrist von sechs Wochen zulässig. Das Dienstjahr beginnt am 1. Februar.

Bei anderen Dienstboten tritt an die Stelle der im § 621 Abs. 4 des Bürgerlichen Gesetzbuchs bestimmten Kündigungsfrist von sechs Wochen eine solche von einem Monate.

1. Über die Dauer des Dienstverhältnisses befanden sich fast in allen bayerischen Gesindeordnungen Vorschriften, welche in Ermanglung besonderer Vereinbarung Anwendung zu finden hatten. Für die landwirthschaftlichen Dienstboten galt bisher in der Pfalz gleichwie in allen Dienstbotenordnungen des rechtsrheinischen Bayerns die einjährige Dienstzeit; jedoch bestand eine große Verschiedenheit hinsichtlich der Dienstziele. Bezüglich der übrigen Dienstboten dauerte die Dienstzeit regelmäßig von dem einen bis zu dem darauffolgenden Dienstziele. Solcher Ziele gab es der Regel nach vier, mitunter auch sechs. Im preuß. Landrechte ist die Dienstzeit auf ein Vierteljahr, in einem Theile Oberfrankens auf ein halbes Jahr festgesetzt. Das Dienstverhältniß mußte bisher sowohl bei landwirthschaftlichen als auch bei den übrigen Dienstboten der Regel nach eine gewisse Zeit vor Ablauf der Dienstzeit gekündigt werden, außerdem trat stillschweigende Erneuerung dieses Vertragsverhältnisses ein. Die Kündigungsfrist betrug bei landwirthschaftlichem Gesinde überwiegend sechs Wochen, bei anderen Dienstboten gewöhnlich vier Wochen. Eine in das Einzelne eingehende Darstellung der bisherigen Verschiedenheiten hinsichtlich der Dienstziele und Kündigungsfristen findet sich in der Begründung zu Art. 16 des Reg.Entwurfs.[1])

2. Das Gesetz gibt keine Begriffsbestimmung für den „landwirthschaftlichen Dienstboten"; die Motive zu Art. 9—24 des R.Entw.[2]) nehmen an, man könne hievon absehen. In folgender Bemerkung der Motive zu Art. 16 des R.Entw.[3]) „für das städtische — d. h. das nicht landwirthschaftliche — Gesinde gelten fast allenthalben vier Termine" u. s. w. wird man eine Begriffsbestimmung nicht erblicken dürfen, es wird darin nur genauer gesagt, daß das vom städt. Gesinde Behauptete nur auf das nicht landwirthschaftliche zu beziehen sei. Städtische Dienstboten sind zu unterscheiden von den ländlichen und werden auch häufig den Gegensatz zu den landwirthschaftlichen bilden. Doch sind die Begriffe „ländlich" und „landwirthschaftlich" nicht immer gleich bedeutend, da nicht alle Dienstboten in Märkten oder in Dörfern zur Verrichtung landwirthschaftlicher Arbeiten gedungen sind. Ein Dienstbote, welcher zu solchen Arbeiten gedungen ist, erscheint als ein landwirthschaftlicher. Vgl. auch Art. 106 Abs. 2 des Pol.Str.G.B., wo von landwirthschaftlichen Dienstboten die Rede ist.

3. Zu den Worten „im Zweifel" s. oben die Bem. 2 zu Art. 18.

4. Das Dienstverhältniß des landwirthschaftlichen Dienstboten soll, wenn die Dauer der Dienstzeit durch den Vertrag nicht festgesetzt wurde, im Zweifel nicht als auf unbestimmte Zeit, nicht als auf Kündigung eingegangen erachtet werden, es soll vielmehr nach Art. 22 als für die Zeit bis zum Schlusse des laufenden Dienstjahrs vereinbart gelten. Der Reg.Entw. sagte in Art. 16 in Berücksichtigung der

---

1) Motive A S. 24, 25, Becher Mat. I S. 54—56.

2) Mot. A 21, Becher M. I S. 48.

3) Mot. A S. 25, Becher M. I S. 57.

Wünsche des Landwirthschaftsraths „bis zum Schlusse des nächsten Dienstjahrs eingegangen"; im Just.Ges.Geb.Aussch. der K. d. Abg.[4]) wurde dagegen beschlossen: „bis zum Schlusse dieses Dienstjahrs eingegangen" und diese Fassung wurde in das Gesetz aufgenommen. Es ist also die Dienstesdauer gesetzlich in der Weise begrenzt, daß dieselbe mit dem Ablaufe „dieses Dienstjahrs" gemäß § 620 Abs. 1 BGB. ohne Kündigung endigt. Das Dienstverhältniß gilt nach § 625 BGB. als verlängert, wenn es nach Ablauf des Dienstjahres fortgesetzt wird, und zwar nicht auf unbestimmte Zeit, sondern auf ein Jahr als verlängert. Denn der Satz des Art. 22 Abs. 1, daß das Dienstverhältniß im Zweifel als für ein Dienstjahr eingegangen anzusehen sei, ist auch maßgebend für die stillschweigende Verlängerung desselben.[5])

5. Ist das Dienstverhältniß auf unbestimmte Zeit, also auf Kündigung eingegangen worden, so kann nur für den Schluß eines Dienstjahres und nur unter Einhaltung einer sechswöchigen Frist gekündigt werden. Eine Kündigungsfrist in dieser Dauer war, wie bereits erwähnt, in dem größten Theile Bayerns für landwirthschaftliche Dienstboten geltendes Recht.

6. Für nichtlandwirthschaftliche Dienstboten tritt nach Abs. 2 an Stelle der in § 621 Abs. 4 des BGB. bestimmten Kündigungsfrist von 6 Wochen eine solche von einem Monate. § 621 Abs. 4 hat zur Voraussetzung, daß die Vergütung nach Vierteljahren oder nach längeren Zeitabschnitten bemessen ist.

7. Es kann im einzelnen Falle zweifelhaft sein, ob eine Person als Dienstbote oder als Gewerbsgehilfe anzusehen ist. Der Ministerialkommissär[6]) bemerkte in dieser Hinsicht mit Recht, daß die Stallmagd eines Ökonomen, welcher zugleich Gastwirth sei, nicht schon deßhalb als Gewerbsgehilfin erscheine, weil sie den Gästen auch Bier bringe, und daß andererseits eine als Kellnerin aufgenommene Frauensperson nicht aufhöre, Gewerbsgehilfin zu sein, wenn sie nebenbei auch häusliche Arbeiten verrichte. Für Gewerbsgehilfen gilt die Gewerbeordnung, welche in § 122 eine vierzehntägigige Kündigungsfrist vorschreibt.

Artikel 23.

Das Dienstverhältniß kann von jedem Theile ohne Einhaltung einer Kündigungsfrist gekündigt werden, wenn ein wichtiger Grund vorliegt. Die Kündigung ist auch schon vor dem Antritte des Dienstes zulässig.

1. Art. 23 bringt durch wörtliche Wiederholung der Bestimmung des § 626 BGB. in seinem ersten Satze zum Ausdruck, daß für den Gesindedienst eine erschöpfende Aufzählung der einzelnen Gründe, welche zur einseitigen Aufhebung des Vertragsverhältnisses ohne Kündigung berechtigen, nicht leicht möglich, daß auch hier von dem Grundsatze auszugehen ist, es müßten wichtige Auflösungsgründe vorhanden sein. Zur möglichsten Verhütung von Streitigkeiten sind in den nachfolgenden Artikeln nach dem Vorbilde des Handelsges.Buchs und der Gewerbeordnung verschiedene wichtige Gründe aufgeführt. Erschöpfend ist die Aufzählung nicht. S. auch Bem. zu Art. 24 Ziff. 1.

2. Gegenüber der Meinung des Ref. der K. d. Abg., daß Art. 23 (Art. 17 des

4) A.A.Pr. S. 96, Becher M. I S. 310.

5) A.A.Pr. S. 94, Becher M. I S. 305 (Äußerung des Ministerialkommissärs).

6) A.A.Pr. S. 94. Becher M. I S. 305, 306.

R.Entw.) als überflüssig gestrichen werden könne, erklärte der kgl. Staatsminister der Justiz[1]), daß derselbe zum Verständnisse der beiden folgenden Artikel nothwendig sei.

Artikel 24.

Als ein wichtiger Grund, der die Dienstherrschaft zur Kündigung ohne Einhaltung einer Kündigungsfrist berechtigt, ist es, sofern nicht besondere Umstände eine andere Beurtheilung rechtfertigen, namentlich anzusehen:

1. wenn der Dienstbote die Dienstherrschaft bei Eingehung des Dienstvertrags durch Vorzeigung eines falschen oder gefälschten Dienstzeugnisses oder Dienstbotenbuchs hintergangen oder über das Bestehen eines anderen, ihn gleichzeitig verpflichtenden Dienstverhältnisses in einen Irrthum versetzt hat;
2. wenn der Dienstbote sich eines Diebstahls, mehrmaliger Entwendung, einer Unterschlagung, eines Betrugs oder eines liederlichen Lebenswandels schuldig macht;
3. wenn der Dienstbote den Antritt des Dienstes ohne rechtfertigenden Grund verweigert oder in erheblichem Maße verzögert, wenn er den Dienst während einer den Umständen nach erheblichen Zeit unbefugt verläßt oder den ihm obliegenden Verpflichtungen nachzukommen beharrlich verweigert;
4. wenn der Dienstbote die ihm obliegenden Verpflichtungen beharrlich in grober Weise vernachlässigt, die ihm anvertrauten Personen oder Thiere schlecht behandelt oder durch Vernachlässigung gefährdet;
5. wenn der Dienstbote der Verwarnung ungeachtet mit Feuer und Licht unvorsichtig umgeht;
6. wenn der Dienstbote sich Thätlichkeiten oder grobe Beleidigungen gegen die Dienstherrschaft oder ihre Vertreter oder gegen die Familienangehörigen der Dienstherrschaft oder des Vertreters zu Schulden kommen läßt;
7. wenn der Dienstbote sich einer vorsätzlichen rechtswidrigen Sachbeschädigung zum Nachtheile der Dienstherrschaft, ihres Vertreters, ihrer Familienangehörigen oder des Nebengesindes schuldig macht;
8. wenn der Dienstbote Familienangehörige der Dienstherrschaft oder ihres Vertreters oder das Nebengesinde zu Handlungen verleitet oder zu verleiten versucht oder mit Familienangehörigen der Dienstherrschaft oder des Vertreters Handlungen begeht, die wider die Gesetze oder die guten Sitten verstoßen;
9. wenn der Dienstbote die Behausung zur Nachtzeit heimlich verläßt oder jemand zur Nachtzeit heimlich in die Behausung einläßt;
10. wenn der Dienstbote zu den ihm obliegenden Dienstleistungen

1) A.A.Pr. S. 96, 97, Becher Mat. I S. 310

unfähig ist oder an der Verrichtung der Dienste durch anhaltende Krankheit oder eine mehr als eine Woche dauernde Freiheitsstrafe oder eine die Zeit von vier Wochen übersteigende militärische Dienstleistung verhindert wird;

11. wenn der Dienstbote an einer ansteckenden oder abschreckenden Krankheit leidet;
12. wenn ein weiblicher Dienstbote sich verheirathet;
13. wenn ein unverheiratheter weiblicher Dienstbote sich im Zustande der Schwangerschaft befindet.

In den unter Ziff. 1 bis 9, 12 genannten Fällen ist die Kündigung wegen Thatsachen, die der Dienstherrschaft länger als eine Woche bekannt sind, nicht mehr zulässig.

1. Art. 24 betrifft die Berechtigung der Dienstherrschaft zur einseitigen Lösung des Dienstverhältnisses ohne Kündigung, Art. 25 jene des Dienstboten. Wie schon zu Art. 23 bemerkt, ist die Aufzählung der Gründe nicht eine erschöpfende, die Artikel geben nur eine Auslegungsvorschrift in Bezug auf das, was als wichtiger Grund betrachtet werden kann; das richterliche Ermessen bleibt für andere Fälle auf Grund des Art. 23 vorbehalten.

2. Bei den in Art. 24 u. 25 aufgeführten Fällen sind die für Gesellen und Gehilfen geltenden Bestimmungen der §§ 123, 124 der Gewerbeordnung zum Vorbilde genommen, was die Entscheidung vielfach erleichtern wird, zumal da die Frage, ob ein Arbeiter Gewerbegehilfe oder Dienstbote ist, in manchen Fällen Schwierigkeiten bietet. Auch das Handelsgesetzbuch hat in den §§ 71, 72 die Gewerbeordnung möglichst berücksichtigt.

3. Die in den Art. 24 u. 25 erwähnten Gründe sind jedoch nur dann als wichtige Gründe der einseitigen Auflösung ohne Kündigung anzusehen, wenn nicht besondere Umstände eine andere Beurtheilung rechtfertigen. Es ist also, wenn die Thatumstände des einen der aufgeführten Gründe gegeben sind, nicht nothwendig, daß der Richter die Voraussetzungen der Kündigung als vorhanden annimmt, soferne ein entgegenstehender Grund vorliegt, aus welchem hervorgeht, daß z. B. im gegebenen Falle den Dienstboten ein besonderes Verschulden nicht trifft, und daß der Dienstherr unrecht handelt, wenn er den im Art. angeführten Grund benützt, um das Dienstverhältniß zu lösen.

4. Zu den einzelnen Ziffern des Art. 24 ist zu bemerken:

Zu Ziffer 1. Maßgebend ist die Thatsache, daß bei Eingehung des Vertrags ein falsches oder gefälschtes Dienstzeugniß u. s. w. vorgezeigt wurde. Daß der Dienstherr hiedurch zur Aufnahme des Dienstboten bewogen wurde, ist nicht nothwendig. Der zweite in Ziff. 1 erwähnte Fall ist schon gegeben, wenn der Dienstbote das Bestehen eines andern Dienstverhältnisses verschwiegen hat. Ebenso auch Landmann Commentar zur Gew.Ordg. 3. Aufl. Bd. II S. 211. Jedoch muß der Dienstherr getäuscht worden sein.

Zu Ziffer 2. Unter „Entwendung" ist der Thatbestand des § 370 Ziff. 5 des Strafgesetzbuchs, die Entwendung von Nahrungs- und Genußmitteln von unbedeutendem Werthe oder in geringer Menge zum alsbaldigen Verbrauche zu verstehen. Jedoch soll nicht jede unbedeutende Näscherei die sofortige Entlassung rechtfertigen, sondern nur das mehrmalige Vorkommen von Entwendung. Die Worte „mehrmaliger

Entwendung" waren im Reg.Entw. nicht enthalten und wurden erst im Ges.Geb.Aussch. der K. d. Abg. eingeschaltet. (Becher M. I S. 323). Eines liederlichen Lebenswandels macht sich auch der Dienstbote schuldig, der sich der Trunksucht ergiebt, ein vereinzelter Rausch ist kein genügender Rechtfertigungsgrund zur Entlassung. Es ist aber nicht nur Entlassungsgrund, wenn der Dienstbote während der Arbeitszeit einen liederlichen Lebenswandel führt, sondern auch wenn er seine freie Zeit hiezu benützt. Denn der Dienstbote ist in die häusliche Gemeinschaft aufgenommen und darf deshalb auch in seinen freien Stunden keinen liederlichen Lebenswandel führen. Vgl. auch Art. 19.

Zu Ziffer 3. a) Der hier erwähnte Kündigungsgrund ist, insoweit die Verweigerung oder Verzögerung des Dienstantrittes in Frage steht, im Handelsgesetzbuche § 72 und in der Gewerbeordnung § 123 nicht enthalten. Auch das BGB. gibt keine besondere Vorschrift für das Kündigungsrecht in dem Falle, wenn der Vertrag von dem zu der Dienstleistung Verpflichteten oder Berechtigten nicht zur entsprechenden Zeit erfüllt wird; denn § 626 BGB. greift auch dann Platz, falls der Dienstesantritt noch nicht erfolgt ist. Wenn das Gesetz trotzdem eine diesbezügliche Bestimmung in Ziff. 3 aufnahm, so war dafür maßgebend das häufige Vorkommen der daselbst erwähnten Thatsachen.[1])

b) Die Verzögerung des Dienstantrittes muß eine erhebliche sein, sie wird durch bloßes Zuspätkommen noch nicht erschöpft. Bei dem unbefugten Verlassen des Dienstes während einer den Umständen nach erheblichen Zeit muß immerhin eine beträchtliche Störung desselben bewirkt sein.[2]) Was die beharrliche Verweigerung der Obliegenheiten anbelangt, so genügt hiezu nicht jeder Widerspruch gegen einen ertheilten Dienstbefehl. Einen geringfügigen Widerspruch hier in Betracht zu ziehen, verbietet das beigefügte Wort „beharrlich". Eine beharrliche Verweigerung kann unter Umständen bereits in einem einzigen Falle vorliegen, wenn trotz wiederholter Aufforderung die Dienstleistung unterlassen wird.

c) Der Antrag des Referenten der Kammer der Reichsräthe, das Wort „beharrlich" durch „wiederholt" zu ersetzen, weil jenes für die richterliche Anwendung etwas zu dehnbar sei, gelangte im Just.Ges.Geb. der R.R.K. nicht zur Annahme. Der Minist.Kommissär Senatspräsident Dr. von Jacubezky hob dagegen hervor, daß der Ausdruck „beharrlich" in diesem Zusammenhange schon in Th. II Tit. 5 § 117 des preuß. Landrechts stehe und von dort aus, wie dies die bei Kähler, Gesindewesen und Gesinderecht S. 176, 177 zusammengestellten diesbezüglichen Vorschriften ersehen ließen, in eine Reihe von deutschen Gesindeordnungen übergegangen sei. Der erwähnte Min.Kom. bemerkte noch, daß es zu weit gehen würde, wenn zwei oder drei vereinzelte, zeitlich auseinanderliegende Fälle des Ungehorsams gegen Befehle, auf welchen die Dienstherrschaft selbst nicht bestehe, schon ausreichend sein sollten. Der Ungehorsam müsse von solcher Bedeutung sein, daß der Herrschaft die Fortsetzung des Dienstverhältnisses nicht zugemuthet werden könne. Dieß habe also eine gewisse Hartnäckigkeit des Dienstboten zur Voraussetzung.[3]) Vgl. noch Bem. b zu Art. 25 Ziff. 1.

Zu Ziffer 4. Während Ziffer 3 in ihrem letzten Theile den Fall vorsieht, daß die obliegenden Verpflichtungen überhaupt nicht erfüllt werden, hat Ziffer 4 die nicht gehörige Pflichterfüllung im Auge. Die hier geforderte grobe Vernachlässigung

---

1) Motive A S. 26, Becher Mat. I S. 58.

2) A.A.Pr. S. 102, Becher Mat. I S. 321 (Äußerung des Ministerialkommissärs).

3) R.R.A.Pr., Becher Mat. I S. 793.

muß eine beharrliche sein. Vgl. in dieser Beziehung das zu Ziffer 3, c bereits Gesagte. Schlechte Behandlung der Thiere kann vorliegen, ohne daß gerade der Thatbestand einer Übertretung der Thierquälerei nach § 360 Ziff. 13 des Strafges.B. gegeben ist. Denn dieser verlangt, daß das boshafte Quälen oder rohe Mißhandeln öffentlich oder in einer Ärgerniß erregenden Weise erfolgt d. h. nach der Samml. der Entsch. des Oberlandesg. München in Straff. Bd. 5. S. 429 in einer Weise, welche bei unmittelbaren Thatzeugen Ärgerniß erregt hat. Auch ist schlechte Behandlung mit roher Mißhandlung nicht gleichbedeutend.

Zu Ziff. 5. Die hier getroffene Bestimmung, welche schon im preuß. Landrechte II, 5 § 125 enthalten war, entspricht vollständig dem § 123 Ziff. 4 der Gewerbeordnung. Die Worte „der Verwarnung ungeachtet" lassen entnehmen, daß Verwarnung und Kündigung zeitlich nicht zusammenfallen dürfen. Es muß nach Ertheilung der Verwarnung eine nach vernünftiger Beurtheilung ausreichende Zeit zur Befolgung gewährt sein. Daß der Zeitraum von langer Dauer sei, ist nicht erforderlich.

Zu Ziff. 6. Der Reg.Entw. sprach in Art. 18 Ziff. 6 bloß von Thätlichkeiten oder groben Beleidigungen gegen die Dienstherrschaft oder deren Familienangehörige. Bei den Berathungen im Just.Ges.Aussch. der Abg.Kammer wurden die auf die Vertreter derselben bezüglichen Beisätze hinzugefügt. Was in Art. 24 Ziff. 6 für den Dienstherrn, ist im ersten Theile des Art. 25 Ziff. 3 für den Dienstboten als Kündigungsgrund erklärt. Der Ref. der Kammer der R.R. stellte zur Aufrechterhaltung des Ansehens der Dienstherrschaft, insbesondere zur Wahrung des derselben zustehenden Rügerechtes den auch von dem Ges.Geb.Aussch. dieser Kammer angenommenen Antrag, die Worte „oder grobe Beleidigungen" in Art. 25 Ziff. 3 (Art. 19 Ziff. 3 des Reg.=Entw.) zu streichen.[4]) Die Kammer der Abg. trat jedoch, um die Rechtsgleichheit aufrecht zu erhalten, dem Beschlusse auf Streichung in ihrer Plenarverhandlung nicht bei.[5])

Die Art. 25 Ziff. 3 u. 24 Ziff. 6 sind daher in gleicher Weise auszulegen. Mit den Worten „grobe Beleidigung" ist zum Ausdruck gebracht, daß nicht jede Ehrverletzung, welche zur strafrechtlichen Verurtheilung ausreichend erscheint, auch die außerordentliche Kündigung zu rechtfertigen vermag.

Zu Ziff. 7. Die den Worten „der Dienstherrschaft" folgenden Ausdrücke „ihres Vertreters" wurden im Ges.Geb.Aussch. der Kammer der R.R. beigefügt.[6]) Der Reg.Entw., welcher dieselben nicht enthielt, hatte die Fassung des § 123 Ziff. 6 der Gewerbeordnung zum Vorbilde genommen.

Zu Ziff. 8. Bei dieser dem § 123 Ziff. 7 der Gewerbeordnung entsprechenden Ziffer wurde gleichfalls, wie dies zur Ziff. 6 des gegenw. Art. geschah, im Ges.Geb.Aussch. der K. der Abg. der die Vertreter der Dienstherrschaft betreffende Zusatz angefügt.[7]) Nicht jede von einem Gesetze mit civilrechtlichen Nachtheilen oder mit Strafe bedrohte geringfügige Handlung, zu welcher der Dienstbote das Nebengesinde oder Familienangehörige der Dienstherrschaft bezw. ihres Vertreters verleitet oder zu verleiten versucht, wird man hieher rechnen dürfen. Andererseits kann nicht der Satz aufgestellt werden, daß etwa strafbare Handlungen im Übertretungsgrade hier gar

4) Becher Mat. I S. 808.
5) Stenogr. Ber. der K. d. Abg. 1899 Bd. XIII S. 681 ff., Becher Mat Bd. III Abth. IV u. V S. 117 ff.
6) Becher Mat. I S. 795.
7) A.A.Pr. S. 103, Becher Mat. I S. 323.

nicht in Berücksichtigung kämen. Man denke nur z. B. an die Ziff. 3, 4, 6 des § 361 Strafges.B. Vgl. v. Landmann Kom. z. Gew.O. Anm. 10 zu § 33 a S. 315.

Zu Ziff. 9. Der Thatbestand dieser Ziffer bildet eine nach Art. 106 Abs. 1 Z. 8 des Polizeistrafgesetzbuchs strafbare Pflichtwidrigkeit. Dieses Verhalten muß nicht fortgesetzt worden sein, es genügt eine einmalige Übertretung. Heimliches Verlassen zur Nachtzeit ist es nicht, wenn der Dienstbote bei Tag fortgegangen und nicht rechtzeitig nach Hause gekommen ist. Das Ausbleiben in die Nacht hinein fällt möglicherweise unter Ziffer 3.[8])

Zu Ziff. 10, welche einen Anschluß an § 72 Nr. 3 des H.G.B. enthält.

Der Dienstbote muß zu der Zeit unfähig sein, zu welcher die Kündigung erfolgt. Es ist aber nicht nothwendig, daß er erst während des Dienstverhältnisses unfähig wird. Wenn derselbe schon beim Eintritte unfähig war, ist die Dienstherrschaft zur Entlassung berechtigt, sobald sie seine Unfähigkeit erkannt hat.

Die Krankheit muß eine anhaltende sein, eine bald vorübergehende genügt nicht.[9])

Bezüglich der militärischen Dienstleistung vergl. §§ 6, 7 des Wehrgesetzes v. 9. Nov. 1867 u. Art. II §§ 2, 13 des Ges. v. 1. Februar 1888 (Wehrordnung §§ 116, 117).

Der Reg.Entw. sagte „eine längere Freiheitsstrafe". Da diese Ausdrucksweise zu Zweifeln Anlaß geben konnte, so wurde auf Antrag des Ref. der Kammer der R.R. ohne Erinnerung Seitens der k. Staatsregierung die jetzt im Gesetze enthaltene Fassung gewählt.[10])

Zu Ziff. 11. Während § 123 Ziff. 8 der Gew.Ord. bloß von „abschreckender" Krankheit spricht, erwähnte der R.Entw. noch der „ansteckenden" Krankheit. Der Ref. der Kammer R.R. hielt auch dies nicht für ausreichend und empfahl die Beifügung der Worte „oder ekelerregenden". Diese Anregung fand nicht die Billigung des Ges.-Geb.Aussch., nachdem insbesondere der Minist.Kommissär erklärt hatte, daß der Ausdruck „abschreckend" allgemeiner und zutreffender als das Wort „ekelerregend" und daß dasjenige, was Ekel errege, immer abschreckend sei. Unter den Krankheiten der letzteren Art ist auch die Epilepsie inbegriffen.[11])

Zu den Ziff. 12 u. 13. Der Reg.Entw. welcher nur 12 Ziffern enthielt, sagte im Anschlusse an Th. II Tit. 5 § 129 des preuß. Landr. in seiner letzten Ziffer: „wenn ein weiblicher Dienstbote sich im Zustande der Schwangerschaft befindet". Der Wortlaut der Ziff. 12 u. 13 des Gesetzes beruht auf einem im Ges.Geb.Aussch. der Kammer der R.R. zum Beschlusse erhobenen Antrage des Referenten Dr. von Schmitt.[12]) Diejenige Dienstherrschaft, welche bei dem Vertragsschlusse von der Schwangerschaft Kenntniß hat, darf sich nicht auf dieselbe zu dem Zwecke berufen, um das Dienstverhältniß ohne Einhaltnng einer Kündigungsfrist aufzulösen. Ihr würde mit Recht die Einrede der Arglist oder, um mit Art. 24 zu reden, der Einwand entgegengehalten werden, daß besondere Umstände vorliegen, welche eine andere Beurtheilung rechtfertigen.[13]) Nach der Fassung von Art. 24 braucht der Richter einen solchen Einwand gar nicht abzuwarten.

---

8) A.A.Pr. S. 102, Becher Mat. I S. 321, 322. (Äuß. des Minist.Komm.)

9) A.A.Pr. S. 102, Becher Mat. I S. 322 (Äuß. des Minist.Kom.)

10) Becher Mat. I S. 795.

11) Becher Mat. I S. 796.

12) Becher Mat. I S. 796—798.

13) Becher Mat. I S. 797 (Außerung des Minist.Kommissärs).

5. Dem mit § 123 Abs. 2 der Gewerbeordn. übereinstimmenden Schlußsatze des Art. 24 liegt der Gedanke zu Grunde, daß dem Mißbrauche des Kündigungsrechtes zur Benützung von Gelegenheiten, welche sich erst im Laufe einer längeren Frist darbieten, begegnet werden soll. Wer nicht bald von der außerordentlichen Kündigungsbefugniß Gebrauch macht, der giebt eben dadurch zu erkennen, daß für ihn diejenige Thatsache, welche ihn zur Vertragsauflösung berechtigen würde, nicht von ernstlicher Bedeutung ist.

6. Ein Verzicht auf Geltendmachung des Rechtes auf außerordentliche Kündigung ist zweifellos zulässig, wenn eine zu dieser Kündigung ermächtigende Thatsache bereits eingetreten ist. Dieß gilt sowohl für den ausdrücklichen, als auch für den in Art. 24 Abs. 2 vom Gesetze selbst berücksichtigten stillschweigenden Verzicht. Eine andere Frage ist es aber, ob ein Verzicht auch im Voraus in bindender Weise erklärt werden kann. v. Landmann erachtet vom Standpunkte der Gewerbeordnung aus (in seinem Kommentare hiezu, Anm. 2 zu § 123, Bd. II S. 211) einen vorher kundgegebenen Verzicht im Hinblick auf den Zweck und die öffentlich-rechtliche Bedeutung des § 123 Gew.O. für unwirksam. Auch die Bestimmungen der Art. 23 bis 25 Ausf.Ges. dürften zu demselben Ergebnisse führen; denn es kann dem Belieben der Parteien nicht überlassen bleiben, die aus höheren Rücksichten vom Gesetze getroffene Anordnung, daß einer mit dem Fortbestehen des Vertragsverhältnisses verbundenen unerträglichen Lage vorgebeugt werden solle, im Wege der Übereinkunft einfach zu beseitigen. Die bezeichneten Artikel gehören insoferne dem zwingenden Rechte an.

7. Das in Art. 24 erwähnte Kündigungsrecht darf jedoch nicht in einer Weise ausgeübt werden, welche mit den guten Sitten im Widerspruche steht. Letzteres wäre z. B. der Fall, wenn der Dienstbote wegen eines gegebenen Anlasses bei der Nacht plötzlich auf die Straße gesetzt würde. (v. Ölhafen Dienstbotenwesen S. 35.)

Artikel 25.

Als ein wichtiger Grund, der den Dienstboten zur Kündigung ohne Einhaltung einer Kündigungsfrist berechtigt, ist es, soferne nicht besondere Umstände eine andere Beurteilung rechtfertigen, namentlich anzusehen:

1. wenn die Dienstherrschaft die Aufnahme des Dienstboten verweigert oder den Dienstboten vor Beendigung des Dienstverhältnisses entläßt;
2. wenn der Dienstbote zu den ihm obliegenden Verrichtungen unfähig wird, oder wenn sich ergibt, daß die Fortsetzung der Verrichtungen das Leben oder die Gesundheit des Dienstboten einer erheblichen Gefahr aussetzen würde, die ihm bei Eingehung des Dienstverhältnisses nicht bekannt war;
3. wenn die Dienstherrschaft oder ihr Vertreter sich Thätlichkeiten oder grobe Beleidigungen gegen den Dienstboten zu Schulden kommen läßt oder es verweigert, den Dienstboten gegen solche Handlungen eines Familienangehörigen der Dienstherrschaft oder des Vertreters, eines anderen Dienstboten oder eines Angestellten zu schützen;

4. wenn die Dienstherrschaft oder ihr Vertreter oder Familienangehörige der Dienstherrschaft oder des Vertreters dem Dienstboten Handlungen zumuthen, die wider die Gesetze oder die guten Sitten verstoßen;
5. wenn die Dienstherrschaft den Lohn oder den gebührenden Unterhalt nicht gewährt oder den ihr nach § 618 des Bürgerlichen Gesetzbuchs obliegenden Verpflichtungen nachzukommen verweigert;
6. wenn der Dienstherrschaft das Halten des Dienstboten nach Artikel 16 verboten ist.

In den unter Ziffer 3 genannten Fällen ist die Kündigung wegen Thatsachen, die dem Dienstboten länger als eine Woche bekannt sind, nicht mehr zulässig.

1. Der Artikel zählt eine Reihe von Fällen auf, in denen dem Dienstboten ein außerordentlicher Kündigungsgrund der Regel nach zusteht. Die allgemeinen d. h. die nicht auf die einzelnen Ziffern sich beziehenden Bemerkungen zu Art. 24 gelten auch hier.

2. Zu den einzelnen Ziffern des Artikels ist Folgendes anzuführen:

Zu Ziff. 1.

a) Zur Verweigerung der Aufnahme sowie zur vorzeitigen Entlassung des Dienstboten ist die Herrschaft nur dann berechtigt, wenn ihr ein wichtiger Kündigungsgrund zur Seite steht. Indem sie durch Aufnahmeverweigerung oder Entlassung in einem solchen Falle ihr außerordentliches Kündigungsrecht thatsächlich ausübt, entzieht sie damit dem Dienstboten die Befugniß, zur Lösung des Dienstverhältnisses sich auf Art. 25 Ziff. 1 zu berufen. Der Bezugnahme des Dienstboten auf letztere Gesetzesstelle steht, wie Abs. 1 des Art. 25 sagt, ein eine andere Beurtheilung rechtfertigender besonderer Umstand entgegen. Kann die Dienstherrschaft sich auf keinen solchen wichtigen Grund stützen, so ist die Aufnahme-Verweigerung oder die vorzeitige Entlassung eine unberechtigte und darf der Dienstbote die Bestimmung des Art. 25 Ziff. 1 für sich in Anspruch nehmen. Von diesem Gesichtspunkte aus war es allerdings nicht nothwendig, in Ziff. 1 die vom Ref. der K. der R.R. beantragte,[1]) vom Ministerialkommissär im Ges.Geb.Aussch. dieser Kammer mit Entschiedenheit bekämpfte Einschaltung der Worte „ohne rechtfertigenden Grund" vorzunehmen.

b) Für seinen vorerwähnten Antrag hatte sich der bezeichnete Referent u. a. auf Art. 24 Ziff. 3 berufen, worin bezüglich der seitens des Dienstboten erfolgenden Verweigerung oder erheblichen Verzögerung des Dienstantritts der Beisatz angefügt ist „ohne rechtfertigenden Grund". Die innere Verschiedenheit zwischen der Ziff. 1 des Art. 25 u. der Ziff. 3 von Art. 24, von welcher der Ministerialkommissär sprach[2]), dürfte nur insoweit bestehen, als die erhebliche Verzögerung des Dienstantritts in Frage steht. Auch nur auf diese bezog sich das Beispiel, welches der Min.Kommiss. für das angab, was unter rechtfertigendem Grunde zu verstehen sei, wenn derselbe sich dahin äußerte, es sei hiebei an Fälle gedacht, nach denen der Dienstbote der Aufforderung zum Dienstantritte nicht nachkommen

1) Der vom Ges.Geb.Aussch. der K. der R.R. abgelehnte Antrag veranlaßte eine umfangreiche Erörterung. 7. R.R.A.Prot.; Becher Mat. I S. 801—808.

2) Becher Mat. I S. 801.

könne oder durch einen Umstand abgehalten werde, wegen dessen jede anständige Herrschaft dem Dienstboten auf einige Tage Urlaub gebe. Was die Verweigerung des Dienstantritts dagegen anbelangt, so heißen die Worte „ohne rechtfertigenden Grund" hier ebensoviel als „ohne wichtigen Grund" und sind daher gerade so wie für Art. 25 Ziff. 1 entbehrlich.

c) Die durch den Antrag des Referenten hervorgerufenen Besprechungen gaben dazu Anlaß, dem Art. 23 seinen im Reg.Entw. noch nicht enthaltenen 2. Satz beizufügen.

Zu Ziff. 2.

a) „Oder wenn sich ergiebt, daß die Fortsetzung u. s. w." Nicht jede Erkrankung der Dienstherrschaft oder eines ihrer Familienmitglieder berechtigt den Dienstboten zur außerordentlichen Kündigung. Die Verpflegung im Erkrankungsfalle ist vielmehr nach der Sitte in den dem Gesinde obliegenden Verrichtungen inbegriffen und dasselbe darf die Dienstherrschaft, wenn sich diese durch Krankheit in eine Nothlage versetzt sieht, nicht verlassen. Es läßt sich jedoch nicht verkennen, daß es Fälle gibt, in welchen die Krankenpflege wegen der für den Dienstboten damit verbundenen Gefahren dem letzteren billiger Weise nicht zugemuthet werden kann. Man wird nicht allgemein sagen dürfen, daß jede ansteckende Krankheit an und für sich schon als ein solcher Fall anzusehen ist. Die jeweils vorhandenen Umstände müssen hier entscheiden. Wenn, wie in größeren Städten, eine barmherzige Schwester oder Diakonissin leichter zur Stelle ist als auf dem Lande, so ist die Nothlage, in welche die Dienstherrschaft in Folge der Erkrankung gerathen ist, unzweifelhaft eine geringere. Da das Gesetz am Schlusse der Ziff. 2 bemerkt: „die ihm bei Eingehung des Dienstverhältnisses nicht bekannt war," so steht der von einem Abgeordneten im Ges.Geb.Aussch. der K. der Abg. erwähnte Einwand[3]), eine Person, welche sich als Kindsmädchen verdinge, müsse von vorneherein wissen, daß das betreffende Kind oder die in Frage stehenden Kinder Krankheiten und selbst ansteckenden wie der Diphterie ausgesetzt seien, jedenfalls dann nicht auf gesetzlicher Grundlage, wenn etwa daraus der Schluß abgeleitet werden wollte, ein Kindsmädchen könne in dem Falle, wenn ein Kind ihrer Herrschaft von einer ansteckenden Krankheit befallen würde, auf Art. 25 Ziff. 2 sich überhaupt nicht berufen.

Nach § 618 BGB. ist übrigens die Herrschaft verpflichtet, alle Anordnungen zu treffen, welche nothwendig sind, um die Gesundheit des Dienstboten zu schützen. Dies gilt besonders für schwere Erkrankungsfälle.

b) In Fällen der Noth haben auch Dienstboten, zu deren vertragsmäßigen Obliegenheiten die Pflege in Erkrankungsfällen nicht gehört, nach Art. 19 Satz 2 vorübergehend derartige Dienste zu leisten.

Zu Ziff. 3. Vgl. die Bem. zu Art. 24 Ziff. 6.

Die bezeichnete Ziff. 3 enthält gegenüber dem § 124 Ziff. 2 der Gewerbeord. insoferne eine Erweiterung, als sie im Anschlusse an § 71 Ziff. 4 des Handelsges.B.es in Berücksichtigung zieht, wenn die Dienstherrschaft dem Gesinde den in jener Ziffer näher angegebenen Schutz verweigert. Bloße Unterlassung des Schutzes dürfte noch keine Verweigerung sein. Anders verhält es sich jedoch, wenn ungeachtet der Aufforderung des Dienstboten keine Abhilfe gewährt oder wenn durch die Dienstherrschaft

3) A.A.Prot. S. 106, Becher Mat. I S. 329.

vor einer solchen Aufforderung die Erklärung abgegeben wird, daß sich das Gesinde die in Ziffer 3 erwähnte Behandlung gefallen lassen müsse.

Zu Ziff. 4. Vgl. die Bem. zu Art. 24 Ziff. 8.

Zu Ziff. 5. Der gebührende Unterhalt bestimmt sich in erster Linie nach der Vereinbarung und, falls dieselbe sich hierauf nicht erstreckt, nach der Verkehrssitte. (Vgl. die für Leistungsverpflichtungen geltende allgemeine Auslegungsregel des § 242 BGB.) Bei Prüfung dessen, was Verkehrssitte ist, wird man allerdings im einzelnen die Ortssitte in Betracht ziehen müssen; doch darf man, wie der Minist.Kommissär[4]) bemerkte, den Ort nicht zu eng begrenzen und etwa auf besondere Gepflogenheiten Rücksicht nehmen, die sich etwa in einer Einöde oder einem kleinen Weiler gebildet haben.

§ 618 BGB. setzt die Verpflichtungen fest, welche der Dienstherrschaft in Bezug auf Beschaffung von Wohn- und Schlaf-Räumen für den Dienstboten, Einrichtung und Unterhaltung der Arbeitsräume, Geräthschaften u. s. w. obliegen.

Zu Ziff. 6. Der hier aufgestellte Kündigungsgrund erschien nothwendig zur Durchführung des in Art. 16 ausgesprochenen Verbotes.[5]) Vgl. auch den diese Ziffer in Bezug nehmenden Art. 26 Abs. 4.

Artikel 26.

Wird das Dienstverhältniß wegen vertragswidrigen Verhaltens des einen Theiles nach Artikel 23 gekündigt, so kann der andere Theil als Schadensersatz den Betrag der Hälfte des auf ein Vierteljahr treffenden Lohns verlangen. Bei landwirthschaftlichen Dienstboten erhöht sich der Schadensersatz auf den Betrag des vierten Theiles des Jahreslohnes, wenn die Kündigung von Seite der Dienstherrschaft in der Zeit vom 1. Juni bis zum 31. Oktober oder von Seite des Dienstboten in der Zeit vom 1. Oktober bis zum Schlusse des Monats Februar erfolgt.

Ist das Dienstverhältniß auf kürzere Zeit als ein Vierteljahr oder so eingegangen, daß es nach kürzeren Zeiträumen als von Vierteljahr zu Vierteljahr gekündigt werden kann, so ist als Schadensersatz im ersteren Falle der Betrag der Hälfte des für die Dienstzeit vereinbarten, im letzteren Falle der Betrag der Hälfte des auf den Zeitraum von einem Kündigungstermine zum anderen treffenden Lohnes zu leisten.

Der in den Abs. 1, 2 bestimmte Schadensersatz kann verlangt werden, ohne daß der Eintritt eines Schadens dargelegt wird. Durch die Geltendmachung des Anspruchs auf diesen Schadensersatz wird das Verlangen eines weiteren Schadensersatzes ausgeschlossen.

Diese Vorschriften finden auch in den Fällen des Artikel 16 Abs. 3, des Artikel 17 und des Artikel 25 Abs. 1 Ziff. 6 Anwendung.

1. Nach § 628 Abs. 2 des Bürgerlichen Gesetzbuchs ist, wenn es in Folge des vertragswidrigen Verhaltens der Dienstherrschaft oder des Dienstboten zur vorzeitigen

4) 7. R.R.A.Prot., Becher Mat. I S. 810, 811.

5) Motive A S. 26, Becher Mat. I S. 59.

Kündigung kommt, der schuldige Theil zum Schadensersatze verpflichtet. Art. 26, welcher sich dem badischen und hessischen Gesinderechte anschließt, will demjenigen Theile, der berechtigt ist, Schadensersatz zu verlangen, über die Schwierigkeiten hinweghelfen, welche die Ermittelung des Umfanges des Schadens mit sich bringt. Es wird gewissermaßen für den Schaden ein Tarif aufgestellt in der Weise, daß, wer sich auf diesen beruft, einen weiteren Anspruch nicht mehr geltend machen kann. Die Vorschrift schließt sich der Gewerbeordnung § 124 b an.

2. Eine Geltendmachung des Anspruchs auf den im Art. 26 geregelten Schadensersatz liegt schon vor, wenn eine desfallsige ausdrückliche Erklärung abgegeben wird.

3. Der Schadensanspruch nach Art. 26 kann auch zur Aufrechnung des bereits abverdienten, aber noch nicht ausbezahlten Lohnes verwendet werden. Die Fassung des Art. 21 ist eine so allgemeine, daß sie auch die Aufrechnung solcher Ersatzansprüche zuläßt. Selbstverständlich müssen die allgemeinen Voraussetzungen der Aufrechnung vorliegen.[1])

4. Da es hier sich nicht darum handelt, die Voraussetzungen des Schadensanspruchs festzusetzen, sondern nur das Maß eines nach anderen Vorschriften zu leistenden Schadensersatzes bestimmt werden soll, so wird selbstverständlich im Abs. 4 auch bei Anführung des Art. 16 vorausgesetzt, daß nach den Umständen des Falles auf diesen Artikel ein Schadensersatzanspruch gegründet werden kann.[2])

Artikel 27.

Würde der Dienstbote durch den Antritt des Dienstes oder die Fortsetzung des Dienstverhältnisses verhindert, von der ihm gebotenen Gelegenheit zur Verheirathung oder zur Begründung eines eigenen Hausstandes Gebrauch zu machen, so ist er zur Kündigung berechtigt. Die Kündigung ist nach dem Antritte des Dienstes nur für den Schluß eines Kalendermonats zulässig; sie hat spätestens am fünfzehnten des Monats zu erfolgen.

1. Das Bürgerliche Gesetzbuch kennt keine Gründe, welche zwar eine einseitige Kündigung, aber nur unter Einhaltung einer Kündigungsfrist oder Stellung eines tauglichen Vertreters rechtfertigen würden. Die Vorschrift des Art. 27 gewährt mit der Mehrzahl der bisherigen bayerischen Gesinderechte eine solche Kündigung. Sie geht davon aus, daß die Versorgung des Dienstboten, und zwar nicht nur des weiblichen, durch Verheirathung oder durch sonstige Begründung eines eigenen Nahrungsstandes billiger Weise als Grund zur einseitigen Lösung des Dienstverhältnisses anerkannt werden muß, jedoch nur bei Einhaltung der festgesetzten Kündigungsfrist. In Bezug auf letztere lehnt sich die Vorschrift an § 621 Abs. 3 des BGB. an.

2. Von anderen in den bisherigen Rechten enthaltenen Gründen zur einseitigen Lösung des Dienstverhältnisses wurde abgesehen. Für den Fall, daß über das Vermögen der Dienstherrschaft der Konkurs eröffnet wird, enthält die neue Fassung des § 19 der Konkursordnung eine ausreichende Vorschrift. Der Verzug der Dienstherrschaft in der Lohnzahlung und die Versagung des Schutzes gegen Beschimpfung fand im Art. 25 Ziff. 3 und 5 Berücksichtigung.

---

1) A.A.Prot. S. 109, Becher Mat. I S. 335.
2) A.A.Prot. S. 109, Becher Mat. I S. 335.

Artikel 28.

Ist die Dienstherrschaft in Folge einer wesentlichen Veränderung der Umstände, insbesondere wegen Verlegung des Wohnsitzes oder wegen Veräußerung des Gutes, zu dessen Bewirthschaftung der Dienstbote aufgenommen ist, dauernd verhindert, von der Dienstleistung Gebrauch zu machen, so kann sie ein auf längere Zeit eingegangenes Dienstverhältniß einem landwirthschaftlichen Dienstboten gegenüber nach Maßgabe des Artikel 22 Abs. 1 Satz 2, 3, einem anderen Dienstboten gegenüber unter Einhaltung einer einmonatigen Kündigungsfrist für den Schluß des Kalenderjahres kündigen.

Im Falle des Todes der Dienstherrschaft ist sowohl der Erbe als der Dienstbote zu der Kündigung nach Abs. 1 berechtigt.

1. Der Artikel enthält speziell eine Bestimmung darüber, ob die Verlegung des Wohnsitzes der Dienstherrschaft unter allen Umständen ein Grund ist, welcher den Dienstboten zur Kündigung berechtigt. In dieser Beziehung ist vor Allem auf den Satz zurückzukommen, daß die Verträge nach Treu und Glauben mit Rücksicht auf die Verkehrssitte auszulegen sind. Sodann kommt es eben auf die Umstände an. Es kann nicht verlangt werden, daß der Dienstbote in eine Gegend mit anderer Sprache folgt, ebenso wenn die Dienstherrschaft in fremde Länder zieht. Wenn es sich dagegen um die Verlegung des Wohnsitzes von z. B. Nürnberg nach Fürth handelt, so wird der Dienstbote folgen müssen, weil dies keine wesentliche Veränderung ist.[1])

2. Da bei dem persönlichen Charakter des Dienstverhältnisses mit dem Tode der Dienstherrschaft eine wesentliche Veränderung der Umstände eintritt, gewährt Art. 2 das im Abs. 1 bestimmte Kündigungsrecht in diesem Falle beiden Theilen.

Andere nach den bisherigen Gesinderechten anerkannte Beendigungsgründe, z. B. Vergehen der Dienstboten, Ablauf einer auf Herkommen beruhenden 14tägigen Probezeit, sind beseitigt. Doch können die Parteien eine Probezeit ausdrücklich oder stillschweigend vereinbaren.

Artikel 29.

Ertheilt die Dienstherrschaft einem Dienstboten, der gegen sie eine schwere Veruntreuung begangen hat, in Kenntniß dieser Thatsache das Zeugniß treuen Verhaltens, so ist sie für den Schaden verantwortlich, welcher der nachfolgenden Dienstherrschaft aus dem Vertrauen auf die Richtigkeit des Zeugnisses entsteht. Die Verantwortlichkeit erlischt mit dem Ablaufe von drei Jahren seit der Ertheilung des Zeugnisses, soweit sie nicht vorher gerichtlich geltend gemacht wird.

1. Nach Art. 108 des Pol.Str.G.B. ist derjenige strafbar, welcher einem Dienstboten bei Auflösung des Dienstverhältnisses polizeilicher Aufforderung ungeachtet die Ausstellung eines Zeugnisses im Dienstbotenbuche verweigert. Neben dieser öffentlichrechtlichen Pflicht zur Ausstellung eines Dienstzeugnisses besteht für die Herrschaft nunmehr nach § 630 BGB. auch eine civilrechtliche. Denn hienach kann der Ver-

1) A.A.Pr. S. 110; Becher Mat. I S. 337.

pflichtete nach Beendigung eines dauernden Dienstverhältnisses von dem anderen Theile über das Dienstverhältniß und dessen Dauer ein schriftliches Zeugniß fordern, welches auf Verlangen auf die Leistungen und die Führung im Dienste zu erstrecken ist. Fühlte das Gesinde sich bisher durch das Dienstzeugniß beschwert, so konnte es bei der Polizeibehörde Richtigstellung desselben verlangen. Zur Entscheidung von Streitigkeiten wegen Aenderung der in die Dienstbotenbücher eingetragenen Zeugnisse waren nach einem Erkenntnisse des Gerichtshofes für Kompetenzkonflikte vom 29. Dez. 1886 (Ges. u. V.O.Bl. vom Jahre 1887 Beil. I) überhaupt nur die Verwaltungsbehörden zuständig. Mit Rücksicht auf § 630 BGB. kann nunmehr das Civilgericht, bei welchem der Dienstbote die Aenderung eines in wahrheitswidriger Weise ausgestellten Zeugnisses beantragt, seine Zuständigkeit aus dem Grunde nicht ablehnen, weil der Rechtsweg ausgeschlossen sei.

Fraglich ist es, ob die Verwaltungsbehörden zur Verbescheidung von Streitigkeiten, welche den Inhalt eines Dienstzeugnisses betreffen, künftighin überhaupt noch berechtigt sind. In der Begründung des Reg.Entw.[1]) und in den bei den Verhandlungen im Just.Gef.Geb.Aussch. der Kammer der Abg. vom Ministerialkommissär[2]) abgegebenen Erklärungen wurde dies für den Fall bejaht, daß Zeugnisse in Frage stehen, welche kraft einer öffentlich-rechtlichen Pflicht ausgefertigt worden sind. Also für diejenigen Zeugnisse, welche durch eine polizeiliche Aufforderung nicht veranlaßt sind, ist auch hier angenommen, daß die Civilgerichte zur Entscheidung ausschließlich berufen seien. Im Einklange mit den Motiven wurde vom Ministerialkommissär anerkannt, daß der Polizeibehörde das Recht zustehe, die streitenden Theile an das Gericht zu verweisen, weil dieselbe, wie der Min.-Komm. bemerkte, bei der Sache kein anderes Interesse habe, als daß das Zeugniß, welches von dem Gerichte als entsprechend befunden werde, in dem Dienstbotenbuche zum Eintrag gelange. Es dürfte sich sogar in Zweifel ziehen lassen, ob die Pol.Behörde überhaupt noch eine Zuständigkeit besitzt, auch für die kraft einer öffentlich-rechtlichen Verpflichtung ausgestellten Dienstzeugnisse einen deren Inhalt betreffenden Streit zu entscheiden. Der im vorerwähnten Erk. des Komp.Konfl.Senats vorzugsweise angegebene Grund, daß nach Maßgabe der damals bestehenden Vorschriften z. B. der churbayer. Ehehaltenordnung vom 2. Mai 1781 u. s. w. die Verbindlichkeit zur Zeugnißausstellung keinen privatrechtlichen, sondern einen rein polizeilichen Charakter habe, trifft im Hinblick auf § 630 BGB. jetzt nicht mehr zu. Aus Art. 108 Pol.Str.G.B. allein kann aber so wenig als aus der Kompetenzvorschrift in § 64 der Instruktion vom 24. Sept. 1808 (Reg. S. 2512), welche den Polizeidirektionen in den Städten als Pflicht zuweist, „die Befolgung der Dienstbotenordnung und die Beobachtung der verordneten Zeugnisse des Dienstherrn" zu überwachen, eine Ausdehnung der polizeilichen Zuständigkeit auf die Feststellung des Zeugnißinhaltes schon gefolgert werden. Der öffentlich-rechtlichen Pflicht ist Genüge geleistet, wenn ein Dienstzeugniß ausgestellt worden ist.

2. Von einer Bestimmung über die Schadensersatzpflicht der Dienstherrschaft im Falle der Verweigerung der Ausstellung eines Dienstzeugnisses hat das Gesetz Umgang genommen, obwohl sich eine solche in manchen Dienstbotenverordnungen z. B. im Art. 16 der Ehehaltenordnung oon 1781 vorfindet. Eine derartige Schadensersatzverbindlichkeit bedurfte auch keiner besonderen Anerkennung im Landes-

1) Motive A S. 29, Becher Mat. I S. 64.
2) A.A.Prot. S. 112, Becher Mat. I S. 340.

rechte, da sie sich, wie die Motive[3]) hervorheben, aus den Vorschriften des Bürgerlichen Gesetzbuchs über die Haftung wegen schuldhafter Nichterfüllung einer Verbindlichkeit schon ergibt.

3. Der Reg.Entw. sah auch davon ab, die Dienstherrschaft wegen erfolgter Ausstellung eines wahrheitswidrigen Zeugnisses dem Dienstboten gegenüber als entschädigungspflichtig zu erklären. Im Anschlusse an die Bestimmung in Th. II Tit. 5 §§ 174 und 175 des preuß. Landrechts stellte jedoch der Abg. Dr. Casselmann in der öff. Sitzung der Kammer der Abg. vom 19. April 1899 einen vom kgl. Staatsminister der Justiz zwar bekämpften diesbezüglichen Antrag, welcher jedoch in einer von der kgl. Staatsregierung eventuell in Vorschlag gebrachten geänderten Fassung schließlich Annahme gefunden hat.[4]) Auf diese Weise ist Art. 29 zur Entstehung gelangt.

4. Die Dienstherrschaft, welche wegen des Zeugnisses treuen Verhaltens verantwortlich gemacht werden soll, muß von einer durch den Dienstboten gegen sie begangenen schweren Veruntreuung Kenntniß haben. Wenn sie wegen kleinerer Unredlichkeiten z. B. Näschereien einen Vermerk im Dienstzeugnisse zur Einschränkung der Worte „treues Verhalten" unterläßt, so erwächst ihr daraus keine Haftungsverbindlichkeit. Die schwere Veruntreuung, durch welche die Herrschaft an der Ausstellung eines günstigen Zeugnisses verhindert werden soll, muß nach der Fassung des Gesetzes „gegen sie" begangen sein. (Der Antrag des erwähnten Abg. enthielt die letzteren Worte nicht). Eine Herrschaft, welche von einer derartigen zum Nachtheile Dritter verübten Handlung glaubhafte Kenntniß hat und trotzdem bestätigt, daß der Dienstbote treu und ehrlich sei, haftet jedenfalls nicht auf Grund des Art. 29. Um so weniger ist dieselbe ersatzverbindlich, wenn sie das Zeugniß auf die Bestätigung einschränkt, daß der Dienstbote sich ihr gegenüber treu bewiesen habe.

5. Der Schaden muß aus dem Vertrauen auf die Richtigkeit „des Zeugnisses" entstanden sein. Es muß also ein ursachlicher Zusammenhang bestehen zwischen dem Schaden und jenem Vertrauen. Die Grundsätze des erwähnten Zusammenhangs (Kausalnexus) sind für das Civilrecht keine anderen als für das Strafrecht. Daß das Vertrauen die alleinige Ursache des Schadens gewesen sei, darf nicht verlangt werden; denn im absoluten Sinne kann, wie das Reichsgericht III. Strafsenat sagt (Entsch. des Reichsg. in Straff. Bd. 6 S. 146) niemals eine menschliche Handlung als die alleinige Ursache eines schädigenden Erfolgs bezeichnet werden. Es genügt daher, wenn das Vertrauen die mitwirkende Ursache des Schadens war.

6. Art. 29 sagt nicht: „einer nachfolgenden Dienstherrschaft", sondern: „der nachfolgenden Dienstherrschaft". Die Fassung ist keine unabsichtliche. Der Antragsteller Abg. Dr. Casselmann[5]) bemerkte in dieser Hinsicht ausdrücklich, er habe, um die Haftung der Dienstherrschaft nicht auf eine zu lange Zeit zu erstrecken, in seinem Antrage ausdrücklich eine kurze Verjährungsfrist und die Worte „der nachfolgenden Dienstherrschaft" in Vorschlag gebracht, sodaß schon bei der in Frage stehenden zweiten folgenden Herrschaft die Haftung in Wegfall kommen solle.

---

3) Motive A S. 29, Becher Mat. I S. 64.

4) Näheres hierüber A.A.Prot. S. 684 ff., Becher Mat. Bd. III Abth. IV u. V S. 122 ff.

5) A.A.Prot. S. 685, Becher Mat. III Abth. IV u. V S. 124.

Artikel 30.

Wer einen Dienstboten verleitet, den Dienst ohne rechtfertigenden Grund nicht anzutreten oder vor der Beendigung des Dienstverhältnisses zu verlassen, ist der Dienstherrschaft für den daraus entstehenden Schaden verantwortlich; er haftet neben dem Dienstboten als Gesammtschuldner. Die Vorschriften des Artikel 26 finden Anwendung.

In gleicher Weise haftet derjenige, welcher wissentlich einen bereits verdungenen Dienstboten für die nämliche Zeit für sich dingt.

1. Bezüglich der in Art. 30 geregelten Schadensersatzpflicht, zu deren Festsetzung die Landesgesetzgebung in Art. 95 des Einf.Ges. zum BGB. noch insbesondere für befugt erklärt wird, hat sich das Gesetz dem § 125 der Gewerbeordnung angeschlossen. In den bisherigen bayerischen Gesinderechten fanden sich diesbezügliche Bestimmungen nur vereinzelt vor, wohl aber waren solche in einem großen Theile der übrigen deutschen Gesindeordnungen vorhanden.

2. Zwischen der Einwirkung des Verleitenden und dem Vertragsbruche des Dienstboten muß ein ursachlicher Zusammenhang bestehen. (Vgl. in dieser Hinsicht Bem. 5 zu Art. 29). Der Verleitung zum Vertragsbruche steht es, wie dies auch die Gewerbeordnung für das Verhältniß zwischen Arbeitgeber und Gesellen bezw. Gehilfen annimmt, durchaus gleich, wenn jemand wissentlich einen bereits verdungenen Dienstboten auf die nämliche Zeit für sich dingt. Ihn trifft deßhalb nach Abs. 2 die in Abs. 1 näher bestimmte Haftungsverbindlichkeit. Dagegen erschien die in § 125 Abs. 2 der Gewerbeordn. ausgesprochene Haftung desjenigen, welcher einen gegenüber einem anderen Arbeitgeber noch verpflichteten Gesellen oder Gehilfen wissentlich in Beschäftigung behält, auf das Gesindeverhältniß nicht übertragbar.[1])

3. Der praktisch wichtigste Fall der Verleitung zum Kontraktbruche besteht, insoferne der unterlassene Dienstantritt in Frage kommt, darin, daß jemand das Gesinde für sich dingt. Dieser Fall ist in Abs. 2 bereits in Berücksichtigung gezogen. Zu aller Vorsorge wurde jedoch bei den Berathungen des Just.Ges.Geb.Aussch. der Kammer der Abg. von dem Referenten der Antrag gestellt, den Reg.Entw., welcher in dieser Beziehung sich der Gewerbeordn. angeschlossen hatte, in Abs. 1 durch die Erwähnung des unterlassenen Dienstantrittes zu ergänzen.[2]) Dies gab Veranlassung dazu, in Abs. 1 die Worte einzustellen „den Dienst ohne rechtfertigenden Grund nicht anzutreten".

4. Die Wendung „ohne rechtfertigenden Grund" bezieht sich sowohl auf den Nichtantritt, als auch auf die vorzeitige Verlassung des Dienstes. Unter „rechtfertigender Grund" ist der Regel nach ein „wichtiger Grund" im Sinne der Art. 23 und 25 zu verstehen. Insoweit es sich um den unterlassenen Dienstantritt handelt, ist jedoch auch der Umstand hieher zu rechnen, daß ein rechtsgiltiges Vertragsverhältnis überhaupt nicht zu Stande gekommen ist.

5. Der Schadensersatz, hinsichtlich dessen der Verleitende neben dem Dienstboten als Gesammtschuldner haftbar erscheint, wird nach dem Vorbilde des § 125 der Gewerbeordn. in der in Art. 26 Ausf.Ges. näher bezeichneten einfachen Weise berechnet. (Vgl. die Bem. zu diesem Artikel).

---

1) Motive A S. 29, Becher Mat. I S. 63.
2) A.A.Prot. S. 114, Becher Mat. I S. 344.

Artikel 31.

Ein zur Zeit des Inkrafttretens des Bürgerlichen Gesetzbuchs bestehendes Dienstverhältniß bestimmt sich, wenn nicht die Kündigung nach dem Inkrafttreten des Bürgerlichen Gesetzbuchs für den ersten Termin erfolgt, für den sie nach den bisherigen Gesetzen zulässig ist, von diesem Termin an nach den neuen Vorschriften.

1. Die Uebergangsvorschrift des Art. 31 bestimmt für Dienstverhältnisse, was Art. 171 des Einf.Ges. zum BGB. für die am 1. Januar 1900 bestehenden Mieth-, Pacht- oder Dienstverhältnisse festsetzt. Die Bestimmung des Art. 171 bildet eine Ausnahme von der Regel des Art. 170 a. a. O., für welche Ausnahme maßgebend war, daß sie dem Willen der Betheiligten besser als die Regel entspricht und daß es bei der großen Bedeutung der hier in Betracht kommenden Verträge auch im öffentlichen Interesse gelegen ist, wenn einer längeren Geltung des bisherigen Rechts möglichst vorgebeugt wird.

2. Ein Dienstverhältniß ist als am 1. Januar 1900 bestehend auch dann anzunehmen, wenn dasselbe vor diesem Zeitpunkte geschlossen, der Dienst aber erst nachher angetreten wurde. (Wagner in v. Staudinger's Kommentar z. BGB., Anm. 3 zu Art. 171 E.G.). Ist ein Dienstverhältniß für die Lebenszeit einer Person oder doch auf einen so langen Zeitraum eingegangen worden, daß es nach dem 1. Januar 1900 noch mehr als 5 Jahre zu dauern haben würde, so gilt bis zum 30. Juni 1905 das bisherige, und für die spätere Zeit das neuere Recht. Die Bestimmung des § 624 BGB. jedoch ist schon vom 1. Januar 1900 an maßgebend, weil sie einen prohibitiven Charakter hat. (Wagner a. a. O. zu Art. 171 Anm. 4 u. Art. 170 Anm. II, 2 lit. **A**, d.)

3. Das mit einem landwirthschaftlichen Dienstboten abgeschlossene Vertragsverhältniß, welches vor dem 1. Januar 1900 auf unbestimmte Zeit eingegangen ist und nach dem bezeichneten Tage in einem Rechtsgebiete noch fortbesteht, in welchem das Dienstverhältniß ein Jahr lang dauert und in dem ferner eine sechswöchige Kündigungsfrist sowie nur ein Kündigungsziel (z. B. Lichtmeß) gelten, ist bis zum 2. Februar 1901 nach dem bisherigen Rechte und von da an nach dem neueren Gesetze zu beurtheilen, wenn es nach dem Inkrafttreten des BGB. noch mehrere Jahre fortgesetzt wurde. Die Kündigung kann erst für den 2. Februar 1901 (und zwar 6 Wochen vorher) erfolgen. Auch wenn das neue Recht für den Fortbestand und Inhalt des Dienstverhältnisses entscheidend geworden ist, muß dennoch die Frage, ob das bezeichnete Vertragsverhältniß in rechtsgiltiger Weise begründet wurde, nach dem älteren Rechte bemessen werden. (Ebenso auch Wagner a. a. O. Anm. 4 zu Art. 171.)

Leibgedingsvertrag.[1])

1. Die landesgesetzlichen Vorschriften über einen mit der Ueberlassung eines Grundstücks in Verbindung stehenden Leibgedings-, Leibzuchts-, Altentheils- oder Auszugs-Vertrag bleiben nach Art. 96 des Einf.Ges. zum BGB. unberührt, jedoch nicht

1) Vgl. hiezu Runde, die Rechtslehre von der Leibzucht und dem Altentheil (1805); Bülow und Hagemann, prakt. Erörterungen Bd. 7 Nr. 51; Häusel, die Lehre vom Auszug und von der Leibzucht (1831); Bielitz, Darstellung der Rechtsverhält-

überhaupt, sondern nur insoweit sie das sich aus dem Vertrag ergebende Schuldverhältniß für den Fall regeln, daß nicht besondere Vereinbarungen getroffen wurden.

2. Ueber den Leibgedingsvertrag sind im bisherigen bayerischen Rechte nur wenige Vorschriften aufzufinden. Während er dem Pfälzer Rechte unbekannt ist,[2]) sind im preuß. Landrechte Th. I Tit. 11 §§ 602—605 jetzt nicht mehr giltige Vorschriften über die gerichtliche Mitwirkung bei dem Abschlusse des Leibgedingsvertrags getroffen und ist im Uebrigen das Nähere den Provinzialgesetzen vorbehalten. Auch das bayer. Landrecht enthält keine Regelung.[3]) Nach den Angaben von Arnold, Beiträge zum deutschen Privatrechte, von Weber, Darstellung der Provinzial- und Statutarrechte, und von Runde, Die Rechtslehre von der Leibzucht u. s. w. sind nur in den Rechten von Bamberg und Würzburg und in einigen kleineren Statutarrechten Bestimmungen über den hier in Frage stehenden Vertrag vorhanden. Von anderen deutschen Landesgesetzen haben abgesehen vom preuß. Landrechte nur das bad. Landrecht (Satz 1983 a bis m) und das sächs. Ges.Buch §§ 1157 bis 1072 diesbezügliche Vorschriften. Die preuß. Provinzialges. füllen die Lücke des preuß. Landr. nicht aus.

3. Von dem Vorbehalte des Art. 96 Einf.Ges. Gebrauch zu machen, erschien, wie auch vom bayer. Landwirthschaftsrathe einstimmig anerkannt worden ist, um deßwillen geboten, weil der Leibgedingsvertrag bei Ueberlassung von Grundstücken häufig vorkommt und nicht selten zu Streitigkeiten Veranlassung gibt.[4]) Angesichts der Schranken, welche Art. 96 für die Landesgesetzgebung bietet, kann es sich für diese nur um die Erlassung von Auslegungs- und von ergänzenden Vorschriften handeln. Hiebei kommen die in den einzelnen Landestheilen bestehenden verschiedenartigen Sitten und Gebräuche der Bevölkerung und die Verhältnisse des einzelnen Falles in erster Linie in Betracht. Aufgabe der Landesgesetzgebung ist es daher, Bestimmungen für die eine allgemeine Entscheidung zulassenden und erfahrungsgemäß am häufigsten zu Streitigkeiten Veranlassung gebenden Fälle zu treffen.[5])

Artikel 32.

Steht mit der Ueberlassung eines Grundstücks ein Leibgedingsvertrag (Leibzuchts-, Altentheils- oder Auszugsvertrag) in Verbindung, so gelten für das sich aus dem Vertrag ergebende Schuldverhältniß, soweit nicht besondere Vereinbarungen getroffen sind, neben den Vorschriften des Bürgerlichen Gesetzbuchs über die Leibrente die besonderen Vorschriften der Artikel 33 bis 48.

---

nisse beim Auszuge oder Altentheil (1838); Rößler, Ueber das Ausgedinge auf Bauerngüter (1842); Preuß Die Leibzucht, eine civilist. Studie (1862); v. Roth, Bayer. Civilrecht Bd. II, 2. Abth. S. 189 § 189 der 2. Aufl.; Arnold, in den Bl. f. R.A. Bd. 12 S. 12 und Gruchot, Beiträge zur Erläuterung des deutschen Rechts Bd. 12 S. 426.

2) Die Vorschriften des pfälz. Gesetzbuchs über den Leibrentenvertrag Art. 1968—1983 passen, wie der Abg. Michel (A.A.Prot. S. 116, Becher Mat. I S. 346) mit Recht bemerkte, keineswegs auf den Begriff des Leibgedings. Vgl. auch Bem. zu Art. 85 Ausf.Ges.

3) Die Bestimmungen desselben in Th. I Tit. 6 § 15 über den Wittibsitz oder das Leibgeding beziehen sich auf ein anderes Rechtsverhältniß.

4) Motive A S. 30, Becher Mat. I S. 65.

5) Motive A S. 30, Becher Mat. I S. 66.

1. Bei der berechtigten Zurückhaltung der neueren Gesetzgebung in Bezug auf Definitionen gibt auch Art. 32 keine Begriffsbestimmung für den Leibgedingsvertrag. Die diesem Ausdruck in Klammern beigesetzten Worte sind nicht Erläuterungen, sondern nur gleichbedeutende (synonyme) Redewendungen, welche in der Wissenschaft und Rechtsprechung für den ersteren gebräuchlich sind.[1]) Die im Entwurfe eines bürgerlichen Gesetzbuches für das Königreich Bayern vom Jahre 1861 enthaltene Begriffsbestimmung, auf welche auch der Referent der Kammer der Abg. bereits hingewiesen hat[2]), dürfte sich allerdings verwerthen lassen. Art. 794 des erwähnten Entw. lautet nämlich:

„Leibgeding (Austrag, Auszug, Altentheil, Leibzucht) ist der Inbegriff der Nutzungsrechte und Leistungen, welche sich der Gutsübergeber bei der Gutsübergabe zu seinem Unterhalte auf Lebenszeit vorbehält oder von dem Uebernehmer ausbedingt." Die Worte „zu seinem Unterhalte" dürften indeß zu eng sein, da der Uebergeber auch für seine Ehefrau (Vgl. auch Art. 47 Ges.) und für andere Familienangehörige solche Nutzungsrechte und Leistungen vorbehalten kann.

2. Der Leibgedingsvertrag muß mit der Ueberlassung eines Grundstücks in Verbindung stehen. Daß derselbe in der nämlichen Urkunde wie der Uebergabsvertrag abgeschlossen wird, ist zwar nicht erforderlich, wird jedoch häufig der Fall sein. Ist eine derartige Verbindung nicht gegeben, so handelt es sich um keinen Leibgedings-, sondern um einen gewöhnlichen Versorgungsvertrag.

3. Art. 32 läßt erkennen, daß das Gesetz den Leibged.Vertrag, welcher, wie der Referent der Kammer der R.R. richtig bemerkte, auch zu den gewagten (Glücks-) Geschäften gerechnet werden kann,[3]) als eine Unterart des im BGB. geregelten Leibrentenvertrags betrachtet. Derselbe ist daher den für diesen geltenden Bestimmungen der §§ 759 bis 761 BGB. unterworfen, neben welchen die besonderen Vorschriften der Art. 33 bis 48 als ergänzend in Anwendung kommen.[4])

Es entspricht, wie die Motive zu Art. 34 des Entw. (Art. 41 des Ges.) sagen[5]), „dem Wesen des Verhältnisses und der allgemeinen Uebung, daß das Leibgeding durch Bestellung von Rechten an dem überlassenen Grundstücke sichergestellt wird". Im Falle einer solchen Sicherstellung nimmt die an und für sich persönliche Verpflichtung zur Leistung eines Leibgedings die rechtliche Eigenschaft einer dinglichen Last an, wie dies auch bisher so aufgefaßt worden ist.[6]) Und zwar erscheint diese dingliche Last

---

1) So auch der Referent Abg. Wagner A.A.Prot. S. 117, Becher Mat. I S. 348. Hiezu paßt allerdings nicht die Fassung von Art. 48 Abs. 1 u. 2 des Ges. Ueberg.-Vorschriften v. 9. Juni 1899 betr. „zu einem Leibgeding, einer Leibzucht, einem Altentheil oder einem Auszuge".

2) A.A.Prot. S. 115, Becher Mat. I S. 345.

3) Becher Mat. I S. 817.

4) Mit Rücksicht auf §§ 759 ff. BGB. bedurften auch, wie dies die Motive A S. 30 (Becher Mat. I S. 66) hervorheben, die in den Art. 799 mit 782 u. 783 des bayer. Entwurfs v. 1861 behandelten Fragen, ob das Leibgeding als auf Lebenszeit des Berechtigten versprochen anzusehen, ob die geschuldeten Leistungen im Voraus zu entrichten seien und ob eine Rückforderung der Vorausleistung für den Fall stattfinde, daß der Leibgedingnehmer zwischen zwei Fälligkeitsterminen stirbt, keiner Entscheidung im Ausf.Gesetze.

5) Motive A S. 31, Becher Mat. I S. 68.

6) Vgl. Bl. f. R.A. 9 S. 189; 12 S. 14; 25 S. 397; 29 S. 336 u. 36 S. 240.

nach Art. 41 des Ausf.Ges. als Wohnungsrecht bezw. als persönliche Dienstbarkeit und, wenn andere wiederkehrende Leistungen zu entrichten sind, als eine Reallast an dem Grundstücke. Vgl. auch die auf die Leibgedingsrechte bezüglichen Bestimmungen des Gesetzes Uebergangsvorschriften betr. Art. 48 (für das rechtsrhein. Bayern) sowie Art. 116 bis 118 (für die Pfalz), und noch Art. 27 des Ausf.Ges. zu der Grundbuchordnung u. s. w.

4. Nach Art. 32 haben in Ermanglung besonderer Vereinbarungen die Vorschriften der Art. 33 u. ff. nur Geltung für das sich aus dem Vertrage ergebende Schuldverhältniß. Das Landesrecht kann also blos für den Vertragsinhalt Anordnungen erlassen; zu Bestimmungen darüber, unter welchen Voraussetzungen der Vertrag zu Stande kommt, insbesondere über deren Form wäre es nicht ermächtigt.[7]) Zur Gültigkeit der das Leibgeding betreffenden Vereinbarung ist daher gemäß § 761 BGB. die schriftliche Ertheilung des diesbezüglichen Versprechens erforderlich. Da dieses Uebereinkommen wohl der Regel nach äußerlich mit dem Gutüberlassungsvertrage verbunden sein wird, so wird die für diesen nach § 313 BGB. gebotene notarielle Beurkundung gewöhnlich auch auf jenes sich erstrecken.

Artikel 33.

Die dem Berechtigten gebührenden Leistungen sind auf dem überlassenen Grundstücke zu bewirken. Ist dem Berechtigten auf dem Grundstück eine abgesonderte Wohnung zu gewähren, so hat die Leistung in der Wohnung zu erfolgen.

1. Satz 1 des Artikels 33 schließt sich an § 269 Abs. 1 des Bürgerlichen Gesetzbuchs an, wonach als Ort der Leistung zunächst derjenige gilt, welcher als solcher bestimmt wurde oder aus den Umständen, insbesondere aus der Natur des Schuldverhältnisses zu entnehmen ist, und außerdem erst der Wohnsitz des Schuldners zur Zeit der Festsetzung des Schuldverhältnisses in Betracht kommt. Die mit der Ueberlassung eines Grundstückes zusammenhängende Vereinbarung eines Leibgedings ist aber nach dem Sinne der Vertragsschließenden regelmäßig dahin auszulegen, daß die Leistungen auf dem Grundstücke gemacht werden sollen. Die Auszugsleistungen sollen auf dem Hofe bewirkt werden; der Gutsübernehmer verpflichtet sich regelmäßig nicht, wenn der Auszugsberechtigte in die Stadt zieht, ihm die Leistungen dort zu bethätigen.

2. Der zweite Satz des Art. enthält eine Ergänzung des ersten für den Fall, daß dem Berechtigten auf dem Gute eine abgesonderte Wohnung zu gewähren ist und setzt die von den allgemeinen Grundsätzen über Hofschulden abweichende und in verbreiteter Rechtsprechung (Seuffert Archiv V 47, XIII 156, XIV 152, Sammlung d. Entsch. des Obersten L.G. II S. 491, Bl. f. R.A. 36 S. 378) anerkannte Ausnahme fest, daß die Leistung in die Wohnung des Berechtigten zu verbringen sei.

Wenn der Uebernehmer das Hauptgebäude auf ein anderes Grundstück verlegt, sich ein Haus auf einem anderen Grundstücke baut und das neue Haus zu seiner Wohnung einrichtet, so muß der Leibgedingnehmer nicht ohne Weiteres dorthin folgen,

---

7) In gleicher Weise sprachen sich auch der kgl. Staatsminister der Justiz sowie der Ministerialkommissär Dr. v. Jacubezky aus (A.A.Prot. S. 115—117, Becher Mat. I S. 346—348).

soferne er sich die Benützung eines Auszugshauses vorbehalten hat, das auf der alten Hofstätte steht, die Auszugsleistungen müssen ihm dann in dieser letzteren Wohnung gemacht werden. Nach Umständen muß sich aber der Auszugsberechtigte eine Aenderung bezüglich der Wohnung gefallen lassen, wobei die allgemeinen Grundsätze über Treu und Glauben und die Verkehrssitte maßgebend sein werden.[1])

Artikel 34.

Hat der Verpflichtete dem Berechtigten Erzeugnisse von der Gattung derjenigen zu liefern, welche auf dem Grundstücke gewonnen werden, so kann der Berechtigte nur Erzeugnisse von der mittleren Art und Güte derjenigen verlangen, welche auf dem Grundstücke bei ordnungsmäßiger Bewirthschaftung gewonnen werden.

Wer einen nur der Gattung nach bestimmten Gegenstand schuldet, hat nach § 243 Abs. 1 BGB. eine Sache von mittlerer Art und Güte zu leisten. Wenn der Verpflichtete Erzeugnisse von der Gattung derjenigen, welche auf dem übergebenen Gute gewonnen werden, zu liefern hat, so darf es als der Absicht der Betheiligten entsprechend erachtet werden, daß der Berechtigte sich mit Erzeugnissen von der mittleren Beschaffenheit der bei ordnungsmäßiger Bewirthschaftung auf den überlassenen Grundstücken erzielten Früchte auch in dem Falle begnügen muß, wenn dieselben nicht Marktwaare von mittlerer Art und Güte sein sollten.[1])

Artikel 35.

Hat der Verpflichtete dem Berechtigten Erzeugnisse des Feld- oder Wiesenbaus, des Obstbaus oder des Weinbaus als Jahresvorrath zu liefern, so hat die Lieferung zu der Zeit zu erfolgen, zu welcher die zu liefernden Erzeugnisse nach den Regeln einer ordnungsmäßigen Wirthschaft gewonnen und, soweit der Lieferung eine Bearbeitung voranzugehen hat, bearbeitet sind.

1. Als Bearbeitung im Sinne des Artikels ist auch das mehrmalige Abziehen des Weines nach dem Gährungsprozeß zu verstehen; wenn also Wein bedungen wurde, kann die Lieferung erst nach Vollendung dieser Bearbeitung, also nicht schon im Ernte-Herbste, beansprucht werden. Wer jedoch sich nur Most ausbedungen hat, kann solchen schon im Herbste verlangen.

2. Für die Erzeugnisse, die zwar in einer nach dem Jahresbedarfe bestimmten Menge, aber nicht als Jahresvorrath auf einmal, sondern nach und nach in angemessenen Theilleistungen zu liefern sind[1]), gilt § 760 Abs. 3 des BGB., wonach, wenn der Gläubiger den Beginn des Zeitabschnitts erlebt hat, für den die Rente im Voraus zu entrichten ist, ihm der volle auf den Zeitabschnitt entfallende Betrag gebührt. Der

---

1) Vgl. A.A.Pr. S. 117 ff.; Becher Mat. I S. 349 ff.

1) Motive A S. 30, Becher Mat. I S. 67.

1) Hinsichtlich der als Jahresvorrath zu liefernden Erzeugnisse schloß sich das Gesetz dem sächs. Ges.Buche § 1164 und dem Dresdener Entwurfe Art. 885 an.

Zeitabschnitt, für den im Voraus zu liefern ist, bestimmt sich nach der Beschaffenheit und dem Zwecke der Lieferung.[2])

3. Was die Lieferung von Holz anbelangt, so werden die Verkehrssitte und der Ortsgebrauch dafür maßgebend sein, ob dasselbe klein gemacht dem Berechtigten zu übergeben oder ob dieser dessen weitere Bearbeitung selbst zu besorgen hat.[3])

Artikel 36.

Ist dem Berechtigten ein Theil des Grundstücks, insbesondere ein auf diesem befindliches Gebäude, zur Benutzung zu gewähren, so hat der Verpflichtete die auf diesen Theil des Grundstücks treffenden Lasten zu tragen.

1. Während nach § 1047 BGB. der Nießbraucher die auf der Sache ruhenden Lasten zu tragen hat, ist dem Berechtigten nach dem den Art. 882 Satz 1 des Dresdener Entwurfs verallgemeinernden Art. 36 der lastenfreie Gebrauch zu gewähren.

2. Das Gesetz unterscheidet nicht zwischen öffentlich-rechtlichen und privatrechtlichen Lasten. Es fallen daher diese beiden Arten von Lasten, welche auch nach § 1047 BGB. dem Nießbraucher obliegen, dem Verpflichteten zu.

Artikel 37.

Ist dem Berechtigten auf dem Grundstück eine abgesonderte Wohnung zu gewähren, so hat der Verpflichtete die Wohnung dem Berechtigten in einem zu dem vertragsmäßigen Gebrauche geeigneten Zustande zu überlassen und sie während der Dauer seiner Verpflichtung in diesem Zustande zu erhalten.

Wird das Gebäude durch Zufall zerstört, so hat der Verpflichtete die Wohnung wiederherzustellen. Hat der Zufall eine so wesentliche Verschlechterung der Vermögensverhältnisse des Verpflichteten zur Folge, daß diesem die Wiederherstellung nicht zugemuthet werden kann, so ist dem Berechtigten in solcher Weise Wohnung zu gewähren, wie es den Umständen nach der Billigkeit entspricht. Das Gleiche gilt, wenn das Gebäude wiederherzustellen ist, für die zur Wiederherstellung erforderliche Zeit.

Der Verpflichtete hat auf Verlangen des Berechtigten für das Gebäude Versicherung gegen Brandschaden zu nehmen.

1. Art. 37, welcher in gleicher Weise wie Art. 38 die Frage der Wohnungsgewährung regelt, schließt sich in seinem Abs. 1 an Art. 882 Abs. 1 des Dresdner Entwurfes an. Eine Bestimmung wie in §§ 1093 Abs. 1 mit 1041 BGB., wonach bei dem Wohnungsrechte die gewöhnlichen Ausbesserungen durch den Berechtigten zu bewerkstelligen sind, würde sich für das Leibgeding nicht eignen. Daher ist Abs. 1 nothwendig.

2. Eine abgesonderte Wohnung ist eine solche, welche im Verhältnisse zu

---

2) Motive A S. 31, Becher Mat. I S. 67.

3) Ebenso auch der Referent der Kammer der Abg., A.A.Prot. S. 119, Becher Mat. I S. 353.

derjenigen des Verpflichteten als eine selbständige sich darstellt, so daß, wenn dieser ebenfalls im Hause wohnt, mindestens 2 Wohnungen dort vorhanden sind.[1]) Erscheinen die dem Berechtigten zur Verfügung gestellten Räume nur als Bestandtheil der Wohnung des Leibgedinggebers, so kann von einer abgesonderten Wohnung nicht die Rede sein. Die Gemeinschaftlichkeit von Keller und Bodenraum läßt noch nicht den Schluß zu, daß die Zimmer des Berechtigten Bestandtheil der Wohnung des Übernehmers seien. Solche dem Wohnzwecke im engeren Sinne nicht dienende Nebenräume kommen für die Frage, was abgesonderte Wohnung ist, als maßgebend nicht in Betracht. Auf die Gemeinschaftlichkeit des Brunnens ist umsoweniger Gewicht zu legen.

3. Mit der Rechtsprechung[2]) steht es in Übereinstimmung, daß Abs. 2 Satz 1, 3 für den Fall einer durch Zufall ganz oder theilweise erfolgenden Zerstörung des Gebäudes dem Leibgedinggeber eine Verbindlichkeit auferlegt. Diese schränkt jedoch Abs. 2 Satz 2 auf das der Billigkeit entsprechende Maß dann ein, wenn der das Gebäude betreffende Zufall eine so wesentliche Verschlechterung in der Vermögenslage des Verpflichteten herbeigeführt hat, daß dem letzteren die Wiederherstellung des Gebäudes nicht zugemuthet werden kann. Eine so erhebliche Veränderung in Berücksichtigung zu ziehen, erschien deßhalb angezeigt, weil dem Gutsübergabevertrage die Absicht zu Grunde liegt, daß das überlassene Gut die wirthschaftliche Selbständigkeit des Übernehmers sicherstellen soll.

Unter Zufall ist vis major, insbesondere der Fall eines Brandes zu verstehen. Mit Rücksicht auf den Eintritt von Brandschäden ist dem Leibgedinggeber, einer weitverbreiteten Übung entsprechend, die in Abs. 3 bezeichnete Verpflichtung überbürdet; wenn die Brandversicherungssumme dem Bauwerthe gleichkommt, so wird er das Gebäude in dem früheren Zustande wieder aufbauen können, sodaß der Berechtigte keine Beeinträchtigung zu erleiden hat.

4. In der Mehrzahl der Fälle wird für den Berechtigten eine abgesonderte Wohnung nicht vorhanden sein, sondern derselbe die ihm vorbehaltene Stube und im übrigen mit dem Übernehmer dessen Wohnung benützen. Hier ist nun selbstverständlich, daß der Übergeber sich eine Schmälerung des ihm zur Verfügung stehenden Wohnraums gefallen lassen muß, wenn dieser nicht in der nämlichen Art und Weise wie der zum zerstörten Hause gehörige wieder hergestellt werden kann.[3])

Artikel 38.

Ist dem Berechtigten eine abgesonderte Wohnung zu gewähren, so ist er befugt, seine Familie sowie die zur standesmäßigen Bedienung und zur Pflege erforderlichen Personen in die Wohnung aufzunehmen.

Hat der Verpflichtete dem Berechtigten die Mitbenützung seiner

---

1) A.A.Pr. S. 123, Becher Mat. I S. 360 (Äußerung des Minist.Kommissärs).

2) Seuffert's Archiv Bd. 2 nr. 80, Bd. 5 nr. 213 und Bd. 23 nr. 239 sowie Gruchot's Beiträge zur Erläuterung des deutschen Rechts Bd. 12 S. 443. — Das sächs. Gesetzbuch § 1172, der bayer. Entwurf Art. 796, der Dresdner Entwurf Art. 884 und der hessische Entw. des Sachenrechts Art. 578 stehen übrigens auf dem gleichen Standpunkte.

3) A.A.Pr. S. 121, Becher Mat. I S. 356.

Wohnung zu gestatten, so erstreckt sich die Befugniß des Berechtigten zur Aufnahme seiner Familie nicht auf Personen, die durch eine erst nach der Schließung des Leibgedingsvertrags eingegangene Ehe oder durch eine nach diesem Zeitpunkt erfolgte Ehelichkeitserklärung oder Annahme an Kindesstatt Familienangehörige geworden sind, und nicht auf Kinder, die aus dem Hausstande des Berechtigten ausgeschieden waren.

1. Für Art. 38 hat § 1093 BGB. zum Vorbilde gedient, welcher das als beschränkte persönliche Dienstbarkeit bestellte Wohnungsrecht betrifft.[1]) Abs. 1 des Art. 38 schließt sich an § 1093 Abs. 2 an.[2])

2. Bezüglich des Begriffs „abgesonderte Wohnung" vgl. man Bemerk. 2 zu Art. 37.

3. Auf die vom Ref. Abg. Wagner angeregte, vom Corref. Abg. Lerno verneinte Frage, ob die Leibgedingnehmer die Befugniß haben, auch Personen, die zu ihrer Verpflegung im Erkrankungsfalle nothwendig seien, bei sich aufzunehmen (soferne nicht diese Verpflegung, was die Regel bilden werde, dem Gutsübernehmer obliege), erwiderte der Ministerialkommissär Dr. v. Jacubezky in bejahendem Sinne. Derselbe bemerkte, Abs. 2 enthalte für den Fall, daß der Berechtigte nicht eine abgesonderte Wohnung, sondern nur die Mitbenützung der Wohnung des Verpflichteten habe, eine Einschränkung blos in Ansehung des Rechts zur Aufnahme der Familie, nicht aber hinsichtlich der Ermächtigung, die zur standesgemäßen Bedienung und Pflege erforderlichen Personen aufzunehmen. Dieß werde allerdings nur insoferne von Bedeutung sein, als dem Austrägler gestattet sein müsse, eine Person bei sich aufzunehmen, welche den nothwendigen Krankenpflegedienst besorge.[3]) Nach dem Wortlaute des Art. 38 dürfte diese Auslegung nicht ganz unzweifelhaft sein, da weder Abs. 2, noch auch Abs. 1 eine solche Berechtigung für den hier fraglichen Fall ausdrücklich aussprechen. Indeß wird man der Anschauung des Minist.Kommissärs um deßwillen beitreten dürfen, weil Abs. 2, welcher den Fall des Nichtvorhandenseins einer abgesonderten Wohnung im Auge hat, die Befugnisse des Berechtigten nicht selbständig festsetzt, sondern eben dadurch, daß er die in Abs. 1 (allerdings nur im Falle einer abgesonderten Wohnung) bestimmten Rechte des Leibgedingnehmers in einer Beziehung einschränkt, zu erkennen gibt, wie im übrigen das in Abs. 1 Angeordnete auch für Abs. 2 entsprechende Anwendung findet. Es sprechen auch erhebliche Billigkeitsgründe für diese Auffassung. Denn der Übernehmer ist, wie dies der Minist.Kommiss. schon

---

1) Auf Wohnungsrechte im Sinne des § 1093 BGB. finden nach Abs. 1 desselben die für den Nießbrauch geltenden Vorschriften der §§ 1031, 1034, 1036, des § 1037 Abs. 1 und der §§ 1041, 1042, 1044, 1049, 1050, 1057 und 1062 BGB. entsprechende Anwendung.

2) Im Grundgedanken stimmt, wie die Motive bemerken (Mot. A S. 31, Becher Mat. I S. 68) die Rechtsprechung mit Art. 38 überein (Seuffert Archiv Bd. 1 nr. 250, 13 nr. 50 und 20 nr. 236). Was andere Gesetze und Gesetzentwürfe anbelangt, so haben für das Leibgeding nur der bayer. Entw. Art. 798 und der Dresdner Entw. Art. 881, 883 diesbezügliche Vorschriften. Das sächs. Ges.Buch §§ 637 ff. und der hess. Entw. des Sachenrechts Art. 30 enthalten bloß Bestimmungen über das Wohnungsrecht.

3) A.A.Pr. S. 123, Becher Mat. I S. 360.

hervorhob, vielleicht gar nicht in der Lage, die Krankenpflege selbst zu übernehmen, wenn er z. B. verwittwet ist und keinen Dienstboten hat. Besser wäre es allerdings gewesen, wenn Abs. 1 keine Einschränkung auf den Fall des Bestehens einer abgesonderten Wohnung enthalten, sondern nur einfach bestimmen würde: „Der Berechtigte ist befugt, seine Familie sowie die zur standesgemäßen Bedienung u. s. w."

4. Die einmal aus dem Hausstande des Berechtigten ausgeschiedenen Kinder gelten auch dann als ausgeschieden, wenn sie später in die elterliche Wohnnng zurückkehren. Es ist in Abs. 2 nicht gesagt, daß dieselben zur Zeit der Vertragsschließung schon ausgeschieden sein müssen; es genügt, daß sie ausgeschieden waren.[4])

Artikel 39.

Ist die Verpflegung des Berechtigten ohne nähere Bestimmung vereinbart, so hat der Verpflichtete dem Berechtigten den gesammten Lebensbedarf in standesmäßiger und ortsüblicher Weise zu gewähren; die Kosten der ärztlichen Behandlung und der Heilmittel fallen jedoch dem Berechtigten zur Last.

1. Für die Worte „den gesammten Lebensbedarf" diente § 1610 Abs. 2 BGB. zum Vorbilde. Auf die im Just.Ges.Geb.Aussch. der Kammer der Abg. gestellte Frage, ob auch die Kosten der Heilmittel und der ärztlichen Behandlung im gesammten Lebensbedarfe inbegriffen seien, gab der Ministerialkommissär unter Bezugnahme auf die von der Gesetzesvorlage ins Auge gefaßte Bestimmung in Art. 779 Abs. 2 des bayer. Entw. von 1861 eine bejahende Antwort. Da diese Entscheidung dem Ausschusse in sachlicher Beziehung bedenklich erschien, so wurde beschlossen, durch den dem Entwurf angereihten Schlußsatz „die Kosten der ärztlichen Behandlung und der Heilmittel fallen jedoch dem Berechtigten zur Last" für die in Rede stehenden Kosten ausdrücklich eine Ausnahme festzusetzen. Nachdem der Just.Ges.Aussch. der R.R.Kammer den Reg.Entw. mit einem kleinen Zusatze wiederhergestellt hatte, beharrte der Aussch. der Kammer der Abg. auf seinem Beschlusse, welcher dann für das Gesetz maßgebend geworden ist.[1])

2. Prozeßkosten sowie ortsübliche Geschenke an Geistliche und Pathenkinder gehören unzweifelhaft nicht zum Lebensbedarfe. Es hat übrigens der Ministerialkommissär auf eine im Ges.Geb.Aussch. der Kammer der Abg. vom Ref. gestellte Anfrage dies noch ausdrücklich erklärt.[2])

Artikel 40.

Im Falle des Todes des Berechtigten hat der Verpflichtete die Kosten der standesmäßigen Beerdigung zu tragen, soweit die Bezahlung nicht von dem Erben zu erlangen ist.

Wie nach § 1615 Abs. 2 BGB. ist eine Verpflichtung bezüglich der Beerdigungs-

---

4) Äußerung des Ministerialkommissärs Dr. v. Jacubezky A.A.Pr. S. 123, Becher Mat. I S. 360.

1) A.A.Pr. S. 124 ff., S. 548 ff., 7. R.R.Pr., Becher Mat. I S. 361 ff., S. 954 ff., S. 818 u. 819.

2) A.A.Pr. S. 124, Becher, Mat. I S. 361.

kosten nur subsidiär für den Fall festgesetzt, daß die Bezahlung von dem Erben nicht zu erlangen ist. Das Gesetz sagt nicht von „den", sondern von „dem" Erben, weil ein Erbe immer da sein muß, wenn es auch nur der Fiskus ist, während das Vorhandensein mehrerer Erben nicht in allen Fällen zutrifft.

Artikel 41.

Der Berechtigte kann, falls ihm ein auf dem Grundstücke befindliches Gebäude oder ein Theil eines solchen Gebäudes als Wohnung zum ausschließlichen Gebrauche zu gewähren ist, die Bestellung eines Wohnungsrechts, falls ihm ein Theil des Grundstücks zu sonstiger Benutzung zu gewähren ist, die Bestellung einer entsprechenden persönlichen Dienstbarkeit und, soweit andere wiederkehrende Leistungen zu entrichten sind, die Bestellung einer entsprechenden Reallast an dem Grundstücke verlangen. Die Rechte sind mit dem Range unmittelbar hinter den zur Zeit der Überlassung des Grundstücks bestehenden Belastungen zu bestellen.

1. Daß die Verpflichtung zur Leibgedingsleistung nach Maßgabe des Ausf.Ges. und der bisher herrschenden Rechtsanschauung [1]) an sich einen persönlichen und nur im Falle der sowohl dem Wesen des Verhältnisses als auch der allgemeinen Übung entsprechenden Sicherstellung einen dinglichen Charakter hat, ist schon zu Art. 32 Bem. 3 bereits erwähnt worden. Auf solche Sicherstellung gewährt Art. 41 ein Recht.

2. Da das BGB. (§ 1113) Hypotheken mit anderem Inhalte als dem Rechte des Gläubigers, die Zahlung einer bestimmten Geldsumme aus dem Grundstücke zu verlangen, nicht kennt, so ist eine Reallast zu bestellen, wenn aus dem Grundstücke wiederkehrende Leistungen zu entrichten sind; die Bestellung einer beschränkten persönlichen Dienstbarkeit ist veranlaßt, wenn die Benutzung eines Gebäudes zur Wohnung oder eine andere Grundstücksbenutzung den Inhalt eines dinglichen Rechts bildet.

3. Wenn das Leibgeding als Dienstbarkeit oder Reallast eingetragen wird, so bedarf es nach § 50 der Grundbuchordnung der Bezeichnung der einzelnen Rechte nicht, falls auf die Eintragungsbewilligung Bezug genommen wird.

4. Für den Fall, daß das mit der Leibgedingsleistung belastete Grundstück der Zwangsversteigerung unterstellt wird, ist durch § 9 des Einf.Ges. zum Gesetze über die Zwangsversteigerung und Zwangsverwaltung zur Aufrechterhaltung der Dienstbarkeiten und Reallasten, auch wenn dieselben nicht in dem gesetzlich geringsten Gebote zu berücksichtigen sind, die Möglichkeit geboten, insoferne nicht dadurch ein ihnen vorhergehendes aber gleichstehendes Recht eine Beeinträchtigung erleidet. Vgl. auch Art. 27 des Ausf.Ges. zur Grundbuchordnung und zum Gesetz über die Zwangsversteigerung u. s. w.

5. Nach dem letzten Satze des Artikels kann der Berechtigte verlangen, daß er

---

1) Jedoch war im Hinblick auf die §§ 99, 137 des Hypothekengesetzes und § 28 nr. I, 5 der Instruktion vom 13. März 1823 die Eintragung einer Hypothek für diese Verbindlichkeit auch ohne die in § 11 Abs. 2, § 19 und § 22 nr. 8 des Hyp.Ges. vorgeschriebene Angabe des Geldbetrags, für welchen das Grundstück haften soll, gestattet. (Vgl. Bl. f. R.A. Bd. 9 S. 191, 12 S. 14, 18 S. 198, 25 S. 397 und 29 S. 335.)

vor der für den Gutsübernehmer auf dem Gute eingetragenen Eigenthümerhypothek den Rang erhält.[2])

6. Vgl. noch die auf Leibgedingsrechte bezüglichen Bestimmungen des Gesetzes Übergangsvorschriften zum BGB. betr. in Art. 48 (für das rechtsrhein. Bayern) und in Art. 116 bis 118) für die Pfalz. Nach Art. 192 Abs. 1 Satz 2 des Einf.Ges. zum BGB. würden sich zwar die für Leibgedingsleistungen bestehenden Hypotheken in Sicherungshypotheken verwandeln. Im Hinblick auf Art. 218 Einf.Ges. zum BGB. wurde jedoch den zur Sicherung der Leibgedingsrechte bestehenden Belastungen eine dem neuen Rechte entsprechende Gestaltung gegeben.

Artikel 42.

Ist der Verpflichtete mit der Bewirkung einer ihm obliegenden Leistung im Rückstande, so steht dem Berechtigten nicht das Recht zu, wegen der Nichterfüllung oder des Verzugs nach § 325 Abs. 2 oder 326 des Bürgerlichen Gesetzbuchs von dem Vertrage zurücktreten oder nach § 527 des Bürgerlichen Gesetzbuchs die Herausgabe des Grundstücks zu fordern.

1. Die oben angeführten Bestimmungen des Bürgerlichen Gesetzbuchs, von denen § 527 die Herausgabe eines Geschenkes bei Unterbleiben der Vollziehung ein bei dem Geschenk gemachten Auflage betrifft, sollen nach Art. 42 auf den Gutsübergabsvertrag, bezw. auf ein Leibgeding nicht zur Anwendung gebracht werden. Die Motive[1]) besagen hierüber: „Der Rücktritt würde der Absicht der Betheiligten widersprechen, denn die Überlassung des Grundstücks pflegt zu dem Zwecke zu erfolgen, daß es dem Leibgedinggeber als Grundlage seiner wirthschaftlichen Selbständigkeit dienen soll, und diese darf nicht dadurch von dem Belieben des Leibgedingnehmers abhängig werden, daß der Verpflichtete mit einer der ihm obliegenden Leistungen in Verzug kommt. In den meisten Fällen ist die Überlassung des Grundstücks nicht blos die Gegenleistung für das Leibgeding und die übrigen Leistungen, zu denen sich der Übernehmer verpflichtet, sondern es liegt in ihr zugleich eine Zuwendung zur Begründung der wirthschaftlichen Selbständigkeit des Übernehmers; auf diese Zuwendung erstreckt sich aber das Rücktrittsrecht nicht."

2. Für den Annahmeverzug des Leibgedingnehmers bleibt es bei den Vorschriften des Bürgerlichen Gesetzbuchs. Art. 42 enthält eine Sondervorschrift nur für den Verzug des Leibgedinggebers.

3. Während die bei dem Annahmeverzuge des Leibgedingnehmers in Anwendung kommenden Bestimmungen der §§ 293 u. ff. BGB. als ausreichend zu erachten sind, erschien es geboten, in Art. 42 eine besondere Vorschrift für den Fall zu erlassen, daß der Leistungspflichtige sich im Verzuge befindet. Die §§ 325 und 326 BGB. schaffen hier kein entsprechendes Mittel zur Abhilfe, da die Geltendmachung des in dem letzteren Paragraphen gewährten Rücktrittsrechts (mit dessen in den §§ 346 bis 348 BGB. bezeichneten Folgen) mit der Absicht der Betheiligten nicht im Einklange steht. Die Ueberlassung des Grundstücks bildet, wie dies die Begründung zu Art. 35 des Reg.=

---

2) A.A.Pr. S. 128, Becher Mat. I S. 369.

1) Motive A S. 32, Becher Mat. I S. 69.

Entw. sagt,[2]) in den meisten Fällen nicht nur die Gegenleistung für das Leibgeding und die übrigen Leistungen, zu denen der Uebernehmer sich verpflichtet, sondern zugleich eine Zuwendung, um damit die wirthschaftliche Selbständigkeit des Uebernehmers zu begründen.[3])

4. Aus demselben Grunde wie bei dem Verzuge im Falle des § 326 BGB. sind das Rücktrittsrecht wegen Nichterfüllung nach rechtskräftig erfolgter Verurtheilung (§ 325 Abs. 2 BGB.) und der an Stelle des Rücktrittsrechts tretende Anspruch auf Herausgabe des Geschenkes (§ 527 B.G.B.) ausgeschlossen.

5. Daß dem Berechtigten die Klage auf Leistung gegenüber dem im Rückstande befindlichen Verpflichteten zusteht, bedarf keiner weiteren Ausführung.

Artikel 43.

Ist der Berechtigte durch besondere Gründe genöthigt, das Grundstück dauernd zu verlassen, so hat der Verpflichtete ihm eine Geldrente zu leisten, welche dem Werthe der Befreiung von der Verpflichtung zur Gewährung der Wohnung und zu Dienstleistungen nach billigem Ermessen entspricht, und für andere Leistungen, die für den Berechtigten in Folge der Abwesenheit von dem Grundstück ohne Interesse sind, den Werth zu vergüten, den sie auf dem Grundstücke haben.

Artikel 44.

Veranlaßt der Berechtigte durch sein Verhalten eine solche Störung der persönlichen Beziehungen zu dem Verpflichteten, daß diesem nicht mehr zugemuthet werden kann, ihm das Wohnen auf dem Grundstück zu gestatten, so kann der Verpflichtete ihm die Wohnung unter Gewährung einer angemessenen Räumungsfrist kündigen. Macht er von dieser Befugniß Gebrauch, so finden die Vorschriften des Artikel 43 Anwendung.

Artikel 45.

Veranlaßt der Verpflichtete durch sein Verhalten eine solche Störung der persönlichen Beziehungen zu dem Berechtigten, daß diesem nicht zugemuthet werden kann, die Wohnung auf dem Grundstücke zu behalten, so hat er dem Berechtigten, falls dieser die Wohnung auf dem Grundstück aufgibt, den für die Beschaffung einer anderen angemessenen Wohnung erforderlichen Aufwand zu ersetzen. In gleicher Weise hat er dem Berechtigten den Schaden zu ersetzen, der daraus entsteht, daß dieser andere ihm gebührende Leistungen nicht auf dem Grundstück in Empfang nehmen kann.

---

2) Motive A S. 32, Becher Mat. I S. 69.

3) Auch der Code civil gewährt in Art. 1978 bei dem Leibrentenvertrage, der bayer. Entw. v. 1861 bei dem Leibgedings-, gleich wie bei dem Leibrentenvertrage (Art. 799 mit 788) kein Rücktrittsrecht.

1. Da der Leibgedingsvertrag ein dauerndes persönliches Verhältniß unter den Betheiligten zur Folge hat, so kann durch die Störung der persönlichen Beziehungen ein geradezu unerträglicher Zustand herbeigeführt werden. Auch bisher schon hat die Rechtsprechung[1]) angenommen, daß bei einer derartigen durch den einen Theil verursachten Störung dem anderen Theile nicht zugemuthet werden dürfe, das Vertragsverhältniß unverändert fortzusetzen, daß vielmehr der die Beeinträchtigung der persönlichen Beziehungen nicht veranlassende Theil die Vertragsauflösung oder doch die Umwandlung des Naturalgedinges in eine Geldrente verlangen könne. Der hiemit zum Ausdruck gelangte Rechtsgedanke hat aber noch eine größere Tragweite; er führt dazu, dem Leibgedingnehmer den Anspruch auf eine Geldrente auch dann zuzugestehen, wenn derselbe durch besondere, auf seinem Verschulden nicht beruhende Umstände dazu genöthigt wird, das von ihm bewohnte Gebäude dauernd zu verlassen. Dies gab den Anlaß zu der Bestimmung des Art. 43.

2. Das Gesetz will nicht, daß, wie dies die Rechtsprechung bisher zugestanden hat, das durch den Leibgedingsvertrag zu Stande gebrachte Verhältniß vollständig gelöst oder daß die sämmtlichen Naturalleistungen in Geldleistungen umgewandelt werden. Es ist nur damit einverstanden, daß der Leibgedingnehmer die Wohnung verlasse oder daß diese jenem gekündigt werde, sowie daß an Stelle der Wohnungsgewährung die Leistung einer Geldrente trete.

3. Was die in Art. 43 enthaltenen Worte „besondere Gründe" betrifft, so ist, wie der Minist.Kommissär bemerkte[2]) hiebei zunächst gedacht an eine Krankheit, welche die Uebersiedlung in eine mit den nöthigen Heilanstalten versehene Stadt erforderlich macht, im Uebrigen ist solches Ermessensfrage.

4. Für die Leistung einer Geldrente gelten mit Rücksicht auf Art. 32 die Bestimmungen der die Leibrente betreffenden §§ 759 und flg. BGB.[3]) Die Höhe

1) Vgl. Sammlung der Entsch. des bayer. obersten Landesgerichts Bd. 8 S. 238 und Bd. 10 S. 177; sowie die Urth. des Reichsgerichts bei Bolze Bd. 1 S. 42, 102, Bd. 15 S. 103, Bd. 18 S. 49, ferner in der jurist. Wochenschrift von 1885 S. 188 Nr. 30 und von 1892 S. 379 Nr. 31 und in Blum's Annalen Bd. 2 S. 49; dann auch die in Seuffert's Archiv Bd. 36 Nr. 275, Bd. 39 Nr. 94, in Gruchot's Beiträgen Bd. 25 S. 889 und in Striethorst's Archiv Bd. 6 S. 103, Bd. 16 S. 344 u. Bd. 65 S. 144 mitgetheilten gerichtlichen Entscheidungen. — Wie die Rechtsprechung verhält sich auch die Gesetzgebung z. B. das bad. Landrecht Satz 1983 i bis 1983 m und das Züricher Gesetzbuch §§ 492 und 495. Das Gleiche ist der Fall bezüglich der Ausf.Ges. zum BGB. von Anhalt Art. 28 § 10, Hessen Art. 55, 56, Schaumburg-Lippe § 23 Ziff. 7, 8, Preußen Art. 15 §§ 8, 9, Reuß j. L. § 44, Sachsen-Weimar § 52, Schwarzburg-Rudolstadt Art. 40, 41, Schwarzburg-Sondershausen Art. 16 §§ 8, 9, Waldeck Art. 12 §§ 8, 9 (Becher die Ausf.Ges. Abth. I S. 8 ff., VIII S. 29 ff., IX S. 1 ff., XIV S. 1 ff., XVI S. 1 ff., XXI S. 4 ff., XXIII S. 5 ff., XXIV S. 1 ff. und XXV S. 1 ff.)

2) A.A.Pr. S. 130, Becher Mat. I S. 372.

3) Diese Vorschriften, welche von denjenigen über Geldrente in den Fällen der §§ 912 und flg. BGB. (Überbau) verschieden sind, finden auch in den Fällen der §§ 843, 845 BGB. (unerlaubte Handlungen) und des § 1612 BGB. (Unterhaltspflicht) Anwendung. Das in § 843 Abs. 3 BGB. erwähnte Verlangen einer Abfindung in Kapital an Stelle der Rente ist in den Fällen des Leibrenten-, und demnach auch des Leibgedingsvertrags nicht statthaft, da § 759 und flg. BGB. eine desfallsige Bestimmung nicht enthalten.

der Geldrente bemißt sich im Falle des Art. 43 nicht nach dem Interesse, welches der Berechtigte daran gehabt hätte, das Grundstück nicht verlassen zu müssen, oder nach der Größe derjenigen Ausgabe, die demselben durch die Beschaffung einer anderen angemessenen Wohnung u. s. w. verursacht wird, sondern nach dem Werthe, welchen die Befreiung von der Verbindlichkeit zur Wohnungsgewährung und zu der Dienstleistung und den anderen Leistungen nach billigem Ermessen für den Verpflichteten hat. Folgerichtig ist auch für die Leistungen, welche in Folge der Abwesenheit von dem Grundstücke für den Berechtigten ohne Interesse sind, derjenige Werth zu vergüten, den dieselben auf dem Grundstücke haben. Demgemäß wird, wenn z. B. der Berechtigte vom Lande in die Stadt zieht, die Geldrente dem Aufwande nicht gleichkommen, welcher für ihn durch Beschaffung einer anderen entsprechenden Wohnung u. s. w. herbeigeführt wird. Indeß ist der dem Art. 43 zu Grunde liegende Maßstab durchaus angemessen, da die Veränderung nicht in der Person des Verpflichteten, sondern in derjenigen des Berechtigten ihre Ursache hat.

5. Wie im Falle des Art. 43 verhält es sich in demjenigen des Art. 44 mit der Höhe der Geldrente. Denn wenn der Grund der Veränderung nicht in dem Verhalten des Leibgedinggebers gelegen ist, so darf auch für denselben durch die Umwandlung des Naturalgedinges in eine Geldleistung keine Erhöhung seiner Verbindlichkeit bewirkt werden. Mit gutem Grunde läßt daher Art. 44 die Vorschriften des Art. 43 dann zur Anwendung gelangen, wenn der Verpflichtete von seiner in Art. 44 Satz 1 erwähnten Kündigungsbefugniß Gebrauch macht.

6. Wenn der Leibgedinggeber, wie dieses Art. 45 im Auge hat, durch sein Benehmen eine zur Veränderung Anlaß gebende Störung der persönlichen Beziehungen hervorruft, so greifen die Vorschriften des Art. 43 über Leistung einer Geldrente, welche nach dem oben in Ziffer 4 Ausgeführten wohl meistens zum Vortheile des Verpflichteten gereichen würden, nicht Platz. Es ist auch nicht etwa bei Festsetzung der Rente ein aus der Person des Berechtigten abgeleiteter Maßstab zu Grunde zu legen; vielmehr sind statt der Grundsätze über Geldrentenleistung diejenigen über Schadensersatz in Anwendung zu bringen. Denn der Leibgedinggeber hat dem Berechtigten, falls dieser die Wohnung auf dem Grundstücke aufgibt, nach Art. 45 den für die Beschaffung einer anderen angemessenen Wohnung erforderlichen Aufwand zu ersetzen. Ebenso ist derselbe dem Berechtigten dafür schadensersatzpflichtig, daß der letztere andere ihm gebührende Leistungen nicht auf dem Grundstücke in Empfang nehmen kann.

7. Häufig wird die Beeinträchtigung der gegenseitigen Beziehungen in dem Verhalten beider Theile ihre Ursache haben. In einem solchen Falle gibt, wie die Begründung des Reg.Entw.[4]) mit Recht bemerkt, die Vorschrift des § 254 BGB. Maß.[5]) Es wird also dieser die Mitwirkung eines Verschuldens des Beschädigten zur Schadensentstehung behandelnde Paragraph entsprechende Anwendung für die Frage zu finden haben, welcher Theil in vorwiegendem Grade die zur Veränderung Anlaß gebende Störung der persönlichen Beziehungen verursacht hat. Hievon hängt es ab, ob nach Art. 44 auf Leistung einer Geldrente oder nach Art. 45 auf Schadensersatz-

---

4) Motive A S. 32, Becher Mat. I S. 70.

5) Im hessischen Ausf.Ges. zum BGB. Art. 57 (Becher die Ausf.Ges. Abth. VIII S. 29 ff.) ist in dieser Beziehung besonders ausgesprochen, es komme darauf an, in wie weit das Verschulden des einen oder des anderen Theiles vorwiege.

leistung zu erkennen ist. Auch die Höhe der Rente und der Umfang des zu gewährenden Schadenersatzes ist durch das Ergebniß der nach Maßgabe des § 254 BGB. vorzunehmenden Prüfung bedingt.

8. Ueber die durch Veräußerung des Grundstücks veranlaßten Störungen der persönlichen Beziehungen der Betheiligten s. nachfolgenden Artikel 46.

Artikel 46.

Wird das Grundstück veräußert, so stehen dem Berechtigten die im Artikel 45 bestimmten Rechte zu. Er verliert diese Rechte, wenn er nicht vor dem Ablaufe des Kalendervierteljahrs, in welchem er von dem Uebergange des Eigenthums Kenntniß erlangt, und des folgenden Vierteljahrs das Grundstück räumt. Sie stehen ihm nicht zu, wenn die Veräußerung mit Rücksicht auf ein künftiges Erbrecht an einen gesetzlichen Erben des Verpflichteten erfolgt.

Die nach den Artikeln 44, 45 sich aus einer Störung der persönlichen Beziehungen zwischen dem Berechtigten und dem Verpflichteten ergebenden Rechte treten im Falle der Veräußerung des Grundstücks ein, wenn die persönlichen Beziehungen zwischen dem Berechtigten und dem Erwerber von dem einen oder dem anderen in der dort angegebenen Weise gestört werden.

1. Die Veräußerung des dem Leibgedinggeber überlassenen Grundstücks kann unter Umständen für den Berechtigten hinsichtlich der diesem zu gewährenden Wohnung und sonstigen Leistungen einen ungünstigen Einfluß ausüben, weil der Leibgedingnehmer hiedurch in ein dauerndes Verhältniß zu dem Erwerber gelangt. Das Gesetz beabsichtigt nicht, daß dem Berechtigten ein solcher für das ganze Rechtsverhältniß sehr erhebliche Wechsel der persönlichen Beziehungen gegen seinen Willen aufgedrängt werde, und räumt deßhalb jenem im Falle der Grundstücksveräußerung das in Art. 45 bestimmte Recht auf Schadensersatz ein.[1]) Ist die Veräußerung mit Rücksicht auf ein künftiges Erbrecht an einen gesetzlichen Erben erfolgt und deshalb nur als eine sog. anticipirte Erbfolge anzusehen, so kommt sie gegenüber dem Leibgedingnehmer der Vererbung gleich und steht dem letzteren demgemäß auch der Schadensersatzanspruch des Art. 45 nicht zu. In einem solchen Falle kommt auch das Vorkaufsrecht, zu welchem die Miterben nach § 2034 BGB. berechtigt sind, wenn ein Miterbe seinen Erbtheil an einen Dritten verkauft, mit Rücksicht auf die §§ 511 und 1098 BGB. in Wegfall.

2. Nach dem in Ziff. 1 oben Angeführten entspricht es nicht der Absicht des Gesetzes, daß dem Berechtigten durch die Grundstücksveräußerung gegen seinen Willen ein Wechsel des persönlichen Verhältnisses aufgedrängt werde. Ist jedoch der Leibgedingnehmer mit dem erwähnten Wechsel einverstanden, so besteht für das Gesetz kein Anlaß, eine Abhilfe zu treffen. Ein solches Einverständniß wird nach Satz 2 des Artikels 46 angenommen, wenn der Leibgedingnehmer nicht innerhalb der daselbst angegebenen Frist das Grundstück räumt; er verliert daher in diesem Falle den Schadensersatzanspruch. Ebenso wie durch diesen stillschweigenden Verzicht kommt der

---

1) Im Anschlusse an § 493 des Züricher Gesetzbuchs.

bezeichnete Anspruch auch dann in Wegfall, wenn auf diesen ausdrücklich verzichtet wird. Ein ausdrücklicher Verzicht dürfte nicht schon darin gelegen sein, daß der Berechtigte mit der Grundstücksveräußerung dem Verpflichteten gegenüber sich einverstanden erklärt. Wenn der Berechtigte seine Ansicht ändert, kann derselbe ungeachtet einer solchen Erklärung noch innerhalb der Frist des Art. 46 Satz 2 von seinem Rechte auf Schadensersatzleistung Gebrauch machen.

3. Ist der Leibgedingnehmer durch die Veräußerung des Grundstücks zu dem Erwerber in ein dauerndes persönliches Verhältniß getreten, so darf er in Folge dessen nicht ungünstiger gestellt werden, als in dem Falle, wenn eine Rechtsnachfolge auf der anderen Seite nicht stattgefunden hat. Nach Absatz 2 treten deßhalb die nach den Art. 44 u. 45 aus einer Störung der persönlichen Beziehungen sich ergebenden Rechte bei der Veräußerung des Grundstücks ein, wenn diese Beziehungen zwischen dem Berechtigten und dem Erwerber in der in jenen Artikeln näher erwähnten Weise eine Störung erleiden.

4. Art. 46 bezieht sich auf den Fall der Grundstücksveräußerung; der Abtretung der Leibgedingsberechtigung ist in diesem Artikel so wenig als in einem anderen des den Leibgedingsvertrag behandelnden Abschnittes gedacht. Die Frage, ob es sich empfehle, eine solche Abtretung aus Rücksichten, welche außerhalb des zwischen den Betheiligten bestehenden Verhältnisses liegen, insbesondere aus sozialpolitischen Erwägungen auszuschließen,[2]) war für den Gesetzgeber um deswillen belanglos, weil der in Art. 96 des Einf.Ges. zum BGB. für das Landesrecht enthaltene Vorbehalt bezüglich des Leibgedingsvertrags nicht soweit wie z. B. nach Art. 95 Einf.Ges. hinsichtlich des Gesinderechts, sondern nur dahin geht, das sich aus dem Vertrage ergebende Schuldverhältniß für den Fall zu regeln, daß nicht besondere Vereinbarungen getroffen werden. Insoferne das Vertragsverhältniß selbst die Unübertragbarkeit des Anspruchs, so insbesondere des auf Verpflegung gehenden Anspruchs mit sich bringt, bedarf es, wie der Minist.Kommissär[3]) bemerkte, in Anbetracht des § 399 BGB. keiner diesbezüglichen landesgesetzlichen Vorschrift. Dagegen läßt sich die Abtretung einer Rate, eines sog. Zehrpfennigs oder einer Geldrente, welche der Berechtigte sich ausbedungen hat, nicht beanstanden.[4])

Artikel 47.

Ist ein Leibgeding für Ehegatten vereinbart, so kann, wenn der eine Ehegatte stirbt, der andere Ehegatte das volle Leibgeding mit Ausnahme der Leistungen verlangen, die unmittelbar für den besonderen Bedarf des verstorbenen Ehegatten bestimmt waren.

---

2) Ein solcher Ausschluß erfolgte im Züricher Gesetzbuche § 494 und im Dresdner Entwurfe Art. 791; der bayer. Entwurf v. 1861 enthält eine derartige Bestimmung nicht.

3) A.A.Prot. S. 131, Becher Mat. I S. 374.

4) In Ansehung der Pfändung würde auch, wie der Ministerialkommissär an der in Anm. 4 angegebenen Stelle beifügte, durch Erstreckung der Bestimmung von § 399 BGB. auf alle Leibgedingleistungen das angestrebte Ziel nicht erreicht werden, da die nach diesem Paragraphen nicht abtretbaren Forderungen gemäß § 851 der Civ.Pr.Ordn. insoweit pfändbar sind, als dies hinsichtlich des zu leistenden Gegenstandes der Fall ist.

In anderen Fällen eines für mehrere Berechtigte vereinbarten Leibgedinges wird der Verpflichtete durch den Tod eines der Berechtigten zu dem Kopftheile des Verstorbenen von seiner Verpflichtung frei, soweit die geschuldeten Leistungen zum Zwecke des Gebrauchs oder Verbrauchs unter den Berechtigten getheilt werden mußten.

1. Bisher ging die herrschende Meinung [1]) dahin, daß, wenn es sich nicht um einen für Eheleute vereinbarten Austrag handelt, der Leibgedinggeber durch den Tod eines Mitberechtigten für dessen Kopftheil insoweit von seiner Verbindlichkeit befreit wird, als nicht untheilbare d. i. solche Leistungen in Frage stehen, welche für einen einheitlichen ungetheilt zu deckenden Bedarf bestimmt sind, wie z. B. die Gewährung einer und derselben von Mehreren bewohnten Stube, die Beschaffung von Beleuchtung und Beheizung für denselben Raum. Ist hingegen ein Leibgeding für Ehegatten verabredet, so waren in der bisherigen Rechtsprechung die Anschauungen getheilt. Das Gesetz schloß sich in Uebereinstimmung mit dem bayer. Entwurfe Art. 797 v. 1861 und dem hess. Entw. Art. 581 (Sachenrecht) der Meinung [2]) an, daß dem überlebenden Ehegatten der volle Fortbezug des Leibgedings gebühre.

2. Was unmittelbar für den Bedarf des verstorbenen Ehegatten bestimmt ist, ist thatsächliche Frage des einzelnen Falls. Zumeist wird Ortsüblichkeit bei der Auslegung hier den Ausschlag geben.[3])

3. Die unmittelbare Bestimmung für den besonderen Bedarf eines Ehegatten kann nicht darin gelegen sein, daß in einem Vertrage die Leistungen — anstatt für

1) Für die in der Rechtsprechung vertretene überwiegende Ansicht führen die Motive (A S. 33, Becher Mat. I S. 71) bezüglich des Falles, daß es sich nicht um einen für Ehegatten vereinbarten Austrag handelt, die in Seufferts Archiv Bd. 25 Nr. 256 und Bd. 34 Nr. 226 mitgetheilten Urtheile an. Allein diese beziehen sich darauf, daß das Leibgeding für beide Eheleute bedungen war. Allerdings enthält die zweite dieser Entscheidungen den Satz, daß schon die Regeln des gemeinen Rechts über Gemeinschaft zu dem Ergebnisse führen, es stehe jedem der Ehegatten die Leibzucht nur für seinen Antheil zu. Man wird vielleicht mit dem in den Motiven a. a. O. zu einem anderen Zwecke angezogenen oberstrichterlichen Urtheile (Bl. f. R.A. 41 S. 327) davon ausgehen dürfen, daß sowohl nach gemeinem Rechte als auch nach bayer. Landrechte ein Gesammtschuldverhältniß nicht zu vermuthen und im Zweifel die Theilbarkeit der Obligation anzunehmen ist. Dies gilt, wenn mehrere Berechtigte in Frage stehen, auch für das preuß. Landrecht, dessen §§ 424, 425 in Th. I Tit. 5 die Korrealität nur dann als Regel aufstellen, wenn sich mehrere Personen in einem Vertrage einem Dritten gegenüber zugleich verpflichtet haben. Die Bestimmungen in §§ 450, 452 Th. I Tit. 5 stehen nicht entgegen.

2) Diese Annahme ist auch vertreten in Seuffert's Archiv Bd. 1 Nr. 328, Bd. 2 Nr. 79, in den Bl. f. R.A. Bd. 22 S. 225 u. 2. Erg.Bd. S. 110. In anderer Weise sprechen sich dagegen aus Bl. f. R.A. Bd. 1 S. 292, Bd. 39 S. 29, Bd. 41 S. 327 und Seuffert's Archiv Bd. 39 Nr. 200. — Mit gutem Grunde führen die Motive zu Art. 797 des bayer. Entw. an, daß, wenn einer von zwei alten Ehegatten sterbe, die Hälfte der bisherigen Austragsreichnisse zum Unterhalte des Überlebenden keineswegs genüge; es werde sich sogar für diesen unter Umständen das Bedürfniß steigern, wenn die Thätigkeit des Verstorbenen im gemeinsamen Haushalte sowie in der persönlichen Hilfeleistung durch fremde Kräfte ersetzt werden müsse.

3) A.A.Pr. S. 130; Becher Mat. I S. 373.

beide Eheleute zusammengefaßt zu werden — für jeden Ehetheil besonders ausgeschieden sind. Die hinsichtlich des Leibgedings geschlossene Vereinbarung muß also, wenn eine derartige unmittelbare Bestimmung angenommen werden soll, einen dahin gehenden Willen der Betheiligten erkennen lassen, daß die in Frage stehenden Leistungen nicht für beide Ehegatten, sondern nur für den einen derselben dienen und daß sie nach dessen Tode in Wegfall kommen sollen. Die Absicht der Vertragstheile ist demnach hier entscheidend. Einen Anhaltspunkt, um jene Absicht zu erkennen, wird manchmal die Menge der Leistungen bieten können. So wird die Quantität des für Eheleute erforderlichen Beheizungsmateriales kaum größer als diejenige sein, welche für einen Ehetheil nothwendig ist; anders wird es sich dagegen allerdings mit den in Milch und sonstigen Lebensmitteln bestehenden Austragsreichnissen verhalten. Wenn ferner den Eheleuten zwei Zimmer zur Verfügung gestellt sind, so rechtfertigt sich wohl in den meisten Fällen die Annahme, daß keines dieser beiden Räume für den besonderen Bedarf eines Ehetheiles bestimmt waren. Für einen solchen Bedarf dienen aber zweifellos diejenigen Leistungen, welche z. B. einem kränklichen Ehegatten mit Rücksicht auf dessen leidenden Zustand gereicht werden. Vielleicht giebt gerade die Ausdrucksweise des Gesetzes dazu Veranlassung, daß künftighin in den Verträgen eine Festsetzung nach der Richtung erfolgt, ob die einzelnen vereinbarten Reichnisse auf den überlebenden Ehegatten übergehen sollen oder nicht.

4. Für diejenigen Fälle, in welchen ein für Ehegatten bedungenes Leibgeding nicht in Frage steht, verfügt das Gesetz, daß der Verpflichtete durch den Tod eines der Berechtigten zu dem Kopftheile des Verstorbenen von seiner Verbindlichkeit frei wird, „soweit die geschuldeten Leistungen zum Zwecke des Gebrauchs oder Verbrauchs unter den Betheiligten getheilt werden mußten". Die Worte „geteilt werden mußten" sind nicht in absolutem Sinne zu verstehen. Denn Lebensmittel, welche zweifellos zu den in Abs. 2 bezeichneten Leistungen gehören, müssen nicht zum Zwecke des Verbrauchs unter den Berechtigten getheilt, sondern können von denselben in gleicher Weise wie Beleuchtungs- und Heizmaterialien gemeinschaftlich verbraucht werden. Auch können Wohnungsräume von den Mitberechtigten gemeinsam in Benützung genommen werden. Die Nothwendigkeit der Theilung unter den Berechtigten liegt also nicht in der Natur der Sache begründet, sondern vielmehr in der Absicht der Betheiligten, in der von diesen getroffenen Bestimmung. In diesem Sinne bezeichnet die Begründung des Regierungsentwurfs[4]) die untheilbaren Leistungen als solche, welche für einen einheitlichen, ungetheilt zu deckenden Bedarf bestimmt sind. Ein Wille der Betheiligten, daß die geschuldeten Leistungen zum Zwecke des Gebrauchs oder Verbrauchs unter den Berechtigten getheilt werden, wird, insoweit es sich um Lebensmittel handelt, überhaupt angenommen werden dürfen. Insofern dagegen die Wohnungsgewährung sowie die Lieferung von Beheizungs- und Beleuchtungsstoffen in Betracht kommt, wird der Umstand maßgebend sein, ob jedem der Berechtigten ein gesondertes Zimmer bezw. eine gesonderte Stube eingeräumt ist. Ist letzteres nicht der Fall, so kann bezüglich der Wohnung eine Theilung überhaupt nicht stattfinden und ist hinsichtlich der vorerwähnten Stoffe anzunehmen, daß die desfallsigen Leistungen nach der Willensmeinung der Vertragschließenden nicht getheilt werden mußten. Vielleicht wäre statt der hier näher in Erörterung gezogenen Worte die Fassung zweckmäßiger gewesen:

---

4) Motive A S. 33, Becher Mat. I S. 71.

„soweit die Leistungen nach der Absicht der Vertragschließenden zum Zwecke des Gebrauchs oder Verbrauchs unter den Berechtigten getheilt werden."

Artikel 48.

Bei der Beendigung des Rechtsverhältnisses hat der Verpflichtete, wenn er dem Berechtigten die Benutzung eines Theiles des Grundstücks zu gewähren hatte, die Kosten, die der Berechtigte auf die noch nicht getrennten, jedoch nach den Regeln einer ordnungsmäßigen Wirthschaft vor dem Ende des Nutzungsjahrs zu trennenden Früchte verwendet hat, insoweit zu ersetzen, als sie einer ordnungsmäßigen Wirthschaft entsprechen und den Werth dieser Früchte nicht übersteigen. Hatte der Verpflichtete den Theil des Grundstücks für den Berechtigten zu bestellen, so bleiben die von ihm geleisteten Bestellungsarbeiten außer Ansatz.

1. Das durch den Leibgedingsvertrag begründete Rechtsverhältniß ist beendigt:

a) durch den Tod des Berechtigten (vorbehaltlich der in Art. 47 Abs. 1 enthaltenen Ausnahme),

b) wenn dasselbe durch Vereinbarung der Betheiligten aufgehoben wird,

c) wenn der Vertrag durch rechtskräftiges Urtheil für nichtig erklärt oder außer Kraft gesetzt wird (§§ 116 u. flg. BGB.),

d) in den Fällen der Art. 45 u. 46, wenn der dort erwähnte Schadensersatz geleistet worden ist. —

Durch die Festsetzung einer Geldrente (Art. 43, 44) wird nicht jedes Vertragsverhältniß seinem Inhalte nach geändert.

2. Die Bestimmung in Satz 1 des Artikel 48 entspricht der Vorschrift der §§ 1055 Abs. 2 und 592 des BGBs.[1]) Artikel 48 geht von der Betrachtung aus, daß derjenige, der das bestellte Grundstück bekommt und die Früchte, wenn sie reif werden, erntet, für die Kosten aufkommen muß, welche der Vorbesitzer auf die Erzielung der Früchte aufgewendet hat.

3. Ordnungsmäßig ist die Wirthschaft, wenn der Berechtigte sie nach landwirthschaftlichen Regeln betreibt.

4. Es kommt nicht selten vor, daß der Uebernehmer sich verpflichtet, das Grundstück selbst zu bestellen. Für diesen Fall enthält Satz 2 des Artikel 48 eine Ausnahme von der Bestimmung des Satzes 1, da es alsdann zu einem unbilligen Ergeb-

---

1) § 1055 Abs. 2 BGB.: „Bei dem Nießbrauch an einem landwirthschaftlichen Grundstück finden die Vorschriften der §§ 591, 592, bei dem Nießbrauch an einem Landgute finden die Vorschriften der §§ 591 bis 593 entsprechende Anwendung."

§ 592 BGB.: „Endigt die Pacht eines landwirthschaftlichen Grundstücks im Laufe eines Pachtjahres, so hat der Verpächter die Kosten, die der Pächter auf die noch nicht getrennten, jedoch nach den Regeln einer ordnungsmäßigen Wirthschaft vor dem Ende des Pachtjahrs zu trennenden Früchte verwendet hat, insoweit zu ersetzen, als sie einer ordnungsmäßigen Wirthschaft entsprechen und den Werth dieser Früchte nicht übersteigen."

nisse führen würde, die Kosten für die Bestellung dem Leibgedingsverpflichteten zu überbürden.[2]) Auch folgender rechtliche Gesichtspunkt spricht für die Feststellung der Ausnahme. Die Aufwendungen, welche der Verpflichtete gemacht hat, hat derselbe nicht gemacht, um die Früchte zu gewinnen, sondern um sich von seiner Schuld zu befreien, er war dazu verpflichtet, dem Berechtigten diese Arbeiten zu leisten und der Berechtigte hat auf die Erzielung der Früchte sein Forderungsrecht verwendet, das ist verbraucht worden.[3])

5. Ueber die Folgen, welche die Aufhebung des mit dem Leibgedingsvertrage in Verbindung stehenden Gutsüberlassungsvertrags für die Ersatzpflicht wegen der Früchte nach sich ziehen würde, kann die Landesgesetzgebung Vorschriften nicht erlassen. Art. 48 bezieht sich auch nur auf den Fall, daß der Leibgedingsvertrag allein sein Ende erreicht hat.

6. Ueber die in der Begründung des Reg.Entw. bei diesem Artikel erörterte Frage der Abtretung von Leibgedingsberechtigungen vgl. Bem. 4 zu Art. 46.

Schuldverschreibungen des Staates und der übrigen juristischen Personen des öffentlichen Rechtes.

Die Art. 49 bis 57 enthalten einige Vorschriften über die Schuldverschreibungen des Staates und der übrigen juristischen Personen des öffentlichen Rechts. Die Art. 49 bis 56 beziehen sich auf die Schuldverschreibungen des Staates und regeln das sich aus der Umschreibung einer Inhaberschuldverschreibung auf den Namen des Gläubigers ergebende Rechtsverhältniß (Art. 49 bis 55), sowie die dem Staatsfinanzrecht angehörende Frage, welchem Staatsfonds das Erlöschen und die Verjährung der Ansprüche aus Staatsschuldverschreibungen zu statten kommt. (Art. 56). Im Art. 57 werden die Vorschriften der Art. 49 bis 55 über die Umschreibung auf die Schuldverschreibungen erstreckt, die von einer dem bayerischen Staate angehörenden Körperschaft, Stiftung oder Anstalt des öffentlichen Rechtes ausgestellt sind. Das bisher geltende bayerische Recht (Verordnung vom 17. August 1813, R.Bl. S. 1082, Bekanntmachung der Staatsschuldentilgungskommission vom 1. September 1860, R.Bl. S. 769) ermöglichte die Festmachung der auf den Inhaber lautenden Staatsschuldverschreibungen durch Umschreibung auf den Namen des Gläubigers. Das Bürgerliche Gesetzbuch gestattet im § 806 gleichfalls die Umschreibung einer auf den Inhaber ausgestellten Schuldverschreibung auf den Namen eines bestimmten Berechtigten. Die Umschreibung kann nur durch den Aussteller erfolgen; dieser ist zur Umschreibung nicht verpflichtet. Die Vorschriften der Art. 49 bis 57 beruhen auf den Vorbehalten des Art. 101 des Einf.Gesetzes zum Bürgerlichen Gesetzbuche, wonach bei Schuldverschreibungen auf den Inhaber, die von dem Staate oder von einer dem Staate angehörenden Körperschaft, Stiftung oder Anstalt des öffentlichen Rechtes ausgestellt sind, die Landesgesetzgebung dem Aussteller die Verpflichtung zur Umschreibung auferlegen und die sich aus der Umschreibung ergebenden Rechtsverhältnisse, mit Einschluß der Kraftloserklärung, regeln kann, und des § 11 des Einf.Ges. zur Civilprozeßordnung, welcher die Landesgesetzgebung in Ansehung der umgeschriebenen Schuldverschreibungen dieser Art auch zu Aenderungen der Vorschriften der Civilprozeßordnung über das Aufgebotsverfahren ermächtigt.[1])

---

2) Motive A S. 33; Becher Mat. I S. 71.

3) A.A.Pr. S. 130; Becher Mat. I S. 373.

1) Motive A S. 33 f.; Becher Mat. I S. 72 f.

Ueber die Umschreibung der auf den Inhaber lautenden bayerischen Staatsschuldverschreibungen auf Namen hat die k. Staatsschuldentilgungskommission am 23. November 1899 neue Bestimmungen erlassen, welche am 1. Januar 1900 in Kraft getreten sind (Just.M.Bl. S. 456, Fin.M.Bl. S. 281). Mit diesem Zeitpunkte hat die Bekanntmachung vom 1. September 1860 ihre Wirksamkeit verloren.[2])

Artikel 49.

Wird eine auf den Inhaber ausgestellte Staatsschuldverschreibung auf den Namen des Gläubigers umgeschrieben, so ist die Staatskasse nur gegen Aushändigung der Schuldverschreibung zur Zahlung verpflichtet.

1. Die Fassung des Artikels 49 ist der des § 797 des Bürgerlichen Gesetzbuchs für die Inhaberpapiere und des § 808 Abs. 2 für die sogenannten Legitimationspapiere nachgebildet.

2. Die Umschreibung, welche auch auf mehrere bestimmt bezeichnete Personen erfolgen kann, hat den Zweck, den Gläubiger vor den Gefahren zu schützen, die den Eigenthümer eines Inhaberpapieres bedrohen, wenn das Papier in die Hände eines Unberechtigten kommt.

3. Eine privatrechtliche Verpflichtung des Staates zur Umschreibung der von ihm ausgestellten Inhaberschuldverschreibungen ist in den bisher bestehenden Vorschriften nicht ausgesprochen. Die Umschreibung ist vielmehr nur eine im Interesse der Gläubiger getroffene Verwaltungseinrichtung, die vom Staate jederzeit ohne Eingriff in die Rechte der Gläubiger, die von ihr noch nicht Gebrauch gemacht haben, aufgehoben werden kann. Dabei wird es auch für die Zukunft zu verbleiben haben.[1])

4. Die Besonderheit des Artikels, daß die Zahlung nur gegen Aushändigung der Schuldverschreibung erfolgt, hat ihren Grund darin, daß die Schuldverschreibung nicht nur eine Beweisurkunde, sondern ein Werthpapier ist; bei allen Werthpapieren hat der Schuldner das Recht, nur gegen Rückgabe des Papieres Zahlung zu leisten.[2]) Die Kraftloserklärung (vgl. Art. 54) ersetzt die Rückgabe der Schuldverschreibung, von der hier die Leistungspflicht des Staates abhängig gemacht ist.

5. Die Zahlung erfolgt nur gegen Aushändigung der Schuldverschreibung, also Zug um Zug.

6. Durch die Bestimmung des Art. 49 ist an den Vorschriften, daß der Schuldner bei der Zahlung auch eine Quittung verlangen kann, welche in der Regel auf die zurückgebende Schuldverschreibung gesetzt wird, **nichts** geändert: dies ergiebt sich auch aus Abs. 6 des Art. 51.[3])

---

2) Vgl. auch die Bekanntmachung der Staatsministerien des Innern beider Abtheilungen vom 2. Januar 1900, Festmachung der auf den Inhaber lautenden Schuldverschreibungen zu Gunsten von Gemeinden und Stiftungen betreffend (Amtsbl. des Min. d. Innern S. 125, Kult.M.Bl. S. 1.)

1) Motive A S. 33; A.A.Pr. S. 134 u. 135. **Becher** Mat. I S. 72, 377 ff.

2) A.Pr. S. 134 u. 135, **Becher** a. a. O. S. 377 ff.

3) Nach der Bekanntmachung vom 1. September 1860 mußte der Gläubiger bei der Empfangnahme der Zahlung mit der Schuldverschreibung eine öffentlich beglaubigte Quittung übergeben. Vgl. auch A.A.Pr. S. 133, **Becher** a. a. O. S. 377.

Artikel 50.

Zu der Stellung von Anträgen, welche eine Verfügung über die Schuldverschreibung enthalten, sowie zum Empfange der in der Schuldverschreibung versprochenen Zahlung sind nur der Gläubiger, auf dessen Namen die Schuldverschreibung umgeschrieben ist, seine gesetzlichen Vertreter und Bevollmächtigten, der Konkursverwalter und der Testamentsvollstrecker sowie diejenigen Personen berechtigt, welche die Schuldverschreibung von Todeswegen oder im Wege der Auseinandersetzung in Ansehung eines Nachlasses oder des Gesammtguts einer Gütergemeinschaft erworben haben.

Ist die Schuldverschreibung zum Zwecke der Zwangsvollstreckung gepfändet, so kann der Gläubiger, zu dessen Gunsten die Pfändung erfolgt ist, die Löschung der Umschreibung beantragen.

Eine Ehefrau wird zur Stellung von Anträgen und zum Empfange der Zahlung ohne Zustimmung des Ehemannes zugelassen.

In Ansehung der zu einem Familienfideikommiß oder einem Lehen gehörenden Schuldverschreibungen verbleibt es bei den bestehenden Vorschriften.

1. Die Art. 50 und 51 schließen sich unter Berücksichtigung der durch die Einführung des Bürgerlichen Gesetzbuchs gebotenen Aenderungen den entsprechenden Vorschriften des Reichsgesetzes vom 31. Mai 1891 über das Reichsschuldbuch § 7 Abs. 1, 4, § 9 Abs. 1, § 10 Abs. 2, 3, § 11, § 13 Abs. 1, 3 an und stimmen im Wesentlichen mit der nun außer Wirksamkeit gesetzten Bekanntmachung der Staatsschuldentilgungskommission vom 1. September 1860 überein.

2. Der Abs. 1 des Art. 50 stellt die Regel auf, daß die Schuldverschreibung auf den Namen des Gläubigers umgeschrieben sein muß, von dem oder für den der die Verfügung über die Schuldverschreibung enthaltende Antrag gestellt wird. Wie die Regel dem § 40 Abs. 1 der Grundbuchordnung so entsprechen die zugelassenen Ausnahmen dem § 41 daselbst.[1])

3. Die Worte „in Ansehung" eines Nachlasses ꝛc. sind im Anschlusse an die Ausdrucksweise des Bürgerlichen Gesetzbuchs gebraucht. Das, was bisher zu einer Gemeinschaft verbunden war und jetzt auseinandergesetzt wird, ist nicht der Nachlaß, sondern das sind die Erben. Sie sind in der Gemeinschaft beisammen, setzen sich jetzt auseinander und zwar thun sie das in Bezug auf den Nachlaß oder wie das Bürgerliche Gesetzbuch sagt, in Ansehung des Nachlasses.[2])

4. Abs. 2 erleichtert dem Zwecke der Zwangsvollstreckung gemäß die Veräußerung einer im Wege der Zwangsvollstreckung gepfändeten Schuldverschreibung, indem der betreibende Gläubiger ermächtigt wird, die Rückverwandlung der Schuldverschreibung in ein Inhaberpapier zu beantragen.

5. Abs. 3 soll die Staatsschuldenverwaltung der Pflicht entheben, sich in jedem Falle zu vergewissern, ob die Gläubigerin verheirathet und welcher Güterstand für die

---

1) Motive A S. 34; Becher Materialien I S. 73.

2) Aeußerung des Ministerialkommissärs Dr. von Jacubezky R.R.A.Pr. VII S. 11; Becher Mat. I S. 820.

Ehe maßgebend ist. Durch Art. 50 des Einf.Gesetzes zum Bürgerlichen Gesetzbuche (vgl. Art. 97 daselbst) ist für das Reichsschuldbuch bestimmt, daß die Ehefrau der Zustimmung des Mannes bedarf, wenn ein Vermerk zu dessen Gunsten eingetragen ist. Zugleich ist die Verpflichtung der Ehefrau ausgesprochen, ihre Zustimmung zur Eintragung des Vermerks zu ertheilen. Eine solche Vorschrift wurde bei den auf den Namen der Ehefrau umgeschriebenen Papieren für entbehrlich erachtet, weil der Mann, falls ihm nach dem für die Ehe maßgebenden Güterstande Rechte an den Werthpapieren der Frau zustehen oder die Papiere zum Gesammtgute gehören, befugt ist, die Papiere in Besitz zu nehmen (vgl. BGB. §§ 1373, 1443 Abs. 1 Satz 2, § 1519 Abs. 2, § 1525 Abs. 2, § 1549, § 1550 Abs. 2) und dadurch sich selbst schützen kann.[3])

6. Abs. 4 des Art. 50 hängt zusammen mit dem Lehenedikt, der VII. Verfassungsbeilage, hauptsächlich § 43, dann mit der VII. Verf.Beil. § 102 in Verbindung mit der IV. Verfassungsbeilage § 9 — standesherrliche Fideikommisse. Nach § 43 Nr. 2 der VII. Verfassungsbeilage wird die Schuldverschreibung auf den Namen des Fideikommisses als Gläubiger gestellt. Dies wird für Lehen analog angewendet.

7. Ueber die Legitimirung der im Art. 50 bezeichneten Antragsteller s. nachfolgenden Artikel 51.

Artikel 51.

Der Antragsteller muß sich im Besitze der Schuldverschreibung befinden.

Der Antrag muß öffentlich beurkundet oder öffentlich beglaubigt sein. Anträge einer öffentlichen Behörde bedürfen einer besonderen Beglaubigung nicht.

Für eine Vollmacht oder eine sonstige Vertretungs- oder Verwaltungsbefugniß ist derselbe Nachweis erforderlich wie bei der Bewilligung einer Eintragung in das Grundbuch. Zum Nachweise des Erwerbes von Todeswegen ist ein Zeugniß des Nachlaßgerichts erforderlich. Bei dem Erwerb im Wege der Auseinandersetzung genügt ein Zeugniß des zuständigen Gerichts oder Notars.

Für die Beglaubigung des Antrags und der Vollmacht ist auch die Gemeindebehörde des Wohnorts des Antragstellers oder des Vollmachtgebers zuständig.

Ist seit der Umschreibung eine Aenderung in der Person des Gläubigers (Verheirathung einer Frau, Aenderung des Namens, Standes oder des Gewerbes, des Wohnorts) eingetreten, so kann verlangt werden, daß die Identität durch eine öffentliche Urkunde nachgewiesen wird.

Diese Vorschriften gelten auch für die Quittung über den Empfang einer Zahlung.

1. Vgl. die Bemerkung Nr. 1 zu Art. 50.

2. Die Vorschrift des Art. 51 Abs. 3 Satz 1 über den Nachweis einer Vollmacht oder einer sonstigen Vertretungs- oder Verwaltungsbefugniß steht im Einklange mit der Vorschrift der Grundbuchordnung über die Eintragung.[1])

---

3) Motive A S. 34; Becher Mat. I S. 74.

1) Grundbuchordnung § 29: „Eine Eintragung soll nur erfolgen, wenn die Eintragungsbewilligung oder die sonstigen zu der Eintragung erforderlichen Erklärungen vor

3. Das nach Abs. 3 Satz 2 bei dem Erwerbe von Todeswegen erforderliche Zeugniß des Nachlaßgerichts kann ein Erbschein (§ 2353 BGB.) oder ein nach § 1507 des BGB. ertheiltes Zeugniß über Fortsetzung der Gütergemeinschaft sein, es genügt aber auch ein besonderes, auf den Erwerb der Schuldverschreibung beschränktes Zeugniß.[2])

Artikel 52.

Ist das Verfügungsrecht des Antragstellers oder des Empfängers der Zahlung in der im Artikel 51 bestimmten Weise nachgewiesen, so ist die Staatsschuldenverwaltung ohne weitere Prüfung zu der Annahme berechtigt, daß der Antragsteller oder der Empfänger der Zahlung über die Schuldverschreibung rechtswirksam verfügen kann.

Wenn die Voraussetzung des Art. 52 gegeben ist, so ist, auch wenn nachträglich sich herausstellt, daß etwa eine Fälschung vorliegt oder daß die Beurkundung der Unterschriftsbeglaubigung auf einem Irrthum beruht, jeder Einwand gegen die Staatsschuldenverwaltung ausgeschlossen.[1])

Anderseits ist aber der Staatsschuldenverwaltung das Recht vorbehalten, den Berechtigten so lange zurückzuweisen, als er nicht die Schuldverschreibung und die vorschriftsmäßige Legitimation beibringt.[2])

Artikel 53.

Eine Uebertragung der Schuldverschreibung wird der Staatskasse gegenüber erst mit der Umschreibung wirksam.

1. Zur Uebertragung der umgeschriebenen Schuldverschreibung genügt der formlose Abtretungsvertrag in Verbindung mit der Uebergabe der Schuldurkunde. Soll die Uebertragung aber auch der Staatsschuldenverwaltung gegenüber wirksam werden, so muß nach Art. 53, der mit dem § 7 Abs. 3 des Gesetzes über das Reichsschuldbuch und der für Aktien auf Namen geltenden Vorschrift des § 223 Abs. 3 des Handelsgesetzbuchs übereinstimmt, die Schuldverschreibung auf den Erwerber umgeschrieben werden.[1])

2. Wenn der Antrag auf Umschreibung bei der Staatsschuldenverwaltung gestellt und das Papier vorgelegt ist, kommt nichts darauf an, ob die Umschreibung die sofort erfolgen müßte, wirklich schon erfolgt ist. Ein Antrag auf Umschreibung, dem sofort stattgegeben werden muß, hat dieselbe Wirkung, wie die bereits bewirkte Umschreibung. Eine sonstige, z. B. briefliche Anzeige von der Uebertragung braucht die Staatsschuldenverwaltung nicht zu beachten.[2])

---

dem Gundbuchamte zu Protokoll gegeben oder durch öffentliche oder öffentlich beglaubigte Urkunden nachgewiesen werden. Andere Voraussetzungen der Eintragung bedürfen, soweit sie nicht bei dem Grundbuchamt offenkundig sind, des Nachweises durch öffentliche Urkunden."

2) Mot. A S. 34; **Becher** Mat. 1 S. 74.

1) A.A.Pr. S. 137; **Becher** Mat. I S. 383.

2) Motive A S. 34; **Becher** Mat. I S. 73.

1) Mot. A S. 34; **Becher** Mat. I S. 74.

2) A.A.Pr. S. 137; **Becher** Mat. I S. 384.

Artikel 54.

Die Vorschriften der §§ 798 bis 803, 805 des Bürgerlichen Gesetzbuchs gelten auch für die auf den Namen des Gläubigers umgeschriebenen Schuldverschreibungen.

Auf das Aufgebotsverfahren zum Zwecke der Kraftloserklärung einer solchen Schuldverschreibung finden die Vorschriften der §§ 1010 bis 1014 der Civilprozeßordnung keine Anwendung.

1. Die §§ 798 bis 803, 805 des Bürgerlichen Gesetzbuches lauten:

§ 798. „Ist eine Schuldverschreibung auf den Inhaber in Folge einer Beschädigung oder einer Verunstaltung zum Umlaufe nicht mehr geeignet, so kann der Inhaber, sofern ihr wesentlicher Inhalt und ihre Unterscheidungsmerkmale noch mit Sicherheit erkennbar sind, von dem Aussteller die Ertheilung einer neuen Schuldverschreibung auf den Inhaber gegen Aushändigung der beschädigten oder verunstalteten verlangen. Die Kosten hat er zu tragen und vorzuschießen.

§ 799. Eine abhanden gekommene oder vernichtete Schuldverschreibung auf den Inhaber kann, wenn nicht in der Urkunde das Gegentheil bestimmt ist, im Wege des Aufgebotsverfahrens für kraftlos erklärt werden. Ausgenommen sind Zins-, Renten- und Gewinnantheilsscheine sowie die auf Sicht zahlbaren unverzinslichen Schuldverschreibungen.

Der Aussteller ist verpflichtet, dem bisherigen Inhaber auf Verlangen die zur Erwirkung des Aufgebots oder der Zahlungssperre erforderliche Auskunft zu ertheilen und die erforderlichen Zeugnisse auszustellen. Die Kosten der Zeugnisse hat der bisherige Inhaber zu tragen und vorzuschießen.

§ 800. Ist eine Schuldverschreibung auf den Inhaber für kraftlos erklärt, so kann derjenige, welcher das Ausschlußurtheil erwirkt hat, von dem Aussteller, unbeschadet der Befugniß, den Anspruch aus der Urkunde geltend zu machen, die Ertheilung einer neuen Schuldverschreibung auf den Inhaber an Stelle der für kraftlos erklärten verlangen. Die Kosten hat er zu tragen und vorzuschießen.

§ 801. Der Anspruch aus einer Schuldverschreibung auf den Inhaber erlischt mit dem Ablaufe von dreißig Jahren nach dem Eintritte der für die Leistung bestimmten Zeit, wenn nicht die Urkunde vor dem Ablaufe der dreißig Jahre dem Aussteller zur Einlösung vorgelegt wird. Erfolgt die Vorlegung, so verjährt der Anspruch in zwei Jahren von dem Ende der Vorlegungsfrist an. Der Vorlegung steht die gerichtliche Geltendmachung des Anspruchs aus der Urkunde gleich.

Bei Zins-, Renten- und Gewinnantheilscheinen beträgt die Vorlegungsfrist vier Jahre. Die Frist beginnt mit dem Schlusse des Jahres, in welchem die für die Leistung bestimmte Zeit eintritt.

Die Dauer und der Beginn der Vorlegungsfrist können von dem Aussteller in der Urkunde anders bestimmt werden.

§ 802. Der Beginn und der Lauf der Vorlegungsfrist sowie der Verjährung werden durch die Zahlungssperre zu Gunsten des Antragstellers gehemmt. Die Hemmung beginnt mit der Stellung des Antrags auf Zahlungssperre; sie endigt mit der Erledigung des Aufgebotsverfahrens und, falls die Zahlungssperre vor der Einleitung des Verfahrens verfügt worden ist, auch dann, wenn seit der Beseitigung des der Einleitung entgegenstehenden Hindernisses sechs Monate verstrichen sind und nicht vorher die Einleitung beantragt worden ist. Auf diese Frist finden die Vorschriften der §§ 203, 206, 207 entsprechende Anwendung.

§ 803. Werden für eine Schuldverschreibung auf den Inhaber Zinsscheine ausgegeben, so bleiben die Scheine, sofern sie nicht eine gegentheilige Bestimmung enthalten, in Kraft, auch wenn die Hauptforderung erlischt oder die Verpflichtung zur Verzinsung aufgehoben oder geändert wird.

Werden solche Zinsscheine bei der Einlösung der Hauptschuldverschreibung nicht zurückgegeben, so ist der Aussteller berechtigt, den Betrag zurückzubehalten, den er nach Abs. 1 für die Scheine zu zahlen verpflichtet ist.

§ 805. Neue Zins= oder Rentenscheine für eine Schuldverschreibung auf den Inhaber dürfen an den Inhaber der zum Empfange der Scheine ermächtigenden Urkunde (Erneuerungsschein) nicht ausgegeben werden, wenn der Inhaber der Schuldverschreibung der Ausgabe widersprochen hat. Die Scheine sind in diesem Falle dem Inhaber der Schuldverschreibung auszuhändigen, wenn er die Schuldverschreibung vorlegt."

2. Durch die Anwendbarkeit des § 798 BGB. wird die Verpflichtung des Staates, beschädigte oder verunstaltete Schuldverschreibungen umzutauschen, ausgesprochen. Wenn die Voraussetzungen des § 798 zum Umtausche nicht gegeben sind, erübrigt dem Inhaber nichts, als das Aufgebot zu veranlassen. Die Kraftloserklärung der auf Namen lautenden Schuldverschreibungen war schon nach dem bisher geltenden bayerischen Rechte (Verordnung vom 10. Oktober 1810, R.Bl. S. 953, Verordnung vom 17. August 1813 R.Bl. S. 1082) zulässig; nunmehr können auch die abhanden gekommenen oder vernichteten Schuldverschreibungen auf den Inhaber, soferne nicht in der Urkunde das Gegentheil bestimmt ist, im Wege des Aufgebotsverfahrens für kraftlos erklärt werden. Die Verjährung der Ansprüche aus Staatsschuldverschreibungen war bisher durch das Gesetz vom 29. September 1861, die Verjährung der Forderungen aus Staatsschuldurkunden der Staatsschuldentilgungsanstalt betr. geregelt, welches nun durch Art. 175 Ziff. 16 des Ausführungsgesetzes aufgehoben ist. Nach Art. 8 des Gesetzes, Uebergangsvorschriften betreffend, finden auf die vor dem Inkrafttreten des Bürgerlichen Gesetzbuchs ausgestellten Schuldverschreibungen auf den Inhaber von diesem Zeitpunkt an die Vorschriften des § 803 und in Ansehung der nach diesem Zeitpunkte fällig werdenden Ansprüche die Vorschriften des § 801 des Bürgerlichen Gesetzbuchs Anwendung. Die Vorschriften des § 801 gelten auch für die vor dem Inkrafttreten des Bürgerlichen Gesetzbuchs fällig gewordenen Ansprüche aus Schuldverschreibungen auf den Inhaber, sowie aus solchen Schuldverschreibungen des Staates oder einer dem bayerischen Staate angehörenden Körperschaft, Stiftung oder Anstalt des öffentlichen Rechts, die auf den Namen des Gläubigers umgeschrieben sind; die Vorschriften des Art. 169 des Einführungsgesetzes zum Bürgerlichen Gesetzbuche[1])

---

1) Artikel 169 des Einführungsgesetzes z. BGB.: „Die Vorschriften des Bürgerlichen Gesetzbuchs über die Verjährung finden auf die vor dem Inkrafttreten des Bürgerlichen Gesetzbuchs entstandenen, noch nicht verjährten Ansprüche Anwendung. Der Beginn sowie die Hemmung und Unterbrechung der Verjährung bestimmen sich jedoch für die Zeit vor dem Inkrafttreten des Bürgerlichen Gesetzbuchs nach den bisherigen Gesetzen.

Ist die Verjährungsfrist nach dem Bürgerlichen Gesetzbuche kürzer als nach den bisherigen Gesetzen, so wird die kürzere Frist von dem Inkrafttreten des Bürgerlichen Gesetzbuchs an berechnet. Läuft jedoch die in den bisherigen Gesetzen bestimmte längere Frist früher als die im Bürgerlichen Gesetzbuche bestimmte kürzere Frist ab, so ist die Verjährung mit dem Ablaufe der längeren Frist vollendet."

finden entsprechende Anwendung (Abs. 2 des Art. 8 l. c.) Eine von dem Aussteller in der Urkunde oder in dem Zins-, Renten- oder Gewinnanteilschein über die Verjährungs-, Einlösungs- oder Vorlegungsfrist getroffene Bestimmung gilt als anderweitige Festsetzung der Vorlegungsfrist im Sinne des § 801 Abs. 3 (Abs. 3 des Art. 8 l. c.)

Die Vorschriften des § 803 BGB. stehen mit dem für Zinsscheine auf den Inhaber bisher geltenden bayer. Rechte (Ziff. 2 der Bekanntmachung vom 1. Sept. 1860) im Einklang. Die im Art. 4 des Gesetzes vom 29. September 1861 vorausgesetzte Verwaltungseinrichtung, vermöge deren die Staatsschuldenverwaltung bei der Einlösung der Haupturkunde von dem Rechte, den Betrag der fehlenden Zinsscheine abzuziehen, keinen Gebrauch macht, wenn für diesen Betrag Sicherheit geleistet wird (§ 281 der Dienstesinstruktion für die Staatsschuldentilgungskassen von 1845) wird durch den § 803 Abs. 2 BGB. nicht ausgeschlossen.[2])

Die rechtliche Bedeutung des zu der Schuldverschreibung gehörenden Erneuerungsscheines wird durch die Umschreibung der Haupturkunde nicht geändert, weshalb § 805 BGB. auch nach der Umschreibung anwendbar ist.

3. Abs. 2 des Art. 54 übernimmt die Vorschrift des Art. 69 Abs. 1 des Gesetzes vom 23. Febr. 1879 zur Ausführung der Civilprozeßordnung und Konkursordnung, welche bei den Urkunden, bei denen die Kraftloserklärung auf älteren landesgesetzlichen Vorschriften beruht, die Anwendung der Vorschriften der §§ 843 bis 846 der C.P.O. älterer Fassung auf das Aufgebotsverfahren, an deren Stelle nunmehr die §§ 1010 bis 1014 neuerer Fassung getreten sind, ausschließt.

Hiefür sind nun die Vorschriften der Art. 29, 30 und 31 des Ausführungsgesetzes zur Reichs-Civilprozeßordnung und Konkursordnung nach der Fassung des Textes vom 26. Juni 1899 (Ziffer XIV) des Art. 166 des Ausf.Ges. z. BGB.), s. unten diesen Artikel) maßgebend.

4. Der in Art. 29 des Ausführungsgesetzes zur C.P.O. u. K.O. nach der Fassung des Textes des ersten Abschnitts vom 26. Juni 1899 für das Aufgebotsverfahren zum Zwecke der Kraftloserklärung von Staatsschuldverschreibungen bestimmte ausschließliche Gerichtsstand (allgemeine Gerichtsstand der Staatsschuldentilgungskommission) gilt auch für das Aufgebot der umgeschriebenen Schuldverschreibungen.[3])

Nach Art. 7 des Gesetzes, Uebergangsvorschriften betr., finden auf das Aufgebotsverfahren zum Zwecke der Kraftloserklärung einer vor dem Inkrafttreten des bürgerlichen Gesetzbuchs errichteten Urkunde, für deren Kraftloserklärung die bisherigen Gesetze maßgebend sind, die Vorschriften der §§ 1010 bis 1014 der Civilprozeßordnung keine Anwendung.

Artikel 55.

Die Vorschriften der Artikel 49 bis 54 gelten auch für die Staatsschuldverschreibungen, deren Umschreibung auf den Namen des Gläubigers vor dem Inkrafttreten des Bürgerlichen Gesetzbuchs erfolgt ist. An dem Rechte aus einem vor diesem Zeitpunkte ausgestellten Erneuerungsscheine wird nichts geändert.

1. Für die vor dem Inkrafttreten des BGB. ausgestellten Erneuerungsscheine ist

---

2) Mot. A S. 35, A.A Pr. S. 138; Becher Mat. I S. 75, 384.

3) Mot. A S. 35, Becher Mat. I S. 75.

das bisherige Recht mit Rücksicht darauf, daß Art. 3 des Gesetzes vom 29. September 1861 abweichend von dem § 805 BGB. und dem Art. 13 des Gesetzes vom 18. März 1896, einige Bestimmungen über die Inhaberpapiere betreffend, die Erneuerungsscheine als selbständige Inhaberpapiere behandelt hat, aufrecht erhalten, wie dies auch in Art. 15 Abs. 2 des Gesetzes vom 18. März 1896 und im Art. 174 Abs. 1 des Einführungsgesetzes zum BGB. geschehen ist.[1])

2. Die Coupons werden von den Vorschriften der Art. 49 bis 54 nicht getroffen, da eine Umschreibung der Zinsscheine nicht erfolgt. Diese bleiben Inhaberpapiere und die Vorschriften über Zinsscheine, Coupons, die auf den Inhaber lauten, gelten für solche auch dann, wenn die Hauptschuldverschreibungen nicht Inhaberpapiere sind. Die Coupons kommen also bei der im Art. 55 Satz 1 bestimmten rückwirkenden Kraft nicht in Betracht. Soweit auf dem Coupon selbst oder in der Hauptschuldurkunde die fünfjährige Verjährungsfrist erwähnt ist, wird es jedenfalls bei dieser Frist verbleiben.[2])

3. Vgl. hiezu die oben angezogenen Bestimmungen des Gesetzes, betreffend die Uebergangsvorschriften, Artikel 7 und 8.

Artikel 56.

Das Erlöschen und die Verjährung der Ansprüche aus einer Schuldverschreibung oder einem Zinsscheine kommt dem Fonds zu statten, aus welchem die Zahlung zu leisten war.

Dieser Artikel ersetzt auch die Bestimmung des Art. 22 des Gesetzes über die Landeskulturrentenanstalt, wonach die Verjährung zum Vortheile dieser Anstalt einzutreten hatte.[1])

Artikel 57.

Die Vorschriften der Artikel 49 bis 55 finden entsprechende Anwendung auf Schuldverschreibungen, die von einer dem bayerischen Staate angehörenden Körperschaft, Stiftung oder Anstalt des öffentlichen Rechtes ausgestellt sind.

1. Die Festmachung durch Umschreibung auf den Namen des Berechtigten ist auch bei den Schuldverschreibungen der dem bayerischen Staate angehörenden Körperschaften, Stiftungen und Anstalten des öffentlichen Rechtes üblich. Der Art. 101 des Einf.Ges. zum BGB. ermöglicht auch, für die von diesen juristischen Personen ausgegebenen Schuldverschreibungen das sich aus der Umschreibung ergebende Rechtsverhältniß durch Landesrecht zu regeln.

2. Unter den Körperschaften des öffentlichen Rechtes werden jedenfalls der Kreis, die Distriktsgemeinde und die übrigen Gemeinden zu verstehen sein. Außerdem wird fraglich sein, ob es Stiftungen giebt, die Inhaberpapiere ausgegeben haben. Da aber die Möglichkeit besteht, daß es einmal geschieht, und auch in anderen Fällen Körperschaften, Stiftungen und Anstalten nebeneinander genannt sind, so sind auch hier die Stif-

1) Mot. A S. 35; Becher Mat. I S. 75.
2) A.A.Pr. S. 138; Becher Mat. I S. 386.
1) A.A.A.Pr. S. 138, 139; Becher Mat. I S. 386.

tungen und Anstalten erwähnt worden. Bei den juristischen Personen wird es mitunter zweifelhaft sein, ob man sie zu den Körperschaften, zu den Anstalten oder zu den Stiftungen rechnen soll. Universitäten kann man unter jede dieser drei Arten bringen.[1])

3. Vgl. auch bezüglich der Kraftloserklärung der Schuldverschreibungen der Körperschaften, Stiftungen und Anstalten oben die Bemerkungen Ziff. 2 zu Art. 54.

Haftpflicht bei Benutzung öffentlicher Grundstücke oder Gewässer zu Anlagen oder Betrieben.

Artikel 58.

Werden öffentliche Straßen oder Plätze mit Genehmigung der zuständigen Behörde zu dem Betrieb einer Eisenbahn benutzt, so ist der Unternehmer auch für den Schaden verantwortlich, der bei dem Betrieb in Folge des öffentlichen Gebrauchs der Straßen oder Plätze an einer fremden Sache entsteht, sofern nicht der Unfall durch höhere Gewalt oder durch Verschulden des Inhabers der Sache verursacht ist.

Der Anspruch auf Schadensersatz verjährt in zwei Jahren von dem Unfall an.

1. Derjenige, welcher öffentliche Straßen oder Plätze zum Eisenbahnbetriebe benutzt, haftet für die hiedurch herbeigeführte Tödtung oder körperliche Verletzung von Menschen auch ohne sein Verschulden nach dem Grundsatze des § 1 des Reichshaftpflichtgesetzes und kann sich von seiner Verbindlichkeit nur durch den Nachweis befreien, daß der Unfall durch höhere Gewalt oder durch eigenes Verschulden des Getödteten oder Verletzten verursacht worden ist. Art. 58 erweitert, gestützt auf Art. 105 Einf.Ges.[1]) zum BGB., diese Haftpflicht dahin, daß ein solcher Betriebsunternehmer auch für die durch den Betrieb bewirkte Beschädigung einer fremden Sache einzustehen hat, auch wenn ihn oder seine Leute ein Verschulden nicht trifft, sofern er nicht den Beweis liefert, daß der Unfall durch höhere Gewalt oder durch ein dem Inhaber der Sache zur Last fallendes Verschulden entstanden ist.

1) A.A.Pr. S. 139; Becher Mat. I S. 387.

1) Art. 105 Einf.Ges. hat hauptsächlich den Zweck, den § 25 des preuß. Eisenbahngesetzes v. 3. Novbr. 1838 mit einem ergänzenden Gesetze v. 3. Mai 1869, wodurch eine vom Verschulden des Unternehmers unabhängige Haftpflicht wegen der Beschädigung von Sachen festgesetzt wird, aufrecht zu erhalten und den Landesgesetzen bei dem Entstehen neuer gefährlicher Betriebe, wie z. B. bei elektrischer Kraftübertragung, auf so lange ein Eingreifen zu ermöglichen, bis eine Regelung durch die Reichsgesetzgebung erfolgt ist. (Wagner bei v. Staudinger zu Art. 105 Einf.Ges. Anm. 2.) Die in § 25 des vorerwähnten preuß. Ges. v. 1838 in Ansehung der Beschädigung fremder Sachen ausgesprochene Haftung hat den gleichen Umfang wie die im Reichshaftpflichtgesetze bestimmte Ersatzverbindlichkeit wegen Tödtung oder körperlicher Verletzung eines Menschen. So weit wie das preuß. Gesetz zu gehen, hielt die bayer. Landesgesetzgebung nicht für geboten. (Mot. A S. 36, Becher Mat. I S. 77.) So weit geht auch das hessische Ausf.Ges. zum BGB. v. 17. Juli 1899 nicht, dessen Art. 74 im wesentlichen mit dem Art. 58 des bayer. Ausf.Ges. übereinstimmt. (Das hess. Ges. ist abgedr. bei Becher, die Ausf.Gesetze zum BGB. Abth. VIII S. 29 u. flg.)

2. Mit welcher Kraft die Eisenbahn in Betrieb gesetzt wird, ob mit Dampf, Elektricität oder Pferden ist nach der nicht blos in dieser Hinsicht, sondern auch in anderen Beziehungen für Art. 58 zu verwerthenden Rechtsprechung des Reichsgerichts und des vorm. Reichsoberhandelsgerichts vollständig gleichgiltig. Man vergl. Entsch. des Reichsg. 2 S. 8 u. 38 sowie die dort angef. Urth. des ROHG. Auch sog. Arbeitsbahnen gehören hieher.

3. Es ist einzustehen für den bei dem Betriebe entstandenen Schaden. Die Motive[2]) nehmen an, daß für die durch das Bestehen der Eisenbahnanlage als solcher hervorgerufenen Beschädigungen nicht zu haften ist. Es wird den Gerichten überlassen bleiben, in Erwägung zu ziehen, ob nicht das Wort „Betrieb" in weiterem Sinne aufzufassen ist und ob nicht der Unternehmer auch denjenigen Schaden zu vertreten hat, welcher durch das Bestehen der zum Zwecke des Betriebs hergestellten Schienenanlage herbeigeführt worden ist. Das in den Bemerkungen von Jacubezky zu dem Entw. des BGB. S. 170 u. 171 erwähnte Urtheil des obersten Landesgerichts (Entsch. 11 S. 379), welches auf Grund der Bestimmungen des bayer. LR. über aquilisches Verschulden eine Trambahngesellschaft für ersatzpflichtig erachtete, ist allerdings insoferne nicht unbedenklich, als dasselbe schon in der Anlage des Schienengeleises auf öffentlicher Straße ein solches Verschulden erblickte.

4. Es ist erforderlich, daß der bei dem Betriebe entstandene Schaden eine Folge des öffentlichen Gebrauchs der öffentlichen Straßen oder Plätze ist. Die zum Betriebe der staatlichen sowie der staatlich konzessionirten Eisenbahnen dienenden Wege (Bahnkörper) sind nicht als öffentliche Wege anzusehen und unterstehen nicht den Grundsätzen des öffentlichen Rechtes. Wer sie benutzt, thut dies nicht auf Grund eines allgemeinen Gebrauchsrechtes, sondern mit Rücksicht auf einen mit dem allein zum Befahren dieser Wege berechtigten Unternehmer oder der denselben vertretenden Eisenbahnverwaltung geschlossenen Vertrag. (v. Kahr, Kommentar zur Gemeindeordnung I S. 350, v. Seydel, bayer. Staatsr. III S. 297 flg.)[3])

5. „Oeffentlicher Gebrauch" bedeutet in Art. 58 ebenso wie in Art. 59 soviel als der Jedem zustehende Gebrauch, als Gemeingebrauch. Jene Worte beziehen sich in Art. 58 auf die Benützung der öffentlichen Straße oder des öffentlichen Platzes durch den Inhaber der beschädigten Sache, nicht durch den Unternehmer. Die Benützung durch letzteren beruht nicht auf dem Gemeingebrauche, sondern auf der durch die öffentliche Behörde erteilten Konzession. Die Wendung „in Folge des öffentlichen Gebrauchs" hat hienach den Sinn, daß dieser Gebrauch der Straße durch den Inhaber der beschädigten Sache die Ursache war, welcher die Sache in den Bereich der mit dem Betriebe verbundenen Gefahr gebracht hat; die Sache muß dadurch der Beschädigung bei dem Betriebe ausgesetzt worden sein, daß sie sich in Folge des öffentlichen Gebrauchs auf der öffentlichen Straße oder dem öffentlichen Platze befunden hat.

6. Das Gesetz bestimmt die Verantwortlichkeit des Unternehmers in Folge der mit Genehmigung der zuständigen Behörde geschehenen Benutzung öffentlicher Straßen u. s. w.[4]) Wurden diese Straßen ohne eine solche Genehmigung benutzt, so gelten die allgemeinen Grundsätze des BGB. über Schadensersatzpflicht.[4])

---

2) Mot. A S. 36, Becher Mat. I S. 77.

3) And. Meinung ist allerdings Dernburg in seinen Pandekten 3. Aufl. Bd. I S. 162 § 72.

4) Die Landesges.Gebung hätte, wie auch Wagner in v. Staudinger's Kommentar z. BGB. zu Art. 106 Einf.Ges. in Anm. 2 annimmt, die Schadensersatzverbindlich-

7. Nach § 5 des Reichshaftpflichtges. sind die in den §§ 1 u. 2 dieses Ges. bezeichneten Unternehmer nicht befugt, die Anwendung der in den §§ 1 bis 3 dess. Ges. enthaltenen Vorschriften im Voraus durch Verträge zu ihrem Vortheile auszuschließen oder zu beschränken und sind entgegenstehende Vertragsbestimmungen ohne rechtliche Wirkung. Dasselbe gilt für die nach Art. 58 dem Unternehmer obliegende Verpflichtung, wenn dies auch im Gesetze nicht ausdrücklich betont ist.[5]) Art. 58 schließt sich ja, wie bereits oben bemerkt wurde, in mehrfacher Hinsicht an das Reichshaftpflichtges. an. Zu den Worten „im Voraus" vgl. Eger, Das Haftpfl.Ges. 4. Aufl. S. 446 flg.

8. Eine finngemäße (analoge) Ausdehnung der Vorschrift des Art. 58 auf die Fälle anderer mit gemeiner Gefahr verbundener Betriebe erscheint nicht statthaft. Das Gesetz hat eine solche Ausdehnung nicht gewollt, obgleich dieselbe nach Art. 105 Einf.Ges. zulässig wäre. Die diesbezüglichen Anträge des Ref. der K. der Abg., welcher eine Erstreckung der Bestimmung des Art. 58 wünschte, fanden im Ges.Geb. Ausschusse keine Unterstützung und wurden vom Minist.Kommissäre bekämpft.[6]) Für Fälle dieser Art kann Art. 59 unter Umständen Abhilfe gewähren. Ueber den Unterschied zwischen diesem und Art. 58 s. Bem. 1 zu Art. 59.

9. Die in Abs. 2 bestimmte Verjährungsfrist entspricht dem § 8 des Reichshaftpflichtgesetzes.

Artikel 59.

Wird die Benutzung eines dem öffentlichen Gebrauche dienenden Grundstücks oder eines öffentlichen Gewässers zu einer Anlage oder einem Betriebe gestattet, so kann bei der Ertheilung der Genehmigung von der zuständigen Behörde bestimmt werden, daß der Unternehmer für den Schaden, der bei dem öffentlichen Gebrauche des Grundstücks oder des Gewässers durch die Anlage oder den Betrieb verursacht wird, oder für gewisse Arten eines solchen Schadens verantwortlich ist.

Im Falle der Tödtung oder einer Verletzung des Körpers oder der Gesundheit eines Menschen finden die Vorschriften der §§ 842 bis 844 des Bürgerlichen Gesetzbuches Anwendung.

Die Ersatzpflicht des Unternehmers erstreckt sich nicht auf einen Schaden, der durch höhere Gewalt oder durch Verschulden des Verletzten oder des Inhabers der beschädigten Sache verursacht ist.

Der Anspruch auf Schadensersatz verjährt in zwei Jahren von

---

keit des Unternehmers bei einem nicht genehmigten Betriebe, insoweit wenigstens Art. 105 Einf.Ges. in Frage steht, allerdings regeln dürfen. Sie hat jedoch von ihrer Befugniß hiezu keinen Gebrauch gemacht. In Folge dessen ist der Unternehmer eines genehmigten Betriebs bezüglich der Beweislast ungünstiger gestellt als derjenige eines nicht genehmigten. Vgl. § 823 BGB.

5) Wie dies z. B. in den Ausf.Ges. von Reuß j. L. § 49, Sachsen-Altenburg § 37 u. Sachsen-Weimar § 90 (Becher, Die Ausführungsgesetze Abth. XVI S. 1 flg., XVIII S. 1 flg. u. XXI S. 1 flg.) besonders ausgesprochen wurde.

6) A.A.Prot. S. 139—141; Becher Mat. I S. 388 u. flg.

dem Unfall an. Im Falle einer Tödtung beginnt die Verjährung der im § 844 des Bürgerlichen Gesetzbuches bestimmten Ansprüche mit dem Eintritte des Todes.

1. Wie Abs. 3 ersehen läßt, macht Art. 59 ebensowenig wie Art. 58 die Haftpflicht von einem Verschulden des Unternehmers abhängig. Dagegen unterscheidet sich Art. 59 von Art. 58 dadurch, daß er

a) die Benutzung eines dem öffentlichen Gebrauche dienenden Grundstücks oder eines öffentlichen Gewässers im Auge hat,

b) nicht blos auf die Beschädigung von Sachen, sondern auch auf die Fälle körperlicher Verletzung oder Tödtung von Menschen sich erstreckt, und

c) die Ersatzpflicht des Unternehmers nicht allgemein festsetzt, sondern der zuständigen Behörde es überläßt, bei Ertheilung der Genehmigung eine Bestimmung darüber zu treffen, ob der Unternehmer für den vollen in Abs. 1 des Art. 59 erwähnten Schaden oder nur für gewisse Arten eines solchen Schadens vertretungspflichtig ist.

Hinsichtlich des Punktes a) ist die Verschiedenheit nur insofern eine durchgreifende, als ein öffentliches Gewässer in Frage steht. Denn eine öffentliche Straße oder ein öffentlicher Platz ist auch ein dem öffentlichen Gebrauche dienendes Grundstück. Oeffentliche Wege sind nach bayer. Rechte solche Wege, die unter öffentlicher Autorität dem gemeinen Gebrauche gewidmet sind. (v. Kahr Kommentar zur Gem. Ord. I S. 344, 345, Entsch. des Verwalt.Ger.Hofs 11 S. 325.) Bezüglich des Punktes c) sei hier bemerkt, daß die einem öffentlichen Gebrauche dienenden Grundstücke, so insbesondere die öffentlichen Straßen oder Plätze, wie die Motive[1]) bemerken, abgesehen von den Eisenbahnanlagen, zu verschiedenen ober- und unterirdischen Leitungen (Gas-, Wasser-, elektrischen Leitungen, Rohrpostanlagen u. s. w.) benutzt werden und daß sich nicht voraussehen läßt, welche den öffentlichen Verkehr beeinträchtigende Anlagen und Betriebe in Zukunft in Frage kommen. Soweit ein Bedürfniß besteht, soll es daher auch ein Mittel geben, dem Unternehmer für den einzelnen Fall eine Haftungsverbindlichkeit aufzuerlegen.

2. Oeffentlicher Gebrauch ist der Jedem zustehende, der Gemein-Gebrauch (vgl. Art. 58 Bem. 5). Der Ministerialkommissär erwähnte hiezu,[2]) daß weder das Halten einer Privatbadeanstalt noch auch die Ausübung des Fischereirechts als ein öffentlicher Gebrauch sich darstelle. Diese im Just. Ges.Geb.Aussch. der Abg.-Kammer von einigen Seiten in Zweifel gezogene Bemerkung verhält sich in Richtigkeit. Allerdings besteht, wie auch der Minist.Kommissär ausdrücklich erklärte,[3]) für die Fischerei ein öffentliches Interesse. Allein die Befugniß zur Errichtung und zum Betriebe einer Badeanstalt sowie zum Fischen beruht auf einem durch die öffentliche Behörde verliehenen Sonderrechte und entspringt nicht aus dem Rechte zum Gemeingebrauche.

3. Wie die Worte „bei der Ertheilung der Genehmigung" ersehen lassen, bezieht sich Art. 59 nur auf den Fall, daß eine Genehmigung erfolgt ist. Geschah die Anlage oder der Betrieb ohne behördliche Erlaubniß, so bemißt sich die Schadensersatz-

1) Motive A S. 36; Becher Mat. I S. 77.
2) A.A.Prot. S. 145; Becher Mat. I S. 399.
3) A.A.Prot. S. 145; Becher Mat. I S. 399.

pflicht nach den diesbezüglichen Bestimmungen des BGB. Vgl. auch Fischer-Henle Anm. 1 zu Art. 106 Einf.Ges. u. Wagner in v. Staudinger's Kommentar zu Art. 106 Einf.Ges. Anm. 2. S. auch oben zu Art. 58, Fußnote 4.

4. Für den Umfang der Ersatzpflicht sind, soweit es sich um Tödtung oder Verletzung von Personen handelt, die §§ 842 bis 844 BGB. maßgebend. Da die Haftung nicht auf einem Verschulden beruht, so wollte ihr, wie auch der Minist.-Kommissär erwähnte,[4]) eine Ausdehnung in der in § 845 BGB. bezeichneten Richtung nicht gegeben werden. Der Inhalt des Entschädigungsanspruchs und dessen Verjährung bemessen sich, wie die Motive[5]) sagen, nach dem Reichshaftpflichtges. in der Fassung des Art. 42 Einf.Ges. z. BGB. Hat bei dem Unfalle ein Verschulden eines Betriebsbeamten oder Bediensteten mitgewirkt, für welches der Unternehmer gleichwie für sein eigenes einzustehen hat, so wird die von einem Verschulden unabhängige Haftpflicht des Unternehmers durch eine die Schadensentstehung mitbewirkende Schuld des Verletzten, wie der Minist.Kommissär[6]) hervorhob, nicht ohne weiters ausgeschlossen; es greift vielmehr nach § 254 BGB. richterliches Ermessen Platz.

5. Das allerdings in mehrfacher Beziehung einer zeitgemäßen Verbesserung bedürftige Wasserbenützungsgesetz v. 28. Mai 1852 wollte, wie der Minist.Kommissär ausdrücklich betonte,[7]) bei Erlassung des Ausf.Ges. nicht geändert werden. Auch die Motive[8]) bemerken, daß die durch das bezeichnete Gesetz den Verwaltungsbehörden eingeräumten Befugnisse ebensowie die durch Art. 69 desselben Gesetzes u. Art. 7 Abs. 2 des Ges. v. 28. Mai 1852 über Uferschutz u. s. w. begründete Haftpflicht unberührt bleiben.

Haftung des Staates und der Kommunalverbände für Beamte.[1])

Artikel 60.

Verletzt ein Beamter des Staates, einer Gemeinde oder eines anderen Kommunalverbandes in Ausübung der ihm anvertrauten öffentlichen Gewalt vorsätzlich oder fahrlässig die ihm einem Dritten gegenüber obliegende Amtspflicht, so trifft dem Dritten gegenüber die im § 839 des Bürgerlichen Gesetzbuchs bestimmte Verantwortlichkeit an Stelle des Beamten den Staat oder den Verband, in dessen Dienste der Beamte steht. Bei den Amtsgeschäften der Gerichtsvollzieher gilt dies auch für die Verletzung der Pflichten gegenüber dem Auftraggeber.

Ausländern kann die Entschädigung, vorbehaltlich der Haftung des Beamten, verweigert werden, wenn nicht nachgewiesen ist, daß in dem Heimathstaate des Beschädigten eine der Vorschrift des Abs. 1

4) A.A.Prot. S. 142; Becher Mat. I S. 392.
5) Motive A S. 36; Becher Mat. I S. 77.
6) A.A.Prot. S. 143; Becher Mat. I S. 395.
7) A.A.Prot. S. 142; Becher Mat. I S. 393.
8) Motive A S. 36; Becher Mat. I S. 77.
1) Vgl. hiezu v. Roth bayer. Civilrecht I S. 249 flg. u. Becher bayer. Landescivilrecht S. 284 flg. sowie die von beiden angeführten Urtheile u. die von ersterem S. 250 Anm. 31 angegebene Literatur.

Satz 1 entsprechende Haftung Deutschen gegenüber wenigstens insoweit anerkannt wird, als der Ersatz des Schadens von dem Beamten nicht zu erlangen ist.

Die für einzelne Klassen von Beamten bestehenden besonderen Vorschriften bleiben unberührt.

Der Beamte hat dem Staate oder dem Verband, in dessen Dienste er steht, den Schaden zu ersetzen, der dem Staate oder dem Verband aus der Verletzung der Amtspflicht entsteht. Die Vorschriften des § 852 des Bürgerlichen Gesetzbuchs finden mit der Maßgabe Anwendung, daß die dreijährige Verjährungsfrist mit dem Zeitpunkte beginnt, in dem die Ersatzpflicht des Staates oder des Verbandes dem Beschädigten gegenüber anerkannt oder rechtskräftig festgestellt ist.

1. a) Die Haftung der jurist. Personen des öffentlichen Rechts für den von ihren Beamten in Ausübung der diesen anvertrauten öffentlichen Gewalt Dritten gegenüber verübten Schaden bemißt sich im Hinblick auf Art. 77 Einf.Ges. z. BGB. nach dem Landesrechte. Die Reichsgesetzgebung regelt in den §§ 31 u. 89 BGB. nur die Verantwortlichkeit jener jurist. Personen für denjenigen Schaden, welchen deren Beamte durch eine in Ausübung der denselben zustehenden privatrechtlichen Vertretungsmacht begangene, zum Ersatze verpflichtende Handlung einem Dritten zugefügt haben.

Der Regierungsentwurf enthielt insoferne einen Fortschritt gegenüber dem bisherigen Rechte, als er die früher nur für einzelne Fälle gesetzlich erklärte, wohl aber in ständiger Rechtsprechung allgemein angenommene[2]) Haftung des Staates allgemein festsetzte und daß er auch eine gleiche Verantwortlichkeit der Gemeinden und der anderen Kommunalverbände für ihre Beamten aussprach. Nach dem Reg.Entwurfe Art. 53) war diese Haftungspflicht allerdings nur als eine subsidiäre anerkannt,[3])

2) Nach den Anm. zum bayer. Landrechte Th. V Kap. 24 § 14 haftet der Staat nur dann, wenn er sich bei der Bestellung oder Beaufsichtigung des Beamten eines Versehens schuldig gemacht hat. Später erkannte man eine Vertretungspflicht des Staats an, auch ohne daß ein solches Verschulden vorliegt, z. B. in den das Hinterlegungswesen betreffenden Verordnungen v. 24. Okt. 1796, 6. Aug. 1798 u. 9. Juli 1802. In der Verfassungsurk. werden und zwar in der Beilage IV § 63 die Standesherrn, in der Beil. VI § 59 die Gutsherrn für den aus den Amtshandlungen ihrer Beamten entstandenen Schaden in dem nämlichen Maße für haftbar erklärt, wie der Fiskus für die Handlungen der unmittelbaren Staatsdiener einzustehen verpflichtet ist. In Art. 149 des Notariatsges. v. 10. Nov. 1861 ist die Haftung des Staats für den Fall bestimmt, daß der Notar aus Auftrag des Gerichts sein Amt auszuüben hat. Da dieselbe in der gleichen Weise bemessen wird, wie wenn die Beschädigung durch das Gericht verursacht worden wäre, so ist damit zugleich anerkannt, daß der Staat für die Handlungen der Richter verantwortlich erscheint. Nachdem die Rechtsprechung bis zum Jahre 1848 eine schwankende war, ist die Haftung des Staates später in ständiger oberstrichterlicher Rechtsprechung angenommen worden. (Bl. f. RA. 15 S. 190, 16 S. 346, 21 S. 121, 152, 23 S. 174, 35 S. 239, 52 S. 196, Sammlung der Entsch. 4 S. 529 u. 13 S. 149). In der Wissenschaft wird dieselbe nur von Seydel verneint. (Staatsrecht Bd. I S. 609, II S. 371 u. III S. 9.)

3) Für die Subsidiarität der Haftung sprechen sich die in den Bl. f. R.A. 23 S. 174 u. Arendts Samml. interess. Erkenntn. 3 S. 34, 39 mitgetheilten oberstrichterl.

indem daselbst bestimmt war: . . . „haftet der Staat oder der Verband, in dessen Dienste der Beamte steht, soweit der Ersatz von diesem nicht zu erlangen ist. Die Vorschriften des § 772 und des § 773 Abs. 1 Nr. 2 bis 4, Abs. 2 des Bürgerlichen Gesetzbuchs finden entsprechende Anwendung." Durch den Beschluß des Justizgesetzgeb.Aussch. der Kammer der Abg.,[4]) welcher den mit den Worten „soweit der Ersatz" beginnenden vorstehenden Beisatz u. den unmittelbar darauffolgenden Satz „Die Vorschriften des § 772 u. s. w." gestrichen hat, wurde es in die Wahl des Klägers gestellt, den Beamten oder den Staat bezw. die Gemeinde u. s. w. in Anspruch zu nehmen, also der Grundsatz der Gesamthaftung, der elektiven Haftung des Staates u. s. w. ausgesprochen. In dem Just.Ges.Geb.Aussch. der Kammer der RR.[5]) erklärte jedoch der k. Staatsminister der Justiz, daß, wenn einmal die primäre Verantwortlichkeit des Staates u. s. w. angenommen werden sollte, die ausschließliche Haftung desselben im Sinne des § 12 der Grundbuchordnung den Vorzug verdiene. Derselbe brachte sodann eine Fassung in Vorschlag, welche in beiden Kammern Annahme gefunden hat und abgesehen von einer in Abs. 2 getroffenen Aenderung mit Art. 60 des Gesetzes wörtlich übereinstimmt.[6])

b) Der Begriff „Beamter" ist im Gesetze nicht näher bestimmt; er ist in weiterem Sinne aufzufassen. Nicht alle Personen jedoch, auf welche jene Bezeichnung zutrifft, kommen hier in Betracht, sondern nur diejenigen, welche in Ausübung der ihnen „anvertrauten öffentlichen Gewalt" gehandelt haben. Ist keine öffentliche Gewalt verliehen, so entfällt die Anwendbarkeit des Art. 60. Ist dem Betreffenden aber eine öffentliche Gewalt übertragen, so ist es gleichgiltig, ob der Bedienstete ein pragmatischer Staatsdiener oder nur ein sog. staatlicher Funktionär ist, ob derselbe ferner der Rechtspflege, der Verwaltung oder einem anderen öffentlichen Gebiete angehört. Auch erscheint es nicht von Belang, ob der Gemeindebedienstete von der Gemeindebehörde oder vom Staate ernannt ist, ob derselbe eine höhere oder niedere Stelle bekleidet. Keine öffentliche Gewalt übt der als Gemeindebeamte anzusehende (vgl. unten Bem. 5) Volksschullehrer bei Handhabung der Schulzucht aus. (Entsch. des Verwalt.Ger.Hofs Bd. 12 S. 329, 332, von welchen Entsch. die erstere das rechtsrhein. Bayern, die andere die Pfalz betrifft), und es ist daher auch die Gemeinde für

---

Entsch., ferner v. Gönner Kommentar zum Hypoth.Ges. 2 S. 37 flg., Regelsberger Hypoth.Recht 3. Aufl. S. 104 Anm. sowie die bei Weber Ges. u. V.O.-Samml. 1 S. 626 Anm. 37 abgedr. Minist.Entschl. v. 5. Dez. 1834 aus, während die in den Bl. f. RA. 15 S. 190, 21 S. 121, 152 u. 35 S. 239 sowie in der Samml. der Entsch. des Obersten LG. 13 S. 149 enthaltenen Urtheile den Staat als in erster Reihe verantwortlich erachten. — Auch die Ausf.Gesetze von Elsaß-Lothringen § 40, Hessen Art. 77 u. flg., Sachsen-Weimar § 91 u. Schwarzburg-Sondershausen Art. 19 erkennen nur eine subsidiäre (eine derjenigen des Bürgen gleichkommende) Haftungsverbindlichkeit des Staates u. s. w. an. Vgl. Becher, Die Ausf.Gesetze zum BGB. Abth. VI S. 1 flg., VIII S. 29 flg., XXI S. 1 flg. u. XXIV S. 1 flg.

4) A.A.Prot. S. 156; Becher Mat. I S. 416, 417.

5) R.R.A.Prot. 7 S. 13; Becher Mat. I S. 823, 824.

6) Nach den Ausf.Gesetzen von Sachsen-Altenburg § 28, Baden Art. 5, Reuß j. L. § 48 u. Württemberg Art. 202 (Becher, Die Ausf.Gesetze Abth. XVIII S. 1 flg., II S. 18 flg., XVI S. 1 flg. u. XXVI S. 1 flg.) hat der Staat u. s. w. gegenüber dem Dritten gleichfalls die ausschließliche Haftung an Stelle des Beamten. Ebenso steht es demselben frei, den Beamten auf Ersatz in Anspruch zu nehmen.

den durch Ueberschreitung Züchtigungsrechtes bewirkten Schaden nicht haftbar. Wohl aber steht dem Schulinspektor eine öffentliche Gewalt zu. Der Staat haftet nur für seine eigenen Beamten, nicht auch für die Gemeindebeamten, mögen auch diese als Polizeibeamte im staatlichen Interesse thätig sein. Anders verhält es sich allerdings, wenn dieselben unmittelbar als Organe des Staates wirken, ein staatliches Amt, wie z. B. die Standesbeamten, bekleiden.

2. Die in Art. 60 Abs. 1 festgesetzte alleinige Haftung des Staats gegenüber dem Dritten geht nicht weiter als die in § 839 BGB. bestimmte Verantwortlichkeit des Beamten, an dessen Stelle der Staat, die Gemeinde u. s. w. vertretungsverbindlich werden. Insoferne es um eine fahrlässige Amtspflichtverletzung sich handelt, kann daher die Entschädigungspflicht des Staates u. s. w. nur insoweit in Anspruch genommen werden, als der Verletzte nicht auf andere Weise Ersatz zu finden vermag.

3. Dem Art. 60 liegt, wie die Wendung „verletzt ein Beamter . . . vorsätzlich oder fahrlässig" erkennen läßt, nicht das Verursachungsprinzip zu grunde, da jener ein Verschulden voraussetzt. Doch wird man auch nicht vom sog. Verschuldungsprinzipe ausgehen dürfen, da es sich hier nicht um ein eigenes Verschulden des Staates, sondern um ein von diesem zu vertretendes seiner Beamten handelt. Die von Reichsrat Dr. von Bechmann[7]) gewählte Konstruktion „einer gesetzlichen Schuldüberweisung auf den Staat gegenüber dem Gläubiger" möchte das zwischen diesem und dem Dritten bestehende Rechtsverhältniß am besten zum Ausdruck bringen. Man wird jedoch auch mit dem Ministerialkommissäre Dr. von Jacubezky sagen dürfen,[8]) daß der Haftung des Staates u. s. w. der sog. Vertretungsgedanke zu grunde liege, indem die in § 89 BGB. nur für privatrechtliche Verhältnisse ausgesprochene Verantwortlichkeit des Staates für seine Vertreter hier auf ein Verhältniß des öffentlichen Rechtes, auf die Ausübung der öffentlichen Gewalt übertragen wird.[9]) Der erwähnte Vertretungsgedanke ist die Ursache, weshalb die Schuld auf den Staat gesetzlich überwiesen ist. Insoferne steht der Vertretungsgedanke mit der Schuldüberweisungstheorie in Zusammenhang.

4. Die Vorschriften des Reg.Entwurfes konnten, wenn derselbe auch nicht von den Gerichtsvollziehern sprach, dennoch auf den Schaden bezogen werden, welchen ein Gerichtsvollzieher durch eine dem Schuldner gegenüber begangene Pflichtverletzung bewirkt hat; denn der Ger.Vollz. steht dem Schuldner als Beamter gegenüber. Im Verhältnisse zum Gläubiger dagegen ist er nach der bisherigen Rechtsprechung (Samml. der Entsch. des obersten Landesger. 15 S. 160, Entsch. des Reichsger. 16 S. 99) nicht als Beamter, sondern als ein civilrechtlich Beauftragter anzusehen. Um nun auch in der letzteren Richtung, wie dies im Just. Ges. Geb. Aussch. der Abg.-Kammer[10]) für gut befunden und später allseits gebilligt wurde, eine Haftung des

7) R.R.A.Prot. 9 S. 4; Becher Mat. I S. 875.

8) R.R.A.Prot. 9 S. 8; Becher Mat. I S. 880.

9) Ueber die rechtliche Natur des Staatsdienstes vgl. man v. Seydel bayer. Staatsrecht II S. 182 flg. Während Rehm in den Annalen des deutschen Reichs 1885 S. 89 flg. u. 113 flg. eine staatsrechtlich-privatrechtlich gemischte Natur dieses Dienstes annimmt u. Becher in seinem Landescivilrechte S. 121 flg. damit im wesentlichen übereinstimmt, ist v. Seydel a. a. O. S. 185 der Anschauung, daß wenn auch die öffentlich rechtliche u. Vertragsnatur des Staatsdienerverhältnisses sich nicht gegenseitig ausschließen, dennoch dieses Verhältniß, welches als Ganzes vom öffentlichen Rechte beherrscht werde, auch als Ganzes dem öffentlichen Rechte zugehöre.

10) A.A.Prot. S. 160; Becher Mat. I S. 424, 425.

Staates eintreten zu lassen, bedurfte es daher allerdings des in Abs. 1 Satz 2 enthaltenen gesetzlichen Ausspruches.

5. Das Wort „Gemeinde" in Abs. 1 ist gleichbedeutend mit „politischer Gemeinde". Distrikts- u. Kreisgemeinden fallen unter die Bezeichnung „anderer Kommunalverband". Unter diesem Ausdrucke sind auch, wie dies ein Ministerialkommissär bemerkte, [11]) die in der Rheinpfalz häufiger, im rechtsrh. Bayern nur wenig vorkommenden Bürgermeistereien inbegriffen. Als Beamte, für deren Handlungen die Gemeinden indeß nicht haften (Bemerkung 1b), sind u. a. auch die Volksschullehrer zu erachten. Der das Kultusministerium vertretende Ministerialkommissär [12]) trat der Ansicht v. Seydel's, [13]) daß die Volksschullehrer wegen ihrer durch die Kreisregierungen erfolgten Anstellung als Staatsbeamte aufzufassen seien, ebensowenig bei als der Referent der Kammer der Reichsräthe. [14]) Jener legte auf Art. 1 des Schuldotationsgesetzes v. 10. Nov. 1861 Gewicht, wonach die Schule eine Gemeindeanstalt ist.

6. Insoweit für eine bestimmte Klasse von Beamten mit Rücksicht auf die Besonderheit ihrer Aufgabe und dienstlichen Stellung eigene Vorschriften über die Haftung des Staates gelten, bleiben dieselben unberührt. Man vgl. z. B. § 12 der Grundbuchordnung. Solche besondere Bestimmungen gelten nicht für Notare (Art. 126 Not.Ges.).

7. Bei Klagen gegen den Staat, die Gemeinde u. s. w. ist nunmehr ebenso wie bei Ansprüchen gegen deren Beamte eine Vorentscheidung des Verwaltungsgerichtshofes nothwendig (Art. 7 Abs. 2 des Ges. vom 8. August 1878 betr. die Errichtung eines Verwaltungsgerichtshofes u. s. w. in der demselben durch Art. 165 Ausf.Ges. verliehenen Fassung). Bei Handlungen eines Beamten der streitigen oder der freiwilligen Gerichtsbarkeit ist nach dieser Vorschrift eine Vorentscheidung nicht erforderlich.

8. Da ein großer Theil der auswärtigen Länder wegen Verschuldens der Beamten einen Rechtsanspruch gegen den Staat oder die Gemeinde überhaupt nicht anerkennt und ein Fremder alsdann nur auf diplomatischem Wege eine Entschädigung erlangen kann, so erschien es angezeigt, die Ausländer in dieser Beziehung den Deutschen nicht vollständig gleichzustellen. [15]) Daß das Gesetz hier nicht von Verbürgung der Gegenseitigkeit, wie z. B. Art. 80 des hessischen Ausf.Ges. zum BGB. [16]), gesprochen hat, ist nur zu billigen, da der diesbezügliche Wortlaut der Civilprozeßordnung in § 661 der älteren, § 328 der neueren Fassung dem Vollzuge mehrfache Schwierigkeiten bereitet. (Man vgl. Böhm's Zeitschrift für internationales Privatrecht Bd. 9 S. 207 flg., 214 flg., 224 flg. u. 239). Wenn der beschädigte Ausländer nachweist, daß in seinem Heimatsstaate dem Deutschen gegenüber eine dem

11) A.A.Prot. S. 158; Becher Mat. I S. 420 (Äußerung des k. Minist.Rats Hörmann).

12) A.A.Prot. S. 405, 406; Becher I S. 640 (Äuß. des k. Ob.Reg.Rats Leichtenstern).

13) Bayr. Staatsrecht III S. 660.

14) Schriftl.Bericht des Referenten Dr. v. Schmitt S. 23; Becher Mat. I S. 720.

15) Nach Art. 77 Einf.-Ges. z. BGB. kann die Landesges.Gebung nur die Haftung des Staates, der Gemeinde und der anderen Kommunalverbände ausschließen, nicht aber diejenige des Beamten. Diese Haftung behält deßhalb Abs. 2 ausdrücklich vor. Eine Ausschließung der Verantwortlichkeit des Beamten im Wege des Vergeltungsrechts nach Art. 31 Einf.Ges. z. BGB. bedürfte der Zustimmung des Bundesrats.

16) Becher Die Ausf.Ges. Abth. VIII S. 29 flg.

Abs. 1 Satz 1 entsprechende Haftung und zwar wenigstens insoweit anerkannt wird, als der Ersatz von dem Beamten nicht zu erlangen ist (die Einschränkung auf wenigstens die subsidiäre Haftung ist die Änderung, welche Art. 60 gegenüber dem Vorschlage der Staatsregierung enthält), [17]) dann muß demselben Entschädigung gewährt werden. Erbringt er diesen Beweis nicht, so kann ihm eine Entschädigung zwar bewilligt, aber auch verweigert werden. Wenn in den Motiven [18]) gesagt ist, daß dem Staate eine Einrede gewährt wird, vermöge deren der Anspruch des Ausländers dauernd ausgeschlossen werden kann, so dürfte diese Ausdrucksweise in prozeßrechtlicher Hinsicht nicht zutreffend sein. Zum Klagegrunde gehört die Behauptung, daß der Ausländer die von ihm angegebene Beschädigung erlitten hat und daß in seinem Heimatstaate eine dem Abs. 1 Satz 1 entsprechende Haftung des Staats, der Gemeinde u. s. w. gegenüber Deutschen anerkannt wird. Falls der Beklagte dieses in Abrede stellt, macht er nicht von einer Einrede Gebrauch, sondern setzt er der Klage Widerspruch entgegen und nöthigt den Klagetheil hiedurch zur Beweisführung. Bei Abs. 2 ist zunächst an den Fall gedacht, daß der Beschädigte sowie der den Schadensersatz in Anspruch Nehmende eine und dieselbe Person ist. Wenn aber die Entschädigungsforderung von den Erben erhoben wird, so kann es sich ereignen, daß die Erbberechtigten eines Deutschen Ausländer und jene des Ausländers Deutsche sind. Im Falle der Beschädigung eines Ausländers muß auch ein inländischer Erbe den gesetzlich geforderten Nachweis liefern; bei Verletzung eines Inländers hat der ausländische Erbe keine solche Obliegenheit; denn der vom Gesetze verlangte Nachweis bezieht sich nur auf den Heimathstaat des beschädigten Ausländers.

9. Bei der oben in Bemerkung 3 für richtig erachteten Konstruktion einer gesetzlichen Überweisung der Schuld des den Staat vertretenden Beamten auf den Staat versteht es sich nicht von selbst, daß diesem der Beamte für den einem Dritten geleisteten Schadensersatz einzustehen hat. Es ist deshalb vollkommen zutreffend, wenn das Gesetz seinen desfallsigen Willen in Abs. 4 besonders ausspricht.

10. Der in § 852 BGB. bestimmten kurzen Verjährungsfrist von 3 Jahren, welche dem Beamten im Falle der Anwendbarkeit des § 839 BGB. zu statten käme, soll derselbe dadurch nicht verlustig werden, daß der Staat für ihn eintritt. Aus dieser Erwägung entspringt Abs. 4 Satz 2, welcher für den Beginn der Verjährungsfrist noch besondere Vorschriften trifft.

Artikel 61.

Ist ein Beamter des Staates, einer Gemeinde oder eines anderen Kommunalverbandes für einen Schaden der im Artikel 60 Abs. 1 bezeichneten Art deswegen nicht verantwortlich, weil er sich im Zustande der Bewußtlosigkeit oder in einem die freie Willensbestimmung ausschließenden Zustande krankhafter Störung der Geistesthätigkeit be-

17) Es würde zu weit gehen, wenn man verlangen wollte, daß der Staat als alleiniger Schuldner oder als Gesamtschuldner haftungsverbindlich sei. Um nicht eine zu enge Begrenzung der Gegenseitigkeit im Verhältniß zu anderen Staaten zu bewirken, muß es genügen, daß man im Auslande erforderlichen Falls bei dem Staate, der Gemeinde u. s. w., wenn auch nur in subsidiärer Weise, Ersatz findet. (A.A.Prot. S 551; Becher Mat. I S. 959 Äuß. des Minist. Kommiss. Dr. v. Jacubezky).

18) Mot. A S. 38; Becher Mat. I S. 80.

funden hat, so kann der Beschädigte von dem Staate oder dem Verbande Schadensersatz verlangen.

Für den Schaden, der daraus entsteht, daß der Beamte bei einem Urtheil in einer Rechtssache die Amtspflicht verletzt, ist der Staat oder der Verband in dem Falle des Abs. 1 nicht verantwortlich.

Die Vorschriften des § 839 Abs. 1 Satz 2, Abs. 2 Satz 2, Abs. 3 des Bürgerlichen Gesetzbuchs und des Art. 60 Abs. 1 Satz 2, Abs. 2, 3 finden entsprechende Anwendung.

1. Während Art. 60 ein Verschulden des Beamten zur Voraussetzung hat, sucht der im ursprünglichen Reg.Entwurfe nicht enthaltene, sondern erst auf eine im Ausschusse der Reichsratskammer gegebene Anregung hin von der k. Staatsregierung später in Vorschlag gebrachte Art. 61 (Art. 53a der Regierungsvorlage) dem Verletzten Ersatz bei dem Staate, der Gemeinde u. s. w. für den Fall zu verschaffen, wenn der Beamte in einem Zustande von Bewußtlosigkeit[1]) oder in einem die freie Willensbestimmung ausschließenden Zustande von krankhafter Störung der Geistesthätigkeit die beschädigende Handlung begangen hat und deshalb selbst nicht verantwortlich erscheint. Das sog. Verursachungsprinzip, von dem Art. 61 beherrscht wird, ist jedoch auf die daselbst ausdrücklich erwähnten Fälle beschränkt. Es erscheint daher wie dies auch der Ministerialkommissär[2]) hervorgehoben hat, nicht statthaft, die Haftpflicht z. B. auch auf Fälle des Irrthums auszudehnen. Dem Irrthume sind alle Menschen unterworfen; der Staat kann nicht dafür einstehen, daß sich seine Beamten nicht irren.

2. Insoweit der Staat, die Gemeinde u. s. w. hienach für fahrlässig herbeigeführten Schaden verantwortlich sind, findet vermöge Abs. 3 der 2. Satz von § 839 Abs. 1 BGB. entsprechende Anwendung, daß der Haftungspflichtige nur in Anspruch genommen werden kann, wenn der Verletzte nicht auf andere Weise Ersatz zu erlangen vermag. § 839 Abs. 2 Satz 1 ist im 3. Abs. des Art. 61 nicht in Bezug genommen. An seine Stelle tritt vielmehr Abs. 2 des genannten Artikel. Es entspricht dies dem Gedanken, welcher dem § 839 Abs. 2 Satz 1 zu Grunde liegt; denn ein Geisteskranker kann sich einer Pflichtverletzung nicht schuldig machen, die mit einer im Wege des gerichtlichen Verfahrens zu verhängenden Strafe bedroht ist. Für eine pflichtwidrige Verweigerung oder Verzögerung der Amtsausübung haften jedoch der Staat, die Gemeinde u. s. w. ebenso wie nach § 839 Abs. 2 Satz 2 der Beamte. Diese letztere Gesetzesstelle findet daher, wie Art. 61 Abs. 3 dies auch verordnet, entsprechende Anwendung. Indem der erwähnte Abs. 3 noch auf § 839 Abs. 3 Bezug nimmt, dürfte derselbe nur die Rechtsmittel im Auge haben, welche im Falle des § 839 Abs. 2 Satz 2 hätten eingelegt werden können. Die in Abs. 3 weiter bestimmte Anwendbarkeit von Art. 60 Abs. 1 Satz 2 sowie Abs. 2 u. 3 bedarf keiner weiteren Erläuterung.

3. In Art. 61 ist nicht besonders vorgeschrieben, daß der eine dreijährige Verjährungsfrist festsetzende § 852 BGB. auch hier Platz greife. Allein eine solche aus-

---

1) Eine Feststellung, wie sie § 51 des Strafges.Buchs erfordert, daß auch der vorhandene Zustand der Bewußtlosigkeit die freie Willensbestimmung ausgeschlossen habe, verlangt Art. 61 nicht. Er scheint diesen Ausschluß als selbstverständlich anzunehmen. Man vgl. auch §§ 105 und 104 nro. 2 BGB.

2) A.A.Prot. S. 557; Becher Mat. I S. 968.

drückliche Bestimmung war nicht nothwendig; dem § 852 ist trotzdem seine Anwendbarkeit gesichert, da zum Begriffe einer unerlaubten Handlung schon objektive Rechtswidrigkeit genügt und ein subjektives Verschulden nicht erforderlich erscheint.[3])

Nachbarrecht.[1])

1. Obwohl das BGB. in § 907 u. flg. mehrfache Eigenthumsbeschränkungen zu Gunsten der Nachbarn enthält, so läßt das Einf.Ges. zum BGB. dennoch in Art. 124 diejenigen landesgesetzlichen Vorschriften fortbestehen, welche das Eigenthum an Grundstücken noch anderen als den im BGB. bestimmten Einschränkungen unterwerfen. (Eine Verschärfung der reichsgesetzlich zugelassenen Beschränkungen ist dagegen nicht gestattet.) Die bayer. Gesetzgebung hat von diesem Vorbehalte keinen ausgedehnten Gebrauch gemacht und insbesondere nicht den Willen bekundet, die für das Nachbarrecht maßgebenden mehrere Jahrhunderte alten Baurechte, deren Bestimmungen bei dem steigenden Werthe des Baugrundes besonders drückend und auch als volkswirthschaftlich schädlich empfunden werden mußten, weiter in Geltung zu belassen. Bei der Ersetzung der älteren Vorschriften durch neues einheitliches Recht ging man davon aus, daß privatrechtliche Eigenthumsbeschränkungen insoweit nicht mehr nothwendig seien, als polizeiliche Vorschriften dermalen bestehen, und daß, insoferne solche Beschränkungen noch als erforderlich sich darstellen, nur bezüglich derjenigen Bedürfnisse, deren Befriedigung von der Vereinbarung der Beteiligten nicht erwartet werden könne, eine gesetzliche Regelung geboten erscheine.[2])

2. Keine Berücksichtigung erfuhren im Landesgesetze der schon im BGB. §§ 912—916 geordnete Überbau, die Mauerausbauchung des gemeinen Rechts, das Hammerschlags- und Leiterrecht, der Neidbau (insoweit die desfallsigen Bestimmungen über § 226 BGB. hinausgehen), der allgemeine Bauabstand nach Maßgabe des allg. preuß. Landrechts Th. I Tit. 8 § 139 u. das Traufrecht (dessen Vorschriften größtentheils aus Zeiten stammen, in denen Rinnen weniger gebräuchlich waren[3]).

3. Auch erschien ein Verbot der unmittelbar auf das Nachbargrundstück führenden Thüre im Sinne von Th. I Tit. 8 § 138 des preuß. LR. als entbehrlich, da die Beseitigung solcher Thüren nach § 907 BGB. unter Umständen gefordert werden kann. Ferner sind auch besondere baurechtliche Abstandsvorschriften, welche sich z. B. auf den Abstand von Dung- und Versenkgruben, Aborten, Rinnen, Brunnen, Wassergräben, Öfen, Kaminen, Feuerungen u. ähnlichen Anlagen beziehen, ins Gesetz nicht aufgenommen worden, weil hier wegen der Feuersicherheit oder der Gesundheitspflege das öffentliche Interesse betheiligt erscheint und die polizeilichen Anordnungen in der Regel zum Schutze des Nachbars ausreichen und den besonderen Verhältnissen sich

3) A.A.Prot. S. 556; Becher Mat. I S. 967 (Äußerung des Minist.Kommissärs Dr. v. Jacubezky).

1) Vgl. hiezu Windscheid's Pandekten Bd. 1 § 169 u. die daselbst angeführte Literatur, ferner noch: Hesse Die Rechtsverhältnisse zwischen Grundstücksnachbarn (1859), Schelhaß Das Nachbarrecht (1863), Gruchot Beiträge zur Erläut. des Deutschen Rechts Bd. 6 S. 253 bis 314, Spangenberg im civilist. Arch. 9 S. 265 flg., v. Roth bayer. Civ.Recht Bd. 2 Abth. 1 S. 209 flg., Förster-Eccius preuß. Privatrecht 7. Aufl. Bd. 3 S. 167 ff.

2) Motive A S. 38; Becher Mat. I S. 82.

3) Näheres über die in Ziff. 2 erwähnten vom Ausf.Ges. nicht berücksichtigten nachbarlichen Rechte vgl. Motive A S. 38 flg.; Becher Mat. I S. 82 flg.

besser anzupassen vermögen als die Vorschriften des bürgerl. Rechts.[4]) Abgesehen von den poliz. Bestimmungen steht dem Nachbarn ohnedies § 907 BGB. zur Seite. Abstandsvorschriften für Zäune u. Gerüste sind von geringerer Bedeutung und bestanden in Bayern bisher nur vereinzelt. Besondere Bestimmungen über den Abstand von Erhöhungen oder Vertiefungen kamen nur im Geltungsbereiche des preuß. LR. vor (Th. I Tit. 8 §§ 185 u. 187). Insoweit ein gesetzlicher Schutz hier angezeigt erscheint, ist durch §§ 908 u. 909 BGB. Genüge geleistet, weshalb auch Übergangs-Vorschriften hier nicht veranlaßt sind. Die Bestimmung des Schweinfurter Stadtrechts, wonach bei dem Stürzen des Bodens die letzte Zeile unter gewissen Umständen für kurze Zeit auf den Nachbargrund gelegt werden darf (Feldordnung Titel von den Weingärten Art. 9 Abs. 2), eignet sich ebensowenig zur Aufnahme in das Gesetz wie die weitere Vorschrift jenes Rechtes über die Benützung nur je einer der gemeinschaftlichen Weinbergsanwandungen. Zu Bestimmungen über Verzäunungen in der Feldflur erschien, da solche bisher fast überall fehlten, ein Anlaß nicht gegeben. Ein Bedürfniß, zur Erweiterung des Nothwege-Rechtes von Art. 123 Einf.Ges. Gebrauch zu machen, ist nicht zu Tage getreten; ebenso war es nicht angezeigt, auf Grund des Art. 122 Einf.Ges. z. BGB. zu Gunsten der Obstbaumpflanzungen besondere gesetzliche Anordnungen zu erlassen.

Artikel 62.

Sind Fenster weniger als 0,60 m von der Grenze eines Nachbargrundstücks entfernt, das mit Gebäuden versehen ist, oder als Hofraum oder Hausgarten dient, so müssen sie auf Verlangen des Eigenthümers dieses Grundstücks so eingerichtet werden, daß bis zur Höhe von 1,80 m über dem hinter ihnen befindlichen Boden weder das Öffnen noch das Durchblicken möglich ist. Die Entfernung wird von dem Fuße der Wand, in der sich das Fenster befindet, unterhalb der zunächst an der Grenze befindlichen Außenkante der Fensteröffnung ab gemessen.

Den Fenstern stehen Lichtöffnungen jeder Art gleich.

Artikel 63.

Balkone, Erker, Gallerien und ähnliche Anlagen, die weniger als 0,60 m von der Grenze eines Nachbargrundstücks abstehen, das mit Gebäuden versehen ist oder als Hofraum oder Hausgarten dient, müssen auf der dem Nachbargrundstücke zugekehrten Seite auf Verlangen des Nachbars mit einem der Vorschrift des Artikel 62 entsprechenden Abschlusse versehen werden. Der Abstand wird bei vorspringenden Anlagen von dem zunächst an der Grenze befindlichen Vorsprung ab, bei anderen Anlagen nach Artikel 62 Abs. 1 Satz 2 gemessen.

Artikel 64.

Die Vorschriften der Artikel 62, 63 kommen auch gegenüber einem

---

4) Vgl. §§ 17 u. 52 der rechtsrh. Bauordnung v. 31. Juli 1890, §§ 22 Abs. 1 u. 75 der Münchner Bauordn. v. 29. Juli 1895 u. § 7 Abs. 1 der baupolizeil. Vorschriften für die Pfalz v. 30. August 1890.

Grundstücke, das einer öffentlichen Eisenbahnanlage dient, zur Anwendung. Die Fenster und anderen Lichtöffnungen sowie der Abschluß der im Artikel 63 bezeichneten Anlagen dürfen jedoch so eingerichtet werden, daß sie das Durchblicken gestatten.

Artikel 65.

Für Fenster, andere Lichtöffnungen und Anlagen der im Artikel 63 bezeichneten Art, die sich an der Baulinie befinden, gelten die Vorschriften der Artikel 62 bis 64 nicht.

1. Die Vorschriften der Art. 62—65 [1]) beziehen sich auf den Inhalt des Eigenthums (§ 903 ff. BGB.), das sie beschränken, sie betreffen nachbarrechtliche Befugnisse und Beschränkungen, nicht aber Grunddienstbarkeiten und kommen daher gemäß Art. 181 Einf.Ges. z. BGB. nicht in dem Zeitpunkte, in welchem das Grundbuch als angelegt anzusehen ist, sondern schon vom 1. Januar 1900 an zur Anwendung. Wo ein Recht der hier bezeichneten Art (Licht- oder Fensterrecht) bisher bestand, ist dasselbe aufrechterhalten, insoweit die diesbezüglichen Vorschriften eine geringere Beschränkung als die Art. 62—65 bestimmen. Wo ein solches noch nicht galt, ist es jetzt neu eingeführt. Es begründet keinen Unterschied, ob sich dem Hause, zu welchem das Fenster gehört, bisher ein Gebäude oder z. B. nur eine Wiese gegenüber befand. In letzterem Falle muß der Eigenthümer des Nachbargrundstückes, dessen Haus nicht einmal 60 cm von der Grenze entfernt ist, nun seine Fenster umändern; auch muß er sich gefallen lassen, daß sein Fenster durch das auf der Wiese aufgeführte Gebäude verdunkelt wird [2]), soferne nicht eine baupolizeil. Vorschrift ihn schützt.

2. Den Bestimmungen der Art. 62 u. flg. ist nur Rechnung zu tragen auf Verlangen des benachbarten Eigenthümers. Für die Stellung dieses Verlangens ist keine Form, aber auch keine Frist vorgeschrieben.

3. Zu jenem Verlangen berechtigt ist der Eigenthümer des Nachbargrund-

---

1) Über Fenster- und Lichtrecht vgl. man Fahne Fenster- u. Lichtrecht (1835), Hesse Rechtsverhältnisse der Grundstücksnachbarn Bd. 2 S. 294 flg., Stölzel im Archiv für civilist. Praxis Bd. 52 S. 206 flg., Paris Kritik der herrschenden Lehre vom Fensterrecht (1879) sowie Paris in Gruchot's Beiträgen zur Erläuterung des Deutschen Rechts Bd. 24 S. 67 flg.

2) Äußerung des Minist.Kommissärs A.A.Prot. S. 165; Becher Mat. I S. 433. Die ursprüngl. Fassung des Regierungsentwurfes war bei Art. 62 folgende: „Sind Fenster, die in gerader oder schräger Richtung auf ein mit Gebäuden versehenes oder als Hofraum oder Hausgarten dienendes Nachbargrundstück gehen, weniger als 0,60 m von der Grenze des Nachbargrundstückes entfernt, so müssen sie auf Verlangen des Eigenthümers" u. s. w. Auch Art. 63 enthielt im R.Entw. den Satz: „Die sich in gerader oder schräger Richtung gegen ein mit Gebäuden versehenes oder als Hofraum oder Hausgarten dienendes Nachbargrundstück öffnen und weniger als 0,60 m von dessen Grenze abstehen." Zwischen dem R.Entw. und dem Gesetze besteht kein sachlicher Unterschied; jedoch läßt der Entw. bei Art. 62 deutlicher als das Gesetz erkennen, daß nur die dem Nachbargrundstücke zugekehrten Fenster in Betracht kommen. (Bem. 4 am Schlusse.) Bezüglich der Worte „in schräger Richtung" hatte der Abg. Geiger im Just. Ges. Geb. Aussch. Bedenken geltend gemacht. (A.A.Prot. S. 165; Becher Mat. I S. 432, 433.)

stücks nur dann, wenn dieses mit Gebäuden versehen ist oder als Hofraum oder Hausgarten dient und wenn die Fenster oder die anderen Lichtöffnungen weniger als 60 Centimeter von der Grenze des Grundstücks entfernt sind.[3]) Andernfalls bedarf der Eigenthümer keines Schutzes. Der Zweck des Gesetzes geht dahin, das Auswerfen von Sachen sowie das Ausgießen von Flüssigkeiten auf das Grundstück zu verhindern und den Nachbar gegen die durch den Einblick aus allzu großer Nähe verursachten Belästigung zu sichern.[4]) Wenn eine Einrichtung in der Art getroffen ist, daß bis zur Höhe von 1,80 m d. i. bis zur Mannshöhe über dem hinter dem Fenster befindlichen Boden weder das Öffnen noch auch das Hindurchsehen möglich ist, so erscheint dem Willen des Gesetzes Genüge geleistet. Der Nachbar kann in diesem Falle nur noch

3) Das Maß von 0,60 m ist, wie der Ministerialkommissär Senatspräsident Dr. v. Jacubezky bemerkte, nicht willkürlich gewählt, sondern entspricht im wesentlichen dem alten Traufabstande von 2 Werkschuh; auch war dasselbe bisher in mehreren deutschen Nachbarrechtsgesetzen bestimmt. (A.A.Prot. S. 165, Becher Mat. I S. 433.) Nach dem württemb. Ausf.Ges. z. BGB. (Art. 222) sind die in der Umfassungswand eines nicht wenigstens 0,60 m von der Grenze zurückstehenden Gebäudes angebrachten Lichtöffnungen mit fest eingelassenen eisernen Gitterstäben oder mit starkem, unbeweglich angebrachten Metallgeflechte zu verwahren, und dasselbe gilt für bedeckte Altane, Erker oder Gallerien, wenn deren äußerster Vorsprung nicht wenigstens 0,60 m von der Grenze zurücksteht. (Becher Die Ausf.Ges. Abth. XXVI S. 1 ff.) Baden und Elsaß-Lothringen verlangen in ihren Ausf.Ges. Art. 19 bezw. § 65 für die in der Mauer eines Nachbargrundstücks angebrachten Fenster sowie für die daselbst befindlichen Balkone u. s. w. im Falle der schrägen Aussicht eine Entfernung zu mindestens 0,60 m von der Grenze. (Becher a. a. O. Abth. II S. 18 ff., Abth. VI S. 1 ff.)

4) Gegen Auswerfen von Gegenständen und Ausgießen von Flüssigkeiten ist im BGB. kein Schutz geboten. Diese unzulässige Art der Einwirkung auf das Nachbargrundstück ergibt sich nicht aus dem Bestehen u. der bestimmungsgemäßen Benutzung der Fenster, sondern ist als ein Mißbrauch anzusehen. Auch in baupolizeil. Hinsicht ist keine Sicherung dagegen geboten, da sowohl nach der rechtsrh. Bauordnung v. 31. Juli 1890 und der Münchner Bauordn. v. 29. Juli 1895, als auch nach den pfälzischen Bauplizeivorschriften v. 30. Aug. 1890 bei der Neuanlage von Fenstern in bestehenden Seiten- oder Rückmauern der Regel nach eine baupolizeiliche Genehmigung nicht erforderlich ist. Keine Einwirkung auf das Nachbargrundstück ist dagegen der Ausblick auf dasselbe. Gegen die hierdurch entstehenden, mit dem Wohnen in geschlossenen Ortschaften stets verbundenen Belästigungen läßt sich eine ausreichende Hilfe selbst dann nicht gewähren, wenn ein noch größerer Abstand von der Grenze als derjenige des unter den bisherigen Gesetzgebungen in dieser Beziehung am weitest gehenden code civil (welcher in gerader Richtung 1,90 m, in schräger Richtung 0,60 m Entfernung verlangt) vorgeschrieben würde. Dem Eigenthümer die Benutzung des Licht- u. Luftzutritts nur deßhalb zu untersagen, weil die zu diesem Zwecke dienenden Fenster den Ausblick auf das fremde Grundstück demselben möglich machen, wäre nicht zu rechtfertigen. Dem Nachbar, welcher den Blicken anderer sich entziehen will, muß überlassen bleiben, durch Vorhänge oder in sonstiger Weise sich selbst zu schützen. Nur bei Fenstern, welche weniger als 60 Cent. von der Grenze entfernt, dieser also so nahe gelegen sind, daß sie Luft und Licht ausschließlich oder fast nur vom Nachbargrundstücke her empfangen, ist eine gesetzliche Vorkehrung am Platze. Der diesen Fenstern gebotene Vortheil soll nicht in der Weise ausgenützt werden, daß für den Nachbar daraus eine Belästigung erwächst. (Motive A S. 39, 40; Becher Mat. I S. 84, 85.)

hinausblicken, wenn er auf eine Unterlage sich stellt, und er kann unter dieser Voraussetzung blos auswerfen, wenn er auf der Unterlage steht oder im Bogen wirft. Die Mauerbrüstung bis zum Beginn der Lichtöffnung zu erhöhen, ist nicht erforderlich, da Fenster ohne erhebliche Mehrkosten in der Weise hergestellt werden können, daß dieselben zwar das Licht, aber nicht den menschlichen Blick hindurchlassen. Man denke z. B. an Milchglas und gewelltes Glas, wie solches in Schulsälen manchmal angebracht ist.

Über die Messung des Abstandes im Falle des Art. 62 s. Abs. 1 Satz 2 dieses Art., im Falle des Art. 63 s. Satz 2 desselben.

4. Lichtöffnungen d. h. für den Eintritt von Licht bestimmte Öffnungen[5]) stehen, gleichviel welcher Art sie sind, den Fenstern gleich. Für Balkone und die im Art. 63 erwähnten weiteren Anlagen gilt dasselbe wie für Fenster, jedoch mit dem Abmaße, daß sie nicht ihrer ganzen Ausdehnung nach, sondern nur auf der dem Nachbargrundstücke zugekehrten Seite mit einem der Vorschrift des Art. 62 entsprechenden Abschlusse versehen sein müssen. Ihr Abschluß muß also auf der erwähnten Seite so beschaffen sein, daß derselbe bis zur Höhe von 1,80 m weder das Öffnen noch das Durchblicken gestattet. Die Fenster und anderen Lichtöffnungen, für welche Art. 62 maßgebend ist, müssen auch auf der dem Nachbargrundstücke zugekehrten Seite gelegen sein.

5. Auf Fenster, andere Lichtöffnungen und Anlagen im Sinne des Art. 63 erstrecken sich die nachbarrechtlichen Beschränkungen der Art. 62 bis 64 nicht, wenn sie an der Baulinie sich befinden; es können hier die baupolizeilichen Vorschriften die erforderlichen Anordnungen treffen. Beschränkungen kommen überhaupt in Wegfall, wenn nachträglich die Baulinie so gezogen wird, wie man bei der Herstellung des Gebäudes erwartet hat.

6. Art. 62 u. 63 kommen auch für Fenster, Balkone u. s. w. zur Anwendung, welche einem einer öffentlichen Eisenbahnanlage dienenden Grundstücke gegenüberliegen. Denn hier gilt es, nicht blos das Auswerfen und Ausgießen zu verhüten, sondern auch der bei offenen Fenstern in unmittelbarer Nähe des Betriebs bestehenden Feuersgefahr[6]) vorzubeugen. Nach dem hier angegebenen Zwecke gelten aber jene Artikel nicht in ihrem vollen Umfange. Die einer öffentlichen Eisenbahnanlage gegenüberliegenden Fenster, Balkone u. s. w. brauchen nur gegen Auswerfen oder Ausgießen durch entsprechenden Abschluß sicherzustellen. Sie müssen zwar nicht, dürfen jedoch so eingerichtet sein, daß sie das Durchblicken gestatten.

7. Die Ansprüche aus Art. 62—65 unterliegen nicht der Verjährung (Art. 78); die auf jene Artikel gestützten nachbarrechtlichen Befugnisse erlöschen nicht durch Verzicht des Berechtigten. (Vgl. Art. 77.)

Artikel 66.

Für die zur Zeit des Inkrafttretens des Bürgerlichen Gesetzbuchs bestehenden Lichtöffnungen, Fenster, Balkone, Erker und ähnlichen Anlagen bleiben die bisherigen Vorschriften in Geltung, soweit sie eine geringere Beschränkung bestimmen als die Artikel 62 bis 65.

1. Der Gesetzgeber konnte nicht die Absicht haben, daß Tausende von Fenstern

5) R.R.A.Prot. 7 S. 15; Becher Mat. I S. 827.
6) Motive A S. 40; Becher Mat. I S. 86.

und anderen Anlagen, welche bisher den rechtlichen Vorschriften entsprachen, eine bauliche Umänderung erfahren müssen. Er hat deshalb in Art. 66 die Anordnung getroffen, daß für die z. Zt. des Inkrafttretens des BGB. bestehenden, d. h. zu Recht bestehenden Lichtöffnungen, Fenster u. s. w. die bisherigen Bestimmungen in Geltung bleiben, soweit dieselben eine geringere Beschränkung festsetzen als die Art. 62 bis 65. Bedingen dieselben hingegen eine größere Eigenthumsbeschränkung, so kann der Belastete eine Erleichterung für sich dadurch herbeiführen, daß er dem neuen Gesetze sich unterwirft. Den Art. 62 bis 66 ist Rechnung getragen, wenn der Eigenthümer ein Fenster oder eine andere Anlage hat, welche entweder den neuen oder den bisherigen älteren Vorschriften Genüge leistet. Derselbe hat deshalb die Wahl, welchem Rechte er für bereits früher bestehende Anlagen sich unterwerfen will. Mußte der Eigenthümer z. B. bisher sein Fenster vergittern, so darf er das Gitter nur wegnehmen, wenn er hinsichtlich seines Fensters den Anforderungen des Art. 62 nachkommt.

Auf Frage des Korreferenten Abg. Lerno erwiderte der Minist.Kommissär im Just.Gesetzgeb.Ausschusse,[1]) daß das neue Gesetz dann Anwendung finde, wenn bei einem Umbau neue Fenster angelegt werden. Erstrecke sich jedoch der Umbau nicht auf alle Theile des Hauses, so seien die Vorschriften der Art. 62 u. flg. abgesehen von den neu herzustellenden Fenstern für die außer Betracht bleibenden Bestandtheile des Gebäudes nicht zu beachten.

2. Fortbestehend bleiben die älteren Rechte, insofern sie, wie erwähnt, eine geringere Beschränkung als die Art. 62—65 festsetzen. Sie haben aber auch dann noch weitere Geltung, wenn sie eine Beschränkung anderer Art wie z. B. die Vergitterung[2]) anordnen oder wenn sie gar keine Beschränkung enthalten, wie dies z. B. nach gemeinem Rechte u. bayer. Landrechte in der hier erwähnten Beziehung der Fall war. Nach der desfallsigen Bemerkung des Minist.Kommissärs[3]) ist in jedem einzelnen Falle zu untersuchen, ob die bisherigen Bestimmungen für das Fenster, so wie dieses besteht, günstiger sind als die neuen. Insoweit letzteres der Fall ist, darf das Fenster in derselben Weise wie bisher fortbestehen.

3. Nach Art. 78 unterliegen die aus der Vorschrift des Art. 66 sich ergebenden Ansprüche, also diejenigen auf Fortbelassung des den älteren Bestimmungen entsprechenden und auf Beseitigung des denselben zuwiderlaufenden Zustandes, nicht der Verjährung. Auch sind die aus Art. 66 sich ableitenden nachbarrechtlichen Befugnisse in Art. 77 nicht unter denjenigen aufgeführt, welche durch Verzicht des Berechtigten erlöschen.

Artikel 67.

Hat der Eigenthümer eines Gebäudes vor dem Inkrafttreten des Bürgerlichen Gesetzbuchs nach den Vorschriften des Preußischen Landrechts durch Zeitablauf das Recht erlangt, daß zum Schutze seiner Fenster vor Verdunkelung mit Anlagen auf einem Nachbargrundstück

1) A.A.Prot. S. 168; Becher Mat. I S. 437.

2) Man darf ein vergittertes Fenster in geringerem Abstande als 0,60 m vom Nachbargrundstücke belassen, ohne dasselbe nach der Bestimmung des Art. 62 einrichten zu müssen. Ebenso ist es bezüglich des in München zugelassenen sog. einfallenden Lichtes.

3) A.A.Prot. S. 167; Becher Mat. I S. 436.

ein bestimmter Abstand eingehalten werden muß, so gilt dieses Recht als Grunddienstbarkeit.

Das Gleiche gilt, wenn der Eigenthümer eines Gebäudes vor dem Inkrafttreten des Bürgerlichen Gesetzbuchs nach den Vorschriften des Pfälzischen Rechtes durch Zeitablauf das Recht erlangt hat, Fenster, andere Lichtöffnungen oder Anlagen der im Artikel 63 bezeichneten Art zu halten, die den gesetzlichen Vorschriften nicht entsprechen.

1. Im Gebiete des preußischen Landrechts besteht eine Verschiedenheit der Meinungen darüber, ob die in Th. I Tit. 8 §§ 142 flg. L.R.[1]) ausgesprochene Verpflichtung des Eigenthümers, mit Gebäuden auf seinem Grundstücke einen bestimmten Abstand zu dem Zwecke einzuhalten, damit die Fenster seines Nachbars vor Verdunkelung geschützt werden, eine dem Nachbarrechte angehörige Eigenthumsbeschränkung oder eine Grunddienstbarkeit sei. Ist sie mit Förster-Eccius preußischem Privatrechte Bd. III § 170 Anm. 37 und der daselbst erwähnten Abhandlung von Paris als eine Eigenthumsbeschränkung anzusehen, so kommt sie künftighin in Wegfall, da weder das BGB. noch auch das bayer. Ausf.Ges. hiezu einen gesetzlichen Schutz bestehender Fenster gegen Verdunkelung kennt.[2]) Ist sie dagegen, wie dies die preußische Rechtsprechung im Einklange mit Dernburg preuß. Privatrecht Bd. I § 221 und den weiter bei Förster-Eccius a. a. O. angegebenen Schriftstellern annahm, eine Grunddienstbarkeit, welcher ein durch zehnjährige Ersitzung erlangtes Untersagungsrecht des Höherbauens auf Seite des Berechtigten gegenübersteht, so kann zwar eine unvollendete Ersitzungszeit unter der Herrschaft des BGB. nicht mehr zur Vollendung gebracht werden, da diesem Gesetze die Ersitzung von Grunddienstbarkeiten fremd ist. Aber es kann das durch Ersitzung (Th. I Tit. 9 §§ 579 flg., 620 flg. mit Tit. 22 § 14 pr. L.R.) bereits erworbene Dienstbarkeitsrecht auch noch fortan richterliche Anerkennung finden. Um Rechte der bezeichneten Art für die Zukunft nicht in Zweifel stellen zu lassen, erachtete das Gesetz es für angemessen, die Streitfrage des preuß. Rechtes dahin zur Entscheidung zu bringen, daß ein Grunddienstbarkeitsrecht mit dem in Abs. 1 bezeichneten Inhalte vorliege.

2. Ebenso hat Abs. 2 den Zweck, eine ähnliche Streitfrage für das pfälzische Recht zu beseitigen. Der Eigenthümer, welcher 30 Jahre lang ein den diesbezüglichen gesetzlichen Vorschriften über Entfernung und Konstruktion der Lichtöffnungen (Art. 675 flg. code civil) nicht entsprechendes Fenster besitzt, erwirbt im Wege der Ersitzung nach Art. 690 a. a. O. das Recht, sein Fenster künftighin beizubehalten. Indessen sind die Ansichten darüber verschieden, ob der Eigenthümer in Folge der Ersitzung auch ein Dienstbarkeitsrecht mit der Wirkung erlangt hat, das Verbauen seines Fensters dem Nachbar zu untersagen, oder ob sich seine Befugniß nur auf die

---

1) Die Bestimmungen des Th. I Tit. 8 §§ 142—144 preuß. L.R. bleiben vermöge Art. 89 Ziff. 1, b des preuß. Ausf.Ges. z. BGB. in der preuß. Monarchie noch weiter in Kraft. (Becher Die Ausf.Ges. Abth. XIV S. 1 flg.)

2) Aus diesem Grunde haben die hier einschlägigen Vorschriften des Augsburger, Memminger und Regensburger Rechts unter der Herrschaft des BGB. keine weitere Geltung mehr, da sie, wie dies der Minist.Kommissär (A.A.Prot. S. 168; Becher Mat. I S. 439) bemerkte, ihrem Inhalte nach offensichtlich nachbarrechtliche Bestimmungen sind, bei welchen der Schutz der angelegten Fenster nicht von einem Zeitablaufe abhängt.

Beibehaltung seines Fensters beschränkt. Während die zweite Anschauung früher sowohl in der Pfalz als auch in Frankreich die herrschende war, hat man, wie Reichsrath Hessert[3]) im Just.Ges.Geb.Aussch. der Kammer der R.R. dies näher darlegte, sich in Frankreich jetzt der ersteren Meinung zugewendet, welcher auch das Reichsgericht[4]) beigetreten ist. Die pfälzische Rechtsprechung hielt jedoch stets an der im Jahre 1845 auch vom Oberapellationsgerichte vertretenen zweiten Auffassung fest, zu welcher der oberste Gerichtshof, nachdem er im Jahre 1870 der anderen Meinung Ausdruck verliehen hatte, im Jahre 1875 wieder zurückgekehrt ist. (Samml. der Entsch. 5 S. 89, vgl. auch 8 S. 571.)

Auf Antrag der k. Staatsregierung wurde unter Abstrich der im Art. 59 des Reg.Entw. den Worten „des preußischen Landrechts" folgenden Wendung „oder des pfälzischen Rechtes" der jetzige Abs. 2 eingestellt, welcher nicht mehr wie der Reg.Entw. auf dem Standpunkte des Reichsgerichts steht und zugleich erkennen läßt, daß die durch Ersitzung erworbene Grunddienstbarkeit den Inhalt hat, Fenster halten zu dürfen, die den gesetzlichen Vorschriften nicht entsprechen. Der Zeitablauf verschafft also kein Recht, dem Nachbar das Verbauen des Fensters zu untersagen.

3. Die Worte „vor dem Inkrafttreten des BGB." lassen, wie dies auch der Minist.Kommissär betonte,[5]) deutlich erkennen, daß hiebei nicht derjenige Zeitpunkt, in welchem das Grundbuch als angelegt anzusehen, sondern der 1. Januar 1900 maßgebend ist. Zum Zwecke besserer Klarstellung wurde in Art. 177 des gegenw. Ausf. Ges. die Einschaltung gemacht „unbeschadet der Vorschriften des Artikel 67".

4. Über die Eintragung von Grunddienstbarkeiten vgl. noch die Art. 44 u. 45 des Ges. Übergangsvorschriften betreffend.

Artikel 68.

Werden zwei Grundstücke durch eine Mauer geschieden, zu deren Benutzung die Eigenthümer der Grundstücke gemeinschaftlich berechtigt sind, so kann der Eigenthümer des einen Grundstücks dem Eigenthümer des anderen Grundstücks nicht verbieten, die Mauer ihrer ganzen Dicke nach zu erhöhen, wenn ihm nachgewiesen wird, daß durch die Erhöhung die Mauer nicht gefährdet wird.

Der Eigenthümer des Grundstücks, von dem aus die Erhöhung erfolgt ist, kann dem Eigenthümer des anderen Grundstücks die Benutzung des Aufbaus verbieten, bis ihm für die Hälfte oder, wenn nur ein Theil des Aufbaus benutzt werden soll, für den entsprechenden Theil der Baukosten Ersatz geleistet wird. Ist der Bauwerth geringer als der Betrag der Baukosten, so bestimmt sich der zu ersetzende Betrag nach dem Bauwerthe. Die Ersatzleistung kann auch durch Hinterlegung oder durch Aufrechnung erfolgen. Solange das Verbietungsrecht besteht, hat der Berechtigte den Mehraufwand zu tragen, den die Unterhaltung der Mauer in Folge der Erhöhung verursacht.

Wird die Mauer zum Zwecke der Erhöhung verstärkt, so ist die

3) R.R.A.Prot. 7 S. 17, 18; Becher Mat. I S. 830, 831.

4) Entsch. des Reichsg. Bd. 13 S. 305 u. 15 S. 328.

5) A.A.Prot. S. 170; Becher Mat. I S. 442.

Verstärkung auf dem Grundstück anzubringen, dessen Eigenthümer die Erhöhung unternimmt. Der nach Abs. 2 von dem Eigenthümer des anderen Grundstücks zu ersetzende Betrag erhöht sich um den entsprechenden Theil des Werthes der zu der Verstärkung verwendeten Grundfläche. Verlangt der Eigenthümer des Grundstücks, auf dem die Verstärkung angebracht worden ist, die Ersatzleistung, so ist er verpflichtet, dem Eigenthümer des anderen Grundstücks das Eigenthum an der zu der Mauer verwendeten Grundfläche seines Grundstücks soweit zu übertragen, daß die neue Grenzlinie durch die Mitte der verstärkten Mauer geht; die Vorschriften über den Kauf finden Anwendung.

1. Da nach dem BGB. eine gemeinschaftliche Mauer[1]) als durch die Grenzlinie getrennt im Sondereigenthum der Nachbarn stehend zu denken ist, so darf dieselbe von dem einen der Nachbarn ohne Genehmigung des andern nur bis zur Hälfte ihrer Dicke[2]) erhöht werden, selbst dann, wenn dies nicht ohne Schaden für die Mauer geschehen kann.[3]) Wenn daher das Gesetz wollte, daß der eine Nachbar ohne Zustimmung des andern berechtigt sein solle, die gemeinschaftliche Mauer[4]) ihrer ganzen Dicke nach zu erhöhen, so mußte es dies besonders aussprechen. Art. 68 Abs. 1 regelt nun, gestützt auf Art. 124 Einf.Ges. z. BGB., die Sache in der Weise, daß der Eigenthümer des einen Grundstückes demjenigen des andern Grundstücks es nicht verbieten darf, die Mauer ihrer g a n z e n Dicke nach zu erhöhen, wenn ihm nachgewiesen wird, daß die Mauer durch die Erhöhung keine Gefährdung erleidet. An und für sich hat der eine Nachbar für den auf seiner Seite liegenden Theil der Mauer das aus seinem Sondereigenthum entspringende Verbietungsrecht, welches jedoch dann entfällt, wenn der erwähnte Beweis erbracht ist, und welches bis zur Lieferung eines solchen Nachweises aufrecht erhalten bleibt. Dieser letztere wird der Regel nach mittels Sachverständiger geführt werden und mit Rücksicht hierauf enthielt der bayerische Ent-Entwurf von 1861 die Bestimmung „wenn vorher durch ein Gutachten Sachverständiger

---

1) v. R o t h b. Civ.R. II Abth. 1 u. §§ 137 u. 144, VII u. die daselbst S. 127 angef. Literatur.

2) Bei Mauern spricht man gewöhnlich von Stärke, nicht von Dicke; indeß gebrauchen auch mehrere deutsche Ausf.Ges. z. B. diejenigen von Anhalt, Baden, Bremen, Hessen u. Preußen den Ausdruck „Dicke"; die oberste Baubehörde hat denselben nicht beanstandet. (R.R.A.Prot. 8 S. 1; B e c h e r Mat. I S. 835).

3) Der Code civil Art. 658 flg. sowie die Statutarrechte von München, Amberg, Mainz, Memmingen, Nürnberg u. Ulm (vgl. v. R o t h II Abth. 1 S. 138 u. 139) enthalten über die Befugniß des Nachbars, eine gemeinschaftliche Mauer zu seinen eigenen Zwecken zu erhöhen, besondere Bestimmungen u. verpflichten den anderen Theil, die Hälfte der Kosten zu ersetzen, wenn derselbe die Erhöhung für sich benutzt. Vorschriften derartigen Inhalts sind auch in dem bayer. Entwurfe v. 1861 Art. 205 bis 207 sowie in der württemb. Bauordnung v. 6. Okt. 1872 Art. 68 bis 70 aufgestellt. Die Ausführungsges. zum BGB. von A n h a l t Art. 34, B a d e n Art. 13, B r e m e n § 24, H e s s e n Art. 82 u. P r e u ß e n (für den bisherigen Geltungsbereich des Rheinischen Rechts) Art. 23 stimmen im wesentlichen, zum Theile wörtlich, mit Art. 68 bayer. Ausf.Ges. überein. (B e c h e r die Ausf.Gesetze Abth. I S. 8 ff., II S. 18 ff., V S. 1 ff., VIII S. 29 ff. u. XIV S. 1 ff.)

4) Ueber Kommunmauerzwang nach bisher geltenden Rechten s. die Fußnoten 1 u. 2 zu Art. 70.

festgestellt ist u. s. w." Art. 68 vermied es, eine ähnliche Anordnung zu treffen, weil nicht jedes Gutachten von Sachverständigen ohne weiteres zuverlässig ist, und fordert daher wie der Minist.Kommissär bemerkte,[5]) nur einen solchen Nachweis, daß ein vernünftiger Mensch sich dabei beruhigen wird. Nach dem Vorerörterten bedarf es keiner weiteren Ausführung, daß der erwähnte Nachweis durch das Vorhandensein eines Rechtsstreites nicht bedingt ist, da er ja der Regel nach außerhalb eines solchen geführt werden wird. Kommt es indeß zum Prozesse, so kann nach dem Wortlaute des Gesetzes kein Zweifel darüber bestehen, wen die Beweislast trifft. So lange der Kläger den vom Beklagten vor dem Rechtsstreite verlangten Nachweis nicht erbracht hat, stand dem Beklagten ein Verbietungsrecht zu; wenn daher der letztere auf den im Prozesse gelieferten Beweis hin den klägerischen Anspruch sofort anerkennt, so kann für die Frage der Prozeßkosten § 93 der Civ.Pr.O. Anwendung finden.

2. Absatz 2 regelt die Ersatzpflicht hinsichtlich der durch die Erhöhung der gemeinschaftlichen Mauer veranlaßten Kosten und setzt für den Eigenthümer, welcher die Erhöhung vorgenommen hat, ein Verbietungsrecht fest. Es ist selbstverständlich, daß es sich nur um die Ersatzverbindlichkeit für denjenigen Theil der Erhöhung handelt, welcher auf der dem andern Nachbarn, dessen Verpflichtung in Anspruch genommen werden soll, zugewendeten Seite der Mauer sich befindet. Nach allgemeinen Bestimmungen hätte der eine Nachbar zu der auf seiner Seite vorgenommenen Erhöhung, welche der andere Nachbar aus freiem Antriebe bewirkte, nicht verhalten werden können. Das Gesetz spricht auch in Art. 68 einen solchen Zwang nicht aus, welchen uuter den in Bayern bisher geltenden Rechten nur das pfälzische Recht Art. 663 sowie die Statutarrechte von München und Nürnberg kannten; es gestattet vielmehr dem Eigenthümer, welcher die Erhöhung vorgenommen hat, oder, wie Abs. 2 sich ausdrückt, „dem Eigenthümer desjenigen Grundstückes, von welchem aus die Erhöhung erfolgt ist", die Benützung des Aufbaues insolange dem Eigenthümer des anderen Grundstückes zu verbieten, bis jenem für die Hälfte oder, wenn nur ein Theil des Aufbaues benützt werden soll, für den entsprechenden Theil der Baukosten Ersatz geleistet wird. Den Nachbarn, welcher die Vortheile der Erhöhung sich aneignet, auch zu den Baukosten heranzuziehen, erschien der Billigkeit angemessen. Die Rücksichtnahme auf die letztere gebietet es aber auch, die Ersatzverbindlichkeit nur nach dem Bauwerthe zu bemessen, wenn der letztere geringer ist als die Baukosten. Daß Hinterlegung und Aufrechnung der Befriedigung gleichgestellt sind, ist auch im BGB. wiederholt angenommen z. B. in §§ 268, 1142, 1224. Insolange die Benützung des Aufbaues verboten werden kann, hat der Ersatzberechtigte auch den Mehraufwand zu tragen, den die Unterhaltung der Mauer in Folge der Erhöhung verursacht.

3. Die zum Zwecke der Erhöhung nothwendige Verstärkung der Mauer ist auf demjenigen Grundstücke anzubringen, dessen Eigenthümer die Verstärkung vornimmt. In diesem Falle erhöht sich die von dem Eigenthümer des andern Grundstücks nach Abs. 2 zu erstattende Summe um den entsprechenden Teil des Werthes der zur Verstärkung verwendeten Grundfläche (Abs. 3). Bei Verstärkungen, die zum Zwecke der Erhöhung nicht geboten sind, sondern in blos nützlicher Weise gemacht wurden, dürfte eine Ersatzpflicht nicht eintreten. Auch die Motive sagen[6]): „hat die Mauer zum Zwecke der Erhöhung verstärkt werden müssen u. s. w." Vermöge der Verstärkung wird

---

5) A.A.Prot. S. 171, 172; Becher Mat. I S. 444, 445.
6) Mot. A S. 42; Becher Mat. I S. 90.

eine Grenzverschiebung stattfinden, in Folge deren die neue Grenze durch die Mitte der verstärkten Mauer geht. Es ist deshalb der Eigenthümer des Grundstückes, auf welchem die Verstärkung angebracht wurde, wenn derselbe die Ersatzleistung in Anspruch nimmt, auch dazu verpflichtet, dem Eigenthümer des anderen Grundstücks an der zur Mauer verwendeten Grundfläche seines Grundstücks soweit das Eigenthum zu übertragen, daß die neue Grenzlinie durch die Mitte der verstärkten Mauer läuft. In gleicher Weise wie im Falle des § 915 Abs. BGB. bestimmen sich hiebei die Rechte und Pflichten beider Theile nach den Regeln des Kaufes.

4. Für die Benutzung und Unterhaltung der gemeinschaftlichen Mauern sind die §§ 922, 1008 bis 1001 sowie die §§ 741 bis 758 BGB. maßgebend.[7])

5. Der Anspruch in Abs. 1 unterliegt gemäß Art. 78 nicht der Verjährung. Die in Abs. 2 bezeichneten nachbarrechtlichen Befugnisse, also sowohl das Verbietungsrecht als auch der Anspruch auf Ersatzleistung, erlöschen nach Art. 77 durch Verzicht des Berechtigten, welcher gegenüber dem Eigenthümer des Nachbargrundstücks zu erklären ist. Hinsichtlich des in Abs. 1 erwähnten Rechts ist von dem Erlöschen durch Verzicht Umgang genommen und zwar, wie die Begründung zu Art. 69 des Reg.-Entw.[8]) bemerkt, wegen der jenem Rechte für den jeweiligen Eigenthümer, welchem es zum Vortheile gereicht, zukommenden Bedeutung. Abs. 3 ist in Art. 77 nicht besonders aufgeführt. Allein derselbe bildet blos eine Ergänzungsbestimmung bezüglich der in den Abs. 1 u. 2 bezeichneten Rechte und zwar für den Fall, daß zum Zwecke der Erhöhung eine Verstärkung der Mauer erfolgt ist.[9]) Das für den Fall einer mit der Mauerverstärkung verbundenen Erhöhung bestehende Verbietungsrecht ist auch nicht etwa durch Abs. 3 ausgesprochen, sondern vielmehr in den Abs. 1 u. 2 festgesetzt. Dagegen hat allerdings der aus Abs. 2 sich ergebende Anspruch auf Ersatzleistung in

7) Aus § 903 BGB. ergibt sich, daß man an der unmittelbar an der Grenze stehenden Mauer des Nachbars nicht ohne eine eigene Wand anbauen, auf dieselbe nicht Balken u. s. w. auflegen, in sie nicht einzäpfen darf. Besondere Bestimmungen, welche die Benutzung der eigenen Grenzmauer zu Gunsten des Nachbars beschränken, sind entbehrlich; es finden sich solche nur in einigen älteren Statutarrechten. Es handelt sich um die Anbringung von Vertiefungen in der Mauer, welche die Gefahr eines Bruches derselben oder des Hinübergreifens eines in dem Hause entstandenen Brandes mit sich bringen. Wenn die Gefahr des Einsturzes droht, so kann sich der Nachbar durch Stellung des in § 908 BGB. erwähnten Verlangens oder durch Anrufung der Polizeibehörde Hilfe verschaffen. Brandmauern im Sinne der rechtsrhein. Bauordnung v. 31. Juli 1890 § 40, der Münchner Bauordn. v. 29. Juli 1895 § 47 u. der Bauvorschriften für die Pfalz v. 30. Aug. 1890 § 2 sind gegen Einbrüche, welche ihren Zweck gefährden, geschützt durch diese Vorschriften (§ 16 bezw. § 21 u. 1). (Motive A S. 41; Becher Mat. I S. 89.)

8) Motive A S. 44; Becher Mat. I S. 94.

9) Diese Eigenschaft als Ergänzungsbestimmung hat in Art. 13 des badischen Ausf.Ges. z. BGB. (Becher die Ausf.Ges. Abth. II S. 18 ff.) einen richtigeren Ausdruck gefunden. Es ist hier Satz 1 von Abs. 3 des bayer. Art. 68 der mit Abs. 1 des letzteren übereinstimmenden Bestimmung von Art. 13 Abs. 1 des bad. Ges. als 2. Satz angereiht; ferner ist in dem mit Abs. 2 des bayer. sonst im Einklange stehenden Abs. 2 des bad. Ges. auch für den Fall der Mauerverstärkung Anordnung getroffen. Durch Abs. 4 ist dann verfügt, daß das in Abs. 2 bezeichnete Verbietungsrecht durch Verzicht des Berechtigten erlösche, welcher durch Erklärung gegenüber dem Eigenthümer des Nachbargrundstücks zu erfolgen habe.

Abs. 3 eine andere Regelung erfahren; es handelt sich jedoch hiebei um einen durch Abs. 3 modificirten Anspruch aus Abs. 2. Es dürfte deshalb das in Art. 77 für Abs. 2 des Art. 68 Bestimmte auch für den Fall von Art. 68 Abs. 3 gelten, insoweit es sich um den Verzicht auf das Verbietungsrecht und den Anspruch auf Ersatzleistung handelt. Der in Abs. 1 erwähnte Anspruch unterliegt, im Falle daß eine Mauerverstärkung in Frage steht, gleichfalls nicht dem Verzichte oder der Verjährung. Ueber den Verzicht auf das in Abs. 2 erwähnte Verbietungsrecht im Falle der Belastung mit einer Reallast, Hypothek u. s. w. s. Art. 77 Abs. 2 Satz 2.

6. Bezüglich der Anwendung von Abs. 2 u. 3 auf den Fall, daß eine Mauer schon vor dem 1. Januar 1900 erhöht wurde, s. Art. 69. Vgl. auch noch die Ueberg.-Bestimmung des Art. 70.

Artikel 69.

Ist eine Mauer der im Artikel 68 Abs. 1 bezeichneten Art vor dem Inkrafttreten des Bürgerlichen Gesetzbuchs von dem Eigenthümer des einen Grundstücks erhöht worden, so finden, soweit nach den bisherigen Vorschriften für die Benutzung des Aufbaus seitens des Eigenthümers des anderen Grundstücks ein Theil der Kosten zu ersetzen oder eine sonstige Vergütung zu leisten ist, die Vorschriften des Artikel 68 Abs. 2, 3 Anwendung, es sei denn, daß die Vergütung schon vor dem Inkrafttreten des Bürgerlichen Gesetzbuchs fällig geworden ist.

1. Art. 68 Abs. 2 u. 3 würden an sich nur dann Anwendung finden, wenn die betreffende Mauer nach dem 1. Januar 1900 erhöht worden ist. Um aber die Zweifel, zu welchen die bisherigen Vorschriften Anlaß gaben, thunlichst abzuschneiden und womöglich einfaches Recht zu schaffen, hat das Gesetz die Heranziehung des Nachbarn zu den Baukosten auch für den Fall nach dem neuen Rechte geregelt, wenn die Erhöhung der gemeinschaftlichen Mauer schon vor dem 1. Januar 1900, die Benutzung des Aufbaues durch den Nachbarn jedoch später erfolgt ist. Wurde aber die Vergütung schon vor dem angegebenen Zeitpunkte fällig, so bleiben die bisherigen Bestimmungen in Geltung.

2. Auch insoweit gilt noch das ältere Recht, als am 1. Januar 1900 ein Anspruch auf Niederreißung einer verbotswidrig vorgenommenen Erhöhung bereits besteht. Eine solche Befugniß wird mit dem Eintritte des bezeichneten Tages nicht verloren.[1])

3. Die in Art. 69 erwähnte nachbarrechtliche Befugniß erlischt durch Verzicht, welcher gegenüber dem Eigenthümer des Nachbargrundstücks zu erklären ist. (Art. 77.)

Artikel 70.

Hat zur Zeit des Inkrafttretens des Bürgerlichen Gesetzbuchs der Eigenthümer eines Grundstücks auf Grund eines ihm nach den bisherigen Vorschriften gegenüber dem Eigenthümer eines Nachbargrundstücks zustehenden Zwangsrechts eine Mauer, durch welche die Grundstücke geschieden werden, zu gemeinschaftlicher Benutzung zu errichten

---

1) A.A.Prot. S. 173; Becher Mat, I S. 446, 447 (Aeußerung des Minist.Kommissärs Dr. v. Jacubezky).

begonnen, so bleiben diese Vorschriften für das Recht und die Pflicht zur Herstellung der Mauer maßgebend.

Ist eine Mauer, durch welche zwei Grundstücke geschieden werden, von dem Eigenthümer des einen Grundstücks auf Grund eines ihm nach den bisherigen Vorschriften gegenüber dem Eigenthümer des anderen Grundstücks zustehenden Zwangsrechts zu gemeinschaftlicher Benutzung hergestellt worden, so finden an Stelle der bisherigen Vorschriften, nach welchen im Falle der Benutzung der Mauer seitens des Eigenthümers des anderen Grundstücks ein Theil der Kosten zu ersetzen ist, die Vorschriften des Artikel 68 Abs. 2, 3 entsprechende Anwendung, es sei denn, daß der Ersatzanspruch schon vor dem Inkrafttreten des Bürgerlichen Gesetzbuchs fällig geworden ist.

1. Nach dem BGB. besteht für den Eigenthümer eines Grundstücks keine Verpflichtung, bei der Errichtung einer gemeinschaftlichen Grenzmauer sich zu betheiligen. Ist jedoch auf Grund der im pfälzischen Rechte oder in den Statutarrechten von München und Nürnberg[1]) bestehenden Vorschriften über den Zwang zur Herstellung einer gemeinschaftlichen Grenzmauer[2]) vor dem 1. Januar 1900 mit dem Bau bereits begonnen gewesen, so sind für die Vollendung des letzteren d. h. für das Recht und die Pflicht zu dessen Herstellung jene älteren Vorschriften maßgebend. Für die Benutzung dieser gemeinschaftlichen Mauern gelten jedoch die Bestimmungen des BGB. (§§ 741 ff., 922, 1008 bis 1011).[3])

2. Ist eine gemeinschaftliche Grenzmauer auf Grund eines nach der pfälzischen Gesetzgebung bezw. dem Münchner oder Nürnberger Statutarrechte dem Eigenthümer eines Grundstücks gegenüber seinem Nachbar zustehenden Zwangsrechts hergestellt worden

1) Code civil Art. 663, Nürnberger Reformation v. 1564 Tit. 26 Gesetz 8 u. Münchner Bau- u. Kundschaftsordnung vom Jahre 1489 Art. 4 (Auer Stadtrecht von München S. 200 ff.) Ueber die Rechtsverhältnisse bei Kommunmauern in München vgl. man noch Gerstenecker Bl. f. R.A. 53 S. 1, ferner die Urth. in Bl. f. R.A. Bd. 44 S. 122, 53 S. 234, 54 S. 241, 58 S. 401 und in der Samml. oberstrichterl. Entsch. Bd. 1 S. 162, 7 S. 820, 12 S. 120 u. 14 S. 499.

2) Außer den oben in Ziff. 1 erwähnten kennt keines der bisher in Bayern in Geltung gewesenen Rechte den Kommunmauerzwang. Ein Bedürfniß, den Bauenden durch einen solchen Eingriff in das Recht des Nachbars zu begünstigen oder demjenigen, dessen Grundstück an eine fremde Mauer stößt, ein Enteignungsrecht zu dem Zwecke zu geben, die Mauer gemeinschaftlich zu machen, besteht nach den in anderen Staaten gemachten Erfahrungen auch für größere in rascher Entwicklung begriffene Städte nicht. Indeß soll nicht verkannt werden, daß, wie dies auch im Just.Gef.Geb.Aussch. der Kammer der R.R. von dem Vorsitzenden Reichsrat v. Auer mit Nachdruck hervorgehoben wurde (Becher Mat. I S. 835, 836), die diesbezüglichen Bestimmungen der Münchner Bauordnung immerhin auch eine vortheilhafte Wirkung gehabt haben. Gleichwie der Kommunmauerzwang kommt auch der Schiedmauer- und Verzäunungszwang, welcher ohnehin nur in einem kleineren Theile von Bayern bestand, künftighin in Wegfall.

3) Besonderer Vorschriften über die Winkel bedarf es nicht neben jenen in § 49 der allg. Bauordnung v. 31. Juli 1890. Für gemeinschaftliche Winkel greift der oben angeführte § 922 BGB. Platz, für die eigenen Winkel hat es bei den allgemeinen Bestimmungen des BGB. sein Bewenden. (Motive A S. 42; Becher Mat. I S. 90, 91.

und am 1. Januar 1900 vollendet gewesen, so finden die bisherigen Vorschriften, nach welchen im Falle der Benutzung der Mauer seitens des Eigenthümers des Nachbargrundstücks ein Theil der Kosten zu ersetzen ist, keine Anwendung mehr. Es treten vielmehr die Bestimmungen des Art. 68 Abs. 2 und Abs. 3 an deren Stelle. Die älteren Grundsätze greifen nur dann noch Platz, wenn der Ersatzanspruch vor dem vorgenannten Tage bereits fällig geworden ist.

3. Die in Art. 70 Abs. 2 bezeichneten nachbarrechtlichen Befugnisse erlöschen gleichwie die in dem daselbst in Bezug genommenen Art. 68 Abs. 2 erwähnten durch Verzicht, welcher gegenüber dem Berechtigten zu erklären ist. (Art. 77.) Das Gleiche gilt, insoferne nach Art. 70 Abs. 2 der Art. 68 Abs. 3 anwendbar erscheint. Hierin liegt eine Bestätigung dafür, daß auch im Falle des Art. 68 Abs. 3 ein Verzicht möglich ist. (S. Bem. 5 zu Art. 68.) Ueber den Verzicht auf das in Art. 70 Abs. 2 bezeichnete Verbietungsrecht im Falle der Belastung des Grundstücks mit einer Reallast, Hypothek u. s. w. vgl. Art. 77 Abs. 2.

Artikel 71.

Der Eigenthümer eines Grundstücks kann verlangen, daß auf einem Nachbargrundstücke nicht Bäume, Sträucher oder Hecken, Weinstöcke oder Höpfenstöcke in einer geringeren Entfernung als 0,50 m oder, falls sie über 2 m hoch sind, in einer geringeren Entfernung als 2 m von der Grenze seines Grundstücks gehalten werden.

Zu Gunsten eines Waldgrundstücks kann nur die Einhaltung eines Abstandes von 0,50 m verlangt werden. Das Gleiche gilt, wenn Wein oder Hopfen auf einem Grundstück angebaut wird, in dessen Lage dieser Anbau nach den örtlichen Verhältnissen üblich ist.

1. Von Wichtigkeit sind die nach eingehender Berathung im bayer. Landwirthschaftsrathe auf Grund des Art. 124 Einf.Ges. zum BGB. erlassenen Vorschriften der Art. 71 bis 75, nach welchen Bäume, Sträucher und andere Gewächse nur in einem gewissen Abstande von dem Nachbargrundstücke gehalten werden dürfen. Es ist, wie der Minist.Kommissär Dr. v. Jacubezky mit gutem Grunde bemerkte,[1]) kein Eingriff in das Recht des Nachbarn, daß jemand Bäume auf seinem Eigenthum hält, es ist dies sein Recht. Eine Beschränkung des Eigenthümers in dieser Beziehung ist deshalb angezeigt, weil der Vortheil, welcher durch das Recht, Bäume zu halten, ihm geboten wird, wenigstens der Regel nach erheblich geringer ist als der durch die Ausübung dieser Befugniß dem Nachbar zugefügte Schaden. Die unmittelbare Nähe fremder Bäume und Sträucher ist, wie die Begründung des Reg.Entw.[2]) mit Recht sagt, auch abgesehen von der Beschattung lästig; denn ihr Wachsthum bringt das Uebergreifen von Wurzeln und Aesten[3]) mit sich, sie halten ferner die Feuchtigkeit im Boden fest und sind eine Brutstätte für Insekten und andere kleine Thiere. Es

1) A.A.Prot. S. 175; Becher Mat. I S. 451.

2) Motive A S. 42; Becher Mat. I S. 91.

3) Dem Uebergreifen von Wurzeln und Aesten kann auch nach § 910 BGB. begegnet werden. Vgl. in dieser Beziehung noch die Bestimmung in Art. 9 des Ges. Uebergangsvorschriften zum BGB. betr.

tritt deshalb in der neueren Gesetzgebung das Bestreben hervor, den Nachbar durch das Gebot eines mäßigen Abstandes zu schützen.[4])

2. Ein solcher Abstand ist nicht unter allen Umständen, sondern nur dann einzuhalten, wenn der Berechtigte dies verlangt. Für das erwähnte Verlangen ist keine Form und im Unterschiede zu Art. 72 Abs. 2 auch keine bestimmte Zeit vorgeschrieben. Aus der Unterlassung der Stellung desselben erwächst dem Berechtigten nur dann ein Nachtheil, wenn der Anspruch auf Beseitigung eines die Vorschriften des Art. 71 verletzenden Zustandes nach Art. 78 verjährt ist. Ein Verzicht auf die dem Berechtigten nach Art. 71 zukommenden Befugnisse ist, wie sich aus Art. 77 Abs. 1 deutlich ergibt, ohne Wirksamkeit.

3. Das in Abs. 1 bezeichnete Verlangen kann, wie das Gesetz sagt, der Eigenthümer eines Grundstücks stellen. Es ist ohne Belang, ob sich auf dem betreffenden Grundstücke ein Gebäude befindet oder nicht. Auch erscheint es gleichgiltig, ob dasselbe landwirthschaftlich benützt wird oder nicht. (Ueber landw. benützte Grundstücke s. Art. 72.) Obwohl der Eigenthümer einer Oedung kein Interesse daran hat, welche Entfernung die Bäume u. s. w. des Nachbargrundstücks von der Grenze seines Grundstücks einhalten, so läßt sich dennoch die Folgerung nicht ablehnen, daß derselbe berechtigt ist, die Beobachtung des in Abs. 1 bezeichneten Abstands zu fordern. Wenn jene Bäume u. s. w. über 2 m hoch sind, so kann sogar zu Gunsten einer Oedung ein größerer Abstand begehrt werden, als nach der Ausnahmevorschrift des Abs. 2 z. B. zu Gunsten eines Waldgrundstücks.[5])

---

4) Das preuß. Landrecht begnügte sich mit einer Vorschrift über Hecken (Th. I Tit. 8 §§ 173 ff.) und der Code civil (Art. 671—673) verlieh dem Nachbar nur das Recht, das Halten von Bäumen und Hecken innerhalb einer bestimmten Entfernung zu verbieten. Im Uebrigen enthalten nur wenige bisher in Geltung gewesene Statutarrechte (nämlich diejenigen von Augsburg, Regensburg und Schweinfurt; für Hopfen auch von Memmingen und München) diesbezügliche Bestimmungen.

5) Angesichts dieser Erwägung dürfte es zu weit gehen, wenn Art. 71 in Uebereinstimmung mit den Ausf.Ges. zum BGB. von Baden Art. 15, Elsaß-Lothringen § 62 und Schwarzburg-Sondershausen Art. 31 § 4 (Becher die Ausf.Ges. Abth. II S. 18 ff., VI S. 1 ff. und XXIV S. 1 ff.) den Grundstückseigenthümer als solchen zum Verlangen eines Abstandes für befugt erklärt. In den Ausf.Ges. von Sachsen-Weimar § 109 und Schwarzburg-Rudolstadt Art. 66 (Becher a. a. O. Abth. XXI S. 4 ff. und XXIII S. 5 ff.), nach welchen nur der Eigenthümer eines landwirthschaftlich benutzten Grundstücks die Beobachtung der Abstandsvorschriften fordern kann, ist dagegen, den oben in Ziff. 1 erwähnten Uebelständen, welche die unmittelbare Nähe fremder Bäume und Sträucher mit sich bringt, nicht in genügender Weise Rechnung getragen. Es dürften daher vielleicht die Bestimmungen des württemberg. Ausf.Ges. (Becher a. a. O. Abth. XXVI S. 1 ff.) am zweckmäßigsten erscheinen. Nach dessen Art. 237 gelten die von den Abständen der Einfriedungen und Pflanzenanlagen außerhalb des geschlossenen Wohnbezirks und des Ortsbauplans handelnden Art. 230 bis 236 auch gegenüber Gebäuden und Hofräumen, greifen jedoch nicht Platz gegenüber Grundstücken, welche Wald, ständige Weide, Heide, Oedung oder sonst landwirthschaftlich nicht benutzt sind. Innerhalb des geschlossenen Wohnbezirks oder des Ortsbauplanes kommen ferner nach Art. 239 in Beziehung auf Hecken, sowie sonstige Pflanzenanlagen und Vorrichtungen zu solchen die Bestimmungen der Art. 231 bis 236 mit der Maßgabe zur Anwendung, daß an Stelle der dort vorgeschriebenen Abstände die Hälfte derselben tritt.

4. Der Berechtigte kann der Regel nach verlangen, daß auf einem Nachbargrundstücke nicht Bäume, Sträucher oder Hecken, Weinstöcke oder Hopfenstöcke in einer geringeren Entfernung als 0,50 m oder, falls dieselben über 2 m hoch sind, in einer kleineren Entfernung als 2 m von der Grenze seines Grundstücks gehalten werden. Dieses Maß wird, wie die Begründung des Reg.Entw.[6]) bemerkt, im Allgemeinen ausreichen [7]) und entspricht dem Code civil Art. 671 in der Fassung des Gesetzes v. 20. Aug. 1881. Ueber die Messung des Abstands s. Art. 73.

5. Bäume u. s. w., welche weniger als 0,50 m von der Grenze entfernt, gleichwohl aber mehr als 2 m hoch sind, müssen auf Verlangen des benachbarten Grundstückseigenthümers in der Art zurückversetzt werden, daß sie mindestens 2 m von der Grenze entfernt sind. Ist ein hierauf gerichtetes Verlangen in berechtigter Weise gestellt worden, so kann der Eigenthümer des Nachbargrundstücks seiner Verpflichtung nicht mehr dadurch Genüge leisten, daß er die Bäume u. s. w. durch Abschneiden auf das Maß von nur 2 m bringt. Wenn die Bäume u. s. w. über 2 m Höhe haben, so ist der andere Grundstückseigenthümer nach dem Gesetze zu dem Verlangen auf Einhaltung des größeren Abstandes von 2 m befugt; derselbe braucht sich nicht gefallen zu lassen, daß durch Abschneiden eine nur vorübergehende Abhilfe getroffen wird. Dem Nachbarn, welcher der Pflicht zur Zurückversetzung sich entziehen will, steht es frei, durch Abschneiden vorher dafür Sorge zu tragen, daß die Bäume u. s. w. die Höhe von mehr als 2 m nicht erreichen und der andere Grundeigenthümer nicht in die Lage kommt, ein berechtigtes Verlangen zu stellen.

6. a) Für Waldgrundstücke kann nach Abs. 2 nur die Einhaltung eines Abstandes von 0,50 m verlangt werden. Denn bei ihnen kommt ein Schutz vor Beschattung nicht in Frage und sie sind auch den sonstigen Nachtheilen, welche mit der Nähe von Gewächsen in Zusammenhang stehen, weniger ausgesetzt.[8]) Bei jener Bestimmung ist, wie ein Ministerialkommissär erklärte[9]), vorzugsweise an den Fall gedacht, daß Wald gegen Wald steht. Doch braucht dies nach dem Gesetze nicht immer zuzutreffen.

b) Der Abstand von 2 m kann ferner auch dann nicht gefordert werden, wenn Wein oder Hopfen auf einem Grundstücke angebaut wird, in dessen Lage ein solcher Anbau nach den örtlichen Verhältnissen üblich erscheint. Es werden hier, von wenigen Ausnahmefällen abgesehen, beide in Betracht kommende Grundstücke nur in der gleichen Weise bebaut sein. Das Gesetz will es in dieser Hinsicht vermeiden, einen Eingriff in die hergebrachte Art der Bebauung vorzunehmen.

---

6) Motive A S. 42; Becher Mat. I S. 91.

7) Dasselbe Maß ist auch in den in Anm. 5 genannten Ausf.Ges. von Elsaß-Lothringen § 62, Sachsen-Weimar § 109 und Scharzburg-Rudolstadt Art. 66 angenommen; jedoch kann, wie bereits hervorgehoben wurde, in den beiden letzteren Bundesstaaten nur der Eigenthümer eines landwirthschaftlich benutzten Grundstücks, nicht der Grundstückseigenthümer überhaupt, die Einhaltung des betreffenden Abstandes verlangen. Ein hievon verschiedenes Maß ist in anderen Staaten z. B. in Baden (Art. 15 Ausf.Ges.) und in Schwarzburg-Sondershausen (Art. 31 § 4 Ausf.Ges.) gewählt. Besonders eingehend sind die Abstandsvorschriften in dem Ausf.Ges. für Württemberg Art. 230 bis 236 und in dem Ges. von Sachsen-Weimar § 109 geregelt. In dem württemb. Ges. ist überhaupt das Nachbarrecht mit großer Ausführlichkeit behandelt.

8) Motive A S. 43; Becher Mat. I S. 91.

9) A.A.Prot. S. 173; Becher a. a. O. I S. 448 (Aeußerung des k. Regierungsraths Brettreich).

7. Vgl. noch die Fälle des Art. 74, in welchen Art. 71 eine Anwendung nicht findet, und die Uebergangsbestimmung in Art. 75.

Artikel 72.

Gegenüber einem landwirthschaftlich benutzten Grundstücke, dessen wirthschaftliche Bestimmung durch Schmälerung des Sonnenlichts erheblich beeinträchtigt werden würde, ist mit Bäumen von mehr als 2 m Höhe ein Abstand von 4 m einzuhalten. Auf Stein- und Kernobstbäume findet diese Vorschrift keine Anwendung.

Die Einhaltung des im Abs. 1 bestimmten Abstandes kann nur verlangt werden, wenn das Grundstück die bezeichnete wirthschaftliche Bestimmung schon zu der Zeit gehabt hat, zu welcher die Bäume die Höhe von 2 m überschritten haben.

1. Eine größere Einschränkung, als sie durch Art. 71 geboten ist, erheischt das Bedürfniß der Landwirthschaft, welche sich immer mehr zu intensiverer Gestaltung ihres Betriebes genöthigt sieht, bei Pflanzen auf dem freiem Felde. Die von dem Schatten getroffene Grundfläche, auf welcher Nutzpflanzen stehen, erleidet eine wesentliche Minderung ihres Ertrages. Das Gesetz hat sich deshalb hinsichtlich landwirthschaftlich benutzter Grundstücke für einen denselben gegenüber mit Bäumen von mehr als 2 m Höhe einzuhaltenden größeren Abstand nämlich für einen solchen von 4 m [1]) entschieden. Es ist dies eine Vorschrift, welche für den größten Theil von Bayern eine zu Gunsten der Landwirthschaft eingeführte Neuerung bildet. Dieser größere Abstand ist nicht gegenüber allen landwirthschaftlich benutzten Grundstücken zu beobachten, sondern nur gegenüber solchen, deren landwirthschaftliche Bestimmung durch Schmälerung des Sonnenlichtes erheblich beeinträchtigt werden würde. Hieher gehören Aecker und Wiesen im Gegensatze zu Viehweiden, Heiden und Oedungen. Auch minderwerthige Wiesen können, wie dieß ein Ministerialkommissär [2]) mit Recht bemerkte, zu denjenigen Grundstücken gezählt werden, deren wirthschaftliche Bestimmung keine solche erhebliche Beeinträchtigung erleidet. Bei Aufstellung des Reg.Entw. würde auch die Frage in Erwägung gezogen, ob nicht hinsichtlich der Abstandsvorschriften zwischen der Nord- und Südseite ein Unterschied zu machen sei; man nahm indeß von einer solchen Unterscheidung Umgang, um nicht zu sehr in Einzelnheiten einzugehen.[3])

---

1) Das zu Art. 71 Anm. 5 erwähnte Ausf.Ges. von Sachsen-Weimar § 109 schreibt für Waldbäume aller Art, ferner für Linden, Pappeln, Kastanien, Nußbäume u. s. w., insoferne dieselben höher als 2 m sind, gegenüber einem landwirthschaftlich benutzten Grundstücke gleichfalls einen Abstand von 4 m vor. Das in jener Anm. weiter in Bezug genommene Ausf.Ges. für Württemberg verordnet in Art. 233, daß bei der Anpflanzung von Bäumen, falls nicht die Hochstammbildung durch die Kulturart ausgeschlossen ist, mit Nußbäumen, Maulbeerbäumen, wilden und zahmen Kastanien, Pappeln, Eichen u. s. w. sogar ein Abstand von 6 m einzuhalten ist.

2) A.A.Prot. S. 176; Becher Mat. I S. 452 (Aeußerung des k. Regierungsrats Brettreich).

3) Wie der in der vorigen Anmerkung erwähnte Ministerialkommissär erwähnte A.A.Prot. S. 176; Becher a. a. O. I S. 453.

2. Nur Bäume müssen den Abstand von 4 m einhalten, nicht aber z. B. Hopfenstöcke, wenn gleich der Hopfen so hoch als Bäume gestellt werden kann und viel Schatten bereitet. Auch Sträucher kommen für den größeren Abstand nicht in Betracht. Für Stein- und Kern-Obstbäume bleibt es bei der Regel des Art. 71 Abs. 1, weil, wie die Begründung des Reg.Entw.[4]) bemerkt, eine Vergrößerung des regelmäßigen Abstandes mit Rücksicht auf die gewöhnliche Höhe und die sonstige Beschaffenheit dieser Baumarten nicht erforderlich erscheint und die Obstbaumzucht nur beeinträchtigen würde.[5]) Bäume, welche die Höhe von 2 m überschritten haben, müssen auf Verlangen des Berechtigten auf 4 m von der Grenze zurückversetzt werden. Es gilt hier gleichmäßig das zu Art. 71 in Bem. 5 oben bereits Gesagte. Ueber Messung des Abstandes s. Art. 73.

3. a) Die Beobachtung der Abstandsvorschrift in Abs. 1 Satz 1 kann nicht in jedem Zeitpunkte gefordert werden. Aus Billigkeitsrücksichten setzte Abs. 2 hier eine Grenze fest durch die Vorschrift: „Die Einhaltung des in Abs. 1 bestimmten Abstandes kann nur verlangt werden, wenn das Grundstück die bezeichnete wirthschaftliche Bestimmung schon zu der Zeit gehabt hat, zu welcher die Bäume die Höhe von 2 m überschritten haben."

Das Grundstück muß also als Acker oder als Wiese zu Zwecken der Landwirthschaft damals bereits benutzt worden sein, als der auf dem Nachbargrundstücke befindliche Baum eine Höhe von über 2 m erreicht hatte. Gestaltete der Eigenthümer durch eine Aenderung der Bewirthschaftung sein Grundstück erst später zu einem Acker oder einer Wiese, so braucht seinem Verlangen von dem Eigenthümer des Baumes keine Folge mehr gegeben zu werden.

b) Daß die Einhaltung der Entfernung von 4 m nur zu der Zeit begehrt werden kann, zu welcher der Baum die Höhe von über 2 m erreicht hatte, ist in Abs. 2 nicht gesagt. Ein solches Verlangen darf auch noch später geltend gemacht werden; nur muß nachgewiesen werden können, daß das Grundstück in jenem Zeitpunkte die in Abs. 1 erwähnte wirthschaftliche Bestimmung bereits gehabt hat. Vielleicht wäre es zweckmäßiger gewesen, für die Stellung des Verlangens eine von dem fraglichen Zeitpunkte an zu berechnende Frist festzusetzen.

4. Da der Abstand von 4 m nur zu Gunsten eines landwirthschaftlich benutzten Grundstücks der in Art. 72 Abs. 1 bezeichneten Art gefordert werden kann, so darf angenommen werden, daß der Grundstückseigenthümer ein nach den Ausführungen der vorstehenden Ziff. 3 b sonst zulässiges Verlangen jedenfalls dann nicht mehr erheben kann, wenn sein Grundstück in Folge einer Aenderung der wirthschaftlichen Bestimmung inzwischen die Eigenschaft eines Ackers oder einer Wiese verloren hat.

5. Vgl. die Fälle des Art. 74 Abs. 1 bis 3, in welchen die Vorschrift des Art. 72 keine Anwendung findet, sowie die Uebergangsbestimmung des Art. 75.

6. Ein Verzicht ist, wie Art. 77 entnehmen läßt, wirkungslos. Der Anspruch auf Beseitigung eines die Vorschrift des Art. 72 verletzenden Zustandes verjährt nach Art. 78 in 5 Jahren.

4) Motive A S. 43; Becher Mat. I S. 92.

5) Nußbäume gehören nicht zu den Stein- oder Kernobstbäumen, sondern zu den anderen großen Bäumen (A.A.Prot. S. 176; Becher Mat. I S. 452. Zu dem Steinobste sind zu rechnen: Aprikosen, Kirschen, Pfirsiche, Pflaumen, Zwetschgen u. s. w., zu dem Kernobste: Aepfel, Birnen, Mispeln u. s. w.

Artikel 73.

Der nach den Artikeln 71, 72 einzuhaltende Abstand wird von der Mitte des Stammes an der Stelle, wo dieser aus dem Boden hervortritt, bei Sträuchern und Hecken von der Mitte der zunächst an der Grenze befindlichen Triebe, bei Hopfenstöcken von der Hopfenstange oder dem Steigdraht ab gemessen.

Artikel 74.

Die Vorschriften der Artikel 71, 72 finden keine Anwendung auf Gewächse, die sich hinter einer Mauer oder einer sonstigen dichten Einfriedigung befinden und diese nicht oder nicht erheblich überragen. Sie gelten ferner nicht für Bäume, die längs einer öffentlichen Straße oder auf einem öffentlichen Platze gehalten werden, sowie für Pflanzungen, die zum Uferschutze, zum Schutze von Abhängen oder Böschungen oder zum Schutze einer Eisenbahn dienen.

Die Vorschrift des Artikel 72 Abs. 1 gilt auch nicht für Bäume, die sich in einem Hofraum oder Hausgarten befinden.

Im Falle einer Aufforstung kann die Einhaltung des im Artikel 72 Abs. 1 bestimmten Abstandes nicht verlangt werden, wenn die Aufforstung nach der Lage des aufzuforstenden Grundstücks der wirthschaftlichen Zweckmäßigkeit entspricht.

1. Der in Art. 73 bestimmte Maßstab entspricht dem in den Ausf.Ges. z. BGB. von Schwarzburg-Rudolstadt Artikel 66, Sachsen-Weimar § 110 und Württemberg[1]) Art. 233 vorgeschriebenen. Zweckmäßig ist es, daß Art. 73 außerdem noch die Hopfenstöcke hiebei in Betracht zieht.

2. Art. 74 enthält verschiedene Ausnahmen von den in den Art. 71 und 72 getroffenen Anordnungen. Für Gewächse, welche sich hinter einer Mauer oder einer sonstigen dichten Einfriedigung befinden und diese nicht oder nicht erheblich überragen, sind die in den beiden anderen Artikeln vorgeschriebenen Abstände umdeßwillen nicht zu beobachten, weil durch jene ein Nachtheil für die Umgebung nicht bewirkt wird. Den Schaden, welchen der Nachbar erleidet, verursacht eben die Mauer, die Planke. Ob die Pflanzung unmittelbar an der Mauer steht oder ob sich zwischen dieser und der Pflanzung vielleicht noch ein Gang oder eine weitere Mauer befindet, ist ohne Belang; es genügt, daß die Mauer dazwischen ist. Der Begriff der dichten

---

1) Vgl. Becher die Ausf.Ges. Abth. XXIII S. 5 ff., XXI S. 4 ff. und XXVI S. 1 ff. In den Ausf.Ges. von Baden Art. 16 und Elsaß-Lothringen § 62 (Becher a. a. O. Abth. II S. 18 ff., VI S. 1 ff.) heißt es dagegen „von der Mittelachse des Baumes oder Strauches bis zur Grenze", im Ausf.Ges. von Schwarzburg-Sondershausen Art. 31 § 4 (Becher Abth. XXIV S. 1 ff.) „von der Mittelachse des Baumes, bei Sträuchern von dem der Grenze zunächst stehenden Triebe ab". In der Pfalz fehlten, wie Abg. Michel bemerkte (A.A.Prot. S. 176, Becher Mat. I S. 454), bisher gesetzliche Bestimmungen hinsichtlich der Abstandsberechnung; jedoch hat die Praxis auch dort angenommen, daß die Mitte des Baumes maßgebend sei.

Einfriedigung ist nach dem Zwecke zu bestimmen; ob man durch eine solche hindurchgehen kann oder nicht, ist nicht unbedingt entscheidend.[2])

3. Bei Bäumen, die längs einer öffentlichen Straße oder auf einem öffentlichen Platze gehalten werden, erfordern die Bestimmung des Grundstücks sowie das öffentliche Interesse, dem dasselbe dient, daß von der Einhaltung eines bestimmten Abstandes Umgang genommen werde. Die Worte „längs einer öffentlichen Straße" sind deshalb gewählt, um sowohl den Fall zu treffen, daß die Bäume auf dem Straßenkörper selbst stehen, als auch denjenigen, daß sie neben dem Straßenkörper gepflanzt sind.[3]) Obwohl Niemand verpflichtet ist, auf seinem neben einer öffentlichen Straße gelegenen Grundstücke Alleebäume pflanzen zu lassen, so haben doch verschiedene Eigenthümer dies, sei es unentgeltlich, sei es gegen Vergütung, thatsächlich bisher gestattet. Es ist in hohem Grade wünschenswerth, daß öffentliche Straßen mit schattenspendenden Baumreihen besetzt werden. Die Einhaltung von Abständen auf beiden Seiten wäre für Staatsstraßen allerdings weniger empfindlich, würde aber Distrikts- und Ortsstraßen zu sehr in ihrer Breite beeinträchtigen. Die Gegenüberstellung der beiderseitigen Vortheile und Nachtheile ließ es als angemessen erscheinen, das Interesse an der Herstellung der Baumreihe in den Vordergrund treten zu lassen. Bei dieser vorzugsweisen Berücksichtigung des öffentlichen Interesses entspricht es indeß dem Geiste des Gesetzes und den Rücksichten der Billigkeit, wenn die Verwaltungsbehörden dafür Sorge tragen, daß die Grundbesitzer nicht übermäßig belästigt und daß nicht etwa da, wo Obstbäume gedeihen, große Waldbäume gepflanzt werden.

4. Für Bäume, welche zum Uferschutze, zum Schutze von Abhängen oder Böschungen oder zum Schutze einer Eisenbahn bestimmt sind, gelten die Art. 71 und 72 gleichfalls nicht. Der Bahnkörper einer Eisenbahn ist keine öffentliche Straße (Bem. 4 zu Art. 58). Bei Eisenbahnen handelt es sich weniger um Bäume als um Hecken, welche vorzugsweise zum Schutze gegen Schneewehen angepflanzt werden. Für Bäume, welche in einem Hofraume oder Hausgarten sich befinden, hat zwar Art. 72 Abs. 1 keine Geltung; wohl aber ist hier der in Art. 71 Abs. 1 vorgeschriebene Abstand einzuhalten. Die weitergehende Beschränkung, welche Art. 72 Abs. 1 mit sich bringt, würde die bestimmungsmäßige Benützung der in Frage stehenden Grundstücke zu sehr beeinträchtigen und einen unbilligen Eingriff in die Rechte ihrer Eigenthümer herbeiführen.

5. Der in Folge einer Anregung des bayer. Landwirthschaftsrats aufgenommene Abs. 3 des Artikels, welcher im Regierungsentwurfe dem Art. 64 (jetzt 72) als 3. Abs. angereiht war, setzt gleichfalls eine Ausnahme gegenüber der Bestimmung des Art. 72 Abs. 1 fest. Er legt nicht Werth darauf, ob die Aufforstung etwa nach den Verhältnissen des jeweiligen Eigenthümers zweckmäßig erscheint, sondern will bei Beurtheilung der Zweckmäßigkeitsfrage die Lage und Beschaffenheit des Grundstücks in das Auge gefaßt wissen. Hiebei ist insbesondere an Grundstücke gedacht, welche einen Abhang bilden und deshalb wohl kaum eine andere zweckmäßige Benützung finden können.[4]) Diese Voraussetzung liegt indeß, wie der Minist.Kommissär im Gef.Geb.-

---

2) Es handelt sich vielmehr darum, daß die Bäume nicht hinausragen. Aeußerung des Minist.Kommissärs Dr. v. Jacubezky (A.A.Prot. S. 177; Becher Mat. I S. 455).

3) Wie der in der vor. Anmerkung genannte Min.Komm. bemerkte (A.A.Prot. S. 178; Becher Mat. I S. 458).

4) A.A.Prot. S. 175; Becher Mat. I S. 452 (Aeußerung des Minist.Kommiss. Dr. von Jacubezky.)

Ausschusse der R.R.Kammer mit Recht hervorhob[5]), nicht vor, wenn ein Grundstück in Mitte einer dem Ackerbau gewidmeten Fläche aufgeforstet wird;[6]) es muß deshalb in diesem Falle der in Art. 72 Abs. 1 bestimmte Abstand von 4 m eingehalten werden. (Man vgl. auch noch wegen der Verjüngung die Bem. 2 zu Art. 75.)

Artikel 75.

Für die zur Zeit des Inkrafttretens des Bürgerlichen Gesetzbuchs vorhandenen Bäume, Sträucher und Hecken, Weinstöcke und Hopfenstöcke verbleibt es bei den bisherigen Vorschriften, soweit sie das Halten der Gewächse in einer geringeren als der nach den Artikeln 71 bis 74 einzuhaltenden Entfernung von der Grenze des Nachbargrundstücks gestatten.

Bei einem Grundstücke, das zur Zeit des Inkrafttretens des Bürgerlichen Gesetzbuchs mit Wald bestanden ist, gilt bis zur nächsten Verjüngung des Waldes das Gleiche auch für neue Bäume und Sträucher. Im Falle der Verjüngung kann die Einhaltung eines mehr als 2 m betragenden Abstandes nicht verlangt werden. Die Verjüngung gilt im Falle des Plenterbetriebs am 1. Januar 1950 als eingetreten.

1. Es wäre unbillig, die Bestimmungen der Art. 71 ff. auf Pflanzungen in Anwendung zu bringen, welche nach den bisherigen Vorschriften in zulässiger Weise bereits bestehen. Insoweit daher diese letzteren Vorschriften das Halten von Gewächsen in einer *geringeren* als der durch Art. 71 bis 74 vorgeschriebenen Entfernung gestatten, verbleibt es bei denselben für die am 1. Januar 1900 vorhandenen Bäume u. s. w. Erfolgt die Ersetzung von Gewächsen durch neue, so ist, wie der Minist.-Kommissär Senatspräsident Dr. v. *Jacubezky* auf eine Anfrage erwiderte[1]), in Betracht zu ziehen, ob man bezüglich der betreffenden Pflanzen von einer Einheit sprechen kann. Die Hecken gelten nach der Aeußerung des genannten Minist.Kommissärs als solche Einheit und das Gleiche darf auch vom Strauche gesagt werden. Solange demnach die Hecke im Ganzen besteht, ist es statthaft, zur Ergänznng einzelner Lücken einen Strauch in dieselbe zu pflanzen. Dagegen muß man mit den zum Ersatze gepflanzten Bäumen zurückrücken, weil eine Baumreihe gleichwie eine Reihe von Weinstöcken u. s. w. nicht als eine Einheit im Rechtssinne gelten kann. Nach und nach wird auf diese Weise die ganze Reihe zurückrücken.

2. Bei den am 1. Januar 1900 mit Wald bestandenen Grundstücken sind bis zur nächsten *Verjüngung* des Waldes die bisherigen Bestimmungen für neue Bäume und Sträucher noch maßgebend, insoferne sie einen *geringeren* Abstand verlangen. Im Falle der *Verjüngung* kann die Einhaltung eines Abstandes von höchstens 2 m, wie derselbe auch schon in der auf Anregung des Landtags für die Staatswaldungen erlassenen Entschließung des k. Staatsministeriums der Finanzen vom 25. Juli 1896

5) R.R.A.Prot. 8. S. 4; *Becher* Mat. I S. 838. (So sprach sich der in der vorigen Anm. erwähnte Min.Kom. aus.)

6) Die Aufforstung, von welcher Abs. 3 spricht, betrifft ein noch nicht mit Wald bestandenes Grundstück; etwas anderes ist die Wiederaufforstung oder Verjüngung.

1) A.A.Prot. S. 179; *Becher* Mat. I S. 459.

(Fin.Min.Bl. S. 194) bereits zugestanden wurde, gefordert werden. Ein solcher Abstand wurde von der Staatsforstverwaltung vom technischen Standpunkte aus als unbedenklich für die Staatswaldungen erachtet und darf deshalb auch gegenüber den Privatwäldern begehrt werden. Eine neue Pflanzung einzelner Bäume ist keine Verjüngung in dem Sinne, wie sie im Artikel vorausgesetzt wird. Der Ausdruck „bis zur nächsten Verjüngung" wurde trotz der gegen diese zeitliche Grenze stehenden Bedenken im Einklang mit Art. 183 Einf.Ges. z. BGB.[2]) gewählt. Eine Verjüngung des Waldes tritt — von Ausnahmefällen abgesehen — nicht gleichzeitig ein, sondern es werden immer nur einzelne Bäume durch neue ersetzt. Auf diese Weise ergibt sich allmählich eine solche Verjüngung; indeß werden bis zur Ersetzung der letzten alten Bäume die zuerst gepflanzten neuen auch alt.

Wenn eine ganze Fläche abgeholzt wird, tritt eine Verjüngung des Waldes gleichzeitig ein; es ist daher ein Abstand von 2 m erforderlich. Eine längere Baumreihe dürfte als eine ganze Fläche in diesem Sinne zu betrachten sein; andernfalls wäre eine Umgehung der gesetzlichen Abstandsvorschrift ermöglicht.

3. Die Verjüngung des Waldes ist auch durch den sog. Plenterbetrieb nicht ausgeschlossen. Von den im schlagweisen Betriebe bewirthschafteten Waldungen unterscheiden sich die Plenterwaldungen dadurch, daß in denselben die Altersklassen nicht flächenweise geschieden sind, sondern daß Stämme aller Altersklassen von der einjährigen Pflanze an bis zum haubaren Stamme zumeist einzeln, zuweilen auch gruppenweise regellos durcheinander gemengt dastehen. Der Plenterbetrieb ist nur durchführbar bei Holzarten wie Buchen, Weißtannen und auch noch bei Fichten und zeigt schlagbares Holz kaum in einem geringeren Zeitraume als in 100 Jahren auf. In Kiefern- und Fohrenwaldungen wird man keinen Plenterbetrieb haben, sondern nur einen Schlagbetrieb mit einem Verjüngungszeitraum von weniger als 30 Jahren. Bei dem schlagweisen Betriebe ist sofort erkennbar, ob die Verjüngung eingetreten ist und ob hienach die Bestimmungen des § 910 BGB. und der Art. 71—75 Ausf.Ges. Anwendung finden. Bei dem Plenterwalde dagegen ist dies nicht möglich, weil man nicht für jeden Baum ein Geburtsregister führen kann.[3]) Um nun nach allen Seiten hin Klarheit zu schaffen, erschien es nothwendig, einen Zeitpunkt zu bestimmen, in welchem man die Verjüngung des Waldes als eingetreten ansieht. Wollte man einen Zeitraum von 100 Jahren festsetzen, welcher allerdings der Umtriebszeit der Plenterwaldung entsprechen würde, so wäre dies eine Unbilligkeit gegenüber den Besitzern der im schlagweisen Betriebe bewirthschafteten Waldungen. Man bestimmte deshalb einen Zeitraum von 50 Jahren, indem man aussprach, daß die Verjüngung für den Fall des Plenterbetriebes am 1. Januar 1950 als eingetreten gelte.[4])

Artikel 76.

Soweit in den Landestheilen rechts des Rheins nach örtlichem Herkommen bei der Bestellung landwirthschaftlicher Grundstücke die Ueberschreitung der Grenze eines Nachbargrundstücks gestattet ist

2) 8. R.R.A.Prot. S. 6; Becher Mat. I S. 843.

3) A.A.Prot. S. 561; 562 Becher Mat. I S. 977 ff. (Aeußerungen des k. Minist.Rats v. Huber.)

4) A.A.Prot. S. 562; Becher a. a. O. (Bemerkung des vorerwähnten Minist.Kommiss.)

(Anwenderecht), bleibt diese Befugniß mit dem bisherigen Inhalte bestehen.

1. Nicht in der Rheinpfalz, wohl aber in vielen Gegenden des rechtsrheinischen Bayerns hatte der Eigenthümer eines Ackergrundstücks bisher die mit der Dreifelderwirthschaft in Zusammenhang stehende Berechtigung, die benachbarten Grundstücke bei der Bestellung insoweit zu betreten, als dies zur Bebauung seines Feldes erforderlich war. Diese nachbarrechtliche Befugniß (Anwenderecht,[1]) Tretrecht, Tripprecht), welche dem preußischen Landrechte, dem code civil und mehreren anderen Gesetzen[2]) unbekannt ist, kommt in Bayern in verschiedenem Umfange vor, indem bald das Nachbargrundstück nur zum Wenden des Pfluges und Gespannes benützt, bald auch die Grenze desselben bei dem Eggen und Pflügen betreten werden darf. Auch sind die Voraussetzungen derselben verschieden, indem z. B. in manchen Gegenden ein solches Recht nur anerkannt wird, wenn der Eigenthümer bei der Bestellung durch Ziehen von Querfurchen an der Grenze sich nicht helfen kann. Dieses in den bayer. Statutarrechten nicht weiter ausgebildete Recht beschränkt den Eigenthümer in der Benutzung seines Grundstücks, dessen Werth es vermindert, in erheblicher Weise. Es erscheint daher nicht angemessen, dasselbe da einzuführen, wo es bisher noch nicht in Geltung war.[3]) Dagegen erfordert die schonende Rücksichtnahme auf bestehende Rechte sowie das Bestreben, Eingriffe in die hergebrachte Art der Bewirthschaftung möglichst zu vermeiden, jene nachbarrechtlichen Befugnisse für das rechtsrheinische Bayern mit dem durch örtliches Herkommen bestimmten Inhalte aufrechtzuerhalten und deren allmählige Beseitigung, wie ein Ministerialkommissär bemerkte,[4]) dem Fortschritte der Flurbereinigung zu überlassen.[5])

2. Ueber Herkommen vgl. oben die Bem. zu Art. 1 auf S. 29, 30. Wo ein örtliches Herkommen besteht, wird das Anwenderecht kaum in der Eigenschaft einer Grunddienstbarkeit anzutreffen sein; wenigstens ist kein Interesse vorhanden, sich

---

1) Vgl. hiezu die in v. Roth's bayer. Civilrecht Bd. II Abth. 1 S. 211 Anm. 10 angef. Literatur.

2) Z. B. den Bürg.Ges.Büchern von Sachsen, Oesterreich und Italien (Motive A S. 43; Becher Mat. I S. 93).

3) Die Last wird umso drückender, je mehr die Zeitverhältnisse zu intensivem Betriebe nöthigen. Einem solchen stehen die Anwenderechte entgegen. Die Mehrzahl der landwirthschaftlichen Kreisausschüsse hat sich deshalb gegen die Aufrechterhaltung des Anwenderechts ausgesprochen und auch im bayer. Landwirthschafsrathe haben sich entschiedene Stimmen dagegen erhoben. (A.A.Prot. S. 180; Becher a. a. O. S. 461.)

4) A.A.Prot. S. 180; Becher I S. 462 (Aeußerung des k. Regierungsrats Brettreich).

5) Dies ist auch der Standpunkt der Ausf.Ges. zum BGB. von Reuß j. L. § 70, Sachsen-Weimar § 115 und Schwarzburg-Rudolstadt Art. 72 (Becher die Ausf.Ges. Abth. XVI S. 1 ff. XXI S. 4 ff. und XXIII S. 5 ff.) — Das württemberg. Gesetz über Feldwege, Trepp- und Ueberfahrtsrechte v. 26. März 1862 hat die Sache eingehend geregelt. Das Anwenderecht ist hiebei im engeren Sinne dahin bestimmt, daß der Pflug nicht auf einem fremden Grundstücke angesetzt werden darf. (Art. 38, 39.) Der bayer. Entwurf hatte seinerzeit die betreffenden Rechte absichtlich nicht in Berücksichtigung gezogen. Von den beiden Kammern des Landtags wurde im Jahre 1865 die Vorlage eines Gesetzentwurfes über die Regelung der Trepprechte in Anregung gebracht. Die Erwägung dieser Angelegenheit ist zwar in § 34 des Landtagsabschieds v. 10. Juli 1865 zugesichert worden, die Vorlage eines Gesetzentwurfs jedoch seither nicht erfolgt.

eine Berechtigung letzterer Art einräumen zu lassen. Möglich ist es allerdings, daß eine Grunddienstbarkeit mit einem anderen als dem dem örtlichen Herkommen entsprechenden Inhalte durch Ersitzung erworben wurde. Die Rechte dagegen, welche die Befugniß verleihen, nicht blos einen an der Grenze liegenden Theil des Grundstücks zu betreten, sondern auch einen ständigen Weg über das fremde Grundstück zu nehmen, oder auf einem noch nicht bestellten Acker zu fahren, sind allerdings Dienstbarkeiten, welche gemäß Art. 184 Einf.Ges. zum BGB. nach Inhalt und Rang unberührt bleiben und auf Verlangen eines Betheiligten in das Grundbuch einzutragen sind.[6])

3. Auch gegenüber einem bestellten Grundstücke kann die Ausübung des Anwenderechts statthaft sein. Auf Anregung des bayer. Landwirthschaftsraths war nach dem Vorbilde des in Anm. 5 bezeichneten württemberg. Gesetzes Art. 41 und des Züricher Ges.Buchs § 143 in Art. 68 des Reg.Entw. als 2. Satz die Bestimmung aufgenommen worden, daß gegenüber einem bestellten Grundstücke die Ausübung jenes Rechts ausgeschlossen sei. Dieser Satz wurde jedoch im Just.Ges.Geb.Aussch. der Kammer der Abg. wegen der hiegegen geltend gemachten Bedenken gestrichen.[7]) Hat eine solche Ausübung nur den Zweck, dem Nachbar Schaden zuzufügen, so ist sie selbstverständlich nach § 226 BGB. unzulässig.

4. Das Anwenderecht erlischt nach Art. 79 durch den daselbst näher erwähnten Zeitablauf und nach Art. 77 durch Verzicht, dessen Erklärung in einer öffentlich beglaubigten Form abgegeben ist. (Art. 77 Abs. 1.)

Artikel 77.

Die im Artikel 68 Abs. 2, im Artikel 69, im Artikel 70 Abs. 2 und im Artikel 76 bezeichneten nachbarrechtlichen Befugnisse erlöschen durch Verzicht des Berechtigten. Der Verzicht erfolgt durch Erklärung gegenüber dem Eigenthümer des Nachbargrundstücks. Die Erklärung muß im Falle des Artikel 76 in öffentlich beglaubigter Form abgegeben werden.

Ist das Grundstück des Berechtigten mit dem Rechte eines Dritten belastet, so finden die Vorschriften des § 876 des Bürgerlichen Gesetzbuchs entsprechende Anwendung. Im Falle der Belastung mit einer Reallast, einer Hypothek, einer Grundschuld oder einer Rentenschuld ist der Verzicht auf das im Artikel 68 Abs. 2, im Artikel 69 und im

6) A.A.Prot. S. 183; Becher Mat. I S. 467 (Aeußerungen des k. Ministerialkommissärs Dr. v. Jacubezky). Sie sind mit dem Anwenderecht nicht zu verwechseln.

7) A.A.Prot. S. 180—183; Becher Mat. I S. 460 ff. Für den Abstrich war vorzugsweise die Erwägung maßgebend, daß vom Standpunkte des Reg.Entw. aus der Eigenthümer das Anwenderecht thatsächlich machen könne, wenn derselbe rasch nach der Aberntung sein Grundstück wieder anpflanze. Die erwähnte Streichung bringt aber auf der anderen Seite den Uebelstand mit sich, daß die Ausübung des Anwenderechts ohne zwingende Veranlassung einem mit Getreide bestellten Acker Nachtheil bereiten kann, ohne daß § 226 BGB. einen wirksamen Schutz zu bieten vermag. Vielleicht wäre es nicht unzweckmäßig gewesen, wenn der vom Abg. Wagner als Ref. im Ges.Geb.Aussch. eingebrachte Vermittlungsvorschlag Annahme gefunden hätte. Derselbe bezweckte, die Ausübung des Anw.Rechts gegenüber bestellten Grundstücken

Artikel 70 Abs. 2 bezeichnete Verbietungsrecht dem Dritten gegenüber wirksam, wenn er erfolgt, bevor das Grundstück zu Gunsten des Dritten in Beschlag genommen worden ist.

1. Die Landesgesetzgebung kann über das Erlöschen nachbarrechtlicher Befugnisse jedenfalls insoweit Vorschriften erlassen, als sie die Berechtigung hat, nachbarrechtliche Beschränkungen aufzustellen. Sie hat jedoch in Bayern von diesem ihrem Rechte, insoferne die Erlöschung durch Verzicht in Frage steht,[1]) keinen ausgedehnten Gebrauch gemacht.

2. Wie Abs. 1 Satz 1 sagt, erlöschen die im Art. 68 Abs. 2, im Art. 69, im Art. 70 Abs. 2 und im Art. 76 bezeichneten nachbarrechtlichen Befugnisse durch Verzicht des Berechtigten. In anderen als den hier ausdrücklich hervorgehobenen Fällen ist ein Verzicht nicht zulässig. Das Gesetz hat die Wirksamkeit des Verzichts absichtlich beschränkt. Die Begründung des Reg.Entw.[2]) hebt in dieser Hinsicht hervor, daß es bei den in den Art. 54—58, 60 Abs. 1 sowie 63—67 des Entw. (Art. 62—66, 68 Abs. 1, 71—75 des Ges.) bestimmten Beschränkungen wegen der denselben für den jeweiligen Eigenthümer des Grundstücks, welchem sie zum Vortheile gereichen, zukommenden Bedeutung den Vorzug verdiene, von dem Erlöschen durch Verzicht abzusehen. Dagegen müsse ein Verzicht bei den in Art. 60 Abs. 2, 61, 62 Abs. 2 E. (Art. 68, 69, 70 Ges.) bestimmten Verbietungsrechten zugelassen werden, weil diese hauptsächlich den Zweck haben, den Ersatz eines Theiles der Baukosten oder eine sonstige Vergütung für die auf die Bauführung gemachten Aufwendungen zu erwirken. Auch bei den Anwenderechten sei der Verzicht zu gestatten, da es nicht wünschenswerth erscheine, daß derartig entbehrlich gewordene Rechte noch weiter fortbestehen.[3])

3. Bezüglich der nachbarrechtlichen Befugnisse, welche in den in Abs. 1 angezogenen Artikeln erwähnt sind, ist ein formloser Verzicht des Berechtigten ausreichend, welcher gegenüber dem Eigenthümer des Nachbargrundstückes zu erklären ist.[4]) Für den Verzicht auf das Anwenderecht hingegen ist eine in öffentlich beglaubigter

---

dann auszuschließen, wenn dem Berechtigten von der Absicht der Bestellung vorher rechtzeitig und zwar unter Einräumung einer jene Ausübung ermöglichenden Frist Mittheilung gemacht worden ist.

1) Nach den Bestimmungen des BGB. kann auf nachbarrechtliche Befugnisse gegenüber jedem späteren Eigenthümer des Grundstücks, zu dessen Gunsten das betreffende Recht verliehen ist, nur durch Bestellung einer entsprechenden Grunddienstbarkeit verzichtet werden. Dagegen erscheint zur Eingehung der persönlichen Verpflichtung, von der Befugniß keinen Gebrauch zu machen, ein zwischen den Betheiligten abgeschlossener Vertrag als genügend.

2) Motive A S. 44; Becher Mat. I S. 94.

3) Die hier angegebenen Gründe dürften nicht gerade zwingend sein. Da die Herstellung der in Art. 62 ff. erwähnten Einrichtungen sowie die Einhaltung der Abstandsvorschriften der Art. 71 ff. ein Verlangen des Berechtigten zur Voraussetzung hat, so trifft für diejenigen Fälle, in welchen ein solches Verlangen nicht gestellt wird, die von den Motiven angenommene Bedeutung nicht zu. Nach Art. 248 des württemberg. Ausf.Ges. zum BGB. (Becher die Ausf.Ges. Abth. XXVI S. 1 ff.) ist ein Verzicht auf solche Rechte möglich, welche in den Art. 71—75 des bayer. Ausf.Ges. näher bezeichnet sind.

4) Abgesehen von dem Falle des Art. 76 stehen hier im wesentlichen Geldleistungen in Frage und auf solche kann man im Allgemeinen in formloser Weise verzichten.

Form abgegebene Erklärung als erforderlich erklärt. Das Gesetz, welches in dieser Hinsicht von dem für das Anwenderecht eine Ausnahme nicht festsetzenden ursprünglichen Reg.Entwurfe abweicht, entspricht der von der k. Staatsregierung in dem Gesetzgebungsausschusse der Reichsrathskammer[5]) nachträglich in Vorschlag gebrachten und später in beiden Kammern zur Annahme gelangten Fassung. Bestimmend für diesen Vorschlag war wohl das Bedenken, welches der Referent der Reichsrathskammer Dr. v. Schmitt in seinem schriftlichen Berichte[6]) gegen die Formlosigkeit des Verzichts geltend gemacht hatte.

4. Der Abs. 2 wurde auf den im Ges.Geb.Aussch. der R.R.Kammer gestellten Antrag der Staatsregierung[7]) nachträglich beigefügt. Nach dem 1. Satze desselben ist gleichwie in Art. 84 Abs. 2 der § 876 BGB. zur Vermeidung eines Mißverständnisses für entsprechend anwendbar erklärt,[8]) während der 2. Satz die in den Art. 68 Abs. 2, 69 u. 70 Abs. 2 erwähnten Verbietungsrechte, welche lediglich den Zweck haben, dem Berechtigten den Ersatz eines Theiles der aufgewendeten Kosten zu verschaffen, den Hypotheken und den diesen gleichgestellten Rechten gegenüber ebenso behandelt wie Erzeugnisse und sonstige Bestandtheile des Eigenthums (§ 1121 BGB.) und die Forderung aus einer anderen Versicherung als einer solchen für Gebäude (§ 1129 BGB.). Denn hienach soll der Eigenthümer gegenüber den Hypotheken und den diesen gleichgestellten Rechten mit Wirksamkeit über das Verbietungsrecht verfügen können, insolange das Grundstück zu Gunsten des Gläubigers oder eines sonst Berechtigten noch nicht in Beschlag genommen worden ist.

Artikel 78.

Die sich aus den Vorschriften der Artikel 62 bis 66 und des Artikel 68 Abs. 1 ergebenden Ansprüche unterliegen nicht der Verjährung. Der Anspruch auf Beseitigung eines die Vorschriften der Artikel 71 bis 75 verletzenden Zustandes verjährt in fünf Jahren. Die Verjährung beginnt mit dem Ablaufe des Kalenderjahrs, in welchem die Verletzung erkennbar wird.

Werden Gewächse, in Ansehung deren der Anspruch verjährt ist, durch neue ersetzt, so ist die vollendete Verjährung ohne Einfluß auf das Recht des Eigenthümers des Nachbargrundstücks, in Ansehung der neuen Gewächse die Einhaltung des in den Artikeln 71 bis 74 und im Artikel 75 Abs. 2 vorgeschriebenen Abstandes zu verlangen.

1. Gleichwie die Ansprüche aus den in § 924 BGB. näher bezeichneten Vorschriften unverjährbar sind,[1]) so wurde eine Unverjährbarkeit auch hinsichtlich

---

5) R.R.A.Prot. 8 S. 6; Becher Mat. I S. 843, 844.

6) S. 26, Becher Mat. I S. 723.

7) R.R.A.Prot. 8 S. 6; Becher a. a. O. S. 843, 844.

8) Bei Ausarbeitung des Reg.Entw. wurde die betreffende Bestimmung deshalb für entbehrlich erachtet, weil es sich, wie der Min.Kommissär bemerkte, von selbst versteht, daß der Eigenthümer nur unbeschadet derjenigen Rechte verfügen kann, mit denen sein Grundstück belastet ist. (R.R.A.Prot. 8, Becher Mat. I S. 844.)

1) Weil die nachbarrechtlichen Vorschriften die Regelung eines dauernden Verhältnisses zwischen den Eigenthümern der benachbarten Grundstücke bezwecken.

der aus den Artikeln 62—66 und 68 Abs. 1 sich ergebenden Rechte festgesetzt. Der gleiche Grund trifft jedoch nicht zu für den Anspruch auf Beseitigung eines die Abstandsvorschriften der Art. 71—75 verletzenden Zustandes. Der Schaden, welchen die Beseitigung eines älteren Baumes für den Berechtigten verursacht, würde oft größer sein als der Vortheil, welcher sich daraus für das Nachbargrundstück ergeben könnte.[2]) Die Verjährung des Beseitigungsanspruchs bietet auch, wie die Motive[3]) sagen, noch den Vortheil, daß sie die mit dem Ablaufe der Zeit immer schwieriger sich gestaltende Feststellung, ob eine bestehende Pflanzung aus der Zeit vor dem 1. Januar 1900 stammt oder erst später entstanden ist, entbehrlich macht.

2. Der Anspruch auf Beseitigung eines die Vorschriften der Art. 71 bis 75 verletzenden Zustandes verjährt in fünf Jahren.[4]) Der in Art. 71 ff. vorgeschriebene Abstand ist, wie bereits oben bemerkt wurde, nicht unter allen Umständen, sondern nur auf Verlangen des Berechtigten einzuhalten. Die Bestimmungen der Art. 71 ff. sind demnach genau genommen erst verletzt, wenn einem desfallsigen Verlangen des Berechtigten keine Folge gegeben wird. Ein die Vorschriften der erwähnten Artikel verletzender Zustand im Sinne des Art. 78 ist jedoch schon dann gegeben, wenn derselbe mit jenen Vorschriften objektiv nicht im Einklange steht; er hat nicht zur Voraussetzung, daß ein solches Verlangen vorausgegangen und unbeachtet geblieben ist. In Uebereinstimmung damit läßt das Gesetz die Verjährungsfrist nicht mit dem Zeitpunkte beginnen, in welchem der Berechtigte ein Verlangen auf Beseitigung gestellt hat. Es bestimmt vielmehr, daß die Verjährung mit dem Ablaufe desjenigen Kalenderjahres beginnt, in welchem die Verletzung d. h. jener mit Art. 71 ff. nicht im Einklange stehende Zustand erkennbar wird.

3. Die Verjährung hat nur die Wirkung, daß die Beseitigung oder Zurücksetzung der bestehenden Pflanzung verweigert werden darf. (§ 222 BGB.) Sie begründet nicht eine dauernde Belastung des Inhalts, daß eine Pflanzung von der Art derjenigen, welche bisher bestanden hat, an der nämlichen Stelle gehalten werden darf.[5]) Als Folgerung hieraus ergibt sich der in Abs. 2 ausgesprochene 2. Satz, daß der Nachbar in dem Falle, wenn eine Pflanzung, bezüglich deren die Verjährung bereits vollendet war, durch eine neue ersetzt wird, in Ansehung der neuen Gewächse von seinem Beseitigungsrechte vollen Gebrauch machen, also die Einhaltung des in den Art. 71 bis 74 und in Art. 75 Abs. 2 bestimmten Abstandes ohne Rücksicht auf jene Verjährung begehren kann.

4. Insoweit nicht das Gesetz, wie in Art. 78 Abs. 1 hinsichtlich des Beginnes der Verjährung und der Verjährungsfrist etwas Anderes bestimmt hat, gelten diejenigen Grundsätze des BGB., welche für die Verjährung maßgebend sind. Dies ist insbesondere bezüglich der Hemmung und Unterbrechung derselben (§§ 202 ff., 208 ff. BGB.) der Fall. Einer besonderen Erwähnung, daß die betreffenden Bestimmungen des BGB. entsprechende Anwendung finden, bedurfte es wohl in Art. 79, welcher eine Erlöschungsfrist im Auge hat, nicht aber in Art. 78, welcher eine Verjährungs-

---

2) Wird das Nachbargrundstück veräußert, so ist es für den Erwerber gewöhnlich nicht schwer, aus der Beschaffenheit der Pflanzung zu erkennen, ob die Verjährung schon vollendet ist.

3) Motive A S. 44; Becher Mat. I S. 95.

4) Bei dieser Fristbestimmung folgte Art. 78 dem württemb. Ges. über Feldwege, Trepp- und Überfahrtsrechte v. 26. März 1862 Art. 27 und dem Züricher Gesetzbuche § 153.

5) Vgl. Motive A S. 44; Becher Mat. I S. 95.

frist festsetzt. Hier einschlägige in Art. 79 nicht in Bezug genommene Paragraphen des BGB. haben, insoweit sie der Natur der Sache nach Platz greifen können, auch für Art 78 Geltung und zwar aus dem Grunde, weil sie nicht ausdrücklich als unanwendbar bezeichnet sind.

Artikel 79.

Ein Anwenderecht erlischt mit dem Ablaufe von zehn Jahren nach der letzten Ausübung. Die für die Verjährung geltenden Vorschriften der §§ 202 bis 207, 209 bis 212, 216, 217, 219, 220 des Bürgerlichen Gesetzbuchs finden entsprechende Anwendung.

1. Da die hier bestimmte Frist keine Verjährungs-, sondern eine Erlöschungs-Frist ist, so haben die obenerwähnten Paragraphen des BGB. nicht an und für sich, sondern nur kraft besonderer gesetzlicher Anordnung eine Geltung. Was jene §§ bezüglich der Hemmung und Unterbrechung der Verjährung[1]) bestimmen, findet auch auf den Lauf der in Frage stehenden Erlöschungsfrist Anwendung. Durch die Nichterwähnung des § 208 BGB. ist zum Ausdruck gebracht, daß stillschweigende Anerkennung zur Unterbrechung der vorbezeichneten Frist nicht ausreichend erscheint. Daß § 213 BGB. nicht in Bezug genommen ist, hat in § 688 der Civ.Pr.O. seinen Grund, daß die §§ 214, 215 und 218 BGB. nicht hervorgehoben sind, in der Natur der Sache, da es sich nicht um einen Anspruch hier handelt.[2]) Da § 218 BGB. nicht erwähnt ist, so bezieht sich der angeführte § 219 BGB. hier nur auf § 211 BGB.

2. Der Reg.Entw. hatte eine Frist von 5 Jahren als angemessen erachtet, der Ges.Geb.Aussch. der Kammer der Abg. setzte eine zehnjährige Frist fest.[3])

Artikel 80.

Die Vorschrift des § 26 der Gewerbeordnung findet auf Eisenbahn-Dampfschiffahrts- und ähnliche Unternehmungen, welche dem öffentlichen Verkehre dienen, entsprechende Anwendung.

Ein Recht, die Einstellung des Betriebs eines obrigkeitlich genehmigten Eisenbahnunternehmens wegen der über das Maß der allgemeinen Duldungspflicht[1]) hinausgehenden Einwirkung auf ein Nachbargrundstück zu verlangen, ist vom vorm. obersten Gerichtshofe in seinem Urtheile vom 5. April 1871 (Bl. f. R.A. 36 S. 392) schon bisher nicht anerkannt worden. Im Hinblick auf Art. 125 Einf.Ges. zum BGB. erstreckt nun Art. 80 die Bestimmung des § 26 Gewerbeordnung auf die obenbezeichneten dem öffentlichen Verkehre dienenden Unternehmungen. § 26 versagt gegenüber

---

1) Auch § 220 bezieht sich auf die Hemmung oder Unterbrechung der Verjährung, dadurch dessen Abs. 1 die Vorschriften der §§ 209—213, 215, 216, 218 und 219 BGB. auf die vor einem Schiedsgerichte u. s. w. geltend gemachten Ansprüche für entsprechend anwendbar erklärt werden.

2) Auch der Min.Kommissär bemerkte, daß § 218 BGB. um deswillen in Art. 79 nicht angezogen worden sei, weil es sich hier nicht um einen Anspruch handle. A.A.Prot. S. 184; Becher Mat. I S. 470.

3) A.A.Prot. S. 185; Becher Mat. I S. 470.

1) Vgl. jetzt BGB. § 906.

einer mit obrigkeitlicher Genehmigung errichteten gewerblichen Anlage eine Klage auf Einstellung des Gewerbebetriebs und läßt nur eine Klage auf Herstellung von Einrichtungen, welche die benachtheiligende Einwirkung ausschließen, oder, wo solche Einrichtungen unthunlich oder mit einem gehörigen Gewerbebetriebe unvereinbar sind, auf Schadloshaltung zu.[2]) Hienach ist eine Schadensersatzpflicht gegeben, auch ohne daß dem Unternehmer oder seinen Bediensteten ein Verschulden zur Last zu fallen braucht.

Form der Auflassung.

Artikel 81.

In Ansehung der in Bayern liegenden Grundstücke kann die Einigung der Parteien bei der Übertragung des Eigenthums und der Bestellung eines Erbbaurechts außer vor dem Grundbuchamt auch vor einem bayerischen Notar erklärt werden.

1. Art. 143 Abs. 1 des Einf.Ges. z. BGB., auf Grund dessen Art. 81 erlassen ist, bezieht sich nicht auf den in § 313 BGB. erwähnten obligatorischen Vertrag, welchen vielmehr Art. 141 dieses Einf.Ges. im Auge hat, sondern auf den dinglichen Vertrag,[1]) auf die in den §§ 925 (für den Fall der Eigenthumsübertragung) und 1015 (für den Fall der Bestellung eines Erbbaurechts) erwähnte Einigung des Veräußerers bezw. Eigenthümers und des Erwerbers (Auflassung). Durch die Landesgesetzgebung darf gemäß Art. 143 Abs. 1 E.G. bestimmt werden, daß diese Einigung, welche nach dem BGB. vor dem Grundbuchamte erklärt werden muß, außer vor diesem auch noch vor Gericht, vor einem Notare, vor einer anderen Behörde oder vor einem anderen Beamten erklärt werden kann. Im Hinblick darauf setzt Art. 81 fest,[2]) daß die Einigung der Parteien außer vor dem Grundbuchamte (dessen Zuständigkeit das Landesrecht nicht auszuschließen vermag) auch vor einem bayerischen Notare[3])

2) Dies entspricht dem bayer. Entwurfe Art. 193 Abs. 2 und der württemb. Bauordnung v. 6. Okt. 1872 Art. 65 Abs. 4.

1) Der Unterschied zwischen beiden Verträgen ist besonders scharf dargelegt in Jacubezky Bemerkungen zum Entw. eines BGB. S. 14 ff. S. 186.

2) Derselbe trägt dem bisher geltenden Rechtszustande Rechnung (Art. 14, 18 Not.Ges. von 1861, Ausf.Ges. zur Civ.Pr.O. u. Konk.Ordn. v. 1879 Art. 219 Abs. 1 ä.F.)

3) Das Ausf.Ges. zum BGB. für das Königreich Sachsen (Becher Die Ausf.Gesetze Abth. XVII S. 1 ff.) bestimmt in § 13, daß die Auflassung eines Grundstücks sowie die zur Bestellung oder Übertragung eines Erbbaurechts nach § 873 BGB. erforderliche Einigung, sofern das Grundstück in Sachsen liegt, von den Beteiligten vor jedem deutschen Amtsgerichte oder vor einem deutschen Notar erklärt werden können. Das preußische Ausf.Ges. zum BGB. (Becher a. a. O. Abth. XIV S. 1 ff.), dessen Art. 26 sich nur auf die im bisherigen Geltungsbereiche des Rheinischen Rechts belegenen Grundstücke bezieht, gestattet dagegen nur, daß jene Erklärungen außer vor dem Grundbuchamte auch vor einem anderen preuß. Amtsgerichte oder vor einem preuß. Notare abgegeben werden. Die Zuständigkeit anderer deutscher Amtsgerichte oder Notare kann jedoch durch Kgl. V.O. bestimmt werden. Das Ausf.Ges. von Elsaß-Lothringen (Becher a. a. O. Abth. VI S. 1 ff.) fordert in § 89, daß die betr. Erklärungen in Ansehung der in diesem Reichslande gelegenen Grundstücke vor einem elsaß-lothringischen Notar erfolgen.

erklärt werden kann. (Nach Art. 1 des Notariatsgesl. sind die Notare zuständig, öffentliche Beurkundungen zu bewirken.) Art. 81 gilt erst nach Anlegung des Grundbuchs

2. Von dem durch §§ 925, 1015 BGB. bestimmten Erfordernisse der gleichzeitigen Anwesenheit der Parteien kann das Landesrecht nach dem für Art. 81 zur Grundlage dienenden Art. 143 Abs. 1 des Einf.Ges. keine Ausnahme festsetzen; wohl aber ist eine Ausnahme statthaft nach Art. 143 Abs. 2 des Einf.Ges., auf Grund dessen Art. 82 erlassen ist.[4])

3. Nach § 98 der Grundbuchordnung kann durch das Landesgesetz vorgeschrieben werden, daß das Grundbuchamt die Erklärung der Auflassung nur entgegennehmen soll, wenn die nach § 313 BGB. erforderliche Urkunde in Vorlage gebracht wird. Eine solche Bestimmung ist für Bayern durch Art. 12 des Ausf.Ges. zur Grundbuchordnung u. s. w.[5]) erlassen worden.[6])

4. Die für die Übertragung des Eigenthums an Grundstücken getroffene Bestimmung gilt auch für die Übertragung des Erbbaurechts (§ 1017 Abs. 2 BGB.) und der durch Landesgesetz den Grundstücken gleichgestellten Rechte, des Bergwerkseigenthums und der unbeweglichen Kuxe des älteren Rechts (Art. 41 Abs. 1 u. Art. 228 Abs. 2 des Berggesetzes vom 20. März 1869), des Fischereirechts, der Realgewerbeberechtigungen und des im Art. 19 Abs. 2 des Gesetzes über das Liegenschaftsrecht in der Pfalz vom 1. Juli 1898 bezeichneten Rechts an einzelnen Räumen eines fremden Gebäudes.[7])

Artikel 82.

Werden Grundstücke durch einen Notar versteigert, so bedarf es bei der Auflassung, sofern sie noch in dem Versteigerungstermine stattfindet, nicht der gleichzeitigen Anwesenheit beider Theile.

1. Von dem in §§ 925 u. 1015 BGB. aufgestellten Erfordernisse der gleichzeitigen Anwesenheit beider Theile kann, wie dies in Bem. 2 zu Art. 81 erwähnt wurde, das Landesrecht nicht in dem Falle des Art. 143 Abs. 1, wohl aber in dem des Art. 143 Abs. 2 Einf.Ges. zum BGB. eine Ausnahme bestimmen. Art. 82 welcher auf Art. 143 Abs. 2 sich stützt, thut dies für die Auflassung, wenn Grundstücke durch einen Notar versteigert werden und wenn jene noch in dem Versteigerungstermine stattfindet. Die angeführte Vorschrift hat den Zweck, die Unzuträglichkeiten

---

4) Vgl. auch Wagner in v. Staudinger's Kommentar zu Art. 143 Einf.Ges. zum BGB., Bem. 2.

5) Nach Abs. 2 des bezeichneten Art. 12 gilt das Gleiche für die Notare; der Vorlegung der Urkunde steht, wie dieser Abs. bestimmt, die Aufnahme durch den Notar gleich. Keiner Vorlegung bedarf es, wenn die Urkunde von dem Notare, vor welchem die Auflassung erklärt wird, aufgenommen ist oder gleichzeitig mit der Beurkundung der Auflassung aufgenommen wird. (Motive des Ausf.Ges. zur Grundbuchordnung u. s. w. S. 142; Becher Mat. Abth. VI S. 16).

6) Es ist dies, wie Reichsrat v. Auer als Referent für das Ausf.Ges. zur Grundb.O. u. s. w. im Ges.Geb.Aussch. der Kammer der R.R. mit Recht bemerkte, keine zwingende Vorschrift in dem Sinne, daß im Falle ihrer Außerachtlassung der hierauf sich stützende Eintrag ungültig wäre; wohl aber sind der Grundbuchrichter und der Notar verpflichtet, dieselbe zu beobachten. (Becher Mat. Abth. VI S. 65.)

7) Motive A S. 45; Becher Mat. I S. 97.

zu beseitigen, welche die genaue Beobachtung des vorerwähnten § 925 in Gegenden mit stark zersplittertem Grundbesitze insbesondere bei den die Versteigerung mehrfacher kleinerer Grundstücke häufig mit sich bringenden Erbtheilungen zur Folge haben würde.[1]) Denn die Versteigerer pflegen sich die Entscheidung bis zur Beendigung der ganzen Versteigerung vorzubehalten, während die Ansteigerer sich dann entfernen, sobald festgestellt ist, daß sie die Meistbietenden sind.[2])

2. Die Vorschrift des Artikels erstreckt sich auch auf die im Zwangswege vorgenommenen Versteigerungen. Die Durchführung der letzteren ist nach Art. 25 des Ausf.Ges. zur Grundb.O. und zu dem Ges. über die Zwangsversteigerung u. s. w. den Notaren zu übertragen. Art. 82 gilt erst nach erfolgter Anlegung des Grundbuchs.

Übertragung des Eigenthums, Begründung und Aufhebung von Dienstbarkeiten an buchungsfreien Grundstücken.

Artikel 83.

Zur Übertragung des Eigenthums an einem Grundstücke, das im Grundbuche nicht eingetragen ist und nach den Vorschriften der Grundbuchordnung auch nach der Übertragung nicht eingetragen zu werden braucht, ist die Einigung des Veräußerers und des Erwerbers darüber, daß das Eigenthum übergehen soll, und die öffentliche Beurkundung der Erklärungen der beiden Theile erforderlich.

Die Übertragung des Eigenthums kann nicht unter einer Bedingung oder einer Zeitbestimmung erfolgen.

1. Die Eigenthumsübertragung an einem (in Bayern gelegenen) Grundstücke, welches im Grundbuche nicht eingetragen ist und nach den Vorschriften der Grundbuchordnung auch nach der Übertragung nicht eingetragen zu werden braucht, bemißt sich nicht nach den Vorschriften der §§ 873 u. 925 BGB., wenn anderweitige landesgesetzliche Bestimmungen bestehen (Art. 127 Einf.Ges. z. BGB.).

2. a) Welche Grundstücke zufolge der Vorschriften der Grundb.Ordn. auch nach der Übertragung keines Eintrags bedürfen, also vermöge der Ausdrucksweise des § 90 a. a. O. nur auf Antrag ein Grundbuchblatt erhalten, bestimmt die darin sowie in Art. 2 des Gesetzes vom 18. Juni 1898, die Vorbereitung der Anlegung des Grundbuchs in den Landestheilen rechts des Rheins betr. (Ges. u. V.O.Bl. S. 367), vor=

---

1) Motive A S. 45; Becher Mat. I S. 97.

2) Die preußische Ges.Gebung sah sich veranlaßt, durch Art. 5a des Ges. v. 14. Juli 1893 betr. die Abänderung und Ergänzung des Ges. vom 12. April 1888 über das Grundbuchwesen u. s. w. in dem Geltungsbereiche des Rheinischen Rechts eine dem Art. 143 Abs. 2 Einf.Ges. entsprechende Vorschrift für die Rheinprovinz zu erlassen. Vgl. auch Art. 26 § 2 des preuß. Ausf.Ges. z. BGB. (Becher Die Ausf.Ges. Abth. XIV S. 1 ff.) Ähnlich wie in dieser Provinz sind die Verhältnisse in einigen Theilen Bayerns, insbesondere in der Pfalz u. in Unterfranken, gelagert. Aus diesem Grunde erklärte auch der mit den linksrhein. Verhältnissen wohl vertraute Reichsrath Heffert, daß Art. 82 für die Pfalz unentbehrlich sei. (R.R.A.Prot. 8, Becher Mat. I S. 847.)

behaltene Verordnung. Die in dieser Beziehung erlassene Allerh. V.O. v. 1. Juli 1898, die vom Buchungszwange befreiten Grundstücke betr. (Ges. u. V.O.Bl. S. 377), schreibt nun vor, daß die im § 90 Abs. 1 der Grundb.O. bezeichneten Grundstücke[1]) nur auf Antrag ein Grundbuchblatt erhalten, sowie daß jurist. Personen im Sinne des genannten § 90 Abs. 1 die Kreis- u. Distriktsgemeinden, die politischen und Kirchengemeinden, die Ortschaften, die öffentlichen Stiftungen, die Klöster und die Versicherungsanstalten für Invaliditäts- und Altersversicherung sind.[2]) Näheres hierüber bei Henle, die Anlegung des Grundbuchs in den Landesth. r. d. Rh. S. 151 ff.

2. b) Art. 83 ist nicht anwendbar, wenn ein nicht buchungspflichtiges Grundstück dennoch eingetragen oder wenn bezüglich eines der Buchungspflicht unterliegenden Grundstücks ein Eintrag noch nicht erfolgt ist. Vgl. in letzterer Hinsicht Einf.Ges. z. BGB. Art. 186 Abs. 2, V.O. v. 23. Juli 1898, §§ 20, 27 (Ges. und V.O.Bl. S. 493), Min.Bek. v. 23. Juli 1898 §§ 71, 72 (Just.M.Bl. S. 507 und V.O. für die Pfalz v. 28. Aug. 1898 § 36 (Ges. u. V.O.Bl. S. 561). Gelangt ein nicht eingetragenes und der Buchungspflicht nicht unterworfenes Grundstück an eine Person, welche von der Pflicht, ihr Grundstück eintragen zu lassen, nicht befreit ist, so ist zunächst die Eintragung ins Grundbuch vom Veräußerer nach § 91 Grundb.O. zu erwirken, damit die Auflassung in regelmäßiger Weise erfolgen kann.

3. Nicht blos von dem Erfordernisse der Eintragung in das Grundbuch, sondern auch von demjenigen einer bei gleichzeitiger Anwesenheit beider Theile (§§ 925, 1015 BGB.) stattfindenden Beurkundung des dinglichen Vertrags nimmt Art. 83 Umgang. Verlangt wird von ihm nur die Einigung des Veräußerers und des Erwerbers darüber, daß das Eigenthum übergehen soll, sowie die öffentliche Beurkundung der diesbezüglichen Erklärungen beider Theile. Daß diese Erklärungen getrennt abgegeben werden können, unterliegt keinem Bedenken. Den obligator. Vertrag betrifft Art. 83 nicht.

4. Eine in der vorgeschriebenen Form abgegebene schriftliche Erklärung des Veräußerers und Erwerbers erscheint ausreichend, wenn derselben die Eigenschaft einer öffentlichen Urkunde zukommt, während andernfalls eine notarielle Beurkundung nicht entbehrt werden kann. Wenn z. B. eine Gemeinde ihr Grundstück behufs Verwendung desselben zu einer Distriktsstraße an die Distriktsgemeinde überträgt, so sind mit Rücksicht auf Art. 83 nur die schriftlichen Erklärungen des Gemeindeausschusses und des Vertreters der Distriktsgemeinde erforderlich. Überläßt dagegen eine Gemeinde ihr Grundstück an einen Privaten oder ein solcher das seinige an eine Gemeinde, so

---

1) § 90 Abs. 1 bezeichnet die Grundstücke des Fiskus oder gewisser juristischer Personen, die öffentlichen Wege oder Gewässer, ferner solche Grundstücke, welche einem dem öffentlichen Verkehre dienenden Bahnunternehmen gewidmet sind, endlich die Grundstücke eines Landesherrn sowie diejenigen, welche zum Hausgute oder Familiengute einer landesherrlichen Familie, der fürstlichen Familie Hohenzollern oder der Familie des vormaligen Hannoverischen Königshauses, des vormaligen Kurhessischen und des vormaligen Herzoglich Nassauischen Fürstenhauses gehören. Alle diese Grundstücke erhalten nur auf Antrag ein Grundbuchblatt. (Zu den Worten „landesherrliche Familie s. oben S. 8.)

2) Nach § 2 der angef. A.V.O. findet Art. 1 des obengenannten Ges. v. 18. Juni 1898, welcher bestimmt, daß die Grundstücke, für welche im Hypothekenbuche ein Folium nicht angelegt ist, von Amtswegen in das Hypothekenbuch eingetragen werden, auf die im § 1 dieser V.O., also auf die in § 90 Abs. 1 der Grundb.O. bezeichneten Grundstücke keine Anwendung.

entfällt die Anwendbarkeit des Art. 83 und greift § 925 BGB. Platz.[3]) Daß in Art. 83 nicht gesagt worden ist, es reiche die urkundliche Erklärung der amtlichen Vertreter der beiden Eigenthümer aus, hat darin seinen Grund, daß ein solcher Satz selbstverständlich wäre.[4]) Durch die Vorschrift, daß nur die öffentliche Beurkundung der Erklärungen erforderlich ist, sollte der Notariatszwang ausgeschlossen werden.

5. Abs. 2 entspricht dem § 925 Abs. 2 BGB. Eine bedingte oder befristete Eigenthumsübertragung würde, wie die Begründung des Reg.Entw.[5]) bemerkt, später Schwierigkeiten ergeben, wenn die Eintragung des Grundstücks in Frage käme.

6. Steht einer Person, welche von der Verpflichtung befreit ist, ihren Grundbesitz in das Grundbuch eintragen zu lassen, das Eigenthum an einem Grundstücke zu, über welches ein Blatt geführt wird, oder erwirbt dieselbe ein solches Grundstück, so ist gemäß § 90 Abs. 2 der Grundb.O. auf ihren Antrag das Eigenthum aus dem Grundbuch auszuscheiden, wenn eine Eintragung, von welcher das Recht des Eigenthümers betroffen wird, nicht vorhanden ist.

Artikel 84.

Zur Begründung einer Dienstbarkeit an einem Grundstücke, das im Grundbuche nicht eingetragen ist und nach den Vorschriften der Grundbuchordnung nicht eingetragen zu werden braucht, ist die Einigung des Bestellers und des Erwerbers darüber, daß das Grundstück mit der Dienstbarkeit belastet werden soll, erforderlich. Die Erklärung des Bestellers muß in öffentlich beglaubigter Form abgegeben werden.

Zur Aufhebung einer Dienstbarkeit an einem Grundstücke der im Abs. 1 bezeichneten Art ist die Erklärung des Berechtigten gegenüber dem Eigenthümer erforderlich, daß er die Dienstbarkeit aufgebe; die Erklärung muß in öffentlich beglaubigter Form abgegeben werden. Die Vorschriften des § 876 des Bürgerlichen Gesetzbuchs finden entsprechende Anwendung.

Eine Dienstbarkeit an einem Grundstücke der im Abs. 1 bezeichneten Art erlischt mit dem Ablaufe von zehn Jahren nach der letzten Ausübung. Hat eine Ausübung nicht stattgefunden, so beginnt die zehnjährige Frist mit dem Zeitpunkte, von dem an die Ausübung zulässig war. Die für die Verjährung geltenden Vorschriften der §§ 202 bis 207, 209 bis 212, 216, 217, 219, 220 des Bürgerlichen Gesetzbuchs

3) A.A.Prot. S. 193; Becher Mat. I S. 483.

4) Wie der Min.Kommissär auf eine diesbezügliche Anfrage des Referenten erklärte. (A.A.Prot. S. 192; Becher Mat. I S. 482.)

5) Motive A S. 46; Becher Mat. I S. 98. In dem Verhältnisse der Personen zu einander, für welche Art. 83 gilt, wird sich das Bedürfniß nach einer bedingten oder befristeten Eigenthumsübertragung nicht leicht ergeben. Sollte die Herbeiführung einer dinglichen Gebundenheit dennoch unter besonderen Umständen für nothwendig erachtet werden, so könnte Abhilfe getroffen werden, wenn neben der Grundstückeintragung auch die Eintragung einer den Anspruch auf Auflassung sichernden Vormerkung (§ 883 BGB.) erfolgen würde.

finden entsprechende Anwendung. Der Lauf der Erlöschungsfrist wird nicht dadurch gehemmt, daß die Dienstbarkeit nur zeitweise ausgeübt werden kann. Die Frist endigt jedoch in diesem Falle nicht, bevor die Zeit, zu welcher die Ausübung zulässig war, zum zweiten Male eingetreten und seit dem zweiten Eintritt ein Jahr verstrichen ist.

1. Bezüglich der im Grundbuche nicht eingetragenen und nach der Grdbuch.O. nicht einzutragenden Grundstücke vgl. Art. 83 Bem. 2. Für solche Grundstücke ist im Hinblick auf Art. 128 Einf.Ges. z. BGB. sowohl die Begründung als auch die Aufhebung einer Dienstbarkeit im Verhältnisse zu §§ 873 und 875 BGB. erleichtert. Erforderlich ist für die Begründung nur die in Art. 84 näher bezeichnete Einigung, wobei die Erklärung des Bestellers in öff. beglaub. Form abgegeben sein muß. Die von der Staatsverwaltung eingeräumten und geduldeten Dienstbarkeiten bestehen z. B. in Waldungen, wo es gewisse Fahrtrechte gibt, auf Exerzierplätzen für die Angrenzenden, ferner bei Eisenbahnanlagen, wo Unterführungen, Ueberfahrten und Grabenüberbrückungen zugestanden sind. Wenn wegen jeder einzelnen geringfügigen Dienstbarkeit die ganze Grundfläche eines großen Exerzierplatzes oder eine ausgedehnte Waldabtheilung in das Grundbuch aufgenommen werden müßte, so würde dadurch ein unverhältnißmäßiger Zeit- und Kostenaufwand [1]) verursacht werden.

2. Was zur Aufhebung einer Dienstbarkeit nothwendig ist, sagt Abs. 2. Statt der in Abs. 1 und Abs. 2 des Reg.Entw. verlangten öffentlichen Beurkundung der betreffenden Erklärung fordert das Gesetz in Folge eines von der k. Staatsregierung nachträglich eingebrachten Abänderungsvorschlages eine Erklärung in öffentlich beglaubigter Form, um eine Uebereinstimmung mit § 29 Grundbuch.O. herzustellen, wonach die öffentliche Beglaubigung schon ausreichend ist.[2])

Der die Belassung von Dienstbarkeitsrechten mit den Rechten Dritter betreffende § 876 BGB. findet entsprechende Anwendung.

3. Werden buchungsfreie Grundstücke mit Hypotheken, Grundschulden, Rentenschulden, Reallasten oder Vorkaufsrechten belastet, so muß für sie deshalb ein Eintrag erfolgen; denn in Art. 84 ist nur hinsichtlich der Dienstbarkeiten von dem durch § 873 BGB. bestimmten Erfordernisse des Eintrags eine Ausnahme gemacht.

4. Die Gründe, welche die Zulassung der Ersitzung bei Grunddienstbarkeiten ausschließen, kommen bei den nicht eingetragenen Dienstbarkeiten an nicht buchungspflichtigen Grundstücken in Wegfall. Es ist zweckmäßig, wenn derartige thatsächlich oft bedeutungslos gewordene Rechte erlöschen. Während nach Art. 189 Abs. 3 Einf.-

---

1) A.A.Prot. S. 194; Becher Mat. I S. 485 ff. (Aeußerungen der Ministerialkommissäre Dr. v. Jacubezky und v. Schubart). Die Vortheile, welche sich aus der hinsichtlich des Eintragungszwangs bestehenden Befreiung dieser Grundstücke ergeben, welche ja nicht von Hand zu Hand gehen, sondern auf unabsehbare Zeiten dem Staate verbleiben, würden verloren gehen, wenn schon wegen der Bestellung irgend einer Dienstbarkeit ein Eintrag erforderlich wäre. Auch ist in Berücksichtigung zu ziehen, daß die öffentlichen Urkunden über die Bestellung der Dienstbarkeiten in den Archiven oder Registraturen verwahrt werden und daß für den Staat nach den Bestimmungen der Civ.Proz.Ordn., eben weil diese Urkunden gemeinsame sind, eine Pflicht zu deren Herausgabe begründet ist.

2) R.R.A.Prot. 8 S. 9; Becher Mat. I S. 847, 848.

Ges. z. BGB. für Dienstbarkeiten, insolange sie nicht eingetragen sind, die bisherigen Vorschriften auch nach dem Zeitpunkte gelten, in dem das Grundbuch als angelegt anzusehen ist, hat Art. 84 für die Erlöschung durch Zeitablauf nicht das alte Recht beibehalten, sondern ein einheitliches neues in Abs. 3 geschaffen. Da die Frist von 10 Jahren nicht Verjährungs-, sondern Erlöschungsfrist ist, so gelten die Grundsätze des BGB. über Hemmung und Unterbrechung der Verjährung, welche Abs. 3 für anwendbar erklärt, nicht von selbst, sondern nur kraft des hierin gelegenen besonderen gesetzlichen Ausspruches. § 208 BGB. ist hiebei ebenso wie in Art. 79 nicht erwähnt.[3])

5. Die — in Folge Antrags der k. Staatsregierung später abgeänderte — ursprüngliche Fassung von Abs. 3 des Regier.Entw. hatte die beiden Fälle außer Berücksichtigung gelassen, daß mit Ausübung der Dienstbarkeit noch nicht begonnen worden ist und daß die letztere nur zeitweise ausgeübt werden kann. Abs. 3 trifft für beide Fälle die erforderlichen Anordnungen. Was den zweiten Fall anbelangt, so ist im Anschlusse an Th. I Tit. 9 § 544 des preuß. Landrechts bestimmt, daß die Frist nicht endigt, bevor die Zeit, zu welcher die Ausübung zulässig war, zum zweiten Male eingetreten ist. Es ist aber noch das weitere Erforderniß aufgestellt, daß seit der zweiten Gelegenheit, bei der die Ausübung hätte stattfinden können, noch ein Jahr (die Regierung hatte 6 Monate für ausreichend angesehen) verstrichen sein muß.[4])

6. Vgl. noch die Ueberg.Bestimmungen in Art. 11 ff. des Gesetzes Uebergangsvorschriften betr.

Ausschließung von Dienstbarkeiten und Reallasten.

Artikel 85.

Als Reallast kann außer dem Rechte auf Leistungen, die zu einer Leibrente, insbesondere zu einem Leibgedinge, gehören, nur das Recht auf die regelmäßig wiederkehrende Leistung von fest bestimmten Geldbeträgen oder fest bestimmten Mengen von Bodenerzeugnissen bestellt werden.

Bei der Bestellung einer Reallast solcher Art muß der Geldbetrag bestimmt werden, durch dessen Zahlung der Eigenthümer die Reallast ablösen kann.

Auf die Ablösung der Reallast finden die für die Ablösung einer Rentenschuld geltenden Vorschriften des § 1202 des Bürgerlichen Gesetzbuchs entsprechende Anwendung. Haftet der Eigenthümer für die während der Dauer seines Eigenthums fällig werdenden Leistungen auch persönlich, so erstreckt sich im Falle der Kündigung die persönliche Haftung auf die Ablösungssumme.

---

3) Es sind überhaupt in Art. 84 Abs. 3 dieselben Bestimmungen des BGB. wie in Art. 79 in Bezug genommen.

4) Das bayer. L.R. verdoppelt die Erlöschungsfrist bei den servitutes discontinuae (II, 7 § 8 u. 2), das gemeine Recht setzt für sie auch inter praesentes eine 20jähr. Verjährungsfrist fest.

1. Durch das BGB. wurden in der Pfalz, welche bisher Reallasten[1]) nicht kannte,[2]) solche eingeführt, ebenso eine Reihe von Grunddienstbarkeiten und beschränkten persönlichen Dienstbarkeiten, welche dort bisher nicht zulässig waren. Im Hinblick auf Art. 115 des Einf.Ges. zum BGB. hatte Art. 77 des Reg.Entw.[3]) in mehr negativer Form angeordnet, daß die in den Landestheilen rechts des Rheines geltenden Vorschriften, welche die Belastung eines Grundstücks mit gewissen Grunddienstbarkeiten, beschränkten persönlichen Dienstbarkeiten oder Reallasten untersagen, auf die Pfalz erstreckt werden. Der durch den Wunsch der pfälzischen Abg. veranlaßte nachträgliche Antrag der k. Staatsregierung, welcher zum Gesetze erhoben wurde und nicht mehr blos für die Pfalz allein, sondern für das ganze Königreich von Bedeutung ist, führt nun in positiver Weise diejenigen Rechte auf, welche als Reallast bestellt werden können.

2. Allerdings schließt sich, wie dies auch die kurze Begründung[4]) zu dem in Ziff. 1 erwähnten nachträglichen Antrage der k. Staatsregierung hervorhebt, die gewählte und auch im Gesetze wiederkehrende Fassung demjenigen Rechtszustande an, welcher durch das Ablösungsgesetz vom 4. Juni 1848 und die Gesetze der folgenden Jahre in Bayern rechts des Rheins geschaffen worden ist.[5]) Allein auch für das

1) Ueber Reallasten vgl. v. Roth b. Civ.Recht Bd. II Abth. 2 S. 140 ff. und die auf S. 140 daselbst aufgef. Literatur. Die bisher bestehenden einzelnen Arten von Reallasten sind auf S. 162 ff. a. a. O. aufgeführt und näher erörtert.

2) Die Begründung von Reallasten wurde schon durch das Ges. v. 4. Aug. 1789 portant abolition du régime féodal u. s. w. (vgl. Siebenpfeiffer Handb. der Verw.-Rheinbayerns Bd. I S. 170, worin allerdings der hier maßgebende Art. 6 nicht mit abgedruckt ist) und Art. 1 des Dekrets vom 18/29. Dez. 1790 rélatif au rachat des rentes foncieres untersagt. Die Art. 529 und 530 des code civil haben dieses Verbot sich angeeignet, indem sie Erb- oder Leibrenten als bewegliches Gut und dauernde Renten als ablösbar erklärten. Was das Gesetz versagte, versuchte man in der Pfalz bisher auf einem Umwege zu erreichen. Man begründete nämlich, wie dies auch der Minist.Kommissär Dr. v. Jacubezky erwähnte (A.A.Prot. S. 197; Becher Mat. I S. 491), eine persönliche Rente, lies für dieselbe eine Hypothek einschreiben und vereinbarte bei der Grundstücksveräußerung, daß die Verbindlichkeit auf den Erwerber übergehen solle. Der hier angestrebte Zweck läßt sich bei der in der Reallast gebotenen Rechtsform in einfacher und noch sicherer Weise erreichen. Für den Besteller der Rente kommt dabei die Gefahr in Wegfall, daß derselbe nach der Grundstücksveräußerung für die weiter fällig werdenden Leistungen noch einzustehen hat.

3) Becher Mat. I S. 23.

4) Becher Mat. I S. 601; Motive A S. 158 (Beil. D zu den Verhandlungen des Just.Ges.Geb.Aussch. der K. der Abg. 1898 Abth. I).

5) Die Naturalfrohnden, das Mortuarium, der Handlohn und der Zehent sind durch Art. 2, 3, 4 und 8 des Ablösungsges. vom 4. Juni 1848 theils ohne Entschädigung aufgehoben, theils fixirt und der Ablösung unterworfen worden, sodaß eine Neubegründung derselben nunmehr ausgeschlossen ist. Vermöge Art. 1 Abs. 2 des Gesetzes v. 30. März 1850 die Ausübung der Jagd betr. darf das Jagdrecht nicht mehr als Grundgerechtigkeit bestellt werden, während Art. 34 bezw. 33 des Forstgesetzes $\frac{\text{v. 28. März 1852}}{\text{v. 4. Juli 1896}}$ die Begründung von Forstberechtigungen verbietet. Ferner darf der Eigenthümer eines Grundstücks nach Maßgabe der Art. 34 und 45 des Gesetzes über die Ausübung und Ablösung des Weiderechts auf fremdem Grund und Boden ein Weiderecht weder als Dienstbarkeit bestellen noch auch bei Veräußerung des Grundstücks vorbehalten und sind gegenseitige Weidedienstbarkeiten ausgeschlossen

rechtsrhein. Bayern bewirkt Art. 85 insoferne eine Neuerung, als er den Kreis derjenigen Reallasten beschränkt, welche bestellt werden können. Daß die wiederkehrenden Leistungen, auf welche der Berechtigte Anspruch hat, in fest bestimmten Geldbeträgen oder fest bestimmten Mengen von Bodenerzeugnissen bestehen, war nach der bisherigen Anschauung nicht Erforderniß[6]) und ergibt sich auch nicht aus dem in § 1105 BGB. enthaltenen Begriffe der Reallast.

3. Der Artikel sagt: „Als Reallast kann . . . . nur . . . . bestellt werden." Er betrifft hienach nur die künftige Bestellung von Reallasten. Diejenigen Rechte, welchen diese Eigenschaft nach dem bisherigen Rechtszustande zukam, bleiben auch fernerhin bestehen, selbst wenn sie mit Rücksicht auf Art. 85 Abs. 1 in Zukunft nicht mehr begründet werden könnten.[7]) Für sie ist die Bestimmung in Art. 46 des Ges. Uebergangsvorschriften zum BGB. betr. maßgebend, wonach für eine zur Zeit des Inkrafttretens des BGB. bestehende Reallast von diesem Zeitpunkte an die Vorschriften der §§ 1107 bis 1111 BGB. gelten. Im Uebrigen sind jene älteren Reallasten, gleichviel ob sie mit der Bestimmung des Art. 85 Abs. 1 in Einklang stehen oder nicht, nach dem bisherigen Rechte zu beurtheilen.

4. Eine Bestimmung, welchen Inhalt die in Betracht kommenden einzelnen Arten von Reallasten haben, wollte das Gesetz nicht treffen. Man beabsichtigte, einen nicht übersehbaren Eingriff in bestehende Rechte zu vermeiden.[8])

5. Die Vorschrift des Abs. 2, welche die Ablösbarkeit der Reallasten ausspricht, bezieht sich, wie aus den Worten „Bei der Bestellung einer Reallast solcher Art muß u. s. w." deutlich hervorgeht, blos auf die in Abs. 1 näher bezeichneten Reallasten, welche nur noch in Zukunft bestellt werden können. Die bisher bestehenden Reallasten sind nicht alle ablösbar; dies ist z. B. bei Kirchentrachten der Fall. Auf die Ablösung der Reallasten finden, weil der diesbezügliche Abschnitt des BGB. (§§ 1105 u. ff.) keine desfallsigen Anordnungen trifft, die Vorschriften des § 1202 BGB. über die Ablösung einer Rentenschuld entsprechende Anwendung. Dem Gläubiger steht das Recht die Ablösung zu begehren, kraft Gesetzes nicht zu. Da jedoch nicht auch § 1201 BGB. für anwendbar erklärt ist, so kann dem Gläubiger die Befugniß, die Ablösung zu verlangen, allerdings vertragsmäßig eingeräumt werden.

Artikel 86.

Forstberechtigungen, Jagdberechtigungen und Weiderechte können auch in der Pfalz nicht begründet werden.

---

6) Vgl. v. Roth a. a. O. S. 142, 142.

7) Hieher gehört z. B. die auf kirchlichen Einkünften beruhende kirchliche Baulast, welche nach der bisherigen Rechtsprechung als Reallast aufgefaßt wurde. Vgl. oben S. 23 Anm. 27.

8) Wie der Minist.Kommissär Dr. v. Jacubezky sich äußerte. (A.A.Prot. S. 197; Becher Mat. I S. 492.) Auch für Grunddienstbarkeiten bestimmt Art. 184 Satz 2 des Einf.Ges. zum BGB. nicht im einzelnen, sondern durch Hinweisung auf die §§ 1020 bis 1028 BGB. nur im allgemeinen den Inhalt. Der besondere Inhalt irgend einer gewissen Art z. B. einer Wasserleitungs-, einer Wege- oder Weidegerechtigkeit wird dabei nicht festgesetzt.

1. Wie zu Art. 85 in Bem. 1 erwähnt ist, wurde in Art. 77 des Reg.Entw. ausgesprochen, daß die in den Landestheilen rechts des Rheins geltenden Vorschriften, welche die Belastung eines Grundstücks mit gewissen Grunddienstbarkeiten, beschränkten persönlichen Dienstbarkeiten oder Reallasten untersagen, auf die Pfalz erstreckt werden. Der an jenem Orte weiter in Bezug genommene, zur Abänderung des Art. 77 bestimmte nachträgliche Antrag der k. Staatsregierung enthielt neben einer in Art. 85 zum Gesetze erhobenen neuen Fassung des Art. 77 einen neu eingeschalteten Art. 77a (Art. 86 des Ges.). Die Begründung jenes Abänderungsantrags beschränkt sich für den letzteren Artikel auf folgenden kurzen Satz: „Der Art. 77a bezeichnet die Rechte, welche außer den nach Art. 77 unzulässigen Reallasten in Zukunft auch in der Pfalz nicht sollen begründet werden können, in Uebereinstimmung mit dem in den Landestheilen rechts des Rheins geltenden Rechte."

2. Die im Artikel bezeichneten Rechte können in der Pfalz künftighin als dingliche Belastungen nicht mehr begründet werden; die Bestellung derartiger Rechte als persönlicher Berechtigungen ist dagegen nicht untersagt. Insoweit solche Rechte bisher in dinglicher Weise begründet werden durften, bleiben sie in Zukunft fortbestehen und zwar nach Art. 184 Einf.Ges. z. BGB. mit dem sich aus den bisherigen Gesetzen ergebenden Inhalte.[1]) Dieses gilt zunächst für die zahlreich vorhandenen Forstberechtigungen, welche die pfälzische Rechtsprechung seither als Grunddienstbarkeiten angesehen hat, sowie für die bestehenden Weiderechte,[2]) während hiegegen Jagdberechtigungen in der Eigenschaft als dingliche Grundstücksbelastungen durch die Gesetzgebung schon längst beseitigt sind.[3])

Amtliche Ermittelung des Werthes von Grundstücken.

Artikel 87.

Der Eigenthümer eines Grundstücks kann den Werth des Grundstücks mit Rücksicht auf die Sicherheit von Hypotheken, Grundschulden oder Rentenschulden durch Sachverständige amtlich feststellen lassen. Für die Ernennung, Beeidigung und Vernehmung der Sachverständigen ist das Amtsgericht zuständig, in dessen Bezirke das Grundstück liegt. Die Vernehmung kann auch durch einen Notar erfolgen.

Die Staatsministerien der Justiz und des Innern können die Grundsätze bestimmen, nach denen der Werth der Grundstücke festzustellen ist, und das bei der Feststellung zu beobachtende Verfahren regeln.

---

1) Vom 1. Januar 1900 an gelten jedoch für Grunddienstbarkeiten die Vorschriften der §§ 1020 bis 1028 BGB.

2) Vgl. Dekret vom $\frac{22.\ \text{Sept.}}{6.\ \text{Okt.}}$ 1791 Tit. I Sekt. VI Art. 4—7, 11 und 17 und Tit. I Sekt. VI Art. 9, 10 bezüglich der Rechte des öden Weidstrichs und Dekret vom 30. Juni 1790 (Siebenpfeiffer Handb. IV S. 19 und I S. 179). Es besteht Streit darüber, ob diese Weiderechte als Dienstbarkeiten oder als eine Art von Miteigenthum an den belasteten Grundstücken aufzufassen sind.

3) Vgl. Art. 3 des Ges. vom 4. August 1789 portant abolition du régime féodal u. s. w. (Siebenpfeiffer I S. 170).

1. Der Artikel spricht keine Verpflichtung für den Eigenthümer, sondern nur eine Berechtigung desselben aus, zu dem daselbst angegebenen Zwecke die Thätigkeit von amtlichen Sachverständigen in Anspruch zu nehmen. Für das rechtsrhein. Bayern enthält er gegenüber § 132 des Hypoth.Ges. nichts Neues. Dies trifft auch insoferne zu, als er die Handhabe bietet, die durch die Instruktion für die Schätzungen und Schätzmänner in Hypothekensachen v. 13. März 1823 (Reg.Bl. S. 795 flg.) geregelte Einrichtung der Hypothekschätzer beizubehalten. Nur ist beabsichtigt, diese in mancher Beziehung den heutigen Verhältnissen nicht mehr entsprechende Instruktion insoweit durch neue Vorschriften zu ersetzen, als es sich um Feststellung des Werthes der Grundstücke und das hiebei zu beobachtende Verfahren handelt. Neue desfallige Vorschriften sind noch nicht erlassen, es bleibt daher vorerst bei den Grundsätzen der Instruktion von 1823.

In der Pfalz war die Einrichtung der Hypothekschätzer bisher unbekannt.[1]) Art. 87 gewährt die Möglichkeit, dieselbe auch dort einzuführen.

2. Für die Ernennung und Beeidigung der Sachverständigen ist dasjenige Amtsgericht zuständig,[2]) in dessen Bezirke das Grundstück liegt. Zur Vernehmung derselben ist jedoch das Amtsgericht nicht ausschließlich ermächtigt, da jene auch durch einen Notar erfolgen kann. Vgl. § 269 der Geschäftsordnung für die Notariate v. 24. Dezbr. 1899 (Just.Min. Bl. S. 686). Bei den durch eine Hypothekbestellung veranlaßten Schätzung wird die Vernehmung am zweckmäßigsten durch den beurkundenden Notar bethätigt werden. Vgl. auch Art. 12a Ausf.Ges. z. G.V.G. i. d. Fass. des Art. 167, II A.G. z. BGB.

3. Nach der Fassung des Artikels sind Privatschätzungen nicht ausgeschlossen. Diese können sowohl durch amtlich bestellte Sachverständige als auch durch andere Personen bethätigt werden. Vgl. Bem. 5 zu Art. 88.

4. Durch Art. 87 werden diejenigen Bestimmungen nicht berührt, welche für die Schätzung von Grundstücken bei der Ausleihung von Kapitalien durch die Gemeinden und Stiftungen maßgebend sind.[3])

1) Bisher wurden die durch das französ. Gesetz vom 3. frimaire VII Tit. II (Siebenpfeiffer Handb. der Verwaltung Rheinbayerns V S. 261) geschaffenen Steuervertheiler zu Schätzungen für Gemeinden u. Stiftungen benutzt, ohne daß jedoch die Verwendung anderer Sachverständiger ausgeschlossen war. (Ausschreiben der k. Regierung der Pfalz vom 12. Aug. 1869 im Kreisamtsblatt S. 1829.) Das genannte französ. Gesetz wird, weil dem öffentlichen Rechte angehörig, durch Art. 1 des Ausf.-Ges. nicht aufgehoben.

2) In denjenigen Fällen, in welchen Jemand nach dem BGB. z. B. § 1034, 1067 u. s. w den Zustand oder Werth einer Sache durch Sachverständige feststellen lassen kann, ist für die Ernennung, Beeidigung und Vernehmung derselben das Amtsgericht zuständig, in dessen Bezirke die Sache sich befindet (§ 164 des Ges. über die Angel. der freiw. Gerichtsbarkeit).

3) Vgl. die im Hinblick auf Art. 112 Ziff. 8 u. 159 Ziff. 10 der rechtsrhein. Gemeindeordn. u. auf Art. 91 Ziff. 9 der pfälz. Gem.O. erlassene diesbezügl. Allerh. V.O. v. 31. Juli 1869 (Reg.Bl. S. 1441) und die hiezu ergangenen Minist.Entschl. v. 6. Aug. 1869 (Fin.Min.Bl. S. 236 u. Weber Ges. u. V.O.Samml. 8 S. 249). Nach Ziff. 8 der angef. Minist.Entschl. sind Schätzungen durch die aufgestellten vereidigten Hypothekschätzer vorzunehmen; den Verwaltungen bleibt es jedoch anheimgegeben, die Schätzungen durch besondere Sachverständige prüfen zu lassen.

Artikel 88.

Verletzt ein zur amtlichen Feststellung des Werthes von Grundstücken mit Rücksicht auf die Sicherheit von Hypotheken, Grundschulden oder Rentenschulden bestellter Schätzer vorsätzlich oder aus Fahrlässigkeit die ihm obliegende Berufspflicht, so hat er den daraus für einen Hypotheken-, Grundschuld- oder Rentenschuldgläubiger entstehenden Schaden dem Gläubiger zu ersetzen. Fällt dem Schätzer nur Fahrlässigkeit zur Last, so kann er nur dann in Anspruch genommen werden, wenn der Beschädigte nicht auf andere Weise Ersatz zu erlangen vermag.

1. Für den dem Eigenthümer eines Grundstücks bei einer mit Rücksicht auf die Sicherheit von Hypotheken, Grundschulden oder Rentenschulden erfolgten Werthsfeststellung von einem amtlich bestellten Schätzer durch Verletzung der diesem obliegenden Berufspflicht verursachten Schaden hat der Schätzer vertragsmäßig zu haften, da er zu dem Eigenthümer, welcher seine Dienste in Anspruch nahm, in ein Vertragsverhältniß getreten ist. Zu dem Gläubiger der Hypothekenforderung u. s. w. steht dagegen der Schätzer nicht in einem Vertragsverhältnisse. Seine civilrechtliche Verantwortlichkeit könnte hier nur auf eine durch schuldhafte Werthsangabe begangene Täuschung, also auf eine unerlaubte Handlung gestützt werden. So wurde schon bisher nach Maßgabe des gemeinen Rechts in der oberstrichterlichen Rechtsprechung[1]) angenommen und so verhält es sich auch nach dem BGB., welches über die Haftung von Sachverständigen und Schätzern wegen Verletzung ihrer Berufspflichten keine besonderen Vorschriften enthält.[2]) Im Interesse des Realkredits erschien es nun dem Gesetze angemessen, von dem Vorbehalte des Art. 79 des Einf.Ges. zum BGB.[3]) Gebrauch zu machen und eine Ersatzverbindlichkeit des Schätzers dem Gläubiger gegenüber in einem weiteren Umfange auszusprechen, als dies nach dem BGB. zulässig wäre.

2. Der Schätzer hat einzustehen für eine Verletzung seiner Berufspflicht, welche auf Vorsatz oder auf Fahrlässigkeit beruht. Die gemeinrechtliche Rechtsprechung[4]) sprach sich dahin aus, daß der Schätzer nur grobes Verschulden[5]) zu vertreten habe, während das preuß. Landrecht (Th. I Tit. 5 §§ 281, 289) denselben für jedes Versehen haftbar erscheinen läßt. Art. 88 hat sich dem preuß. L.R. angeschlossen.[6])

---

1) Samml. der Entsch. des Obst. LG. Bd. 15 S. 368; Bl. f. R.A. 13. Erg.Bd. S. 124.

2) Haben die Sachverständigen und Schätzer die Eigenschaft von Beamten, so bemißt sich ihre Haftung nach § 839 BGB.

3) Was auch dem vom Generalkomitee des landwirtschaftlichen Vereins erstatteten Gutachten entspricht (Mot. A S. 47; Becher Mat. I S. 101).

4) Vgl. Samml. der Entsch. des OGH. u. Obst. LG. Bd. 4 S. 654, 5 S. 872, 11 S. 730 u. 15 S. 368.

5) Die gemeinrechtliche Beschränkung der Haftung auf grobes Verschulden läßt sich nur geschichtlich erklären und kann neben den Bestimmungen des BGB. über die Haftung aus dem Dienst- u. Werkvertrage und über die Haftung des Beamten nicht aufrechterhalten werden.

6) Auch dem Eigenthümer des Grundstücks gegenüber hat der Schätzer nach der für das zwischen ihnen bestehende Vertragsverhältniß durch eine Sondervorschrift nicht abgeänderten allgemeinen Bestimmung des § 276 BGB. für Fahrlässigkeit einzustehen.

3. Wie die Worte „den daraus .... entstehenden Schaden" ersehen lassen, muß zwischen der Verletzung der Berufspflicht und dem Eintritte des Schadens ein ursachlicher Zusammenhang bestehen. Vgl. in dieser Beziehung die Bem. 5 zu Art. 29. Hat der Beschädigte zur Schadensentstehung selbst mitgewirkt, so kommt § 254 BGB. zur Anwendung.

4. Die Haftpflicht desjenigen Schätzers, welchem blos Fahrlässigkeit zur Last fällt, ist, gleichwie dies schon bisher angenommen wurde, eine subsidiäre; derselbe kann nur in Anspruch genommen werden, wenn der Beschädigte auf andere Weise nicht Ersatz zu erlangen vermag.[7]) Staat oder Gemeinde haften für den Schätzer nicht.

5. Bei der Uebernahme von Privatschätzungen haften die amtlich bestellten Sachverständigen nicht dem Gläubiger, da sie zu diesem in einem Vertragsverhältnisse nicht stehen und Art. 88 hier nicht Platz greift.[8])

Recht der Gemeinden und Stiftungen auf Sicherungshypothek gegenüber ihren Verwaltern.

Artikel 89.

Die Gemeinden und die anderen Kommunalverbände, die Stiftungen des öffentlichen Rechtes und die unter der Verwaltung einer öffentlichen Behörde stehenden Stiftungen sind berechtigt, zu verlangen, daß für die Forderungen, die aus der Verwaltung ihres Vermögens gegen den Verwalter entstehen, eine Sicherungshypothek an Grundstücken des Verwalters in das Grundbuch eingetragen wird. Die Eintragung der Hypothek ist für den Betrag zu erwirken, für welchen der Verwalter Sicherheit zu leisten hat, soweit nicht die Sicherheit anderweit geleistet wird.

Die Eintragung der Hypothek erfolgt auf Ersuchen der Behörde, welcher die Ausführung der über die Sicherheitsleistung getroffenen Bestimmung obliegt. Ergibt sich eine Haftung des Verwalters, so kann das Ersuchen auch von der für die Feststellung der Haftung zuständigen Behörde gestellt werden.

Die Eintragung der Hypothek an mehreren Grundstücken darf nur soweit verlangt werden, daß der Werth der Grundstücke das Doppelte des zu sichernden Betrags erreicht; der Werth wird unter Abzug der Belastungen berechnet, welche der Hypothek im Range vorgehen.

1. Da das BGB. weder gesetzliche Hypothektitel noch auch gesetzliche Pfandrechte an Grundstücken kennt, so macht Art. 89 von dem Vorbehalte des Art. 91 Einf.Ges. z. BGB. zu dem Zwecke Gebrauch, um für das nach § 12 Nr. 2 des Hypoth.Ges. den Stiftungen und Gemeinden zukommende Recht, wegen der durch

---

7) Für die Ausgestaltung der Subsidiarität folgte das Gesetz dem für die Haftung der Beamten geltenden § 839 BGB.

8) Motive A S. 48; Becher Mat. I S. 102.

Verwaltung ihres Vermögens entstehenden Forderungen auf den Grundstücken ihrer Verwalter Hypothek zu erwerben, einen Ersatz zu schaffen. In ähnlicher Weise sind die Gemeinden und öffentlichen Anstalten in der Pfalz (Art. 2121 code civil) für ihre Ansprüche aus der Amtsführung ihrer rechnungspflichtigen Einnehmer und Verwalter mit einer gesetzlichen Hypothek an deren Vermögen ausgestattet gewesen.[1])

2. Berechtigt zur Stellung des im Artikel bezeichneten Verlangens sind die Gemeinden d. h. die politischen Gemeinden und die anderen Kommunalverbände (vgl. bezüglich dieser Bem. 5 zu Art. 60), die Stiftungen des öffentlichen Rechtes (hinsichtlich derselben vgl. Bem. 1 zu Art. 5) und die unter der Verwaltung einer öffentlichen Behörde stehenden Stiftungen.

3. Die Gemeinden u. s. w. können jenes Verlangen nur stellen für Forderungen, die aus der Verwaltung ihres Vermögens gegen den Verwalter entstehen, also nicht für Ansprüche aus anderem Rechtsgrunde z. B. Kauf, Darlehen. Aus der Verwaltung entstanden ist u. a. die Forderung auf Ersatzleistung wegen der Geschäftsführung, auf Rechnungslegung.

4. Das Gesetz gestattet den Anspruch auf Eintragung einer Sicherungshypothek, welche im Hinblick auf den hier vorhandenen Ausschluß der Ertheilung eines Hypothekenbriefs mit der Eintragung zur Entstehung gelangt. Bis zu dem Zeitpunkte, in welchem das Grundbuch als angelegt anzusehen ist, gilt jener Anspruch im rechtsrhein. Bayern als gesetzlicher Hypothektitel (Art. 50 des Ges. Uebergangsvorschr. zum BGB. betr., für die Erstreckung der Hypothek auf mehrere Grundstücke sind nach Abs. 2 dieses Art. 50 die neuen Vorschriften maßgebend. Für die Pfalz greift Art. 120 des letzterwähnten Gesetzes Platz. Die Voraussetzungen und der Umfang der Sicherheitsleistung sowie das hiebei einzuhaltende Verfahren bemessen sich nach den Bestimmungen des öffentlichen Rechts.[2])

5. Das Ersuchen um Eintragung der Sicherheitshypothek, welches dazu dient, auf möglichst einfachem Wege die dem Verwalter zur Pflicht gemachte Sicherheitsleistung zu beschaffen,[3]) und das den §§ 1113 und 1190 BGB. und dem § 28 Grundb.O. entsprechen muß, kommt derjenigen Behörde zu, welcher die Ausführung der über die Sicherheitsleistung getroffenen Bestimmungen obliegt. Ergibt sich eine Haftung des Verwalters, so soll im Einklange mit dem bisherigen Rechtszustande auch die zur Haftungsfeststellung zuständige Behörde[4]) zur Erwirkung der Eintragung

---

1) Vgl. auch das Gesetz v. 5. Sept. 1807 über die droits du trésor public sur les biens des comptables und das Dekret über Anwendung des code civil v. 12. Nov. 1809 Art. 95—104.

2) Man vgl. für die Verwalter des Gem.- u. Stift.Vermögens Art. 87 Abs. 4 u. 134 Abs. 4 der rechtsrhein. Gemeindeordnung, Art. 67 Abs. 4 der pfälz. Gem.O.; für die Verwalter des Ortschaftsvermögens Art. 153 Abs. 5, 8 der rechtsrhein. G.O., Art. 85 Abs. 1 der pf. G.O.; für die Verwalter des Vermögens der örtl. Armenpflege Art. 33 Abs. 2 des Ges. über öff. Armen- u. Krankenpflege; für die Kirchenpfleger Ziff. 135 der Vollzugsvorschr. zum revid. Gemeinde-Edikte v. 31. Okt. 1837; für die Distriktskassiere Art. 20 Abs. 2 des Ges. die Distriktsräte betr.

3) Im § 54 des Ges. über die Angelegenheiten der freiw. Gerichtsbarkeit ist dem Vormundschaftsgerichte das gleiche Mittel zur Beschaffung einer von dem Vormunde nach § 1844 BGB. zu leistenden Sicherheit gewährt.

4) Art. 158 der rechtsrhein. Gem.O., Art. 90 der Gem.O. für die Pfalz u. Art. 42 Abs. 1 des Ges. über die öff. Armen- u. Krankenpflege.

befugt sein. Die vorgängige Durchführung des Feststellungsverfahrens bildet keine Voraussetzung für die Stellung jenes Ersuchens, für welches vielmehr die Ueberzeugung der Behörde, daß eine Haftung gegeben sei, schon genügt.

6. Abs. 3 verbessert die Vorschrift in Art. 371 des bayer. Entwurfes Th. III dahin, daß der Gläubiger doppelte Deckung des sicherzustellenden Betrags durch den freien Werth der Grundstücke beanspruchen kann, und schließt sich an die Art. 14 u. 123 an.[5])

Bekanntmachung des Verlustes von Inhaberpapieren.

Artikel 90.

Die Distriktspolizeibehörden haben auf Antrag desjenigen, welchem ein Inhaberpapier gestohlen worden, verloren gegangen oder sonst abhanden gekommen ist, den Verlust im Reichsanzeiger bekannt zu machen, wenn der Verlust glaubhaft gemacht wird. Der Antragsteller hat die Kosten vorzuschießen.

Bei dem Verluste von Banknoten und anderen auf Sicht zahlbaren unverzinslichen Inhaberpapieren kann die Bekanntmachung nicht verlangt werden; für abhanden gekommene Zins-, Renten- oder Gewinnantheilscheine kann sie nur verlangt werden, wenn die Scheine später als in dem nächsten auf die Bekanntmachung folgenden Einlösungstermine fällig werden.

1. Bei der großen Bedeutung, welche die durch eine öffentliche Behörde im Reichsanzeiger [1]) erfolgende Bekanntmachung des Verlustes von Inhaberpapieren im Hinblick auf § 367 des Handelsgesetzbuches v. 10. Mai 1897 für den Eigenthümer hat, erschien es angemessen, dem letzteren auf Erlassung einer solchen Ausschreibung eine Berechtigung einzuräumen.[2]) Dies hat jedoch zur Voraussetzung, daß der Eigen-

---

5) Auch § 11 des rechtsrhein. Hypothekengesetzes tritt einer übermäßigen Ausdehnung der Belastung für den Fall entgegen, daß der Verpflichtete mehrere Grundstücke hat. Die Fassung dieser Vorschrift, welche bei wörtlicher Auslegung zu einem unzweckmäßigen Ergebnisse führt, erfuhr zwar (in v. Gönners Kommentar zum Hyp.Ges. 2. Aufl. Bd. I S. 212 ff.) eine Erläuterung, welche dem Geiste und der Absicht des Gesetzes vollständig Rechnung zu tragen glaubte, jedoch zu einer allseitigen Anerkennung nicht gelangt ist. (Regelsberger bayer. Hypothekenrecht § 48 Note 13.)

1) Ein Bankier hat zwar nicht etwa stets nur die Bekanntmachungen des Reichsanzeigers und sonst keinerlei Mitteilungen oder Veröffentlichungen in Berücksichtigung zu ziehen; es muß jedoch, falls nicht besondere Umstände vorliegen, angenommen werden, daß er seiner Verpflichtung genügt, wenn er die Bekanntmachungen des Reichsanzeigers in Betracht zieht, weil er von der Annahme ausgehen darf, daß diese Zeitung für diejenigen Veröffentlichungen, welchen eine derartige Wirkung zukommen soll, auch thatsächlich benützt wird. (Denkschrift zum Entw. des Handelsges.B. Drucks. des Reichstags 1895/97 S. 208, Hahn Materialien zu den Reichsjustizges. Bd. VI S. 363.)

2) Art. 90 war in dem ursprünglichen Reg.Entw. nicht enthalten, sondern wurde erst in den nachträglich eingebrachten Antrag der k. Staatsregierung als Art. 80a eingestellt. (Beil. D zu den Verh. des Justiz.Ges.Geb.Aussch. der K. der Abg. S. 155, 156; Becher Mat. I S. 597.)

thümer den Verlust glaubhaft macht und bei der Antragstellung die Kosten vorschießt. Zur Glaubhaftmachung kann man sich aller Beweismittel mit Ausnahme der Eideszuschiebung bedienen und auch zur Versicherung an Eidesstatt zugelassen werden. Eine Beweisaufnahme, welche nicht sofort erfolgen kann, ist jedoch unstatthaft. (§ 294 Civ.Pr.O.) (Nach §§ 1010, 1011 und 1015 Civ.Pr.O. wäre es meistens nicht möglich, ein Aufgebot zu erwirken.)

2. Abs. 2 hat darin seinen Grund, daß § 367 Abs. 1 u. 2 des Hand.Ges.B. nach dessen Abs. 3 auf Banknoten und andere auf Sicht zahlbare unverzinsliche Inhaber-Papiere sowie auf Zins-, Renten- u. Gewinnantheilscheine, die nicht später als in dem nächsten auf die Veräußerung oder Verpfändung folgenden Einlösungstermine fällig werden, keine Anwendung findet.

3. Die den Distriktspolizeibehörden obliegenden Verrichtungen sind in München durch die k. Polizeidirektion wahrzunehmen. (§ 8 der Zuständigkeitsverordnung.)

Lösungsanspruch der öffentlichen Pfandleihanstalten.

Artikel 91.

Oeffentlichen Pfandleihanstalten steht das Recht zu, Sachen, an denen sie nach den Vorschriften des § 935 Abs. 1 und der §§ 1207, 1208 des Bürgerlichen Gesetzbuchs ein Pfandrecht nicht oder nur im Range nach dem Rechte eines Dritten, mit welchem die Sache belastet ist, erwerben, dem Berechtigten nur gegen Bezahlung des auf die Sache gewährten Darlehens sammt Zinsen herauszugeben. Die Vorschriften des § 1003 des Bürgerlichen Gesetzbuchs finden entsprechende Anwendung.

1. Soweit öffentliche Pfandleihanstalten, d. h. solche, welche vom Staate oder anderen Körperschaften des öffentlichen Rechtes errichtet sind,[1]) an den ihnen übergebenen Sachen Dritter ein Pfandrecht erwerben, können sie aus dem Pfande durch Verkauf Befriedigung erlangen (§§ 1228, 1233 flg. BGB.) und bedürfen daher keines weiteren gesetzlichen Schutzes. Zur Verleihung eines solchen ist aber dann Anlaß gegeben, wenn sie ein Pfandrecht entweder gar nicht oder gegen die Regel des § 1208 BGB. nur im Range nach dem Rechte eines Dritten, mit welchem die Sache belastet ist, erwerben. Dies trifft — abgesehen von den eine Berücksichtigung nicht verdienenden Fällen, in welchen die öffentlichen Pfandleihanstalten bei Annahme der betreffenden Sachen bezüglich des Eigenthums des Verpfänders nicht in gutem Glauben sich befinden (§ 932 BGB.) — dann zu, wenn die Sache dem Eigenthümer gestohlen worden, verloren gegangen oder sonst abhanden gekommen oder, insoferne der Eigen-

1) Der Minist.Kommissär Oberreg.Rat Schreiber bemerkte in dieser Beziehung: „Ich glaube, das Ministerium des Innern versteht den Begriff „öffentliche Pfandleihanstalten" in dem Sinne, als es als öffentlich diejenigen betrachtet, welche vom Staat oder von Kommunen irgendwelcher Art errichtet werden und bei denen öffentliche gemeinnützige Interessen vorwiegen." (A.A.Prot. S. 202, 203; Becher Mat. I S. 503.) Ob es erforderlich ist, die zweite Kopulative in die Begriffsbestimmung besonders mit aufzunehmen, mag nicht außer Zweifel stehen. — In Bayern sind z. B. keine anderen öffentlichen Leihanstalten als die in größeren Städten errichteten vorhanden.

thümer nur mittelbarer Besitzer war, dem Besitzer abhanden gebracht ist (§ 935 BGB). Für Fälle letzterer Art ist den öff. Pf.Leihanstalten auf Grund des Art. 94 Abs. 2 Einf.Ges. z. BGB. der Lösungsanspruch des Art. 91 Ausf.Ges. eingeräumt. Dagegen entzieht der nicht hinsichtlich dieses Eigenthums, sondern nur in Bezug auf das Recht eines Dritten, mit welchem die Sache belastet ist, fehlende gute Glaube den Lösungsanspruch nicht, sondern bewirkt nur, daß das Recht des Dritten dem Pfandrechte im Range vorhergeht.

2. Unter den in Bayern bisher in Geltung gewesenen Rechten kennt blos das preußische Landrecht, welches den gutgläubigen Pfandgläubiger zur Herausgabe der demselben von einem Nichteigenthümer verpfändeten Sachen nur gegen Ersatz der Auslagen verpflichtet (Th. I Tit. 29 § 80 in Verbindung mit dem daselbst in Bezug genommenen Th. I Tit. 5 § 25), einen Lösungsanspruch; den übrigen Rechten des rechtsrheinischen Bayerns ist ebenso wie dem pfälzischen Rechte ein allgemeiner Lösungsanspruch unbekannt; nur im Wege besonderer Privilegien wurde öff. Leihanstalten ein solches Recht bisher gewährt.[2] Im Interesse der Rechtseinheit hält das Gesetz nicht diese Privilegien aufrecht, sondern verleiht durch einen allgemeinen Rechtssatz den sämmtlichen öff. Pf.Leihanstalten einen Lösungsanspruch.

3. Der Anspruch des Art. 91 hat, wie dies auch nach preußischem Landrechte der Fall war, die rechtliche Eigenschaft eines Zurückbehaltungsrechts. Es entspricht dies auch vollkommen dem durch die Fassung des Art. 94 Abs. 2 Einf.Ges. zum BGB. zum Ausdruck gelangten Willen der Reichsgesetzgebung. Gleichwie nach § 1207 BGB. auf die Verpfändung die für den Eigenthumserwerb geltenden Vorschriften der §§ 932, 934 u. 935 BGB. entsprechende Anwendung finden, so hat Art. 91, um die öff. Pfandleihanstalten nicht auf unbestimmte Zeit zur Aufbewahrung der ihnen übergebenen Sachen zu verpflichten, aus Billigkeitsrücksichten den § 1003 BGB. für anwendbar erklärt. Dieser betrifft den Ersatzanspruch wegen Verwendungen, welcher dem nach § 1000 BGB. gleichfalls zur Zurückbehaltung berechtigten Besitzer gegenüber dem Eigenthümer zusteht. Nach Ablauf der in § 1003 erwähnten Erklärungsfrist kann die öff. Leihanstalt nach den Vorschriften über Pfandverkauf zur Befriedigung gelangen.

4. Obwohl Art. 94 Abs. 2 Einf.Ges. zum BGB. den Lösungsanspruch auf die Zinsen nicht ausdrücklich erstreckt, so überschritt das Landesrecht dennoch seine Zuständigkeit keineswegs, wenn es das von ihm eingeräumte Zurückbehaltungsrecht insolange gewährt, bis das auf die verpfändete Sache hingegebene Darlehen sammt Zinsen bezahlt ist. Es ist nur eine den Zweck jenes Art. 94 Abs. 2 richtig erfassende Auslegung,[3] wenn Art. 91 Ausf.Ges. davon ausgeht, daß das Darlehen in

---

2) Man vgl. churbayer. Mandat v. 25. Juni 1754, zwölftens, siebzehntens (Kreitmaier Gen.Samml. S. 579, Döllinger V.O. Samml. Bd. 14 Th. 4 S. 2339), Entschl. der Landesdirektion Neuburg v. 22. Dez. 1803 § 13 (Reg.Bl. f. Neuburg 1804 S. 94) Oberpfälz. Pfandhausordnung v. 26. Juni 1806 (Reg.Bl. S. 243), Augsburger Pfand- u. Leihhausordnung v. 1732, XIV, Nürnberger Leihhausordnung v. 14. Febr. 1757, Anm. zum bayer. Landr. II, 6 § 8 nro. 2, II 2 § 7 nro. 6, IV, 4 § 2 nro. 6, code civil Art. 2084, Entschl. des k. Staatsmin. des Innern v. 11. Dez. 1837 (Weber Ges. u. V.O. S. 3 S. 223) u. Ausschreiben des k. Staatsmin. der Justiz v. 4. Jan. 1839 (Döllinger V.O. Samml. 38 Th. 2 S. 1306).

3) Der Referent der Kammer der Abg. rechtfertigte die diesbezügliche Bestimmung des Art. 91 Ges (Art. 81 Entw.) durch die zutreffende Erwägung, daß reichsgesetzlich der

derselben Weise, wie es gegeben wurde, also wenn es verzinslich war, auch in dieser Eigenschaft zurückzuerstatten ist.[4])

Anlegung von Mündelgeld in Hypothekenforderungen.

Artikel 92.

Für die Anlegung von Mündelgeld ist eine Hypothek, eine Grundschuld oder eine Rentenschuld als sicher nur zu erachten, wenn sie innerhalb der ersten Hälfte des Werthes des Grundstücks zu stehen kommt.

1. Im Hinblick auf die in § 1807 Abs. 2 BGB. der Landesgesetzgebung eingeräumte Ermächtigung trifft Art. 92 für die in § 1807 Abs. Abs. 1 BGB.[1]) näher geregelte Anlegung[2]) von Mündelgeld die Bestimmung, in welchem Falle eine Hypothek u. s. w. als sicher anzusehen ist. Wenn das Gesetz hier nicht, wie dies, abgesehen von der Pfalz, in Bayern bisher der Fall war, das freie richterliche Ermessen walten ließ, sondern über die Beleihungsgrenze gewisse Grundsätze aufstellt, so ist dasselbe von dem Gedanken getragen, daß seine Anordnung im Interesse sowohl des Mündels als auch des Vormunds und Gegenvormunds geboten sei, zumal der Vormund nach § 1810 BGB. zur Anlegung von Mündelgeld der Genehmigung des Vormundschaftsgerichts nur dann bedarf, wenn ein Gegenvormund nicht vorhanden ist oder wenn die Vormundschaft nicht von mehreren Vormündern gemeinschaftlich geführt wird.[3])

3. Wenngleich Art. 92 dies nicht ausdrücklich erklärt, so gilt derselbe dennoch nur für Hypothekforderungen u. s. w. an Grundstücken, welche in Bayern ge-

---

Landesgesetzgebung die Einräumung eines Zurückbehaltungsrechts wohl in demselben Umfange zugestanden werden wollte, als das Pfandrecht begründet wäre, wenn es sich um eine abhanden gekommene Sache handeln würde. (Schriftlicher Bericht dieses Referenten S. 32.)

4) Daß das preuß. Landrecht I, 20 § 82 den Lösungsanspruch auf die Zinsen nicht erstreckt, ist für die vorliegende Frage selbstverständlich belanglos; dagegen schützen das Mandat v. 25. Juni 1754 u. die oberpfälz. Pfandhausordn. v. 1806 auch den Zinsenanspruch der Anstalt. Man vgl. auch Anm. z. bayer. L.R. II, 6 § 8 nro. 2.

1) Vgl. auch Art. 32 des Ges. Uebergangsvorschr. zum BGB. u. Bekanntm. v. 21. Dez. 1899 (Ges. u. V.O.Bl. S. 1239), sowie Bek. v. 9. Sept. 1899 (Just.M.Bl. S. 383).

2) Bei der Sicherstellung einer dem Kinde zustehenden Forderung z. B. bei Muttergutsauszeigen nach bayer. Landr. handelt es sich nicht um Anlegung von Mündelgeld. Nach dem BGB. ist übrigens der Vater der Regel nach nicht, sondern nur ausnahmsweise (§ 1668) verpflichtet, für das seiner Verwaltung und Nutznießung unterworfene Vermögen des Kindes Sicherheit zu bestellen.

3) Die Feststellung solcher Grundsätze, welche für den Vormund u. Gegenvormund die Gefahr der Verantwortlichkeit vermindert, empfiehlt sich auch aus dem Grunde, weil in einer Reihe anderweitiger gesetzlicher Bestimmungen wie z. B. in den §§ 238, 1079, 1288, 1377, 1642 u. 2119 BGB. sowie in § 40 des Krankenversich.Ges., in § 76 des Unfallversich.Ges. v. 6./7. 1884 u. in § 129 des Invalid.- u. Altersversich.-Ges. auf die für die Anlegung von Mündelgeld maßgebenden Vorschriften Bezug genommen ist.

legen sind. Dies nach dem Vorbilde mehrfacher anderer deutscher Ausführungsgesetze besonders auszusprechen, bestand keine zwingende Veranlassung. Denn aus § 1807 Abs. 2 BGB. ist zu entnehmen, daß die Landesgesetze diejenigen Grundsätze, nach denen die Sicherheit einer Hypothek, Grundschuld u. s. w. festzustellen ist, nur für die innerhalb ihres Geltungsbereichs belegenen Grundstücke bestimmen können. Für Mündelgelder, welche in Deutschland auf außerbayerischen Grundstücken angelegt sind, entscheiden hinsichtlich der Sicherheitsfrage die Gesetze des einschlägigen Bundesstaates. Hypotheken u. s. w. an Grundstücken aber, welche nicht in Deutschland sich befinden, bilden nach der Vorschrift des § 1807 Ziff. 1 BGB. überhaupt keine sichere Anlage für Mündelgelder.

3. Die Vorschrift, daß eine Hypothek u. s. w. nur dann als sicher zu erachten ist, wenn sie innerhalb der ersten Hälfte des Grundstückswerthes zu stehen kommt, steht in Uebereinstimmung mit dem Gutachten des bayer. Landwirthschaftsraths und entspricht dem für die Pfalz bisher maßgebend gewesenen Art. 26 Abs. 2 nro. 5 des Ges. v. 26. April 1888, die Abänderung von Bestimmungen des in der Pfalz geltenden Hypotheken- und Vormundschaftsrechts betr.[4]) sowie den für die Anlegung von Kapitalien der Gemeinden, Kirchen, Stiftungen und Sparkassen geltenden Anordnungen.[5])

4. Wie der Fassung des Gesetzes deutlich zu entnehmen ist, erscheint nicht erforderlich, daß die Hypothek u. s. w. die erste Stelle einnimmt. Es genügt, daß mit Einrechnung der vorausgehenden Belastungen die Werthsgrenze nicht überschritten ist.[6]) Für die Werthsermittelung entscheiden die nach Art. 87 Abs. 2 von den dort erwähnten Staatsministerien erlassenen Vorschriften.

5. Der Vormund und Gegenvormund sind nicht verpflichtet, in allen Fällen eine Werthsfeststellung vornehmen zu lassen, sie können sich auch in anderer Weise über den Werth Gewißheit verschaffen. Aber die Nichtbeachtung der amtlich aufgestellten Grundsätze über die Feststellung der Sicherheit kann ihnen als Verschulden angerechnet werden, wenn dem Mündel ein Schaden erwächst und sie sich bei der Werthsermittlung im Irrthum befunden haben.[7])

Gemeindewaisenrath.

Artikel 93.

Für jede Gemeinde wird ein Gemeindewaisenrath bestellt.

---

4) Dieses Ges. ist durch Art. 175 Ziff. 2 des Ausf.Ges. jetzt aufgehoben.

5) V.O. v. 31. Juli 1869 § 2, Vollz.Vorschr. zum revid. Gem.Edikte v. 31. Okt. 1837 Ziff. 114 b, Minist.Entschl. v. 20. Mai 1874 Ziff. 9 über die Sparkassen.

6) Denselben Maßstab wie Art. 92 haben angenommen die Ausf.Ges. von Elsaß-Lothringen § 142, Hessen Art. 124 und Reuß j. L. § 115 (Becher die Ausf.Ges. Abth. VI S. 1 ff., VIII S. 29 ff., XVI S. 1 ff.). Einen anderen oder doch theilweisen anderen Maßstab haben die Ausf.Ges. von Anhalt Art. 68, Sachsen-Altenburg § 124, Preußen § 73, Sachsen-Weimar § 211, Oldenburg § 22, Schwarzburg-Rudolstadt Art. 165, Schwarzburg-Sondershausen Art. 56 § 2 und Waldeck Art. 35 (Becher a. a. O. Abth. I S. 8 ff., XVIII S. 1 ff., XIV S. 1 ff., XXI S. 4 ff., XIII S. 7 ff., XXIII S. 1 ff., XXIV S. 1 ff. und XXV S. 1 ff.).

7) A.A.Prot. S. 206; Becher Mat. I S. 507 (Aeußerung des Minist.Kommissärs Dr. v. Jacubezky).

In Städten mit mehr als 100,000 Einwohnern können mehrere Gemeindewaisenräthe, jeder für einen abgegrenzten Theil des Stadtbezirkes, gebildet werden.

Artikel 94.

Der Gemeindewaisenrath besteht in Gemeinden mit städtischer Verfassung sowie in Gemeinden mit mehr als 5000 Einwohnern aus dem Bürgermeister, wo deren mehrere vorhanden sind, aus dem ersten, als Vorsitzenden und aus einer Anzahl gewählter Waisenräthe. Der Bürgermeister kann sich durch ein Mitglied des Magistrats oder der Gemeindeverwaltung vertreten lassen.

In den übrigen Gemeinden werden ein oder mehrere Waisenräthe aufgestellt. Bei der Aufstellung mehrerer Waisenräthe ist jedem ein örtlich abgegrenzter Bezirk zuzuweisen.

Artikel 95.

Die Zahl der Waisenräthe wird in Gemeinden mit städtischer Verfassung vom Magistrat unter Zustimmung der Gemeindebevollmächtigten, in anderen Gemeinden von der Gemeindeverwaltung festgesetzt. Das Gleiche gilt von der Bildung mehrerer Gemeindewaisenräthe nach Artikel 93 Abs. 2. Die Gemeindeverwaltung bestimmt in den Fällen des Artikel 94 Abs. 2 auch die Bezirke der einzelnen Waisenräthe.

Artikel 96.

Die Waisenräthe werden in Gemeinden mit städtischer Verfassung von den in einen Wahlkörper vereinigten Magistratsmitgliedern und Gemeindebevollmächtigten, in den übrigen Gemeinden von der Gemeindeverwaltung gewählt.

Zur Wahl der Waisenräthe ist nach der Vollendung der ordentlichen Gemeindewahl und nach der Bildung des Armenpflegschaftsraths zu schreiten.

Wählbar ist, wer zum Mitgliede des Armenpflegschaftsraths gewählt werden kann.

Als gewählt ist zu erachten, wer bei der Wahl die meisten Stimmen erhalten hat. Die Wahl gilt für die Zeit bis zu der nächsten nach Abs. 2 stattfindenden Wahl.

Abgänge in dem Personalstande der Waisenräthe sind sofort durch Neuwahl zu ersetzen.

Die Gewählten werden durch den Bürgermeister auf Handgelübde verpflichtet.

Artikel 97.

Das Amt des Waisenraths ist ein unentgeltliches Gemeindeamt.

Artikel 98.

Der Gemeindewaisenrath ist befugt, Frauen, welche hiezu bereit sind, als Waisenpflegerinnen in widerruflicher Weise aufzustellen.

In den im Artikel 94 Abs. 2 bezeichneten Gemeinden erfolgt die Aufstellung auf den Vorschlag des Waisenraths durch den Bürgermeister.

Die Waisenpflegerinnen haben unter Leitung des Gemeindewaisenraths bei der Beaufsichtigung der im Kindesalter stehenden Mündel und bei der Ueberwachung weiblicher Mündel mitzuwirken.

Artikel 99.

Die Geschäftsführung des Gemeindewaisenraths, insbesondere der Verkehr mit dem Vormundschaftsgerichte, wird durch die Staatsministerien der Justiz und des Innern geregelt.

Es kann insbesondere angeordnet werden, daß die Waisenräthe eines Bezirkes zeitweise unter der Leitung des Vormundschaftsrichters zusammentreten, um von dem Zustande der Aufsicht über die Erziehung und körperliche Pflege der Mündel in dem Bezirke Kenntniß zu erlangen sowie allgemeine Fragen ihrer Amtsführung zu besprechen und Mängel abzustellen.

1. Das BGB. will, daß dem die vormundschaftliche Thätigkeit beaufsichtigenden Amtsgerichte ein Gemeindewaisenrath als gemeindliches Hilfsorgan zur Seite stehe, und zwar nicht nur im Verhältnisse zu demjenigen Vormundschaftsgerichte, zu dessen Bezirke die Gemeinde gehört, sondern zu allen Vormundschaftsgerichten, welche für eine Thätigkeit bezüglich der in der Gemeinde sich aufhaltenden Mündel zuständig sind.

Der Wirkungskreis des Gem.W.Raths für Vormundschaften und gemäß § 1915 BGB. auch für Pflegschaften ist durch die §§ 1849 bis 1851, 1779 Abs. 1, 1792 Abs. 4, 1675, 1862 Abs. 1 BGB. und den § 49 des Ges. über Angel. der freiw. Gerichtsb. begrenzt. Der G.W.Rath, welcher vor der Auswahl eines nach § 1776 nicht berufenen Vormunds bezw. Gegenvormunds (§§ 1779 Abs. 1, 1792 Abs. 4) und im Falle des § 1862 auch bei der Berufung zum Familienrathsmitgliede anzuhören ist,

hat dem Vormundschaftsgerichte

a) Anzeige zu erstatten, sobald er von einem Falle Kenntniß erhält, in welchem ein Vormund, Gegenvormund oder ein Pfleger zu bestellen ist und hiebei — gleichwie in denjenigen Fällen, in denen er in dieser Beziehung sowie hinsichtlich eines Familienrathsmitgliedes besonders dazu aufgefordert ist — eine zu diesen Aemtern geeignete Person in Vorschlag zu bringen (§§ 1849 BGB. und 49 Ges. üb. A. d. freiw. Gerichtsb.);

b) — auch abgesehen von dem Falle a — dem Vormundschaftsgerichte anzuzeigen, wenn er von einem Falle Kenntniß bekommt, in welchem das bezeichnete Gericht zum Einschreiten berufen ist (§ 1675);

ferner hat derselbe

c) in Unterstützung des Vormundschaftsgerichts darüber zu wachen, daß die Vormünder der in seinem Bezirke sich aufhaltenden Mündel für deren Person, insbesondere deren Erziehung und körperliche Pflege pflichtmäßig Sorge tragen,

in dieser Hinsicht wahrgenommene Mängel dem Gerichte mitzutheilen, auf dessen Verlangen über das Ergehen und Verhalten der Mündel Auskunft zu ertheilen und

von einer zu seiner Wissenschaft gelangenden Gefährdung ihres Vermögens Anzeige zu machen (§ 1850).

Auf der anderen Seite hat aber das Vormundschaftsgericht dem Gem.W.Rathe die Anordnung einer Vormundschaft über einen in dessen Bezirk sich aufhaltenden Mündel unter Bezeichnung des Vormunds und Gegenvormunds sowie einen in den Personen dieser beiden eintretenden Wechsel mitzutheilen und hat auch der Vormund dem Gem.W.R. des bisherigen Aufenthaltsorts (welcher hievon denjenigen des neuen Aufenth.Orts zu verständigen hat) Kenntniß zu geben (§ 1851).

2. Die nähere Ausgestaltung der der preußischen Vormundschaftsordnung vom 5. Juli 1875 entnommenen, in Bayern bisher unbekannten Einrichtung des Gem.W.-Raths[1]) hat das BGB. dem Landesrechte überlassen. Dieses beschränkte sich vermöge der Art. 93 bis 99, dem Vorbilde jener Vormundschaftsordnung folgend, in Bayern darauf, die Grundzüge anzugeben, nach denen jene Einrichtung dem gemeindlichen Organismus eingegliedert wird. Die weitere Regelung ist in Art. 99 den Staatsministerien der Justiz und des Innern anheimgegeben und durch dieselben in deren gemeinschaftlicher Bekanntmachung vom 22. Dezember 1899, den Gemeindewaisenrath, betr. (Just.Min.Bl. 1899 S. 553, Amtsbl. des Min. d. Inn. 1900 S. 108), erfolgt.

3. Die Verrichtungen des Gem.W.Raths sind nicht einem der bisher bestehenden gemeindlichen Organe z. B. dem Magistrate bezw. der Gemeindeverwaltung oder dem Armenpflegschaftsrathe[2]) übertragen worden. Der Gem.W.Rath ist vielmehr eine selbständige gemeindliche Behörde, welche in jeder Gemeinde vorhanden sein muß. In Städten mit mehr als 100,000 Einwohnern können vom Magistrate unter Zustimmung der Gemeindebevollmächtigten mehrere Gem.W.Räthe und zwar jeder für einen abgegrenzten Theil des Stadtbezirks gebildet werden. Die einzelnen Mitglieder jener Behörde führen den Namen „Waisenrath" und bekleiden ein unentgeltliches Gemeindeamt.

4. Die Zusammensetzung des Gem.W.Raths ist je nach der Größe der einzelnen Gemeinden eine verschiedene. In Gemeinden mit städtischer Verfassung (was mit Städten nicht durchweg gleichbedeutend ist), sowie in Gemeinden mit mehr als 5000

---

1) Vgl. hiezu die rechtsgeschichtliche Uebersicht in den Motiven zum BGB. Bd. IV S. 1012 ff.

2) Der Gem.W.Rath und der Armenpflegschaftsrath haben allerdings viele Berührungspunkte, da der erstere hauptsächlich in Vormundschaftssachen über solche Personen thätig sein wird, welche gering bemittelt sind oder öffentliche Unterstützung genießen. Mit Recht ordnet daher § 10 der Min.Bek. v. 22. Dez. 1899 an, daß die Waisenräthe mit den Mitgliedern des Armenpflegschaftsraths und den aufgestellten Bezirksarmenpflegern in stetem gegenseitigem Benehmen bleiben sollen. Allein trotzdem sind die beiderseitigen Aufgaben verschieden und jede von ihnen stellt so große Anforderungen, daß es nicht angemessen gewesen wäre, dieselben kraft Gesetzes in einer Person zu vereinigen. Allerdings steht jedoch nichts im Wege, beide Aemter einer und derselben Person im Wege der Wahl zu übertragen.

Einwohnern besteht der Gem.W.Rath theils aus gesetzlich berufenen, theils aus gewählten, in den übrigen Gemeinden nur aus gewählten Waisenräthen. Gesetzlich berufen ist der Bürgermeister, und wo deren mehrere vorhanden sind, der erste Bürgermeister. Derselbe kann sich jedoch durch ein Mitglied des Magistrats oder der Gemeindeverwaltung vertreten lassen und zwar nicht blos vorübergehend, sondern auch dauernd.[3]) Der Stellvertreter dürfte, auch wenn die Vertretung eine dauernde ist, nicht die Eigenschaft eines Waisenraths erlangen; denn die gesetzliche Berufung ergeht nach Art. 94 nur an den Bürgermeister. Den Vorsitz führt der Bürgermeister bezw. dessen Vertreter. Der von dem Abg. Lerno und mehreren Genossen gestellte Antrag, daß dem Gem.W.Rathe überdies noch die sämmtlichen Pfarrvorstände der Gemeinde und der Vorstand der allenfalls daselbst vorhandenen israelitischen Kultusverwaltung angehören sollen, gelangte nicht zur Annahme.[4])

5. Sind in Gemeinden von weniger als 5000 Einwohnern (und zwar im rechtsrhein. Bayern, insoferne die Gemeinden die Landgemeindeverfassung haben,) mehrere Waisenräthe aufgestellt, so ist jedem derselben durch die Gemeindeverwaltung ein örtlich abgegrenzter Bezirk zuzuweisen. Für andere Gemeinden ist die Zutheilung eines solchen örtlich abgegrenzten Bezirks nicht vorgeschrieben, aber statthaft.

6. Die Zahl der Waisenräthe bemißt sich nach Art. 95, deren Wahl, welche im Hinblick auf Art. 178 zum erstenmale bereits im Jahre 1899 stattgefunden und für die Zukunft stets nach Vollendung der ordentlichen Gemeindewahl und nach der Bildung des Armenpflegschaftsraths zu erfolgen hat, nach Vorschrift des Art. 96. Die Wahl vollzieht sich nach dem Vorbilde derjenigen Bestimmungen, welche für den Armenpflegschaftsrath maßgebend sind. (Gesetz, die öffentliche Armen- und Krankenpflege betr. Art. 23 in neuer Fassung, Ges. und V.O.Bl. 1899 S. 489 ff.) Die Uebereinstimmung damit kommt auch in Art 96 Abs. 3 sowie darin zum Ausdruck, daß die Gewählten nach Art. 6 des bezeichneten Artikels durch den Bürgermeister auf Handgelübde verpflichtet werden. Das Gesetz ordnet diese Verpflichtung an ohne Rücksicht darauf, ob der Gewählte gleichzeitig ein anderes öffentliches Amt z. B. als Pfarrer, Magistratsrath oder Mitglied der Gemeindeverwaltung bekleidet.[5]) In § 3 der Minist.Bekanntm. v. 22. Dez. 1899 ist indeß eine solche Verpflichtung für den Fall, daß der Gewählte gleichzeitig ein anderes öffentliches Amt versieht, nicht als erforderlich bezeichnet. Die Wahl muß nach der rechtsrhein. Gemeindeordnung Art. 174 gleichwie diejenige zu anderen Gemeindeämtern angenommen werden, falls nicht gesetzlich anerkannte Ablehnungsgründe vorhanden sind. In der Pfalz besteht keine solche Annahmepflicht (Art. 118, 121 der pfälz. Gem.Ord.). Streitigkeiten über die

---

3) Aeußerung des Ministerialkommissärs Dr. v. Jacubezky A.A.Pr. S. 216; Becher Mat. I S. 517.

4) A.A.Prot. S. 207 ff. R.R.A.Prot. 8 S. 12 ff., Stenogr.Ber. d. K. d. Abg. S. 714 ff. und der K. d. R.R. S. 368; Becher Mat. I S. 509 ff., S. 854 ff., III Abth IV u. V S. 143 ff. und 277 [29]. Der von der k. Staatsregierung bekämpfte Antrag Lerno und Gen. veranlaßte sowohl im Ges.Geb.Aussch. der K. d. Abg. als auch in deren öffentlichen Sitzung vom 21. April 1899 länger dauernde Verhandlungen, welche jedoch nicht viel Stoff für die Gesetzesauslegung bieten. Es kann deshalb auch davon Umgang genommen werden, die zur Unterstützung jenes Antrags sowie gegen denselben geltend gemachten Gründe hier wiederzugeben.

5) Daß der Bürgermeister, sowie dessen Vertreter keiner Verpflichtung bedürfen, geht deutlich aus Art. 96 Abs. 6 hervor, welcher nur von den „Gewählten“ spricht.

Wählbarkeit sowie über Recht oder Pflicht zum Austritte sind nach Art. 8 Ziff. 33 des Ges. vom 1. Aug. 1878 die Errichtung eines Verwaltungsgerichtshofes u. s. w. betr. im Verwaltungsrechtswege zur Entscheidung zu bringen. Die Gewählten werden durch den Bürgermeister in ihr Amt eingewiesen. (Art. 79 Abs. 2, 126 Abs. 3 der rechtsrhein. Gem.Ord. und Art. 57 Abs. 3 der pfälz. Gem.Ord.) Hinsichtlich der Disciplin und, insoweit im Gesetze und in den hiezu ergehenden Minist.Bekanntm. nichts Anderes bestimmt ist, auch bezüglich der Amtsführung gelten die Vorschriften der beiden Gemeindeordnungen. Nach diesen bemißt sich auch die Frage, in wie weit bei jenem unentgeltlichen Amte ein Ersatz der Auslagen stattfindet.[6])

7. a) Was die Geschäftsführung des Gem.W.Raths anbelangt, so gibt die Min.Bekanntm. v. 22. Dez. 1899 in Gemeinden mit städtischer Verfassung, sowie in Gemeinden mit mehr als 5000 Einwohnern es der bezeichneten Behörde anheim, jene durch eine Geschäftsordnung selbständig zu regeln. Nur soviel ist in der Min.Bekanntm., welche, wie hier noch bemerkt sein soll, den Waisenräthen neben ihren gesetzlichen Obliegenheiten auch noch die Pflicht zur Wahrung des Amtsgeheimnisses auferlegt, bezüglich der Geschäftsführung vorgeschrieben, daß die Vertheilung der Geschäfte unter die Waisenräthe, die Beaufsichtigung der Geschäftsführung dieser Räthe, die Leitung der Verhandlung in den Sitzungen sowie die Sorge für die Ausführung der gefaßten Beschlüsse dem Vorsitzenden des Gem.W.Raths obliegt, daß ferner die einzelnen Waisenräthe die Geschäfte bezüglich der ihnen zugewiesenen Vormundschaften und Pflegschaften selbständig wahrzunehmen und innerhalb ihres Geschäftskreises mit den Vormündern, Gegenvormündern und Pflegern sowie mit dem Vormundschaftsgerichte unmittelbar zu verkehren haben. Die Geschäftsordnung kann etwas Gegentheiliges nicht vorschreiben. Für Gemeinden mit weniger als 5000 Einwohnern — im rechtsrhein. Bayern, insoferne dieselben die Landgemeindeverfassung haben — ist eine Geschäftsordnung nicht vorgesehen. Es hat hier jeder einzelne Waisenrath die ganze Aufgabe der hier in Frage stehenden gemeindlichen Behörde selbständig zu versehen, während für jene obenerwähnten größeren Gemeinden dem Gem.W.Rathe eine kollegiale Verfassung beigelegt ist.[7])

b) Auf Grund der in § 1851 Abs. 1 BGB. erwähnten Mittheilungen des Vormundschaftsgerichts und der in § 1851 Abs. 2 BGB. angeführten Mittheilungen anderer Gem.W.Räthe über die Verlegung des bisherigen Aufenthaltsorts ist eine Waisenliste nach dem der Minist.Bekanntm. v. 22. Dez. 1899 beigelegten Muster zu führen.[8]) In den Gemeinden mit städtischer Verfassung, sowie in denjenigen mit mehr als 5000 Einwohnern ist diese Liste, deren Führung dem Vorsitzenden obliegt, alphabetisch angelegt, während in den übrigen Gemeinden jeder Waisenrath die Waisen-

6) A.A.Prot. S. 222; Becher Mat. I S. 537 (Aeußerung des Minist.Kommissärs Dr. v. Jacubezky). Wie die diesbezüglichen Bestimmungen der Gemeindeordnung auszulegen sind, wollte durch das Ausf.Ges. zum BGB. nicht entschieden werden. Die Bemerkungen des Ministerialraths Hörmann (A.A.Prot. S. 221; Becher Mat. I S. 536) dienen zum Zwecke, für die einschlägige Frage eine Erläuterung der Gem.Ordnungen zu bieten. Vgl. hiezu auch v. Kahr Kommentar zur rechtsrhein. Gem.Ord. Bd. I Anm. 3 zu Art. 125.

7) Jeder Waisenrath erhält nach § 7 der Min.Bek. von dem Vormundschaftsgerichte ein Exemplar der Anweisung zur Führung des Waisenrathsamts.

8) In die Waisenlisten sind auch die am 1. Januar 1900 schon vorhandenen Mündel und Pfleglinge einzutragen. Die ersten Waisenlisten sind von dem Vormundschaftsgerichte anzulegen (§ 21 der Min.Bekanntm.).

liste seines Bezirks nach der Zeitfolge der bei ihm eingelaufenen Mittheilungen zu führen hat. Bei jenen größeren Gemeinden übergibt der Vorsitzende dem einzelnen Waisenrathe diejenigen Mittheilungen, welche sich auf die demselben zur Beaufsichtigung zugewiesenen Mündel oder Pfleglinge beziehen, worauf diese von dem Waisenrathe in das von ihm herzustellende und fortzuführende Verzeichniß eingetragen werden. Vgl. noch §§ 11 bis 13 der angef. Min.Bekanntm., woraus Näheres hinsichtlich der Führung der Waisenlisten zu entnehmen ist, und § 15 a. a. O. mit den dazu gehörigen Mustern bezüglich der bei der Geschäftsführung anzuwendenden Formulare.

8. a) Die Aufstellung von Waisenpflegerinnen hat sich anderwärts als zweckmäßig erwiesen. Art. 98 Abs. 1 enthält in dieser Beziehung weder für die gemeindlichen Organe ein Gebot zur Ernennung solcher Pflegerinnen, noch auch für die hiezu in Aussicht genommenen Persönlichkeiten eine Verpflichtung, sich der in Abs. 3 dieses Artikels näher beschriebenen Dienstleistung zu unterziehen. Die in widerruflicher Weise erfolgende Aufstellung geschieht für die in Art. 94 Abs. 2 erwähnten kleineren Gemeinden auf Vorschlag „des Waisenraths"[9]) durch den Bürgermeister, welchem naturgemäß auch das Recht zur Absetzung zukommt.[10]) Eine Einvernahme des Waisenraths vor der Absetzung ist nicht vorgeschrieben. In den in Art. 94 Abs. 1 angegebenen größeren Gemeinden geschieht die Aufstellung durch den Gem.W.Rath. Eine Verpflichtung der Waisenpflegerinnen findet nicht statt.[11])

b) Unter dem Worte „Frauen" sind nach der auch hier maßgebenden Sprache des BGB. sowohl ledige, als auch verheiratete weibliche Personen zu verstehen. Daß für das Gesetz nur ehrbare Persönlichkeiten in Betracht kommen, versteht sich nach der Natur der Sache von selbst, wenn dies auch — wegen der im Ges.Geb.Aussch. der Kammer der Abg. erfolgten Streichung des im Reg.Entw. enthalten gewesenen Eigenschaftswortes „ehrbare" nicht mehr besonders ausgesprochen ist.[12])

9. Die Waisenräthe eines Bezirks zeitweise zu dem in Art. 99 Abs. 2 angegebenen Zwecke zusammentreten zu lassen, zeigte sich bisher in Preußen als entsprechend. Das Gesetz ermöglicht derartige Anordnungen auch für Bayern und die Minist.Bekanntm. v. 22. Dez. 1899 spricht in § 16 aus, daß die Waisenräthe zeitweise zusammentreten sollen, um von dem Zustande der Aufsicht über die Erziehung und körperliche Pflege der Mündel Kenntniß zu erlangen sowie allgemeine Fragen ihrer Amtsführung zu besprechen und Mängel abzustellen. In den in § 17 der Min.Bek. bezeichneten Ge-

9) Sind mehrere Waisenräthe vorhanden, so ist nicht erforderlich, daß sich die anderen dem Vorschlage „des Waisenraths" anschließen. Der einzelne Waisenrath versieht ja, wie zu Ziff. 7 a oben bereits bemerkt wurde, in jenen kleineren Gemeinden die ganze Aufgabe des Gem.W.Raths.

10) Ebenso äußerte sich auch der Minist.Kommissär, A.A.Prot. S. 222; Becher Mat. I S. 538.

11) Dies geht auch aus der Min.Bekanntm. § 4 hervor, welcher anordnet, daß die Waisenräthe bei der Verpflichtung, die Waisenpflegerinnen hingegen bei der Bestellung auf die Wahrung des Amtsgeheimnisses hinzuweisen seien.

12) A.A.Prot. S. 421; Becher Mat. I S. 669. Es wurde indeß bei den Berathungen des genannten Ausschusses allseitig anerkannt, daß Ehrbarkeit ein Erforderniß für die Aufstellung als Waisenpflegerin sei. Im Ausf.Ges. zum BGB. für Preußen Art. 77 (Becher die Ausf.Ges. Abth. XIV S. 1 ff.) ist das Wort „ehrbar" oder ein ähnliches gleichfalls nicht angefügt, in den Ausf.Ges. von Württemberg u. Sachsen-Weimar sowie in der k. sächs. V.O. zur Ausf. des BGB. ist das Wort „ehrbar" dagegen beigesetzt.

meinden werden die Versammlungen von dem Vorsitzenden des Gem.W.Raths berufen sowie geleitet und ist der Vormundsch.Richter zu den Versammlungen einzuladen, während für die in § 18 a. a. O. erwähnten übrigen Gemeinden die Versammlungen durch den Vormundschaftsrichter berufen und geleitet werden. Waisenpflegerinnen können, wie § 19 dies näher ausführt, zu diesen Versammlungen zugelassen werden. Die in § 18 erwähnte Berufung durch den Vormundschaftsrichter soll alle 2 Jahre mindestens einmal und darf jährlich höchstens einmal stattfinden.

Anstaltsvormund.

Artikel 100.

Für eine unter staatlicher Verwaltung oder Aufsicht stehende Erziehungs- oder Verpflegungsanstalt kann durch Anordnung der zuständigen Staatsministerien bestimmt werden, daß der Vorstand der Anstalt die Rechte und Pflichten eines Vormundes für die zur Erziehung oder zur Verpflegung in die Anstalt aufgenommenen Minderjährigen hat.

Der Vorstand behält die Rechte und Pflichten des Vormundes auch nach der Beendigung der Erziehung oder der Verpflegung bis zur Volljährigkeit des Mündels.

Dem Vorstande stehen die nach § 1852 Abs. 2 des Bürgerlichen Gesetzbuchs zulässigen Befreiungen zu. Ein Gegenvormund ist nicht zu bestellen.

Der Vorstand hat die Aufnahme des Minderjährigen in die Anstalt dem Vormundschaftsgericht anzuzeigen.

Die Befugniß des Vormundschaftsgerichts, einen anderen Vormund zu bestellen, bleibt unberührt. Auf Antrag des Vorstandes ist ein anderer Vormund zu bestellen.

1. Anstaltsvormund im Sinne des auf Grund des Art. 126 Einf.Ges. zum BGB. erlassenen Art. 100 ist der Vorstand einer unter staatlicher Verwaltung oder Aufsicht stehenden Erziehungs- oder Verpflegungsanstalt, welchem durch Anordnung der zuständigen Staatsministerien die Rechte und Pflichten eines Vormunds für die zur Erziehung oder Verpflegung in die Anstalt aufgenommenen Minderjährigen übertragen sind. Ob die Uebertragung an den Vorstand der Anstalt überhaupt oder an die bestimmte Person eines Vorstandes stattzufinden hat, bleibt den betheiligten Ministerien anheimgegeben.

Während nach § 1789 BGB. der Vormund und zwar auch der nach § 1776 BGB. vom Gesetze berufene durch das Gericht bestellt wird, kommt bei der wohl in der Pfalz bekannten[1]), aber dem rechtsrhein. Bayern bisher fremden Einrichtung[2]) des

1) Für die Pfalz bringt Art. 100 eine neue gesetzliche Regelung. Die Bestimmungen des Ges. v. 15. pluviôse XIII nebst dem Dekrete v. 19. Jan. 1811, (Siebenpfeiffer Handbuch . . . Rheinbayerns Bd. 4 S. 369, 336) wonach die Verwaltungen der öffentl. Pflegeanstalten die vormundschaftl. Verrichtungen über die in die Anstalt aufgenommenen Kinder ausüben, sind zwar durch das Gesetz vom 26. April 1888, die Abänderung von Bestimmungen des in der Pfalz geltenden Hypotheken- und

Anstaltsvormundes die Bestellung und somit auch die in § 1789 erwähnte Verpflichtung an Eidesstatt in Wegfall. Für ihn beginnt das Amt mit der Aufnahme des Mündels in die Anstalt.[3]) Diese Aufnahme ist dem Vormundschaftsgerichte sofort anzuzeigen und das letztere hat den bisherigen Vormund, dessen Amt mit dem Eintritte der Anstaltsvormundschaft erloschen ist, in Kenntniß zu setzen (Vorm.Ordn. § 27) und überdies seine obervormundschaftliche Aufsicht zu bethätigen. Es besteht an sich kein Hinderniß, den Vorstand einer unter staatlicher Aufsicht stehenden Privatanstalt mit dem Amte eines Anstaltsvormunds zu betrauen, wenn auch immerhin die Begründung des Reg.Entw.[4]) bemerkte, daß dies „von vorneherein nicht thunlich" sei; es wird stets Sache der Prüfung für den einzelnen Fall bleiben, ob die jeweilige Anstalt — auch die staatlich verwaltete — nach Maßgabe ihrer Einrichtung die erforderliche Gewähr zu bieten vermag.[5]) Vgl. auch Vormundsch.O. § 27.

2. Dem Anstaltsvormunde obliegt, da er die Rechte und Pflichten eines Vormundes hat, die Sorge für die Person und das Vermögen des Mündels; es kommt ihm auch dessen Vertretung zu. Thatsächlich wird es sich allerdings meistens um die Sorge für die Person des Mündels handeln, da fast ausnahmslos solche Mündel in Frage stehen, die kein oder nur ein geringes Vermögen besitzen.[6]) Die Bestellung

---

Vormundschafts-Rechts betr. (Ges. u. V.O.Bl. S. 427), nicht beseitigt, haben indeß schon mehrfache, wesentliche Aenderungen erfahren. Die Einführung des BGB. bedingt noch weitere Aenderungen, so insbesondere bezüglich der Art. 3, 4 u. 5 Abs. 3 des Ges. v. 15. pluv. XIII in Folge Wegfalls der Emanzipation und hinsichtlich der durch Art. 101 Ausf.Ges. ersetzten Art. 8 und 9 jenes französ. Gesetzes. Der aus Mitgliedern der Verwaltung gebildete, die Stelle des Familienraths vertretende Vormundschaftsrath fällt weg; die Vormundschaft wird unter der Aufsicht des Vormundschaftsgerichts durch den Anstaltsvormund künftighin geführt. Das erwähnte Gesetz vom 26. April 1888 ist übrigens mit Rücksicht auf Art. 175 Ziff. 3 des Ausf.-Ges. gleichfalls nicht mehr zu Recht bestehend.

2) Die Erfahrungen der Länder, in welchen die Einrichtung bisher vorhanden war, sind als günstige zu bezeichnen. In Frankreich beweist dies der Umstand, daß dieselbe durch spätere Gesetze (Ges. v. 10. Januar 1849 und 24. Juli 1889) weiter ausgebildet und auf diejenigen Anstalten ausgedehnt worden ist, in denen die nach Verlust der elterlichen Gewalt ihren Eltern entzogenen Kinder untergebracht werden. Die preußische Vormundschaftsordnung vom 15. Juli 1875 hat jene Einrichtung in der ganzen Monarchie eingeführt. Deren Zweckmäßigkeit wurde, wie dies die Motive (A S. 52; Becher Mat. I S. 111) bemerken, auch in der 10. Jahresversammlung des Deutschen Vereins für Armenpflege anerkannt, wobei von einigen Seiten im Hinblick hierauf der Vorschlag gemacht worden ist, die Angelegenheit einer reichsgesetzlichen Regelung zu unterwerfen. Allerdings haben nicht viele Ausf.Gesetze zum BGB. von der in Frage stehenden Einrichtung Gebrauch gemacht.

3) Motive A S. 53; Becher Mat I S. 112.

4) Motive A S. 52; Becher a. a. O. S. 111.

5) In der gemeinschaftlichen Bekanntmachung der k. Staatsministerien der Justiz und des Innern vom 16. Februar 1900 den Anstaltsvormund betr. (Just.Min.Bl. S. 443) wurden die Rechte und Pflichten eines Anstaltsvormundes vorerst nur den Verwaltungs-Kommissionen der städtischen Waisenhäuser in Landau i. d. Pfalz, ferner in Speyer und Zweibrücken übertragen.

6) Nämlich hauptsächlich solche Mündel, für deren Erziehung und Verpflegung Armenunterstützung geleistet wird (Art. 11 Abs. 2 Ziff. 4 des Ges. die öffentliche Armen- und Krankenpflege betr.) und die sog. Kostkinder (Art. 41 des Pol.Str.G.B.).

eines Gegenvormundes hat gleichwie in dem in § 1792 Abs. 2 BGB. erwähnten ersten Ausnahmefalle zu unterbleiben. Es werden daher dem Anstaltsvormunde auch die nach § 1852 Abs. 2 BGB. zulässigen, mit dem Fehlen eines Gegenvormunds in Zusammenhang stehenden Befreiungen (bei der Anlegung von Geld und bei den in § 1812 BGB. bezeichneten Geschäften) eingeräumt. Besitzt der Mündel ausnahmsweise ein größeres Vermögen, so vermag der Anst.Vorm. durch Antrag auf Bestellung eines anderen Vormunds Abhilfe zu schaffen.[7]) Das Gericht kann in einem solchen Falle auch einen Mitvormund aufstellen. Bei Verhinderung des Anst.Vorm. an der Vermög.Verwaltung wird die Anordnung einer Pflegschaft am Platze sein. (§ 1909 BGB.)

3. Das Amt des Anst.Vormunds dauert fort bis zur Volljährigkeit des Mündels, auch wenn dieser die Anstalt verlassen hat und z. B. in ein vom Vorstande bestimmtes Lehr-, Dienst- oder Arbeitsverhältniß eintritt oder durch denselben in einer Familie zur Erziehung oder Verpflegung untergebracht wird. Der Anst.Vorm. kann ja eine bessere Einwirkung auf den Mündel ausüben, als ein anderer Vormund. Wenn indessen der neue Aufenthaltsort des Mündels in weiterer Entfernung liegt, so wird allerdings der Anst.Vorm. dazu Anlaß haben, die Aufstellung eines anderen Vormundes zu beantragen.

4. Legt der Anst.Vormund ein pflichtwidriges Verhalten an den Tag, so darf das Amtsgericht von der nach Art. 136 Abs. 1 Einf.Ges. und Art. 100 Abs. 5 unberührt bleibenden Befugniß zur Bestellung eines anderen Vormunds, welche die zur Enthebung des Anst.Vormunds in sich schließt, Gebrauch machen. Die Vormundschaft zu entziehen, liegt nicht in der Zuständigkeit der betheiligten Ministerien; wohl aber können dieselben wegen der hervorgetretenen Mißstände die auf Grund des Art. 100 für den einzelnen Fall getroffene Anordnung zurücknehmen.

5. Von der Ermächtigung des Art. 136 Ziff. 1 Einf.Ges. z. BGB., einem Beamten die Rechte und Pflichten eines Vormunds für die unter seiner Aufsicht in einer von ihm gewählten Anstalt oder Familie untergebrachten Minderjährigen z. B. für sog. Kostkinder oder für Mündel, bezüglich deren nach Art. 10 Abs. 2 Ziff. 4 des Ges. über öffentl. Armen- und Krankenpflege Armenunterstützung gewährt wird, zu übertragen, hat Art. 100 absichtlich keinen Gebrauch gemacht. Bei allenfalls sich ergebendem Bedürfnisse kann das Gericht indeß für solche Mündel in zweckmäßiger Weise die vormundschaftliche Amtsführung in die Hände eines Gemeindebeamten legen.[8])

Rechte der öffentlichen Wohlthätigkeitsanstalten in Ansehung des Nachlasses unterstützter oder verpflegter Personen.

Artikel 101.

Oeffentliche Wohlthätigkeitsanstalten können aus dem Nachlasse der von ihnen innerhalb der letzten zehn Jahre vor dem Tode unterstützten oder unentgeltlich verpflegten Personen Ersatz für die Unter-

7) Das Recht des Vorstandes, die Bestellung eines anderen Vormundes zu verlangen, ist ein unbegrenztes; es ist keineswegs auf die Fälle beschränkt, in denen ein Vormund nach § 1889 BGB. auf seinen Antrag zu entlassen ist. (8. R.R.A.Prot.; Becher Mat. I S. 858, 859). Dem diesbezüglichen Antrage muß vom Gerichte eine Folge gegeben werden.

8) Motive A S. 53; Becher Mat. I S. 112, 113. In verschiedenen Städten des Königreichs Sachsen ist dies, wie die Motive a. a. O. bemerken, bereits geschehen.

stützung oder die Verpflegung gemachten Aufwendungen für die ganze Dauer der Leistung verlangen, soweit nicht durch die Geltendmachung des Anspruchs der nothdürftige Unterhalt eines pflichttheilsberechtigten Angehörigen des Erblassers gefährdet werden würde.

Der Ersatzanspruch kann nicht zum Nachtheile der Nachlaßgläubiger geltend gemacht werden. Verbindlichkeiten aus Pflichttheilsrechten, Vermächtnissen und Auflagen bleiben außer Betracht.

1. Diese gesetzliche Bestimmung findet nicht in Art. 139, wohl aber in Art. 103 Einf.Ges. zum BGB. ihre Stütze. Der letztere Artikel hat, wie der Minist.Kommissär Dr. v. Jacubezky im Ges.Geb.Aussch. der R.R.Kammer ausführte,[1]) nicht zur Voraussetzung, daß die öffentl. Anstalt zur Gewährung einer Unterstützung gerade gegenüber derjenigen Person, welche thatsächlich eine solche erhalten hat, verpflichtet war. Es ist vielmehr erforderlich, daß eine auf dem öffentlichen Rechte beruhende Verbindlichkeit zur Gewährung von Unterhalt überhaupt bestanden hat. Eine solche Verpflichtung obliegt aber jeder öffentl. Wohlth.Anstalt, zu deren satzungsgemäßer Aufgabe die Leistung von Unterhalt gehört.

2. Oeffentliche Wohlthätigkeitsanstalten sind diejenigen, welche von einer juristischen Person des öffentlichen Rechtes errichtet oder welche selbst juristische Personen des öffentlichen Rechtes wie z. B. die öffentlichen Stiftungen sind.[2])

3. Durch Art. 101 ist das in einzelnen Statuten den öffentlichen Wohlthätigkeitsanstalten eingeräumte Erbrecht[3]) beseitigt.[4]) An seine Stelle ist nach dem Vorbilde der in Art. 7 des Ges. die öffentl. Armen- und Krankenpflege betr.[5]) den öffentl.

---

1) 8. R.R.Prot. S. 16; Becher Mat. I S. 860. Man vgl. auch Fischer-Henle BGB., Anm. 3 zu Art. 103 Einf.Ges., wo die gleiche Ansicht vertreten ist.

2) A.A.Prot. S. 228; Becher Mat. I S. 546 (Aeußerung des vorgenannten Minist.-Kommissärs).

3) Während das gemeine Recht und das bayer. Landrecht jenen Anstalten oder einzelnen Arten von ihnen in Ansehung des Nachlasses der unterstützten oder verpflegten Personen ein Erbrecht nicht gewähren, ist ein solches dem preuß. Landr. Th. II, Tit. 19 §§ 50—55 sowie dem pfälz. Rechte (Art. 8 und 9 des Ges. v. 15. pluviôse XIII [Siebenpfeiffer Handbuch Bd. 4 S. 369] und Staatsrathsgutachten v. 3. Nov. 1809) bekannt. Außerdem findet sich ein solches Erbrecht in dem Münchner Stadtrechte Art. 485, einem Ansbacher Edikte v. 4. April 1726, dem Nürnberger Additionaldekrete v. 28. Januar 1580 und in einer Würzburger V.O. v. 12. Sept. 1690 anerkannt. Die Armenpflegen hatten im ganzen rechtsrhein. Bayern nach der V.O. vom 17. Novbr. 1816 Art. 3 (Reg.Bl. S. 779) ein Erbrecht an dem Vermögen der aus ihren Mitteln ernährten Personen erlangt, welche keine armen Notherben hinterlassen haben. Diese Vorschrift ist jedoch in Art. 7 des Gesetzes vom 29. April 1869 die öffentliche Armen- und Krankenpflege betr. in Wegfall gekommen.

4) In Folge der Aufhebung des bisherigen gesetzl. Erbrechts werden die in Frage stehenden Anstalten Veranlassung haben, bei der Aufnahme von Personen mit Vorsicht zu Werke zu gehen. Es bleibt ihnen unbenommen, Erbverträge zu schließen oder in anderer Art sich sicher zu stellen.

5) Dieser hat jetzt eine Aenderung im Sinne des Art. 101 erfahren. Vgl. Art. 160, III Ausf.Ges. (jetzt Art. 8 des Ges. in der im Ges. u. V.O.Bl. 1899 S. 489 ff. veröff. neuen Fassung).

Armenpflegen und den zur Armenunterstützung verbundenen öffentl. Kassen gewährten Forderung der in Abs. 1 näher bezeichnete Ersatzanspruch (als civilrechtlicher Anspruch) getreten. Dieser hat zur Voraussetzung, daß derjenige, gegen dessen Nachlaß nunmehr Rechte erhoben werden sollen, innerhalb der letzten 10 Jahre vor seinem Tode von der betreff. öffentl. Wohlth.Anst. unterstützt oder unentgeltlich verpflegt worden ist, und kommt in Wegfall, wenn durch seine Geltendmachung der nothdürftige Unterhalt eines pflichttheilsberechtigten Angehörigen des Erblassers gefährdet werden würde. Jene Voraussetzung hat in einem Rechtstreite die ersatzbegehrende Anstalt, diese Ausnahme die beklagte Partei zu beweisen. Der Ersatzanspruch darf **nicht** zum Nachtheil der Nachlaßgläubiger geltend gemacht werden; die Nachlaßmasse muß vielmehr die Nachverbindlichkeiten übersteigen. Bei Feststellung der letzteren werden jedoch die Verbindlichkeiten aus Pflichttheilsrechten, Vermächtnissen und Auflagen nicht mitgerechnet; denn dieselben sind gleichwie dies gemäß § 1973 BGB. der Fall ist, erst nach den Ansprüchen der anderen Nachlaßgläubiger zu befriedigen und haben auch gegenüber dem auf Art. 101 gegründeten Anspruche keinen Vorrang.

4. Die im Aussch. der Abg.Kammer auf Antrag des Korref. Abg. **Lerno** eingeschalteten Worte „**für die ganze Dauer der Leistung**"[6]) lassen erkennen, daß die zur Erstattung gelangende Aufwendung nicht in den letzten 10 Jahren vor dem Tode der verpflegten oder unterstützten Person gemacht zu sein braucht. Die Verpflegung oder Unterstützung darf **nicht** früher als 10 Jahre vor dem Ableben der erwähnten Person geendet haben. Fällt dieselbe noch und zwar auch nur theilweise in diesen Zeitraum, dann ist ein Ersatzanspruch für die ganze Dauer der Unterstützung oder Verpflegung gegeben, mag selbst diese 30 oder mehr Jahre lang gewährt worden sein.[7])

5. Ueber Anrechnungen auf den Ersatzanspruch vgl. Art. 102.

Artikel 102.

Durch die Satzungen einer öffentlichen Verpflegungsanstalt kann der Anstalt ein Recht auf die Sachen eingeräumt werden, welche von einer Person, die in der Anstalt bis zum Tode unentgeltlich verpflegt worden ist, zum Zwecke des Gebrauchs in der Anstalt eingebracht worden sind.

Das Eigenthum an den der Anstalt zufallenden Sachen geht mit dem Eintritte des Erbfalls auf die Anstalt über. Der Werth der Sachen wird auf den der Anstalt zustehenden Ersatzanspruch angerechnet.

1. Obwohl nicht wie Art. 101 auf Art. 103 Einf.Ges. z. BGB., sondern auf Art. 139 Einf.Ges. sich stützend, steht Art. 102 doch mit dem ersteren in innigem Zusammenhange. Er bezweckt, den betreffenden Anstalten theilweise Deckung für den denselben in Art. 101 gewährten Ersatzanspruch zu verschaffen. Er bezieht sich zwar nicht auf alle öffentl. Wohlthätigkeitsanstalten (vgl. Bem. 2 zu Art. 101), sondern nur auf eine Klasse derselben, die öffentlichen Verpflegungsanstalten und räumt das

---

6) A.A.Prot. S. 228, 229; **Becher** Mat. I S. 547—549.

7) Aeußerung des Minist.Kommissärs A.A.Prot. S. 227; **Becher** Mat. S. 544.

in Abs. 1 erwähnte Recht, welches für kleinere Anstalten unter Umständen keine Bedeutung hat, nicht an und für sich, sondern nur unter der Voraussetzung ein, daß die Satzungen ein solches Recht für sich in Anspruch nehmen.

2. Das Recht auf die von der unentgeltlich verpflegten Person eingebrachten Sachen, von welchem Art. 102 spricht, kann wie das Recht auf bestimmte Sachen, welches Art. 139 Einf.Ges.[1]) im Auge hat, das Eigenthumsrecht[2]) sein und wird dies auch gewöhnlich sein. Doch kann die Anstalt auch ein geringeres Recht z. B. ein Pfandrecht, ein bis zur Deckung ihres Ersatzanspruchs dauerndes Zurückbehaltungsrecht bestimmen. Der in Abs. 2 bezeichnete Eigenthumsübergang, welcher mit dem Eintritte des Erbfalles d. h. mit dem Ableben (§ 1922 BGB.) der verpflegten Person erfolgt, hat zur Vorbedingung, daß die Satzungen ein Eigenthumsrecht gewähren. Trifft dies nicht zu, so geht mit dem vorgenannten Zeitpunkte nur das in den Satzungen angegebene geringere Recht auf die Anstalt über.

3. Insoferne der Werth der Sachen der Höhe der Ersatzforderung gleichkommt, ist diese getilgt. Insoweit er geringer ist, wird derselbe auf den Anspruch in Anrechnung gebracht. Ist er höher als dieser, so ist die Anstalt allerdings bereichert. Allein eine solche wohl selten eintretende Bereicherung ist keine ungerechtfertigte und zur Erstattung nach §§ 812 und flg. BGB. verpflichtende, weil sie im Gesetze ihre Grundlage hat.

Festsetzung des Ertragswerthes.

Artikel 103.

Soweit in Fällen der Erbfolge oder der Aufhebung einer fortgesetzten Gütergemeinschaft der Ertragswerth eines Landguts festzusetzen ist, gilt als solcher, vorbehaltlich der Berücksichtigung besonderer Umstände, der fünfundzwanzigfache Betrag des jährlichen Reinertrags. Durch Königliche Verordnung kann eine andere Verhältnißzahl bestimmt werden.

Die Grundsätze, nach welchen der Reinertrag festzustellen ist, und die bei der Ermittelung des Ertragswerths zu berücksichtigenden besonderen Umstände werden von den Staatsministerien der Justiz und des Innern durch allgemeine Anordnung bestimmt.

1. § 2049 Abs. 2 BGB., welcher auch in den Fällen der Erbfolge (§ 2312 BGB.) und der Aufhebung der fortgesetzten Gütergemeinschaft (§ 1515 Abs. 2 und 3

---

1) Art. 139 verlangt nicht, daß das Recht auf die einzelnen Sachen als Vermächtnißforderung in Betracht kommt. (§ 2174 BGB.) Diese Rechtsform würde, wie der Minist.Kommissär bemerkte, (8. R.R.A.Prot S. 17; Becher Mat. I S. 863) mit dem Zwecke des gesetzl. Vorbehalts nicht übereinstimmen. Denn alsdann dürften die Sachen zur Berichtigung von Nachlaßverbindlichkeiten, welche im Nachlaßkonkurse den Vermächtnissen im Range vorausgehen, (§ 226 Konk.O.) verwendet werden.

2) Alsdann geht das Eigenthum an den der Anstalt zufallenden Sachen auf die Anstalt kraft Gesetzes in der Weise über, daß dieselben mit dem Tode des Erblassers aus dessen Nachlaß ausscheiden und den Nachlaßgläubigern gegenüber als gar nicht mehr zur Verlassenschaft gehörig zu betrachten sind.

BGB.) anwendbar erscheint, setzt fest, daß der Ertragswerth eines Landguts sich nach dem Reinertrage bemesse, welchen dasselbe nach seiner bisherigen wirthschaftlichen Bestimmung bei ordnungsmäßiger Bewirthschaftung nachhaltig gewähren könne. Da nach Art. 137 Einf.Ges. zum BGB. die landesgesetzl. Vorschriften über diejenigen Grundsätze unberührt bleiben, nach denen in den Fällen der angeführten §§ des BGB. der Ertragswerth des Landguts festzustellen ist, so darf das bayer. Recht auch einen anderen als den in § 2049 Abs. 2 angegebenen insbesondere einen bestimmteren Maßstab wählen. Zur Verhütung von Streitigkeiten erließ Art. 103 eine solche abweichende Vorschrift.[1]) In den bisherigen bayer. Gesetzen fanden sich für die Bestimmung des Ertragswerths keine Anhaltspunkte (das Ges. v. 22./2 1855 die landwirthschaftl. Erbgüter betr. geht z. B. von dem Verkaufswerthe aus), wohl aber boten sich solche in der preußischen Gesetzgebung, insbesondere der sog. Höfegesetzgebung sowie in dem Ges. v. 8. Juni 1896 betr. das Anerbenrecht bei Renten-Ansiedelungsgütern. Im Hinblick auf einige dieser Höfegesetze[2]) und das Ges. v. 8. Juni 1896 entschied sich Art. 103 dahin, den Ertragswerth in der Art zu bestimmen, daß der Reinertrag zu einem gewissen Prozentsatze kapitalisirt wird. Ferner nahm dieser Art. in Uebereinstimmung mit dem letzteren Gesetze den 25 fachen Betrag des jährlichen Reinertrags[3]) als Ertragswerth an. Um einer dermalen nicht absehbaren Gestaltung der wirthschaftlichen Verhältnisse, welche einen anderen Zinsfuß als geboten erscheinen läßt, ohne die immerhin umständlichere Form einer Gesetzesänderung Rechnung tragen zu können, ist der Vorbehalt gemacht worden, eine andere Verhältnißzahl im Verordnungswege zu bestimmen.[4])

2. Eine völlig befriedigende Begriffsbestimmung des Wortes „Landgut“ läßt sich im allgemeinen nicht leicht geben; man wird in jedem einzelnen Falle prüfen und hiebei auf den Zweck der hier in Betracht kommenden Vorschriften Rücksicht nehmen müssen, welcher stets auf einen zu einer wirthschaftlichen (nicht rechtlichen) Einheit verbundenen Komplex von Grundstücken hinweist.[5]) Daß jenes Wort etwa nur einen herrschaftlichen Landsitz bezeichnen soll, ist keineswegs anzunehmen.

3. Bezüglich der in Abs. 1 enthaltenen Worte „vorbehaltlich der Berücksichtigung besonderer Umstände“ sind in den Ausschußverhandlungen einige Beispiele an-

---

1) Wenn statt der Erwähnung jener §§ des BGB. in Art. 103 eine andere Fassung gewählt wurde, so war hiebei das Bestreben maßgebend, Citate von Gesetzesstellen soviel als möglich zu vermeiden. Auch hielt man die Anführung der in Frage stehenden §§ nicht für erschöpfend, da auch Vermächtnisse angeordnet werden können, bezüglich deren bestimmt ist, daß ein Grundstück einem Dritten gegen Zahlung des Ertragswerths überlassen werden solle. (Aeußerung des Min.Kommiss. A.A.Prot. S. 230; Becher Mat. I S. 550).

2) Die Höfegesetze für Hannover v. 2. 6. 1874 § 15, für Lauenburg v. 21. 2. 1881 § 14 und die Landgüterordnung von Schleswig-Holstein v. 2. 4. 1886 § 14.

3) Denselben Maßstab haben auch die Ausf.Ges. zum BGB. von Preußen Art. 83, Anhalt Art. 71, Hessen Art. 106, 130, Baden Art. 35 und Sachsen-Weimar § 241 angenommen. (Becher die Ausf.Ges. Abth. XIV S. 1 ff., I S. 8 ff., VIII S. 29 ff., II S. 18 ff. und XXI S. 4 ff.)

4) Das Gleiche geschah auch in den Ausf.Ges. von Preußen, Anhalt und Weimar a. a. O.

5) Vgl. Wagner in v. Staudinger Kommentar bei Anm. 2 zu Art. 137 Einf.Ges. z. BGB.

geführt worden.[6]) Es wurde der Fall erwähnt, daß die Gebäude eines Landguts in Folge von Brand oder Alter eine sehr erhebliche Verschlechterung erfahren haben, weshalb zum Wiederaufbau oder zur Herstellung bedeutender Ausbesserungen eine große Summe verwendet werden muß. Die Zugrundlage des 25 fachen Betrags würde hier eine zu große Härte für den Uebernehmer in sich schließen. Ferner wurde darauf hingewiesen, daß eine größere Menge schlagbaren Holzes, als dies nach dem Durchschnitte vermöge des Wirthschaftsplanes der Fall sein sollte, vorhanden sein kann und zu Geld gemacht werden muß, sowie daß die Felder längere Zeit nicht mehr gedüngt wurden und in Folge hievon in sehr vernachlässigtem Zustande sich befinden. Im ersteren Falle muß der aus dem Verkaufe des schlagbaren Holzes erzielte Erlös zu dem 25 fachen Betrage des jährl. Reingewinnes hinzugerechnet, im anderen Falle der zur Herstellung eines betriebsfähigen Zustandes der Felder erforderliche Aufwand in Abzug gebracht werden.

Vermittelung der Auseinandersetzung in Ansehung eines Nachlasses oder eines Gesammtguts.

Artikel 104.

Für die Vermittelung der Auseinandersetzung in Ansehung eines Nachlasses zwischen mehreren Erben oder in Ansehung des Gesammtguts einer aufgehobenen ehelichen oder fortgesetzten Gütergemeinschaft zwischen den Betheiligten sind neben den Amtsgerichten die Notare zuständig.

Der Antrag kann, sofern nicht die Betheiligten die Wahl eines anderen Notars vereinbaren, nur bei einem Notar gestellt werden, der im Bezirk oder am Sitze des für die Vermittelung zuständigen Gerichts aufgestellt ist.

Bei den nach den Vorschriften der Civilprozeßordnung erfolgenden Zustellungen obliegen dem Notar auch die Verrichtungen des Gerichtsschreibers. Der Notar ist auch für die Festsetzung der einem Betheiligten zu erstattenden Kosten zuständig.

1. Zu den Aufgaben der Amtsgerichte gehört es unter anderem, bei dem Vorhandensein mehrerer Erben die Auseinandersetzung in Ansehung des Nachlasses zwischen den Betheiligten auf Antrag zu vermitteln, insoferne nicht ein zur Bewirkung der Auseinandersetzung berechtigter Testamentsvollstrecker vorhanden ist. (§ 86 bis 98 des Gesetzes über die Angeleg. der freiw. Gerichtsbarkeit.) Die bezeichneten §§ finden nach § 99 des genannten Ges. entsprechende Anwendung, wenn es sich nach der Beendigung einer ehelichen oder einer fortgesetzten Gütergemeinschaft um die Auseinandersetzung in Ansehung des Gesammtgutes handelt. Für jene Vermittelung sind nach dem auf Grund des erwähnten Gesetzes (§ 193) erlassenen, die *sachliche* Zuständigkeit betreffenden Art. 104 Abs. 1 neben den Amtsgerichten *auch die Notare* zuständig.[1])

---

6) A.A.Prot. S. 230; *Becher* Mat. I S. 550.

1) Dies entspricht dem Art. 35 des nun aufgehobenen rechtsrhein. Notariatsges. vom 10. Nov. 1861. Auch in der Pfalz war der Notar nach Art. 26 ff. des — durch Art. 175 Ziff. 3

2. Der — ebenso wie Abs. 3 von der k. Staatsregierung erst in einer nachträglichen Vorlage[2]) an den Landtag gebrachte — Abs. 2 bezieht sich auf die örtliche Zuständigkeit der Notare. Der Antrag der Parteien auf Vermittelung kann hienach nur bei einem im Bezirke des zuständigen Gerichtes aufgestellten Notare angebracht werden. Durch Vereinbarung der Betheiligten d. h. aller Betheiligten (vgl. § 258 Abs. 1 der Geschäftsordnung für die Notariate) kann aber auch der Notar eines anderen Bezirks bestimmt werden. Ob das Gericht oder der Notar und welcher der mehreren örtlich zuständigen Notare den Vorzug hat, bemißt sich nach der ersten amtlichen Thätigkeit in der Sache (§ 4 Ges. über freiw. Ger., Art. 129 A.G.) Der Erblasser kann zur Nachlaßauseinandersetzung nach § 2197 BGB. einen Testamentsvollstrecker[3]) ernennen, er kann nach § 2048 Anordnungen für die Auseinandersetzung treffen, aber er kann die letztere nicht einem Notare übertragen;[4]) dies können nur die Betheiligten für das Verfahren nach §§ 86—98 Ges. über freiw. Gerichtsbarkeit.

3. Ueber das Verfahren bei Auseinandersetzungen vgl. die Minist.Bekanntm. v. 31. Dezbr. 1899 §§ 78 ff., 95 ff. das Nachlaßwesen betr. (Just.Min.Bl. 1900 S. 1 ff.) und Geschäftsordnung für die Notariate vom 24. Dezbr. 1899 § 254 ff. (Just.Min.Bl. 1899 S. 592 ff.).

4. Zum Vermittelungsverfahren und demnach auch zum Geschäftskreise des Notars gehören nicht die auf die Pflegschaft für einen abwesenden Betheiligten bezüglichen Verrichtungen des Nachlaßgerichts sowie die Ertheilung oder Verweigerung der Genehmigung in Bezug auf eine Vereinbarung oder eine Auseinandersetzung für einen Betheiligten, welcher im Inlande keinen Vormund, Pfleger oder Beistand hat. (§§ 88 und 97 Abs. 2 Ges. über freiw. Ger.) Das letztere Gesetz erklärt deshalb das Nachlaßgericht und nicht wie in §§ 87, 89, 91 bis 95 „das Gericht" als zuständig.[5])

5. Die amtliche Vermittelung der Auseinandersetzung kann dem Notar auch dann übertragen werden, wenn der Tod des Erblassers vor dem 1. Januar 1900 eingetreten ist oder wenn für die Auseinandersetzung in Ansehung der Gütergemeinschaft die bisherigen Vorschriften noch maßgebend sind. (Art. 36 des Ges. Uebergangsvorschr. zum BGB. betr., vgl. auch § 257 der Gesch.Ordnung für die Notariate.)

6. Ueber die Kosten des Verfahrens nach Art. 104, insoweit sie durch das gemeinschaftliche Verfahren entstehen, vgl. Art. 132; über die Kostentragung in Angel.

Ausf.Ges. jetzt aufgehobenen — Gesetzes vom 11. Septb. 1825, die Förmlichkeiten bei Anlegung und Abnahme der gerichtlichen Siegel u. s. w. betr., in denjenigen Fällen, in denen eine gerichtliche Auseinandersetzung zu erfolgen hatte, zur Mitwirkung berufen. Durch Art. 104 wird, wie dies der Abg. Michel bemerkte (A.A.Prot. 231; Becher Mat. I S. 551, 552) die Zuständigkeit in der Pfalz bei Theilungen wesentlich verändert. Vgl. auch die seitens dieses Abg. in dieser Beziehung erfolgte Darlegung des seitherigen Rechtszustandes in der Pfalz a. a. O. und wegen der bei dem Inkrafttreten des BGB. in der Pfalz anhängigen Theilungsverfahren auch noch den Art. 115 des Ges. Uebergangsvorschriften zum BGB. betr.

2) Beilage D zu den Verh. des Just.Ges.Geb.Aussch. der K. der Abg. S. 155; Becher Mat. I S. 596.

3) Der zum Testamentsvollstrecker ernannte Notar ist, falls nicht zureichende Ablehnungsgründe bestehen, zur Annahme dieser Stelle verpflichtet. Art. 14 Not.Ges. v. 9. Juni 1899.

4) A.A.Prot. S. 231; Becher Mat. I S. 553 (Aeußerung des Minist.Kommissärs).

5) Motive (Beil. D) S. 158 (Becher Mat. I S. 602), ferner vgl. auch § 259 der Geschäftsordnung für die Notariate.

der freiw. Gerichtsbarkeit im allgemeinen vgl. Art. 131. Für die Festsetzung der einem Betheiligten zu erstattenden Kosten ist nach dem letzten Zusatze des Art. 104 auch der Notar zuständig.

7. Bei den nach Maßgabe der Civ.Proz.Ord. (§§ 209 bis 211) zu bewirkenden Zustellungen (§§ 16, 89, 91 Abs. 3, 93 Abs. 2 und 95 des Ges. über die Ang. der freiw. Ger.) umfaßt die Aufgabe des Notars auch die Obliegenheiten des Gerichtsschreibers. Vgl. hiezu auch Art. 25 Abs. 2 des Ausf.Ges. zur Grundb.Ord. u. s. w.

Mitwirkung der Gemeindebehörden bei der Sicherung eines Nachlasses.

Artikel 105.

Die Anlegung von Siegeln zur Sicherung eines Nachlasses, der sich nicht in der Gemeinde befindet, in welcher das zuständige Amtsgericht seinen Sitz hat, kann dem Bürgermeister übertragen werden. In dringenden Fällen hat der Bürgermeister für die Sicherung des Nachlasses vorläufig durch Anlegung von Siegeln zu sorgen; die getroffene Maßregel ist sofort dem Amtsgericht anzuzeigen.

Dem Bürgermeister kann auch die Entsiegelung übertragen werden.

1. Die Anlegung von Siegeln ist neben der Hinterlegung von Geld, Werthpapieren und Kostbarkeiten, der Aufnahme eines Nachlaßverzeichnisses u. s. w. ein Mittel zur Nachlaßsicherung. Für letztere hat das Amtsgericht bis zur Annahme der Erbschaft bei bestehendem Bedürfnisse sowie dann Sorge zu tragen, wenn der Erbe unbekannt oder wenn es ungewiß ist, ob derselbe die Erbschaft angenommen hat. (§ 1960 BGB.)

2. Zuständig zur Anlegung von Siegeln war bisher in den Landestheilen rechts des Rheins das Nachlaßgericht, welches jedoch dieses Geschäft, sowie die Entsiegelung dem Gerichtsschreiber übertragen durfte (Art. 63 Abs. 1 Ausf.Ges. zum Ger.Verf.Ges.). Zur vorläufigen Anlegung von Siegeln erschienen im Hinblick auf Art. 156 Abs. 6 der rechtsrhein. Gem.O. auch die Gemeindebehörden nach Maßgabe der „jeweils bestehenden gesetzlichen oder verordnungsmäßigen Bestimmungen" berufen.[1]) In der Pfalz waren nach Art. 2 des — durch Art. 175 Ziff. 3 des Ausf.Ges. jetzt aufgehobenen — Ges. v. 11. Sept. 1825 über die Förmlichkeiten bei Anlegung und Abnahme der gerichtlichen Siegel u. s. w. (Siebenpfeiffer Handb. Bd. 3 S. 231 ff.) die Bürgermeister der außerhalb des Amtsgerichtssitzes gelegenen Gemeinden zur vorläufigen Anlegung der amtlichen Siegel befugt und verpflichtet.[2])

---

1) Die hiezu erlassene Bekanntmachung des k. Staatsministeriums des Innern vom 13. April 1896 die Erstattung von Todesanzeigen an die Amtsgerichte der Landestheile rechts des Rheins betr. (Just.Min.Bl. S. 160) ist durch die Min.Bekanntm. v. 18. Dezbr. 1899 die von den Standesbeamten an die Amtsgerichte zu erstattenden Anzeigen von Geburten u. s. w. betr. (Just.Min.Bl. 1899 S. 578) aufgehoben worden.

2) Während dem Gerichtsschreiber in der Pfalz dies nach Art. 63 Abs. 2 des Ausf.Ges. zum Ger.Verfass.Ges. bisher nicht gestattet war, ist derselbe nunmehr im Hinblick auf die durch Art. 167 Ziff. XVI des Ausf.Ges. zum BGB. festgestellte neue Fassung jenes Art. 63 zur Anlegung und Abnahme von Amtssiegeln ermächtigt.

3. Nach dem jenen Art. 2 des bezeichneten pfälzischen Gesetzes ersetzenden und auch den Art. 156 Abs. 6 der rechtsrhein. Gemeindeordn. entbehrlich machenden[3]) Art. 105, welcher in dem ursprünglichen Reg.Entw. nicht enthalten war, sondern in diesen in Folge eines nachträglich eingebrachten Antrags der k. Staatsregierung[4]) erst später eingeschaltet worden ist, kann die Siegelanlegung in Gemeinden außerhalb des Amtsgerichtssitzes dem Bürgermeister übertragen werden. In dringenden Fällen hat der letztere[5]) unaufgefordert zu handeln, indem er für die Nachlaßsicherung durch Siegelanlegung vorläufig Sorge trägt. In diesem Falle ist von der getroffenen Maßregel dem Amtsgerichte sofort Anzeige zu erstatten. (S. auch Hinterleg.Ordn. §§ 13, 48.) Ist der Bürgermeister verhindert, so ist sein gesetzlicher Stellvertreter zuständig.

4. Da Abs. 2 zu Abs. 1 eine Ergänzung bildet, so kann die in ersterem erwähnte Entsiegelung nur dem Bürgermeister einer außerhalb des Amtsgerichtssitzes befindlichen Gemeinde auferlegt werden.

5. Ueber Sicherung des Nachlasses vgl. noch Minist.Bekanntm. v. 31. Dezbr. 1899 das Naßlaßwesen betr. (Just.Min.Bl. 1900 S. 1 ff.) in §§ 2 ff., insbesondere über die Anlegung und Abnahme von Siegeln, welche übrigens nach Art. 2 des Notariatsges. auch einem Notare übertragen[6]) werden kann, sowie über Entsiegelung §§ 6 ff. dieser Min.Bek. Die Entsiegelung kann einem der außer dem Richter hiefür zuständigen Beamten (Notar, Gerichtsschreiber, Bürgermeister) aufgetragen werden, wenn die Siegelung von einem anderen Beamten vorgenommen worden ist. (§ 16 a. a. O.) Der Richter soll indeß die Anlegung von Siegeln sowie die Entsiegelung nur ausnahmsweise und aus besonderen Gründen selbst vornehmen. (§ 17 a. a. O.) Vgl. noch für die Pfalz Art. 144 Ges. Uebergangsvorschr. betr.

Sicherungsmaßregeln bei dem Tode eines Beamten.

Artikel 106.

Durch Königliche Verordnung können für den Fall des Todes eines Beamten des Staates, einer Kreisgemeinde, einer Distriktsgemeinde oder einer nicht unter gemeindlicher Verwaltung stehenden öffentlichen Stiftung Bestimmungen über die Sicherung der amtlichen Schriftstücke, Gelder und sonstigen Gegenstände, die der Verstorbene in Verwahrung gehabt hat, insbesondere über die Anlegung von Siegeln, getroffen werden.

1. Durch V.O. v. 2. Sept. 1811 (Reg.Bl. S. 1105) wurde für das rechtsrhein. Bayern in Anlehnung an Th. III cap. 1 § 17 Nr. 7 bayer. Landr. die Vorschrift erlassen, daß nach dem Ableben aller Staatsbeamten die Siegelung der bei

---

3) Jener Art. 156 Abs. 6 ist daher durch Art. 158 Ziff. V des Ausf.Ges. zum BGB. aufgehoben worden.

4) Beil. D zu den Verhandl. des Just.Ges.Geb.Aussch. der K. d. Abg. 1898 S. 155; Becher Mat. I S. 598.

5) Nicht aber der Bürgermeister einer Gemeinde, in deren Bezirk ein Amtsgericht sich befindet.

6) Vgl. auch § 274 der Gesch.Ordn. für die Notariate.

ihnen vorhandenen amtlichen Papiere, Gelder und Effekten vorzunehmen sei.[1]) Ebenso ist für die Pfalz nach dem durch Art. 178 Ausf.Ges. z. Civ.P.O. und K.O. aufrechterhaltenen Art. 911 code de proc. die Bestimmung getroffen, daß dann, wenn der Verstorbene öffentlicher Depositar gewesen ist, die Siegel in Bezug auf das Depositum von Amtswegen angelegt werden. Diese dem öffentlichen Rechte angehörenden Vorschriften sind zwar durch § 1960 Abs. 1 BGB. und durch Art. 140 Einf.Ges. hiezu nicht berührt, aber durch den auf Grund des letzteren Artikels erlassenen Art. 106 ersetzt, welcher die diesbezügliche Regelung einer Kgl. V.O. überläßt. Dieser steht es frei, für alle im Artikel bezeichneten Arten von Beamten Anordnungen zu treffen.

2. Von dieser gesetzlichen Ermächtigung hat die K. Allerh. V.O. vom 7. Dezbr. 1899 Sicherungsmaßregeln bei dem Tode eines Beamten betr. (Ges. u. V.O.Bl. S. 1013, auch im Just.Min.Bl. S. 549) Gebrauch gemacht. Sie bestimmt in § 1, daß die Behörde, welcher der Verstorbene angehört, oder die Aufsichtsbehörde für die Sicherung der amtlichen Schriftstücke, Gelder und sonstigen Sachen, die der Verstorbene in Verwahrung gehabt hat, Sorge zu tragen habe, insoweit ein Bedürfniß hiezu bestehe, sowie daß die Behörde insbesondere die Anlegung von Siegeln anordnen könne. Für den Fall des Ablebens eines Ministers sind die erforderlichen Anordnungen dem Könige vorbehalten; für den Fall des Todes eines eine Kasse verwaltenden Rentamtmanns, Rentamtsverwesers oder Steuereinnehmers vgl. § 2 Abs. 2 der V.O.

3. Unter Beamten im Sinne des Art. 106 und der vorerwähnten A.V.O. sind nur solche verstanden, welche dem bayer. Staate angehören. Jenes Wort ist indeß in weiterem Sinne aufzufassen und bezieht sich auch auf Offiziere und Sanitätsoffiziere der bayer. Armee. Reichsbeamte und nicht bayer. Beamte anderer Bundesstaaten, welche einer bayer. Behörde zugetheilt sind, fallen unter die Bezeichnung „Beamte" im Sinne jener Vorschriften sowenig als nicht bayer. Offiziere, welche in Bayern kommandirt sind.[2])

4. Auf Beamte der Gemeinden und der unter gemeindlicher Verwaltung stehenden Stiftungen beziehen sich Art. 106 und die hiezu erlassene A.V.O. nicht. Es sind hier, wie die Minist.Bek. v. 31. Dezbr. 1899 das Nachlaßwesen betr. (Just.Min.Bl. 1900 S. 1 ff.) in § 23 sagt, die auf Grund der Gemeindeordnung bestehenden und noch ergehenden Bestimmungen maßgebend.[3]) Die Begründung des Reg.Entw.[4]) bemerkt, daß bezüglich der vorerwähnten Beamten die etwa erforderliche Regelung nach Art. 107, 145 Abs. 8 der rechtsrhein. und Art. 78 Abs. 10 der pfälz. Gemeindeordnung — vorbehaltlich der Grundsätze über die formelle Behandlung des Kasse- und Rechnungswesens durch

---

1) Man vgl. auch Just.Min.Entschl. v. 11. März 1881 (Just.Min.Bl. S. 130).

2) Ebenso auch Henle und Schneider Handausg. zu den bayer. Ausf.Ges. z. BGB. Anm. 2 zu Art. 106.

3) Wenn das Nachlaßgericht von der Gemeindebehörde um die Vornahme von Sicherungsmaßregeln ersucht wird, so hat dasselbe dem Ersuchen zu entsprechen; werden bei der Ausführung einer Maßregel, welche das Nachlaßgericht zur Sicherung des Nachlasses auf Grund des § 1960 BGB. angeordnet hat, amtliche Schriftstücke, Gelder oder sonstige Sachen, deren Herausgabe mit Rücksicht auf das Dienstverhältniß verlangt werden kann, vorgefunden, so hat das Nachlaßgericht hievon der Gemeindebehörde Mittheilung zu machen. (§ 23 der in Ziffer 4 angef. Min.Bek.)

4) Motive A S. 56; Becher Mat. I S. 119.

die vorgesetzten Behörden — Sache der gemeindlichen Selbstverwaltung sei.[5]) Für den Fall des Todes von Verwaltern eines Pfründe- oder Kirchenstiftungsvermögens sind die einschlägigen bestehenden oder noch ergehenden Bestimmungen maßgebend. (§ 23 der angef. Min.Bek.) Ueber den Begriff der öffentlichen Stiftungen vgl. oben S. 36 zu Art. 5.

5. § 68 der II. Verf.Beil., welcher für Sterbefälle der Geistlichen Anordnungen trifft, wird durch Art. 106 nicht berührt.

Vollziehung einer Auflage von öffentlichem Interesse.

Artikel 107.

Bezweckt in den Fällen des § 525 Abs. 2 oder des § 2194 Satz 2 des Bürgerlichen Gesetzbuchs die Auflage die Förderung von Interessen, die zum Wirkungskreis einer Körperschaft, Stiftung oder Anstalt des öffentlichen Rechtes gehören, so ist deren Behörde zuständig, die Vollziehung der Auflage zu verlangen.

1. Die in § 1940 BGB. erwähnte Auflage begründet für den Erben oder Vermächtnißnehmer wohl eine Verpflichtung zu einer Leistung, gewährt aber (im Unterschiede zu dem Vermächtnisse, §§ 1939, 2147 flg. BGB.) für den Bedachten kein Recht auf eine Leistung, also auch kein Klagerecht. Die Vollziehung einer Auflage können daher nur der Erbe, der Miterbe sowie Derjenige verlangen, welchem der Wegfall des hiemit zunächst Beschwerten unmittelbar zustatten kommen würde (§ 2194 BGB.). Ferner ist durch letztere Gesetzesstelle noch bestimmt, daß auch die zuständige Behörde die Vollziehung verlangen kann, wenn diese im öffentlichen Interesse gelegen ist.

2. Der wichtigste Fall einer Auflage ist derjenige des § 2194 BGB., in welchem dieselbe durch Verfügung von Todeswegen angeordnet ist.[1]) Außerdem kommt noch in Betracht die mit einer Schenkung verbundene Auflage (§ 525 BGB.). Für den in beiden §§ erwähnten Fall, daß die Vollziehung im öffentlichen Interesse liegt, bildet Art. 107 die Ausführungsvorschrift. Insoweit es sich um die Förderung von Interessen handelt, deren Wahrnehmung den Staatsbehörden obliegt, bedurfte es keiner besonderen gesetzlichen Bestimmung, da es zu dem Organisationsrechte der Krone gehört, darüber Anordnungen zu treffen, welche staatlichen Behörden die betreffenden Angelegenheiten zu besorgen[2]) haben. Das Gesetz hat daher vorzugsweise hier den Fall

---

5) Ob es übrigens noch zur „Regelung des formellen Geschäftsganges" gehört, von der die angeführten Artikel sprechen, Maßregeln der im Art. 106 bezeichneten Art für den Fall des Ablebens eines Beamten zu erlassen, dürfte nicht unzweifelhaft sein. In v. Kahr's Kommentar zur rechtsrhein. Gem.O. findet sich auch kein Anhaltspunkt für eine so weit gehende Auffassung (Bd. I S. 865, 866, 936 und 937).

1) Und dies gilt auch für Erbverträge (§ 2279 BGB.).

2) Nach § 24 der ZuständigkeitsV.O. ist die Behörde, zu deren Wirkungskreise die Wahrung des öff. Interesses gehört, für zuständig erklärt, die im öff. Interesse liegende Vollziehung einer Auflage zu verlangen, soferne nicht nach Art. 107 die Behörde einer Körperschaft, Stiftung oder Anstalt des öff. Rechtes hiefür Zuständigkeit besitzt.

im Auge, daß die Wahrnehmung der durch die Auflage geförderten Interessen nicht den Behörden des Staats, sondern denjenigen der Gemeinden oder anderer juristischer Personen[3]) obliegt. Für Fälle dieser Art war eine gesetzliche Vorschrift nothwendig. Die Behörde, welche die Vollziehung der Auflage verlangen kann, gilt gemäß § 33 der Min.Bek. das Nachlaßwesen betr. und § 250 der Notariatsgesch.Ordn. als Betheiligter, welcher nach § 2262 BGB. von dem Inhalte der letztwilligen Verfügung in Kenntniß zu setzen ist.

3. Es wird nicht erfordert, daß die Vollziehung der Auflage im eigenen Interesse der Körperschaft, Stiftung u. s. w. liegt; es genügt, daß sie die Förderung von Interessen bezweckt, welche zum Wirkungskreise einer solchen Körperschaft u. s. w. gehören. Auch ist es nicht nothwendig, daß die Förderung derartiger Interessen der unmittelbare Zweck der Auflage sei.[4])

4. Mit den Worten „deren Behörde zuständig" spricht das Gesetz für die Behörde keine Verpflichtung aus.[5])

5. Ueber Stiftungen des öffentl. Rechts vgl. man oben S. 36 zu Art. 5 Bem. 1 und über Körperschaften des öff. R. Bem. 2 zu Art. 57.

Eröffnung von Testamenten und Erbverträgen.

Artikel 108.

Befindet sich ein Testament oder ein Erbvertrag seit mehr als vierundfünfzig Jahren in amtlicher Verwahrung, so ist die Eröffnung vorzunehmen, sofern nicht bekannt ist, daß der Erblasser noch lebt. Die Vorschriften des § 2259 Abs. 2 und der §§ 2260 bis 2262 des Bürgerlichen Gesetzbuchs finden entsprechende Anwendung.

1. Dieser im Reg.Entw. nicht enthaltene, im Ges.Geb.Aussch. der R.R.Kammer[1]) auf Antrag des Ref. Dr. v. Schmitt als Art. 96a eingeschaltete und durch § 200 des Ges. über die Angel. der freiw. Gerichtsbarkeit gestützte Artikel bezweckt die Eröffnung von Testamenten und Erbverträgen, bezüglich deren das Ableben der Erblasser

---

3) Der Minist.Kommissär Dr. v. Jacubezky gab hiefür folgende Beispiele, daß ein Erblasser 1000 Mark zur Vertheilung an arme alte Frauen bestimmt oder daß ein solcher die Ausschmückung eines öffentlichen Platzes, die Anbringung einer Thurmuhr angeordnet habe. Die Vertheilung jener Summe ist keine Angelegenheit der Armenpflege, aber sie fördert ein zum Wirkungskreise der letzteren gehörendes Interesse, weßhalb der Armenpflegschaftsrath als die zur Vollziehung der Auflage berufene Behörde erscheint. (A.A.Prot. S. 233; Becher Mat. I S. 556.)

4) Aeußerung des vorgenannten Minist.Kommissärs A.A.Prot. S. 233; Becher a. a. O S. 557.

5) Die Begründung des Reg.Entw. (Motive A S. 56; Becher Mat. I S. 119) legt allerdings die Vermuthung nahe, daß dieselbe eine Verpflichtung der Behörde annehme, wenn sie sagt: „Es ist nicht unzweifelhaft, ob diese Behörden in Ermangelung einer besonderen gesetzlichen Vorschrift verpflichtet sind, sich dieser Aufgabe zu unterziehen" u. s. w.

1) Becher Mat. I S. 924.

nach menschlicher Vermuthung als bereits erfolgt angenommen werden kann.[2]) Das preuß. Landrecht hatte in Th. I Tit. 12 § 218 ff.[3]) eine ähnliche, wenn auch weniger einfache Vorschrift. Einige Ausf.Gesetze anderer Bundesstaaten stimmen mit Art. 108 überein.[4])

2. Nach Ablauf von 54 Jahren ist vorzunehmen die Eröffnung der in amtlicher Verwahrung befindlichen Testamente und Erbverträge. Diese Vorschrift trifft zweifellos für letztwillige Verfügungen und Erbverträge zu, welche nach dem 1. Januar 1900 vor einem Notare oder ohne Beiziehung eines solchen errichtet und nach Art. 1 Abs. 2 Notar.Ges. durch einen Notar in amtliche Verwahrung genommen worden sind. Sie gilt, wie der Minist.Kommissär[5]) bemerkte, ferner für Testamente, die vor dem 1. Januar 1900 errichtet wurden, wenn der Zeitraum von 54 Jahren nach dem bezeichneten Tage endigt. Es dürfte dieselbe nach dem Wortlaute des Gesetzes aber auch dann Anwendung finden, wenn der Zeitraum von 54 Jahren vor dem Inkrafttreten des BGB. bereits abgelaufen ist. Was hier von Testamenten gesagt ist, gilt insbesondere noch für die holographischen und mystischen Testamente des französischen Rechtes (Art. 969 des code civil), welche dem Landgerichtspräsidenten in Vorlage gebracht und auf dessen Anordnung bei einem Notare hinterlegt[6]) wurden. Die Worte „in amtlicher Verwahrung" sind nicht nur im Sinne des Art. 1 Abs. 2 Not.Ges. oder des § 2246 BGB. aufzufassen. Da auch Testamente und Erbverträge hier in Betracht kommen, welche vor dem 1. Januar 1900 in Verwahrung gegeben wurden, so ist für dieselben jede nach dem bisherigen Rechte zulässige Art der amtlichen Verwahrung als eine solche in Berücksichtigung zu ziehen.

3. Der Vorschlag des Referenten der R.R.Kammer bezeichnete — gleichwie dies die Ausf.Ges. zum BGB. von Anhalt, Hessen und Preußen thun, blos die auf das Verfahren bei der Testamentseröffnung sich beziehenden und nach § 2300 BGB. auch für Erbverträge geltenden §§ 2260 bis 2262 BGB. als entsprechend anwendbar. Auf Veranlassung des Minist.Kommissärs[7]) wurde jedoch der nur aus Versehen weggebliebene § 2259 Abs. 2 BGB. hinzugefügt, welcher die bei einem Notare in Verwahrung befindlichen Testamente betrifft.

4. Ueber Eröffnung der Testamente vgl. noch § 24 der Min.Bek. das Nachlaßwesen betr. vom 31. Dez. 1899 und §§ 247 ff., insbes. 252 und 253 der Not.-Gesch.Ordn., ferner Min.Bek. v. 10. Febr. 1900 (J.M.Bl. S. 500).

---

2) Da die Testamentsmündigkeit mit dem 16. Lebensjahre eintritt (§ 2229 BGB.), so hat der Erblasser mindestens das 70. Lebensjahr erreicht, wenn 54 Jahre seit der Hinterlegung der letztwilligen Verfügung abgelaufen sind.

3) Hiedurch war angeordnet, daß der Richter das Dasein des Testaments, seit dessen Hinterlegung bereits 56 Jahre verflossen sind, durch einmaliges Einrücken in die Zeitungen der Provinz bekannt zu machen, die Betheiligten zur Nachholung der Veröffentlichung aufzufordern und später die letztwillige Verfügung zu eröffnen habe.

4) Vgl. die Ausf.Ges. zum BGB. von Preußen Art. 82, Hessen Art. 133 und Anhalt Art. 70 (Becher die Ausf.Ges. Abth. XIV S. 1 ff., VIII S. 29 ff. und I S. 8 ff.).

5) A.A.Prot. S. 566; Becher Mat. I S. 986.

6) A.A.Prot. S. 566; Becher a. a. O. S. 987.

7) A.A.Prot. S. 566; Becher Mat. a. a. O. S. 986.

Oeffentliche Sparkassen.

Artikel 109.

Bei einer öffentlichen Sparkasse können Ehefrauen ohne Zustimmung des Ehemanns, Minderjährige und andere in der Geschäftsfähigkeit beschränkte Personen ohne Einwilligung des gesetzlichen Vertreters Spareinlagen machen.

1. Nach Art. 99 Einf.Ges. z. BGB. bleiben die landesgesetzlichen Vorschriften über die öffentlichen Sparkassen unberührt, jedoch unbeschadet des § 808 BGB. und der Bestimmungen des BGB. über die Anlegung von Mündelgeld (§§ 1807 Nr. 5, 1809)[1]. Sparurkunden (Sparbücher und Sparscheine) haben nicht immer die Eigenschaft von (sog. qualifizierten) Legitimationspapieren im Sinne des § 808 BGB. Sie können aber dieselbe nach Maßgabe ihres Inhalts haben und werden, was insbesondere bei größeren Kassen der Fall sein wird, jene Eigenschaft gewöhnlich auch besitzen. Für solche trifft nun die Landesgesetzgebung in Art. 109 ff. mehrfache Anordnungen. Insoweit die Sparurkunden Legitimationspapiere nicht sind, können die Satzungen der betreffenden öff. Sparkassen Bestimmungen enthalten, welche dem § 808 widerstreiten.

2. Oeffentliche Sparkassen sind solche, welche von juristischen Personen des öffentlichen Rechtes errichtet sind[2] z. B. von Gemeinden, Distriktsgemeinden. Wenn Postsparkassen eingerichtet werden sollten, so würden dieselben gleichfalls unter jenen Begriff fallen.

---

1) Die in § 1806 BGB. vorgeschriebene Anlegung von Mündelgeld kann nach § 1807 Nr. 5 a. a. O. auch bei einer inländischen öffentlichen Sparkasse erfolgen, wenn diese von der zuständigen Behörde des Bundesstaats, in welchem sie ihren Sitz hat, zur Anlegung von Mündelgeld für geeignet erklärt ist. Die Bekanntm. des im § 22 der Zuständ.V.O. hiefür als zuständig bezeichneten k. Staatsministeriums der Justiz vom 21. Dez. 1899 (Ges. und V.O.Bl. S. 1239, auch Just.Min.Bl. 1900 S. 113) erklärt nun die bayerischen gemeindlichen und distriktiven Sparkassen sowie die ältere gräflich Castell'sche Creditkasse in Castell zur Anlegung von Mündelgeld für geeignet. Die erwähnte Bekanntm. enthält im Hinblick auf § 1809 BGB. folgenden Schlußsatz: „Wenn nach der Satzung einer Sparkasse Mündelgeld nicht mit der Bestimmung angelegt werden kann, daß zur Erhebung des Geldes die Genehmigung des Gegenvormundes oder des Vormundschaftsgerichts erforderlich ist, hat die Sparkasse die Satzung in der Weise zu ändern, daß das Geld mit der bezeichneten Bestimmung angelegt werden kann. Wird die Aenderung nicht bis zum 1. Juni 1900 vorgenommen, so wird die Zulassung der Anlegung von Mündelgeld widerufen werden."

2) A.A.Prot. 235; Becher Mat. I S. 560. Diese Begriffsbestimmung gab der Referent der Kammer der Abg. unter Billigung des K. Staatsministers der Justiz. — In Bayern bestanden, wie Henle und Schneider in ihren Ausf.-Gesetzen S. 183 bemerken, im Jahre 1897 im ganzen 335 öffentliche Sparkassen, nämlich 183 gemeindliche und 152 distriktive. Auf die gemeindlichen und Distrikts-Sparkassen beziehen sich die Minist.Entschließungen vom 20. Mai 1874 (Amtsbl. des Min. des Innern S. 301), 27. Nov. 1878 (M.Bl. S. 398), 15. Juli 1881 (M.Bl. S. 242), 4. Juli 1882 (M.Bl. S. 219), 5. Juni 1883 (M.Bl. S. 212) und 16. März 1895 (M.Bl. S. 227).

3. Bei Zugrundlage des § 108 BGB. könnten Minderjährige — und dasselbe gilt für andere nach § 114 BGB. in der Geschäftsfähigkeit beschränkte Personen, nämlich die wegen Geistesschwäche, Verschwendung oder Trunksucht Entmündigten und die nach § 1906 BGB. unter vorläufige Vormundschaft Gestellten — ohne Einwilligung ihrer gesetzlichen Vertreter Spareinlagen mit rechtlicher Wirksamkeit nicht machen. Die eingelegten Beträge dürften durch den gesetzlichen Vertreter zurückgefordert werden, ohne daß sich die Sparkasse durch die Rückzahlung an den geschäftsbeschränkten Einleger von ihrer Verbindlichkeit zu befreien vermöchte. Ebenso wären auch Ehefrauen, insoweit für sie nicht Gütertrennung gilt oder es sich nicht um Vorbehaltsgut handelt, außer Stande, Spareinlagen ohne Zustimmung ihrer Männer zu bethätigen. (§§ 1396, 1443, 1519 Abs. 2, 1525 Abs. 2, 1549 und 1550 BGB.) Wenn das Gesetz von dem Erfordernisse der Beibringung einer solchen Zustimmung absieht, welches in vielen Fällen z. B. bei Personen, die sich ferne von der Heimat in einem Dienst- oder Arbeitsverhältnisse befinden, mit besonderen Schwierigkeiten verknüpft ist, so hat es hiebei die bei den bayer. Sparkassen bestehende Uebung und einige andere Gesetzgebungen[3]) im Auge.

4. Im Reg.Entw. hieß es: „Durch die Satzungen einer öffentl. Sparkasse kann bestimmt werden, daß Ehefrauen ohne Zustimmung u. s. w." Durch die jetzige Gesetzesfassung ist klar zum Ausdruck gebracht, daß es sich nicht blos um Erleichterung der Prüfungspflicht für die Sparkassen handelt, sondern daß auch sonst civilrechtlich ungültige Geschäfte wegen Betheiligung der öffentl. Sparkassen für rechtswirksam erklärt sind.

Artikel 110.

Ist eine öffentliche Sparkasse nach ihrer Satzung bei der Zahlung eines Guthabens an den Inhaber der Sparurkunde (Sparbuch, Sparschein) nicht verpflichtet, die Berechtigung des Inhabers zu prüfen, so ist sie, sofern nicht in der Urkunde eine abweichende Bestimmung getroffen ist, ohne weitere Prüfung zu der Annahme berechtigt, daß der Inhaber das Guthaben rechtswirksam kündigen und einziehen kann.

1. Bezüglich des reichsgesetzl. Vorbehalts und des Umstandes, daß die Urk. öff. Sparkassen die Eigenschaft von Legitim.Papieren haben können, aber nicht müssen s. Bem. 1 zu Art. 109, wegen des Begriffs der öff. Spark. Bem. 2 zu jenem Art.

2. Art. 110 bezieht sich auf solche Sparurkunden, welche Legitim.Papiere im Sinne des § 808 BGB. sind. Wenn öffentliche Sparkassen, wie dies wohl bei den meisten derselben in Bayern der Fall sein wird, im Hinblick auf die Normativentschließung des k. Staatsministeriums des Innern v. 20. Mai 1874 (Amtsbl. d. Min. des Innern 1874 S. 301) in ihre Satzungen die Bestimmung aufgenommen haben, daß sie nicht verpflichtet sind, die Berechtigung des Sparurkundeninhabers zu prüfen, so ist für dieselben Art. 110 trotzdem nicht ohne Bedeutung. Denn abgesehen davon, daß sie, ohne die Befugniß des Inhabers prüfen zu müssen, durch Zahlung an einen in Wirklichkeit nicht berechtigten Inhaber befreit werden, so erlangen sie auch noch den weiteren Schutz, daß nicht blos der Mangel des Verfügungsrechts, sondern auch

---

3) Z. B. das elsaß-lothr. Ges. v. 14. Juli 1895 betr. die Sparkassen § 4 und das österreich. Ges. über die Postsparkassen v. 28. Mai 1882 Art. 6 Abs. 5.

der Mangel in der Geschäftsfähigkeit für unschädlich erklärt ist. Die öff. Sparkasse ist nämlich, insoferne in der diesbezüglichen Sparurkunde eine abweichende Bestimmung nicht getroffen ist, ohne weitere Prüfung zu der Annahme berechtigt, daß der Inhaber das Guthaben kündigen und einziehen kann. Ihre Verbindlichkeit erlischt sonach mit der Zahlung an den Inhaber, auch wenn dieselbe an diesen nach den Vorschriften des BGB. nicht wirksam erfolgen konnte.

3. Mit Rücksicht auf den Inhalt des Art. 110 war eine gesetzliche Bestimmung, wie diejenige des elsaß-lothr. Ges. v. 14. Juli 1895 § 12 Abs. 2 entbehrlich, daß Ehefrauen und in Ausnahmefällen auch Minderjährige die von ihnen selbst gemachten Einlagen selbständig zurückziehen dürfen. Um Mißbräuche zu verhüten, wird es sich aber für Sparkassaverwaltungen in hohem Grade empfehlen, von ihrer Befugniß, ohne Prüfung der Einziehungsberechtigung zu zahlen, nur mit Vorsicht Gebrauch zu machen und in ihre Satzungen die Bestimmung aufzunehmen, oder doch durch Verwaltungsbeschluß anzuordnen, daß an Minderjährige oder andere in der Geschäftsfähigkeit beschränkte Personen — abgesehen von ihrem allenfallsigen Auftreten als Bevollmächtigte — Einlagen, welche nicht von ihnen selbst gemacht wurden, nur mit Zustimmung der gesetzlichen Vertreter und selbst bethätigte Einlagen nur auf Anordnung des Sparkassavorstandes hinauszuzahlen sind.

4. Ueber den in Art. 99 Einf.Ges. z. BGB. enthaltenen Vorbehalt der Bestimmungen des BGB. über die Anlegung von Mündelgeld vgl. Fußnote 1 zu Art. 109.[1])

Artikel 111.

Die Kraftloserklärung einer abhanden gekommenen oder vernichteten Sparurkunde einer öffentlichen Sparkasse kann auch bei dem Vorstande der Sparkasse beantragt werden.

Für das bei der Kraftloserklärung durch den Vorstand zu beobachtende Verfahren gelten die Vorschriften der Artikel 112 bis 120.

1. Für Sparurkunden, welche nicht Legitimationspapiere im Sinne des § 808 BGB. (vgl. Bem. 1 zu Art. 109) ist die Kraftloserklärung nicht zulässig.[1]) Es besteht auch kein Bedürfniß hiefür, da einerseits der Einleger aus den Büchern der Sparkasse seine Berechtigung ohne Schwierigkeit nachweisen und andererseits die Kasse sich durch ein nach § 371 BGB. in öffentlich beglaubigter Form ausgestelltes Anerkenntniß des Verlierenden sicherstellen kann. Die Kraftloserklärung ist nur für solche Sparurkunden nothwendig, welche derartige Legitimationspapiere sind.

---

1) Aehnliche zur Verhütung von Irrungen in die Sparurkunde aufzunehmende Beschränkungen wie nach § 1809 BGB. sind zu treffen, wenn einer Mutter, der die elterliche Gewalt über ihr Kind zusteht, ein Beistand bestellt wird, oder wenn es sich um Anlegung einer Geldsumme handelt, die einem Nießbrauche oder Pfandrechte unterworfen ist. (§§ 1691, 1079, 1288 Abs. 1. BGB.)

1) Die Kraftloserklärung findet nur in den durch das Gesetz bestimmten Fällen statt. (§ 946 Civ.Pr.O.) Sie ist zugelassen nach dem BGB. bei Schuldverschreibungen auf den Inhaber (§ 799), bei Legitimationspapieren (§ 808), bei Hypothek-, Grundschuld- und Rentenschuldbriefen (§§ 1162, 1192 Abs. 1, 1199 Abs. 1), außerdem auch nach §§ 228 und 365 Abs. 2 des Handelsges.B, Art. 25 des Einf.Ges. hiezu und Art. 73 der Wechselordnung.

2. Für die in § 808 Abs. 2 BGB. erwähnte Kraftloserklärung kann nach Art. 102 Einf.Ges. z. BGB. ein anderes als das Aufgebotsverfahren d. h. als das in § 1023 und den daselbst in Bezug genommenen §§ geregelte Verfahren festgesetzt werden. Von dieser Ermächtigung macht das Landesgesetz im Hinblick auf die Erfahrungsthatsache, daß Sparurkunden häufig über kleine Beträge ausgestellt werden und gewöhnlich nicht im Verkehre von Hand zu Hand gehen, nach dem Vorbilde anderer Gesetzgebungen, die entweder das gerichtliche Verfahren vereinfachen[2]) oder an dessen Stelle ein anderes Verfahren zulassen,[3]) in der Weise Gebrauch, daß neben dem gerichtlichen Aufgebotsverfahren[4]) ein durch den Vorstand der Sparkasse vorzunehmendes vereinfachtes Aufgebotsverfahren zugelassen, welches in den Artikeln 112 bis 120 geregelt ist. Vorstand ist bei gemeindlichen Sparkassen der Bürgermeister oder der durch die Geschäftsvertheilung bestimmte andere gemeindliche Beamte, bei Distriktssparkassen der Bezirksamtmann als der ständige Vorstand des Distriktsrathsausschusses.

Artikel 112.

Der Antragsteller hat den Verlust der Urkunde und die Thatsachen, von welchen seine Berechtigung abhängt, glaubhaft zu machen. Ueber die Wahrheit seiner Angaben kann ihm eine Versicherung an Eidesstatt abgenommen werden.

Artikel 113.

Der Vorstand erläßt ein Aufgebot und ordnet, wenn die Urkunde abhanden gekommen ist, die Sperre des Guthabens an.

Artikel 114.

Das Aufgebot hat zu enthalten:

1. die Bezeichnung des Antragstellers und der Urkunde;
2. die Aufforderung an den Inhaber der Urkunde, binnen drei

---

2) Z. B. das bad. Ges. zur Einführung der Reichsjustizges. v. 3. März 1879 § 105 Nr. 3 und § 108 und das hess. Ausf.Ges. zur Civ.Pr.O. v. 4. Juni 1879 Art. 10 Nr. 3 und Art. 16.

3) Z. B. das elsaß-lothring. Ges. v. 14. Juli 1895 § 17 und das österreich. Postsparkassenges. v. 28. Mai 1882 Art. 14, ferner die Ausf.Ges. zum BGB. von Hessen Art. 71, Sachsen § 5 und Württemberg Art. 188 und 189 (Becher die Ausf.-Gesetze Abth. VIII S. 29 ff., XVII S. 1 ff. und XXVI S. 1 ff.).

4) Der vom Ref. Abg. Wagner im Ges.Geb.Aussch. der Abg.Kammer zur Sprache gebrachte Ausschluß des gerichtlichen Aufgebotsverfahrens würde sich wie der Abg. Lerno als Korref. bemerkte, nicht empfehlen, weil bei Entwendung von Sparurkunden über größere Einlagen die mit dem gerichtlichen Verfahren verbundene größere Oeffentlichkeit von Bedeutung ist. Der Minist.Kommissär fügte als weiteren Grund noch bei, daß, wenn der Sparkassevorstand dem Antrage nicht sofort stattgibt, der Antragsteller aber die Sache für dringlich erachtet, dieser durch den Wegfall des gerichtlichen Verfahrens verhindert würde, bei dem Amtsgerichte die Zahlungssperre in Antrag zu bringen. (A.A.Prot. S. 235; Becher Mat. I S. 560, 561.)

Monaten seine Rechte unter Vorlegung der Urkunde anzumelden, widrigenfalls die Urkunde für kraftlos erklärt werden würde.

Die Bezeichnung der Urkunde soll die Angabe enthalten, für wen die Urkunde bei der ersten Einzahlung ausgestellt worden ist.

Ist in der Satzung der Sparkasse vorgeschrieben, daß die Sparbücher zeitweise behufs Richtigstellung der Bücher oder zu anderem Zwecke eingefordert werden, so muß die Anmeldungsfrist so bestimmt werden, daß sie nicht vor dem nächsten Termine, für welchen die Bücher eingefordert werden, beginnt.

Artikel 115.

Das Aufgebot ist durch Aushang bei der Sparkasse und durch einmalige Einrückung eines Auszugs in das für die Bekanntmachungen der Sparkasse bestimmte Blatt zu veröffentlichen.

Der Vorstand kann die einmalige Einrückung in noch ein anderes Blatt oder die einmalige Wiederholung der Einrückung in das im Abs. 1 bestimmte Blatt anordnen.

Artikel 116.

Meldet der Inhaber der Urkunde seine Rechte unter Vorlegung der Urkunde an, so hat der Vorstand den Antragsteller hievon zu benachrichtigen und ihm die Einsicht der Urkunde innerhalb einer zu bestimmenden Frist zu gestatten. Auf Antrag des Inhabers der Urkunde ist zu deren Vorlegung ein Termin zu bestimmen.

Die Sperre des Guthabens darf erst aufgehoben werden, nachdem dem Antragsteller die Einsicht nach Maßgabe des Abs. 1 gestattet worden ist.

Artikel 117.

Wird die Urkunde nicht vorgelegt, so ist sie durch Beschluß des Vorstandes für kraftlos zu erklären.

Vor der Erlassung des Beschlusses kann dem Antragsteller über die Wahrheit einer von ihm aufgestellten Behauptung eine Versicherung an Eidesstatt abgenommen werden.

Der Beschluß, durch den die Urkunde für kraftlos erklärt wird, ist durch Aushang bei der Sparkasse und durch einmalige Einrückung des wesentlichen Inhalts in das im Artikel 115 Abs. 1 bezeichnete Blatt zu veröffentlichen.

Artikel 118.

An Stelle der für kraftlos erklärten Urkunde erhält der Antragsteller eine neue Urkunde.

Artikel 119.

Der Beschluß des Vorstandes, durch den die Urkunde für kraftlos erklärt wird, kann nur durch Klage nach Maßgabe der §§ 957, 958 der Civilprozeßordnung angefochten werden. Zuständig ist das Landgericht oder, falls der in der Urkunde angegebene Betrag nicht die Summe von dreihundert Mark übersteigt, das Amtsgericht, in dessen Bezirke die Sparkasse ihren Sitz hat.

Das auf die Anfechtungsklage ergangene Urtheil ist, soweit es die Kraftloserklärung aufhebt, nach dem Eintritte der Rechtskraft in der im Art. 117 Abs. 3 für die Kraftloserklärung vorgeschriebenen Weise zu veröffentlichen.

Artikel 120.

Die Kraftloserklärung und das vorangehende Verfahren sind gebührenfrei. Die baaren Auslagen hat der Antragsteller zu tragen.

Für die Ausstellung der neuen Urkunde kann eine Gebühr bis zu fünfzig Pfennig erhoben werden.

1. Die Art. 112—120 enthalten für die als Legitimationspapiere im Sinne des § 808 BGB. sich darstellenden Sparurkunden (vgl Bem. 1 zu Art. 109) die näheren Bestimmungen für das bei der Kraftloserklärung durch den Vorstand zu beobachtende Verfahren.

a) Dieses schließt sich im allgemeinen an die Vorschriften der Civ.P.O. an, zeigt jedoch in mehrfacher Richtung eine Vereinfachung derselben. Letzteres gilt schon bezüglich der Begründung des Antrags, indem im Hinblick auf Art. 112 von den in § 1007 Civ.P.O. angegebenen Erfordernissen das in Nr. 1 erwähnte in Wegfall kommt, wonach eine Abschrift der abhanden gekommenen Urkunde beizubringen und Alles anzugeben ist, was zur vollständigen Erkennbarkeit derselben erforderlich erscheint. Eine solche genaue Beschreibung ist nicht erforderlich, da die Sparkassaverwaltung den Inhalt der Urkunde ohnehin aus ihren Büchern leicht ermitteln kann. Hauptsächlich aber tritt jene Vereinfachung bei der Bekanntmachung des Aufgebots zu Tage. Während § 1009 Civ.Pr.O. in dieser Beziehung anordnet, daß die öffentliche Bekanntmachung neben der an die Gerichtstafel und gegebenen Falles in dem Lokale der am Gerichtssitze befindlichen Börse erfolgenden Anheftung dreimal in die in § 204 Abs. 2 Civ.-Pr.O. bestimmten Blätter einzurücken sei, ist das Aufgebot nach Art. 115 der Regel nach nur durch einmalige Einrückung eines Auszugs in das für Bekanntmachungen der Sparkasse bestimmte Blatt und durch Aushang bei dieser Kasse zu veröffentlichen.[1])

1) Die in Art. 103 Abs. 2 des Reg.Entw. enthaltene Stelle, daß die Einrückung in ein zweites Blatt in dem Falle anzuordnen sei, wenn der in der Urkunde angegebene Betrag 100 Mk. übersteige, wurde ohne Erinnerung seitens der k. Staatsregierung gestrichen. (A.A.Prot. S. 237; Becher Mat. I S. 564, 565.)

b) Von der in Art. 115 Abs. 2 ausgesprochenen Befugniß des Vorstandes zur einmaligen Einrückung in noch ein anderes Blatt wird wohl nur dann Gebrauch gemacht werden, wenn der Sparer von dem Sitze der Sparkasse entfernt wohnt, von der Ermächtigung zur einmaligen Wiederholung der Einrückung nur bei größeren Beträgen. Ein Aufgebotstermin, (welcher nach § 1015 Civ.Pr.O. stattzufinden hat), wird in dem Verfahren vor dem Kassenvorstande nicht abgehalten. Wird die Urkunde nach Ablauf der Aufgebotsfrist nicht vorgelegt, so ist sie durch den nach Art. 117 Abs. 3 zu veröffentlichenden an Stelle des Ausschlußurtheils (vgl. § 952 Civ.Pr.O.) tretenden Beschluß des Vorstands für kraftlos zu erklären. (Art. 117 Abs. 1.) Die Versicherung an Eidesstatt, welche nach Art. 112 und 117 Abs. 2 dem Antragsteller zur Auflage gemacht werden kann,[2]) ist durch den Vorstand abzunehmen. Erfolgt die Vorlage der Urkunde durch den Inhaber unter gleichzeitiger Anmeldung seiner Rechte, so ist nach Maßgabe des dem § 1016 Civ.Pr.O. entsprechenden Art. 116 zu verfahren und auf Antrag des Inhabers ein zur Urkundenvorlage bestimmter Termin vor dem Vorstande abzuhalten. Ist der Inhaber der Aufforderung zur Vorlegung nachgekommen, so kann eine Kraftloserklärung nicht mehr stattfinden und ist nicht etwa der bei dem Vorstand angebrachte Antrag abzuweisen. Es ist vielmehr mit der Urkundenvorlage das ganze Verfahren erledigt und besteht kein Anlaß mehr zu einem Beschlusse, der ja nur mehr eine formelle Bedeutung haben würde.[3]) Die Sperre des Guthabens, bezüglich deren Aufhebung Art. 116 Abs. 2 zu berücksichtigen ist, wird durch den Vorstand verfügt (Art. 113), ohne daß es, wie dies nach §§ 1019 und 1020 Civ.-Pr.O. der Fall ist, hiezu eines besonderen Antrags bedarf. Die Aufgebotsfrist beträgt nur 3 Monate (Art. 114).[4])

2. Auf die Frage des Referenten, was zu geschehen habe, wenn eine Anmeldung erfolge, durch welche die vom Antragsteller zur Antragbegründung behaupteten Rechte bestritten werden, erwiderte der Minist.Kommissär im Gef.Geb.Aussch. der Kammer der Abg.[5]), der Fall, daß ein Dritter, ohne die Urkunde vorzulegen, seine Rechte anmelde, brauche in diesem Verfahren nicht berücksichtigt zu werden, und es sei nicht nothwendig, daß das letztere deshalb eingestellt werde. Der Anmeldende werde in

---

2) Daß der Antragsteller zur Begründung seines Antrags sich, wie dies in § 1007 Nr. 3 Civ.Pr.O. vorgeschrieben ist, dazu erbiete, die Wahrheit seiner Angaben an Eidesstatt zu versichern, wird in Art. 112 nicht verlangt. § 1007 Nr. 3 erfordert übrigens wie gegenüber Henle und Schneider (Anm. 1 zu Art. 112) zu bemerken ist, ebensowenig wie § 952 Civ.Pr.O. die in den §§ 829 und 840 der Civ.Pr.O. ält. Fass. erwähnte eidliche Versicherung der Wahrheit.

3) Aeußerung des Minist.Kommiss. Dr. v. Jacubezky (A.A.Prot. S. 238; Becher Mat. I S. 566).

4) Nach § 1015 Civ.Pr.O. hingegen mindestens 6 Monate.

5) Aeußerung des Senatspräsidenten Dr. v. Jacubezky. (A.A.Prot. S. 238; Becher Mat. I S. 566). Derselbe fügte noch bei, der Sparkassevorstand könne den Streit zwischen den beiden angeblich Berechtigten nicht zur Entscheidung bringen, eine solche müsse vielmehr im Rechtswege ergehen. In der Regel hätten beide ein Interesse an der Kraftloserklärung; nicht durch diese, sondern nur dann werde der seine Rechte

einem solchen Falle eine einstweilige Verfügung erwirken müssen, durch welche die Ausstellung des neuen Buches und dessen Aushändigung an den Antragsteller untersagt werde. Nach § 953 Civ.Pr.O. hat das Gericht das Aufgebotsverfahren bis zur endgültigen Entscheidung über das angemeldete Recht auszusetzen oder dasselbe in dem Ausschlußurtheile vorzubehalten. Es dürfte dem Sparkassenvorstande die Wahl zwischen diesen beiden Maßregeln gleichfalls freistehen. Da die Aussetzung des Verfahrens im Interesse einer raschen Erledigung der Sache sich nicht wohl empfehlen wird, so möchte die andere Maßnahme (Kraftloserklärung im Beschlusse unter Vorbehalt des angemeldeten Rechtes) den Vorzug verdienen. Für den Anmeldenden ist es allerdings zweckdienlich, zur Wahrung seiner Rechte bei Gericht eine einstweilige Verfügung zu erwirken.

3. Da in den Satzungen mancher Sparkassen die Vorschrift enthalten ist, daß die Sparbücher behufs Richtigstellung der Kontos sowie Zuschreibung der nicht erhobenen Zinsen oder zu ähnlichen Zwecken von Zeit zu Zeit eingefordert werden, so erscheint es durch die Rücksichtnahme auf den möglicher Weise berechtigten Inhaber des Sparbuches geboten, daß dieses erst dann für kraftlos erklärt werden darf, wenn dasselbe bei der nächsten Einforderung der Bücher nicht zum Vorscheine gekommen ist. Im Anschlusse an die auf ähnlichen Erwägungen beruhenden Anordnungen der §§ 1010 bis 1014 Civ.Pr.O. ist deshalb die im letzten Abs. des Art. 114 enthaltene Bestimmung[6]) getroffen. Die letztere beruht auf dem Gedanken, daß der berechtigte Inhaber die Sparurkunde zur richtigen Zeit einreichen wird. Diese muß daher abgewartet werden[7]) und es soll, wenn die rechtzeitige Vorlage erfolgt, der Inhaber nicht dadurch seines Rechts verlustig werden, daß er die Veröffentlichung des Aufgebots unbeachtet gelassen hat.

4. Gegen den die Kraftloserklärung enthaltenden Beschluß ist ein Rechtsmittel ebensowenig zugelassen wie nach § 957 der Civ.Pr.O. gegen ein richterliches Ausschlußurtheil. Jener Beschluß kann nur nach Maßgabe der für die Anfechtung des Ausschlußurtheiles geltenden Bestimmungen der §§ 957 und 958 Civ.Pr.O. mit der binnen der Nothfrist von einem Monate zu erhebenden Klage angefochten werden. Der Regierungs-Entwurf, welcher für diese Klage in allen Fällen die landgerichtliche Zuständigkeit wollte, erfuhr in Art. 119 Abs. 1 mit Recht eine Abänderung. Der Umstand, daß § 957 Civ.Pr.O. nur die Zuständigkeit des Landgerichts im Auge hat, steht nicht im Wege, da die diesbezügliche Regelung der Landes-

---

Anmeldende gefährdet, wenn die nach Art. 118 auszustellende neue Urkunde dem Antragsteller ausgehändigt werde. Es empfehle sich daher die bereits oben erwähnte Erwirkung einer einstweiligen Verfügung.

6) Diese Bestimmung bezieht sich nicht auf den Fall, daß nur ein Termin zu dem Zwecke bestimmt ist, damit die Zinsen in den Sparurkunden eingetragen werden. Es ist vielmehr hier der Fall vorausgesetzt, daß die Sparurkunden der bestehenden Ordnung gemäß von Amtswegen von Zeit zu Zeit richtig gestellt und zu diesem Behufe von der Verwaltung eingefordert werden.

7) Die Anmeldungsfrist ist so festzusetzen, daß sie vor dem nächsten Termine, für welchen die Bücher eingefordert werden, nicht beginnt. Diese Frist soll also erst ablaufen, wenn seit dem nächsten Termine, für welchen die Sparurkunden eingefordert werden, drei Monate verflossen sind.

gesetzgebung anheimfällt. Das auf die Anfechtungsklage ergehende Urtheil ist, insoweit dasselbe die Kraftloserklärung aufhebt, nach eingetretener Rechtskraft in der durch Art. 117 Abs. 3 vorgeschriebenen Weise zu veröffentlichen.

5. Die in Ziff. 1 oben näher geschilderte Vereinfachung des Verfahrens hat neben dem Zwecke der rascheren Erledigung auch denjenigen der Kostenminderung im Auge. Dieser liegt insbesondere die Vorschrift des Art. 120 zu Grunde. Gebührenfreiheit besteht natürlich auch dann, wenn ein die Kraftloserklärung aussprechender Beschluß nicht erlassen worden ist.[8]) Die baaren Auslagen sind jedoch zu erstatten.

6. Für Beschwerden gegen die vom Sparkassevorstande erlassenen Verfügungen (und, wie hier noch hinzuzufügen ist, gegen das ganze Verhalten des Vorstandes und die demselben zur Last fallenden Versäumnisse) verbleibt es, wie die Motive[9]) sagen, bei den allgemeinen Vorschriften. Es sind deshalb solche Beschwerden nicht bei Gericht, sondern bei der dem Sparkassevorstande vorgesetzten Behörde anzubringen.

Artikel 121.

Die Vorschriften der Artikel 110 bis 120 finden auch auf die vor dem Inkrafttreten dieses Gesetzes ausgegebenen Sparurkunden Anwendung.

Da eine verschiedenartige Behandlung der älteren und neueren Sparurkunden zu Verwirrungen Anlaß geben könnte, so ist den Bestimmungen der Art. 110 bis 120 rückwirkende Kraft beigelegt worden.

Ansprüche aus Rechtsverhältnissen des öffentlichen Rechtes und Grundgefällen.

In den unter dieser Ueberschrift stehenden Artikeln 122 bis 128 sind Bestimmungen enthalten, welche abgesehen von dem Artikel 128 ein einheitliches Recht für ganz Bayern begründen. Bezüglich der Ansprüche aus Rechtsverhältnissen des öffentlichen Rechtes sind die dingliche Haftung des Grundstücks in Art. 122, das Recht, die Eintragung einer Sicherungshypothek zu verlangen, in Art. 123, und das Erlöschen durch Zeitablauf im Art. 124 bis 127 geregelt, während sich der nur für das rechtsrheinische Bayern maßgebende Art. 128 auf die Ansprüche aus Grundgefällen bezieht. Derselbe spricht hinsichtlich dieser die Befreiung von der Eintragung in das Grundbuch, das Recht, die Eintragung einer Sicherungshypothek zu verlangen, und das Erlöschen durch Zeitablauf aus.

Artikel 122.

Für Leistungen, die auf Grund eines Rechtsverhältnisses des öffentlichen Rechtes von einem Grundstücke zu entrichten sind, haftet das Grundstück. Die Haftung für fällige Leistungen erlischt mit dem Ablaufe von zwei Jahren nach dem Eintritte des Zeitpunkts, von dem an die Leistung gefordert werden kann, wenn nicht vorher die Beschlagnahme des Grundstücks erfolgt ist.

---

8) A.A.Pr. S. 240; Becher Mat. I S. 570.
9) Motive A S. 59; Becher Mat. I S. 124.

1. Von der herrschenden Meinung wird die dingliche Haftung eines Grundstücks für die auf dasselbe treffenden Staatsabgaben nur insoweit anerkannt, als sie ausdrücklich ausgesprochen ist.[1]) Gelangt ein solches Grundstück zur Zwangsversteigerung, so gewährt der Anspruch auf Entrichtung der auf jenes sich beziehenden öffentlichen Lasten nach § 10 Nr. 3 des Reichsges. über die Zwangsversteigerung u. s. w. ein vorzugsweises Recht auf Befriedigung wegen der laufenden und der aus den letzten zwei Jahren rückständigen Beträge und zwar ohne Unterschied, ob die Rückstände aus der Besitzzeit des dermaligen Besitzers oder eines Vorbesitzers herstammen.[2]) Es entbehrt der inneren Berechtigung, daß die Deckung für die Rückstände aus der Zeit eines Vorbesitzers von dem zufälligen Umstande abhängig ist, ob das Grundstück in Folge der Zahlungsunfähigkeit des Besitznachfolgers versteigert wird. Das Gesetz schafft hier die gebotene Abhilfe, indem es in klarer Weise für die im Hinblick auf ein Rechtsverhältniß des öffentlichen Rechts zu entrichtenden Leistungen die dingliche Haftung des Grundstücks ausspricht.[3]) Ob die Leistungen dem Staate oder einer anderen juristischen Person des öff. Rechts z. B. einer Gemeinde, Distriktsgemeinde u. s. w. geschuldet werden, ist nicht weiter von Belang.

2. Welche Leistungen auf Grund eines Rechtsverhältnisses des öffentlichen Rechts von dem Grundstücke zu entrichten sind, ist nach denjenigen Gesetzen zu beurtheilen, mit Rücksicht auf welche die ersteren geschuldet werden.[4])

---

1) Samml. oberstr. Entsch. 4 S. 97; 8 S. 175. Dem durch Art. 175 Ziff. 5 des Ausf.-Ges. jetzt aufgehobenen § 32 Abs. 4 des Finanzgesetzes vom 28. Dezbr. 1831 lag allerdings eine andere Auffassung zu Grunde. Durch den daselbst enthaltenen Vorbehalt „der Bestimmungen des Hypothekengesetzes und der Prioritätsordnung" wollte, wie aus den diesbezüglichen Landtagsverhandlungen hervorgeht (Verh. der Kammer der Abg. von 1831 Prot. XXI S. 117 ff., insbs. S. 125), zum Ausdruck gebracht worden, daß für die auf ein Grundstück treffenden Staatsgefälle, insoweit dieselben den Hypotheken vorhergehen, eine dingliche Haftung besteht.

2) In gleicher Weise verhält es sich nach Art. 108 Abs. 1 Ziff. 1 und Art. 151 Abs. 1 Ziff. 1 der bayer. Subhast. Ordn. v. 23. Febr. 1879, welche für die Zeit, in welcher das Grundbuch noch nicht als angelegt anzusehen ist, noch in Geltung bleibt (Art. 52, 53 des Ausf.Ges. zur Grundbuchordnung u. s. w.).

3) Den Verwaltungs- und Gemeindebehörden steht zur Verwirklichung dieser Haftung das in den Art. 6 bis 8 des Ausf.Ges. zur Civ.Pr.Ordn. u. s. erwähnte Vollstreckungsrecht auch gegenüber dem persönlich nicht haftenden Eigenthümer zu. Darin liegt eine Erstreckung der Haftung auf den Besitznachfolger — auch abgesehen von dem das Grundstück betreffenden Vollstreckungsverfahren — in dem in Art. 122 bezeichneten Umfange.

4) Hieher gehören nach den Motiven (A S. 59; Becher Mat. I S. 125) insbesondere die Grundsteuern, die Haussteuern, die von diesen beiden Arten von Steuern berechneten Umlagen, die Brandversicherungsbeiträge nach Art. 72, 75 des Brandversich.Ges. v. 3. April 1875, die Hagelversicherungsbeiträge nach Art. 4 des Hagelversich.Ges. v. 13. Febr. 1884, die Beiträge zu der land- und forstwirthschaftlichen Unfall- und Krankenversicherung nach Art. 12 des Ausf.Ges. v. 5. April 1888, die Beiträge zu genossenschaftlichen Bewässerungs- und Entwässerungsanlagen nach Art. 13, 14 des Ges. vom 28. Mai 1852 über die Bewässerungs- und Entwässerungs-Unternehmungen zum Zwecke der Bodenkultur und Art. 9 Abs. 2 Ziff. 3 des Ges. v. 21. April 1884 über die Landeskultur-Rentenanstalt. Außerdem sind noch Leistungen, welche für die Benützung von Gemeindeanstalten wie z. B. für Kanalisation, Unrathabfuhr, Wasser-

3. Für Art. 122 kommen nur die Ansprüche aus Rechtsverhältnissen des öffentlichen Rechtes[5]) in Frage, während für privatrechtliche Forderungen, insoweit nicht besondere Vorbehalte bestehen, das BGB. maßgebend ist. Für die Grundgefälle des Staates und der Ablösungskasse, auf welche Art. 128 sich bezieht, behalten die Ablösungsgesetze[6]) auch fernerhin ihre Geltung.

4. Die dingliche Haftung erlischt mit Ablauf von 2 Jahren nach Eintritt der Fälligkeit. Die letztere ist in dem Zeitpunkte gegeben, in dem die Leistung gefordert werden kann, also wohl der Regel nach mit dem bestimmten Fälligkeitstermine. Anders verhält es sich, wenn die Beschlagnahme des Grundstücks vorher d. h. vor jenem Ablaufe erfolgt ist. Dann verlängert sich diese Frist mit Rücksicht auf die für das Recht auf Befriedigung aus dem Grundstücke geltenden Bestimmungen des Ges. über die Zwangsversteigerung u. s. w. §§ 13 und 10 Nr. 3 sowie der bayer. Subhast.-Ordn. Art. 108 Abs. 1 Nr. 1 und 151 Abs. 1 Nr. 1.

Artikel 123.

Die Staatskasse ist berechtigt, für ihre Ansprüche wegen fälliger öffentlicher Abgaben und Kosten eines Verfahrens die Eintragung einer Sicherungshypothek an den Grundstücken des Schuldners zu verlangen. Die Eintragung der Sicherungshypothek an mehreren Grundstücken darf nur soweit verlangt werden, daß der Werth der Grundstücke den zweifachen Betrag des zu sichernden Anspruchs erreicht; der Werth wird unter Abzug der Belastungen berechnet, welche der Sicherungshypothek im Range vorgehen.

Die Eintragung der Sicherungshypothek erfolgt auf das Ersuchen der Behörde, welcher die Beitreibung der Leistung obliegt.

1. Da das BGB. gesetzliche Hypothektitel nicht kennt, so ist Art. 123 dazu bestimmt, dem Staate für den demselben durch § 12 Nr. 1 des bayer. Hypothekengeſ. wegen der rückständigen ordentlichen und außerordentlichen Staatsabgaben gewährten gesetzlichen Hypothektitel einen Ersatz zu verschaffen. Derselbe besteht mit Rücksicht auf Art. 91 Einf.Ges. zum BGB. in der Ermächtigung der Staatskasse, für ihre Ansprüche wegen fälliger öffentlicher Abgaben und Kosten eines Verfahrens die Eintragung einer Sicherungshypothek an den Grundstücken des Schuldners zu verlangen. Die Eintragung dieser Hypothek erfolgt auf Ersuchen der Behörde, welcher die Beitreibung der Leistung obliegt, also der Regel nach auf Ersuchen des Rentamts.

2. Die Sicherungshypothek, welche nicht blos für die Staatskasse, sondern,

---

und Gasleitung geschuldet werden, hieher zu zählen, wenn in der statutarischen Bestimmung, durch welche sie auferlegt sind, die Leistungspflicht mit dem Eigenthum in Verbindung gebracht, der jeweilige Eigenthümer als Schuldner bezeichnet ist.

Nicht zu jenen Leistungen sind zu rechnen: die Gewerbe-, Kapitalrenten- und Einkommensteuern, sowie der Malzaufschlag, weil ein derartiger Zusammenhang mit dem Eigenthum am Grundstücke nicht besteht. Auch die Besitzveränderungsgebühren gehören nicht dazu.

5) Ueber öffentliche Lasten vgl. noch Art. 23, 24 Ausf. zur Grundbuchordn. u. s. w.

6) Vgl. Art. 128 Fußnote 4.

insoferne als sie der Behörde die Gewährung einer schonenden Nachsicht ermöglicht, auch für den Schuldner von Werth ist, kommt nur dem Staate zu. Eine Ausdehnung der Anordnung des Art. 123 auf die Kassen der Kreis-, Distrikts- und Ortsgemeinden wurde im Ges.Geb.Aussch. der K. der Abg.[1]) in Anregung gebracht, aber nicht beschlossen. Ueberdies steht ja, wie der Minist.Kommissär bemerkte, jenen Gemeinden auch die Sicherungshypothek nach § 866 Civ.Pr.O. (Vollstreckungshypothek) zu Gebote,[2]) wenn ihre Ausstandsverzeichnisse für vollstreckbar erklärt sind. Mit diesen Verzeichnissen können sich die Gemeinden unmittelbar an das Amtsgericht wenden, um dort die Hypothekeintragung zu erlangen.

3. Der Ausdruck „Abgaben" ist dem Hypothekengesetze entnommen, welches in § 12 Abs. 1 von Staatsabgaben spricht, und ist in demselben Sinne wie dort gebraucht.[3]) (Man vgl. hiezu v. Gönners Kommentar zum Hyp.Ges. I S. 189 ff.) Nach einem Urtheil des obersten Landger. (Entsch, 9 S. 606) ist unter öffentlichen Abgaben Alles zu verstehen, was von Seite des Staats aus einem Titel des öffentlichen Rechts zur Deckung seiner Bedürfnisse und zur Bestreitung der zur Erreichung des Staatszwecks erforderlichen Ausgaben aus dem Vermögen der Staatsbürger erhoben wird. Die öff. Abgaben, welchen auf Seite des Berechtigten die öff. Auflagen entsprechen, zerfallen in 2 Arten, nämlich in Gebühren und Steuern. (Samml. der Entsch. 9 S. 332, 12 S. 476, 14 S. 519; v. Seydel Staatsrecht II S. 407 bis 409.)

Von den angezogenen Urtheilen werden Gerichtsgebühren und die bei notarieller Beurkundung für die Staatskasse erhobenen Gebühren als öff. Abgaben angesehen. Dagegen sind Bodenzinse nicht hieher zu rechnen; dieselben fallen vielmehr unter Art. 128.

4. „Kosten des Verfahrens" sind nur diejenigen, welche dem Staate kraft öffentlichen Rechts zu zahlen sind, also z. B. die Kosten eines Strafverfahrens, die Strafvollstreckungskosten. Dagegen gehören Kosten, welche eine Partei dem Fiskus als ihrem Prozeßgegner schuldet, nicht hieher, weil dem Staate nur ein civilrechtlicher Anspruch auf deren Erstattung zusteht.

5. Vgl. noch die Bem. zu den Art. 14 u. 89. Das Recht auf Einräumung einer Sicherungshypothek gilt bis zu dem Zeitpunkte, in welchem das Grundbuch als angelegt anzusehen ist, als gesetzlicher Hypothektitel (Art. 50 des Ges.Uebergangsvorschr. zum BGB. betr.).

Artikel 124.

Die aus Rechtsverhältnissen des öffentlichen Rechtes entstandenen Ansprüche des Staates, einer Gemeinde oder eines anderen Kommunalverbandes auf eine Geldzahlung erlöschen, soweit nicht ein Anderes vorgeschrieben ist, mit dem Ablaufe von drei Jahren, wenn

---

1) A.A.Prot. S. 241 ff.; Becher, Mat. I S. 571 ff.

2) A.A.Prot. S. 242; Becher a. a. O. S. 573. Die Erlangung einer Sicherungshypothek, deren Eintragung nach § 866 Abs. 1 u. a. ein Zwangsvollstreckungsmittel bildet, ist allerdings nur unter der in vielen Fällen nicht zutreffenden Voraussetzung möglich, daß die Forderung den Betrag von 300 Mk. übersteigt. (§ 866 Abs. 3.) Andernfalls ist der Gläubiger veranlaßt, die Zwangsvollstreckung in das Grundstück durch Zwangsversteigerung zu betreiben, falls demselben die Vollstreckung in das bewegliche Vermögen nicht rathsam erscheint.

3) A.A.Prot. S. 242; Becher, a. a. O. S. 573 (Aeußerung des Minist.Kommiss.).

die Thatsachen festgestellt sind, auf welchen der Anspruch beruht. Die Frist beginnt mit dem Schlusse des Kalenderjahrs, in welchem der Zeitpunkt eintritt, von dem an die Leistung auf Grund der festgestellten Thatsachen gefordert werden kann. Die Vorschriften über die Hemmung und die Unterbrechung der Verjährung finden entsprechende Anwendung.

Der Lauf der Frist wird auch durch die im Beitreibungsverfahren an den Pflichtigen gerichtete Aufforderung zur Zahlung unterbrochen.

Besteht für den Anspruch ein Pfandrecht oder eine Hypothek, so wird durch das Erlöschen des Anspruchs die Geltendmachung des Rechtes, Befriedigung aus dem verhafteten Gegenstande zu suchen, nicht gehindert.

1. Mit der Einführung des BGB. würden die Vorschriften der §§ 31—33 des Finanzges. v. 28. Dez. 1831[1]) gemäß Art. 55 des Einf.Ges. zum BGB. nur insoweit unanwendbar sein, als es sich um privatrechtliche Ansprüche des Fiskus oder gegen denselben handelt, dagegen in Geltung bleiben, insoferne öffentlich rechtliche Ansprüche auf eine Geldzahlung in Frage stehen. Indeß sind diese Paragraphen durch Art. 175 Ziff. 5 des Ausf.Ges. auch in öffentlich rechtlicher Beziehung aufgehoben; denn sie erhalten durch Art. 124 im Interesse der leichteren Anwendbarkeit eine neue Regelung, welche sich gleichzeitig auch auf die aus Rechtsverhältnissen des öffentlichen Rechtes

1) Diese Paragraphen galten bisher nicht blos im rechtsrhein. Bayern, sondern theilweise auch in der Pfalz, auf welche sie durch das Erbschaftssteuerges. v. 18. Aug. 1879 Art. 46, das Gebührenges. Art. 267 und folgende Steuergesetze v. 19. Mai 1881, nämlich das Grundsteuerges. § 116 Abs. 2, Haussteuerges. § 37 Abs. 2, Einkommenst.-Ges. Art 82 Abs. 1, Kapitalrentenst.Ges. Art. 37 und Gewerbest.Ges. Art. 75 in Ansehung der durch diese Gesetze geregelten Abgaben zum Theile übertragen worden sind. Im Uebrigen kamen in der Pfalz für die Verjährung der Ansprüche des Fiskus und gegen denselben die Vorschriften des code civil Art. 2262 ff. und einiger anderer Gesetze in Betracht. Auf die vom Staate terminlich zu leistenden Zahlungen findet die fünfjährige Verjährungsfrist des Art. 2277 code civil Anwendung. Vgl. Zachariä-Crome Handb. des französ. Civilrechts 8. Aufl. Bd. I S. 418 Anm. 9. Von den neben dem code civil zu berücksichtigenden Bestimmungen sind folgende zu erwähnen: Ges. vom 23. Nov. 1790 Art. 8, Ges. vom 3. Frimaire VII Art. 149, Beschluß vom 1. Germinal XIII Art. 50 (Dalloz Repertoire de legislation u. s. w. XVII S. 375, XXXVI S. 287 und XVII S. 578, 604), Enregistrementges. vom 22. Frimaire VII Art. 61 (hiezu Roos Kommentar 2. Aufl. S. 217). (Die vorangeführten Artikel des Erbschafts-, Einkommenst.-, Kapitalrentenst.- und Gewerbst.-Ges. sind mit Rücksicht auf die Bestimmung des Art. 124 in den im Ges.- und V.O.Bl. von 1899 S. 889 ff., Beil. zum Landtagsabsch. (zu Nr. 28) S. 227 ff., 259 ff. und 275 ff. in neuer Fassung veröffentlichten Gesetzen des gl. Betreffs nicht mehr enthalten. Dasselbe gilt von Art. 267 des Ges. über das Gebührenwesen, welcher, abgesehen von dem in Art. 295 u. f. wiedergegebenen, auf Strafsachen sich beziehenden Abs. 4 in das Ges. neuer Fassung nicht aufgenommen ist. Der § 116 Abs. 2 und 3 des Grundsteuerges. ist in Art. 136 Ziff. V, der § 37 Abs. 2 und 3 des Haussteuergesetzes in Art. 137 des gegenw. Ausf.Ges. aufgehoben.)

entstandenen Ansprüche einer Gemeinde oder eines anderen Kommunalverbandes, d. h. z. B. einer Kreisgemeinde, Distriktsgemeinde erstreckt. Die Verjährung von Forderungen letzterer Art war, insoweit es sich um Rückstände oder Nachholungen von öffentlichen Abgaben oder um Rückersatz von Abgaben handelte, im rechtsrhein. bayer. Rechte überhaupt nicht geordnet. Die Rechtsprechung war deshalb in dieser Beziehung zum Theile schwankend, zum Theile war sie bemüht, die betreffende Lücke durch die Bezugnahme auf die für die Verjährung civilrechtlicher Ansprüche geltenden Vorschriften auszufüllen. (Man vgl. Entsch. des Verwalt.Ger.Hofs Bd. 3 S. 629, 4 S. 426, 524, 7 S. 87, 10 S. 250; v. Seydel Staatsr. II S. 684.) Ueber die öffentlichrechtlichen Ansprüche gegen den Staat, eine Gemeinde u. s. w. vgl. Art. 125.

2. Die im Art. 124 in Uebereinstimmung mit dem Finanzges. v. 1831 bestimmte dreijährige Erlöschungsfrist beginnt nur, wenn die Thatsachen festgestellt sind, auf welchen der Anspruch beruht. Ist eine Feststellung nicht erfolgt, so gilt die ordentliche dreißigjährige[2]) Anspruchsverjährung. Eine solche Feststellung ist dann gegeben, wenn die Grundlagen des Anspruchs in der Art feststehen, daß der geschuldete Betrag daraus berechnet werden kann. Eine früher vom obersten Gerichtshofe und obersten Landesgerichte (Entsch. Bd. 7 S. 1012, 9 S. 253 und 11 S. 768) vertretene Anschauung verlangte zur Feststellung, daß die betreffenden Forderungen den Kassen des Staats zur Erhebung bereits überwiesen wurden. Allein in einem Beschlusse des obersten Landesg. v. 9. Aug. 1893 (Entsch. Bd. 14 S. 691) ist diese Ansicht mit Recht aufgegeben; es ist daselbst darauf hingewiesen, daß die Worte „in dem Rechnungssoll der perzipirenden Aemter liegenden" bei Berathung des Ges. v. 1831 in § 32 gestrichen wurden und daß es nicht statthaft erscheint, die gestrichenen Worte auf einem Umwege in das Gesetz wieder einzuführen. Der erwähnte Beschluß ist mit den angegebenen früheren Entscheidungen darin einverstanden, daß ein bestrittener Betrag nur dann als festgestellt zu erachten, sobald derselbe durch Richterspruch oder Anerkenntniß außer Streit gesetzt ist, daß dagegen nicht bestrittene Forderungen schon als festgestellt erscheinen, wenn sie entweder durch das Gesetz schlechthin oder doch in der Weise bestimmt sind, daß sie von der Finanzbehörde berechnet werden können.[3])

3. Der Zeitablauf erzeugt nicht etwa nur eine Einrede, wie dies nach § 222 BGB. der Fall ist, sondern bewirkt ein das Gericht zur Klagabweisung veranlassendes Erlöschen des Rechts, gleichwie dies auch nach Maßgabe des Finanzges. v. 1831 angenommen wurde. „Die Vorschriften über die Hemmung und die Unterbrechung der Verjährung" d. h. die im BGB. (§§ 202 ff., 208 ff.) enthaltenen, wie im Interesse größerer Deutlichkeit hätte beigefügt werden können, finden jedoch entsprechende Anwendung. Sie werden nur noch dahin ergänzt, daß, während nach § 209 BGB. eine Mahnung als Unterbrechungsgrund nicht anzusehen ist, „die im Beitreibungsverfahren[4]) an den Pflichtigen gerichtete Aufforderung zur Zahlung" als ein solcher gilt.

---

2) Wenn die Feststellung innerhalb der 30 Jahre nicht erfolgt, so ist der Anspruch verjährt und kann die mit der Feststellung beginnende Erlöschungsfrist des Art. 124 nicht mehr in Betracht kommen.

3) Die gleiche Meinung findet sich auch vertreten in einem Aufsatze der Bl. f. administr. Praxis Bd. 25 S. 169 ff., insbes. S. 176, worauf der oberstrichterliche Beschluß in Bd. 14 S. 691 und Seydel's Staatsr. Bd. 2 S. 373 Bezug nehmen.

4) Beitreibungsverfahren und Zwangsvollstreckungsverfahren sind nicht gleichbedeutend. Auch das der administrativen Zwangsvollstreckung vorhergehende Mahnverfahren

Die mit Anführungszeichen versehenen Worte bilden eine Abänderung des Reg.Entw., welcher schon durch die „Einforderung der geschuldeten Leistung" eine Unterbrechung herbeigeführt wissen wollte. Während nach dem bisher maßgebenden Rechte (§ 30 Abs. 6, § 32 Abs. 2 Finanzges. v. 1831 und § 32 des Hyp.Ges.) die Verjährung schon durch die Stellung des Antrags auf Eintrag einer Hypothek ausgeschlossen war, geht Art. 124 Abs. 3 in Uebereinstimmung mit § 223 BGB. davon aus, daß durch das Erlöschen des Anspruchs die Geltendmachung des Rechts, Befriedigung aus dem Grundstücke wegen eines Pfandrechts oder einer Hypothek zu suchen, nicht gehindert wird. Diese Regelung verdient deshalb den Vorzug, weil nach dem bisher geltenden Rechte der mit Grundbesitz versehene Schuldner ohne zureichende Ursache ungünstiger gestellt ist als der Schuldner ohne Grundbesitz. Die Stellung des Antrags auf Eintragung einer Sicherungshypothek nach § 866 Civ.Pr.O. (Vollstreckungshypothek) unterbricht gemäß § 209 Abs. 2 Nr. 5 Civ.Pr.O. den Fristablauf; das Verlangen der Eintragung einer Sicherungshypothek nach Art. 123 Ausf.Ges. führt dagegen — im Unterschiede zu § 32 des Hypoth.Ges. — keine Unterbrechung herbei.

4. Die Worte „soweit nicht ein Anderes vorgeschrieben ist" haben sowohl die Reichsgesetze als auch die Landesgesetze im Auge. Eine andere reichsgesetzliche Bestimmung enthält z. B. das Gerichtskostengesetz § 5.[5]) Als ein Beispiel aus dem Landesrechte führen die Motive den Art. 10 Abs. 1 des Ausf.Ges. zur Civ.Pr.O. und Konk.O. an.[6]) Anderweitige landesrechtliche Vorschriften sind in einer Reihe von Abgabegesetzen[7]) bezüglich der innerhalb bestimmter Fristen für zulässig erklärten Nachholungen von Steuerbeträgen getroffen. Diese Gesetze enthalten jedoch im Vergleiche zu Art. 124 nur für den Fall eine andere Regelung, daß bezüglich des Anspruchs auf Nachholung eine Feststellung von Thatsachen im Sinne des genannten Artikels innerhalb der in jenen Gesetzen bezeichneten Fristen nicht eintritt. Geschieht eine solche Feststellung, so kommt die zehnjährige Frist auf Verfolgung des Anspruches, von welcher z. B. das Kapitalrenten-, Einkommen- und Gewerbsteuergesetz in ihren in Fußnote 7 angef. Artikeln sprechen, nicht weiter mehr in Betracht, sondern es gilt

gehört zum Beitreibungsverfahren (Fin.Min.Bekanntm. vom 25. Dez. 1899 § 10, Just.Min.Bl. 1900 S. 343).

5) Nach welchem eine Nachforderung der Gerichtskosten wegen irrigen Ansatzes nur zulässig ist, wenn der berichtigte Ansatz vor Ablauf des nächsten Kalenderjahres nach rechtskräftiger oder endgültiger Erledigung des Verfahrens dem Zahlungspflichtigen eröffnet ist.

6) Motive A S. 61; Becher Mat. I S. 129. Dieser durch Art. 166 Ziff. III Ausf.Ges. abgeänderte Art. 10 Abs. 1 (in der neuen Fassung des Ges. Art. 11 Abs. 1) bestimmt, daß die Ansprüche aus der Haftung des Staates oder der Gemeinden für den bei Zusammenrottungen verursachten Schaden sowie die Ansprüche des Fiskus gegen die betheiligten Gemeinden auf Ersatz der Kosten, die aus dem Einschreiten der bewaffneten Macht zur Erhaltung der inneren Sicherheit oder gesetzlichen Ordnung entstehen, mit dem Ablaufe eines Jahres erlöschen, wenn nicht vorher die Klage erhoben wird. Bei diesem Art. 11 Abs. 1 handelt es sich nur zum Theile um Ansprüche, welche dem Staate zustehen. Insoweit hiebei Ansprüche gegen den Staat oder gegen Gemeinden in Frage kommen, ist Art. 11 Abs. 1 bei Art. 125 Ausf.Ges. in Berücksichtigung zu ziehen.

7) Z. B. Einkommensteuerges. n. F. Art. 82 Abs. 2, Kapitalrentensteuerges. n. F. Art. 42 Abs. 2, Gewerbsteuerges. n. F. Art. 78 Abs. 2, Haussteuerges. § 14, Wandergewerbsteuerges. Art. 18.

fortan die dreijährige Erlöschungsfrist des Art. 124. Das Bekanntwerden der Thatsache der Steuerverkürzung, welches in den angef. Artikeln erwähnt ist, wird mit der Feststellung der Thatsachen, auf welchen der Anspruch beruht, gewöhnlich nicht zusammenfallen; denn diese Feststellung ist, wie in Bem. 2 oben bereits gesagt wurde, nur dann gegeben, wenn die Grundlagen des Anspruchs in der Art feststehen, daß der geschuldete Betrag daraus berechnet werden kann. Mit Rücksicht hierauf haben, insoferne es sich um die Frage der fortdauernden Gültigkeit jener Abgabengesetze handelt, die Motive zu Art. 112 und 113 des Reg.Entw.[8]) gewiß Recht, wenn dieselben hervorheben, daß die Vorschriften der fraglichen Abgabengesetze unberührt bleiben. Durch den von ihnen gemachten Beisatz „Ist aber festgestellt, daß der Fall der Nachholung vorliegt, so beginnt der Lauf der dreijährigen Frist" geben sie jedoch zu erkennen, daß sie dieses Unberührtbleiben nicht in absolutem Sinne auffassen, daß vielmehr die Bestimmung des Art. 124 allerdings einen Einfluß auf den Anspruch auf Steuer-Nachholung ausüben kann.

5. Die Erlöschungsfrist beginnt nicht mit der Entstehung des Anspruches (man vgl. § 198 BGB.), sondern nach dem Vorbilde des Art. 3 Abs. 2 des Verjährungsgesetzes v. 26. März 1859 und des § 201 BGB. mit dem Schlusse desjenigen Kalenderjahres, in welchem der nach § 198 bis 200 BGB. maßgebende Zeitpunkt eintritt d. h. in welchem der Zeitpunkt gelegen ist, von dem an die Leistung gefordert werden kann.[9]) Dieser Zeitpunkt bemißt sich nach den bisherigen einzelnen Gesetzen, auf welche der Anspruch sich gründet. Bei dem Malzaufschlaggesetze Art. 43 ist z. B. der gesetzliche Einhebungstermin entscheidend.

6. Die in § 33 des Finanzges. v. 1831 wegen Minderjährigkeit zugelassene Wiedereinsetzung in den vorigen Stand ist beseitigt. Das BGB. kennt keine solche Wiedereinsetzung und ersetzt dieselbe durch die Vorschriften über Hemmung der Verjährung (§§ 203, 206, 207 BGB.). Im Interesse der Vereinfachung des Rechtes empfahl es sich, die Wiedereinsetzung auch für das Landesrecht nicht mehr fortbestehen zu lassen.

7. Ueber Anwendbarkeit des Art. 124 auf schon vor dem 1. Januar 1900 entstandene Ansprüche sowie auf Ansprüche der Kirchen, Geistlichen u. s. w. vgl. Art 127, 126.

Artikel 125.

Die aus Rechtsverhältnissen des öffentlichen Rechtes entstandenen Ansprüche gegen den Staat, eine Gemeinde oder einen anderen Kommunalverband auf eine Geldzahlung erlöschen, soweit nicht ein Anderes vorgeschrieben ist, mit dem Ablaufe von drei Jahren. Die Frist beginnt mit dem Schlusse des Kalenderjahrs, in welchem der Zeitpunkt eintritt, von dem an die Leistung gefordert werden kann. Die Vor-

8) Motive A S. 61; Becher Mat. I S. 129.

9) Es ist also außer der Liquidität des Anspruchs noch der Eintritt des Verfalltermins nothwendig und überdies beginnt die Erlöschungsfrist aus Zweckmäßigkeitsgründen nicht in dem Augenblicke, in welchem der Anspruch thatsächlich verfallen ist, sondern erst mit dem Schlusse des Kalenderjahres, in welchem der Zeitpunkt der Fälligkeit gelegen ist.

schriften über die Hemmung und die Unterbrechung der Verjährung finden entsprechende Anwendung.

Das Erlöschen ist ausgeschlossen, wenn der Empfangsberechtigte sich vor dem Ablaufe der Frist bei der Kasse, welche die Zahlung zu leisten hat, zum Empfange meldet.

Diese Vorschriften gelten insbesondere auch für die Ansprüche auf Rückerstattung mit Unrecht erhobener Abgaben oder Kosten eines Verfahrens.

1. Im Unterschiede zu Art. 124, welcher die Erlöschung der dem Staate, einer Gemeinde u. s. w. zustehenden Ansprüche betrifft, bezieht sich Art. 125 auf die Erlöschung der gegen den Staat, eine Gemeinde u. s. w. vorhandenen Ansprüche. Da die Fassung des Art. 125 an diejenige des Art. 124 sich theilweise anschließt, so können die Bem. 1, 3 und 5 zu diesem hieher verwerthet werden. Die Erlöschungsfrist beginnt mit dem in Abs. 1 Satz 2 angegebenen Zeitpunkte, ohne daß eine Feststellung solcher Thatsachen wie in Art. 124 erforderlich wäre; Bestimmungen wie jene des Art. 124 Abs. 2, 3 kommen für Art. 125 in Wegfall.

2. Abs. 2 gibt in seinem 1. Satze die Bestimmung des § 31 des Finanzges. v. 28. Dez. 1831 wieder, wonach die kürzere Verjährung nicht eintritt, wenn der Empfangsberechtigte vor Ablauf der dreijährigen Frist bei derjenigen Kasse, welche die Zahlung zu leisten hat, zum Empfange sich meldet. Durch eine solche Anmeldung wird im Interesse des Anspruchsberechtigten nicht nur der Lauf der Erlöschungsfrist unterbrochen, sondern die Forderung sogar der allgemeinen Verjährung von 30 Jahren unterstellt. Die durch den Plenarbeschluß des vorm. Oberappell.Ger. v. 9. März 1848 (Reg.Bl. S. 185) dem § 31 gegebene, die Verjährung für den Staat geradezu werthlos machende Auslegung,[1]) daß die Verjährung erst mit dem Zeitpunkte beginne, in welchem die Forderung bei der Kasse, durch welche die Auszahlung erfolgt, zur Zahlung angewiesen sei, kommt mit Rücksicht auf den in Abs. 1 festgesetzten Beginn der in Frage stehenden Frist nicht weiter mehr in Betracht.

3. „Soweit nicht ein Anderes vorgeschrieben" ist, d. h. wie bei Art. 124 durch Reichsgesetze oder Landesgesetze. Als landesgesetzliches Beispiel ist hier Art. 11 Abs. 1 des Ausf.Ges. zur Civ.Pr.O. und Konk.O. (n. F.) zu erwähnen, insoweit sich derselbe auf Ansprüche gegen den Staat und gegen Gemeinden bezieht. (Vgl. Fußnote 6 zu Art. 124.) Aus dem Gebiete der Reichsgesetzgebung könnten hier noch allenfalls angeführt werden: die §§ 81—85 des Ges. betr. die Pensionirung und Versorgung der Militärpersonen u. s. w. vom 27. Juni 1871 (R.G.Bl. S. 275), § 13 des Ges. vom 4. April 1874 betr. einige Abänderungen und Ergänzungen des Ges. vom 27. Juni 1871 über die Pensionirung u. s. w. (R.G.Bl. S. 1874 S. 25), § 16 des Ges. vom 13. Februar 1875 über die Naturalleistungen für die bewaffnete Macht im Frieden

---

1) Gegen jene oberstrichterliche Auslegung ist durch die Vorschriften mehrerer Gesetze z. B. des Grundsteuerges. § 37 Abs. 3, Einkommenst.Ges. Art. 82 Abs. 2, Kapitalrentensteuerges. Art. 37, Gewerbesteuerges. Art. 75 Abs. 2, Erbschaftssteuerges. Art. 46 Abs. 2 und des Geb.Ges. Art. 207 Abs. 2 ausdrücklich Vorsorge getroffen worden. (Bezüglich der hier angezogenen Gesetzesstellen vgl. Fußnote 1 zu Art. 124.)

(R.G.Bl. S. 52) und § 29 des Reichsges. betr. die Erhebung der Tabacksteuer vom 16. Juli 1870 (R.G.Bl. S. 245).[2])

4. Indem Abs. 3 die Bestimmungen der Abs. 1 und 2 für die Ansprüche auf Rückerstattung mit Unrecht erhobener Abgaben oder zu Unrecht eingehobener Kosten eines Verfahrens im Hinblick auf Art. 104 Einf.Ges. z. BGB. als anwendbar erklärt, erkennt derselbe die bisher nicht unbestritten öffentlich-rechtliche Eigenschaft dieser Ansprüche, wenn auch nicht allgemein, so doch für das Gebiet der Anspruchs-Erlöschung an. Was insbesondere die Ansprüche auf Rückerstattung mit Unrecht erhobener Abgaben anbelangt, so ist wenigstens soviel unbestritten, daß für die Frage, ob und in welchem Maße eine bestimmte Person als steuerpflichtig erscheint, nicht die Zuständigkeit der Gerichte gegeben ist. (Seuffert's Kommentar zur bayer. Ger.Ordn. von 1753 Bd. I S. 206, 2. Aufl., Wernz Kommentar zur bayer. Proz.Ordn. von 1869 S. 11.) Kein allgemeines Einverständniß besteht indeß hinsichtlich der Frage, welche Behörden darüber zu entscheiden haben, wenn eine entrichtete Steuer unter der Behauptung zurückgefordert wird, daß dieselbe zweimal gezahlt worden sei. Die von Wernz und Seuffert a. a. O. vertretene Meinung, daß in diesem Falle die Civilgerichte zuständig seien, wird von dem Gerichtshofe für Kompetenzkonflikte nicht ohne weiters getheilt. Derselbe geht allerdings mit Seuffert a. a. O. davon aus, daß die Gerichte zur Entscheidung berufen sind, wenn die Geltendmachung eines Privatrechtsverhältnisses auf Grund einer bestehenden Rechtsnorm vorliegt. Er weist aber auch darauf hin, daß die Rechtstitel der condictio sine causa und der condictio indebiti ebenso dem öffentlichen Rechte wie dem Civilrechte angehören[4]) sowie daß das Vorbringen, man habe doppelt gezahlt, nichts anderes sei als die Verneinung der Behauptung, daß für die zweitmalige Leistung eine Schuldverbindlichkeit bestanden habe.[5]) Von diesem Standpunkte aus erkennt der bezeichnete Gerichtshof die Zuständigkeit des Civilgerichts nur dann an, wenn durch die Rückforderung die Verneinung eines dem Civilrechte angehörenden Erwerbsgrundes zum Ausdruck kommt.[6])

5. Die Vorschrift des Art. 125 gilt auch für die noch nicht verjährten, vor dem 1. Januar 1900 entstandenen Ansprüche. Vgl. Art. 127.

---

2) Das Tabackst.Ges. spricht zwar in § 29 davon, daß alle Forderungen und Nachforderungen an Tabacksteuer . . . . binnen Jahresfrist von dem Tage des Eintritts der Zahlungsverpflichtung bezw. der Zahlung an gerechnet — verjähren, hat jedoch dabei ein Erlöschen der betreffenden Forderungen im Auge. Das Ges. v. 5. April 1885 betr. Abänderung des Ges. über die Erhebung der Tabacksteuer (R.G.Bl. S. 83) bezieht sich nicht auf jenen § 29.

4) Ges. und V.O.Bl. 1888 Beil. I und 1890 Beil. I. Nach der Plenar-Entscheidung des Verwalt.Ger.Hofs vom 4. Juli 1888 (Entsch. dieses G.H. 10 S. 248) sind für derartige Rückforderungen auf öffentlich-rechtlichem Gebiete die Grundsätze der condictio indebiti analog in Anwendung zu bringen. Vgl. auch Entsch. des V.G.H. 16 S. 108.

5) Ges. und V.O.Bl. 1890 Beil. I.

6) Ges. und V.O.Bl. 1888 Beil. I. Nicht der Rechtstitel, auf welchen ein Anspruch gegründet wird, ist für die Zuständigkeitsfrage maßgebend, sondern lediglich die Natur des Anspruchs, wie dies der G.H. f. Komp.Konfl. in einer Reihe von Entscheidungen ausgesprochen hat. Vgl. Erk. v. 11. Dez. 1897 (Ges. und V.O.Bl. 1898 Beil. I), worin die diesbezüglichen früheren Erkenntnisse des erwähnten G.H. nebst anderen Belegstellen aufgeführt sind. Das Gleiche nahm auch der Verw.G.H. an, vgl. z. B. Entsch. 4 S. 383.

Artikel 126.

Die Vorschriften des Artikel 124 finden auf die Ansprüche der Kirchen, der Geistlichen und der sonstigen Kirchenbediensteten wegen der Gebühren für kirchliche Handlungen, auf die Ansprüche einer Genossenschaft des öffentlichen Rechtes auf Leistungen, die den Mitgliedern aus dem Genossenschaftsverband obliegen, sowie auf die Ansprüche auf Brückenzölle, Pflasterzölle und ähnliche Abgaben, die in Folge eines besonderen Rechtsverhältnisses an eine Privatperson zu entrichten sind, entsprechende Anwendung. An die Stelle der Feststellung der Thatsachen, auf welchen der Anspruch beruht, tritt die Fälligkeit des Anspruchs.

Auf die Ansprüche auf Rückerstattung mit Unrecht erhobener Leistungen der im Abs. 1 bezeichneten Art finden die Vorschriften des Artikel 125 Abs. 1 entsprechende Anwendung.

1. Da für Ansprüche der in Abs. 1 bezeichneten Art im bisherigen Rechte keine besondere deren Erlöschen betreffende Vorschrift bestand, so erschien es angezeigt, durch den gegenwärtigen, im Reg.Entw. nicht enthaltenen, sondern erst später von der Regierung in Vorschlag gebrachten Artikel [1]) jene Lücke auszufüllen. Eine Verschiedenheit gegenüber Art. 124 ist insoferne vorhanden, als für den Beginn der Erlöschungsfrist nicht die Feststellung der Thatsachen verlangt werden kann, auf welchen der Anspruch beruht. Dem Gesetze genügt es, hier die Fälligkeit des Anspruchs zu fordern. Insoweit keine Verschiedenheit besteht, vgl. man die Bem. zu Art. 124 mit Ausnahme der Bem. 2. Wie in Bem. 3 daselbst ausgeführt ist, gilt eine Mahnung als solche nicht wie in § 209 BGB. als Unterbrechungsgrund; als solcher erscheint eine Mahnung nur dann, wenn sie zugleich eine im Beitreibungsverfahren an den Pflichtigen gerichtete Aufforderung zur Zahlung bildet.

2. Als Ansprüche im Sinne des Art. 126 sind in den Motiven [2]) angeführt die Forderungen der Kirchen und der im Kirchendienste stehenden Personen wegen der Gebühren für kirchliche Handlungen (Stolgebühren),[3]) ferner der Genossenschaften des öffentlichen Rechtes gegen ihre Mitglieder auf Leistungen, welche im Genossenschaftsverbande ihre Grundlage haben, wie der Uferschutz-, Kultur-, Viehzuchts-Genossenschaften nach Art. 55 der rechtsrhein. und Art. 40 der pfälz. Gemeindeordnung sowie nach Art. 13 und 19 des Ges. v. 28. Mai 1852 über Bewässerungs- und Entwässerungs-Unternehmungen und Art. 2 des Ges. v. 5. April 1888 über die Haltung und Körung von Zuchtstieren, endlich die Ansprüche auf Brücken- und Pflasterzölle und ähnliche Abgaben, welche in Folge eines besonderen Rechtsverhältnisses an eine Privatperson zu entrichten sind.

3. Die in Abs. 2 erwähnten Rückerstattungsansprüche werden für die Frage

---

1) Beil. D zu den Verh. des Just.Ges.Geb.Aussch. der K. d. Abg. 1898 Bd. XX Abth. I S. 155/56 (Becher Mat. I S. 596).

2) Motive A S. 159; Becher a. a. O. S. 603.

3) Vgl. über Stolgebühren die bei v. Seydel Staatsrecht III S. 540 Anm. 72 angef. Literatur und angegebenen Vorschriften.

der Anspruchserlöschung als öffentlich-rechtliche behandelt; es gilt deshalb für sie Art. 125 Abs. 1. Vgl. hiezu Bem. 4 zu Art. 125.

4. Nach Art. 127 findet die Bestimmung des Art. 126 auch auf Ansprüche Anwendung, welche vor dem 1. Januar 1900 entstanden und noch nicht verjährt sind.

Artikel 127.

Die Vorschriften der Artikel 124 bis 126 gelten auch für noch nicht verjährte Ansprüche, die vor dem Inkrafttreten des Bürgerlichen Gesetzbuchs entstanden sind. Die Vorschriften des Artikel 169 des Einführungsgesetzes zum Bürgerlichen Gesetzbuche finden entsprechende Anwendung.

1. Die Art. 124 bis 126 werden vorzugsweise für Ansprüche Anwendung finden, welche nach dem 1. Januar 1900 zur Entstehung gelangt sind. Nach dem Vorbilde von Art. 169 Abs. 1 Satz 1 Einf.Ges. zum BGB. ist ihnen aber durch Art. 127 Wirksamkeit auch hinsichtlich solcher Ansprüche eingeräumt, welche schon vor jenem Zeitpunkte erwachsen sind. Die Art. 124 bis 126 gelten also auch für solche Forderungen, bezüglich deren am 1. Jan. 1900 eine Verjährungsfrist des bisherigen Rechts bereits im Laufe war. Sie sind jedoch unanwendbar, wenn die Verjährung unter der Herrschaft des älteren Rechts bereits zur Vollendung gediehen ist.

2. Da die Fristen der Art. 124 bis 126 Erlöschungsfristen sind, so greifen die Bestimmungen des auf die Verjährung sich beziehenden Art. 169 Einf.Ges. nicht von selbst, sondern nur in Folge der in Art. 127 Satz 2 enthaltenen gesetzlichen Anordnung Platz. Soweit es sich um Ansprüche handelt, rücksichtlich deren die bisherige Verjährungsfrist bereits im Laufe war, sind für deren Beginn, Hemmung oder Unterbrechung nicht die Vorschriften der Art. 124 ff. und der darin in Bezug genommenen §§ 202 ff., 209 ff. BGB., sondern diejenigen der älteren Gesetze maßgebend. (Art. 169 Abs. 1 Satz 2 E.G.)

3. Sind die Fristen des bisherigen und des neuen Rechts von verschiedener Dauer, so dient Art. 169 Abs. 2 E.G. zur Richtschnur. Hienach ist das neue Recht, dessen Frist nicht von einem früheren Zeitpunkte als dem 1. Januar 1900 an zu berechnen ist, nur dann in Anwendung zu bringen, wenn seine Frist früher abläuft, als die längere des älteren Rechts, wogegen die längere Frist des bisherigen Rechts maßgebend erscheint, wenn sie früher ihr Ende erreicht als die Frist des neuen Rechts. Wenn also z. B. der Beginn der in Betracht kommenden fünfjährigen Verjährung des alten Rechts am 31. Dez. 1898 erfolgt wäre, so müßte die dreijährige Frist des neuen Rechts zu Grunde gelegt werden. Anders verhielte es sich jedoch, wenn jene fünfjährige Frist schon am 31. Dez. 1894 ihren Anfang genommen hätte. Mit Rücksicht darauf, daß Art. 2277 code civil eine von der Erlöschungsfrist der Art. 124 ff. verschiedene Frist nämlich eine Verjährungsfrist von 5 Jahren festgesetzt hat, wird die durch Art. 169 Abs. 2 angeordnete Vergleichung der Fristendauer in der Pfalz stets stattzufinden haben.

Artikel 128.

Die Grundgefälle des Staates und der Ablösungskasse sowie die an deren Stelle getretenen Lasten bedürfen zur Erhaltung der Wirksamkeit gegenüber dem öffentlichen Glauben des Grundbuchs nicht der Eintragung in das Grundbuch.

Die Vorschriften der Art. 123, 124, 127 gelten auch für die wiederkehrenden Leistungen aus den im Abs. 1 bezeichneten Lasten.

1. Da die Grundgefälle des Staates und der Ablösungskasse sowie die an deren Stelle getretenen Lasten nach der bayer. Rechtsprechung (Entsch. des obersten Landesg. Bd. 11 S. 178) nicht als öffentlichrechtliche Leistungen, sondern als Reallasten aufgefaßt werden, so müßten dieselben zur Erhaltung der Wirksamkeit (der Regierungsentwurf Art. 114 sagte in Folge eines Versehens „zur Wirksamkeit") gegenüber dem öffentlichen Glauben des Grundbuchs in dieses der Regel nach eingetragen werden. (§§ 873 und 892 Abs. 1 BGB.) Art. 128 trifft jedoch, wie dies nach Art. 114 Einf.Ges. zum BGB. statthaft ist, die Bestimmung, daß eine solche Eintragung in das Grundbuch nicht nothwendig ist, und hält damit für das rechtsrhein. Bayern den durch § 22 Nr. 5 Hypoth.Ges. (in der Fassung vom 29. Mai 1886) geschaffenen Rechtszustand aufrecht.[1])

2. Indem Abs. 2 den Art. 123 als anwendbar bezeichnet, gewährt derselbe der Staatskasse für jene Grundgefälle nunmehr das Recht auf Eintragung einer Sicherungshypothek, während das bisherige Recht durch Einräumung eines Hypothektitels seinen Schutz verliehen hatte.[2]) Durch die in Abs. 2 erfolgte Erwähnung des Art. 124 ist auf Grund des Art. 113 Einf.Ges. zum BGB. in Uebereinstimmung mit dem bisherigen Rechte (§ 30 Abs. 6 und § 32 Abs. 2 des Finanzges. vom 28. Dez. 1831) die Erlöschung der dem Staate und der Ablösungskasse zustehenden Ansprüche auf wiederkehrende Leistungen aus Grundgefällen und den an deren Stelle tretenden Lasten geregelt. Ob der Anspruch auf das Grundgefäll vor dem 1. Jan. 1900 oder erst nach diesem Tage entstanden ist, erscheint mit Rücksicht auf den in Abs. 2 gleichfalls angezogenen Art. 127 ohne Belang. Zur Bezugnahme auf Art. 125 bestand kein Anlaß, da derselbe die Ansprüche gegen den Staat u. s. w. behandelt. Es könnten hier allerdings Forderungen auf Rückerstattung zu Unrecht erhobener Abgaben in Betracht kommen; allein es war, wie der Minist.Kommissär Dr. v. Jacubezky bemerkte,[3]) kein Bedürfniß vorhanden, von den hinsichtlich der ungerechtfertigten Bereicherung geltenden Vorschriften des BGB. eine Ausnahme zu begründen.

3. Art. 128 läßt bezüglich der dinglichen und persönlichen Haftung für die Grundgefälle und die an deren Stelle getretenen Lasten die Bestimmungen der Ablösungsgesetze[4]) unverändert fortbestehen. Es kann daher z. B. der Fiskus gemäß Art. 17

---

1) Vgl. hiezu noch Art. 27 Abs. 2 des Ausf.Ges. zur Grundbuchordnung u. s. w.

2) Vgl. § 12 Nr. 4 des Hypoth.Ges., Art. 29 Abs. 2 des Ges. v. 4. Juni 1848, Art. 17 des Ges. v. 28. April 1872 und Art. 6 des Ges. vom 2. Febr. 1898. (Die Betreffe dieser Ges. sind in der Fußnote 4 angegeben.)

3) A.A.Prot. S. 246; Becher Mat. I S. 580.

4) Vgl. Art. 15 und 29 des Ges. v. 4. Juni 1848 die Aufhebung der standesherrlichen und gutsherrlichen Gerichtsbarkeit u. s. w. (Ges. Bl. S. 97), § 5 Ziff. 5 Abs. 2 des Finanzges. vom 1. Juli 1856 (Ges. Bl. S. 411), § 7 Ziff. 5 Abs. 2 des Finanzges. v. 10. Nov. 1861 (Ges. Bl. 1861/62 S. 89); Ges. v. 28. April 1872 die Grundentlastung betr. (Ges.Bl. S. 349), ferner Ges. vom 2. Febr. 1898 die Fortsetzung der Grundentlastung betr. (Ges. u. V.O.Bl. S. 19) und Ges. vom 12. Dez. 1899 die Forts. der Grundentl. betr. (Ges. und V.O.Bl. S. 1003).

Abs. 3 des Ges. v. 28. April 1872 die Grundentlastung betr. dem Erwerber gegenüber in gleicher Weise, wie er es gegenüber dem Veräußerer durfte, wegen der Rückstände von dem Rechte auf Eintragung einer Sicherungshypothek Gebrauch machen.[5])

Angelegenheiten der freiwilligen Gerichtsbarkeit.[1])

Artikel 129.

Die Vorschriften der §§ 2 bis 27, 29 bis 34 und des § 199 Abs. 2 des Gesetzes über die Angelegenheiten der freiwilligen Gerichtsbarkeit gelten, soweit nicht ein Anderes vorgeschrieben ist, auch für diejenigen Angelegenheiten der freiwilligen Gerichtsbarkeit, für welche die landesgesetzlichen Vorschriften maßgebend sind. Eine Anfechtung der Entscheidungen des Obersten Landesgerichts als Beschwerdegerichts findet nicht statt.

1. Den Gegensatz zur freiwilligen Gerichtsbarkeit bildet die streitige. Der Begriff der freiw. G. kann mit Sicherheit kaum vollständig in positiver Weise bestimmt und dürfte am besten theils positiv, teils negativ gefaßt werden, wenn freiw. Gerichtsbarkeit als die auf die Gestaltung privatrechtlicher Verhältnisse sich beziehende, nach den gesetzlichen Vorschriften unter die Angelegenheiten der streitigen Gerichtsbarkeit nicht zu rechnende Thätigkeit der staatlichen Organe bezeichnet wird.[2]) Zu den

---

5) Motive A S. 62; Becher Mat. I S. 130.

1) Literatur hiezu: Die Kommentare zum Reichsges. über die Angelegenheiten der freiwilligen Gerichtsbarkeit vom 17. Mai 1898 (G.F.G.) von Birkenbihl, Dorner, Schulze-Görlitz, Weißler und Wellstein, sowie die Textausgaben mit Anmerkungen von Dittrich, Dronke, Ebert und Dudeck, Haidlen, Jastrow, Keidel, Kurtz und Schneider.

2) Auch Rausnitz (Monatsschr. f. bürg. Reichsrecht Heft 1 S. 11), welchem Schulze-Görlitz in seinem Kom. S. 4 folgt, und Schneider Einl. S. V geben eine theils positive, theils negative Begriffsbestimmung, indem die beiden ersteren, mit der oben im Texte vorgetragenen Fassung im wesentlichen übereinstimmend, von der „Thätigkeit der Organe der Staatsgewalt" sprechen, „welche sich auf die Gestaltung privatrechtlicher Verhältnisse bezieht, soweit diese Thätigkeit nicht unter die Angelegenheiten der streitigen Gerichtsbarkeit fällt," während Schneider „diejenigen Angelegenheiten des bürgerlichen Rechtes, bei welchen zur Erreichung irgend eines rechtlichen Erfolgs die Mitwirkung eines staatlichen Organes einzutreten hat, und welche nicht nach den Vorschriften der Reichsprozeßgesetze unter die Angelegenheiten der streitigen Gerichtsbarkeit fallen", hier im Auge hat. Rein positiv drücken sich aus: W. H. Puchta über die Grenzen des Richteramts (1819) S. 20, wonach willkürliche Gerichtsbarkeit die richterliche Thätigkeit ist, „welche bezweckt, den neu zu begründenden Rechten eine dem rechtlichen Interesse beider Theile angemessene Form zu geben," ferner Oesterley in seinen Versuchen aus dem Gebiete der sog. freiw. Gerichtsbarkeit (1830) S. 43, welcher unter F.G. die Mitwirkung des Staats (Richters) bei Begründung, Veränderung, Entwickelung der Privatrechtsverhältnisse versteht, Wach im Handb. des Deutschen Civilprozeßrechts Bd. I S. 53, worin F.G. „als Thätigkeit der Staatsgewalt zwecks Gestaltung," streitige G. „als Thätigkeit der Staatsgewalt zwecks Aufrechterhaltung der konkreten Privatrechtsordnung" bezeichnet sind, sowie Weißler im Komm. z. G.F.G. S. 4, welcher in der F.G. die Thätigkeit öffentlicher

Angelegenheiten der freiw. Ger. gehören diejenigen Gegenstände, welche durch das G.F.G. sowie durch andere gegenwärtige oder zukünftige Reichsgesetze bezw. Landesgesetze diesem Gebiete zugewiesen sind oder künftig noch werden.[3]) Das durch Art. 129 in seinen allgemeinen Bestimmungen auch für das Landesrecht als anwendbar erklärte G.F.G erstreckt sich nicht auf die Darlegung der Voraussetzungen, unter welchen im einzelnen Falle die staatlichen Organe zur Thätigkeit berufen sind, sondern enthält nur die Vorschriften darüber, welche Behörden und in welcher Weise dieselben ihre Mitwirkung zu leisten haben.[4])

2. Insoweit die den Gerichten übertragenen Angelegenheiten der freiwilligen Gerichtsbarkeit reichsgesetzlich, insbesondere durch das G.F.G. vom 17. Mai 1898[5]),

---

Organe zwecks Klarstellung privater Rechtsverhältnisse erblickt. Die Oesterley'sche Begriffsbestimmung ist offenbar im wesentlichen bei den neueren Schriftstellern noch fortwirkend so insbesondere bei Wach, dessen Grundgedanken von Schultze-Görlitz S. 5 und Dorner in dessen Kommentar S. 3 als zutreffend erklärt werden. Die Auffassung von Weißler führt denselben dazu, die Vormundschaftsangelegenheiten, welche in der Hauptsache Sachen der Verwaltung seien, von den Gegenständen der freiw. Gerichtsbarkeit begrifflich auszuscheiden. Daß die allgemein übliche und auch gesetzliche Bezeichnung „freiw. Gerichtsbarkeit" eine nicht ganz entsprechende ist, soll hier nur angedeutet werden. Näheres hierüber in den Komm. zum G.F.G.

3) Hinsichtlich der in dieser Beziehung gegenwärtig maßgebenden Reichsges. vgl. unten Fußnote 5. Den Gesetzen ist es bei Einreihung einer Sache unter die Angelegenheiten der f. G. nicht immer maßgebend, ob dieselbe außerhalb eines streitigen Rechtsverhältnisses gelegen ist. Denn Gegenstände, welche ihrer rechtlichen Beschaffenheit nach an und für sich als streitige zu erachten wären, sind nach dem BGB. als solche der freiw. Gerichtsbarkeit behandelt z. B. diejenigen, in welchen die Einwilligung eines Ehegatten, der Eltern oder des Vormundes durch das Gericht ersetzt wird (§§ 1358, 1379, 1402, 1447, 1451, 1308, 113 Abs. 3, 1304, 1337). Auf der anderen Seite könnten die in der Civ.Pr.Ordn. befindlichen Bestimmungen über das Aufgebotsverfahren und das Verfahren in Entmündigungssachen §§ 946 ff., 645 ff. ihrem Wesen nach jenen der freiw. Ger. beigezählt werden.

4) Diese materiellen Voraussetzungen sind im BGB. und in anderen Reichs- oder Landesgesetzen enthalten.

5) Außer dem G.F.G. sind hier noch zu erwähnen:

a) Das BGB. §§ 29, 73, 86, 132 Abs. 2, 176, 1141 Abs. 2, 1192, 1200, 2260 ff. (nicht jedoch die Fälle der §§ 1052, 1054, 2128, welche nach § 255 Abs. 2 Civ.-Pr.O. zur streitigen Gerichtsbarkeit gehören),

b) das Handelsges.B. und zwar — abgesehen von den im 7. Abschn. § 125 ff. des G.F.G. behandelten Sachen — nach §§ 194 Abs. 1, 196 Abs. 1, 259 H.G.B.,

c) das Ges. betr. das Urheberrecht an Mustern und Modellen v. 11. Januar 1876 § 9,

d) das Ges. betr. die Gesellschaften mit beschränkter Haftung §§ 74 und 66 Abs. 2, 3,

e) das Ges. betr. die Erwerbs und Wirthschaftsgenossenschaften vom 1. Mai 1889 (in der Fass. der Bekanntm. vom 20. Mai 1898) §§ 10, 12,

f) das Börsengesetz vom 22. Juni 1896 § 54,

g) das Gesetz betr. die privatrechtlichen Verhältnisse der Binnenschiffahrt v. 15. Juni 1895 (in der Fass. der Bekanntm. v. 20. Mai 1898) § 120,

h) das Ges. betr. das Flaggenrecht der Kauffahrteischiffe v. 22. Juni 1899 § 4.

Die Grundbuchordnung ist an und für sich hier nicht mit hervorzuheben, da nach § 1 derselben die Grundbücher von den Grundbuchämtern geführt werden. Für

geregelt sind, erscheint die Anwendbarkeit der Landesgesetze für sie ausgeschlossen; insoweit dies nicht der Fall ist, sind hiefür die Landesgesetze maßgebend, welchen nach § 200 des G.F.G. es auch anheimgegeben ist, zur Ergänzung und Ausführung des letzteren Ges. Vorschriften mit Einschluß der erforderlichen Uebergangsbestimmungen auch dann zu erlassen, wenn das bezeichnete Gesetz Vorbehalte für die Landesgesetzgebung nicht enthält.

In das Gebiet der Landesgesetzgebung fallen sonach insbesondere:

a) Die gerichtlichen Geschäfte in Angelegenheiten der freiwilligen Gerichtsbarkeit über Mitglieder des Königlichen Hauses (vgl. oben S. 9, d und e);
b) die Verrichtungen der Fideikommißgerichte (Beil. VII zur Verfass.Urk., V.O. v. 3. März 1857);
c) die in standesherrlichen Vormundschaftssachen den Gerichten zugewiesene Thätigkeit (IV. Verfass.Beil. § 10 Abs. 1);
d) die den Gerichten nach dem Ges. v. 22. Februar 1855 über die landwirthschaftlichen Erbgüter zukommenden Obliegenheiten;
e) die denselben durch das Ges. v. 21. April 1884 die Landeskultur-Rentenanstalt betr. übertragenen Verrichtungen;
f) die denselben durch das Ges. v. 29. Mai 1886 die Flurbereinigung betr. zugewiesenen Geschäfte;
g) die Feststellung der Unschädlichkeit gewisser Aenderungen des Gegenstandes von Hypotheken und anderen Rechten (Ges. v. 15. Juni 1898 das Unschädlichkeitszeugniß betr.);
h) die amtliche Ermittelung des Werthes von Grundstücken (Art. 87 Ausf.Ges.);
i) die Feststellung des Datums einer Privaturkunde (Art. 33 Ausf.Ges. zur Civ.-Pr.O. und Konk.O);[6])
k) die Rechtshilfe in Angelegenheiten, welche vor außerdeutschen Behörden anhängig sind z. B. die Vernehmung von Zeugen sowie die Eidesabnahme in ausländischen Nachlaßsachen;
l) einzelne den Notaren übertragenen Verrichtungen z. B. die Ausstellung von Lebenszeugnissen, die Beglaubigung von Abschriften (Art. 1, 33 des Not.Ges.).

Außerdem sind nach den Landesgesetzen noch andere Sachen der freiwilligen Gerichtsbarkeit zu beurtheilen, so die auf Rechtsverhältnisse, für welche nach den Uebergangsvorschriften des Einf.Ges. zum BGB. das Landesrecht noch weiter in Kraft bleibt, sich beziehenden Angelegenheiten z. B. das Hypothekenwesen, die Anlegung des Grundbuchs, die Verrichtungen des Registergerichts bei den registrirten Gesellschaften nach dem Ges. v. 29. April 1869 die Erwerbs- und Wirthschaftsgesellschaften betr. (Art. 189, 186, 165 Einf.Ges.)[7]).

---

die Verrichtungen des Grundbuchamts sind die Gerichte nicht reichsgesetzlich, wohl aber in Bayern landesgesetzlich (nach Art. 1 des Ausf.Ges. zur Grundb.O. u. s. w.) für zuständig erklärt. Dagegen gehören Beschwerden in Grundbuchsachen, welche durch §§ 72 und 79 der Grundb.O. den Gerichten zugewiesen werden, allerdings zu den reichsgesetzlich den Gerichten übertragenen Angelegenheiten der freiw. Gerichtsbarkeit.

6) Vgl. hiezu auch die Art. 129 und 172 des Ges. über das Gebührenwesen (Ges. und V.O.Bl. 1899 S. 904).

7) Das Hinterlegungswesen ist in Bayern nicht unter die Gegenstände der freiwilligen

3. Für die durch Reichsgesetz den Gerichten übertragenen Sachen der freiwilligen Gerichtsbarkeit gelten nach § 1 des G.F.G., soweit nicht ein Anderes bestimmt ist,[8]) die allgemeinen Vorschriften des bezeichneten Gesetzes d. i. die §§ 2 bis 34. Für die durch Landesrecht den Gerichten zugewiesenen Angelegenheiten würden diese Paragraphen an und für sich nicht Platz greifen; zur Vermeidung einer zu Verwirrungen leicht Anlaß gebenden Verschiedenheit setzte jedoch Art. 129 fest, daß die Vorschriften der §§ 2 bis 27, 29 bis 34 und des § 199 Abs. 1 des G.F.G., und zwar ebenfalls insoweit nicht ein Anderes vorgeschrieben ist, auch für diejenigen Angelegenheiten der freiwilligen Gerichtsbarkeit anzuwenden sind, für welche die landesgesetzlichen Bestimmungen maßgebend erscheinen.

4. Die nachstehend bezeichneten in Art. 129 als anwendbar erklärten einzelnen Bestimmungen des G.F.G., welche in Folge dessen die Eigenschaft von landesgesetzlichen Vorschriften erhalten, geben Anlaß zu folgenden Bemerkungen:

a) § 2. Nach demselben haben sich die Gerichte Rechtshilfe zu leisten und finden die §§ 158 bis 169 Ger.Verf.Ges. Anwendung;

b) § 3. Derselbe betrifft die durch den Wohnsitz bestimmte örtliche Zuständigkeit der Gerichte für Deutsche, welche das Recht der Exterritorialität genießen, sowie für die im Auslande angestellten Beamten des Reichs oder eines Bundesstaats;

c) § 4. Diesem zufolge gebührt unter mehreren zuständigen (d. h. örtlich zuständigen) Gerichten demjenigen der Vorzug, welches zuerst in der Sache thätig geworden ist. (Grundsatz der Prävention.) Die Zuständigkeit anderer an sich gleichfalls örtlich zuständiger Gerichte ist damit von selbst ausgeschlossen;

d) § 5. Besteht Streit oder Ungewißheit darüber, welches von mehreren Gerichten örtlich zuständig ist, so wird das zuständige Gericht durch das gemeinschaftliche obere Gericht[9]) bestimmt. Bei rechtlicher oder thatsächlicher Verhinderung des

---

Gerichtsbarkeit zu rechnen, sondern eine Angelegenheit der Justizverwaltung. Vgl. Hinterlegungsordnung vom 18. Dez. 1899 § 10 (Just.Min.Bl. 1899 S. 1057).

8) „Soweit nicht ein Anderes bestimmt ist" hat in § 1 G.F.G. die Bedeutung, daß die von den allgemeinen Vorschriften des 1. Abschnitts des G.F.G. abweichenden reichsgesetzlichen Bestimmungen bestehen bleiben und daß für die den Gerichten durch die Landesgesetze übertragenen Angelegenheiten jene allg. Vorschriften nicht Anwendung finden. Abweichende reichsgesetzliche Vorschriften finden sich sowohl im G.F.G. selbst, als auch in anderen Gesetzen. Wie Schultze-Görlitz S. 8 und theilweise auch Dorner S. 8 in ihren Kommentaren mit Recht bemerken, stehen die §§ 51 bis 53, 56 Abs. 2, 67 Abs. 1, 2 und 70 mit § 16, die §§ 68, 76, 84, 122, 132, 157 und 164 mit § 19, die §§ 55 und 67 Abs. 3 mit § 18, die §§ 57, 58, 59 mit § 20, ferner § 96 mit § 23 und § 143 mit § 28 G.F.G. nicht im Einklange. Verschiedenheiten gegenüber jenen allg. Vorschr. des G.F.G. zeigt ferner das BGB. in den §§ 60, 73, welche eingetragene Vereine betreffen und wodurch gegen die daselbst erwähnten amtsgerichtlichen Beschlüsse die sofortige Beschwerde eingeräumt ist, in den §§ 1673, 1690, 1826, 1827, 1836, 1847, 1996, 2200 und 2216, welche die Anhörung der Betheiligten oder die Vernehmung von Auskunftspersonen anordnen, in §§ 2353 ff. bezüglich des Verfahrens bei Ertheilung eines Erbscheins, endlich § 9 Handelsges.B. und § 121 des Binnenschiff.Ges. (im Vergleiche zu § 34 G.F.G.).

9) Dieses ist für Amtsgerichte, welche zum Bezirke des nämlichen Landgerichts gehören, das letztere, für Amtsgerichte, welche verschiedenen Landgerichten, aber dem gleichen Oberlandesgerichte zugetheilt sind, das Oberlandesgericht, für Amtsgerichte, welche

zuständigen Gerichts im einzelnen Falle[10]) erfolgt die Bestimmung durch das demselben im Instanzenzuge vorgeordnete (d. h. das zunächst höhere) Gericht. Eine Anfechtung der vom höheren Gerichte erlassenen Entscheidung findet nicht statt. Gerichtliche Handlungen sind nach § 7 nicht schon deshalb unwirksam, weil sie von einem örtlich unzuständigen Gerichte vorgenommen wurden;

e) § 6 behandelt und zwar theilweise nach dem Vorbilde von § 41 Civ.Pr.O. die Fälle, in welchen ein Richter kraft Gesetzes von der Ausübung des Richteramts ausgeschlossen ist.[11]) Die Ablehnung eines Richters wegen Befangenheit ist unstatthaft; jedoch kann ein Richter wegen letzterer sich der Amtsausübung enthalten. Die von einem kraft Gesetzes ausgeschlossenen Richter vorgenommenen Amtshandlungen sind nach § 7 nicht schon deshalb unwirksam;

f) § 7. Dessen Inhalt ist schon bei d und e erwähnt worden;

g) § 8, wonach auf das gerichtliche Verfahren die Vorschriften des Ger.Verf.Ges. über die Gerichtssprache (§§ 186 bis 193; Ausnahme jedoch § 9 G.F.G.), über die Sitzungspolizei (§§ 177 bis 185) und über die Berathung und Abstimmung (§§ 194 bis 200) entsprechende Anwendung zu finden haben;

h) § 9, welcher sich auf Dollmetscher bezieht;

i) § 10, in Gemäßheit dessen die Gerichtsferien auf das gerichtliche Verfahren zwar ohne Einfluß sind, jedoch die Bearbeitung von Vormundschafts- und Nachlaßsachen während der Ferien insoweit unterbleiben kann, als das Bedürfniß einer Beschleunigung nicht vorhanden ist;

k) § 11, nach welchen Anträge und Erklärungen zum Protokolle[12]) des Gerichtsschreibers des zuständigen Gerichts oder desjenigen eines Amtsgerichts erfolgen können. Der Gerichtsschreiber eines Landgerichts kann Anträge und Erklärungen auch aufnehmen; derjenige des an sich nicht zuständigen Amtsgerichts muß dieselben aber aufnehmen und an das zuständige Gericht abgeben; eine in Be-

---

verschiedenen bayer. Oberlandesgerichten zugehören, das Oberste Landesgericht (§ 199 Abs. 2 G.F.G.).

10) Eine Verhinderung, welche die gesammte amtliche Thätigkeit eines Gerichts betrifft z. B. eine Hemmung in Folge von Krieg oder Naturereignissen, ferner wegen Todes oder Erkrankung des Einzelnen ist keine solche im einzelnen Falle und nicht unter § 5 zu rechnen. Ebenso auch Dorner S. 39 und Schultze-Görlitz S. 20.

11) § 6 sagt in Ziff. 3 „oder im zweiten Grade der Seitenlinie verwandt oder verschwägert" und geht hiebei von der Absicht aus, die Fälle des Ausschlusses thunlichst einzuschränken. In § 41 Ziff. 3 Civ.Pr.O. heißt es dagegen: „. . . in der Seitenlinie bis zum dritten Grade verwandt oder bis zum zweiten Grade verschwägert".

12) Anträge und Erklärungen können selbstverständlich auch schriftlich angebracht werden. Das Protokoll des Gerichtsschreibers ist dann nicht ausreichend:

a) wenn es sich um eine Erklärung handelt, für welche eine bestimmte Form vorgeschrieben ist, z. B. diejenige der öffentlichen Beglaubigung (§§ 129, 1945, 1342, 1491, 1492 u. s. w. BGB.), da die Bewirkung dieser nach Art. 1 Not.Ges. nicht in den Geschäftskreis der Gerichtsschreiber, sondern der Notare fällt,

b) wenn eine Erklärung nach gesetzlicher Vorschrift vor dem Gerichte d. h. dem Richter abgegeben werden muß (nicht bloß dem Gerichte gegenüber, wie nach §§ 1945, 2081, 2202, 2226 und 2281 BGB.),

c) soweit nicht ein anderes bestimmt ist (vgl. § 1 G.F.G.) wie in § 21 bezügl. Einlegung der Beschwerde und in §§ 128 147, 159 und 161 hinsichtlich einiger Register.

tracht kommende Frist ist nur dann gewahrt, wenn die Erklärung bei dem zuständigen Gerichte rechtzeitig eintrifft;

l) § 12. Hienach hat das Gericht von Amtswegen die zur Feststellung der Thatsachen erforderlichen Ermittelungen zu veranstalten und die geeignet erscheinenden Beweise aufzunehmen (Offizialbetrieb). Dies gilt sowohl, wenn das Verfahren von Amtswegen, als auch dann, wenn es gesetzlicher Vorschrift entsprechend auf Antrag eingeleitet ist, und für die Beschwerdeinstanz ohne Rücksicht auf die Parteianträge;

m) § 13, welcher bestimmt, daß die Betheiligten mit Beiständen erscheinen und daß sie sich, insoweit nicht das Gericht das persönliche Erscheinen anordnet, durch Bevollmächtigte vertreten lassen können, welche entweder auf gerichtliche Anordnung oder auf Verlangen eines Betheiligten die Bevollmächtigung durch eine öffentlich beglaubigte Vollmacht nachzuweisen haben;

n) § 14. Hienach finden die Vorschriften der Civ.Pr.O. über das Armenrecht (§ 114 ff.) und diejenigen der §§ 34 bis 36 der Rechtsanw.O. entsprechende Anwendung;

o) § 15, welcher die Vorschriften der Civ.Pr.O. über den Beweis durch Zeugen und Sachverständige sowie über das Verfahren bei der Abnahme von Eiden [13]) als entsprechend anwendbar erklärt und bestimmt, daß über die Beeidigung eines Zeugen oder Sachverständigen — unbeschadet der §§ 393, 402 Civ.Pr.O. (welche die unbeeidigte Vernehmung anordnen) — das Ermessen des Gerichts entscheidet. Ferner ist in § 15 vorgeschrieben, daß behufs der Glaubhaftmachung einer thatsächlichen Behauptung ein Betheiligter zur Versicherung an Eidesstatt zugelassen werden kann;

p) § 16. Diesem zufolge werden gerichtliche Verfügungen mit der Bekanntmachung an denjenigen wirksam, für welchen sie ihrem Inhalte nach bestimmt sind. Beginnt mit der Bekanntmachung der Lauf einer Frist, so erfolgt sie, insoferne sie nicht zu Protokoll geschieht, durch Zustellung von Amtswegen nach Maßgabe der §§ 4 bis 41 der Just.Min.Bekanntm. vom 16. Dez. 1899 (J.M.Bl. 1899 S. 475 ff.), wie § 46 derselben anordnet. Ist ein solcher Fristbeginn nicht in Frage, so erfolgt die Bekanntmachung, sofern sie nicht zu Protokoll bethätigt wird, in der Regel durch Uebersendung mittels einfachen Briefes oder durch Behändigung ohne Beurkundung. Näheres hierüber §§ 49, 50, der Min.Bek. Ueber den nothwendigen Vermerk zu den Akten § 51 a. a. O. Vgl. auch die Min.Bek. v. 26. Dez. 1899 die Niederlegung von Schriftstücken im Zustellungsverfahren betr. (Just.Min.Bl. 1900 S. 110);

q) § 17, wonach für die Berechnung der Fristen die Vorschriften des BGB. (d. h. der §§ 186 bis 193) gelten und die Frist, wenn deren Ende auf einen Sonntag oder allgemeinen Feiertag fällt, mit dem Ablaufe des nächstfolgenden Werktags endigt;

---

13) Nur die Vorschriften über das Verfahren bei der Eidesabnahme (§§ 478 ff.), nicht auch jene über den Beweis durch Eid (§§ 445 ff.). Die Bestimmungen der Civ.Pr.O. kommen überhaupt für die freiw. Gerichtsbarkeit nur soweit in Betracht, als das G.F.G. sie für anwendbar erklärt. Bei denjenigen über mündliche Verhandlung und über Protokollirung (§§ 128 ff., 159 ff.) trifft dies z. B. nicht zu. Dagegen sind die Vorschriften über den Offenbarungseid in den allerdings in Art. 129 Ausf.Ges. nicht erwähnten Fällen der §§ 79, 83 Abs. 2 und 163 G.F.G. in Anwendung zu bringen.

r) § 18, welcher das Gericht berechtigt (aber nicht verpflichtet), eine von ihm erlassene, der sofortigen Beschwerde nicht unterliegende Verfügung nachträglich zu ändern (auch wenn eine Beschwerde nicht vorliegt). Konnte die Verfügung nur auf Antrag erlassen werden und ist dieser zurückgewiesen worden, so bedarf es zur Aenderung gleichfalls eines Antrags;

s) §§ 19 bis 27, welche die Beschwerde betreffen. Ueber dieses gegen die Verfügungen des Gerichts erster Instanz[14]) (nicht gegen Verrichtungen, welche keine Verfügungen sind) Jedem, dessen Rechte hiedurch beeinträchtigt sind, — insoweit eine Verfügung nur auf Antrag erlassen werden kann und dieser zurückgewiesen worden ist, nur dem Antragsteller — zustehende Rechtsmittel entscheidet das Landgericht (§§ 19, 20). Dasselbe kann auf neue Thatsachen und Beweise gestützt (§ 23) und bei dem Gerichte, dessen Verfügung angefochten wird, oder dem Beschwerdegerichte durch Einreichung einer Beschwerdeschrift oder durch Erklärung zum Protokolle des dem Gerichte der angefochtenen Verfügung oder dem Beschwerdegerichte angehörenden Gerichtsschreibers eingelegt werden (§ 21) und hat nur dann aufschiebende Wirkung, wenn sie gegen eine Verfügung, durch die eine Strafe festgesetzt wird, gerichtet ist. (§ 24 Abs. 1.) Ueber Aussetzung der Vollziehung § 24 Abs. 2, 3. Die sofortige Beschwerde[15]) ist binnen einer Frist von 2 Wochen (einer Nothfrist, wenngleich

---

14) a) Dies ist das Amtsgericht. Ausnahmsweise kann das Landgericht Gericht erster Instanz sein, nämlich in den Fällen der §§ 64, 143, Abs. 2 G.F.G., § 1878 Abs. 2 BGB. Dorner rechnet S. 133 hiezu noch die Fälle des § 14 G.F.G. im Zusammenhalte mit § 127 Civ.Pr.O., wenn das Gesuch um Bewilligung des Armenrechts bei dem Landgerichte in der Beschwerdeinstanz gestellt ist, und des § 15 G.F.G. in Verbindung mit §§ 380 Abs. 3, 390 Abs. 3, 409 Abs. 2 Civ.Pr.O., insoferne vor dem Landgerichte in der Beschwerdeinstanz die Vernehmung von Zeugen oder Sachverständigen erfolgt. Schulze-Görlitz S. 57 pflichtet Dorner bei. Allein mit Recht nehmen Schneider S. 24 und Weißler S. 43 an, daß das Landgericht in diesen Fällen, weil als Beschwerdegericht handelnd, nicht erste, sondern zweite Instanz ist. Mit Rücksicht darauf, daß in § 19 das Landgericht als Beschwerdegericht bezeichnet ist, findet gegen die im ersten Rechtszuge erlassenen landgerichtlichen Verfügungen eine Beschwerde an das Oberlandesgericht (in Bayern an das Oberste Landesgericht) nur in den vom Gesetze ausdrücklich angegebenen Fällen (§§ 64, 143 Abs. 2 mit 199 Abs. 2 G.F.G.) statt. Ebenso Schneider S. 24 und Weißler S. 43, 59; dagegen allerdings Dorner S. 133, Schultze-Görlitz S. 57 und auch Keidel, insoferne derselbe in jenen oben erwähnten Fällen S. 23 eine Beschwerde nach Maßgabe der Civ.Pr.O. hier einräumt. Der Ansicht von Schultze-Görlitz, daß die Vorschriften der Civ.-Pr.O. und des Ger.Verf.Ges. analog anzuwenden seien, steht die in der Fußnote 13 niedergelegte Erwägung entgegen. Ist nach §§ 1858, 1859 BGB. ein Familienrath bestellt, so hat dieser nach § 1872 BGB. die Rechte und Pflichten des Vormundschaftsgerichts, weshalb auch seine Verfügungen als diejenigen des Gerichts erster Instanz anzusehen sind.

b) Ausgeschlossen ist die Beschwerde nach §§ 5 Abs. 2, 46, 47, 68 Abs. 1, 76 Abs. 1, 84, 122, 132 Abs. 2, 146 Abs. 3, 164 Abs. 2 und 14 G.F.G. in Verbindung mit § 127 Civ.Pr.O., beschränkt hinsichtlich des Beschwerdegrundes in §§ 96 und 139 Abs. 2 G.F.G.

15) Die sofortige Beschwerde bildet eine Unterart der Beschwerde, welche außer ihr noch die einfache Beschwerde, die weitere Beschwerde und die sofortige weitere Beschwerde

sie im Gesetze nicht als solche bezeichnet ist) einzulegen und beginnt mit dem Zeitpunkte, in welchem die Verfügung dem Beschwerdeführer bekannt gemacht wurde (§ 22 Abs. 1); über Wiedereinsetzung in den vorigen Stand gegen die Versäumung dieser Frist § 22 Abs. 2. Die mit Gründen zu versehende (§ 25) Entscheidung des Beschwerdegerichts wird in denjenigen Fällen, in welchen die sofortige weitere Beschwerde stattfindet (s. § 29 Abs. 2), erst mit der Rechtskraft wirksam; das Beschwerdegericht kann jedoch die sofortige Wirksamkeit seiner Entscheidungen anordnen (§ 26). Gegen Entscheidungen des Beschwerdegerichts, welche auf einer Verletzung des Gesetzes beruhen, ist das Rechtsmittel der weiteren Beschwerde zulässig, wobei die §§ 550, 551, 561, 563 Civ.Pr.O. entsprechende Anwendung finden (§ 27). Wegen der am 1. Jan. 1900 anhängig gewesenen Beschwerden vgl. Art. 34 Ges.Uebergangsvorschr. betr.;

t) § 29 und § 30 beziehen sich gleichfalls auf die Beschwerde. Die weitere Beschwerde, bezüglich deren im Uebrigen die Vorschriften über die Beschwerde zur entsprechenden Anwendung kommen, kann bei dem Gerichte erster Instanz, bei dem Landgerichte oder dem Obersten Landesgerichte (formlos) eingelegt werden. Erfolgt deren Erhebung jedoch durch Einreichung einer Beschwerdeschrift, so muß diese durch einen Rechtsanwalt unterzeichnet sein, falls nicht die Beschwerde von einer Behörde oder von einem Notare, welcher in der Sache für den Beschwerdeführer bei dem Gerichte erster Instanz für den Beschwerdeführer einen Antrag gestellt hat, eingelegt wird. Das Gericht 1. Instanz sowie das Landgericht dürfen der weiteren Beschwerde nicht abhelfen und gegen die Entscheidungen des Beschw.-Gerichts findet die sofortige weitere Beschwerde statt, insoweit eine Verfügung der sofortigen Beschwerde unterliegt (§ 29 mit 199). Die Entscheidungen über Beschwerden geschehen bei den Landgerichten durch eine Civilkammer, an deren Stelle für Handelssachen eine bei dem Landgerichte bestehende Kammer für Handelssachen tritt, bei dem Obersten Landesgerichte, für welches auch § 137 Ger.Verf.Ges. Platz greift, durch einen Civilsenat (§ 30 mit § 199). In Angelegenheiten, für welche die Landesgesetze maßgebend sind, ist das Reichsgericht nicht zuständig. Wegen der am 1. Jan. 1900 anhängig gewesenen Beschwerden vgl. Art. 34 Ges.Uebergangsvorschriften betr.;

u) § 31, welcher anordnet, daß Zeugnisse über die Rechtskraft einer Verfügung[16]) von dem Gerichtsschreiber der 1. Instanz zu ertheilen sind (auch dann, wenn Beschwerde eingelegt ist);

v) § 32, wonach (im Interesse der Verkehrssicherheit ähnlich wie nach § 115 BGB.) die Aufhebung einer vom sachlich zuständigen Gerichte erlassenen, jedoch ungerechtfertigten Verfügung, durch welche Jemand die Fähigkeit oder die Befugniß zur Vornahme von Rechtsgeschäften oder zur Entgegennahme einer Willenserklärung erlangt, auf die Wirksamkeit der inzwischen vorgenommenen Rechtsgeschäfte keinen Einfluß äußert;

w) § 33, welcher bestimmt, daß eine Androhung der Festsetzung einer Ordnungs-

---

in sich begreift. Fälle der sofortigen Beschwerde vgl. §§ 53 Abs. 1, 56 Abs. 2, 60, 68 Abs. 2, 70, 76 Abs. 2, 77, 80, 81, 82 Abs. 2, 96, 139 Abs. 1, 140, 143 Abs. 2, 144, 146, Abs. 2, 147, 148, 150, 157 Abs. 1, 159 bis 161 G.F.G., 60 Abs. 2 und 73 Abs. 1 BGB.

16) Eine Verweigerung des Zeugnisses ist nicht statthaft, selbst wenn dasselbe für den Betheiligten entbehrlich erscheint. (Entsch. des Reichsg. 30 S. 336.)

strafe vorauszugehen hat, wenn Jemand durch eine solche in den gesetzlich zugelassenen Fällen zur Befolgung einer gerichtlichen Anordnung angehalten werden soll,[17]) sowie daß die einzelne Strafe den Betrag von 300 Mark nicht übersteigen darf;

x) § 34, zufolge dessen die Einsicht der Gerichtsakten Jedem insoweit gestattet werden kann, als er ein berechtigtes Interesse glaubhaft macht, und das Gleiche von der Ertheilung einer Abschrift gilt, welche auf Verlangen zu beglaubigen ist;

y) § 199 Abs. 2, wonach das Oberste Landesgericht auch für die Beschwerde gegen eine Verfügung eines Landgerichts gemäß § 64, 143 Abs. 2 zuständig werden kann und im Sinne der §§ 5, 46 als gemeinschaftliches oberes Gericht für alle Gerichte des Bundesstaates gilt.

5. Die in Ziff. 4 aufgeführten einzelnen Bestimmungen der G.F.G. gelten nicht unbedingt, sondern „soweit nicht ein Anderes vorgeschrieben ist." Solche anderweitige landesgesetzliche Vorschrift ist z. B. enthalten im Art. 8 des Ges. v. 15. Juni 1898 das Unschädlichkeitszeugniß betr., welcher die Beschwerde gegen die Feststellung der Unschädlichkeit ausschließt. Außerdem können hier mit Henle und Schneider S. 202 noch hervorgehoben werden die Bestimmungen des § 94 Satz 2, 3 Hypoth.Ges. gegenüber §§ 24, 29 Abs. 2, 4 G.F.G., der §§ 96 ff., 101 ff. Hyp.Ges. im Vergleiche zu §§ 12, 13, 15 G.F.G., der §§ 24, 116 Hyp.Ges. und Art. 13 Subh.O. gegenüber § 34 G.F.G. — Diese besonderen Vorschriften des Hypoth.Ges. sowie diejenigen des Ges. vom 18. Juni 1898, die Vorbereitung der Anlegung des Grundb. in den Landesth. r. d. Rh. betreffend, gelten neben den durch Art. 129 für anwendbar erklärten Bestimmungen des G.F.G.[18])

---

17) Eine allgemeine Vorschrift, wonach Jeder durch Ordnungsstrafen angehalten werden könnte, in Sachen der freiw. Gerichtsbarkeit einer gerichtlichen Ladung Folge zu leisten, besteht nicht und erscheint auch nicht geboten. Insoweit es sich um Zeugen oder Sachverständige handelt, stehen dem Gerichte nach § 15 G.F.G. die in der Civ.-Pr.O. zugelassenen Zwangsmittel zu Gebote. Außerdem sind sowohl in anderen Reichsgesetzen als auch in Landesgesetzen diesbezügliche einzelne Vorschriften enthalten. In ersterer Beziehung seien erwähnt die §§ 78, 1788, 1837, 1875 BGB., §§ 14, 37, 319, 325 Hand.G.B., § 160 Abs. 1 Genossensch.Ges., § 77 Ges. betr. die Gesellsch. mit beschr. Haftung (abgesehen von §§ 83, 132, 133, 140, 151 G.F.G.), in letzterer Hinsicht Art. 20 des Ausf.Ges. zur Grundb.Ordn. mit V.O. vom 23. Juli 1898 § 9 die Anlegung des Grundb. in den Landesth. r. d. Rh. betr. und V.O. vom 28. Juli 1898 § 10 die Anlegung des Grundb. in der Pfalz betr. (Just.M.Bl. S. 256, 305). Eine Umwandlung der als Ordnungsstrafe erkannten Geldstrafe in Freiheitsstrafe findet nur dann statt, wenn das Gesetz, was bei jenen Beispielen nicht der Fall ist, dies im einzelnen Falle vorschreibt. Für die Vollstreckung der betreffenden Geldstrafen vgl. das Gesetz über das Gebührenwesen Art. 285, 287 mit den hiezu gehörigen Vollzugsvorschriften.

Bezüglich der Zulässigkeit der Anordnung eines unmittelbaren Zwanges zum Vollzuge von gerichtlichen Verfügungen in bestimmten Fällen s. nachfolgenden Art. 130.

18) Hieraus ergibt sich, wie Henle und Scheider S. 202 mit Recht hervorheben, die Besonderheit, daß in Hypoth.Sachen die Beschwerde die an keine Frist gebundene einfache Beschwerde, während die weitere Beschwerde eine sofortige, also innerhalb einer zweiwöchigen Frist einzulegende ist. Letzteres folgt aus der Bestimmung des § 94 H.G., daß die Entscheidung des Beschwerdegerichts erst rechtswirksam wird,

Artikel 130.

In den Angelegenheiten der freiwilligen Gerichtsbarkeit ist, soweit nicht ein Anderes vorgeschrieben ist, die Anwendung unmittelbaren Zwanges zum Vollzug einer Verfügung zuläßig, durch welche die Herausgabe einer Sache oder der Person eines Kindes, Mündels oder Pflegebefohlenen oder eine Maßregel angeordnet wird, deren Ausführung die Anwendung unmittelbaren Zwanges erfordert.

Die Zwangsmaßregeln werden von dem Gericht erster Instanz angeordnet.

Wird die herauszugebende Person oder Sache nicht vorgefunden, so kann der zur Herausgabe Verpflichtete zur Leistung des Offenbarungseids angehalten werden. Die Vorschriften des § 883 Abs. 2, 3, des § 900 Abs. 1 und der §§ 901, 902, 904 bis 910, 912, 913 der Civilprozeßordnung finden entsprechende Anwendung.

1. Auf dem Gebiete der freiwilligen Gerichtsbarkeit ist das Verfahren bezüglich der zwangsweisen Durchführung gerichtlicher Verfügungen durch die Reichsgesetzgebung nicht geregelt.[1]) Es bleibt dem Landesrechte überlassen, auf Grund des § 200 G.F.G. hier einzugreifen. Dieser § bildet auch die Grundlage für Art. 130, welcher im Unterschiede zu denjenigen Fällen, in denen die Befolgung gerichtlicher Anordnungen auf mittelbarem Wege durch Ordnungsstrafen erzwungen werden kann (vgl. hierüber Fußnote 17 zu Art. 129), die Anwendung eines unmittelbaren Zwanges gestattet.

2. a) Die wichtigsten Fälle, in welchen Art. 130 Platz greifen kann, sind diejenigen, bei denen zum Vollzuge einer die Sorge für die Person eines Kindes, Mündels oder Pflegebefohlenen betreffenden Verfügung die Herausgabe eines

---

wenn sie mit der weiteren Beschwerde nicht mehr anfechtbar ist; denn § 94 setzt hier voraus, daß die weitere Beschwerde an eine Frist gebunden d. h. eine sofortige ist. Anstatt der einmonatigen Frist des durch Art. 166 Ziff. XVI Ausf.Ges. aufgehobenen Art. 64 Ausf.Ges. ä. F. zur Civ.Pr.O. und Konk.O. gilt für die sofortige weitere Beschwerde in Hypoth.Sachen die zweiwöchige Frist des in Art. 129 für anwendbar erklärten § 22 G.F.G. In diesem Sinne wurde auch entschieden durch Beschluß des Obersten Landesgerichts vom 8. März 1900 (Bl. f. R.A. 65. Bd. S. 148).

1) Man kann dies als einen Mangel des Gesetzes ansehen und es wurde sich auch in demselben Sinne bei den Kommissionsberathungen des G.F.G. bereits geäußert (Komm.-Bericht S. 4). Da die Regelung des Verfahrens der Landgesetzgebung zufällt, so werden Streitfragen darüber entstehen, ob eine Verpflichtung zur Gewährung der Rechtshilfe dann gegeben ist, wenn die Zwangsmaßregel, um deren Vollstreckung ersucht wird, in dem Gebiete des ersuchten Gerichts überhaupt oder in der verlangten Weise nicht zuläßig erscheint. Man wird hiebei mit Dorner S. 22 lit. b davon ausgehen dürfen, daß darüber, ob eine einzelne Vollstreckungshandlung statthaft ist, das Gesetz desjenigen Bundesstaats entscheidet, in dessen Gebiete dieselbe vorgenommen werden soll. Vgl. hiezu auch Schultze-Görlitz S. 13 zu Ziff. 5 b. — Nur vereinzelt enthält das G.F.G. — abgesehen von dessen Bestimmungen über Ordnungsstrafen — in § 54 die Bestimmung einer Zwangsmaßregel (Sicherungshypothek gegen den Vormund, Pfleger oder Beistand); vgl. hiezu noch die §§ 98, 158, welche einige Vollstreckungstitel bezeichnen.

Kindes u. s. w. erwirkt wird.[2]) Auch ist der gegen Kinder und Mündel selbst gerichteten Maßregeln nach §§ 1631 Abs. 2 und 1838 BGB. sowie der gemäß § 1636 BGB. im Falle einer Ehescheidung vom Gerichte zu treffenden Bestimmung behufs Regelung des Verkehrs zwischen dem daselbst in Frage stehenden Elterntheile und dem Kinde hier zu gedenken.

b) Außerdem kann auch die Herausgabe einer Sache durch die auf Grund des Art. 130 getroffene Maßregel angeordnet werden z. B. diejenige eines Erbscheines, welcher vom Nachlaßgerichte im Hinblick auf § 2361 BGB. eingezogen ist. Vgl. hiezu auch § 46 der Nachlaßordnung (Just.Min.Bl. 1900 S. 1 ff.).

3. Die Bestimmung des Abs. 2 schließt nicht aus, daß eine Zwangsmaßregel von dem Beschwerdegerichte angeordnet wird. Indeß möchte es sich empfehlen, daß das letztere von der Ermächtigung des § 575 Civ.Pr.O. Gebrauch mache, dem Gerichte der ersten Instanz die erforderliche Anordnung zu übertragen.

4. Daß der Verfügung der Zwangsmaßregel eine Androhung derselben vorausgehe, ist in Art. 130 nicht wie in dem in Art. 129 Ausf.Ges. für anwendbar erklärten § 33 G.F.G. ausdrücklich vorgeschrieben. Allein wenn der Festsetzung einer Ordnungsstrafe, also der Anwendung mittelbaren Zwangs eine Androhung vorherzugehen hat, so entspricht es nur dem Geiste des Gesetzes, daß dies auch bei der Ausübung unmittelbaren Zwangs der Fall ist. Mit Recht hat daher § 46 der Nachlaßordnung[3]) angenommen, daß der Zwangsmaßregel eine Drohung vorausgehen solle.

5. a) Wenn die herauszugebende Person oder Sache bei dem zur Herausgabe Verpflichteten nicht aufgefunden wird, so kann der letztere im Anschlusse an § 883 Civ.Pr.O. und § 83 Abs. 2 G.F.G. zur Ableistung des Offenbarungseides angehalten werden, für dessen Abnahme die in Abs. 2 des Art. 130 angezogenen § 883 Abs. 2, 3 und § 900 Abs. 1 Civ.Pr.O. entsprechende Anwendung zu finden haben. Die in der letzteren Gesetzesstelle vorgeschriebene Ladung ist durch das Gericht anzuordnen, da ein Gläubiger (welcher nach Maßgabe der Civ.Pr.O. die Ladung zu bethätigen hat) in den Fällen des Art. 130 nicht vorhanden ist. Aus diesem Grunde ist auch in Art. 130 Abs. 3 der § 900 Abs. 2 Civ.Pr.O. nicht mitangeführt, wonach die Anwesenheit des Gläubigers in dem zur Abnahme des Offenbarungseides anberaumten Termine nicht erforderlich erscheint. Daß derjenige, zu dessen Gunsten die Herausgabe verfügt wird, dem Termine anwohne, ist gesetzlich nicht geboten.

b) Die neben §§ 883 und 900 in Art. 130 Abs. 3 in gleicher Weise wie in § 83 Abs. 2 G.F.G. angezogenen §§ 901, 902, 904 bis 910, 912, 913 Civ.Pr.O. beziehen sich darauf, daß das Gericht zur Erzwingung der Eidesleistung antragsgemäß die Haft anzuordnen hat.

---

2) Dies ist der Fall bei § 1635 Abs. 1 BGB. (Sorge für das Kind, wenn die Ehe der Eltern geschieden ist), §§ 1666 Abs. 1, 1838 BGB. (Unterbringung von Kind oder Mündel in einer anderen Familie oder in einer Erziehungs- oder Besserungsanstalt).

3) Dieser § 46 lautet in dem hier einschlägigen Abschnitte: .... „Von der die Einziehung anordnenden Verfügung hat das Nachlaßgericht den im Erbschein als Erben Bezeichneten in Kenntniß zu setzen und ihn aufzufordern, den Erbschein sofort an das Nachlaßgericht herauszugeben. Nach dem Art. 130 Abs. 1 des A.G. zum BGB. ist, wenn der Aufforderung nicht sofort Folge geleistet wird, die Anwendung unmittelbaren Zwanges zulässig" u. s. w.

6. Der Vollstreckungsbeamte ist erforderlichen Falles dazu berechtigt, polizeiliche Hilfe in Anspruch zu nehmen. (Civ.Pr.O. § 758); für Vollstreckung gegen Militärpersonen vgl. § 790 Civ.Pr.O.

7. Auf die für die Zwangsmaßregeln des Art. 130 zu erhebenden Gebühren finden die Vorschriften des Gerichtskostenges. entsprechende Anwendung. (Art. 140 Ges. über das Gebührenwesen.)

Artikel 131.

In den Angelegenheiten der freiwilligen Gerichtsbarkeit, mit Einschluß der Grundbuchsachen, sind die Kosten, soweit nicht besondere Vorschriften bestehen, von demjenigen zu tragen, in dessen Angelegenheit die amtliche Verrichtung stattfindet. Die einem anderen Betheiligten entstandenen Kosten sind diesem zu erstatten, soweit die gemachten Aufwendungen zur entsprechenden Erledigung der Angelegenheit nothwendig waren.

Die durch einen unbegründeten Antrag, eine unbegründete Beschwerde oder durch Verschulden eines Betheiligten verursachten Kosten, mit Einschluß der Aufwendungen eines anderen Betheiligten, soweit diese den Umständen nach nothwendig waren, fallen dem Betheiligten zur Last, der sie verursacht hat. Die Vorschriften des § 91 Abs. 1 Satz 2, des § 100 Abs. 1, 2 und des § 102 der Civilprozeßordnung finden entsprechende Anwendung.

1. Eine allgemeine Vorschrift darüber, wer die Kosten zu tragen hat, ist in dem G.F.G. nicht enthalten; es sind darin in dieser Beziehung nur für einzelne Fälle Anordnungen getroffen worden. (§§ 138, 152.) Auch im BGB. finden sich solche einzelne Bestimmungen z. B. in den §§ 1034, 1035, 1038, 1067, 1372 Abs. 1, 1528 Abs. 2, 1550, 1667, 1672 Abs. 2, 1844 Abs. 3, 2061, 2121 Abs. 2, 2122, 2123 u. 2314 Abs. 2. Der dem bisherigen bayerischen Rechte angehörende, übrigens durch Art. 166 Ziff. XVI des gegenwärtigen Ausf.Ges. aufgehobene Art. 56 Ausf.Ges. zur Civ.Pr.O. und Konk.O., welcher allerdings die allgemeinen Bestimmungen der Civ. Pr.O. auf die Sachen der nichtstreitigen Rechtspflege erstreckte, betraf nur das Beschwerdeverfahren. Es war daher für das Landesrecht immerhin eine zureichende Veranlassung geboten, auf Grund des Art. 200 Abs. 1 G.F.G. den Kostenpunkt in Art. 131 Ausf.Ges. einer Regelung zu unterstellen.

2. Der in § 91 Abs. 1 Satz 1 Civ.Pr.O. ausgesprochene Grundsatz, daß der unterliegende Theil (ohne Rücksicht auf ein besonderes Verschulden) die Kosten zu tragen habe, paßt wohl für den Rechtsstreit, aber — abgesehen von der Abweisung von Anträgen oder Beschwerden — wenigstens der Regel nach nicht für die freiwillige Gerichtsbarkeit, bei welcher ein im entgegengesetzten Interesse Betheiligter gewöhnlich nicht vorhanden ist.[1]) Auch das sogenannte Verschuldungsprinzip eignet sich im All=

1) Ist ein solcher Betheiligter vorhanden, dann fallen die Kosten auch in der freiw. Gerichtsbarkeit dem Unterliegenden zur Last, wie Art. 131 Abs. 2 und insbesondere der darin angezogene § 100 Abs. 1 Civ.Pr.O. entnehmen lassen.

gemeinen nicht zum Maßstabe.[2]) Dem Wesen der freiw. Gerichtsb. entspricht vielmehr am besten die in Art. 131 Abs. 1 getroffene Bestimmung, daß in den hier einschlägigen Angelegenheiten einschließlich der Grundbuchsachen[3]) die Kosten vorbehaltlich besonderer gesetzlicher Anordnungen von Demjenigen zu tragen sind, in dessen Angelegenheit die Verrichtungen stattfinden. Ohne Belang ist es hiebei, ob das Gericht auf Antrag oder von Amtswegen thätig geworden ist. In den den Erben als solchen betreffenden Sachen gehören die jenem zufallenden Kosten zu den Nachlaßverbindlichkeiten (§§ 1967 Abs. 2 BGB., 224 Nr. 4 Konk.O.).

3. Die in Abs. 1 erlassene Anordnung gilt, „soweit nicht besondere Vorschriften bestehen." Solche sind z. B. enthalten in den in Ziffer 1 oben angegebenen Bestimmungen des BGB. und G.F.G., ferner in § 84 des Binnenschiffahrtsges. vom 15. Juni 1895 sowie in Art. 49 ff. des Not.Gesetzes.

4. Die Erstattung von Kosten kommt in Betracht, wenn noch ein Anderer als der Hauptbetheiligte an dem Verfahren theilnimmt.

a) Abs. 1 bezieht sich in Satz 2 auf denjenigen Kostenersatz, welchen der Hauptbetheiligte einem anderen Betheiligten zu leisten hat. In dieser Beziehung gilt der Grundsatz, daß dem anderen Betheiligten diejenigen Kosten, welche demselben als Antragsteller oder durch eine sonstige Art der Theilnahme erwachsen sind, insoweit erstattet werden müssen, als die gemachten Aufwendungen zur zweckentsprechenden Erledigung der Angelegenheit nothwendig waren. Ein Aufwand dagegen, welcher nicht zum Nutzen des Hauptbetheiligten erfolgt ist, eignet sich nicht zum Ersatze. Ueber Betheiligung in gegentheiligem Interesse vgl. unten Ziff. 5.

b) Eine Kostenerstattung an den Hauptbetheiligten oder an einen anderen Betheiligten hat stattzufinden, wenn eine der Voraussetzungen des Abs. 2 zutrifft.

5. a) Nach Abs. 2 fallen die durch einen unbegründeten Antrag, eine unbegründete Beschwerde oder durch Verschulden eines Betheiligten veranlaßten Kosten mit Einschluß der Aufwendungen eines anderen Betheiligten, insoweit dieselben den Umständen nach nothwendig waren, demjenigen Betheiligten zur Last, welcher sie verursacht hat. Dies gilt für die Anträge, die Beschwerden und das Verschulden sowohl des Hauptbetheiligten als auch eines anderen Betheiligten. Ist nicht blos ein einziger Betheiligter vorhanden, so kann ein Ersatz von Aufwendungen in Frage kommen, welche gemacht worden sind. Für den Aufwand, welchen ein anderer Betheiligter im Interesse des Hauptbetheiligten bethätigt hat, ist Abs. 1 Satz 2 maßgebend. (Vgl. hiezu oben 4, a.) Auf Kosten, welche durch Betheiligung im entgegengesetzten Interesse entstanden sind, erscheint hingegen Abs. 2 anwendbar.

b) Was Abs. 2 für unbegründete Anträge und Beschwerden bestimmt, gilt auch für unzulässige Anträge u. s. w., für eine fehlerhafte Theilnahme.[4]) Hinsichtlich der unbegründeten Anträge u. s. w. braucht kein besonderes Verschulden vorzuliegen.

---

2) Dasselbe liegt indeß dem Abs. 2 des Art. 131 theilweise zu Grunde.

3) Der besonderen Erwähnung der Grundbuchsachen bedurfte es aus dem zu Art. 129 Fußnote 5 (am Schlusse) angegebenen Grunde.

4) In diesem Sinne sprechen sich auch die Motive A. S. 160; Becher Mat. I S. 606) aus.

Die Thatsache, daß sie unbegründet waren, genügt für die Ersatzpflicht; wer einen unbegründeten Antrag stellt oder eine unbegründete Beschwerde einlegt, handelt, wie die Motive[5]) sagen, auf eigene Gefahr und muß daher den Betheiligten die Kosten ersetzen, welche dieselben zur Bekämpfung des Antrags oder der Beschwerde[6]) aufzuwenden genöthigt sind. Es ist hier gleichwie in den §§ 91 Abs. 1. und 97 Abs. 1 Civ.Pr.O. der Gesichtspunkt entscheidend, daß der Unterliegende die Kosten zu tragen hat. Daraus folgt, daß wenn die Beschwerde oder der Antrag nur zum Theile begründet ist, bei dem Vorhandensein mehrerer nicht im gleichen Interesse Betheiligter die Anwendung des in Art. 131 allerdings nicht ausdrücklich angezogenen § 92 Abs. 1 Civ.Pr.O. statthaft erscheint.

c) Bei den durch Verschulden eines Betheiligten veranlaßten Kosten kommen hauptsächlich die durch schuldhafte Versäumniß eines Termins oder einer Frist (Civ. Pr.O. § 95) hervorgerufenen in Betracht. Diese hat der verursachende Betheiligte zu tragen.

d) Die Ausdrucksweise „den Umständen nach nothwendig" besagt nichts anderes als die in Abs. 1 gewählte Redeform „zur zweckentsprechenden Erledigung der Angelegenheit nothwendig." Beide Wendungen stimmen der Sache nach mit § 91 Abs. 1 Civ.Pr.O. überein „zur zweckentsprechenden Rechtsverfolgung oder Rechtsvertheidigung nothwendig." Wie bei § 91 entscheidet auch nach Art. 131 das freie richterliche Ermessen darüber, was in jenem Sinne nothwendig ist.

6. Die Kostenerstattung erstreckt sich auch auf die Entschädigung für die durch nothwendige Reisen oder durch nothwendige Wahrnehmung von Terminen entstandene Zeitversäumniß, wie dies in dem in Abs. 2 für entsprechend anwendbar erklärten § 91 Abs. 1 Satz 2 Civ.Pr.O. ausgesprochen ist. Dagegen erscheinen die Gebühren und Auslagen eines beigezogenen Rechtsanwalts nicht schon kraft Gesetzes nothwendig.

Da § 91 Abs. 2 Civ.Pr.O. in Art. 131 nicht mitangeführt ist, so ist das freie richterliche Ermessen bei Prüfung der Nothwendigkeitsfrage hier nicht beschränkt. Besteht die zur Kostentragung verpflichtete Partei aus mehreren Personen, so haften diese für Kostenerstattung nach Kopftheilen und kann bei einer erheblichen Verschiedenheit der Betheiligung nach richterlichem Ermessen der Grad der Betheiligung zum Maßstab genommen werden, wie der in Abs. 2 angezogene § 100 Abs. 1, 2 Civ.Pr.O. bestimmt. Für Kosten, welche Gerichtsschreiber, gesetzliche Vertreter, Rechtsanwälte und andere Bevollmächtigte sowie Gerichtsvollzieher durch grobes Verschulden veranlaßt haben, ist der in Abs. 2 erwähnte § 102 Civ.Pr.O. maßgebend.

7. Ueber Festsetzung der Kosten und Vollstreckung auf Grund der festgesetzten Kosten vgl. Art. 133, Festsetzung derselben durch den Notar s. Art. 104; ferner über Kosten im Falle des Art. 104 vergl. Art. 132.

Artikel 132.

Die Kosten des im Artikel 104 bezeichneten Verfahrens fallen, soweit sie durch das gemeinschaftliche Verfahren entstehen, bei der Auseinandersetzung in Ansehung eines Nachlasses dem Nachlasse, bei der Auseinandersetzung in Ansehung des Gesammtguts einer aufgehobenen

5) An der in Anm. 4 angegebenen Stelle.

6) Bezüglich des Rechtsmittels der Beschwerde überhaupt vgl. die in Art. 129 anwendbar erklärten §§ 19 bis 30 G.F.G.

ehelichen oder fortgesetzten Gütergemeinschaft dem Gesammtgute zur Last.

Die Kosten, welche für die Vermittelung der Auseinandersetzung in Ansehung eines Nachlasses zwischen mehreren Erben entstehen, fallen, insoweit sie durch das gemeinschaftliche Verfahren erwachsen sind, dem Nachlasse[1]) zur Last, weil diese Kosten gemeinschaftliche sind. Aus dem gleichen Grunde sind bei der Auseinandersetzung des Gesammtgutes einer aufgehobenen ehelichen oder fortgesetzten Gütergemeinschaft die für die Vermittelung erwachsenen Kosten dem Gesammtgute zu überbürden. Dagegen ist die Theilnahme des einzelnen Betheiligten für die Kostenfrage dessen Angelegenheit im Sinne des Art. 131.

Artikel 133.

Die Kosten, welche einem Betheiligten zu erstatten sind, werden auf Antrag durch das Gericht erster Instanz in Vormundschaftssachen, falls ein Familienrath bestellt ist, durch den Vorsitzenden festgesetzt. Gegen die Verfügung, durch welche die Festsetzung erfolgt, findet die sofortige Beschwerde statt.

Aus der Verfügung, durch welche die zu erstattenden Kosten festgesetzt werden, findet die Zwangsvollstreckung nach den Vorschriften statt, welche für die Zwangsvollstreckung aus den in bürgerlichen Rechtsstreitigkeiten erlassenen Kostenfestsetzungsbeschlüssen gelten.

1. Da die Bestimmungen der Civ.Pr.O. über das Kostenfestsetzungsverfahren in Sachen der freiw. Gerichtsb. nicht maßgebend sind, so traf Art. 133 in dieser Beziehung einige Anordnungen. Derselbe spricht nämlich aus, daß

a) die einem Betheiligten zu erstattenden Kosten auf Antrag durch das Gericht erster Instanz, und falls in Vormundschaftssachen ein Familienrath besteht, durch dessen Vorsitzenden[1]) festgesetzt werden,

b) gegen eine die Kosten festsetzende Verfügung sofortige Beschwerde und

c) aus einer solchen Verfügung die Zwangsvollstreckung nach denjenigen Vorschriften stattfindet, welche für die Zwangsvollstreckung aus den in bürgerlichen Rechtsstreitigkeiten erlassenen Kostenfestsetzungsbeschlüssen gelten.

2. Von den hinsichtlich der Zwangsvollstreckung aus den die Kosten festsetzenden Verfügungen in Betracht kommenden Bestimmungen der Civ.-Pr.O. sind hauptsächlich zu erwähnen § 795, wonach auf die Zwangsvollstreckung aus den in § 794 aufgeführten Schuldtiteln[2]) die Bestimmungen der §§ 724 bis 793 entsprechende Anwendung finden, soweit nicht in den §§ 796 bis 800 abweichende

1) Vgl. auch § 61 Nr. 1 Konk.O.

1) D. h. den Vormundschaftsrichter (§ 1860 BGB).

2) Die Landesgesetzgebung ist nach § 801 Civ.Pr.O. nicht gehindert, auf Grund anderer als der in den §§ 704, 794 bezeichneten Schuldtitel die gerichtliche Zwangsvollstreckung zuzulassen und insoweit abweichende Vorschriften von den Bestimmungen der Civ.Pr.O. über die Zwangsvollstreckung zu treffen. Ein solcher anderer Schuldtitel sind die die Kosten festsetzenden Verfügungen in Sachen der freiw. Gerichtsbarkeit.

Vorschriften enthalten sind, in Verbindung mit § 794 Nr. 3, inhaltlich dessen die Zwangsvollstreckung aus Entscheidungen erfolgt, gegen welche das Rechtsmittel der Beschwerde stattfindet, ferner § 798, nach welchem aus Kostenfestsetzungsbeschlüssen die Zwangsvollstreckung nur beginnen darf, wenn der Schuldtitel mindestens einen Tag vorher zugestellt ist, und § 797, welcher die Ertheilung vollstreckbarer Ausfertigungen gerichtlicher und notarieller Urkunden u. s. w. zum Gegenstande[3]) hat. Unter den in § 795 angezogenen §§ 724 bis 795 ist besonders der die Vollstreckungsklausel betreffende § 725 hervorzuheben.

3. Während die Zwangsvollstreckung aus den die Kosten festsetzenden Verfügungen durch die Bezugnahme auf die Civ.Pr.O. eine eingehende Regelung erfahren hat, ist dies bezüglich des Kostenfestsetzungsverfahrens selbst nicht der Fall. Art. 133 beschränkt sich hier einfach auf die oben in Ziff. 1, a und b wiedergegebenen Anordnungen. Die Anwendung der Bestimmungen der Civ.Pr.O. ist, wie schon früher erwähnt wurde,[4]) in Angelegenheiten der freiw. Gerichtsbarkeit nur insoweit statthaft, als dies gesetzlich besonders ausgesprochen ist. Es bleibt daher die Gestaltung des Kostenfestsetzungs-Verfahrens dem richterlichen Ermessen anheim gegeben. Nur soviel sei in dieser Hinsicht hier bemerkt, daß das Gesuch um Kostenfestsetzung mittels eines einzureichenden Schriftstücks angebracht oder bei dem Gerichtsschreiber (sowie auch bei dem Richter) zu Protokoll erklärt werden kann und daß dem Gesuche der Natur der Sache nach, wie dies auch in § 104 Abs. 2 Civ.Pr.O. vorgeschrieben wird, eine Kostenberechnung beizufügen ist. Bei dem Mangel der für andere Betheiligte bestimmten Abschriften wird das Gericht solche selbst fertigen oder durch den Gesuchsteller beibringen lassen können. Zur Berücksichtigung eines Ansatzes darf der Natur der Sache nach zum mindesten verlangt werden, daß derselbe glaubhaft gemacht wird (vgl. auch § 105 Abs. 3 Civ.Pr.O.). Auch kann das Gericht auf der Vorlage der nach seinem Ermessen zur Rechtfertigung der einzelnen Ansätze dienenden Belege bestehen.

Einsicht des Grundsteuerkatasters, des Bergwerksverleihungsbuchs und der Fideikommißmatrikel.

Artikel 134.

Die Einsicht des Grundsteuerkatasters und des Verleihungsbuchs der Bergbehörde ist Jedem gestattet. Von den Eintragungen kann eine Abschrift gefordert werden; die Abschrift ist auf Verlangen zu beglaubigen. Von den zu dem Kataster oder den Büchern gehörigen Plänen und Messungsverzeichnissen können Auszüge gefordert werden; die Auszüge sind auf Verlangen zu beglaubigen.

---

3) Als eine solche Bestimmung der Civ.Pr.O. kommt deren § 104 Abs. 1, wonach der Anspruch auf Kostenerstattung nur auf Grund eines zur Zwangsvollstreckung geeigneten Titels geltend gemacht werden kann, nicht in Berücksichtigung, weil in Art. 133 Abs. 2 verordnet ist, daß aus einer die zu erstattenden Kosten festsetzenden Verfügung die Zwangsvollstreckung stattfindet.

4) Vgl. Art. 129 Fußnote 13.

Auf das Recht, von der Fideikommißmatrikel, den Urkunden, auf die in der Fideikommißmatrikel zur Ergänzung einer Eintragung Bezug genommen ist, und den noch nicht erledigten Eintragungsanträgen Einsicht zu nehmen und von den Eintragungen, den Urkunden und den Anträgen Abschrift zu fordern, finden die für das Grundbuch, die Urkunden, auf die im Grundbuche zur Ergänzung einer Eintragung Bezug genommen ist, und die noch nicht erledigten Anträge auf Eintragung in das Grundbuch geltenden Vorschriften entsprechende Anwendung.

1. Ueber die Einsicht des Grundsteuerkatasters enthält das Grundsteuergesetz vom 15. August 1828 (in der Fassung der Bekanntmachung vom 10. Juni 1881) keine Bestimmung. Wohl aber gewährt § 130 Ziff. 4 des rechtsrhein. Hypoth.Ges. den zur Einsicht des Hypothekenbuchs Berechtigten auch die Befugniß zur Einsichtnahme vom Kataster bezüglich der im Hypothekenbuche eingetragenen Grundstücke. In der Pfalz dagegen konnte bisher nach Art. 17 des (durch Art. 175 Ziff. 32 Ausf.Ges. z. BGB. nunmehr aufgehobenen) Gesetzes v. 26. April 1888, die Abänderung von Bestimmungen des in der Pfalz geltenden Hypotheken- und Vormundschaftsrechts betr., jedermann sich beglaubigte Auszüge aus dem Grundsteuerkataster und den hiezu gehörigen Plänen ertheilen lassen. Diese Einrichtung wurde nun auf das ganze Königreich in der Art ausgedehnt, daß jedermann vom Grundsteuerkataster Einsicht nehmen und eine auf sein Verlangen zu beglaubigende Abschrift der Eintragungen fordern kann. Eine solche Offenlegung entspricht dem Zwecke jenes Katasters;[1]) die Gründe, welche der vollen Freigabe der Grundbuchseinsicht[2]) entgegenstehen, treffen hier nicht zu. Von den zum Kataster gehörigen Plänen und Messungsverzeichnissen können Auszüge und zwar auch beglaubigte Auszüge verlangt werden.

2. Indem das Gesetz davon spricht, daß von den Eintragungen Abschriften gefordert werden können, hat es damit die Ertheilung von Auszügen aus dem Inhalte der Eintragungen und das Verlangen von solchen nicht ausgeschlossen. Auszug ist, wie der Minist.Kommissär Dr. v. Jacubezky bemerkte,[3]) nichts anderes als die Abschrift eines Theiles einer an sich theilbaren Eintragung; wenn durch Weglassung

---

1) Eine gleiche Freigabe des Inhalts ist für amtliche Register ähnlicher Art durch die Reichsgesetzgebung verfügt. (Man vgl. BGB. §§ 79 und 1563 für das Vereins- und Güterrechtsregister; HandelsG.B. § 9 für das Handelsreg; Börsenges. v. 22. 6. 1896 § 56 für das Börsenreg.; Genossensch.Ges. v. 1. 5. 1889 § 147 für das Genoss.-Reg.; Binnenschiff.Ges. v. 15. 6. 1895 § 122 f. d. Schiffsreg.; Ges. betr. das Urheb.R. an Mustern und Modellen v. 11. 7. 1876 § 11 für das MusterReg.; Ges. betr. den Schutz von Gebrauchsmustern v. 1. 6. 1891 § 3 für die Gebr.Must.Rolle; Patentges. v. 7. 4 1891 § 19 für die Patentrolle und Ges. zum Schutze der Waarenbezeichn. v. 12. 5. 1894 § 3 für die Zeichenrolle).

2) Von dem Vorbehalte des § 93 der Grundb.Ordn., die Einsicht des Grundbuchs und der in § 11 Abs. 1 Satz 2 GrdB.O. bezeichneten Schriftstücke sowie die Ertheilung von Abschriften in weiterem Umfange, als dies nach § 11 vorgeschrieben ist, zu gestatten, hat die Landesgesetzgebung bisher keinen Gebrauch gemacht. Für die Einsicht der in Art. 134 bezeichneten anderen Bücher ist ohnehin an und für sich nur das Landesrecht maßgebend.

3) A.A.Prot. S. 250; Becher Mat. I S. 588.

eines Theiles der Sinn der anderen Abschnitte nicht beeinträchtigt wird, so steht der Ertheilung von Auszügen kein Hinderniß entgegen. Unter den Plänen und Messungsverzeichnissen ist, wie derselbe Minist.Kommissär erwähnte,[4]) die Gesammtheit der Planzeichnungen und Messungsergebnisse zu verstehen; für das einzelne Grundstück wird nur ein Auszug, eine Abschrift des hierauf sich beziehenden Meff.Ergebnisses nebst einer Nachzeichnung des dieses Grundstück darstellenden Planes zu erholen sein. Die Nachzeichnung des Planes wird ebenfalls Auszug genannt.

3. Was nach Art. 134 Abs. 1 für den Grundsteuerkataster vorgeschrieben ist, gilt auch für das Verleihungsbuch der Bergbehörde d. h. die Sammlung der Verleihungsurkunden[5]). Dagegen eignet sich eine unbeschränkte Offenlegung nicht für das dem Aktienbuche (§§ 222—224 Hand.G.B.) entsprechende Gewerkenbuch (Art. 93, 96 des Berggesetzes).[6])

4. Auf das Recht, von der Fideikommißmatrikel, den darin in Bezug genommenen Urkunden und den noch nicht erledigten Anträgen auf Eintragung Einsicht zu nehmen und von den Eintragungen, Urkunden und Anträgen Abschrift zu fordern, finden die diesbezüglich für das Grundbuch geltenden Vorschriften entsprechende Anwendung.[7]) Nach § 11 der Grundbuchordnung ist die Einsicht des Grundbuches, der daselbst zur Ergänzung einer Eintragung in Bezug genommenen Urkunden und der noch nicht erledigten Eintragungsanträge nicht Jedem überhaupt, sondern nur Jedem gestattet, der ein berechtigtes Interesse hat.[8]) Ferner kann hienach eine auf Verlangen zu beglaubigende Abschrift insoweit gefordert werden, als die Einsicht statthaft ist.[9]) Diese Regelung entspricht bezüglich der Fideikommißmatrikel dem bisher geltenden Rechte.[10])

4) An der in Fußnote 3 angegebenen Stelle.

5) Statt der Worte „und des Verleihungsbuchs der Bergbehörde" hieß es im Reg.-Entwurfe Art. 122 „und der das Bergwerkseigenthum betreffenden bezirksbergamtlichen Bücher." Die Aenderung erfolgte auf Vorschlag des Minist.Kommissärs (A. A.Prot. S. 249; Becher Mat. I S. 587); dieselbe steht damit in Zusammenhang, daß eine Umgestaltung der Bergbehörden in Bezug auf deren Organisation in Erwägung gezogen ist sowie daß das bisher geführte Gegenbuch von demjenigen Zeitpunkte an, in welchem das Grundbuch als angelegt anzusehen ist, nicht mehr fortgesetzt wird, weil jenes Buch durch das Grundbuch ersetzt ist. (Art. 228 Abs. 2 des Berggeſ. in der Fassung von Art. 157 Ziff. XIX Ausf.Ges.)

6) Für das Recht zur Einsicht waren hier bisher Art. 36 des Berggesetzes vom 20. März 1869 und Art. 186 Subh.Ordn. maßgebend.

7) Die Gründe, welche für die vollständige Offenlegung des Grundsteuerkatasters und der in Fußnote 1 erwähnten Register sprechen, bestehen hier nicht.

8) Ueber Einsicht des Grundbuchs durch öffentliche Behörden vgl. Art. 11 des Ausf.Ges. zur Grundb.O. u. s. w.

9) Nach § 94 Grundb.O. kann die Landesjustizverwaltung anordnen, daß Grundakten gehalten werden und unbeschadet der Vorschriften des § 11 auch Anordnungen über die Einsicht der Grundakten und über die Ertheilung von Abschriften treffen. Solche Bestimmungen sind bisher noch nicht erlassen worden.

10) Gemäß § 11 Abs. 2 der Allerh. V.O. über die Behandlung der Fideikommisse vom 3. März 1857 (Reg.Bl. S. 253) bestimmen sich die Förmlichkeiten und das Verfahren bezüglich der Fid.K.Matrikel nach den für das Hypothekenwesen maßgebenden Vorschriften. (Vgl. in dieser Hinsicht § 24 des Hypoth.Ges. sowie Art. 13 Subh.Ordn. und Art. 26, 135 Ausf.Ges. zur Civ.Pr.O. und K.O., die drei letzterwähnten Gesetzes-

Aenderungen der seit 1818 erlassenen Gesetze.

Wie schon oben in der Einleitung Nr. 4 (S. 3) bemerkt ist, bildeten die Aenderungen und Ergänzungen der Verfassungsurkunde und der seit der Verkündung der letzteren erlassenen Gesetze ursprünglich einen selbständigen Gesetzentwurf, Beil. B, der erst im Verlaufe der Berathung im Landtage (im Ausschusse der Kammer der Reichsräthe) in den Rahmen des Ausführungsgesetzes zum bürgerlichen Gesetzbuch einbezogen wurde und nunmehr denjenigen Theil des Gesetzes bildet, welcher (Art. 135 ff.) von den Abänderungen der seit 1818 erlassenen Gesetze handelt. Auch in diesem zweiten Theile des Ausführungsgesetzes sind nicht alle seit 1818 erlassenen Gesetze, zu welchen durch die Einführung des Bürgerlichen Gesetzbuches Aenderungen veranlaßt waren, behandelt. Ueber mehrere Gegenstände, so über das Notariat, die Zwangsvollstreckung in das unbewegliche Vermögen[1]), das Gebührenwesen, über die Einkommen-, Kapitalrenten- und Gewerbesteuer sind gleichzeitig besondere Gesetze ergangen.

Der Entwurf B hat im Landtage keine besonders wesentlichen Beanstandungen erfahren; das Schwergewicht bei der Auslegung dieses Theils des Gesetzes beruht daher auf der dem Entwurfe beigegebenen Begründung, der, wie jener des Entwurfes A besondere Gründlichkeit und Klarheit nachzurühmen ist.

Artikel 135.

Die Verfassungsurkunde vom 26. Mai 1818 wird dahin geändert:

I. Titel V § 4 Abs. 2 Nr. 4 und § 5 werden aufgehoben.

II. In der VII. Beilage erhält

1. der § 14 Abs. 3 folgende Fassung:

Die Anfechtung der Entscheidungen richtet sich nach den für die Beschwerde in Angelegenheiten der freiwilligen Gerichtsbarkeit geltenden Vorschriften.

2. Der § 28 Satz 2 und der § 109 werden aufgehoben.

III. Die VIII. Beilage wird aufgehoben.

In der Pfalz können Familienfideikommisse auch in Zukunft nicht errichtet werden.

1. Tit. V § 4 Abs. 2 Nr. 4 und § 5 der Verfassungsurkunde betreffen die Rechte der Siegelmäßigkeit. Beilage VIII der V.U. enthält das Edikt über die Siegelmäßigkeit.

---

stellen sind durch § 792 Civ.Pr.O. ersetzt.) Für die Ertheilung von Abschriften und Auszügen aus der Fid.Komm.Matrikel ist nach Art. 92 Ges. über das Gebührenwesen eine Gebühr von 1 Mark zu erheben; die Einsicht dieser Matrikel wird im Hinblick auf Art. 95 dess. Ges. gebührenfrei gestattet.

1) Die aufrechterhaltenen landesrechtlichen Vorschriften über die Zwangsvollstreckung in das unbewegliche Vermögen sind in dem Ausf.Ges. zu der Grundbuchordnung und zu dem Gesetz über die Zwangsversteigerung und Zwangsverwaltung vom 9. Juni 1899 aufgenommen.

2. Durch die Bestimmungen in Ziff. I und III ist der letzte Rest der Siegelmäßigkeitsrechte in Wegfall gekommen, insbesondere auch das bisher noch geltende Recht der lebenslänglichen Nutznießung des Muttergutes durch den siegelmäßigen Vater nach den Bestimmungen des Bayerischen Landrechts und des Augsburger Statutarrechts. Diese letzteren Bestimmungen fallen nicht nur für die nach diesem Zeitpunkte, sondern auch für die schon vorher geborenen Kinder weg; denn nach Art. 203 des Einf.Ges. zum BGB. bestimmt sich das Rechtsverhältniß zwischen den Eltern und einem vor dem Inkrafttreten des Bürgerlichen Gesetzbuchs geborenen ehelichen Kinde von dem Inkrafttreten des BGB's. an nach dessen Vorschriften.

Das Gesetz vom 28. Mai 1852 über die Siegelmäßigkeit ist längst gegenstandslos geworden, daher es einer ausdrücklichen Aufhebung nicht bedurfte.[2]).

3. Gegen die Behauptung, daß die Bestimmungen des BGB. über die Namensführung (§§ 1355, 1577, 1616, 1706, 1719, 1736, 1758, 1772) auch das Recht der Führung eines adeligen Namens geregelt und insofern die V. Beilage zu der Verfassungsurkunde, das Adelsedikt, geändert worden sei, wendete sich der K. Staatsminister der Justiz Dr. Freih. v. Leonrod im Gesetzgebungsausschusse der K. d. A.[3]) mit folgender sehr bemerkenswerther Darlegung:

„Die bayerische Gesetzgebung und Rechtsprechung ist stets davon ausgegangen, daß die Vorschriften über den Erwerb und den Verlust des Adels nicht dem bürgerlichen, sondern dem öffentlichen Rechte angehören. In den Motiven zum Entwurf erster Lesung des Bürgerlichen Gesetzbuchs Bd. 4 S. 106, 983 ist bemerkt, daß eine Bestimmung darüber, ob die Frau den Stand des Mannes theile und ob die Annahme an Kindesstatt auf den Stand des Angenommenen von Einfluß sei, nicht aufgenommen sei, weil die Bestimmungen über den Erwerb des Standes im publicistischen Sinn, insbesondere des Adelsstandes, dem öffentlichen Recht angehören und deshalb nicht im Bürgerl. Gesetzbuch zu treffen seien. Dieser Standpunkt ist von der zweiten Kommission (gedruckte Protokolle, herausgegeben von Achilles u. s. w. Bd. 4 S. 98) festgehalten und auch von der Reichstagskommission (Kom.Bericht zum 4. Buche Seite 95) gebilligt worden; in der Reichstagskommission ist sogar ausdrücklich anerkannt worden, daß die Bestimmungen über den Adel dem Landesrecht angehören. Hienach kann ein begründeter Zweifel darüber nicht bestehen, daß die einschlägigen Vorschriften der V. Beil., insbesondere die der §§ 1 und 2 derselben, durch das BGB. nicht berührt worden sind."

4. Die VII. Beilage enthält das Edikt über die Familienfideikommisse. § 14 betrifft die Zuständigkeit zur Führung der familienfideikommißgerichtlichen Geschäfte, welche in I. Instanz in den Händen der Oberlandesgerichte liegt.

Nach der Bestimmung oben in Ziff. II 1 sind nunmehr für die Anfechtung der Entscheidungen des Fideikommißgerichts die für die Beschwerde in Angelegenheiten der freiwilligen Gerichtsbarkeit geltenden Vorschriften maßgebend; s. Reichsgesetz vom 17. Mai 1898 über die Angelegenheiten der freiwilligen Gerichtsbarkeit §§ 19 Abs. 1, 20 bis 25 und oben Art. 129, wonach die Vorschriften der §§ 2 bis 27, 29 bis 34 und des § 199 Abs. 2 des Reichsgesetzes vom 17. Mai 1898, soweit

2) A.A.Pr. S. 255; Becher, Mat. II S. 135 (Aeußerung des K. Staatsministers der Justiz).

3) A.A.Pr. S. 255; Becher, Mat. II S. 136.

nicht ein anderes vorgeschrieben ist, auch auf diejenigen Angelegenheiten der freiw. Gerichtsb. für anwendbar erklärt sind, für welche die landesgesetzlichen Vorschriften maßgebend bleiben. Beschwerdegericht ist nach Art. 42 Abs. 4 des Ausf.Ges. zum Gerichtsverfassungsgesetze vom 23. Februar 1879 (Vgl. unten Art. 167 Ziff. XII) das Oberste Landesgericht. Eine Anfechtung der Entscheidungen des Obersten Landesgerichts als Beschwerdegericht findet nicht statt. (Art. 129 A.G.)

5. Der aufgehobene § 28 Satz 2 der VII. Beilage bestimmte, daß eine die Errichtung eines Familienfideikommisses bezweckende Aenderung, wenn sie wegen Mangels des nöthigen Grundvermögens nicht als Familienfideikommiß bestehen kann, als fideikommissarische Substitution nach § 109 l. c. gelten soll. Diese Vorschrift gehört nicht dem durch Art. 59 des Einf.G. z. BGB. der Landesgesetzgebung vorbehaltenen Fideikommißrechte, sondern dem allgemeinen bürgerlichen Rechte an. Inwieweit also eine nicht als Familienfideikommißerrichtung gültige Anordnung als ein anderes Geschäft wirksam ist, bemißt sich nun nach dem BGB., weshalb § 28 Satz 2 aufgehoben werden mußte.

Der § 109 der VII. Beilage,[4]) welcher die Anordnung von fideikommissarischen Substitutionen im Bereiche des allgemeinen bürgerlichen Rechts auf nur einen Substitutionsfall einschränkt, ist durch die Vorschriften des BGB. §§ 2100 ff. über die Einsetzung eines Nacherben ersetzt, nach welchem sich in der Folge ausschließlich die Wirksamkeit der Einsetzung eines Nacherben bestimmt. Die Bestimmungen der §§ 2109, 2162, 2163, 2210 BGB. schließen ebenso, wie bisher § 109 des Fid.Ed. eine Umgehung der Beschränkung der Familienfideikommisse auf den Adel aus.

Im Uebrigen bleibt das Edikt über die Familienfideikommisse auf Grund des Vorbehaltes im Einf.Ges. z. BGB. Art. 59 aufrecht erhalten.

6. Da nach Art. 213 des Einf.Ges. z. BGB. für die erbrechtlichen Verhältnisse, wenn der Erblasser vor dem 1. Januar 1900 gestorben ist, die bisherigen Gesetze maßgebend bleiben, beurtheilt sich die Wirksamkeit der Substitution nach dem BGB. nur dann, wenn der Erblasser nach jenem Zeitpunkte gestorben ist. Ist der Erblasser vor dem 1. Januar 1900 gestorben, so bleibt die Einschränkung der Substitutionsanordnung durch den jetzt aufgehobenen § 109 für die Beurtheilung des Gerichts noch wirksam.[5])

---

4) § 109 lautet:

„Jeder bayerische Unterthan kann durch rechtsgiltige Handlungen unter Lebenden oder von Todeswegen über sein Vermögen so verfügen, daß derjenige, welcher es erhält, verpflichtet ist, dasselbe nach seinem Tode oder in anderen bestimmten Fällen dem ernannten Nachfolger zu überlassen.

Eine solche fideikommissarische Substitution erstreckt sich nicht weiter als auf einen Substituten und hört mit demselben kraft des Gesetzes auf, wenn auch die Disposition das Gegentheil enthalten sollte.

Im Uebrigen sind diese fideikommissarischen Substitutionen nach den Civilgesetzen zu beurtheilen."

5) Wie bei Henle und Schneider Note 2c zu Art. 135 richtig bemerkt ist, kommt es bei einem durch letztwillige Verfügung errichteten Familienfideikommisse auf den Zeitpunkt der Errichtung (§ 214 des Einf.Ges. z. BGB.) nicht an, was auch zu gelten hat, wenn ein Familienfideikommiß, das durch eine vor dem 1. Januar 1900 errichtete letztwillige Verfügung angeordnet ist, wegen Mangels an dem erforderlichen Grundvermögen nicht zu Stande kommt, da im Falle der Erblasser vor dem

7. Das Verbot der Errichtung von Familienfideikommissen in der Pfalz hat auch zur Folge, daß Adelige der rechtsrheinischen Landestheile pfälzische Grundstücke ihren Fideikommissen nicht einverleiben können.[6]) Andererseits steht nichts im Wege, daß ein Pfälzer unter den sonst gegebenen Voraussetzungen mit im rechtsrheinischen Bayern gelegenen Vermögenstheilen ein Fideikommiß errichtet.

Artikel 136.

Das Gesetz vom 15. August 1828, die allgemeine Grundsteuer betreffend, in der Fassung der Bekanntmachung vom 10. Juni 1881 wird dahin geändert:

I. Als § 71 a werden folgende Vorschriften eingestellt:

Die Umschreibung eines Grundstücks auf einen neuen Besitzer setzt den Nachweis voraus, daß der neue Besitzer Eigenthümer des Grundstücks ist.

Die Umschreibung auf den neuen Besitzer erfolgt, wenn zu dem Erwerbe des Eigenthums die Eintragung in das Grundbuch erforderlich ist, auf Grund der Eintragung im Grundbuche. In den übrigen Fällen muß das Eigenthum des neuen Besitzers in der für die Eintragung in das Grundbuch vorgeschriebenen Weise nachgewiesen werden.

Zur Eintragung einer Aenderung in dem Bestand eines Grundstücks, abgesehen von der Vereinigung ganzer Grundstücke, insbesondere zur Eintragung einer Theilung, ist die Vorlage eines von der Messungsbehörde angefertigten Planes, in welchem die Aenderung ersichtlich gemacht ist, und eines Auszugs aus dem Messungsverzeichniß erforderlich.

II. Der § 72 erhält folgende Fassung:

Jede Aenderung, durch die nach § 71 eine Umschreibung veranlaßt wird, ist bei der Umschreibbehörde anzumelden.

Die Anmeldepflicht obliegt bei Aenderungen, zu denen die Eintragung in das Grundbuch erforderlich ist, den Grundbuchämtern, bei anderen Aenderungen den Behörden oder Notaren, von welchen eine die Aenderung betreffende Urkunde aufgenommen oder eine die Aenderung betreffende Entscheidung erlassen wird, im Falle einer neuen Messung der Messungsbehörde, in den übrigen Fällen den Parteien.

---

1. Januar 1900 gestorben ist, die Anordnung nach dem noch wirksamen § 28 Abs. 2 des Fid.Ed. als fideikommissarische Substitution giltig ist, wenn der Erblasser nach dem 31. Dezember 1899 gestorben ist, ausschließlich die Vorschriften des BGB. zur Anwendung kommen.

6) R.R.A.Pr. 10 S. 3; Becher Mat. II S. 439.

Die Art der Anmeldung wird durch Ministerialvorschrift bestimmt.

III. Der § 73 Abs. 1 erhält folgende Fassung:

Unterlassen die Parteien die ihnen nach § 72 Abs. 2 obliegende Anmeldung, so hat die Umschreibbehörde sie unter Festsetzung einer Frist von mindestens zwei Wochen und Androhung der im § 74 bestimmten Ordnungsstrafe zu der Anmeldung aufzufordern.

IV. Der § 81 erhält folgenden Abs. 3:

Ueberläßt der Eigenthümer das Grundstück einem Anderen ohne Uebertragung des Eigenthums zum Eigenbesitze, so bleibt er neben dem Besitzer für die Grundsteuer haftbar.

V. Der § 116 Abs. 2, 3 wird aufgehoben.

Die in vorstehendem Artikel 136 Ziff. I—IV abgeänderten Vorschriften des Grundsteuergesetzes bleiben nach Art. 177 des Ausf.Ges. (s. diesen Artikel) in Kraft, bis das Grundbuch als angelegt anzusehen ist. Das k. Staatsministerium der Finanzen hat daher im Einvernehmen mit den k. Staatsministerien der Justiz und des Innern durch Bekanntmachung vom 23. Dezember 1899 (F.M.Bl. S. 395, J.M.Bl. 1900 S. 481) darauf aufmerksam gemacht, daß in Folge dessen auch die Bekanntmachung zum Vollzuge des Grundsteuer-Gesetzes vom 29. Januar 1882 (Ges.- u. V.Bl. S. 49) bis zu dem gleichen Zeitpunkte jedoch mit dem Abmaße giltig bleibt, daß die Bestimmung im Schlußsatze des § 3 Ziff. 2 derselben nur für den Fall eines Verfahrens nach bisherigem Rechte noch zutreffen wird.

Zu den einzelnen Ziffern des Art. 136 ist zu bemerken:

Zu Ziff. I.

1. Von dem durch Artikel 136 abgeänderten Gesetze vom 15. August 1828/10. Juni 1881, die allgemeine Grundsteuer betreffend, (Ges.- und Verordnungsblatt S. 687) behandeln die §§ 71 bis 83 (Kap. V lit. C) die Umschreibung im Kataster. Nach § 71 des Gesetzes sind als Gegenstände der Umschreibung alle Veränderungen zu betrachten, welche sich entweder mit den Personen der Besitzer oder in der Art und Weise des Besitzes oder mit den katastrirten Besitzungen selbst wirklich ereignen. Da von der Herstellung des Grundbuchs an dieses und das Grundsteuerkataster insoferne zusammentreffen, als beide die Eintragung des Eigenthümers enthalten sollen, so war die Einstellung des § 71a veranlaßt. Ueber die Führung des nach Abs. 1 des § 71a zu erbringenden Nachweises gibt Abs. 2 Maß.

2. Die Absätze 1 und 2 des neuen § 71a beziehen sich auf die Person, Abs. 3 betrifft Aenderungen in der Sache.

3. In Abs. 2 hat der Zwischensatz „wenn zu dem Erwerbe des Eigenthums die Eintragung in das Grundbuch erforderlich ist" den auf Rechtsgeschäft (§ 873 BGB.) beruhenden Erwerb und die Aneignungsfälle der §§ 927 Abs. 2 und 928 Abs. 2

BGB. (Erlangung des Eigenthums durch Erwirkung eines Ausschlußurtheils im Aufgebotsverfahren, wenn das Grundstück seit 30 Jahren im Eigenbesitze eines Anderen war und Aneignung durch den Fiskus bei Aufgebung des Eigenthums durch Verzicht des bisherigen Eigenthümers) im Auge[1]); hier hat die Eintragung im Grundbuch voranzugehen. Auch der Fall der Verurtheilung des Schuldners zur Abgabe rechtsgeschäftlicher Willenserklärung (§ 894 Civ.Pr.O.), wonach die Vornahme des Rechtsgeschäfts zwar nicht wirklich erfolgt ist, aber als erfolgt gilt, gehört hierher. Ueber die in Abs. 2 Satz 2 bemerkten „übrigen Fälle" läßt sich eine erschöpfende Aufzählung nicht geben. Es ist eben darunter der Erwerb, der sich ohne Eintragung vollzieht, und die Festsetzung des Eigenthums eines anderen, wie des als Eigenthümer Eingetragenen, begriffen. Diesfalls kommen insbesondere in Betracht: der Erwerb durch die Erben, einschließlich der Nacherben, welche mit dem Erbfall bezw. mit dem Eintritte des Falles der Nacherbfolge Eigenthümer der Nachlaßgrundstücke werden (BGB. §§ 1922, 1942, 2032 Abs. 1, 2139), ferner das Gemeinschaftlichwerden des Eigenthums der Ehegatten durch die Gütergemeinschaft (§§ 1438, 1519 BGB.), weiter der Erwerb im Wege der Zwangsversteigerung gemäß §§ 89, 90 des Reichsgesetzes über die Zwangsversteigerung und Zwangsverwaltung vom 24. März 1897 (R.G.Bl. 1898 S. 713). Beispiele von Fällen, in welchen Eigenthum ohne Eintragung in das Grundbuch nach Landesrecht übergeht, sind die Zwangsenteignung, bei der das Eigenthum übergeht, wenn die Abtretungspflicht sowie die Entschädigung endgiltig festgestellt sind und die Entschädigung gezahlt oder hinterlegt ist, ferner die Flurbereinigung, bei welcher den Eigenthumsübergang die von der Flurbereinigungskommission in Betreff des Operats zu erlassende Vollziehungserklärung bewirkt.[2])

In allen solchen Fällen muß, um der Umschreibung im Grundsteuerkataster eine verlässige Grundlage zu geben und die Uebereinstimmung des Grundbuchs und des Katasters zu sichern, das Eigenthum des neuen Besitzers in der für die Eintragung im Grundbuche vorgeschriebenen Weise durch öffentliche Urkunde (§ 29 der Grundbuch-Ordnung), für güterrechtliche Verhältnisse durch das Zeugniß des Gerichts über die Eintragung im Güterrechtsrechtsregister (§ 34), für die Erbfolge durch den Erbschein, für das Bestehen der fortgesetzten Gütergemeinschaft, sowie für die Befugniß des Testamentsvollstreckers zur Verfügung über einen Nachlaßgegenstand durch das Zeugniß des Nachlaßgerichts (§ 36) nachgewiesen werden. Bezüglich des Nachweises der Nachfolge in Familiengüter standesherrlicher Familien, Lehen, Familienfideikommmisse vgl. Art. 15 des Ausf.G. zur Grundbuchordnung v. 9. Juni 1899 (Ges. u. V.Bl. 1899 Nr. 28 S. 125 ff.).

4. Bei Umschreibungen in Folge von Aenderungen, die sich im Bestande eines Grundstückes ereignen (Abs. 3 des Art. 71a) ist von der dort vorgeschriebenen Vorlage eines Planes und eines Auszugs aus dem Messungsverzeichnisse für den Fall der Vereinigung ganzer Grundstücke, sei es, daß mehrere Grundstücke zu einem Grundstücke vereinigt oder ein Grundstück zum Bestandtheil eines anderen gemacht wird, Umgang genommen (was durch die Worte „abgesehen von der Vereinigung ganzer Grundstücke" ausgedrückt sein soll), weil in solchem Falle die Aenderung erst mit der Eintragung im Grundbuche sich vollzieht (§ 890 BGB.).

---

1) Motive B S. 22; Becher Mat. II S. 42.

2) K.K.A.Pr. 10 S. 4; Becher, Mat. II S. 441. (Aeußerungen des Ref. Reichsrats von Küffner.)

5. Unter Aenderungen im Sinne des Abs. 3 sind auch solche zu verstehen, welche hinsichtlich der Eigenschaft des katastrirten Besitzes (bezüglich der Kulturart, Bonitirung) sich ergeben.

6. Bezüglich der Kosten für die Herstellung des Planes und Messungsverzeichnisses wurde im Ges.Geb.Ausschusse der K. d. A. vom Regierungskommissär, Ministerialrath, Kronanwalt von Schubert, eine Instruktion für die Rentämter in Aussicht gestellt. Zugleich wurde bemerkt, daß es jedenfalls überflüssig wäre, wenn man sowohl für die Berichtigung des Grundbuchs als für die Richtigstellung des Katasters jedesmal eine besondere Vorlage von Plänen und Messungsverzeichnissen verlangen wollte, es also ausgeschlossen sei, daß doppelte Kosten erwachsen würden.[3])

Zu Ziff. II:

1. Da nach § 71 des Grundsteuergesetzes als Gegenstände der Umschreibung alle Veränderungen zu betrachten sind, welche sich entweder mit den Personen der Besitzer oder in der Art und Weise des Besitzes oder mit den katastrirten Besitzungen selbst wirklich ereignen, (vgl. oben zu Z. I, 1) so sind also nicht blos die Besitzveränderungen, sondern alle Aenderungen, auch die bezüglich der Bewirthschaftung ꝛc. ꝛc. eingetretenen anzumelden.

2. Als Umschreibungsbehörde ist dasjenige Rentamt zu erachten, in dessen Amtsbezirk das steuerpflichtige Grundstück gelegen ist. Vgl. hiezu § 4 der Vollzugsvorschriften vom 29. Jan. 1882.

3. Darüber, bei welchen Aenderungen die Eintragung in das Grundbuch erforderlich ist, vgl. oben zu Ziff. I Nr. 3.

4. Da für die Zeit nach der Anlegung des Grundbuchs (vgl. obige Vorbemerkung S. 220) über die Art der Anmeldung eine Ministerialvorschrift noch nicht erlassen ist, so gelten bis dahin die Bestimmungen der oben angeführten Vollzugsvorschriften vom 29. Januar 1882, §§ 4—9 (Erfüllung der Anmeldepflicht durch die Notare Gerichte, Verwaltungsbehörden, Bezirksgeometer und durch die Parteien selbst.) Bezüglich der Notare ist dort zu § 5 insbesondere auch auf die Bekanntmachung vom 15. Juni 1882, den Vollzug des Art 150 Notariatsgesetzes betr. (R.Bl. S. 1445), Bekanntmachung vom 16. Dezember 1877, die Einführung des Meterfeldmaßes in Bayern betr. (Just.M.Bl. S. 257 Fin.M.Bl. S. 415), Bekanntmachung vom 23. Sept. 1879, den Vollzug des § 8 der Allerhöchsten Verordnung vom 20. Sept. 1879 zur Ausführung des Reichsgerichtskostengesetzes und des Gesetzes über das Gebührenwesen, hier Katasterumschreibungen in der Pfalz betr. (Just.M.Bl. III S. 1590, Kr.Amtsbl. d. Pf. S. 549) verwiesen.

5. Durch Verwaltungsvorschrift kann den Grundbuchämtern auch die Mittheilung solcher Aenderungen zur Pflicht gemacht werden, deren Eintragung zum Zwecke der Berichtigung des Grundbuchs erfolgt ist.[4])

Zu Ziff. III.

1. Durch die Vorschrift in Ziff. III ist die zwangsweise Herbeiführung der Anmeldung nunmehr auf die Anmeldepflicht der Parteien beschränkt. Die frühere zwangsweise Herbeiführung der Anmeldung durch Erzwingung der notariellen Verlautbarung, insbesondere in dem Falle, wenn ein Grundstück oder eine Theilfläche von dem Eigen=

---

3) A.A.Pr. S. 259; Becher Mat. II S. 142.

4) Motive B S. 23; Becher Mat. II S. 43.

thümer einem Anderen zum Eigenbesitz überlassen, das Eigenthum aber nicht übertragen wurde, ist in Wegfall gekommen. Künftig soll die Folge der Uebertragung ohne Auflassung nur die sein, daß der Eigenthümer, wenn er das Grundstück einem Anderen ohne Uebertragung zum Eigenbesitz überläßt, neben dem Besitzer für die Grundsteuer haftbar erscheint. (Vgl. Ziff. IV).[5])

Unter die Vorschrift des neuen § 73 Abs. 1. fallen also nurmehr solche Besitzänderungen, welche sich auf einen bereits vorausgegangenen Eigenthumsübergang stützen oder solche, bei denen ein Eigenthumsübergang überhaupt nicht in Frage kommen kann, wie z. B. bei Aenderungen in der Eigenschaft des katastrirten Besitzes.

2. Die Anmeldefrist ist auf mindestens zwei Wochen festgesetzt. Damit ist für die Behörde vorgeschrieben, daß sie unter diese Zeit nicht heruntergehen darf; aber daß sie über dieselbe nicht hinausgeht, ist dadurch nicht ausgeschlossen. Wenn ein Betheiligter geltend macht, er könne die Sache nicht in 14 Tagen in Vollzug setzen, was insbes. beim Erwerb durch Erbschaft, beim gemeinschaftlichen Eigenthum durch Eheeingang, beim Erwerb buchfreier Grundstücke 2c. 2c. vorkommen kann, so wird das von Seite der Behörde auch bewilligt werden können, ebenso wie, wenn solche Umstände schon bekannt sein sollten, bei der Festsetzung selbst schon eine längere Frist wird vorgesteckt werden können.[6])

3. Die Aufforderung kann auch unter Androhung einer weiteren Ordnungsstrafe wiederholt werden (§ 74 des Grundsteuergesetzes).

Zu Ziff. IV.

Vgl. die Bemerkung oben 1 zu Ziff. III.

Zu Ziff. V.

1. Die aufgehobenen Vorschriften des § 116 Abs. 2 und 3 über die Verjährung rückständiger Grundsteuern und über die Verjährung des Anspruchs auf Rückerstattung bezahlter Grundsteuern sind nunmehr durch Artikel 122, 124 und 125 Ausf.-Gesetz ersetzt.

2. Ziff. V ist nicht durch den Vorbehalt des Art. 177 getroffen (vgl. oben), sondern schon seit 1. Januar 1900 in Wirksamkeit.

Artikel 137.

In dem Gesetze vom 15. August 1828, die allgemeine Haussteuer betreffend, in der Fassung der Bekanntmachung vom 10. Juni 1881 wird der § 37 Abs. 2, 3 aufgehoben.

Die Absätze 2 und 3 des § 37 des Haussteuergesetzes vom 15. August 1828/10. Juni 1881 (Ges. und V.Bl. S. 968) enthalten ebenfalls Bestimmungen über Verjährung sowohl der Ansprüche des Finanzärars als der Ansprüche auf Rückerstattung bezahlter Haussteuern; solche sind gleichfalls durch die Vorschriften der Artikel 122, 124, 125 Ausf.Ges. ersetzt.

Artikel 138.

Das Forststrafgesetz für die Pfalz vom 28. Dezember 1831 in

5) Mot. B S. 23; Becher, Mat. II S. 44.
6) R.A.A.Pr. 10 S. 6; Mat. II S. 443 f

der Fassung der Bekanntmachung vom 2. Oktober 1879 und des Gesetzes vom 17. Juni 1896 wird dahin geändert:

I. Im Artikel 8 wird der Satz 2 durch folgenden Abs. 2 ersetzt:

Diese Verfügung ist jedoch in Betreff der Strafe auf Personen einer und derselben Familie (Art. 13 Abs. 1 Ziff. 1 bis 5) nicht anwendbar, welche gemeinschaftlich einen Forstfrevel nach Art. 19, 22 oder 23 begehen; diese werden solidarisch in die Strafe verurtheilt. In dem Urtheil oder den Strafbefehlen ist auszusprechen, gegen welchen oder welche Frevler die Umwandlung der Geldstrafe in Haftstrafe einzutreten hat, wenn erstere nicht beigetrieben werden kann. Geschieht die Umwandlung gleichzeitig gegen mehrere dieser Frevler, so darf dennoch die von den Einzelnen zu erstehende Haft zusammengerechnet die nach Art. 5 der Geldstrafe entsprechende Dauer nicht überschreiten.

II. Der Artikel 13 Abs. 1 erhält folgende Fassung:

Als civilverantwortlich sind außer dem Forstfrevler vorzuladen und als haftbar für Geldstrafe, Werth- und Schadensersatz, dann für die Kosten — vorbehaltlich des Rückgriffs, wo ein solcher statthat, — mitzuverurtheilen:

1) die Ehemänner wegen der Frevel ihrer bei ihnen wohnenden Ehefrauen;
2) die Väter und nach ihrem Tode die Mütter wegen der Frevel ihrer bei ihnen wohnenden und noch unverheiratheten Kinder (leibliche Kinder, Stief-, Adoptiv- und Pflegekinder);
3) die Vormünder und Pfleger sowie überhaupt diejenigen, welchen Minderjährige in Pflege gegeben sind, wegen der Frevel der bei ihnen wohnenden Pflegebefohlenen;
4) die Dienstherrschaften wegen der Frevel ihrer bei ihnen wohnenden Dienstboten;
5) die Lehrmeister und Gewerbsleute wegen der Frevel ihrer Zöglinge, Gesellen und Gehilfen, solange diese Personen unter ihrer Aufsicht stehen;
6) die Geschäftsgeber wegen der Frevel ihrer Arbeiter und Geschäftsträger, wenn der Frevel in oder bei der Ausführung der aufgetragenen oder anvertrauten Verrichtungen geschah.

III. Im Artikel 16 wird

1) der Eingang des Abs. 1 dahin geändert:

Die öffentliche Klage wegen Forstfrevels verjährt:

2) der Abs. 3 aufgehoben.

IV. Im Art. 26 erhält der Abs. 4 folgenden Zusatz:

Hiebei finden die Bestimmungen des Art. 8 Abs. 2 Satz 2 und 3 gleichmäßige Anwendung.

V. Der Artikel 66 erhält folgende Fassung:

Die Vorladung des Angeklagten sowie der civilverantwortlichen Person muß enthalten:

1) Namen, Stand, Wohn- oder Aufenthaltsort des Vorzuladenden;
2) eine kurze Bezeichnung der Forstrügesache;
3) die beantragte Strafe und Entschädigung;
4) Tag und Stunde der Verhandlung;
5) den Hinweis darauf, daß gegen den Angeklagten und gegen die civilverantwortliche Person auch dann, wenn weder sie noch Bevollmächtigte erscheinen, zur Hauptverhandlung geschritten würde.

VI. Der Artikel 67 erhält folgende Fassung:

Die Zustellung der Vorladung hat wenigstens drei Tage vor der Sitzung zu geschehen.

In Fällen, in denen Gefahr auf Verzug ist, kann der Richter die Abkürzung der im Abs. 1 bestimmten Frist verfügen; von der Verfügung ist in der Vorladung Mittheilung zu machen.

VII. Der Artikel 91 erhält folgende Abs. 2, 3:

Für die durch den Gerichtsdiener erfolgenden Zustellungen in dem Verfahren vor den Amtsgerichten kann das Staatsministerium der Justiz anordnen, daß das Schriftstück offen übergeben wird, und eine abgekürzte Beurkundung in tabellarischer Form vorschreiben.

Das offen zu übergebende Schriftstück wird mit der Geschäftsnummer bezeichnet, unter der es in dem zur Beurkundung der Zustellung bestimmten Verzeichniß eingetragen ist. Der Tag der Zustellung ist auf dem Schriftstücke zu vermerken.

VIII. Der Artikel 68 wird aufgehoben.

Zu Ziff. I.

1. Art. 8 des Forststrafgesetzes für die Pfalz vom 28. Dezember 1831 in der Fassung der Bekanntmachung vom 2. Oktober 1879 (G. u. V.Bl. S. 1419) und des Gesetzes vom 17. Juni 1896 (G. u. V.Bl. S. 286) lautet:

„Wird ein Forstfrevel durch das Zusammenwirken mehrerer Personen verübt, so wird die Strafe gegen jede derselben ausgesprochen; für Entschädigung und Auslagen sind sie solidarisch verbunden. Diese Verfügung ist im Betreff der

Strafe jedoch auf Personen einer und derselben Familie nicht anwendbar, welche gemeinschaftlich einen Forstfrevel nach Art. 19, 22 oder 23 begehen."
Satz 1 dieses Artikels 8 ist durch das Ausf.Ges. unberührt geblieben. Lediglich der Satz 2 ist durch den in obiger Ziff. I enthaltenen Abs. 2 ersetzt, welche Aenderung im Regierungsentwurfe nicht enthalten war, auf Anregung des Abgeordneten Michel bei der 1. Lesung im Ges.Geb.Aussch. von der k. Staatsregierung zur 2. Lesung eingebracht wurde.[1]) Die Aenderung bezweckt, die Verschiedenheit, die zwischen Art. 8 des pfälzischen Forststrafgesetzes und Art. 56 des rechtsrheinischen Forstgesetzes bestund, dadurch zu beseitigen, daß dasjenige, was in den Landestheilen rechts des Rheins gilt, als das mildere Recht auf die Pfalz erstreckt wird. Die Aenderung im 1. Satze des neuen Abs. 2 beruht lediglich darauf, daß die Verweisung auf Art. 13 Abs. 1 Ziff. 1 bis 5 des pfälzischen Forststrafgesetzes (s. Ziff. II oben) eingeschaltet ist. Hiedurch soll klar gestellt werden, daß die milderen Bestimmungen, die für die Familienangehörigen gegeben werden, in der Pfalz nunmehr in demselben weiteren Sinne zu verstehen sind, wie nach Art. 69 Ziff. 1 bis 5 des rechtsrheinischen Forstgesetzes vom 28. März 1852 in der Fassung der Bekanntmachung vom 26. September 1879 (G. u. V.Bl. S. 1314).

2. Aus der Hinweisung auf Art. 13 Abs. 1 in der neuen Fassung (s. oben Ziff. II) ergibt sich, daß auch das Wort Familie hier in weiterem Sinne zu verstehen ist, daß demnach zur Familie auch gehören die Mündel und Pflegebefohlenen, die bei ihren Dienstherrschaften wohnenden Dienstboten, sowie die Zöglinge, Gesellen und Gehilfen, solange dieselben unter Aufsicht ihrer Lehrmeister, Gewerbsmeister stehen, wie auch schon Art. 56 Abs. 3 Satz 1 des rechtsrheinischen Forstgesetzes durch Hinweis auf Art. 69 Ziff. 1 bis 5 desselben Gesetzes den Ausdruck „zur Familie angehörige Personen" in diesem weiteren Sinne erläutert.

3. Die solidarische Verurtheilung in die Strafe erfolgt nur, soweit die Strafe jeden Einzelnen trifft. Liegt aber gegen einen der Familienangehörigen ein Erschwerungsgrund (Art. 19 des pfälz. Forststrafgesetzes) vor, so wird die erhöhte Strafe gegen ihn allein ausgesprochen; die solidarische Haftung der Uebrigen kann sich in diesem Falle nur auf denjenigen Betrag der Geldstrafe erstrecken, der alle trifft.[2])

4. Die Sätze 2 und 3 des neuen Absatzes 2 entsprechen genau dem Art. 56 Abs. 3 Satz 3 und 4 des rechtsrheinischen Forstgesetzes.

Zu Ziff. II.

1. Die Civilverantwortlichkeit d. h. die civilrechtliche Verpflichtung zur Leistung des Schadensersatzes für unerlaubte Handlungen eines Anderen beruht nicht auf einer Betheiligung an der Verübung des Forstfrevels, sondern auf der Erwägung, daß die bezeichneten Personen vermöge der ihnen über ihre Pflegbefohlenen und Untergebenen zustehenden rechtlichen Gewalt berechtigt und verpflichtet sind, deren Handlungen zu überwachen und zu leiten sowie dieselben in den Schranken der Ordnung zu halten. Als Regel muß angenommen werden, daß sie vermöge der ihnen zustehenden Aufsicht die von den Pflegebefohlenen u. s. w. verübten Frevel hätten verhindern können, daß sie daher, wenn nicht der Beweis der Unmöglichkeit der Verhinderung geliefert wird, auch für die Folgen der von denselben verübten Forstfrevel mit ihrem Vermögen zu haften haben. Die solidarische Verurtheilung wegen Civilverantwortlichkeit ist daher

1) A.A.Pr. S. 263, 429; Becher Mat. II S. 190, 370.
2) So auch Henle und Schneider Bem. 3 zu Art. 138.

wesentlich verschieden von der Verurtheilung wegen Miturheberschaft oder Theilnahme an dem Forstfrevel.[3]) Doch wird die Civilverantwortlichkeit der oben bezeichneten Personen für die ihren Angehörigen wegen Forstfrevels auferlegten Geldstrafen nicht dadurch ausgeschlossen, daß sie selbst wegen Mitwirkung zum Frevel der gleichen Strafe verfallen sind.[4])

2. Ein zu Art. 13 des revid. Forststrafgesetzes für die Pfalz ergangenes Erkenntniß des k. Oberlandesgerichts München vom 28. Juli 1881 (Slg. I S. 457) spricht den Grundsatz aus, daß die Haftbarkeit der als civilverantwortlich erklärten Person sich auf den vollen Betrag der gegen den Frevler erkannten Strafe auch dann erstreckt, wenn diese wegen des in der Person des Frevlers gelegenen Erschwerungsgrundes der Rückfälligkeit erhöht werden mußte.

3. Pflegekinder (Ziff. II Nr. 2) sind solche Personen, welche in Pflege und häuslicher Gemeinschaft stehen und thatsächlich als Hauskinder behandelt werden. Zu den Pflegebefohlenen (Nr. 3) gehören nicht nur die unter gerichtlicher Vormundschaft oder Pflegschaft stehenden Mündel oder Pfleglinge, sondern auch solche, die in einem weniger engen Verhältnisse zu demjenigen, dessen Pflege sie anvertraut sind, stehen; in beiden Fällen darf es sich aber nur um Minderjährige handeln, während bezüglich Nr. 2 (leibliche Kinder, Stief-, Adoptiv- und Pflegekinder) gleichgültig ist, ob sie volljährig oder minderjährig sind.

4. Wie ein Erkenntniß des k. O.L.G. München vom 14. Juli 1892 (Slg. VII S. 238) zu Art. 69 Ziff. 5 des rechtsrheinischen Forstgesetzes unter Bezugnahme auf die Bestimmungen der §§ 105 und 121 der Reichsgewerbeordnung (R.G.Bl. 1883 S. 197) ausgeführt, stehen die Gesellen im Allgemeinen nicht mehr unter der Aufsicht ihrer Arbeitgeber oder Gewerbsmeister, womit auch die Civilverantwortlichkeit der letzteren entfallen ist, und zwar auch dann, wenn die Gesellen beim Meister in Kost und Wohnung stehen. Jedenfalls bleibt es für die Anwendung obiger Ziff. II Nr. 5 immer Thatfrage, inwieweit die dort genannten Gesellen, Gehilfen und Zöglinge unter Aufsicht ihrer Gewerbe- und Lehrmeister stehen. Häusliche Gemeinschaft, wie bei Nr. 1—4 ist hier nicht Voraussetzung. Auch ist nicht wie bei Nr. 6 nothwendig, daß der Frevel in oder bei der Ausführung der aufgetragenen Verrichtungen geschah.

5. Die Civilverantwortlichkeit des Geschäftsgebers nach Ziff. II Nr. 6 wird dadurch, daß der Forstfrevel im Auftrage des ersteren (also durch dessen Theilnahme oder Miturheberschaft) verübt wurde, nicht ausgeschlossen. Vgl. oben Bemerkung Nr. 1 und Erkenntnisse des Oberst. G.H. v. 20. Oktober 1871 (Slg. d. O.G.H. f. Straff. 1 S. 192, ferner Erk. d. O.L.G. München v. 19. Okt. 1886 (Slg. IV S. 205).

Zu Ziff. III.

Ziff. III ändert den Art. 16, der von der Verjährung der Klagen handelt, dahin, daß, da für die Verjährung des Schadensanspruches nunmehr die Vorschriften

---

3) Näheres s. Ganghofer, das Forstgesetz für das Königreich Bayern III. Aufl. Note 1 zu Art. 69 S. 145 f., woselbst auch die zu Art. 69 ergangenen oberstrichterlichen Erkenntnisse angeführt sind.

4) E. d. O.L.G. München vom 18. Mai 1866 (Zeitschr. f. Ges. u. Rechtspflege Bd. XIII S. 318).

des § 852 BGB.[5]) gelten, die von der Verjährung des Schadensanspruches handelnden Bestimmungen gestrichen wurden, so daß die stehen gebliebenen Vorschriften nurmehr noch die Verjährung der öffentlichen Klage betreffen.

Zu Ziff. IV.

Artikel 26 handelt von der rechtswidrigen Weide. Abs. 4 desselben setzt die Strafe für die Weide an verhängten Orten fest, auf welche Strafhandlung nunmehr auch die Bestimmungen des Art. 8 Abs. 2 Satz 2 und 3 (s. oben Ziff. I) gleichmäßige Anwendung zu finden haben.

Zu Ziff. V—VIII.

1. Die Ziffern V—VIII ändern die Artikel 66 bis 68 und 91 des pfälz. Forststrafgesetzes in dem Verfahren vor den Amtsgerichten.

Art. 66 ist nunmehr auf die Ladung des Angeklagten und der civilverantwortlichen Personen beschränkt, da Ziff. 3 des Abs. 2 für die Ladung der Zeugen nicht paßt.

Die Zustellungsvorschriften (Art. 67 und 91) sind vereinfacht im Anschlusse an die Vorschriften der Civilprozeßordnung.

Die von der Ersatzzustellung handelnden Vorschriften des Art. 68 sind gänzlich aufgehoben.

2. Die Vorschriften über die Zustellungen in Forstrügesachen sind zusammengefaßt in den §§ 59 bis 67 der Bekanntmachung vom 16. Dezember 1899, die Ausführung der Zustellungen von Amtswegen betr. (Just.M.Bl. S. 475).[6]) Diese Bekanntmachung enthält auch die nach Abs. 2 des nunmehrigen Art. 91 dem k. Staatsministerium der Justiz überlassenen Anordnungen bezüglich der offenen Uebergabe des zuzustellenden Schriftstückes und der vorgeschriebenen abgekürzten Beurkundung in tabellarischer Form.

---

5) § 852 BGB.: „Der Anspruch auf Ersatz des aus einer unerlaubten Handlung entstandenen Schadens verjährt in drei Jahren von dem Zeitpunkt an, in welchem der Verletzte von dem Schaden und der Person des Ersatzpflichtigen Kenntniß erlangt, ohne Rücksicht auf diese Kenntniß in dreißig Jahren von der Begehung der Handlung an.

Hat der Ersatzpflichtige durch die unerlaubte Handlung auf Kosten des Verletzten etwas erlangt, so ist er auch nach der Vollendung der Verjährung zur Herausgabe nach den Vorschriften über die Herausgabe einer ungerechtfertigten Bereicherung verpflichtet."

6) Dieselben lauten:

„§ 59. In Forstrügesachen finden auf die Zustellungen von Amtswegen die für die Zustellungen von Amtswegen in gewöhnlichen Strafsachen geltenden Vorschriften der §§ 54—58 entsprechende Anwendung.

Für die Zustellungen von Vorladungen der Angeklagten, der civilverantwortlichen Personen und der Zeugen zur Hauptverhandlung, für die Zustellung von Urtheilen an die in der Hauptverhandlung in ihrer Abwesenheit verurtheilten Angeklagten und civilverantwortlichen Personen und für die Zustellung von Strafantrittsbefehlen gelten jedoch im Verfahren vor den Amtsgerichten, sofern die Zustellung durch den Gerichtsdiener erfolgen soll, die Vorschriften der §§ 60—65.

§ 60. Die Zustellung der im § 59 Abs. 2 bezeichneten Schriftstücke erfolgt auf Grund der in den Vollzugsvorschriften zum Forstgesetz und zum Forststrafgesetze be-

Artikel 139.

Das Gesetz vom 17. November 1837, die Zwangsabtretung von Grund-Eigenthum für öffentliche Zwecke betreffend, wird dahin geändert:

I. Im Artikel XV werden

1. im Satz 2 die Worte: „durch Anschlagung an dem

---

stimmten tabellarischen Verzeichnisse, (§ 46, 60 der rev. Vollz.Vorschr. zum Forstgesetze, J.M.Bl. 1879 S. 1649, 1656, ferner §§ 28, 51 der rev. Vollz.Vorschr. zum Forststrafgesetz a. o. Beil. z. Kr.A.Bl. f. d. Pfalz 1879 Nr. 79).

§ 61. Der mit der Zustellung beauftragte Gerichtsdiener erhält von dem Gerichtsschreiber für jede Gemeinde, in welcher Zustellungen zu erfolgen haben, ein nach dem im § 60 bezeichneten Formulare hergestelltes Verzeichniß der Personen, welchen zugestellt werden soll, sowie die erforderliche Zahl beglaubigter Auszüge aus den Verzeichnissen. Die Herstellung und Beglaubigung der Auszüge obliegt dem Gerichtsschreiber; für die Auszüge sind in den Vollzugsvorschriften zum Forstgesetz und zum Forststrafgesetze Formulare festgesetzt (s. Formular Ziff. IX, XI, XVI a. a. O.).

§ 62. Die Zustellung geschieht durch Uebergabe des Auszugs, d. h. einer beglaubigten Abschrift der die Person, welcher zuzustellen ist, betreffenden Stelle des Verzeichnisses. Der Auszug wird mit der Geschäftsnummer, unter der er in dem Verzeichniß eingetragen ist, bezeichnet und offen übergeben.

Die Beurkundung der Zustellung geschieht dadurch, daß in der dazu bestimmten Spalte des Verzeichnisses die Person, an welche zugestellt worden ist, sowie die Zeit und der Ort der Zustellung angegeben werden. Der Tag der Zustellung ist auf dem zu übergebenden Auszuge zu vermerken.

§ 63. Die Zustellung einer Vorladung an einen Angeklagten oder eine civilverantwortliche Person hat wenigstens drei Tage vor der Sitzung zu geschehen. In Fällen, in denen Gefahr auf Verzug ist, kann der Richter die Abkürzung der im Abs. 1 bestimmten Frist verfügen; von der Verfügung ist in der Vorladung Mittheilung zu machen.

§ 64. Das Verzeichniß mit der Beurkundung der geschehenen Zustellung ist alsbald nach der Ausführung der Zustellung dem Gerichtsschreiber zu überliefern.

§ 65. Soweit die Zustellungen auf Grund von Verzeichnissen erfolgen, sind sie in das Register für Zustellungen von Amtswegen (§ 8) nicht einzutragen.

§ 66. Der Gerichtsschreiber soll die im § 59 Abs. 2 bezeichneten Zustellungen nur in besonderen Fällen durch die Post besorgen lassen.

§ 67. Gegenüber den bisherigen Vorschriften ergeben sich mithin hauptsächlich folgende Aenderungen:

1. Die sämmtlichen bei der Zustellung zu übergebenden Schriftstücke sind vom Gerichtsschreiber zu beglaubigen.

2. Der Vermerk über die Zustellung § 62 Abs. 2 Satz 2 muß künftig auch bei dem Auszuge, welcher die Ladung zum Strafantritt enthält, angebracht werden; das bisherige Formular XVI enthält einen Vordruck hiezu nicht.

3. Die für die Ersatzzustellung durch Niederlegung in Forstrügesachen bisher geltenden Vorschriften des Art. 156 des Forstgesetzes und des Art. 68 des Forststrafgesetzes sind in den Art. 138, 146 des Ausführungsgesetzes zum BGB. gestrichen und damit durch den § 182 C.P.O. ersetzt worden. Mit Rücksicht hierauf fällt künftig der in der Bekanntmachung vom 16. Aug. 1879 (J.M.Bl. S. 554) vorgeschriebene Vermerk ‚Forstrügesache' weg."

Gerichtssitze und in sämmtlichen betheiligten Gemeinden" ersetzt durch die Worte:

„durch Veröffentlichung in dem ihr zu amtlichen Kundmachungen dienenden Blatte und durch Anheftung in den betheiligten Gemeinden",

2. in der Ziff. 2 des Satz 3 die Worte: „für die Angerufenen" ersetzt durch die Worte:

„für die Abtretungspflichtigen",

3. als Ziff. 3 folgende Vorschrift beigefügt:

3) für die übrigen Betheiligten, in der Voraussetzung des Erschienenseins der Anrufenden, Ausschließung mit den etwaigen Einwendungen gegen die angesprochene Abtretung.

4. folgende Vorschriften als Abs. 2, 3 eingestellt:

Die schriftliche Mittheilung an die Betheiligten und die Antragsteller oder deren Vertreter ist durch die Gemeindebehörde oder durch die Post gegen Nachweis zuzustellen. Die Zustellung unterbleibt, wenn der Wohnort der zu ladenden Person nicht bekannt ist.

Soweit die im Artikel XI bezeichneten Betheiligten nicht im Grundbuch eingetragen sind, werden sie nur berücksichtigt, wenn sie Erben eines eingetragenen Berechtigten sind oder wenn ihre Rechte angemeldet und auf Verlangen der Distriktspolizeibehörde glaubhaft gemacht sind. Die Rechtswirksamkeit der Ladung ist bei den im Artikel XI bezeichneten Betheiligten von der Zustellung der schriftlichen Mittheilung nur abhängig, wenn der Betheiligte sich zur Theilnahme an dem Verfahren gemeldet und erforderlichen Falles sein Recht glaubhaft gemacht hat.

II. Der Eingang des Artikel XVI hat zu lauten:

Die Distriktspolizeibehörde hat, sobald die Ladung erfolgt ist, bezüglich der in Anspruch genommenen Gegenstände . . . .

III. Der Artikel XXII. Ziff. 1 bis 4 wird aufgehoben.

1. Die Vorschriften des Zwangsabtretungsgesetzes vom 17. November 1837 (Ges.Bl. S. 109) bleiben in Folge des Vorbehalts in Artikel 109 des E.G. z. BGB. aufrecht erhalten. Eine Aenderung des Gesetzes ist schon durch das Ausführungsgesetz zur Civilprozeß- und Konkursordnung vom 23. Februar 1879, Artikel 45 bis 55 erfolgt. Diese sind nun wieder theilweise abgeändert durch Art. 166 Ziff. V bis XI des Ausführungsgesetzes zum BGB.[1])

1) Ueber das bayerische Expropriationsrecht s. Samhaber, das k. bayer. Gesetz über Zwangsabtretung, 1899; Hartmann, das Gesetz über Zwangsabtretung ꝛc., 1879;

2. Zu Ziff. I:

a) **Satz 2 des Art. XV betrifft die Ladung der Betheiligten zu dem zur Verhandlung** über die Abtretungspflicht bestimmten Termin vor der Distrikts-Polizeibehörde. Nach dem Vorbilde des Flurbereinigungsgesetzes Art. 20 Abs. 2, 3 und Art. 32 Abs. 3, 4 hat nunmehr die Ladung auch durch Veröffentlichung in dem zu amtlichen Kundmachungen dienenden Blatte, welches nicht ein besonderes Amtsblatt, aber ein solches, das von der Behörde zu ihren öffentlichen Bekanntmachungen benützt wird, sein muß, zu erfolgen. Die Anheftung an die Gerichtstafel dagegen ist weggefallen. Die schriftliche Mittheilung wird an die zu ladenden Personen nur dann gerichtet, wenn ihr Wohnort bekannt ist.

b) Bezüglich der in dem Ladungsdekrete ausdrücklich zu erwähnenden rechtlichen Folge des Nichterscheinens ist nunmehr durch obige Nr. 2 von Ziff. I die Bestimmung des Satzes 3 Ziff. 2 des Art. XV auf die Abtretungspflichtigen eingeschränkt, da die übrigen Betheiligten nicht an der Frage der Abtretungspflicht, sondern nur an der Höhe der Entschädigung interessirt sind.

c) Durch den neuen Zusatz der Ziff. 3 zu Satz 3 des Art. XV ist den übrigen Betheiligten, jedoch nur unter der Voraussetzung des Erschienenseins des Anrufenden als Rechtsnachtheil der Ausschluß mit etwaigen Erinnerungen gegen die Abtretung angedroht.

d) Ueber die nach Art. XI Betheiligten[2]) soll das Grundbuch Aufschluß geben. Die Vorschrift der Ziff. I Nr. 4 Abs. 2 Satz 1 kann daher erst in dem Zeitpunkte in Kraft treten, in welchem das Grundbuch als angelegt gilt.

Ist einer der Betheiligten nicht im Grundbuch eingetragen, was bei Hypotheken-, Grundschuld- und Rentenschuldgläubigern nicht selten der Fall sein wird, so muß er, um sich die Berücksichtigung zu sichern, sein Recht anmelden und erforderlichenfalls glaubhaft machen. Eine Ausnahme ist für die Erben eines eingetragenen Berechtigten gemacht, weil ihnen nicht zugemuthet werden kann, daß sie sofort nach dem Eintritte des Erbfalls ihre Eintragung im Grundbuch erwirken. Sind die Erben unbekannt, so genügt die öffentliche Bekanntmachung der Ladung.

Mit den Worten im neuen Abs. 3 „soweit die im Art. XI bezeichneten Betheiligten nicht im Grundbuch eingetragen sind" will das Gesetz sagen: soweit die Namen der Betheiligten nicht aus dem Grundbuch hervorgehen. Die Namen derjenigen Personen, zu deren Gunsten Verfügungsbeschränkungen eingetragen sind, sind aus dem Grundbuch deutlich zu entnehmen. Nicht aus dem Grundbuch hervorgehen werden Hypothekgläubiger, die eine Briefhypothek haben und Personen, welchen ein Pfandrecht an der eingetragen Hypothek zusteht. Für diese Klassen von Personen wird also die fragliche Gesetzesstelle praktisch sein. Nicht ganz unzweifelhaft möchte es aber sein, ob die Pfandgläubiger an Hypotheken Betheiligte im Sinne des Art. XI sind; der letztere Artikel gibt wenigstens hiezu keinen Anhaltspunkt.

Henle, die Zwangsenteignung von Grundeigenthum in Bayern, 1890; Seydel, bayer. Staatsrecht, 1896 II. Bd. §§ 209 ff.; über Expropriationsrecht im Allgemeinen s. die Citate bei Henle S. 34 und Seydel a. a. O.

2) Art. XI des Zwangsenteignungsgesetzes handelt von dem Einfluß der Expropriation auf die auf dem Abtretungsgegenstande ruhenden Hypotheken und die in Beziehung auf denselben im Hypothekenbuche etwa eingetragenen Verfügungsbeschränkungen.

Satz 2 des neuen Abs. 3 lautete im Regierungsentwurf:

„Die Rechtswirksamkeit der Ladung ist von der Zustellung der schriftlichen Mittheilung nur insoweit abhängig, als es sich um den Eintritt der im Art. XII bestimmten Beschränkung des Eigenthümers in der thatsächlichen Verfügung handelt."

Der Regierungsentwurf machte also die darin erwähnte Zustellung der schriftlichen Mittheilung nur insoweit obligatorisch, als es sich um den Eintritt ꝛc. ꝛc. handelt. Die jetzige Fassung wurde im Reichsrathsausschusse gewählt, indem angenommen wurde, die Rechtsnachtheile für den ausbleibenden Theil seien zu bedeutend, als daß man sie ohne Nachweis der schriftlichen Ladung verhängen könnte. Durch diese Fassung, welche u. A. auch den Zusatz „bei den in Art. XI bezeichneten Betheiligten" erhielt, wurde die Nothwendigkeit der Zustellung einer schriftlichen Mittheilung eingeschränkt. Hieraus wird per arg. e contr. im Zusammenhalte mit Art. XV zu folgern sein, daß nach der Gesetzesfassung die Zustellung der schriftlichen Ladung an den Eigenthümer und den Abtretungsberechtigten erforderlich ist, da auch der Eigenthümer als Betheiligter im Sinne des Art. XV zu erachten ist. Auch für die Gläubiger wird es der schriftlichen Ladung dann unbedingt bedürfen, wenn sie sich zur Theilnahme an dem Verfahren gemeldet haben. Dagegen können Gläubiger, die sich zur Theilnahme gemeldet oder auf Erfordern ihr Recht nicht glaubhaft gemacht haben, sich nicht darauf berufen, daß ihnen die schriftliche Ladung nicht ordnungmäßig zugegangen sei; sie müssen die öffentliche Bekanntmachung für sich gelten lassen.[3])

3. Zu Ziff. II.

Die in Ziff. II vorgenommene Aenderung des Einganges des Art. XVI entbindet die Distriktspolizeibehörde von der Verpflichtung, dem Grundbuchamte den Nachweis des Vollzugs der Ladung mitzutheilen.

4. Zu Ziff. III.

Ziff. 5 und 6 des Art. XXII sind schon durch Art. 6 des Einf.Ges. zur Prozeßordnung von 1869 aufgehoben worden.

5. Da das Bürgerliche Gesetzbuch neben der Hypothek die Grundschuld und die Rentenschuld als Formen des Grundkredits kennt, und an die Stelle des Hypothekenamts das Grundbuchamt getreten ist, so erleiden die Art. XI, XV und XVI auch in soferne Aenderungen, als neben den Hypotheken die Grundschulden und die Rentenschulden zu berücksichtigen und die den Hypothekenämtern obliegenden Verpflichtungen von dem Grundbuchamte wahrzunehmen sind. In dieser Beziehung trifft der unten folgende Art. 174 über die Anwendung älterer hypothekenrechtlicher Vorschriften auf Grundbuchsachen Bestimmung; hienach findet, was in den in Kraft bleibenden Vorschriften von dem Hypothekenbuch und dem Hypothekenamt bestimmt ist, entsprechende Anwendung auf das Grundbuch und das Grundbuchamt, ebenso finden die Vorschriften über Hypotheken entsprechende Anwendung auf Grundschulden und Rentenschulden.

Artikel 140.

Der Artikel 5 Abs. 2 Ziff. 1 des Gesetzes vom 4. Juni 1848, die Wahl der Landtagsabgeordneten betreffend, in der Fassung der Bekanntmachung vom 22. März 1881 erhält folgende Fassung:

---

3) R.R.A.Pr. 10 Prot. S. 9 ff.; Becher, Mat. II S. 422, 450.

1) Personen, welche entmündigt oder nach § 1906 des Bürgerlichen Gesetzbuchs unter vorläufige Vormundschaft gestellt sind.

1. Art. 5 des Landtagswahlgesetzes vom 7. Juni 1848 in der Fassung der Bekanntmachung vom 22. März 1881 [1]) bestimmt, wer als Urwähler wahlberechtigt ist. Nach dem bisherigen Abs. 2 Ziff. 1 sind von der Wahlfähigkeit ausgeschlossen Personen, welche unter Kuratel stehen, oder welchen nach Art. 499 und 513 des pfälzischen Civilgesetzbuchs ein Beistand gerichtlich beigegeben ist. Die neue Fassung entspricht der durch das Bürgerliche Gesetzbuch (§§ 6, 104, 114) geschaffenen Rechtslage und enthält eine sachliche Aenderung nur insofern, als die nach Art. 499 des pfälzischen Civilgesetzbuchs angeordnete Bestellung eines Beistandes, die nach Art. 211 des Einf.Ges. zum Bürgerlichen Gesetzbuch ihre Wirkung mit dem Ablaufe von 6 Monaten nach dem Inkrafttreten des Bürgerlichen Gesetzbuchs verliert, schon vom 1. Januar 1900 an keinen Einfluß auf die Wahlfähigkeit mehr hat. [2])

2. Nach § 6 des BGB. kann entmündigt werden:

1) wer in Folge von Geisteskrankheit oder von Geistesschwäche seine Angelegenheiten nicht zu besorgen vermag;
2) wer durch Verschwendung sich oder seine Familie der Gefahr des Nothstandes aussetzt;
3) wer in Folge von Trunksucht seine Angelegenheiten nicht zu besorgen vermag oder sich oder seine Familie der Gefahr des Nothstandes aussetzt oder die Sicherheit Anderer gefährdet.

Nach Art. 155, 156 des Einf.Ges. zum BGB. steht, wer zur Zeit des Inkrafttretens des BGB. wegen Geisteskrankheit oder Verschwendung entmündigt oder, für welchen nach den französischen oder den badischen Gesetzen wegen Verschwendung die Bestellung eines Beistandes angeordnet war, von dieser Zeit an einem nach den Vorschriften des BGB. wegen Geisteskrankheit bezw. wegen Verschwendung Entmündigten gleich.

3. Nach § 1906 BGB. kann ein Volljähriger, dessen Entmündigung beantragt ist, unter vorläufige Vormundschaft gestellt werden, wenn das Vormundschaftsgericht es zur Abwendung einer erheblichen Gefährdung der Person oder des Vermögens des Volljährigen für erforderlich erachtet.

Die Bestellung einer Pflegschaft nach § 1910 BGB. wegen körperlicher Gebrechen schließt von der Wahlberechtigung nicht aus. [3])

Artikel 141.

Das Gesetz vom 4. Juni 1848 über die Aufhebung der standes- und gutsherrlichen Gerichtsbarkeit, dann die Aufhebung, Fixirung und Ablösung von Grundlasten wird dahin geändert:

I. Der Artikel 29 Abs. 2 Satz 1 erhält folgende Fassung:

Solche Bodenzinskapitalien haben denselben Rang wie die Grundrenten, an deren Stelle sie treten.

---

1) Ges. und V.Bl. 1881 S. 113.
2) Mot. B S. 92; Becher, Mat. II S. 49.
3) So auch Henle und Schneider, a. a. O. Note 3 zu Art. 140.

II. Der Artikel 30 Abs. 2 Satz 1 erhält folgende Fassung:
Solche Annuitäten haben den Rang der Gefälle, an deren Stelle sie getreten sind.

1. Nach Art. 29 Abs. 2 des obenbezeichneten Gesetzes vom 4. Juni 1848[1]) hatten die Bodenzinskapitalien, welche zum Ersatze für eine an die Ablösungskasse nicht abgetretene Realrente bestellt sind, dieselben Vorrechte des Hypothekengesetzes und der Prioritätsordnung, welche den Grundrenten zustanden, an deren Stelle sie treten. Diese Vorrechte sind im § 12 Ziff. 4 des Hypothekengesetzes und im § 12 Ziff. 7 der Prioritätsordnung von 1822 bestimmt. Die Vorschriften des Hypothekengesetzes und der Prioritätsordnung sind aufgehoben (vgl. unten Art. 175 Abs. 1 Ziff. 1 u. 2), weshalb in Ziff. I an die Stelle der Vorrechte der Grundrenten deren Rang gesetzt ist. Die gleiche Aenderung war nothwendig bezüglich des die Abtragung des Ablösungskapitals mittels Annuitäten betreffenden Art. 30 Abs. 2 Satz 1 (Ziff. II), da von solchen Annuitäten nach Art. 13 des Gesetzes vom 28. April 1872, die Grundentlastung betreffend[2]) und den Artikeln 7, 8 des Gesetzes vom 2. Februar 1898, die Fortsetzung der Grundentlastung betr.,[3]) neuer Gebrauch nicht mehr gemacht werden kann.

2. In Bezug auf den Rang selbst wird durch obige neue Fassung nichts geändert.[4]) Es wurde im Gesetzgebungsausschuß der Abgeordnetenkammer[5]) vom Referenten auf Grund der Debatte ohne irgend einen Widerspruch festgestellt, daß diejenigen Bodenzinskapitalien, welche der Eintragung in das Hypothekenbuch nicht bedurft haben, im Zweifel immer den Hypotheken vorgehen, und daß dies auch bei den anderen Bodenzinskapitalien der Privaten der Fall ist, soweit nicht ein anderer Rang durch schon bestehende Einträge im Hypothekenbuche erworben wurde.

Artikel 142.

Die noch geltenden Vorschriften des Gesetzes vom 12. März 1850, die Verpflichtung zum Ersatze des bei Aufläufen diesseits des Rheins verursachten Schadens betreffend, werden auf die Pfalz erstreckt.

Die Schließung einer gütlichen Uebereinkunft mit dem Beschädigten nach Art. 4 Abs. 1 und die Vertheilung der Umlage auf die Pflichtigen nach Art. 10 Abs. 1 des Gesetzes vom 12. März 1850 erfolgt in der Pfalz durch den Gemeinderath.

1. In Geltung sind vom Gesetze vom 12. März 1850[1]) noch die Artikel 1—3, Art. 4 Abs. 1, Art. 8 Abs. 1, Art. 9 bis 15.

2. Durch die Bestimmung des Art. 142 ist gleiches Recht für alle Landestheile geschaffen; wegen der Verschiedenheit der rechtsrheinischen und der pfälzischen Gemeindeverfassung war die Ausnahme des Abs. 2 nothwendig. Eine wesentliche Aenderung liegt in der Erstreckung des Gesetzes von 1850 auf die Pfalz nicht, da sich die Grundsätze dieses Gesetzes ohnedies schon an das Gesetz v. 10. Vendemiaire IV angeschlossen haben.

---

1) Gesetzblatt 1848 S. 97.

2) Ges.Bl. 1871/72 S. 349 ff.

3) Ges. u. V.Bl. 1898 S. 19.

4) Art. 184 des Einf.Ges. zum BGB. bestimmt, daß bestehende Rechte, mit denen ein Grundstück belastet ist, ihren Rang behalten.

5) A.A.Prot. S. 269; Becher, Mat. II S. 161.

1) Ges.Bl. 1849/50 S. 73.

Artikel 143.

Das Gesetz vom 30. März 1850, die Ausübung der Jagd betreffend, wird dahin geändert:

I. Als Artikel 1a werden folgende Vorschriften eingestellt:

Dem Jagdrecht unterliegen die wilden Säugethiere und Vögel, deren Fleisch, Pelzwerk oder Gefieder verwerthet zu werden pflegt oder die als Raubthiere diesem Wilde nachstellen. Die Thiergatttungen, welche zu dem jagdbaren Wilde gehören, können durch Königliche Verordnung bestimmt werden.

Das ausschließliche Recht des Jagdberechtigten erstreckt sich auf die verendeten Thiere sowie auf die Eier des Federwildes.

II. Im Artikel 18 erhält die Ziff. 1 folgende Fassung:

1) den wegen Geisteskrankheit oder Geistesschwäche Entmündigten und den notorisch Geisteskranken.

III. Im Artikel 19 erhält die Ziff. 1 folgende Fassung:

1) den Minderjährigen, den wegen Verschwendung oder wegen Trunksucht Entmündigten und den nach § 1906 des Bürgerlichen Gesetzbuchs unter vorläufige Vormundschaft gestellten Personen.

Die in der Ziff. I enthaltenen Vorschriften gelten auch für die Pfalz.

Durch Art. 69 des Einf.Ges. zum BGB. ist die Regelung des Jagdrechts der Landesgesetzgebung vorbehalten. Art. 143 des Ausf.Ges. ändert in einigen Punkten das für die rechtsrheinischen Landestheile geltende Gesetz vom 30. März 1850, die Ausübung der Jagd betreffend,[1]) wovon jedoch die in der Ziff. I des Abs. 1 enthaltenen Vorschriften in Abs. 2 auch für die Pfalz geltend erklärt werden. Für die Pfalz bleiben im Uebrigen die noch geltenden Vorschriften der pfälzischen Verordnung vom 21. September 1815 (Amtsblatt S. 253), welche durch Verordnung der bayer. Landesadministration am linken Rheinufer vom 11. Juli 1816 (Amtsbl. S. 105) auf den Kreis Landau erstreckt worden ist, unberührt.[2])

Zu Ziff. I Abs. 1 und Abs. 2:

1. Darüber, welche Thiergattungen dem Jagdrecht unterliegen, herrschte bisher je nach den Bestimmungen der geltenden Civilrechte große Verschiedenheit. Vgl. für das gemeine Recht Entsch. d. bayer. Obersten Gerichtshof in Straff. Bd. IX S. 473, des Reichsgerichts in Straff. Bd. XIX S. 349, XXIX S. 8, des Oberlandesgerichts

---

1) Ges.Bl. 1849/50 S. 117.

2) Ueber Jagdrecht s. Höcht, Systematische Darstellung des im rechtsrheinischen Bayern geltenden Jagdrechts 1893; Pollwein, Bayer. Ges. vom 30. März 1850, die Ausübung der Jagd betr., 1891; Maenner, das Jagdrecht der Pfalz rc. 1892; Derselbe, Forstschutz und Jagdschutz, eine Zusammenstellung der in der Pfalz geltenden Bestimmungen, 1895.

in München Bd. III S. 384, ferner für Preußisches Recht LR Thl. II Tit. 16 §§ 31, für einzelne Partikularrechte Weber, Darstellung der Provinzial- und Statutarrechte Bd. II S. 984, 985, Bd. III Thl. 1 S. 318, 333, Thl. 2 S. 707. Die Bestimmung in Ziff. I Abs. 1 mit Abs. 2 des Art. 143 beantwortet die Frage für das ganze Königreich im Sinne der im Gebiete des gemeinen Rechts bisher herrschenden Ansicht durch Aufstellung allgemeiner Merkmale. Zur Verhütung von Zweifeln können jedoch durch k. Verordnung die jagdbaren Thiergattungen einzeln bestimmt werden.[3])

2. Dem ausschließlichen Aneignungsrechte des Jagdberechtigten unter-

---

3) Solche Verordnung wurde erlassen am 11. Juli 1900 (G. u. V.Bl. S. 693 ff.) Dieselbe bestimmt:

§ 1.

Folgende Thiere werden für jagdbar erklärt:

A. Haarwild:

1. Rothwild
2. Damwild
3. Rehwild
4. Gemswild
5. Schwarzwild
6. der gemeine Hase und der Alpenhase
7. das wilde Kaninchen
8. das Murmelthier
9. der Biber
10. der Fuchs
11. die Wildkatze und die verwilderte Hauskatze
12. der Dachs
13. der Fischotter
14. der Sumpfotter (Nörz)
15. die Marder
16. der Iltis
17. die Wiesel.

B. Federwild:

1. Auerwild
2. Birkwild
3. Rackelwild
4. das Haselhuhn
5. das Schneehuhn
6. das Steinhuhn
7. das Feldhuhn
8. die Wachtel
9. die Fasanen
10. das wilde Truthuhn
11. das Steppenhuhn
12. die Wildtauben (Ringel-, Hohl- und Turteltaube)
13. der Krammetsvogel (Wachholder-Drossel)
14. die Waldschnepfe und die Bekassinen
15. der Kiebitz
16. der Brachvogel (Moosgrille)
17. die Trappen
18. der Kranich

liegt nicht nur das lebende Wild, sondern auch das Fallwild. Als solches gelten jedoch die Reste eines völlig in Verwesung übergegangenen Thierkörpers nicht mehr. Vgl. Reichsgericht Entsch. in Straff. III S. 226, V S. 281, XIII S. 84, XV S. 268, XIX S. 49, XXIII S. 89, bayer. Oberster Gerichtshof in Straff. VIII S. 26, 479, Oberlandesgericht München IV S. 440 V S. 343, 349, VII S. 282. Auch die Eier des jagdbaren Federwildes unterliegen dem ausschließlichen Aneignungsrechte des Jagdberechtigten. Das Ausnehmen derselben ist aber auch dem Berechtigten nur mit besonderer Bewilligung gestattet (§ 10 der Verordnung vom 5. Oktober 1863, polizeiliche Vorschriften über Ausübung und Behandlung der Jagden betr., R.Bl. S. 1657). Auf die abgeworfenen Geweihe jedoch erstreckt sich das Jagdrecht nicht.[4])

Das tödtlich verletzte aber erst über der Grenze niedergebrochene Wild verfällt in den Landestheilen rechts des Rheins der Aneignungsberechtigung des Nachbars, in dessen Jagdgebiet es liegen geblieben ist. Dies gilt auch für die Pfalz.[5])

Für den Fall, daß ein Unberechtigter sich jagdbares Wild aneignet, ist durch Art. 69 des Einf.Ges. z. BGB. ohne Rücksicht auf landesgesetzliche Vorschrift der § 958 Abs. 2 des BGB. für anwendbar erklärt, nach welchem durch die Besitzergreifung eines Unberechtigten weder für diesen noch für den Berechtigten Eigenthum erworben wird.[6])

---

19. die Reiher, darunter die Rohrdommel
20. alle übrigen Sumpfvögel sowie Wasser- und Rohrhühner mit Ausnahme der Störche
21. die wilden Schwäne
22. die Wildgänse
23. die Wildenten
24. die Säger
25. die Möven mit Ausnahme der Lachmöve und die Seeschwalben
26. der Kormoran (Sperbe)
27. die Taucher
28. der Uhu
29. die Adler
30. die Falken mit Ausnahme des Thurmfalken
31. der Habicht und der Sperber
32. die Weihen
33. die Milane
34. die Bussarde
35. die Geier.

§ 2.

Die Staatsministerien der Justiz, des Innern und der Finanzen werden ermächtigt, weitere Thiergattungen, welche der Begriffsbestimmung in Art. 1a des Jagdgesetzes vom 30. März 1850 entsprechen und durch Einwanderung oder künstliche Einbürgerung in das Gebiet des Königreichs gelangt sind oder gelangen werden, für jagdbar zu erklären.

§ 3.

Diese Verordnung gilt auch für die Pfalz.

4) Motive B S. 92; A.A Pr S. 271; Becher, Mat. II S. 51, 163.

5) S. Henle u. Schneider, Note 9 u. 10 Abs. 1 zu Art. 143.

6) Der Wilderer erwirbt also durch die von ihm bethätigte Aneignung des Wildes kein Eigenthum an dem in Besitz genommenen Wilde und zwar weder für sich, noch für

Auf die Aneignung, durch welche der Jagdberechtigte das Eigenthum an dem Wilde erwirbt, findet die Vorschrift des § 958 Abs. 1 BGB. Anwendung, wonach derjenige, welcher eine herrenlose bewegliche Sache in Eigenbesitz nimmt, das Eigenthum an der Sache erwirbt.

3. Inwieweit der Fischereiberechtigte zur Erlegung von jagdbaren Thieren befugt ist, die den Fischen nachstellen, ist der in Aussicht genommenen Regelung des Fischereirechts vorbehalten worden. Einstweilen verbleibt es nach Art. 1 oben bei dem bisherigen Landesrechte.[7])

Zu Ziff. II u. III.

1. Art. 18 des Gesetzes vom 30. März 1850 bestimmt die Personen, welchen die Jagdkarten verweigert werden müssen, Art. 19 diejenigen, welchen die Jagdkarte verweigert werden kann. Die neue Fassung für Art. 18 Ziff. 1 und Art. 19 Ziff. 1 ist durch die Rücksicht auf die Bestimmungen des § 6 des BGB. über Entmündigung und des § 1906 BGB. über vorläufige Vormundschaft bedingt.

Als minderjährig im Sinne des Art. 19 Z. 1 kann der für volljährig Erklärte nicht angesehen werden (BGB. § 3 Abs. 2).

2. Die Bestimmungen in Ziff. II u. III sind nicht auf die Pfalz ausgedehnt, weil dort für die Ertheilung von Jagdkarten schon ausreichende Bestimmungen bestehen.

Artikel 144.

Das Gesetz vom 15. Juni 1850, den Ersatz des Wildschadens betreffend, wird dahin geändert:

I. Der Artikel 1 erhält folgende Fassung:

Die Vorschriften des Bürgerlichen Gesetzbuchs über die Verpflichtung zum Ersatze des Wildschadens werden durch die folgenden Bestimmungen ergänzt.

II. Der Artikel 2 erhält folgende Fassung:

Die Ersatzpflicht erstreckt sich auf den Schaden, welcher durch jagdbare Säugethiere anderer als der im Bürgerlichen Gesetzbuche bezeichneten Gattungen angerichtet wird.

III. Der Artikel 3 Abs. 1, 2 erhält folgende Fassung:

Ist das Jagdrecht auf den zu einem Jagdbezirke vereinigten Grundstücken nach den gesetzlichen Vorschriften über die Ausübung der Jagd von der Gemeinde verpachtet oder wird es von der Gemeinde in Selbstverwaltung ausgeübt, so haftet dem Beschädigten an Stelle der Grundeigenthümer die Gemeinde.

---

den Jagdberechtigten. Wohl aber erwirbt er den Besitz und diesen Besitz ist er nach BGB. § 812 an den Jagdberechtigten zu überlassen verpflichtet; wenn das Wild in den Besitz des Jagdberechtigten kommt, wird dieser Eigenthümer. Verkauft der Wilderer das Wild, so ist er nach BGB. § 816 dem Jagdberechtigten gegenüber zur Herausgabe des Kaufpreises verpflichtet; der gutgläubige Erwerber des Wildes wird nach BGB. § 932 Eigenthümer. Henle u. Schneider, Note 10 Abs. 2 zu Art. 143.

7) Vgl. Entsch. des vormal. Kassationshofs IV S. 434.

Sind mehrere Gemeindebezirke zu einem Jagdbezirke vereinigt, so haften die Gemeinden als Gesammtschuldner.

IV. Der Artikel 5 erhält folgende Fassung:

Der vom Wilde in Baumschulen, in Obstgärten oder an einzeln stehenden jungen Bäumen verursachte Schaden wird nicht vergütet, wenn die Herstellung von Schutzvorrichtungen unterblieben ist, die unter gewöhnlichen Umständen zur Abwendung des Schadens ausreichen.

V. Als Artikel 8a wird folgende Vorschrift eingestellt:

Der Beschädigte hat den Anspruch auf Ersatz des Wildschadens bei Verlust des Anspruchs binnen sechs Tagen, nachdem er von der Beschädigung Kenntniß erlangt hat, bei der Ortspolizeibehörde anzumelden, in deren Bezirke der Schaden entstanden ist. Zur Wahrung der Frist genügt die Absendung der Anmeldung. Die Ortspolizeibehörde soll die Anmeldung sofort dem Ersatzpflichtigen mittheilen.

VI. Die Artikel 4, 6 werden aufgehoben.

Die Artikel 1, 2, 5, 7 bis 8a des Gesetzes vom 15. Juni 1850 werden auf die Pfalz erstreckt.

Die Verpflichtung zum Ersatze des Wildschadens ist im § 835 des Bürgerlichen Gesetzbuchs geregelt, die Artikel 70—72 des Einführungsgesetzes behalten jedoch der Landesgesetzgebung eine Reihe von Ergänzungen vor.[1])

---

1) § 835 BGB.: „Wird durch Schwarz-, Roth-, Elch-, Dam- oder Rehwild oder durch Fasanen ein Grundstück beschädigt, an welchem dem Eigenthümer das Jagdrecht nicht zusteht, so ist der Jagdberechtigte verpflichtet, dem Verletzten den Schaden zu ersetzen. Die Ersatzpflicht erstreckt sich auf den Schaden, den die Thiere an den getrennten, aber noch nicht eingeernteten Erzeugnissen des Grundstücks anrichten.

Ist dem Eigenthümer die Ausübung des ihm zustehenden Jagdrechts durch das Gesetz entzogen, so hat derjenige den Schaden zu ersetzen, welcher zur Ausübung des Jagdrechts nach dem Gesetze berechtigt ist. Hat der Eigenthümer eines Grundstücks, auf dem das Jagdrecht wegen der Lage des Grundstücks nur gemeinschaftlich mit dem Jagdrecht auf einem anderen Grundstück ausgeübt werden darf, das Jagdrecht dem Eigenthümer dieses Grundstücks verpachtet, so ist der letztere für den Schaden verantwortlich.

Sind die Eigenthümer der Grundstücke eines Bezirkes zum Zwecke der gemeinschaftlichen Ausübung des Jagdrechts durch das Gesetz zu einem Verbande vereinigt, der nicht als solcher haftet, so sind sie nach dem Verhältnisse der Größe ihrer Grundstücke ersatzpflichtig."

Einführungsgesetz z. BGB. Art. 70: „Unberührt bleiben die landesgesetzlichen Vorschriften über die Grundsätze, nach welchen der Wildschaden festzustellen ist, sowie die landesgesetzlichen Vorschriften, nach welchen der Anspruch auf Ersatz des Wildschadens innerhalb einer bestimmten Frist bei der zuständigen Behörde geltend gemacht werden muß."

Artikel 71: „Unberührt bleiben die landesgesetzlichen Vorschriften, nach welchen

Zu Ziff. I.

Ziff. I setzt an die Stelle des Art. 1 des Gesetzes vom 15. Juni 1850[2]) eine einleitende Bestimmung, durch welche zum Ausdruck gebracht ist, daß die Vorschriften des Gesetzes zur Ergänzung der Vorschriften des Bürgerlichen Gesetzbuchs über die Verpflichtung zum Ersatze des Wildschadens dienen.

Zu Ziff. II.

Durch den neuen Art. 2 werden die Bestimmungen des bisherigen Art. 1 im Eingange und des bisherigen Art. 6 des Gesetzes ersetzt. Entsprechend dem Vorbehalte des Art. 70 Nr. 1 des E.G. z. BGB. ist hier die schon nach dem bisherigen Art. 1 des Gesetzes von 1850 geltende Bestimmung, daß die Ersatzpflicht auf den Schaden sich erstreckt, welcher durch jagdbare Säugethiere anderer als der in § 835 BGB. bezeichneten Gattungen, insbesondere der Hasen und Kaninchen, angerichtet wird, aufrecht erhalten. Für die Schadensersatzpflicht ist auch die Verordnung maßgebend, durch welche nach dem Gesetze über die Ausübung der Jagd die jagdbaren Thiere bestimmt werden (s. oben Art. 143), jedoch selbstverständlich unter dem Vorbehalte, daß die Thiere auch derartige sind, daß durch sie Schaden angerichtet werden kann.

Zu Ziff. III.

Die in Ziffer III vorgenommene Aenderung des Artikels 3 Abs. 1 u. 2 betrifft

---

1. die Verpflichtung zum Ersatze des Wildschadens auch dann eintritt, wenn der Schaden durch jagdbare Thiere anderer als der im § 835 des Bürgerlichen Gesetzbuchs bezeichneten Gattung angerichtet wird;
2. für den Wildschaden, der durch ein aus einem Gehege ausgetretenes jagdbares Thier angerichtet wird, der Eigenthümer oder der Besitzer des Geheges verantwortlich ist;
3. der Eigenthümer eines Grundstücks, wenn das Jagdrecht auf einem anderen Grundstück nur gemeinschaftlich mit dem Jagdrecht auf seinem Grundstück ausgeübt werden darf, für den auf dem anderen Grundstück angerichteten Wildschaden auch dann haftet, wenn er die ihm angebotene Pachtung der Jagd abgelehnt hat;
4. der Wildschaden, der an Gärten, Obstgärten, Weinbergen, Baumschulen und einzelstehenden Bäumen angerichtet wird, dann nicht zu ersetzen ist, wenn die Herstellung von Schutzvorrichtungen unterblieben ist, die unter gewöhnlichen Umständen zur Abwendung des Schadens ausreichen;
5. die Verpflichtung zum Schadensersatz im Falle des § 835 Abs. 3 des Bürgerlichen Gesetzbuchs abweichend bestimmt wird;
6. die Gemeinde an Stelle der Eigenthümer der zu einem Jagdbezirke vereinigten Grundstücke zum Ersatze des Wildschadens verpflichtet und zum Rückgriff auf die Eigenthümer berechtigt ist oder an Stelle der Eigenthümer oder des Verbandes der Eigenthümer oder der Gemeinde oder neben ihnen der Jagdpächter zum Ersatze des Schadens verpflichtet ist;
7. der zum Ersatze des Wildschadens Verpflichtete Erstattung des geleisteten Ersatzes von demjenigen verlangen kann, welcher in einem anderen Bezirke zur Ausübung der Jagd berechtigt ist."

Artikel 72: „besteht in Ansehung eines Grundstücks ein zeitlich nicht begrenztes Nutzungsrecht, so finden die Vorschriften des § 835 des Bürgerlichen Gesetzbuchs über die Verpflichtung zum Ersatze des Wildschadens mit der Maßgabe Anwendung, daß an die Stelle des Eigenthümers der Nutzungsberechtigte tritt."

2) Gesetzblatt 1849/50 S. 185.

nur die Fassung. Auf die Pfalz ist der ganze Art. 3 nicht anwendbar. Inwiefern die Ausübung des Jagdrechts durch die Grundeigenthümer selbst zulässig ist, bestimmen Art. 2 u. 3. des Gesetzes vom 30. März 1850, die Ausübung der Jagd betreffend.[3]) In allen übrigen Fällen übt nach Art. 4 dieses Gesetzes die politische Gemeinde namens der Grundeigenthümer innerhalb ihres Bezirkes das Jagdrecht durch Verpachtung aus und nach Art. 11 sind die Gemeinden ausnahmsweise befugt, unter den dort angeführten Voraussetzungen die Jagd in Selbstverwaltung auszuüben.

Abs. 3 des Art. 3 des Ges. 15. Juni 1850, wonach in allen Fällen der aus Gemeindekassen geleistete Ersatz von den einzelnen Grundeigenthümern der betreffenden Gemeinde zu vergüten und auf dieselben verhältnißmäßig zu vertheilen ist, sowie Abs. 4, wonach es der Gemeinde unbenommen ist, in dem Jagdpachtvertrage den oder die Pächter der Jagd für den Rückersatz des aus der Gemeindekasse geleisteten Wildschadens haftend zu erklären, bleiben bestehen.

4. Ziff. IV ändert den Art. 5 im Sinne der sich aus Art. 71 Nr. 4 E.G. z. BGB. ergebenden Bestimmung der Beweislast, so daß nunmehr die Beweislast nicht den Beschädigten, sondern den Jagdberechtigten trifft. Der Jagdberechtigte hat hienach zu beweisen, daß die Herstellung von Schutzvorrichtungen unterblieben ist, die unter gewöhnlichen Umständen zur Abwendung des Schadens ausreichen.

Die Ausdehnung der Bestimmung des neuen Art. 5 auf Weinberge und Gemüsegärten im freien Felde und auf die Herstellung von Schutzvorrichtungen auch gegen außergewöhnliche Beschädigungsumstände ist im Justizausschusse der K. d. A. zurückgewiesen worden. Hiebei wurde konstatirt, daß es zur Begründung der Schadensersatzpflicht auf übermäßiges Hegen nicht ankomme, sondern daß die bloße Thatsache, daß das Wild Schaden anrichtet, zum Schadensersatze verpflichtet, da es sich um eine Garantiepflicht handele, die mit der Berechtigung auf das Wild verbunden ist, ferner daß zu außergewöhnlichen Umständen zu rechnen sind die Fälle, daß in Folge großer Schneemassen der sonst ausreichende Zaun von den Thieren übersprungen werden kann, oder daß ein Sturm die Einzäunung beschädigt und dadurch das Eindringen der Thiere ermöglicht wird, bis der Zaun in entsprechender Zeit wieder hergestellt ist.[4])

5. Ziff. V beruht auf dem Vorbehalte des Art. 70 des E.G. z. BGB. Durch die Bestimmung des neuen Artikels 8a wird der Ersatzpflichtige vor der Erhebung unbegründeter Ansprüche geschützt und in die Lage versetzt, gegebenen Falls den Gegenbeweis, daß der Schaden nicht vom Wilde herrührt, rechtzeitig vorzubereiten.

Die kurze sechstägige Anmeldefrist soll den Beschädigten nöthigen, die Anzeige so zeitig zu machen, daß der Schaden alsbald, solange er noch frisch ist, festgestellt werden kann. Der Anspruch geht verloren, wenn er nicht binnen 6 Tagen, nachdem der Beschädigte Kenntniß erhalten hat, angemeldet wird. Den Beweis der verspäteten Anmeldung muß der Ersatzpflichtige führen.[5])

Wenn der Beschädigte nach entstandenem Schaden erst zuwartet, ob nicht noch ein weiterer Nachtheil entsteht, kann er den Schaden nicht mehr geltend machen, welcher mehr als 6 Tage vor der Anmeldung liegt, dagegen kann er den später entstandenen Schaden auf dessen Eintritt er noch gewartet hat, ersetzt verlangen.

Zur Wahrung der Anmeldefrist genügt jede Art der Absendung, sei es durch

---

3) Gesetzblatt 1849/50 S. 117.
4) A.A.P. S. 276; Becher Mat. II S. 172. (Aeuß. des Min.Komm. Dr. v. Jacubezky.)
5) A.A.Pr. S. 279; R.R.A.Pr. 10 S. 14; Becher Mat. II S. 174, 14 f.

die Post, durch Boten oder auf andere Weise. Der Ersatzansprechende hat natürlich den Nachweis der rechtzeitigen Absendung zu liefern.[6])

Wenn durch ein Naturereigniß eine Gegend vom Verkehr abgeschnitten und hiedurch die Einhaltung der Anmeldefrist unmöglich gemacht wird, so wird die Auslegung kein Bedenken haben, den § 203 Abs. 2 des Bürgerlichen Gesetzbuchs entsprechend anzuwenden, nach welchem eine Hemmung der Verjährung im Falle einer Verhinderung durch höhere Gewalt eintritt.[8])

Die Verjährung des Anspruchs richtet sich nach BGB. Art. 852.

6. Die Aufhebung der Art. 4 und 6[9]) durch Ziffer VI ist Ausfluß des § 835 des Bürgerlichen Gesetzbuchs, der einerseits keine Rücksicht darauf nimmt, ob der Schaden durch übermäßiges Hegen veranlaßt ist und anderseits auch Ersatz für einen durch Fasanen angerichteten Schaden zuläßt; im Uebrigen ist Art. 6 aufrechterhalten durch die neue Fassung des Art. 2.

7. In der Pfalz bestanden bisher besondere Vorschriften über den Ersatz des Wildschadens nicht. Deshalb sind mit den Vorschriften des Bürgerlichen Gesetzbuchs in Absatz 2 des Art. 144 auch die sie ergänzenden Bestimmungen der Art. 1, 2, 5 (neuer Fassung) 7, 8 und 8a[10]) des Gesetzes v. 15. Juni 1850 auf die Pfalz erstreckt. Zur Einführung des Art. 3 in der Pfalz war keine Veranlassung, da dort die Ersatzpflicht der Gemeinde schon aus § 835 Abs. 1 des BGB. begründet ist, gleichviel ob man annimmt, der Gemeinde stehe in der Pfalz selbst das Jagdrecht zu oder ob man der Meinung ist, es stehe ihr die Ausübung des Jagdrechtes der Grundeigenthümer als eigenes Recht zu.

Die Aenderungen, welche die neuen Vorschriften über den Ersatz des Wildschadens gegenüber dem bisherigen pfälzischen Rechte ergeben, werden von Henle u. Schneider a. a. O. S. 234 in Folgendem zusammengefaßt:

a) Wildschaden muß ersetzt werden, auch wenn den Ersatzpflichtigen kein Verschulden trifft. Ueberhege braucht nicht vorzuliegen.

b) Den Wildschaden, der im Gemeindejagdbezirk entsteht, trägt die Gemeinde; soweit die Gemeinde selbst Grundeigenthümerin ist, ist sie die Berechtigte und Verpflichtete in einer Person, also ist von Ersatz keine Rede. Die Gemeinde hat das Recht des Rückgriffs auf den Jagdpächter, wenn dieser den Wildschaden durch Ueberhege verschuldet hat, sowohl aus dem Jagdpachtvertrage, der dem

---

6) A.A.Pr. S. 278; Becher Mat. II S. 175.

7) A.A.Pr. S. 277; Becher Mat. II S. 175.

8) A.A.Pr. S. 277; Becher Mat. II S. 175.

9) Art. 4 lautete: „Der Anspruch auf Ersatz ist nicht davon abhängig, daß der Wildschaden durch übermäßiges Hegen oder sonstiges Verschulden in Ausübung der Jagd verursacht wurde." Art. 6 lautete: „Von dem Feldwilde verursachter Schaden wird nicht vergütet."

10) Die Art. 7, 8 des Gesetzes vom 15. Juni 1850 lauten:

„Art. 7. Wenn Getreide und ähnliche Erzeugnisse, deren voller Werth sich erst zur Zeit der Ernte bemessen läßt, vor diesem Zeitpunkte durch Wild beschädigt werden, so ist der Wildschaden nur in demjenigen Umfange zu erstatten, in welchem er sich zur Zeit der Ernte darstellt.

Art. 8. Insoweit der Wildschaden nach den Grundsätzen einer ordentlichen Wirthschaft durch Wiederanbau in demselben Jahre ausgeglichen werden kann, soll hierauf bei der Abschätzung Rücksicht genommen werden."

Pächter die Pflicht zum ordnungsmäßigen Jagdbetrieb auflegt, wie aus BGB. § 823. Durch Vereinbarung kann die Tragung des Wildschadens anders geregelt, insbesondere kann sie dem Pächter auch insoweit übertragen werden, als der Schaden nicht eine Folge von Ueberhege ist.

Für Wildschaden auf einem Jagdgebiete, auf dem der Grundeigenthümer selbst das Recht der Jagdausübung hat (Staatswald, Privatwald von 200 rheinischen Morgen, umfriedete Grundstücke) besteht eine Ersatzpflicht nicht, weil auch hier die gleiche Person berechtigt und verpflichtet ist.

c) An Baumschulen und Obstgärten oder an einzelstehenden jungen Bäumen wird kein Wildschaden vergütet, wenn der Eigenthümer versäumt hat, die für gewöhnliche Fälle ausreichenden Schutzvorrichtungen anzubringen.

d) Der Anspruch auf Ersatz des Wildschadens muß binnen sechs Tagen, nachdem der Beschädigte von dem Schaden Kenntniß erlangt hat, bei der Ortspolizeibehörde angezeigt werden. Die Klage auf Ersatz des Wildschadens verjährt in drei Jahren von der Kenntniß des Schadens an.

Artikel 145.

Im Artikel 14 des Gesetzes vom 4. Mai 1851, das Einschreiten der bewaffneten Macht zur Erhaltung der gesetzlichen Ordnung betreffend, werden die Worte: „in dem Pfalzkreise die Bestimmungen des einschlägigen Gesetzes vom 10. Vend. IV" gestrichen.

1. Eine frühere Aenderung des Gesetzes vom 4. Mai 1851, das Einschreiten der bewaffneten Macht zur Erhaltung der gesetzlichen Ordnung betreffend,[1]) enthält Art. 2 Nr. 13 des Gesetzes über den Vollzug der Einführung des Strafgesetzbuchs für das Deutsche Reich in Bayern vom 26. Dezember 1871,[2]) wodurch die Art. 9 bis 13 über Strafbestimmungen aufgehoben wurden.

2. Die in Art. 145 vorgenommene Aenderung des Art. 14 des Gesetzes vom 4. Mai 1851 hängt mit der in Art. 142 enthaltenen Ausdehnung des Gesetzes vom 12. März 1850, die Verpflichtung zum Ersatze des bei Aufläufen diesseits des Rheins verursachten Schaden betr., auf die Pfalz und mit der Aufhebung des Gesetzes vom 10. Vendemiaire IV zusammen.

Artikel 146.

Das Forstgesetz vom 28. März 1852 in der Fassung der Bekanntmachung vom 4. Juli 1896 wird dahin geändert:

I. Der Artikel 154 erhält folgende Fassung:

Die Vorladung des Angeklagten sowie der civilverantwortlichen Person muß enthalten:

1. Namen, Stand, Wohn- oder Aufenthaltsort des Vorzuladenden;
2. eine kurze Bezeichnung der Forstrügesache;
3. die beantragte Strafe und Entschädigung;

---

1) Ges.Bl. 1851|52 S. 9.
2) Ges.Bl. 1871 S. 81.

4. Tag und Stunde der Verhandlung;
5. den Hinweis darauf, daß gegen den Angeklagten und gegen die civilverantwortliche Person auch dann, wenn weder sie noch Bevollmächtigte erscheinen, zur Hauptverhandlung geschritten würde.

II. Der Artikel 155 erhält folgende Fassung:

Die Zustellung der Vorladung hat wenigstens drei Tage vor der Sitzung zu geschehen.

In Fällen, in denen Gefahr auf Verzug ist, kann der Richter die Abkürzung der im Abs. 1 bestimmten Frist verfügen; von der Verfügung ist in der Vorladung Mittheilung zu machen.

III. Der Artikel 188 erhält folgende Abs. 2, 3:

Für die durch den Gerichtsdiener erfolgenden Zustellungen in dem Verfahren vor den Amtsgerichten kann das Staatsministerium der Justiz anordnen, daß das Schriftstück offen übergeben wird, und eine abgekürzte Beurkundung in tabellarischer Form vorschreiben.

Das offen zu übergebende Schriftstück wird mit der Geschäftsnummer bezeichnet, unter der es in dem zur Beurkundung der Zustellung bestimmten Verzeichniß eingetragen ist. Der Tag der Zustellung ist auf dem Schriftstücke zu vermerken.

IV. Der Artikel 156 wird aufgehoben.

1. Die in Ziff. I bis III des Artikel 146 vorgenommenen Aenderungen des rechtsrheinischen Forstgesetzes vom 28. März 1852 in der Fassung der Bekanntmachung vom 4. Juli 1896 [1]) entsprechen genau jenen bei dem die Aenderungen des Forststrafgesetzes für die Pfalz enthaltenden Art. 138a Ziff. V—VII; vgl. daher die dortigen Bemerkungen oben S. 228.

2. Der Artikel 156 ist durch die Bestimmungen der Strafprozeßordnung, welche auch für das Forststrafverfahren Anwendung findet, überflüssig geworden.

Artikel 147.

Das Gesetz vom 28. Mai 1852 über die Benützung des Wassers wird dahin geändert:

I. Der Artikel 21 erhält folgende Fassung:

Für Beschädigungen, die nicht eine nothwendige Folge der Benützung des Leinpfads sind, sondern durch Mißbrauch oder Nachlässigkeit der bei der Schiff- oder Floßfahrt beschäftigten Personen verursacht werden, sind die Urheber

---

1) Ges. u. V.-Bl. 1896 S. 325 ff.

und ihre Dienstherrn nach den bestehenden Vorschriften verantwortlich.

II. Der Artikel 37 erhält folgende Fassung:

Durch Begründung einer Dienstbarkeit können von den Bestimmungen der Artikel 34 und 35 abweichende Verhältnisse festgesetzt werden.

III. Im Artikel 39 Abs. 1 werden die Worte: „als Zubehör der Grundstücke" ersetzt durch die Worte:

„als zu den Grundstücken gehörig".

IV. Der Artikel 47 Abs. 1 erhält folgende Fassung:

Wo nicht durch Lokalverordnungen, Herkommen oder besondere Rechtsverhältnisse etwas Anderes festgesetzt ist, liegt jedem Ufereigenthümer die Pflicht ob, sein Ufer von allen Hindernissen des Wasserablaufs frei zu erhalten.

V. Der Eingang des Artikel 54 hat zu lauten:

Sofern nicht Lokalverordnungen, Herkommen oder besondere Rechtsverhältnisse eine Ausnahme begründen, . . .

VI. Der Eingang des Artikel 59 Abs. 1 hat zu lauten:

Die durch Lokalverordnungen, Herkommen oder besondere Rechtsverhältnisse festgesetzte Vertheilung des Wassers . . .

VII. Im Artikel 60 Abs. 1 und im Artikel 68 Abs. 1 werden die Worte: „Herkommen, besondere Rechtstitel oder Verjährung" ersetzt durch die Worte:

„Herkommen oder besondere Verhältnisse".

VIII. Der Artikel 103 wird aufgehoben.

1. Die bürgerlich-rechtlichen Vorschriften des Gesetzes vom 28. Mai 1852 über die Benützung des Wassers[1]) sind durch Artikel 65 des E.G. z. BGB. aufrecht erhalten.

2. Zu Ziff. I.

Die durch Ziff. I vorgenommene Aenderung der Fassung des Art. 21 besteht darin, daß, während nach der alten Fassung die Urheber der Beschädigungen und ihre Dienstherren solidarisch ersatzpflichtig erklärt waren, nunmehr die Gesammthaftung sich nicht mehr aus dem Wassergesetze ergeben soll, sondern daß zufolge der neuen Fassung nach den bestehenden Vorschriften, anderweitigen Spezialgesetzen und außerdem nach den Grundsätzen des Bürgerlichen Gesetzbuchs zu entscheiden ist, welche Per-

1) Ges.Bl. 1851/52 S. 489; Pözl, die bayerischen Wassergesetze, 2. Aufl. 1880; Reus, die bayerischen Wassergesetze, 2. Aufl. 1896; Pollwein, das bayer. Gesetz vom 28. Mai 1852, die Benützung des Wassers betr. rc., in der vom 1. Januar 1900 an geltenden Fassung, 2. Aufl. 1900.

sonen die Haftung trifft und in welchem Umfange. Derartige Spezialbestimmungen sind schon enthalten in den §§ 3, 4 des Reichsgesetzes vom 15. Juni 1895, betreffend die privatrechtlichen Verhältnisse der Binnenschiffahrt [2]), nach welchen der Schiffseigner, falls ihm eigenes Verschulden nicht zur Last fällt oder der Schaden von ihm durch fehlerhafte Führung des Schiffes verursacht worden ist, nur mit Schiff und Fracht haftet, ferner in den §§ 22, 23 des Reichsgesetzes vom 15. Juni 1895, betreffend die privatrechtlichen Verhältnisse der Flößerei, [3]) wonach die Haftung des Eigenthümers eines Floßes für einen Schaden, der in Folge des Verschuldens des Floßführers oder einer Person der Floßmannschaft durch das Floß verursacht wird, auf das Floß sich beschränkt, zugleich aber eine nach dem bürgerlichen Rechte begründete persönliche Haftung vorbehalten ist. Soweit solche Spezialvorschriften nicht bestehen, haben nunmehr die Vorschriften des Bürgerlichen Gesetzbuchs in Anwendung zu kommen. Nach § 831 BGB. ist Derjenige, welcher einen Anderen zu einer Verrichtung bestellt, für den Schaden, den der Andere in Ausführung der Verrichtung einem Dritten widerrechtlich zufügt, nicht schlechthin, sondern nur mit der Maßgabe haftbar, daß die Ersatzpflicht nicht eintritt, wenn der Geschäftsherr bei der Auswahl der bestellten Person und, sofern er Vorrichtungen oder Geräthschaften zu beschaffen oder die Ausführung der Verrichtung zu leiten hat, bei der Beschaffung oder der Leitung die im Verkehre erforderliche Sorgfalt beobachtet hat, oder wenn der Schaden auch bei Anwendung dieser Sorgfalt entstanden sein würde. Der Dienstherr des Schiffs- und Floßpersonals hat nach dem BGB. also nicht mehr eine allgemeine Haftung; er hat aber, falls er sein Verschulden bestreitet, die Beweislast hiefür. Aus § 840 BGB. ergibt sich, daß der Dienstherr, soweit er neben den bei der Schiffahrt oder Floßfahrt beschäftigten Personen ersatzpflichtig ist, als Gesammtschuldner haftet. [4])

3. Zu Ziff. II.

Die Bestimmungen der Artikel 34 und 35 lauten:

Art. 34. „Dem Eigenthümer steht ausschließlich die Verfügung über solches Wasser [5]) zu; er ist aber nicht befugt, dem Wasser, welches auf seinem Grundstücke entspringt oder sich darauf natürlich sammelt, zum Abflusse auf fremdes Eigenthum eine dasselbe belästigende andere Leitung zu geben, als wohin nach Beschaffenheit des Bodens der natürliche Lauf geht."

Art. 35. „Der Eigenthümer des niedriger liegenden Grundstückes ist nicht befugt, den natürlichen Abfluß des Wassers von dem höher liegenden Grundstücke zu dessen Nachtheil zu hindern."

Nach dem bisherigen Art. 37 konnten von diesen Bestimmungen abweichende Verhältnisse durch Vertrag oder durch Verjährung (Ersitzung) festgesetzt werden. Die Ersitzung von Rechten ist aber dem Bürgerlichen Gesetzbuche, abgesehen von dem hier nicht in Betracht kommenden Falle des § 900 Abs. 2, bei Gegenständen des unbeweglichen Vermögens fremd. Der Titel der Verjährung ist daher durch Ziff. II aus Art. 37

---

2) R.G.Bl. S. 301.

3) R.G.Bl. S. 341.

4) Motive B S. 95; Becher Mat. II S. 55.

5) Nämlich (Art. 33) Wasser, welches sich in Teichen, Cisternen, Brunnen und anderen Behältern befindet, das auf einem Grundstücke entspringende oder darauf sich natürlich sammelnde Wasser, so lange solches von dem Grundstücke nicht abgeflossen ist, ferner die künstlich angelegten Wasserleitungen und Kanäle.

des Wassergesetzes gestrichen. Es können nunmehr abweichende Verhältnisse nur noch durch Begründung einer Dienstbarkeit mittels Rechtsgeschäfts nach § 873 BGB. festgesetzt werden.

Die Aenderung des Art. 37 wird erst wirksam in dem Zeitpunkte, in dem das Grundbuch als angelegt anzusehen ist, da es sich um Vorschriften des Liegenschaftsrechts handelt, s. unten Artikel 177 des A.G.

4. Zu Ziff. III.

Unser Bürgerliches Recht hat vor dem 1. Januar 1900 auch unbewegliche Zubehörungen eines Grundstückes anerkannt. Nach § 97 BGB. gibt es nurmehr noch bewegliche Zubehörungen; deshalb war Art. 39 Abs. 1, welcher von Flüssen und Bächen, die weder zur Schiffahrt noch zur Floßfahrt mit gebundenen Flüssen dienen, als Zubehör der Grundstücke, zwischen denen sie hindurchfließen, spricht, dahin abzuändern, daß die Worte „als Zubehör der Grundstücke" durch die Worte „als zu den Grundstücken gehörig" ersetzt werden, daß also solche als Bestandtheile der Grundstücke betrachtet werden sollen.

5. Zu Ziff. IV—VIII.

In den Artikeln 47 Abs. 1, 54, 59 Abs. 1, 60 Abs. 1 und 68 Abs. 1 ist aus denselben Gründen, wie bei Ziff. II (s. oben Nr. 3) die nach der früheren Fassung als besonderer Rechtstitel zugelassene Verjährung beseitigt worden. Durch Belassung des Herkommens soll jedoch die Möglichkeit gewahrt bleiben, daß ein bestehender Zustand durch lange Dauer Geltung erlangt.[6]) Das „Herkommen"[7]) soll also auch künftig als Rechtsquelle zulässig bleiben und zwar im ganzen Gebiete des Königreichs. Nach dem durch Ziff. VIII aufgehobenen Artikel 103 des Wassergesetzes sollte das Herkommen nur insoweit rechtliche Wirkung haben, als dasselbe nach den in den verschiedenen Gebietstheilen geltenden Gesetzen eine Rechtsquelle bildete.[8]) Nach den bisherigen Vorschriften war das Herkommen in der Pfalz überhaupt keine Rechtsquelle. Durch die Aufhebung des Art. 103 ist etwas Neues für die Pfalz bestimmt, so daß auch in der Pfalz künftig das Herkommen als Rechtsquelle des Wasserrechts zugelassen ist. Das schon bestehende Herkommen behält nach Art. 1 Abs. 2 des Ausf.Ges. z. BGB. seine Geltung auch insoweit, als es aus der Zeit vor der Erlassung der Verfassungsurkunde stammt.[9])

Das Wasserbenützungsgesetz läßt das Herkommen nur in beschränktem Rahmen zu in Bezug auf besondere Verhältnisse, bei denen örtliche Umstände und Gepflogenheiten Berücksichtigung erheischen. Solches gilt für die Regelung der Pflicht zur Bachreinigung (Art. 47), für Regelung des Rückstaues und der Wiedereinleitung von Privatflüssen und Bächen (Art. 54), für die Regelung der Wasservertheilung bei Privatflüssen und Bächen (Art. 59, 60) und für die Regelung des Rechts, in Privatflüssen und Bächen zu triften und zu flößen (Art. 68), ferner für die Regelung des natürlichen

6) Motive B S. 96; Becher Mat. II S. 57.
7) Ueber „Herkommen" s. auch oben Erläuterung Nr. VIII zu Art. 1 S. 29.
8) Gleiche Bestimmung enthielt der durch Art. 149 A.G. z. BGB. nun aufgehobene Art. 29 des Uferschutzgesetzes vom 28. Mai 1852; s. nachfolgenden Art. 149.
9) Motive B S. 96; A.A.Pr. S. 283 ff., R.R.A.Pr. 10 S. 16; Becher Mat. II S. 55 ff., 186 ff., 464.

Ablaufs des Wassers von dem höher liegenden Grundstücke (Art. 37). Außerhalb dieser Gebiete ist die Berufung auf das Herkommen nicht zugelassen.

Die Aenderung in den Artikeln 47, 54, 59, 60 u. 68 durch die Worte „besondere Rechtsverhältnisse" soll lediglich den früher an jenen Stellen gebrauchten Ausdruck „besondere Rechtstitel" ersetzen, ohne daß hierin eine sachliche Aenderung zu erblicken ist.

Artikel 148.

In dem Gesetze vom 28. Mai 1852 über die Bewässerungs- und Entwässerungs-Unternehmungen zum Zwecke der Boden-Cultur erhält der Artikel 14 folgende Fassung:

> Die Beitragsverbindlichkeit zu den Unterhaltskosten ist öffentliche Last der betheiligten Grundstücke und erlischt nur mit dem vorschriftsmäßigen Ausscheiden des Grundstücks oder mit der Auflösung der Genossenschaft.

1. Der Artikel 14 des Gesetzes vom 28. Mai 1852 über die Bewässerungs- und Entwässerungs-Unternehmungen zum Zwecke der Boden-Kultur[1]) bezeichnet die Beiträge zu den Kosten der Unterhaltung genossenschaftlicher Bewässerungs- und Entwässerungsanlagen als Reallasten, meint damit aber nicht eine Reallast im Sinne des Bürgerlichen Gesetzbuchs § 1105, eine privatrechtliche Leistung, sondern, wie das Urtheil des Obersten Gerichtshofs vom 9. Oktober 1877 (Samml. VII S. 129, Bl. f. E. R.A. 42 S. 386), ausführt, eine öffentlich-rechtliche Last. Artikel 148 stellt daher zunächst die Fassung des Art. 14 des Ges. vom 28. Mai 1852 insofern richtig, als der unkorrekte Ausdruck „Reallast" durch die richtige Bezeichnung „öffentliche Last" ersetzt ist.[2])

2. Die Haftung der Grundstücke für die Beiträge ergibt sich auch aus Art. 122 des A.G. (s. oben S. 185) und § 10 Abs. 1 Nr. 3 des Gesetzes über die Zwangsversteigerung und die Zwangsverwaltung vom 24. März 1897 in der Fassung vom 20. Mai 1898.[3])

3. Ueber das Ausscheiden einzelner zur Genossenschaft gehöriger Grundstücke s. Art. 7, 8, über Auflösung der Genossenschaft Art. 9 des Ges. v. 28. Mai 1852.

Artikel 149.

Der Artikel 29 des Gesetzes vom 28. Mai 1852 über den Uferschutz und den Schutz gegen Ueberschwemmungen wird aufgehoben.

Art. 29 des Gesetzes v. 28. Mai 1852 über den Uferschutz 2c. 2c.[1]) enthielt die gleiche Bestimmung wie Art. 103 des Wasserbenützungsgesetzes. Die Aufhebungsgründe

---

1) Ges.Bl. 1851/52 S. 455.

2) Vgl. hiezu auch Art. 9 Abs. 2 Ziff. 3 des Gesetzes vom 21. April 1884, die Landeskultur-Rentenanstalt betr. (G. u. V.Bl. 1884 S. 113) in der Fassung der Ziff. III von Art. 170 des gegenw. A.G., wonach die zur Tilgung eines von der Landeskultur-Rentenanstalt gegebenen Darlehens auf die einzelnen Genossen vertheilten Renten öffentliche Lasten der Grundstücke sind.

3) R.G.Bl. 1898 S. 713 ff. Vgl. auch §§ 436, 1047 u. 1385 BGB.

1) Ges.Bl. 1851/52 S. 577.

sind bei beiden Artikeln die gleichen, s. die Bemerkungen oben zu Art. 147 Ziff. IV bis VIII.

Artikel 150.

Das Gesetz vom 28. Mai 1852 über die Ausübung und Ablösung des Weiderechtes auf fremdem Grund und Boden wird dahin geändert:

I. Im Artikel 17 werden die Worte: „mit den in § 12 Ziffer 3 und 4 des Hypothekengesetzes und § 12 Ziffer 7 der Prioritätsordnung vom 1. Juni 1822 festgesetzten Vorzügen" ersetzt durch die Worte:

„mit dem Range des Weiderechts".

II. Im Artikel 18 werden die Worte: „welches gleichfalls die im Artikel 17 erwähnten Vorrechte des Hypothekengesetzes und der Prioritätsordnung genießt" ersetzt durch die Worte:

„welches gleichfalls den im Artikel 17 bestimmten Rang hat".

III. Im Artikel 42 werden die Worte: „mit den im Artikel 17 bestimmten Vorrechten" ersetzt durch die Worte:

„mit dem im Artikel 17 bestimmten Range".

1. Die Aenderungen, welche in vorstehendem Artikel an dem Gesetze vom 28. Mai 1852 über die Ausübung und Ablösung des Weiderechts auf fremdem Grund und Boden [1]) vorgenommen sind, beruhen auf den gleichen Gründen, wie jene im Art. 141 des Ausführungsgesetzes vorgenommenen Aenderungen des Grundablösungsgesetzes vom 4. Juni 1848; vgl. daher die Bemerkungen zu letzterem Artikel 141.

2. Gemäß Art. 177 A.G. gilt die neue Fassung der Art. 17, 18 und 42 des Weiderechtsgesetzes erst von dem Zeitpunkt an, in welchem das Grundbuch als angelegt anzusehen ist.

Artikel 151.

Der Artikel 8 Abs. 2 und der Artikel 9 Abs. 3 des Gesetzes vom 28. Mai 1852, die Sicherung, Fixirung und Ablösung der auf dem Zehentrechte lastenden kirchlichen Baupflicht betreffend, werden aufgehoben.

1. Nach den Artikeln 8, 9 des Zehentbaupflichtgesetzes vom 28. Mai 1852 [1]) kann die auf einem Zehentrechte lastende kirchliche Baupflicht als Reallast auf Grundbesitz übertragen oder in eine Reallast auf Leistung eines jährlichen Baukanons umgewandelt werden.[2]) Die aus der Reallast der Baupflicht zu entrichtenden Leistungen hatten nach Art. 8 Abs. 2 im Konkurse das im § 12 Nr. 7 der Prioritätsordnung bestimmte

---

1) Ges.Bl. 1851/52 S. 601.

1) Ges.Bl. 1851/52 S. 701.

2) Vgl. hiezu Art. 34 des Grundrentenablösungsgesetzes vom 4. Juni 1848 und Art. 1 des Zehentbaupflichtgesetzes.

Vorzugsrecht, an dessen Stelle der im Artikel 108 Abs. 1 Ziff. 1 und im Artikel 151 Abs. 1 Ziff. 1 der Subhastationsordnung bestimmte Rang bei der Zwangsvollstreckung in das belastete Grundstück getreten ist, jedoch nur unbeschadet der bestehenden Hypotheken; dem jährlichen Baukanon war im Artikel 9 Abs. 3 dasselbe Vorzugsrecht und der im § 12 Nr. 4 des Hypothekengesetzes bestimmte gesetzliche Hypothekentitel eingeräumt. Für die Reallasten, die nach der Anlegung des Grundbuchs bestellt werden, sind die Vorschriften des Bürgerlichen Gesetzbuchs maßgebend; der Rang bestimmt sich nach dem § 879. Die vor dieser Zeit begründeten Reallasten behalten nach Artikel 184 des Einführungsgesetzes zum Bürgerlichen Gesetzbuche den Rang, der sich aus den bisherigen Gesetzen ergibt. Der gesetzliche Hypothekentitel fällt mit der Aufhebung des Hypothekengesetzes weg. Art. 151 hebt deshalb die angeführten Vorschriften des Gesetzes vom 28. Mai 1852 auf.[3])

2. Ueber Kirchen- und Schulbaulast insbes. auch die Zehentbaupflicht s. oben Erl. zu Art. 1 Nr. 13 S. 23 ff.

Artikel 152.

Das Gesetz vom 22. Februar 1855, die landwirthschaftlichen Erbgüter betreffend, wird dahin geändert:

I. Der Schluß des Artikel 4 Abs. 2 erhält folgende Fassung:

. . . . daß ihre Forderungen dergestalt, wie sie angezeigt sind, und für Forderungen, für die eine dingliche Haftung nicht besteht, Sicherungshypotheken auf das Erbgut eingetragen werden sollen.

II. Im Artikel 6 erhält

1. der Abs. 4 Satz 3 folgende Fassung:

Zur Gültigkeit solcher Rechtsgeschäfte ist die Bestätigung des zuständigen Gerichts (Art. 3) erforderlich.

2. An die Stelle der Abs. 6, 7 treten folgende Vorschriften:

Zu einer Belastung des Erbguts, zu der der Eigenthümer nach den Vorschriften dieses Gesetzes verpflichtet ist, ist die Zustimmung des Anerben nicht erforderlich.

Wegen anderer als derjenigen Verbindlichkeiten, die auf dem Erbgute haften oder den Eigenthümer nach den Vorschriften dieses Gesetzes treffen, findet die Zwangsvollstreckung in das Erbgut nur mittelst Zwangsverwaltung statt.

III. Im Artikel 8 werden die Worte: „vorbehaltlich der Bestimmungen des Hypothekengesetzes §§ 24—26“ ersetzt durch die Worte:

---

3) Motive B S. 96; Becher, Mat. II S. 58.

„vorbehaltlich der Vorschriften zu Gunsten derjenigen, welche Rechte von einem Nichtberechtigten herleiten":

IV. Der Artikel 10 Abs. 5 erhält folgende Fassung:

Zur Gutsübergabe unter Lebenden ist die Bestätigung durch das nach Art. 3 zuständige Gericht erforderlich.

V. Im Artikel 27 erhält

1. der Eingang folgende Fassung:

Die Bestellung einer Sicherungshypothek an dem Erbgute können verlangen:

2. Die Ziff. 3 wird durch folgenden Abs. 2 ersetzt:

Die Personen, welche nach den Art. 20, 24 Alimente anzusprechen haben, können, falls ihnen ein zu dem Erbgute gehörendes Gebäude oder ein Theil eines solchen Gebäudes als Wohnung zum ausschließlichen Gebrauche zu gewähren ist, die Bestellung eines Wohnungsrechts, falls ihnen ein Theil des Erbguts zu sonstiger Benützung zu gewähren ist, die Bestellung einer entsprechenden persönlichen Dienstbarkeit und, soweit andere wiederkehrende Leistungen zu entrichten sind, die Bestellung einer entsprechenden Reallast an dem Erbgute verlangen.

VI. Die Artikel 2, 30, 33 werden aufgehoben.

Die nach dem Gesetze vom 22. Februar 1855 [1]) errichteten landwirthschaftlichen Erbgüter gehören, wie in den Materialien zum dritten Abschnitte des Entwurfes eines Einführungsgesetzes zum Bürgerlichen Gesetzbuch (Reichstagsdrucks. 1896 Anlagenband II S. 10) anerkannt ist, zu den Familienfideikommissen im Sinne des Artikel 59 des Einführungsgesetzes zum Bürgerlichen Gesetzbuche. Infolge dessen bleibt das Gesetz vom 22. Februar 1855 im Allgemeinen unberührt. Einzelne seiner Vorschriften bedurften jedoch wegen ihres Zusammenhanges mit dem allgemeinen Liegenschaftsrecht einer Aenderung.

Zu Ziff. I.

Nach der bisherigen Fassung des Artikel 4 Abs. 2 des Gesetzes waren vor der Beurkundung der Errichtung eines Erbguts die bekannten Gläubiger des Stifters unter dem Rechtsnachtheile vorzuladen, daß ihre Forderungen dergestalt, wie sie angezeigt sind, auf das Erbgut eingetragen werden sollen. Unter der Eintragung auf das Erbgut ist die Eintragung einer Hypothek für die Forderung zu verstehen. Da das Bürgerliche Gesetzbuch mehrere Formen der Hypothek aufstellt, so war für die Forderungen, für die ein dingliches Recht nicht besteht, eine Bestimmung darüber erforderlich, welcher Art die einzutragende Hypothek sein soll. Die Aenderung der Ziff. I wählt in Uebereinstimmung mit den sonstigen Vorschriften, die ein Recht auf

---

1) Ges.Bl. 1853/55 S. 49; Stein, Kommentar zum Gesetz vom 22. Februar 1855, die landwirthschaftlichen Erbgüter betreffend, in Dollmanns Slg. Thl. I Bd. 2 S. 1 ff.

Erlangung einer Hypothek gewähren (vergl. Art. 91 des Einf.Ges. zum BGB.), die Sicherungshypothek (BGB. § 184).

Zu Ziff. II.

Der Artikel 6, welcher bestimmt, inwiefern zur Verpfändung des Erbgutes und zum Austausch von Grundstücken die Zustimmung der Anerben erforderlich ist, gestattet in Absatz 4 dem Gutseigenthümer unter bestimmten Voraussetzungen den Austausch von Grundstücken auch ohne Zustimmung der Anerben. Satz 3 des Abs. 4 verlangt zur Gültigkeit solcher Rechtsgeschäfte die Verlautbarung vor dem im Art. 3 bezeichneten Gerichte. Das Gericht hat nach Art. 3 Ziff. 3 die Verlautbarung nur vorzunehmen, wenn es sich von dem Vorhandensein der gesetzlichen Voraussetzungen überzeugt hat. Die gerichtliche Verlautbarung wird deshalb durch die notarielle Beurkundung des Tauschvertrags (§ 313 des BGB.) und die Auflassung nicht vollständig ersetzt, es muß vielmehr von dem zuständigen Gerichte festgestellt werden, daß die Voraussetzungen vorliegen, unter denen die Zustimmung der Anerben entbehrlich ist. Ziff. II, 1 verlangt daher neben der notariellen Beurkundung und bezw. neben der Auflassung auch die gerichtliche Bestätigung des Austausches.

2. Art. 6 Abs. 6 der älteren Fassung erklärte die Vorschriften des § 12 des Hypothekengesetzes vom 1. Juni 1822 über die gesetzlichen Hypothekentitel auf Erbgüter für unanwendbar. Da dem Bürgerlichen Gesetzbuche gesetzliche Hypothekentitel fremd sind, ist nach Anlegung des Grundbuches diese Vorschrift gegenstandslos. Art. 6 Abs. 7 ä. F. lautet: „Zur Eintragung von Hypotheken, für welche nach gegenwärtigem Gesetze ein Rechtstitel besteht, ist die Zustimmung der Anerben nicht erforderlich.“ Die Beseitigung der gesetzlichen Hypothekentitel und die damit zusammenhängende Aenderung des Art. 27 des Erbgütergesetzes machte auch eine Aenderung dieser Vorschrift nothwendig, welche in der dem neuen Rechte angepaßten nunmehrigen Fassung des Art. 6 Abs. 6 zum Ausdrucke kam.

Der nunmehrige Abs. 7 enthält eine sachliche Neuerung. Es genügte nicht, den Zugriff der Gläubiger des Eigenthümers auf das Erbgut insoweit auszuschließen, als die Zwangsvollstreckung mittels Eintragung einer Hypothek erfolgt, sondern das Erbgut muß auch der Zwangsversteigerung wegen Schulden des Erblassers grundsätzlich entzogen und Ausnahmen dürfen nur insoweit zugelassen werden, als die Verbindlichkeit auf dem Erbgute haftet oder auf dem besonderen Rechte des Erbgutes beruht. Dagegen ist die Zwangsverwaltung ebenso wie bei Familienfideikommissen auch wegen anderer Verbindlichkeiten, also wegen aller Schulden des Erblassers zulässig, was durch die neue Fassung des Abs. 7 festgestellt wird.[1])

Zu Ziff. III.

Artikel 8 ä. F. lautet:

> „Jede mit Außerachtlassung der Vorschriften des Art. 6 und 7 geschehene Veräußerung oder Belastung der Substanz des Erbgutes ist unwirksam und kann von denjenigen Anerben, welche nicht ausdrücklich ihre Einwilligung dazu ertheilt haben, vorbehaltlich der Bestimmungen des Hypothekengesetzes §§ 24—26, jederzeit angefochten werden.“

---

1) Motive B S. 98; Becher Mat. II S. 59.

Die Ersetzung der Worte „vorbehaltlich der Bestimmungen des Hypothekengesetzes" durch die Worte „vorbehaltlich der Vorschriften zu Gunsten derjenigen, welche Rechte von einem Nichtberechtigten herleiten" enthält eine sachliche Abweichung von dem bisherigen Rechte nicht; sie entspricht lediglich der im Artikel 61 des E.G. z. BGB. enthaltenen Einschränkung des Vorbehalts des Art. 59 desselben Gesetzes.

Zu Ziff. IV.

Im Art. 10. Abs. 5 ist die gerichtliche Verlautbarung durch die gerichtliche Bestätigung aus denselben Gründen ersetzt, wie bei Art. 6 Abs. 4, vgl. oben zu Ziff. II.

Zu Ziff. V.

1. Art. 27 ä. F. lautet:

„Einen gesetzlichen Titel zur Erwerbung einer Hypothek auf dem Erbgute haben:

1) der Vorgänger im Erbgute für die Summe, welche er sich bei der Uebergabe als Eigenthum vorbehalten hat (Art. 14, 15 und 17);
2) die Anerben für ihre Abfindungssummen;
3) alle Personen, welche nach Art. 20 und 24 Alimente anzusprechen haben, für diese Alimente."

Die neue Fassung des Eingangs dieses Artikels entspricht, da das Bürgerliche Gesetzbuch gesetzliche Hypothekentitel nicht kennt, dem § 648 des BGB. und der Vorschrift des obigen Art. 14 des A.G. und tritt mit Rücksicht auf Art. 177 des A.G. erst vom Tage der Anlegung des Grundbuchs an in Kraft; bis dahin gilt die alte Fassung. Vgl. auch Art. 50 des Gesetzes vom 9. Juni 1899, Uebergangsvorschriften zum BGB. betreffend.

2. Die im Art. 27 Ziff. 3 ä. F. bezeichneten Alimente gehören, soweit sie nach Art. 24 für den bisherigen Eigenthümer und dessen Ehegatten bedungen sind, zu den Leibgedingsreichnissen im Sinne des Art. 32 A.G., für die nach Art. 41 A.G. dingliche Sicherung durch Bestellung entsprechender persönlicher Dienstbarkeiten und Reallasten verlangt werden kann. Diese Art der Sicherung paßt auch für die übrigen nach den Art. 20, 24 des Erbgütergesetzes zu entrichtenden Alimente besser als die Sicherungshypothek, weshalb die Ziff. 3 im neuen Abs. 2 des Art. 27 durch eine dem Art. 41 des A.G. nachgebildete Vorschrift ersetzt ist.

Zu Ziff. VI.

1. Art. 2 bestimmte, was „Zugehörung" eines Erbgutes sein soll und rechnete hiezu nicht nur die gesetzlichen beweglichen und unbeweglichen Pertinenzien, sondern auch solche Sachen, welche durch Willenserklärung hiezu geschaffen werden. Das Bürgerliche Gesetzbuch kennt weder unbewegliches Zubehör noch gewillkürte Zubehörstücke im Sinne des § 34 des Hypothekengesetzes. Früheres unbewegliches Zubehör ist nunmehr Bestandtheil des Gutes. Die beweglichen Sachen, welche früher durch Willenserklärung Zubehör eines Grundstücks werden konnten, sind nach §§ 97, 98 BGB. in der Regel gesetzliches Zubehör. Daß gesetzliche bewegliche Pertinenzien als Zugehörungen des Erbgutes zu erachten sind, ist selbstverständlich, weshalb der ganze Art. 2 in Wegfall kommen mußte.

2. Der Artikel 30, welcher die Erlöschung der Erbgutseigenschaft durch Verjährung ausschloß, außer soweit etwa ein Dritter durch erwerbende Verjährung (Ersitzung) das freie Eigenthum zu dem Erbgute gehöriger Gegenstände erlangt hat,

ist gegenstandslos geworden, weil dem Bürgerlichen Gesetzbuch eine Ersitzung von unbeweglichen Sachen — abgesehen von dem hier nicht in Betracht kommenden Falle des § 900 Abs. 2 — unbekannt ist.

3. Die Vorschriften des Art. 33, welcher von der Beschwerde in Erbgutssachen handelt, konnten gegenüber den im obigen Art. 129 des A.G. für anwendbar erklärten Vorschriften des Reichsgesetzes über die Angelegenheiten der freiwilligen Gerichtsbarkeit nicht aufrecht erhalten werden. Es ist deshalb nunmehr auch in Erbgütersachen die weitere Beschwerde zum Obersten Landesgerichte zulässig.

Artikel 153.

Das Gesetz vom 23. Februar 1868, die Ablösbarkeit der auf Grund und Boden haftenden oder mit einer Gewerbsrealität verbundenen Ehehafts-Verhältnisse betreffend, wird dahin geändert:

I. Im Artikel 11 Abs. 1 Satz 1 werden die Worte: „mit fünf vom Hundert" ersetzt durch die Worte:

„mit vier vom Hundert".

II. Der Artikel 12 Abs. 1 erhält folgende Fassung:

Für die Ablösungssumme haftet das Grundstück in gleicher Weise wie für ein Bodenzinskapital; die Ablösungssumme hat den Rang der Reichnisse, an deren Stelle sie tritt. Für die im Falle des Verzugs zu entrichtenden Zinsen gelten die Vorschriften über die aus einer Reallast zu entrichtenden wiederkehrenden Leistungen.

III. An die Stelle der Artikel 13, 14 tritt folgende Vorschrift:

Ist die Ehehaftsgerechtigkeit mit Rechten Dritter belastet, so ist die Beiziehung und die Zustimmung der Berechtigten zu der Ablösung nicht erforderlich.

An dem Anspruch auf die Ablösungssumme haben die Dritten, soweit ihre Rechte beeinträchtigt werden, dieselben Rechte, die ihnen im Falle des Erlöschens ihrer Rechte durch Zwangsversteigerung an dem Erlöse zustehen. Die Vorschriften des § 1128 des Bürgerlichen Gesetzbuchs finden entsprechende Anwendung; die im § 1128 vorgeschriebene Benachrichtigung der Berechtigten erfolgt nach dem Vollzuge der im Artikel 2 vorgeschriebenen Protokollirung oder nach dem Abschlusse der in Gemäßheit der Artikel 3 bis 8 gepflogenen Ablösungsverhandlungen durch die Distriktsverwaltungsbehörde.

Erhebt ein Berechtigter innerhalb der im § 1128 bestimmten Frist Widerspruch gegen die Zahlung der Ablösungssumme an den Bezugsberechtigten, so kann dieser und jeder der Berechtigten die Eröffnung eines Vertheilungsverfahrens nach den für die Vertheilung des Erlöses im Falle der Zwangsversteigerung geltenden Vorschriften beantragen. Die Zahlung hat in diesem Falle an das für das Vertheilungsverfahren zuständige Gericht zu erfolgen.

„Ehehafte" im Sinne des Gesetzes vom 23. Februar 1868[1]) bedeutet ein von der Gemeinde oder deren Herrschaft gegen gewisse Verpflichtungen oder Leistungen und mit gewissen Rechten übertragenes Gewerbe und Geschäft. Es kamen solche in älteren Urkunden vor: Mühle, Bäckerei, Schmiede, Baderei, Wirthshaus und Tanzhaus, Metzgerei, Weide und Schaftrieb. Die Ehehaften dieser Bedeutung kennt das gemeine Recht gar nicht, dieselben haben hauptsächlich ihren Ursprung in den altbayerischen Provinzen und in Schwaben.[2])

Zu Ziff. I.

Die Herabsetzung der in Art. 11 Abs. 1 Satz 1 auf 5% festgesetzten Höhe der gesetzlichen Verzugszinsen auf 4% steht im Einklang mit den §§ 246, 288 BGB., wonach die Verzugszinsen gesetzlich auf 4% festgesetzt sind.

Für die Uebergangszeit vgl. Art. 3 des Uebergangsgesetzes v. 9. Juni 1899.

Zu Ziff. II.

Nach Abs. 1 von Art. 12 stunden dem Ablösungskapitale alle gesetzlichen Vorzüge der Reallasten zu. Damit war zum Ausdrucke gebracht, daß das Grundstück für die Ablösungssumme haftet und daß für die fälligen Verzugszinsen (Art. 11 Abs. 1 Satz 1) der gesetzliche Hypothekentitel des § 12 des Hypothekengesetzes besteht. Die weitere Vorschrift des bezeichneten Abs. 1 von Art. 12, daß der Ablösungssumme im Konkurse das in § 12 Z. 7 der Prioritätsordnung bestimmte Vorzugsrecht der aus einer Reallast zu entrichtenden wiederkehrenden Leistungen zusteht, ist seit der Einführung der Konkursordnung dahin geändert, daß an die Stelle des Vorzugsrechtes im Konkurse der im Art. 108 Abs. 1 Z. 1 und im Art. 151 Abs. 1 Z. 1 der Subhastationsordnung bestimmte Rang dieser Leistungen bei der Zwangsvollstreckung in das belastete Grundstück getreten ist. Da mit der Anlegung des Grundbuchs das Hypothekengesetz und die Subhastation außer Wirksamkeit treten, so wurden die bezüglichen Rechtsverhältnisse durch die neue Fassung nach Ziff. II entsprechend der Natur des Verhältnisses und ähnlich wie beim Grundlastenablösungsgesetz und beim Weiderechtsablösungsgesetz neu geregelt. (Vgl. oben die Bemerkungen zu den Artikeln 141, 150 des A.G.). Die neue Fassung schreibt deshalb vor, daß das Grundstück für die Ablösungssummen in gleicher Weise wie ein Bodenzinskapital haftet, daß der Rang der Ablösungssumme sich nach dem Range der Reichnisse bestimmt, an deren Stelle die Ablösungssumme tritt, und daß auf die im Falle des Verzuges zu entrichtenden Zinsen die Vorschriften über die aus einer Reallast zu entrichtenden wiederkehrenden Leistungen[3]) Anwendung finden.

---

1) Ges.Bl. 1866—69 S. 333.

2) Näheres s. Stenglein, Erläuterungen zu obigem Gesetze in Dollmann's Sammlung I, 4 S. 330 f. (Ueber Ehehaften vgl. noch v. Roth b. Civ.R. II 3. Abth. S. 304, Becher b. L.C.R. S. 1087).

3) BGB. (Reallasten), § 1107: „Auf die einzelnen Leistungen finden die für die Zinsen einer Hypothekforderung geltenden Vorschriften entsprechende Anwendung".

§ 1108: „Der Eigenthümer haftet für die während der Dauer seines Eigenthums fällig werdenden Leistungen auch persönlich, soweit nicht ein Anderes bestimmt ist.

Wird das Grundstück getheilt, so haften die Eigenthümer der einzelnen Theile als Gesammtschuldner."

Zu Ziff. III.

1. Artikel 13 des Gesetzes v. 1868 regelt den Fall, daß eine Ehehaftsgerechtigkeit mit Hypotheken belastet ist. Im Art. 14 sind die Vorschriften des Art. 13 auf den Fall erstreckt, daß dauernde Lasten anderer Art auf den Ehehaftsreichnissen ruhen. Ziff. III faßt diese beiden Artikel zusammen und erstreckt die Vorschrift auf alle Fälle, in denen die Ehehaftsgerechtigkeit mit Rechten Dritter belastet ist.

Die Vorschriften des Art. 13 Abs. 1, Abs. 2 Satz 2, Abs. 3, 4 beruhen auf demselben Grundgedanken wie die für den nahe verwandten Fall der Zwangsenteignung gegebenen Vorschriften des Artikel 52 und des Art. 53 Abs. 1 des Einf.Ges. z. BGB. Die neue Fassung schließt sich in den Einzelheiten an diese Vorschriften an. Abs. 5 des Art. 13 ist mit der Aufhebung des Hypothekengesetzes weggefallen. Eine Sondervorschrift war neben den §§ 894, 895 BGB.[4]) nicht erforderlich.[5])

2. Durch die Bezugnahme auf § 1128 BGB. in Abs. 2 der neuen Vorschrift (Ziff. III) ist ausgesprochen, daß die Zahlung der Ablösungssumme an den ablösungspflichtigen Bezugsberechtigten mit Wirkung gegen den berechtigten Dritten erst dann erfolgen kann, wenn dieser zuvor von der Ablösung benachrichtigt wurde und seit dem Empfange dieser Benachrichtigung ein Monat verstrichen ist. Die Benachrichtigung hat nach dem Vollzuge der in Art. 2 des Gesetzes vorgeschriebenen Protokollirung, nämlich des gültigen Uebereinkommens der Betheiligten von der Distriktsverwaltungsbehörde, das erst mit dieser Protokollirung rechtswirksam wird, oder, wenn ein gültiges Uebereinkommen nicht zu Stande gekommen ist, nach dem Abschlusse der in Gemäßheit der Artikel 3 bis 8 gepflogenen Ablösungsverhandlungen durch die Distriktsverwaltungsbehörden zu erfolgen. Die Benachrichtigung kann jedoch unterbleiben, wenn sie unthunlich ist; in diesem Falle wird der Monat von dem Zeitpunkte an berechnet, in welchem die Ablösungssumme fällig wird.

Ein berechtigter Dritter kann bis zum Ablaufe der einmonatigen Frist der Zahlung widersprechen. Ist solches geschehen, so kann dieser und jeder andere Berechtigte die Eröffnung eines Vertheilungsverfahrens nach Maßgabe des Abs. 3 der neuen Fassung beantragen, in welchem Falle alsdann die Zahlung an das für das Vertheilungsverfahren zuständige Gericht erfolgen muß.

Artikel 154.

Das Gesetz vom 16. April 1868 über Heimat, Verehelichung und Aufenthalt wird dahin geändert:

---

4) BGB. § 894: „Steht der Inhalt des Grundbuchs in Ansehung eines Rechtes an dem Grundstück, eines Rechtes an einem solchen Rechte oder einer Vermögensbeschränkung der im § 892 Abs. 1 bezeichneten Art mit der wirklichen Rechtslage nicht im Einklange, so kann derjenige, dessen Recht nicht oder nicht richtig eingetragen oder durch die Eintragung einer nicht bestehenden Belastung oder Beschränkung beeinträchtigt ist, die Zustimmung zu der Berichtigung des Grundbuchs von demjenigen verlangen, dessen Recht durch die Berichtigung betroffen wird."

§ 895: „Kann die Berichtigung des Grundbuchs erst erfolgen, nachdem das Recht des nach § 894 Verpflichteten eingetragen worden ist, so hat dieser auf Verlangen sein Recht eintragen zu lassen."

5) Motive B S. 98; Becher, Mat. II S. 60.

I. Der Artikel 1 Abs. 3 erhält folgende Fassung:

Den ehelichen Kindern werden die Kinder gleichgeachtet, welche nach dem bürgerlichen Rechte die rechtliche Stellung von ehelichen Kindern haben.

II. Im Artikel 4 erhält

1. der Abs. 2 folgende Fassung:

Einer geschiedenen Frau bleibt die Heimat, welche der Mann zur Zeit der Scheidung hatte. Die Aufhebung der ehelichen Gemeinschaft nach § 1575 des Bürgerlichen Gesetzbuchs wird der Scheidung gleichgeachtet.

2. der Abs. 3 folgende Fassung:

Ist die Ehe nichtig, so behält die Frau die Heimat, die der Mann zur Zeit der Nichtigkeitserklärung oder der Auflösung der Ehe hat, wenn ihr die Nichtigkeit der Ehe bei der Eheschließung nicht bekannt war; die Vorschriften des § 1345 Abs. 2 und des § 1704 des Bürgerlichen Gesetzbuchs finden entsprechende Anwendung.

III. Im Artikel 6 in der Fassung des Gesetzes vom 17. Juni 1896 wird

1. dem Abs. 3 folgender Satz beigefügt:

Die Vorschriften des Art. 1 Abs. 3 und des Art. 4 Abs. 2 Satz 2 finden Anwendung.

2. Die Abs. 5, 6 erhalten folgende Fassung:

Als selbstständig sind nicht zu erachten:

1) entmündigte Personen;
2) Dienstboten und Gewerbsgehilfen, die in die häusliche Gemeinschaft des Dienstherrn aufgenommen sind, sowie Kinder, die dem elterlichen Hausstand angehören und von dem Familienhaupt unterhalten werden.

Steuern der Ehefrau, sofern nicht die eheliche Gemeinschaft nach § 1575 des Bürgerlichen Gesetzbuchs aufgehoben ist, und der minderjährigen im elterlichen Unterhalte stehenden Kinder sind dem Familienhaupte zuzurechnen.

IV. Der Artikel 12 erhält folgende Fassung:

Für Verhandlungen über den Vollzug der Art. 6 bis 7a wird eine andere als die Gebühr, welche für die Urkunde über die Verleihung des Heimatrechts zu entrichten ist, nicht erhoben.

V. Im Art. 13 Abs. 3, 5 treten an die Stelle der Worte: „die aus dieser Ehe hervorgegangenen Kinder" die Worte:

„die Kinder dieser Ehe sowie die durch die Ehe legitimirten Kinder".

VI. Der Artikel 17 Abs. 1 erhält folgende Fassung:

Der auf Grund der Art. 15, 16 einem Manne angewiesenen vorläufigen Heimat folgt auch seine Ehefrau, es sei denn, daß die eheliche Gemeinschaft nach § 1575 des Bürgerlichen Gesetzbuchs aufgehoben ist.

VII. Im Artikel 18 Abs. 2 werden die Worte: „der angewiesenen Heimatgemeinde" ersetzt durch die Worte:

„der vorläufigen Heimatgemeinde".

VIII. Im Artikel 24 Ziff. 2 werden die Worte: „angewiesene Heimat" ersetzt durch die Worte:

„vorläufige Heimat".

IX. Im Artikel 25 werden die Worte: „vorbehaltlich dessen, was das Gesetz über den obersten Verwaltungsgerichtshof bestimmen wird" ersetzt durch die Worte:

„unbeschadet dessen, was das Gesetz vom 8. August 1878, betreffend die Errichtung eines Verwaltungsgerichtshofes und das Verfahren in Verwaltungsrechtssachen, bestimmt".

X. Im Artikel 31 werden die Worte: „und nach dem örtlichen Herkommen" gestrichen.

XI. Im Artikel 33 in der Fassung des Gesetzes vom 17. März 1892 erhält

1. der Abs. 1 folgende Fassung:

Ein in den Landestheilen rechts des Rheins heimatberechtigter Mann darf eine Ehe erst eingehen, wenn durch ein von der zuständigen Behörde ausgestelltes Zeugniß festgestellt ist, daß der Eheschließung das im Art. 36 bestimmte Einspruchsrecht nicht entgegensteht.

2. Im Abs. 2 werden ersetzt im Satz 1 die Worte: „die aus der Ehe entsprossenen oder durch dieselbe legitimirten Kinder" durch die Worte:

„die Kinder dieser Ehe sowie die durch die Ehe legitimirten Kinder"

und im Satz 3 die Worte: „mit ihren aus dieser Ehe entsprossenen oder durch dieselbe legitimirten Kindern" durch die Worte:

„mit den Kindern dieser Ehe sowie den durch die Ehe legitimirten Kindern."

3. Als Abs. 5 wird folgende Vorschrift beigefügt:

Das Zeugniß verliert seine Kraft, wenn die Ehe nicht binnen sechs Monaten nach der Ausstellung des Zeugnisses geschlossen wird.

XII. **Im Artikel 36 erhalten**

1. **im Abs. 1 in der Fassung der Königlichen Deklaration vom 21. April 1884 die Ziff. 3, 7 folgende Fassung:**

3) wenn der Mann oder die Braut zu einer Zuchthausstrafe oder wegen Verbrechens oder Vergehens gegen die Sittlichkeit oder wegen Raubes, Diebstahls, Unterschlagung, Betrugs, Hehlerei, Fälschung, Gaukelei zu einer Freiheitsstrafe von wenigstens vier Wochen verurtheilt worden ist und seit Abbüßung oder Nachlaß der Strafe drei Jahre noch nicht verflossen sind, sowie wenn der Mann oder die Braut innerhalb der unmittelbar vorhergehenden drei Jahre mindestens dreimal wegen Arbeitsscheue, Landstreicherei oder Bettels verurtheilt worden ist;

7) wenn und solange der Mann unter Vormundschaft steht oder das Entmündigungsverfahren gegen ihn eingeleitet oder über sein Vermögen das Konkursverfahren eröffnet ist.

2. Im Abs. 3 werden ersetzt die Worte: „eine angewiesene Heimat" durch die Worte:

„eine vorläufige Heimat"

und die Worte: „die angewiesene Heimatgemeinde" durch die Worte:

„die vorläufige Heimatgemeinde".

XIII. Im Artikel 37 Abs. 3 werden die Worte: „eine angewiesene Heimat" ersetzt durch die Worte:

„eine vorläufige Heimat".

XIV. Im Artikel 40 erhält

1. der Abs. 1 folgende Fassung:

Hinsichtlich der Beschwerden gegen Beschlüsse der Distriktsverwaltungsbehörde, durch welche das nach Art. 33 auszustellende Verehelichungszeugniß verweigert oder gegen einen auf Grund des Art. 36 erhobenen Einspruch ertheilt wird, bestimmt sich die Zuständigkeit und das Verfahren nach dem Gesetze vom 8. August 1878, betreffend die Errichtung eines Verwaltungsgerichtshofes und das Verfahren in Verwaltungsrechtssachen. Im Uebrigen können die Betheiligten gegen die Beschlüsse der Distriktsverwaltungsbehörde innerhalb einer Nothfrist von 14 Tagen Beschwerde an die vorgesetzte Kreisregierung, Kammer des Innern, ergreifen, welche nach kollegialer Berathung in zweiter und letzter Instanz zu entscheiden hat.

2. Der Abs. 2 Ziff. 3 wird aufgehoben.

XV. Im Artikel 41 in der Fassung des Gesetzes vom 23. Februar 1872 werden ersetzt

1. im Abs. 1 die Worte: „bis zu fünfzig Thalern“ durch die Worte:
„bis zu einhundertfünfzig Mark“,
2. im Abs. 3 die Worte: „wieder aufgelöst worden ist“ durch die Worte:
„für nichtig erklärt oder aufgelöst worden ist“.

XVI. Im Artikel 43 Abs. 1 in der Fassung des Gesetzes vom 23. Februar 1872 treten an die Stelle der Worte: „nach Maßgabe des Artikels 45 Ziff. 5, 6 und 9“ die Worte:
„nach Maßgabe des Artikel 45 Ziff. 5, 6“.

XVII. Im Artikel 44 treten
1. im Abs. 2 an die Stelle der Worte: „bis zu 10 fl.“ die Worte:
„bis zu achtzehn Mark“.
2. Im Abs. 3 wird das Wort: „taxfreie“ ersetzt durch das Wort:
„gebührenfreie“.

XVIII. Im Artikel 45 in der Fassung des Gesetzes vom 23. Februar 1872 werden ersetzt
1. in der Ziff. 5 die Worte: „wegen Diebstahls“ durch die Worte:
„wegen Raubes, Diebstahls“,
2. in der Ziff. 6 die Worte: „nach Artikel 149 Abs. I des Polizeistrafgesetzbuches“ durch die Worte:
„nach § 148 Abs. 1 Nr. 5 oder 7 oder § 149 Abs. 1 Nr. 1, 3 oder 5 der Gewerbeordnung“
und die Worte: „oder Artikel 10 des Gesetzes, den Vollzug der Einführung des Strafgesetzbuches für das Deutsche Reich in Bayern betreffend,“ durch die Worte:
„oder § 153 der Gewerbeordnung“.

XIX. Im Artikel 51 ist statt „Art. 50 Abs. III“ zu setzen:
„Art. 50 Abs. 1“.

XX. Im Artikel 52 werden ersetzt
1. im Abs. 1 die Worte: „vorbehaltlich dessen, was das Gesetz über die Errichtung eines obersten Verwaltungsgerichtshofes bestimmen wird“ durch die Worte:
„unbeschadet dessen, was das Gesetz vom 8. August 1878, betreffend die Errichtung eines Verwaltungsgerichtshofes und das Verfahren in Verwaltungsrechtssachen, bestimmt“,
2. im Abs. 5 die Worte: „von der Tax- und Stempelpflicht befreit“ durch das Wort:
„gebührenfrei“.

XXI. Die noch bestehenden Ueberschriften vor einzelnen Artikeln werden gestrichen.

XXII. Die Artikel 20, 26, 32, 34, 35, 38 werden aufgehoben.

Die vor dem Inkrafttreten des Bürgerlichen Gesetzbuchs vereinkindschafteten Kinder stehen in Ansehung der Heimat den ehelichen Kindern gleich.

Für das der Eheschließung vorangehende Aufgebot verbleibt es bei den bisherigen Vorschriften, wenn die Bekanntmachung vor dem Inkrafttreten des Bürgerlichen Gesetzbuchs angeheftet worden ist.

Ein auf Grund civilrechtlicher Bestimmungen nach den bisherigen Vorschriften bei der Gemeindeverwaltung oder der Distriktsverwaltungsbehörde erhobener Einspruch gegen die Eheschließung ist dem Standesbeamten mitzutheilen.

Das Heimatsgesetz vom 16. April 1868[1]) hat bereits zahlreiche Aenderungen und Ergänzungen durch die Gesetze vom 23. Februar 1872, 21. April 1884, 17. März 1892 und 17. Juni 1896 gefunden. Die durch Artikel 154 weiter vorgenommenen Aenderungen stellen die Fassung verschiedener Vorschriften, die mit dem geltenden Rechte nicht oder nicht völlig übereinstimmen, nunmehr richtig.

Zu Ziff. I.

1. Nach der bisherigen Fassung des Abs. 3 von Art. 1 waren „den ehelichen Kindern die legitimirten, die volladoptirten, die arrogirten, die durch Einkindschaft angenommenen und die in einer putativen Ehe erzeugten Kinder gleichgeachtet". Da das Bürgerliche Gesetzbuch weder verschiedene Arten der Adoption, noch die Einkindschaft kennt, so gibt die neue Fassung dem Gedanken, auf dem Abs. 3 beruht, einen den Vorschriften jenes Gesetzbuchs entsprechenden Ausdruck, indem sie als den ehelichen Kindern in Ansehung der Heimat gleichgestellt diejenigen bezeichnet, welche nach den Vorschriften des Bürgerlichen Rechts die rechtliche Stellung von ehelichen Kindern haben. Diese Stellung kommt nach dem Bürgerlichen Gesetzbuch den Kindern aus einer nichtigen Ehe zu, die im Falle der Giltigkeit der Ehe ehelich sein würden, sofern nicht beide Eltern bei der Eingehung der Ehe die Nichtigkeit gekannt haben oder die Nichtigkeit auf einem Formfehler beruht und die Ehe nicht in das Heiratsregister eingetragen worden ist (§ 1699), ferner den durch nachfolgende Ehe (§ 1719) oder durch Ehelichkeitserklärung (1736) legitimirten und den an Kindesstatt angenommenen Kindern (§ 1757).

Die vor dem 1. Januar 1900 vereinkindschafteten Kinder stehen nach Abs. 2 des Art. 154 in Ansehung der Heimat den ehelichen Kindern gleich.

2. Unter „ehelichen Kindern" werden alle verstanden, welche aus einer nach den Vorschriften des Bürgerlichen Rechts (vom 1. Januar 1900 ab nach dem Bürger-

---

1) Ges.Bl. 1866—69 S. 357. Neue Redaktion des Gesetzes (30. Juli 1899) G. u. V.Bl. 1899 S. 469. Literatur: Dr. Freihr. v. Riedels Commentar zum b. Gesetze über Heimat, Verehelichung und Aufenthalt, in 7. Aufl. herausgegeben von Pröbst, 1898; Pröbst, das Gesetz über Heimat, Handausgabe, 4. Aufl. 1900; Reger, Handausgabe des Gesetzes, 5. Aufl. 1900.

lichen Gesetzbuche, insbes. dessen §§ 1303—1352) giltigen Ehe stammen. Vgl. hiezu auch Art. 198 des E.G. z. BGB.

3. Die Aenderung des Art. 1 Abs. 3 hat zugleich Bedeutung für den Art. 9 Abs. 2 des Gesetzes (Erstreckung der Erwerbung des Heimatrechts durch einen Nichtbayern auf dessen Ehefrau und die noch unselbständigen ehelichen oder denselben gleichgeachteten Kinder) und Art. 10 Abs. 3 (Erwerbung der Heimat durch heimatlose Angehörige des bayer. Staates).

Zu Ziff. II, 1.

1. Von Art. 4 Abs. 2 ist die Bestimmung, daß einer geschiedenen Frau die Heimat bleibt, welche der Mann zur Zeit der Scheidung hatte, sachlich unverändert beibehalten. Das Gesetz stellte früher der Scheidung die für immer oder auf unbestimmte Zeit ausgesprochene Trennung von Bett und Tisch gleich. Das Bürgerliche Gesetzbuch kennt aber eine Trennung für unbestimmte Zeit nicht mehr und setzt an die Stelle einer dauernden Trennung die Aufhebung der ehelichen Gemeinschaft (§ 1575), die gleichfalls das Band der Ehe bestehen läßt, solange nicht die Scheidung auf Grund des Aufhebungsurtheils durch besondere Klage veranlaßt wird, in vermögensrechtlicher Beziehung aber dieselben Wirkungen wie die Scheidung hat (§§ 1576, 1586.) Die neue Fassung legt daher der Aufhebung der ehelichen Gemeinschaft auch für die Heimat der Frau die der Scheidung zukommende Wirkung bei.

2. Soweit vor dem 1. Januar 1900 eine Trennung von Tisch und Bett stattfand — seit Inkrafttreten des Reichsgesetzes über die Beurkundung des Personenstandes und die Eheschließung vom 6. Februar 1875 (d. h. seit 1. Januar 1876) war eine immerwährende Trennung von Tisch und Bett überhaupt nicht mehr möglich —, ergibt sich die fortdauernde Wirksamkeit des bisherigen Satzes 2 aus den der jetzigen Fassung zu Grunde liegenden Motiven. Henle und Schneider Note 5 zu Art. 154 verweisen auf analoge Anwendung des Art. 202 des Einf.G. z. BGB., wonach für die Wirkungen einer beständigen oder zeitweiligen Trennung von Tisch und Bett, auf welche vor dem Inkrafttreten des BGB. erkannt worden ist, die früheren Gesetze maßgebend bleiben.

Zu Ziff. II, 2.

1. Abs. 3 von Art. 4, welcher den Einfluß der Nichtigkeit der Ehe auf die Heimat der Frau bestimmt, lautete in der früheren Fassung:

> „Wird eine Ehe als nichtig erklärt, so hat die Frau ihre Heimat da, wo sie ihr zukäme, wenn sie diese Ehe nicht geschlossen hätte; war die nichtige Ehe von Seite der Frau im guten Glauben eingegangen worden, so behält sie diejenige Heimat, welche der Ehemann zur Zeit der Nichtigkeitserklärung der Ehe besitzt."

Die neue Fassung läßt den bisherigen Halbsatz 1 als selbstverständlich weg, da sich schon aus Art. 3 als Regel ergibt, daß eine für nichtig erklärte Ehe auch in Bezug auf die Heimat der Frau als nicht vorhanden anzusehen ist, und bringt den Halbsatz 2 bezüglich der Ausnahme für die gutgläubige Frau mit den Vorschriften des BGB. in Einklang. Das Bürgerliche Gesetzbuch verlangt nämlich für die Wirkungen, die es dem guten Glauben eines oder der beiden Ehegatten beilegt, nicht guten Glauben im Sinne des § 932 Abs. 3 (wonach der gute Glaube schon fehlen würde bei Unkenntniß von der Nichtigkeit in Folge grober Fahrlässigkeit), sondern nur Unkenntniß der Nichtigkeit, läßt diese Wirkungen jedoch nur dann eintreten, wenn wenigstens der äußere Schein einer Ehe vorliegt. Sie entfallen aber, wenn die Nichtigkeit auf einem Formmangel beruht und die Ehe nicht in das Heiratsregister eingetragen wurde (§ 1345 Abs. 2, § 1699 Abs. 2 BGB.). Ist die Ehe wegen Drohung anfechtbar und auch angefochten, so trifft bei dem Ehegatten, gegen den die Drohung verübt worden ist, die Voraussetzung der Unkenntniß der Nichtigkeit nicht zu. Da aber der Ehegatte, welcher durch Drohung zur Eingehung der Ehe gezwungen worden ist, in gleichem Maße schutzbedürftig erscheint, wie Derjenige, welcher die Ehe in Unkenntniß der Nichtigkeit eingegangen hat, so stellt § 1704 BGB. in diesem Falle den anfechtungsberechtigten Ehegatten einem Ehegatten gleich, dem die Nichtigkeit der Ehe bei der Eheschließung unbekannt war. Diese Vorschriften des BGB. sind für die Frage der Heimat der Frau entsprechend in Anwendung zu bringen, so daß also eine nichtige Ehe auch bei gutem Glauben nicht als eine giltige beurtheilt werden darf, wenn die Nichtigkeit auf einem Formmangel beruht und die Ehe nicht in das Heiratsregister eingetragen war, andererseits aber im Falle der Anfechtung der Ehe wegen Drohung auch bei fehlendem guten Glauben die Ehe als eine giltige zu behandeln ist.[2])

2. Der Beisatz der Worte „oder der Auflösung" in der neuen Fassung war veranlaßt, weil nach dem Bürgerlichen Gesetzbuche es der Nichtigkeitserklärung nicht bedarf, wenn die Ehe aufgelöst ist, die Nichtigkeit vielmehr in diesem Falle ohne Weiters und von Jedem geltend gemacht werden kann (§§ 1329, 1343 Abs. 2 BGB.). Ist die Frau in Ansehung der Heimat wie eine geschiedene Frau zu behandeln, so ist für die Heimat an Stelle des Zeitpunkts der Nichtigkeitserklärung die Zeit der Auflösung der Ehe maßgebend. (§ 1345 Abs. 1 BGB.)[3])

Zu Ziff. III.

1. Artikel 6 bestimmt, unter welchen Voraussetzungen Angehörige des bayer. Staates Anspruch auf Verleihung des Heimatrechtes in der Aufenthaltsgemeinde haben.

Nach Abs. 3 geht der Anspruch, wenn der Ehemann nach Anmeldung desselben stirbt, auf die Wittwe und auf die ehelichen, noch keine selbständige Heimat besitzenden Kinder über. Mit der Beifügung des Satzes in Ziff. III, 1 wird der Abs. 3 in Ansehung der Wittwe durch Bezugnahme auf den Art. 4 Abs. 2 Satz 2 und in Ansehung der ehelichen Kinder durch Verweisung auf den Artikel 1 Abs. 3 ergänzt. Die Ergänzung entspricht dem geltenden Rechte (vgl. Begründuug zu den §§ 2, 3 des Entwurfes des Gesetzes vom 17. Juni 1896 in den Verh. der Kamm. der Abg. 1895/96 Beil.-Bd. VIII S. 59) und bezweckt lediglich eine Verdeutlichung.[4])

2. Bezüglich der Bestimmung des bisherigen Abs. 5 Ziff. 2, daß als selbstständig nicht zu erachten sind Dienstboten, Gewerbsgehilfen und volljährige Kinder, welche im Brode des Dienstherrn oder Familienhauptes stehen und keine eigene Wohnung haben, ist im Anschluß an die §§ 617, 1617 des Bürgerlichen Gesetzbuchs durch Ziff. III, 2 diese Voraussetzung bei Dienstboten und Gewerbsgehilfen dahin geändert, daß sie in die häusliche Gemeinschaft des Dienstherrn aufgenommen sein,

---

2) Motive B S. 98; Becher, Mat. II S. 62.

3) Ebendaselbst.

4) Motive B S. 99; Becher, Mat. II S. 63.

und bei volljährigen Kindern dahin, daß sie dem elterlichen Hausstand angehören und von dem Familienhaupt unterhalten werden müssen.[5])

3. Die in der Ziff. III, 2 vorgenommene Aenderung des Art. 6 Abs. 6 beruht darauf, daß die Aufhebung der ehelichen Gemeinschaft nach § 1580 des Bürgerlichen Gesetzbuchs in vermögensrechtlicher Beziehung die Wirkung der Scheidung hat. Die Ersetzung des Wortes „Brod" durch „Unterhalt" entspricht dem Sprachgebrauche des Bürgerlichen Gesetzbuchs.[6])

Zu Ziff. IV.

Die Ziff. IV gibt dem Art. 12 eine neue Fassung, welche die Einschaltung des Art. 7a (Gesetz vom 17. Juni 1896) über die Heimatgebühr und den Sprachgebrauch des Gesetzes über das Gebührenwesen berücksichtigt. Durch Art. 29 dieses Gesetzes ist die Gebühr für die das Heimatrecht verleihende Urkunde auf 2 Mk. festgesetzt.

Zu Ziff. V.

Nach Art. 13 Abs. 2 des Gesetzes über die Heimat rc. rc. sind definitiv angestellte Beamte und Diener des Staates, der Kirche oder der Gemeinde einer öffentlichen Korporation oder Stiftung, Offiziere, Aerzte im Offiziersrange und obere Beamte der Militärverwaltung, wenn sie den Pensionsanspruch durch freiwilligen Verzicht auf ihre dienstliche Stellung oder zur Strafe verloren haben, bei eintretender Hilfsbedürftigkeit gleich ihren Frauen oder Wittwen und Kindern nach Maßgabe des Gesetzes über die Armenpflege aus derjenigen Kasse zu unterstützen, aus welcher sie unter anderen Umständen eine Pension zu beziehen gehabt hätten. Notare, welche ihre dienstliche Stellung durch freiwilligen Verzicht oder zur Strafe verloren haben, sind gleich ihren Frauen oder Wittwen und Kindern bei eintretender Hilfsbedürftigkeit nach Maßgabe des Gesetzes über die Armenpflege aus der Staatskasse zu unterstützen. Die Verpflichtung des Staates zur Unterstützung der Frau und der Kinder eines Mannes, der zu den im Art. 13 Abs. 2 genannten Personen gehört, entfällt nach Abs. 3 des Art. 13, wenn die Ehe erst nach dem Ausscheiden des Mannes aus dem Dienste eingegangen worden ist, in Ansehung der Ehefrau und der „aus dieser Ehe hervorgegangenen" Kinder. Diese Bezeichnung der Kinder ist zu eng. Es müssen nicht nur die durch die Ehe legitimirten Kinder unter die Vorschrift fallen, sondern es ist auch zu berücksichtigen, daß das Bürgerliche Gesetzbuch (§ 1591) ein vor der Ehe erzeugtes und nach der Eingehung der Ehe geborenes Kind für ein eheliches Kind erklärt. Die Vorschriften über die Anfechtbarkeit der Ehelichkeit (BGB. §§ 1593, 1596, 1598) können dahin führen, daß auch ein nicht von dem Ehemann erzeugtes Kind als ein eheliches Kind des Mannes anzusehen ist. Die Aenderung in Ziff. V gebraucht deshalb den Ausdruck „Kinder dieser Ehe" und erstreckt die Vorschrift ausdrücklich auf die durch die Ehe legitimirten Kinder.[7])

Zu Ziff. VI.

Auch hier kommt, wie bei der Anwendung des Art. 4 Abs. 2 (vgl. oben Ziff. II, 1) durch die neue Fassung zum Ausdruck, daß das Gesetz der Aufhebung der ehelichen Gemeinschaft auch für die Heimat der Frau die der Scheidung zukommende Wirkung

---

5) Mot. B S. 99; Becher, Mat. II S. 63.
6) Mot. B S. 99; Becher, Mat. II S. 63.
7) Mot. B S. 99; Becher, Mat. II S. 63.

beilegt. Der Ehefrau kommt also auch die ihrem Manne angewiesene vorläufige Heimat nicht zu, wenn die eheliche Gemeinschaft nach § 1575 BGB. aufgehoben ist.

Zu Ziff. VII.

Die im Art. 18 Abs. 2, sowie im Art. 24 Z. 2, im Art. 36 Abs. 3 und im Art. 37 Abs. 3 gebrauchte Bezeichnung „angewiesene Heimat" ist nicht vollständig zutreffend. Die angewiesene Heimat ist nur eine Art der im Art. 15 behandelten vorläufigen Heimat; diese tritt in den Fällen des Art. 15 Abs. 3, 4 von Rechtswegen, ohne Anweisung ein. Die neue Fassung ersetzt deshalb bei Art. 18 Abs. 2 wie bei allen übrigen der vorgeführten Gesetzesstellen (s. Ziff. VIII, XII und XIII) den Ausdruck „angewiesene Heimat" durch die Bezeichnung „vorläufige Heimat".

Zu Ziff. VIII.

S. die vorstehende Bemerkung zu Ziff. VII.

Zu Ziff. IX.

Die im Art. 25 enthaltene Verweisung auf ein künftiges Gesetz über den obersten Verwaltungsgerichtshof ist seit Inkrafttreten des Gesetzes vom 8. August 1878, betreffend die Errichtung eines Verwaltungsgerichtshofes und das Verfahren in Verwaltungsrechtssachen (G. u. V.Bl. S. 369), auf dieses zu beziehen.

Zu Ziff. X.

Nach dem früheren Wortlaute des Art. 31 war für den aus dem Heimatsrechte in einer pfälzischen Gemeinde fließenden Anspruch auf den Mitgenuß an Gemeindeanstalten und auf die Theilnahme an den Nutzungen des Gemeinde- und lokalen Stiftungsvermögens außer den Bestimmungen der Gemeindeordnung auch das örtliche Herkommen maßgebend. Die Verweisung auf das örtliche Herkommen ist nunmehr als gegenstandslos gestrichen worden, da der Verwaltungsgerichtshof in einer Entscheidung (Bd. XIV S. 353) ausgesprochen hat, daß die Bildung eines örtlichen Herkommens über die im Artikel 31 bezeichneten Ansprüche durch Art. 25 der pfälzischen Gemeindeordnung ausgeschlossen ist.

Zu Ziff. XI.

1. Nach dem bisher geltenden Rechte sollte das distriktspolizeiliche Verehelichungszeugniß auch feststellen, daß ein Ehehinderniß des bürgerlichen Rechtes nicht bestehe. Die Ausstellung dieses Zeugnisses war früher nicht nur dadurch bedingt, daß kein öffentlich-rechtliches Einspruchsrecht der Gemeinde, kein Hinderniß aus dem Gesichtspunkte der Militärpflicht oder der Beamtendienstpflicht vorhanden ist, sondern insbesondere auch dadurch, daß keine civilrechtlichen Hindernisse der Eheschließung im Wege stehen. Die durch Ziff. XI, 1 dem Art. 33 Abs. 1 gegebene Fassung beschränkt für einen in den Landestheilen rechts des Rheins heimatberechtigten Mann das distriktspolizeiliche Verehelichungszeugniß auf die Feststellung, daß der Eheschließung das im Art. 36 bestimmte öffentlich-rechtliche Einspruchsrecht nicht entgegensteht. Die Prüfung der civilrechtlichen Zulässigkeit der Eheschließung, sowie das Vorhandensein dienstlicher Bewilligungen kommt nunmehr lediglich dem Standesbeamten zu, der ohnedies nach den reichsgesetzlichen Vorschriften das Aufgebot zu erlassen hat. In engem Zusammenhang mit der Aenderung der Fassung des Art. 33 Abs. 1 steht die aus gleichen Gründen erfolgte gänzliche Streichung der Art. 32, 34, 35 (Aufgebot) und 38 (besondere Be-

stimmungen hinsichtl. der Pfalz). S. oben Ziff. XXII. Art. 39 bleibt durch die Bestimmung des § 1315 Abs. 2 BGB. aufrecht erhalten.[8])

2. Zu Ziff. XI, 2 vgl. oben die Bemerkungen zu Ziff. V.

3. Das Verehelichungszeugniß verlor nach den bisherigen Bestimmungen des Heimatgesetzes seine Kraft nicht durch Zeitablauf. Bei Verzögerung der Eheschließung kommt es aber vor, daß nach Ausstellung des Zeugnisses Thatsachen eintreten, welche

---

8) Die Begründung des Gesetzentwurfs (B S. 100; Becher, Mat. II S. 64 ff.) spricht sich hierüber dahin aus:

„Nach § 48 des Personenstandsgesetzes hat der Standesbeamte die Eheschließung abzulehnen, wenn, gleichgiltig zu welcher Zeit, Ehehindernisse zu seiner Kenntniß gelangen. Er macht sich strafbar, wenn er dieser Vorschrift zuwiderhandelt. Lehnt der Standesbeamte ab, so kann nach § 11 Abs. 2 des Personenstandsgesetzes und § 69 des Gesetzes über die Angelegenheiten der freiwilligen Gerichtsbarkeit die Entscheidung des Amtsgerichts angerufen werden, in dessen Bezirke der Standesbeamte seinen Sitz hat. Bei der Eheschließung von nichtbayerischen Deutschen fällt die Mitwirkung der Distriktspolizeibehörde weg, und das Gleiche gilt in der Pfalz auch bei der Eheschließung von Pfälzern. In diesen Fällen hat der bayerische Standesbeamte die Zulässigkeit der Eheschließung, vorbehaltlich der gerichtlichen Entscheidung, ebenso allein zu prüfen, wie der Standesbeamte eines der übrigen deutschen Bundesstaaten. Die Aufgabe ist aber bei der Eheschließung von Angehörigen der Landestheile rechts des Rheins und bei der Eheschließung eines Pfälzers in den Landestheilen rechts des Rheins ganz dieselbe, das Sonderrecht der rechtsrheinischen Landestheile erfordert eine doppelte Prüfung bei einer solchen Eheschließung ebensowenig wie bei der Eheschließung eines Deutschen, der einem anderen Bundesstaat angehört. Die Einfachheit der gesetzlichen Vorschriften über die Ehehindernisse und die Zusammenfassung dieser Vorschriften in den §§ 1303 bis 1315 des Bürgerlichen Gesetzbuchs machen es unbedenklich, auf die Mitwirkung der Distriktspolizeibehörde zu verzichten.

Das Aufgebot wird nach dem geltenden Rechte für die Angehörigen der Landestheile rechts des Rheins von der Gemeindeverwaltung, im Uebrigen von dem Standesbeamten angeordnet und vollzogen. Bei dem gemeindlichen Aufgebote beträgt die Frist zehn, bei dem standesamtlichen beträgt sie vierzehn Tage. Von dem standesamtlichen, nicht aber von dem gemeindlichen Aufgebot ist Befreiung zulässig. Wird eine lebensgefährliche Krankheit, welche einen Aufschub der Eheschließung nicht gestattet, ärztlich bescheinigt, so kann das gemeindliche Aufgebot nur von der Distriktsverwaltungsbehörde, das standesamtliche vom Standesbeamten nachgelassen werden. Diese Verschiedenheiten haben keine innere Berechtigung und sind für das Sonderrecht der Landestheile rechts des Rheins ohne Bedeutung. Wird die Prüfung der Zulässigkeit der Eheschließung dem Standesbeamten überlassen, so muß auch die Anordnung und der Vollzug des Aufgebots ihm zustehen.

Es ist deshalb das Zweckmäßigste, die reichsgesetzlichen Vorschriften über das Aufgebot unverändert in Geltung treten zu lassen und das distriktspolizeiliche Verehelichungszeugniß auf die Feststellung zu beschränken, daß ein im Artikel 36 des Heimatgesetzes begründetes Einspruchsrecht nicht besteht. Diese Rechtsgestaltung läßt das Wesen des Sonderrechts der Landestheile rechts des Rheins, das Einspruchsrecht der Gemeinde, nach Form und Inhalt unberührt und befreit sowohl die Distriktsverwaltungsbehörden als die Gemeindeverwaltungen von Aufgaben, die ihrem eigentlichen Wirkungskreise fremd sind."

ein Einspruchsrecht der Gemeinde begründen. Ziff. XI, 3 fügt deshalb im Anschlusse an den § 1316 Abs. 1 Satz 2 des Bürgerlichen Gesetzbuchs dem Art. 33 als Abs. 5 die neue Vorschrift bei, daß das Zeugniß mit dem Ablaufe von 6 Monaten seit der Ausstellung die Wirksamkeit verliert.

Zu Ziff. XII.

Art. 36, der bereits durch die königliche Deklaration vom 21. April 1884 eine Aenderung erfahren hatte, handelt von dem Einspruchsrechte der Gemeinden. Mit der Einfügung des Wortes „Raubes", vor „Diebstahl" in Ziff. 3 des Artikels wird ein Versehen berichtigt, das bei der Abfassung des Art. 36 seiner Zeit unterlaufen ist. (Vgl. Verh. d. Kamm. d. Abg. 1897/98 Sten. Berichte XI S. 378, 379.) Im Uebrigen ist die Aenderung der Ziff. 3 nur redaktionell.

Da nach § 648 der Civilprozeßordnung das Gericht über die Einleitung des Entmündigungsverfahrens zu beschließen hat, so macht die desfallsige Aenderung der Ziff. 7 des Art. 36 das Einspruchsrecht der Gemeinde davon abhängig, daß das Entmündigungsverfahren eingeleitet, nicht blos die Entmündigung beantragt ist.

Zu Ziff. XIII.

Vgl. oben zu Ziff. VII.

Zu Ziff. XIV.

1. Art. 40 handelt vom Beschwerderechte. Die neue Fassung des Abs. 1, welche in Folge eines Abänderungsbeschlusses des Justizgesetzgebungsausschusses der Kammer der Reichsräthe zu Stande kam,[9]) enthält keine sachliche Aenderung. Die Verbescheidung der in Satz 1 bezeichneten Beschwerden richtete sich schon seit Inkrafttreten des Gesetzes vom 8. August 1878 nach diesem Gesetze.

2. In Abs. 2 des Art. 40 werden diejenigen Personen bestimmt, die als betheiligt zu erachten sind und denen eine Beschwerde zusteht. Mit dem Wegfalle des Art. 35 über das Einspruchsrecht Dritter auf Grund civilrechtlicher Bestimmungen (s. Bem. zu Ziff. XI) hat Ziff. 3 des Abs. 2 vom Art. 40, welche als Betheiligte auch diejenigen Privatpersonen bezeichnet, deren auf Grund des Art. 35 erhobener Einspruch keine Berücksichtigung fand, keinen Platz mehr, weshalb Ziff. 3 des Abs. 2 aufgehoben wurde.

Zu Ziff. XV.

1. Die Aenderung in Abs. 1 des von den Strafbestimmungen handelnden Art. 41 entspricht der geltenden Währung.

2. Nach dem früheren Wortlaute des Abs. 3 von Art. 41 war die Strafverfolgung auch ausgeschlossen, wenn die ohne das vorgeschriebene Verehelichungszeugniß eingegangene Ehe wieder aufgelöst worden ist. Der Auflösung steht die Nichtigkeitserklärung gleich, weil auch in diesem Falle der dem Abs. 3 zu Grunde liegende Gedanke zutrifft, von der Bestrafung abzusehen, wenn das Verhältniß nicht mehr besteht, weshalb die Worte „wieder aufgelöst ist" durch die Worte „für nichtig erklärt oder aufgelöst worden ist" ersetzt wurden.

Zu Ziff. XVI.

Art. 43 Abs. 1 bestimmt, unter welchen Voraussetzungen gegen Angehörige des

---

9) R.A.Pr. 11 S. 2 f., A.A.Pr. S. 567 f. Becher, Mat. II S. 468, 550.

bayer. oder eines anderen Bundesstaats Aufenthaltsbeschränkungen zulässig sind. Der Art. 45 betrifft die Zulässigkeit der Ausweisung. Ziff. 9 des Art. 45 (Ausweisung dimittirter Studirender u. s. w.) wurde gestrichen, da es sich hier nicht um Strafen handelt, die vom Strafrichter erkannt sind, sondern nur um Disziplinarstrafen und da § 3 des Freizügigkeitsgesetzes vom 1. Novbr. 1867 das Verbot des Aufenthalts wegen solcher Strafen ausschließt.

Zu Ziff. XVII.

Die Aenderung in Art. 44 Abs. 2 entspricht der nunmehrigen Währung, jene von Abs. 3 dem Sprachgebrauche des Gebührengesetzes.

Zu Ziff. XVIII.

Auch hier bezweckt (wie bei Ziff. XII, 1) die Einschaltung des Wortes „Raubes" in Ziff. 5 des Art. 45 eine Berichtigung der Fassung. Die Aenderung in Ziff. 6 des Art. 45 war dadurch veranlaßt, daß die in Art. 45 Ziff. 6 angeführten Vorschriften des Art. 149 des Polizeistrafgesetzbuchs und des Art. 10 des Gesetzes, den Vollzug der Einführung des Strafgesetzbuchs für das Deutsche Reich in Bayern betr., durch die Vorschriften der Gewerbeordnung ersetzt worden sind.

Zu Ziff. XIX.

Diese Bestimmung ist eine Folge der geänderten Fassung, welche der Art. 50 durch das Gesetz vom 23. Febr. 1872 erhalten hat.

Zu Ziff. XX.

Bezüglich der Aenderung in Abs. 1 Art. 52 vergleiche oben die Bemerkung zu Ziff. IX; die Aenderung in Abs. 5 entspricht dem Sprachgebrauche des Gebührengesetzes.

Zu Ziff. XXI.

Die Streichung der Ueberschriften vor den einzelnen Artikeln, soweit sie nicht schon durch das Gesetz vom 23. Februar 1872 geschehen war, erfolgte, weil dieselben mit dem Sprachgebrauch der jetzt geltenden Gesetze nicht übereinstimmen, zum Theil ungenau sind und zu dem Wegfall einzelner Artikel nicht mehr passen.

Zu Ziff. XXII.

Artikel 20, welcher die Wiederaufnahme des Verfahrens in Heimatsachen betraf, ist durch Art. 26 des Gesetzes vom 8. August 1878, betreffend die Errichtung eines Verwaltungsgerichtshofs und das Verfahren in Verwaltungsrechtssachen, ersetzt worden.

Auch Art. 26, betreffend die kollegiale Berathung in Heimatsachen, ist gegenstandslos geworden. Soweit verwaltungsrechtliche Streitigkeiten in Frage stehen, ist die Bestimmung durch Art. 30, 31 des vorbezeichneten Gesetzes vom 8. August 1878 ersetzt (vgl. Art. 84, 102 der rechtsrhein. Gemeindeordnung vom 29. April 1869); soweit es sich um die Art und Weise der zu gewährenden Unterhaltung handelt, ist das Armen- und Krankenpflegegesetz vom 29. April 1869 maßgebend. Bezüglich der Aufhebung der Art. 32, 34, 35, 38 vgl. oben die Bemerkungen zu. Ziff. XI, Nr. 1.

Zu Abs. 2 des Art. 154 vgl. oben die Bemerkungen zu Ziff. I Nr. 1 und 2, zu Abs. 3 jene zu Ziff. XI, Nr. 1.

Artikel 155.

Das Gesetz vom 16. Mai 1868 über den Malzaufschlag in der Fassung der Bekanntmachung vom 10. Dezember 1889 wird dahin geändert:

I. Der Artikel 52 Abs. 3 erhält folgende Fassung:

Ist eine solche Mühle im Besitz einer politischen Gemeinde, so haftet die Gemeindekasse; ist sie im Besitz einer Genossenschaft, so haften die Genossenschaft und die Genossen für Strafe und Kosten nach den für Genossenschaftsverbindlichkeiten geltenden Vorschriften; in beiden Fällen bleibt der Rückgriff gegen denjenigen, welcher die Uebertretung veranlaßt hat, vorbehalten.

II. Der Artikel 60 Abs. 2 Satz 2 und der Artikel 61 Abs. 2 Satz 2 werden aufgehoben.

1. Nach dem bisherigen Artikel 52 Abs. 3 des Gesetzes vom 16. Mai 1868 über den Malzaufschlag [1]) haften bei Uebertretungen, die im aufschlagpflichtigen Betrieb oder bei dem Betrieb einer Malzmühle oder durch Mißbrauch von Futterschrot- und Hausmühlen verübt werden, wenn die Mühle einer Genossenschaft gehört, deren Mitglieder für Strafe und Kosten solidarisch. Diese Vorschrift steht nicht im Einklange mit den Vorschriften des Genossenschaftsgesetzes vom 1. Mai 1889 [2]), nach welchen die Genossen für die Genossenschaftsverbindlichkeiten nur bei Genossenschaften mit unbeschränkter Haftpflicht, nicht aber bei Genossenschaften mit unbeschränkter Nachschußpflicht oder mit beschränkter Haftpflicht als Gesammtschuldner haften. Ziffer I setzt deshalb an die Stelle der solidarischen Haftung die Haftung nach den für die Genossenschaftsverbindlichkeiten geltenden Vorschriften.[3])

Die frühere Fassung spricht blos von den Genossen und erwähnt die Genossenschaft gar nicht. Die neue Fassung spricht zunächst die Haftung der Genossenschaft aus und erwähnt daneben auch diejenige der Genossen; eine Haftung der Genossen ohne Weiteres und ohne Rücksicht auf die für Genossenschaftsverbindlichkeiten geltenden Vorschriften ist daher ausgeschlossen. Die Erwähnung der Haftung der Genossen konnte schon um deswillen nicht übergangen werden, weil es auch nicht eingetragene Genossenschaften gibt, die nicht juristische Personen sind.[4])

---

1) Ges. u. V.Bl. 1889 S. 600 ff. Hiezu: v. May, Ges. über den Malzaufschlag vom 16. Mai 1868, Erlangen 1887 (s. auch Dollmanns Slg. Thl. II Bd. VI); Windstosser, Ges. über den Malzaufschlag vom 16. Mai 1868 in der neuen Textirung vom 10. Dezember 1889, 3. Aufl., Ansbach 1890; Eisenreich, Ges. über den Malzaufschlag nach der Neuredaktion v. 12. Dez. 1889 u. d. Ges. v. 24. Mai 1896 nebst den Vollzugsbestimmmungen, Würzburg 1896.

2) In neuer Fassung G. u. V.Bl. 1898 S. 810.

3) Motive B S. 101; Becher, Mat. II S. 67.

4) A.A.Pr. S. 305; Becher, Mat. II S. 223 (Aeußerung des Reg.Komm. Senatspr. Dr. v. Jacubezky). Hieraus ergibt sich auch, daß das Wort „Genossenschaft" bei der Aenderung des Abs. 3 in weiterem Sinne gebraucht ist, nicht gerade im Sinne des Gesetzes vom 1. Mai 1889. Auch Vereinigungen, denen eine juristische Persönlichkeit nicht zukommt, sind darunter zu verstehen. Deren Haftung bemißt sich nach den Vorschriften des BGB. über Gesellschaftsrecht (§ 54 Satz 1 und §§ 705 ff.).

2. Die Artikel 52 und 53 des Gesetzes über den Malzaufschlag handeln von der strafrechtlichen Verantwortlichkeit. Nach Art. 52 Abs. 1 ist für die im aufschlagspflichtigen Betriebe oder bei dem Betriebe einer Malzmühle vorgekommenen Uebertretungen des Gesetzes der Betriebsberechtigte strafrechtlich verantwortlich, wenn auch die betreffenden Handlungen nicht von ihm selbst verübt wurden. Die in einem solchen Geschäfte verwendeten Personen sind weder als Miturheber noch als Theilnehmer oder Begünstiger strafbar. Wenn sie aber die strafbare That gegen das ausdrückliche Verbot des Betriebsberechtigten oder gegen die von ihm bezüglich einzelner Handlungen des Betriebes ertheilten besonderen Aufträge begangen haben, so unterliegen nur sie allein der hierauf gesetzten Strafe. Dies schließt jedoch nicht aus, daß gegen diejenige Person, welche durch ihre eigene Thätigkeit die Gemeinde oder die Genossenschaft in Strafe und Schaden gebracht hat, von den Beschädigten der Rückgriff wegen Schadensersatzes genommen wird, was durch den Schlußsatz des neuen Abs. 3 des Art. 52 ausdrücklich vorbehalten wird. Die Voraussetzungen eines solchen Rückgriffes bemessen sich im Uebrigen nach den Vorschriften des BGB.

3. Nach Art. 53 des Gesetzes ist die Uebertragung der strafrechtlichen Verantwortlichkeit eines Betriebsberechtigten auf dessen Pächter oder selbständigen Geschäftsführer zulässig, wenn das Hauptzollamt seine Zustimmung hiezu schriftlich ertheilt hat. Diese Zustimmung hat die Wirkung, daß die volle strafrechtliche Verantwortlichkeit von dem Betriebsberechtigten auf den Pächter oder Geschäftsführer übergeht.

4. Nach Artikel 60 des Malzaufschlaggesetzes kann das Hauptzollamt unter bestimmten Voraussetzungen verfügen, daß ein wiederholt wegen Malzaufschlaghinterziehung bestrafter Pächter oder selbständiger Geschäftsführer in keinem aufschlagpflichtigen Betrieb und in keiner zum Malzbrechen verwendeten Mühle als Pächter oder selbständiger Geschäftsführer zugelassen werden darf. Infolge dieser Verfügung muß der Betriebsberechtigte den Pächter oder Geschäftsführer aus dem Geschäft entfernen. Tritt dieser in ein anderes Geschäft als Pächter oder Geschäftsführer ein, so muß er nach Artikel 61 auch aus der neuen Stellung entfernt werden. Dabei bleiben nach Artikel 60 Abs. 2 Satz 2 und Artikel 61 Abs. 2 Satz 2 dem Betriebsberechtigten alle Entschädigungsansprüche gegen den Pächter oder Geschäftsführer vorbehalten, während dieser solche Ansprüche wegen Auflösung des Pacht- oder Dienstvertrags nicht geltend machen kann. Der Einfluß, welchen die durch das öffentliche Recht vorgeschriebene Entfernung des Pächters oder Geschäftsführers aus dem Geschäft auf die beiderseitigen Ansprüche und Verpflichtungen aus dem Pachtvertrag oder dem Dienstvertrag hat, gehört dem Gebiete des bürgerlichen Rechtes an und bestimmt sich in Zukunft nach den Vorschriften des Bürgerlichen Gesetzbuchs, dessen § 325 auf demselben Gedanken beruht wie die angeführten Vorschriften. Die Artikel 60 Abs. 2 Satz 2 und der Artikel 61 Abs. 2 Satz 2 wurden deshalb durch Ziff. II des Art. 155 des A.G. aufgehoben.

Artikel 156.

Das Gesetz vom 16. Mai 1868, die Vermarkung der Grundstücke betreffend, wird dahin geändert:

I. Der Eingang des Artikel 2 Abs. 1 hat zu lauten:

Zur Abmarkung zwischen Nachbargrundstücken kann von jedem betheiligten Grundeigenthümer . . .

II. Der Artikel 5 erhält folgende Fassung:

Verständigen sich die betheiligten Grundeigenthümer, die bestehende Grenzlinie mittelst Austausches von Grund und Boden zu verändern, oder nehmen die Feldgeschworenen wahr, daß eine Verrückung der bisherigen Grenze beabsichtigt wird, so darf die Vermarkung erst erfolgen, wenn die Aenderungen im Bestande der Grundstücke und in den Eigenthumsverhältnissen in das Grundbuch eingetragen sind.

III. Der Eingang des Artikel 7 hat zu lauten:

Streitigkeiten über den Anspruch auf Errichtung oder Wiederherstellung fester Grenzzeichen und über die Art der Vermarkung, insbesondere . . . .

IV. Im Artikel 8 werden die Worte: „unter Darlegung des Bedürfnisses" ersetzt durch die Worte:

„unter Darlegung der Beschaffenheit der Grenze".

V. Die Artikel 1, 3, 4 werden aufgehoben.

Die Vorschriften des Gesetzes vom 16. Mai 1868 [1]) haben sich schon längst als unzureichend erwiesen. Dem Landtag von 1899 ist daher der Entwurf eines neuen Gesetzes die Abmarkung der Grundstücke betr., vorgelegt worden (Vhdl. d. K. d. A. 1899/1900 Beil. 9), welcher jedoch unerledigt blieb.

Für die Zwischenzeit verbleibt es einstweilen bei den durch Art. 156 getroffenen Aenderungen, die nothwendig waren, um das Gesetz mit den Vorschriften des Bürgerlichen Gesetzbuchs in Einklang zu bringen.

Zu Ziff. I u. V.

Der Anspruch des Eigenthümers eines Grundstücks gegen den Eigenthümer eines Nachbargrundstücks auf Errichtung oder Wiederherstellung fester Grenzzeichen und die Vertheilung der Kosten der Abmarkung auf die Eigenthümer der beiden Grundstücke sind im § 919 Abs. 1, 3 des Bürgerlichen Gesetzbuchs [2]) bestimmt. Für die Art der Abmarkung und das Verfahren sind dagegen nach Abs. 2 des § 919 die Landesgesetze maßgebend. Infolge dessen fallen von den Vorschriften des Gesetzes vom 16. Mai

---

1) Ges.Bl. 1866—1869 S. 573 ff.; Windstoßer, das Ges. die Vermarkung der Grundstücke betr., vom 16. Mai 1868, 2. Aufl., Ansbach 1900.

2) BGB. § 919: „Der Eigenthümer eines Grundstücks kann von dem Eigenthümer eines Nachbargrundstücks verlangen, daß dieser zur Errichtung fester Grenzzeichen und, wenn ein Grenzzeichen verrückt oder unkenntlich geworden ist, zur Wiederherstellung mitwirkt.

Die Art der Abmarkung und das Verfahren bestimmen sich nach den Landesgesetzen; enthalten diese keine Vorschriften, so entscheidet die Ortsüblichkeit.

Die Kosten der Abmarkung sind von den Betheiligten zu gleichen Theilen zu tragen, sofern nicht aus einem zwischen ihnen bestehenden Rechtsverhältnisse sich ein anderes ergibt."

1868 die der Artikel 1, 3, 4 ganz weg, weshalb sie aufgehoben wurden (Ziff. V); bei jenen des Art. 2 kommt die Bestimmung in Wegfall, daß die Vermarkung, die ein Grundstückeigenthümer von dem andern verlangen kann, auf das wirkliche Bedürfniß beschränkt ist.

Zu Ziff. II.

3. Nach der früheren Fassung des Artikel 5 Satz 1 durfte, wenn die betheiligten Grundeigenthümer die Grenze durch Austausch von Grund und Boden verändern wollen oder wenn die Feldgeschworenen wahrnehmen, daß eine Veränderung der bisherigen Grenze beabsichtigt ist, die Vermarkung erst erfolgen, nachdem die Vermessung durch den Bezirksgeometer und die Beurkundung der Besitzveränderung stattgefunden haben. Unter der Besitzveränderung war die Uebertragung des Eigenthums verstanden, die nach dem bisherigen Rechte (Art. 14 des Notariatsgesetzes vom 10. November 1861, Art. 219 Abs. 1 des Ausf.Ges. zur C.P.O. und K.O.) notariell beurkundet werden mußte. Von der Zeit an, zu welcher das Grundbuch als angelegt anzusehen ist, erfolgt die Uebertragung des Eigenthums durch Auflassung und Eintragung in das Grundbuch (§§ 873, 925 des BGB.) und die Vereinigung der von dem einen Grundstück abgetrennten Fläche mit dem anderen Grundstücke durch Zuschreibung im Grundbuche (§ 890 Abs. 2 des BGB.) Ziff. II stellt deshalb die Fassung des Art. 5 Satz 1 dahin richtig, daß die Vermarkung erst erfolgen darf, wenn die Aenderungen im Bestande der Grundstücke und in den Eigenthumsverhältnissen in das Grundbuch eingetragen sind. Die Erwähnung des Erfordernisses der Vermessung durch den Bezirksgeometer wird durch den neuen § 71 a Abs. 3 des Grundsteuergesetzes (Art. 136 Ziff. I d. A.G., s. oben S. 219) und dadurch entbehrlich, daß die Abschreibung eines Theiles eines Grundstücks im Grundbuch auf Grund des § 96 der Grundbuchordnung von der Beibringung einer die Lage und die Grenzen des Grundstücktheiles darstellenden Karte abhängig gemacht werden wird.

Auf eine durch Austausch von Grundstückstheilen bewirkte Grenzveränderung sollen nach Artikel 5 Satz 2 die Bestimmungen des Gesetzes über die Zusammenlegung von Grundstücken, jetzt des Flurbereinigungsgesetzes,[3]) Anwendung finden. Der Satz 2 des Art. 5 ist weggelassen, weil er, abgesehen von der nicht mehr zutreffenden Verweisung, seinem wahren Inhalte nach selbstverständlich ist, die Fassung aber zu dem Mißverständniß Anlaß gibt, als sollten die Vorschriften des Flurbereinigungsgesetzes, insbesondere der Art. 8, auf jeden Grundaustausch Anwendung finden, durch den eine Aenderung der bestehenden Grenzlinie bezweckt wird, auch wenn die Voraussetzungen einer Flurbereinigung nicht vorliegen. In der Mehrzahl der Fälle wird nicht eine Flurbereinigung, sondern die Erwirkung des Unschädlichkeitszeugnisses nach dem Gesetze vom 15. Juni 1898[4]) in Frage kommen.[5])

Zu Ziff. III, IV.

2. Streitigkeiten über die Vermarkungspflicht sind nach den Artikeln 7 bis 11 des Gesetzes vom 16. Mai 1868 und dem Art. 8 Ziff. 16 des Gesetzes vom 8. August 1878, betreffend die Errichtung eines Verwaltungsgerichtshofes und das Verfahren in Verwaltungsrechtssachen, Sachen letzterer Art. Hieran wird durch die Einführung

---

3) Flurbereinigungsgesetz vom 29. Mai 1886 (G. u. V.Bl. S. 271); s. auch Art. 171 d. A.G.

4) Gesetz v. 15. Juni 1898, das Unschädlichkeitszeugniß betr. (Ges. u. V.Bl. S. 301). vgl. Kaisenberg, Gesetz, das Unschädlichkeitszeugniß betr. Handausgabe mit Anmerkungen u. Sachregister. München 1899.

5) Mot. B S. 101; Becher, Mat. II S. 68.

des Bürgerlichen Gesetzbuchs nichts geändert, da die Landesgesetzgebung in der Ausschließung des Rechtswegs nach Maßgabe des § 13 des Gerichtsverfassungsgesetzes auch in Zukunft freie Hand hat. Die Aenderung in der Fassung der Artikel 7, 8 beruht auf demselben Grunde wie die des Artikel 2 und steht nunmehr mit der Vorschrift des § 919 des Bürgerlichen Gesetzbuchs in Einklang. Durch diese Aenderungen in den Art. 7. u. 8 ist jeder Zweifel darüber abgeschnitten, daß nicht nur der Streit über die Art und den Umfang des bürgerlich-rechtlichen Vermarkungsanspruchs, sondern auch der Streit über das Bestehen des Anspruchs vor die Verwaltungsbehörde gehört. Nach dem unberührt gebliebenen Halbsatz 2 des Art. 7 bleiben jedoch Streitigkeiten über Feststellung der Grenze der Entscheidung der einschlägigen Gerichte vorbehalten. Ebendeshalb wird die bei dem Streite über den Abmarkungsanspruch etwa auftauchende Frage über das Eigenthum an den abzumarkenden Grundstücken selbst nur durch die Gerichte entschieden werden können. Wenn hiegegen Henle u. Schneider (Nr. 5 der Bem. zu Art. 156) anführen, daß die Verwaltungsbehörde sehr wohl in die Lage kommen könne, darüber zu entscheiden, ob dem Kläger das Eigenthum an dem Grundstücke zukommt, auf dessen Mitvermarkung er seinen Gegner belangt, und ob der Beklagte wirklich der Eigenthümer des anstoßenden Grundstückes ist, da der entscheidenden Behörde naturgemäß die Prüfung der Aktiv- und Passivlegitimation nicht entzogen sei, so wird hiemit wohl nur gemeint sein, daß solche auf das Eigenthum sich beziehende Incident-Entscheidung der Verwaltungsbehörde nur auf die Feststellung der Aktiv- u. Passivlegitimation bezüglich des Abmarkungsanspruchs sich erstrecken könne. Dem Privatrechtsanspruche auf das Eigenthum kann hiedurch auf keinen Fall präjudizirt werden.

Artikel 157.

Das Berggesetz vom 20. März 1869 wird dahin geändert:

I. Der Artikel 6 erhält folgenden Abs. 3:

Auf die jährlich zu leistende Entschädigung finden die Vorschriften des Art. 129a, auf den Ersatz des Minderwerths finden die Vorschriften des Art. 134 entsprechende Anwendung.

II. Als Artikel 36a werden folgende Vorschriften eingestellt:

Die Bergbehörde hat dem Grundbuchamt eine beglaubigte Abschrift der Verleihungsurkunde und eine beglaubigte Zeichnung des Planes (Art. 33) zur Eintragung des verliehenen Bergwerkseigenthums in das Grundbuch mitzutheilen.

In den Fällen des Art. 35 Abs. 2 hat die Bergbehörde das Grundbuchamt um die erforderlichen Eintragungen zu ersuchen. Soweit Hypotheken, Grundschulden oder Rentenschulden von der Aenderung oder Aufhebung der Verleihung betroffen werden, finden auf die Eintragung die Vorschriften der §§ 42 bis 44 der Grundbuchordnung keine Anwendung. Das Grundbuchamt hat den Besitzer des Hypotheken-, Grundschuld- oder Rentenschuldbriefs zur Vorlegung anzuhalten, um nach den Vorschriften des § 62 Abs. 1, des § 69 und des § 70 Abs. 1 der Grundbuchordnung zu verfahren.

III. Der Artikel 40 erhält folgende Fassung:

Auf das Bergwerkseigenthum finden die sich auf Grundstücke beziehenden Vorschriften entsprechende Anwendung.

IV. Der Artikel 41 erhält folgende Fassung:

Für den Erwerb eines bestehenden Bergwerkseigenthums gelten dieselben Vorschriften wie für den Erwerb des Eigenthums an einem Grundstücke.

Auf die Ansprüche aus dem Bergwerkseigenthume finden die für die Ansprüche aus dem Eigenthume geltenden Vorschriften entsprechende Anwendung.

V. Der Artikel 50 erhält folgenden Abs. 2:

Auf die Entschädigungsforderung finden die Vorschriften des Art. 134 Abs. 1 entsprechende Anwendung.

VI. Der Artikel 55 erhält folgenden Zusatz:

Die Vereinbarung muß öffentlich beurkundet oder öffentlich beglaubigt sein.

VII. Als Artikel 62a wird folgende Vorschrift eingestellt:

Ist die Bestätigung der Vereinigung mehrerer Bergwerke, der Theilung des Feldes eines Bergwerkes in selbständige Felder oder des Austausches von Feldestheilen erfolgt, so hat die Bergbehörde das Grundbuchamt unter Mittheilung einer beglaubigten Abschrift der Bestätigungsurkunde und beglaubigter Planzeichnungen um die Eintragungen zu ersuchen, welche durch die eingetretenen Rechtsänderungen veranlaßt werden.

Soweit Hypotheken, Grundschulden oder Rentenschulden von der Rechtsänderung betroffen werden, finden die Vorschriften des Art. 36a Abs. 2 Satz 2, 3 entsprechende Anwendung.

VIII. An die Stelle des Artikel 93 Abs. 5 treten folgende Vorschriften:

Ein abhanden gekommener oder vernichteter Kuxschein kann, wenn nicht das Gegentheil bestimmt ist, im Wege des Aufgebotsverfahrens für kraftlos erklärt werden.

Die Vorschriften der §§ 798, 800 des Bürgerlichen Gesetzbuchs finden auf Kuxscheine entsprechende Anwendung.

IX. Der Artikel 101 Abs. 3 hat zu lauten:

Gewerken, die nicht im Deutschen Reiche wohnen, haben

zur Empfangnahme der Einladungen einen im Deutschen Reiche wohnenden Bevollmächtigten zu bestellen.

X. An die Stelle des Artikel 112 Satz 2, 3 tritt folgende Vorschrift:

Bestellt die Gewerkschaft einen Grubenvorstand, so kann die Zustellung an jedes Mitglied des Grubenvorstandes erfolgen.

XI. Im Artikel 117 wird das Wort: „Vollmachtsvertrag" ersetzt durch das Wort:

„Auftrag".

XII. Als Artikel 129a wird folgende Vorschrift eingestellt:

Die im Art. 126 und im Art. 129 Abs. 1 bezeichneten Entschädigungsforderungen haften, wenn das benützte Grundstück oder das Grundstück, dessen jeweiligem Eigenthümer die Dienstbarkeit an dem benützten Grundstücke zusteht, mit Reallasten, Hypotheken, Grundschulden oder Rentenschulden belastet ist, für diese Rechte. Die Vorschriften des § 1123 Abs. 2 Satz 1 und der §§ 1124, 1125 des Bürgerlichen Gesetzbuchs finden mit der Maßgabe entsprechende Anwendung, daß Verfügungen über die Entschädigungsforderungen den Berechtigten gegenüber unwirksam sind, soweit die Fälligkeit erst später als drei Monate nach der Beschlagnahme eintritt.

XIII. Der Artikel 134 erhält folgende Fassung:

Die von dem Grundeigenthümer nach der Vorschrift des Art. 127 Abs. 1 erworbenen Ansprüche auf Ersatz des Minderwerths haften, wenn das beschädigte Grundstück oder das Grundstück, dessen jeweiligem Eigenthümer die Dienstbarkeit an dem beschädigten Grundstücke zusteht, mit Reallasten, Hypotheken, Grundschulden oder Rentenschulden, belastet ist, für diese Rechte nach Maßgabe der Vorschriften des §1127 Abs. 2 und des § 1128 des Bürgerlichen Gesetzbuchs. Erhebt ein Berechtigter innerhalb der im § 1128 bestimmten Frist Widerspruch gegen die Zahlung der Entschädigung an den Eigenthümer, so kann der Eigenthümer und jeder Berechtigte die Eröffnung eines Vertheilungsverfahrens nach den für die Vertheilung des Erlöses im Falle der Zwangsversteigerung geltenden Vorschriften beantragen. Die Zahlung hat in diesem Falle an das für das Vertheilungsverfahren zuständige Gericht zu erfolgen.

Das Recht, die im Art. 127 Abs. 2 bezeichnete Sicherheitsleistung zu verlangen, steht auch den im Abs. 1 bezeichneten

Berechtigten zu. Macht einer der Berechtigten von dieser Befugniß Gebrauch, so ist die Sicherheit in der Weise zu leisten, daß sie auch dem Berechtigten haftet.

XIV. Im Artikel 135 wird der Satz 2 durch folgenden Abs. 2 ersetzt:

Auf die in den Fällen des Art. 127 Abs. 3, des Art. 128, des Art. 129 Abs. 2 und des Art. 132 zu leistenden Entschädigungen finden, wenn das betroffene Grundstück oder das Grundstück, dessen jeweiligem Eigenthümer das betroffene Recht zusteht, mit Hypotheken, Grundschulden oder Rentenschulden oder mit anderen Rechten belastet ist, für welche eine besondere Entschädigung nicht gewährt wird, die für die Entschädigung im Falle der Zwangsenteignung geltenden Vorschriften Anwendung.

XV. Der Artikel 151 erhält folgenden Abs. 2:

Auf die Entschädigungsforderung finden im Falle der Beschädigung eines Grundstücks die Vorschriften des Art. 134 Abs. 1 entsprechende Anwendung; im Falle der Beschädigung von Zubehörstücken haftet die Entschädigungsforderung den im Art. 134 Abs. 1 bezeichneten Berechtigten nach Maßgabe der Vorschriften des § 1123 Abs. 2 Satz 1, des § 1124 Abs. 1, 3 und des § 1127 Abs. 2 des Bürgerlichen Gesetzbuchs.

XVI. Der Artikel 154 erhält folgende Fassung:

Ansprüche auf Ersatz eines durch den Bergbau verursachten Schadens (Art. 151, 152), welche sich nicht auf Vertrag gründen, verjähren nach den für Ersatzansprüche aus unerlaubten Handlungen geltenden Vorschriften.

XVII. Der Artikel 162 erhält folgenden Abs. 3:

Die Vorschriften des Art. 36a Abs. 2 finden entsprechende Anwendung.

XVIII. Der Eingang des Artikel 227 erhält folgende Fassung:

Die Art. 85 bis 88, 91, 93, 95, 96, 98 und 99 finden . . . . .

XIX. Der Artikel 228 Abs. 2 erhält folgende Fassung:

Die Kuxe behalten die Eigenschaft von Rechten, die den Grundstücken gleichstehen. Die Vorschrift des Art. 41 Abs. 1 findet entsprechende Anwendung.

XX. Im Artikel 229 Satz 2 werden die Worte: „Veräußerung von Kuxen und" gestrichen.

XXI. Der Artikel 232 erhält folgende Fassung:

In den Fällen der Art. 119, 121 müssen die Erklärungen des Gewerken und der Gläubiger öffentlich beurkundet oder öffentlich beglaubigt sein.

In dem Falle der Art. 119, 120 erfolgt der Verkauf des Antheils im Wege der Zwangsversteigerung unbeweglicher Sachen.

Ein unverkäuflicher Antheil wird in den Fällen der Art. 120, 121 der Gewerkschaft im Grundbuche zugeschrieben.

XXII. Der Artikel 48 Abs. 3, der Artikel 94 Abs. 2 und der Artikel 115 Abs. 2 werden aufgehoben.

A) Das Berggesetz vom 20. März 1869[1]) hat seit seinem Bestehen mehrfache Aenderungen erfahren. Durch Art. 1 des Gesetzes vom 8. November 1875, die Bestimmung von Geldstrafen und einigen Geldsätzen nach der Reichswährung betreffend (G. u. VO.Bl. S. 665) wurden die im Berggesetze angedrohten Geldstrafen in Reichswährung bestimmt und durch Art. 78 des Gesetzes zur Ausführung der Reichs-Civilprozeßordnung und Konkursordnung vom 23. Februar 1879 (G. u. V.Bl. S. 63) erhielten die Art. 10, 99, 236 eine theilweise Abänderung; weitere Aenderungen enthält der Art. 157 des A.G. z. BGB. Inzwischen wurde ferner das Gesetz vom 30. Juni 1900, betreffend Aenderung einiger Bestimmungen des Berggesetzes für das Königreich Bayern vom 20. März 1869,[2]) erlassen, welches vom 1. Oktober 1900 in Kraft getreten ist. Auf Grund Art. III des Gesetzes vom 30. Juni 1900 wurde durch das k. Staatsministerium des Innern der neue Text nach den hieraus sich ergebenden Aenderungen unterm 20. Juli 1900 bekannt gemacht.[3]) Die Abänderungen durch das Gesetz vom 30. Juni 1900 betreffen der Hauptsache nach die Neuorganisation der Bergbehörde, die Neuregelung des Arbeitsverhältnisses und die Neufassung der Strafbestimmungen, ohne das Gebiet der im Art. 157 des A.G. z. BGB. enthaltenen Bestimmungen zu berühren. Diese Aenderungen des Art. 157 waren durch den Zusammenhang des Bergges. mit den im Bürgerlichen Gesetzbuche geordneten Rechtsgebieten, insbesondere mit dem Liegenschaftsrechte veranlaßt und beruhen auf der Bestimmung des Art. 67 Abs. 1 des Einf.G. z. BGB., nach welcher die dem Bergrechte angehörenden Vorschriften unberührt bleiben und auf der Vorschrift desselben Artikels in Abs. 2, wonach auf eine wegen Beschädigung eines Grundstückes durch den Bergbau nach landesgesetzlicher Bestimmung zu gewährende Entschädigung die Vorschriften der

---

1) Ges.Bl. 1866/69 S. 673.

2) G. u. V.Bl. 1900 S. 745 ff.

3) G. u. V.Bl. S. 775 ff. Hiezu Verordnung vom 30. Juli 1900, die Organisation und den Wirkungskreis der Bergbehörden betreffend (G. u. V.Bl. S. 839 ff.) und oberbergpolizeiliche Vorschriften d. k. Staatsm. d. Innern vom 30. Juli 1900 (G. u. V.Bl. S. 843 ff.) Zur Literatur: Rauck, das Berggesetz für das Königreich Bayern vom $\frac{\text{20. März 1869}}{\text{30. Juni 1900}}$ ꝛc. Handausgabe mit Erläuterungen ꝛc. ꝛc. 1900, von Roth, bayer. Civ.R. II Abth. 3 §§ 271 bis 309, Becher, d. L.C.R. §§ 159 bis 181.

Artikel 52, 53 des Einf.G. z. BGB. Anwendung finden, soweit nicht die Landesgesetze ein Anderes bestimmen.

B) Zu Ziff. I des Art. 157.

1. Für die Benützung eines fremden Grundstückes zum Schürfen und für die Werthminderung, die das Grundstück durch die Schürfarbeiten erleidet, hat nach Art. 6 des Berggesetzes der Schürfer den Besitzer in gleicher Weise zu entschädigen, wie der Bergwerksunternehmer nach Art. 126 und Art. 127 Abs. 1 verpflichtet ist, dem Besitzer für die Benützung des Grundstücks zum Betriebe des Bergbaues und für die durch diese Benützung entstehende Werthminderung Entschädigung zu leisten. In dem einen wie im anderen Falle kann der Besitzer für den Ersatz der zu erwartenden Werthminderung Sicherheitsleistung verlangen (Art. 6. Abs. 2, Art. 127 Abs. 2). Ist das Grundstück mit Hypotheken belastet, so haftet nach Artikel 134 die Entschädigung, welche für die durch Benützung des Grundstücks zum Bergbau entstehende Werthminderung zu leisten ist, den Gläubigern. Diese können auch das Recht des Besitzers auf Sicherheitsleistung für sich geltendmachen. Dagegen fehlte es bisher an einer Vorschrift, welche den Hypothekengläubigern dieselbe Stellung auch im Falle der Minderung des Werthes durch Schürfarbeiten einräumt. Auf die für die Benützung des Grundstücks zu gewährende Entschädigung erstreckt sich nach den bisherigen Bestimmungen des Berggesetzes die Hypothek weder im Falle der Benützung zum Schürfen noch im Falle der Benützung zum Bergbau. Der neue Abs. 3 des Art. 6 (neu Art. 7) trifft nun hiefür Abhilfe, so zwar, daß auf die jährlich zu leistende Entschädigung für Benützung des Grundstücks zum Schürfen die Vorschriften des Art. 129 a nun Art. 162 (s. unten Ziff. XII), und auf den Ersatz des Minderwerths die Vorschriften des Art. 134, nun Artikel 167 (s. unten Ziff. XIII) entsprechende Anwendung finden, wobei für ersteren Fall die Bestimmungen des Bürgerlichen Gesetzbuchs über die Rechte der Hypothekengläubiger an den noch nicht fälligen Mieth- und Pachtzinsen (§§ 1123—1125) und für den anderen Fall jene über die Rechte der Hypothekengläubiger auf die Forderungen wegen Versicherung der Hypothekobjekte (§§ 1127, 1128) zum Vorbilde genommen sind.[4])

2. Nach Art. 4, 5 (neu 5, 6) des Berggesetzes muß der Besitzer eines Grundstückes das Schürfen und nach den Artikeln 124, 125 (neu 156, 157) muß er die Benützung des Grundstücks für den Betrieb des Bergbaus unter gewissen Voraussetzungen gestatten. Ueber die Gestattungspflicht entscheiden bei Schürfarbeiten nach Art. 8 (neu 9) die Bergbehörden, bei dem Betriebe des Bergbaues nach Art. 136 (neu 169) und Art. 10 Ziff. 9 des Gesetzes vom 8. August 1878 über den Verwaltungsgerichtshof die Verwaltungs- und die Bergbehörden gemeinschaftlich und in letzter Instanz der Verwaltungsgerichtshof. Das festgestellte Benützungsrecht des Schürfers oder des Bergwerksunternehmers eignet sich nicht zur Eintragung in das Grundbuch, weil es sich nicht um eine Belastung des Grundstücks, sondern um eine gesetzliche Eigenthumsbeschränkung handelt. Die Bestimmung der Ziff. I tritt daher ohne Rücksicht auf den Zeitpunkt der Anlegung des Grundbuchs sofort in Kraft.

Zu Ziff. II.

1. Das Bergwerkseigenthum muß, da es den für Grundstücke geltenden Vor-

4) Motive B S. 102; Becher, Mat. II S. 69.

schriften unterliegt,[5]) in das Grundbuch eingetragen werden. Um dem Grundbuchamte die Eintragung zu ermöglichen, verpflichtet der in der Ziff. II eingestellte Art. 36a (neuer T. Art. 38) Abs. 1 die Bergbehörde, dem Grundbuchamte von der Verleihung, durch welche das Bergwerkseigenthum entsteht (Art. 31, 33 n. T.), Kenntniß zu geben und die zur Eintragung nöthigen Unterlagen, insbesondere eine beglaubigte Abschrift der Verleihungsurkunde und eine Zeichnung des Planes[6]) mitzutheilen.

2. Nach Art. 35 (n. T. 36) Abs. 3 kann die Geltendmachung eines (im Wege der gerichtlichen Klage gegen den Bergwerkseigenthümer zu verfolgenden) Vorzugsrechts auf das verliehene Feld oder einen Theil des Feldes zur Aufhebung oder Veränderung der Verleihung führen.[7]) Abs. 2 des neueingestellten Art. 36a (n. T. 38) trifft nun Vorsorge, daß das Grundbuchamt durch die Bergbehörde von der Aufhebung oder Abänderung in Kenntniß gesetzt wird, um das Grundbuch richtig zu stellen. Kommen hiebei Hypotheken (Briefhypotheken, Hypotheken für Forderungen aus Inhaberpapieren, Wechseln oder aus einem anderen Papiere, das durch Indossament übertragen werden kann), Grundschulden oder Rentenschulden in Frage, so bedarf es nicht der in den §§ 42—44 der Grundbuchordnung vorgeschriebenen vorherigen Vorlage der bezüglichen Urkunden, vielmehr hat das Grundbuchamt von Amtswegen das Erforderliche zu veranlassen, den Besitzer des Hypotheken-, Grundschuld- oder Rentenschuldbuches zur Vorlegung anzuhalten und nach den Vorschriften des § 62 Abs. des § 69 und § 70 Abs. 1 der Grundbuchordnung zu verfahren.[8])

Zu Ziff. III.

Die ältere Fassung des Art. 40 (neue T. 42) lautete: „Das durch die Verleihungsurkunde begründete Bergwerkseigenthum gehört zu den unbeweglichen Sachen." Das Bergwerkseigenthum bleibt also nach wie vor den für Grundstücke geltenden Vorschriften unterworfen. Die neue Fassung des Artikels schließt sich, wie jene des nachfolgenden Art. 41 (neue T. 43), an die für das Erbbaurecht geltenden Vorschriften des § 1017 des Bürgerlichen Gesetzbuchs unter Berück-

---

5) Nach Art. 42 n. F. (s. Ziff. III) finden auf das Bergwerkseigenthum die sich auf Grundstücke beziehenden Vorschriften entsprechende Anwendung.

6) Nach Art. 34 (ä. F. 33) Abs. 1 werden bei Ausfertigung der Verleihungsurkunde die beiden Exemplare des mit der Einzeichnung des Situationsplanes versehenen Steuerkatasterplanes von dem Oberbergamte beglaubigt, erforderlichen Falles aber vorher berichtigt und vervollständigt.

7) Art. 36 (n. T.) Abs. 3: „Wird das Vorzugsrecht des Widersprechenden durch Richterspruch anerkannt, so hat das Oberbergamt die Verleihungsurkunde je nach der Lage des Falles gänzlich aufzuheben oder abzuändern."

8) G.B.O. § 62 Abs. 1: „Eintragungen, die bei der Hypothek erfolgen, sind von dem Grundbuchamt auf dem Hypothekenbriefe zu vermerken; der Vermerk ist mit Unterschrift und Siegel zu versehen."

§ 69: „Wird eine Hypothek gelöscht, so ist der Brief unbrauchbar zu machen; das Gleiche gilt, wenn die Ertheilung des Briefes über eine Hypothek nachträglich ausgeschlossen oder an Stelle des bisherigen Briefes ein neuer Hypothekenbrief, ein Grundschuldbrief oder ein Rentenschuldbrief ertheilt wird. Eine mit dem bisherigen Briefe verbundene Schuldurkunde ist abzutrennen und, sofern sie nicht mit dem neuen Hypothekenbriefe zu verbinden ist, zurückzugeben."

§ 70 Abs. 1: „Die Vorschriften der §§ 56 bis 69 finden auf den Grundschuldbrief und den Rentenschuldbrief entsprechende Anwendung. Der Rentenschuldbrief muß auch die Ablösungssumme angeben."

sichtigung des Umstandes an, daß das Bergwerkseigenthum durch Verleihung entsteht, die für den Erwerb des Eigenthums an Grundstücken geltenden Vorschriften daher nur auf den Erwerb eines bestehenden Bergwerkseigenthums Anwendung finden.[9])

Zu Ziff. IV.

1. Bezüglich der neuen Fassung des Art. 40 (n. T. 43) s. die Bemerkung zu Ziff. III.

Der Abs. 2 des Art. 41 ä. F., welcher die Vorschriften über die Anfechtbarkeit wegen übermäßiger Verletzung ausschloß, ist gegenstandslos geworden, weil derartige Vorschriften dem Bürgerlichen Gesetzbuche fremd sind.

2. Da nach Artikel 189 des Einf.Ges. z. BGB. der Erwerb und der Verlust des Eigenthums an einem Grundstück auch nach dem Inkrafttreten des Bürgerlichen Gesetzbuchs nach den bisherigen Gesetzen erfolgt, bis das Grundbuch angelegt ist, so müssen Verträge über den Erwerb eines bestehenden Bergwerkseigenthums bis zur Anlage des Grundbuches gemäß Artikel 132 des Notariatsgesetzes vom 9. Juni 1899 (G. u. V.O.Bl. S. 164) bei Meidung der Nichtigkeit von dem Notar beurkundet werden. Dagegen fallen die Ansprüche aus dem Eigenthum nicht unter die Vorschrift des Art. 189 E.G. z. BGB., weshalb auf die Ansprüche aus dem Bergwerkseigenthum, (Abs. 2 des Art. 43, n. T.) seit 1. Januar 1900 die Vorschriften des Bürgerlichen Gesetzbuchs §§ 925 ff. zur Anwendung zu bringen sind.

Zu Ziff V.

Nach Art. 50 ä. F. (Art. 52 Abs. 1 n. T.) muß der Bergwerkseigenthümer, der in einem fremden Felde einen Hilfsbau anlegt, dem Bergwerkseigenthümer, dem das Feld gehört, für allen Schaden, welcher dem belasteten Bergwerke durch seine Anlagen entsteht,[10]) vollständige Entschädigung leisten. Diese Vorschrift entspricht jener in Artikel 151 ä. F. (Art. 184 n. T.), welche in gleicher Weise den Bergwerksunternehmer zum Ersatze des Schadens verpflichtet, der durch den Betrieb des Bergwerkes dem Grundeigenthümer zugefügt wird. Da die nach Art. 184 n. T. zu leistende Entschädigung gemäß Abs. 2 dieses Artikels mit Art. 134 ä. F. (167 n. T.) auch für die Hypotheken und gleichgestellten Rechte haftet, so hat der zum früheren Art. 50 neu hinzugefügte Abs. 2 das Gleiche auch für die hier zu leistende Entschädigung vorgesehen. Vgl. auch die Bemerkungen oben zu Ziffer II.

Zu Ziff. VI.

Nach Art. 55 ä. F. (Art. 57 Abs. 1 n. T.) muß, wenn das durch Vereinigung mehrerer Bergwerke entstehende Werk nur als Ganzes mit Hypotheken und dinglichen Lasten beschwert werden kann, für den Fall, daß auf den einzelnen Bergwerken, Hypotheken, Grundschulden, Rentenschulden oder andere Realrechte haften, außer der über den Vereinigungsakt errichteten Urkunde eine mit den Berechtigten vereinbarte Bestimmung beigebracht werden, daß und in welcher Rangordnung die Rechte derselben auf das vereinigte Werk als Ganzes übergehen sollen. Diese Vereinbarung bedurfte früher nach Art. 14 des Notariatsgesetzes v. 1861 u. Art. 219 Abs. des Ausf.Ges. z. Civ.P.O. u. K.O. der notariellen Verlautbarung. Da letztbezeichnete Vorschriften

---

9) Motive B S. 102; Becher, Mat. II S. 70.

10) Z. B. durch Schädigung der einzelnen Anlagen des Hilfsbauverpflichteten, durch Betriebsstörung. Für die Gestattung des Hilfsbaues an sich kann eine Entschädigung nicht beansprucht werden.

aufgehoben sind, so trifft der neuangefügte Abs. 2 Sorge dafür, daß die Vereinbarung der Bergbehörde in zuverlässiger Form vorgelegt wird. Im Anschlusse an § 29 der Grundbuchordnung wird nunmehr lediglich die Vorlegung einer öffentlichen oder öffentlich beglaubigten Urkunde verlangt.

Zu Ziff. VII.

Die Rechtsänderungen, welche durch die Bestätigung der Vereinigung mehrerer Bergwerke, der Theilung des Feldes eines Bergwerkes in selbständige Felder und des Austausches von Feldestheilen bewirkt werden, treten ohne Eintragung in das Grundbuch ein. Das Grundbuch bedarf daher der Berichtigung. Um diese sicher und rasch herbeizuführen, verpflichtet der neu eingestellte Art. 62a (65 n. T.) in Abs. 1 auf Grund des § 83 der Grundbuchordnung die Bergbehörde, das Grundbuchamt von Amtswegen um Eintragung der durch ihre Verfügung bewirkten Rechtsänderungen zu ersuchen.[11])

Bezüglich der durch Abs. 2 angeordneten entsprechenden Anwendung des Art. 36a (38 n. T.) Abs. 2 Satz 2 u. 3, soweit Hypotheken, Grundschulden oder Rentenschulden von der Rechtsänderung betroffen werden, s. die Bemerkungen oben zu Ziff. II Nr. 2.

Zu Ziff. VIII.

1. Das bisherige Berggesetz setzt die Zulässigkeit der Kraftloserklärung von Kuxscheinen voraus. Zur Abschneidung von Zweifeln wurde durch die an die Stelle des Abs. 5 von Art. 93 ä. F. getretenen Vorschrift (Abs. 5 des Art. 125 n. T.) die Zulässigkeit ausdrücklich ausgesprochen. Der Beisatz „wenn nicht das Gegentheil bestimmt ist", war veranlaßt, da die Kraftloserklärung auch hier, wie es bei Aktien nach § 228 Abs. 1 des Handelsgesetzbuchs und bei Urkunden der im § 808 BGB. bezeichneten Art (Inhaber ähnlicher Namenspapiere) nach dem Abs. 2 Satz 2 des § 808 der Fall ist, die Möglichkeit gegeben sein muß, die Kraftloserklärung durch besondere Bestimmung auszuschließen. Die Ausschließung kann in dem Kuxschein selbst oder in der Satzung der Gewerkschaft bestimmt werden.

2. Die im weiteren Absatze der neuen Fassung (Abs. 6 des Art. 125 n. T.) vorgeschriebene ensprechende Anwendung der §§ 789, 800[12]) des BGB. beruht auf dem Vorbilde des § 228 Abs. 1 Satz 2 u. des § 229 des Handelsgesetzbuchs. Dadurch ist die Verpflichtung der Gewerkschaft zum Umtausch eines beschädigten Kuxscheines und zur Ertheilung eines neuen Kuxscheines an Stelle des für kraftlos erklärten ausgesprochen. Ohne den Besitz des Kuxscheins ist der Gewerke in der Verfügung über den Kux gehindert, für die Verpfändung (Art. 130 n. T.) ist der Besitz des Kux-

---

11) Motive B S. 103; Becher, Mat. II S. 71.

12) BGB. § 798: „Ist eine Schuldverschreibung auf den Inhaber in Folge einer Beschädigung oder Verunstaltung zum Umlaufe nicht mehr geeignet, so kann der Inhaber, sofern ihr wesentlicher Inhalt und ihre Unterscheidungsmerkmale noch mit Sicherheit erkennbar sind, von dem Aussteller die Ertheilung einer neuen Schuldverschreibung auf den Inhaber gegen Aushändigung der beschädigten oder verunstalteten verlangen. Die Kosten hat er zu tragen und vorzuschießen."

§ 800: „Ist eine Schuldverschreibung auf den Inhaber für kraftlos erklärt, so kann derjenige, welcher das Ausschlußurtheil erwirkt hat, von dem Aussteller, unbeschadet der Befugniß, den Anspruch aus der Urkunde geltend zu machen, die Ertheilung einer neuen Schuldverschreibung auf den Inhaber an Stelle des für kraftlos erklärten verlangen. Die Kosten hat er zu tragen und vorzuschießen."

scheins sogar gesetzliches Erforderniß. Durch die Anwendbarkeit des § 798 BGB. ist auch die frühere Vorschrift des Art. 93 Abs. 5 ä. F. ersetzt, daß die Erneuerung des Kuxscheins zulässig ist, wenn der bisherige Schein zurückgegeben wird.[13])

3. Die Kraftloserklärung von Kuxscheinen findet im Wege des Urkundenaufgebots nach den Vorschriften der Civilprozeßordnung statt. Die im Art. 69 des Gesetzes vom 23. Februar 1879 zur Ausführung der Civilprozeßordnung und Konkursordnung ausgenommenen §§ 843 bis 846 (neu §§ 1010 bis 1014) d. C.P.O. sind in Ansehung der Kuxe gegenstandslos, weshalb es bei den allgemeinen Vorschriften der Civilprozeßordnung verbleibt.[14])

Zu Ziff. IX.

Während nach der früheren Fassung des Abs. 3 von Art. 101 Gewerken, welche weder in Bayern noch in einem anderen Staate des früheren Deutschen Bundes wohnten, zur Empfangnahme der Einladung zu den Gewerkenversammlungen einen Bevollmächtigten im Inlande (Bayern) zu bestellen hatten, trifft entsprechend der nunmehrigen Verfassung des Deutschen Reiches nach der neuen Fassung des Abs. 3 die Verpflichtung, einen Zustellungsbevollmächtigten zu bezeichnen, nur einen außerhalb des Deutschen Reiches wohnenden Gewerken; andererseits genügt es für den Zustellungsbevollmächtigten, daß er seinen Wohnsitz im Deutschen Reiche hat.

Zu Ziff. X.

Ziff. X berichtigt die Vorschriften des Artikel 112 Satz 2, 3 über die Befugniß der Mitglieder des Grubenvorstandes zur Entgegennahme von Zustellungen mit Rücksicht auf den § 171 (früher § 157) Abs. 3 der Civilprozeßordnung, wonach bei Behörden, Gemeinden und Korporationen, sowie bei Vereinen, welche als solche klagen und verklagt werden können, die Zustellung an die Vorsteher genügt.

Zu Ziff. XI.

Ziff. XI bringt den Wortlaut des Art. 117 über die Beurtheilung der durch die Bestellung eines Repräsentanten oder Grubenvorstandes entstehenden Rechtsverhältnisse mit dem Sprachgebrauche des Bürgerlichen Gesetzbuchs in Einklang (vgl. § 27 Abs. 3, § 713 des BGB.).

Zu Ziff. XII.

Nach Artikel 126 (neu Art. 158) ist der Bergwerksbesitzer verpflichtet, dem Grundbesitzer für die entzogene Nutzung im Voraus jährlich vollständige Entschädigung zu leisten und das Grundstück nach beendigter Benützung wieder zur freien Verfügung des Grundbesitzers zu stellen; ebenso ist er verpflichtet, für die entzogene Ausübung von Dienstbarkeiten, welche auf dem zur Benützung überlassenen Grundstücke ruhen, den Berechtigten jährlich im Voraus vollständige Entschädigung zu leisten. Zufolge Art. 129 (neu Art. 161) Abs. 1 muß, wenn ein Grundstück durch die Ueberlassung einzelner Theile so zerstückelt werden würde, daß die übrig bleibenden Theile nicht mehr zweckmäßig benützt werden können, auch für die letzteren die jährliche Entschädigung auf Verlangen des Grundbesitzers von dem Bergwerksbesitzer geleistet werden.

---

13) Motive B S. 103 f.; Becher, Mat. II S. 71 f.

14) Motive B S. 103; Becher, Mat. II S. 72.

Nach den §§ 1123 bis 1125 des Bürgerlichen Gesetzbuchs erstreckt sich die Hypothek, wenn das belastete Grundstück vermiethet oder verpachtet ist, auf die Mieth- oder Pachtzinsforderung. Das Recht des Hypothekengläubigers steht aber, solange nicht die Forderung zu Gunsten des Gläubigers in Beschlag genommen ist, der Einziehung des Mieth- oder Pachtzinses und einer anderen Verfügung über die Forderung nicht entgegen. Im Falle der Beschlagnahme sind Verfügungen, die sich auf den Mieth- oder Pachtzins für eine spätere Zeit als das zur Zeit der Beschlagnahme laufende und das folgende Kalendervierteljahr beziehen, dem Hypothekengläubiger gegenüber unwirksam. Die Haftung der Mieth- oder Pachtzinsforderung hat ihren Grund darin, daß die in das Eigenthum des Pächters gelangenden Früchte der Hypothek nicht unterworfen sind und daß auch der Hypothekengläubiger aus dem dem Miether und Pächter überlassenen Gebrauche des Grundstücks nicht Befriedigung suchen kann (§ 1120 des BGB., § 21 Abs. 3, § 152 Abs. 3 des Gesetzes über die Zwangsversteigerung und Zwangsverwaltung, Mot. z. Entw. des BGB. I. Les. III S. 658). Bei der Benützung für den Betrieb eines Bergwerkes, zu dem das Grundstück nach den Artikeln 124, 125 (neu 156, 157) dem Bergwerksunternehmer gegen Entschädigung überlassen werden muß, ist die Sachlage ganz dieselbe. Der Hypothekgläubiger kann sich nicht an die Nutzung des Grundstücks halten, diese steht (oft auf eine Reihe von Jahren) dem Bergwerksunternehmer zu, weshalb dem Hypothekgläubiger durch obige Bestimmungen der Art. 126 (neu 158) und Art. 129 (neu 161) Abs. 1 Ersatz in der Haftung der Entschädigungsforderung gegen den Bergwerksunternehmer gewährt ist. Der durch Ziff. XII neu eingeschaltete Art. 129a (neu 162) erklärt daher die Vorschriften des § 1123 Abs. 2 Satz 1 und der §§ 1124, 1125 des Bürgerlichen Gesetzbuchs für entsprechend anwendbar. Der Satz des § 1123 Abs. 2 eignete sich nicht zur Uebertragung, weil die Entschädigung nach dem Gesetz auf je ein Jahr im Voraus zu entrichten ist; die Vorschrift des § 1124 Abs. 2 wurde aus demselben Grunde dahin geändert, daß Verfügungen über die Entschädigung dem Hypothekengläubiger gegenüber unwirksam sind, soweit die Fälligkeit erst später als ein Vierteljahr nach der Beschlagnahme eintritt.

Den Hypotheken stehen außer den Grundschulden und den Rentenschulden mit Rücksicht auf die Vorschrift des § 1107 des BGB. auch die Reallasten gleich.[15])

Zu Ziff. XIII.

Die Ersatzforderung, welche nach Art. 127 (neu 159) Abs. 1 für die durch die Benützung des Grundstücks für den Betrieb des Bergbaues entstehende Minderung seines Werthes zu leisten ist, hatte nach der älteren Fassung des Art. 134 den Hypothekengläubigern und den sonstigen Realberechtigten in der Weise zu haften, daß sie auf die Berechtigten, soweit es zu deren Deckung erforderlich war, kraft Gesetzes überging. Diese Vorschrift wurde insofern als unzureichend erkannt, als ohne ein gerichtliches Vertheilungsverfahren schwer sich ermitteln läßt, inwieweit für die einzelnen Berechtigten die Voraussetzung des Ueberganges der Ersatzforderung eingetreten ist. Die neue Fassung des Art. 134 (neu 167) erklärt deshalb im Anschlusse an den Art. 53 des Einf.Ges. z. BGB. (Entschädigung in Enteignungsfällen) hinsichtlich der Haftung der Ersatzforderung für die Rechte der Hypothekengläubiger und der sonstigen

15) Motive B S. 104; Becher, Mat. II S. 73.

Realberechtigten die Vorschriften des § 1127 Abs. 2 und des § 1128 des BGB.[16]) für maßgebend und bestimmt zugleich in Uebereinstimmung mit dem Art. 53 des E.G. z. BGB. Satz 2 u. 3, daß, wenn ein Berechtigter innerhalb der im § 1128 BGB. bestimmten Frist Widerspruch gegen die Zahlung der Entschädigung an den Eigenthümer erhebt, der Eigenthümer und jeder Berechtigte die Eröffnung eines Vertheilungsverfahrens beantragen kann und daß in diesem Falle die Zahlung an das für das Vertheilungsverfahren zuständige Gericht zu erfolgen hat.

Abs. 2 der neuen Fassung des Art. 134 erweitert die den im Abs. 1 Bezeichneten gewährte Sicherheitsleistung dahin, diese sei auf Verlangen des Berechtigten in der Weise zu bethätigen, daß sie nicht nur dem Besitzer, sondern auch dem Berechtigten haftet.[17])

Zu Ziff. XIV.

Unter gewissen Voraussetzungen kann der Eigenthümer des Grundstücks, der verpflichtet ist, dem Bergwerksbesitzer die Benützung des Grundstücks zu überlassen, verlangen, daß der Bergwerksbesitzer das Eigenthum erwirbt, nämlich a) wenn durch die Benützung eines Grundstücks eine Werthsverminderung derselben oder einer darauf ruhenden Dienstbarkeit eintritt (Art. 127, n. F. 159 Abs. 3), b) wenn feststeht, daß die Benützung des Grundstückes länger als drei Jahre dauern wird oder wenn die Benützung nach Ablauf von drei Jahren noch fortdauert (Art. 128, n. F. 160), c) wenn ein Grundstück durch die Ueberlassung einzelner Theile zur Benützung so zerstückelt würde, daß die übrigbleibenden Theile nicht mehr zweckmäßig benützt werden können (Art. 129, n. F. 161). Erwirbt in solchen Fällen der Bergwerksbesitzer das Eigenthum, so hat er hiefür nach Art. 131 (n. F. 164) Entschädigung nach Maßgabe des Gesetzes vom 17. November 1837, die Zwangsabtretung von Grundeigenthum für öffentliche Zwecke betreffend, zu leisten. Kleben unkörperliche Rechte dem für den Betrieb des Bergbaues nach den Vorschriften der Art. 159 Abs. 3, 160 u. 161 (n. F.) von dem Bergwerksbesitzer zum Eigenthume zu erwerbenden Grundstücke an, so muß der Bergwerksbesitzer nach Art. 165 (bisher Art. 132) 1. nutzbare Rechte auf anderen unbeweglichen Sachen, welche aktiv mit dem zu erwerbenden Grundstücke verbunden sind, auf Verlangen des Eigenthümers gegen volle Entschädigung des letzteren übernehmen und 2. nutzbare Rechte, welche passiv auf dem zu erwerbenden Grundstücke ruhen, durch volle Entschädigung der Berechtigten ablösen, wenn diese darauf dringen

---

16) BGB. § 1127 Abs. 2: „Die Haftung der Forderung gegen den Versicherer erlischt, wenn der versicherte Gegenstand wiederhergestellt und Ersatz für ihn beschafft ist."

§ 1128: „Ist ein Gebäude versichert, so kann der Versicherer die Versicherungssumme mit Wirkung gegen den Hypothekengläubiger an den Versicherten erst zahlen, wenn er oder der Versicherte den Eintritt des Schadens dem Hypothekengläubiger angezeigt hat und seit dem Empfange der Anzeige ein Monat verstrichen ist. Der Hypothekengläubiger kann bis zum Ablaufe der Frist dem Versicherer gegenüber der Zahlung widersprechen. Die Anzeige darf unterbleiben, wenn sie unthunlich ist; in diesem Falle wird der Monat von dem Zeitpunkte an berechnet, in welchem die Versicherungssumme fällig wird.

Im Uebrigen finden die für eine verpfändete Forderung geltenden Vorschriften Anwendung; der Versicherer kann sich jedoch nicht darauf berufen, daß er eine aus dem Grundbuch ersichtliche Hypothek nicht gekannt habe."

17) Motive B S. 104 f.; Becher, Mat. II S. 73 f.

oder die Ausübung jener Rechte mit der neuen Bestimmung des Grundstückes nicht mehr vereinbar ist (in welchen Fällen die Entschädigung sich gleichfalls nach den Bestimmungen des Zwangsabtretungsgesetzes bemißt). Die auf dem vom Bergwerksbesitzer zum Eigenthume zu erwerbenden Grundstücke ruhenden Hypotheken, Grundschulden und Rentenschulden und die in Beziehung auf dasselbe im Grundbuche eingetragenen Verfügungsbeschränkungen erlöschen durch dessen Abtretung, falls nicht bezüglich der Hypotheken u. s. w. deren Uebernahme durch den Bergwerksbesitzer im Einverständnisse mit den Hypotheken-, Grundschuld- und Rentenschuldgläubigern erfolgt (Art. 168 n. F. Abs. 1, Art. 135 Satz 1 ä. F.). Die bisherige Vorschrift des Art. 135 ä. F. über das den Hypothekgläubigern eingeräumte Recht auf die Entschädigungssumme (Art. XI des Zwangsabtretungsges. mit Art. 53 des Ausf.Ges. zur Civ.-Pr.O. u. K.O.)[18]) berücksichtigte jedoch den Fall nicht, daß ein Recht, für das nach Art. 132 ä. F. (neu 165) eine besondere Entschädigung zu leisten ist, dem jeweiligen Eigenthümer des mit der Hypothek belasteten Grundstückes zusteht (Art. XI Abs. 1 des Zwangsabtretungsgesetzes, Art. 54 des Ausf.Ges. zur C.P.O. u. K.O.). Es wurde deshalb der Satz 2 des Art. 135 ä. F. durch obigen neuen Abs. 2 ersetzt, in welchem für die in den Fällen des Art. 127 (neu 159) Abs. 3, der Art. 128 (n. 165), Art. 129 (n. 161 Abs. 2) und des Art. 132 (n. 165) zu leistenden Entschädigungen auf die für die Entschädigung im Falle der Zwangsenteignung geltenden Vorschriften verwiesen wird.[19])

Zu Ziff. XV.

1. In dem von dem Schadensersatze für Beschädigungen des Grundeigenthums handelnden dritten Abschnitte des fünften Titels enthält das Berggesetz weitere Vorschriften, nach denen wegen Beschädigung eines Grundstückes durch Bergbau Entschädigung gewährt werden muß. Nach Art. 151 ä. F. ist der Bergwerksbesitzer verpflichtet, für allen Schaden, welcher einem Grundstücke (das ihm nicht zur Benützung überlassen ist) oder dessen Zubehörungen durch den unterirdisch oder mittelst Tagebaues geführten Betrieb zugefügt wird, vollständige Entschädigung zu leisten, ohne Unterschied, ob der Betrieb unter dem beschädigten Grundstücke stattgefunden hat oder nicht, ob die Beschädigung von dem Bergwerksbesitzer verschuldet ist und ob sie vorausgesehen werden konnte oder nicht; die gleiche Ersatzpflicht ist im Art. 155 ä. F. dem Schürfer für die durch die Schürfarbeiten entstehenden Beschädigungen auferlegt. Beide Bestimmungen sind aufrecht erhalten geblieben (Art. 184, 188 n. F.). Da jedoch die Vorschrift des Art. 134 ä. F. (neu 167), s. oben Ziff. XIII) sich nicht auf die nach den bezeichneten Bestimmungen zu leistende Entschädigung erstreckt, die Sachlage aber die gleiche ist und der Art. 77 des Einf.Ges. z. BGB. Abs. 2 deshalb zwischen dem Falle des Art. 151 ä. F. und dem des Art. 127 Abs. 1 ä. F., für den der Art. 134 (n. 167) gilt, keinen Unterschied macht, so wurden in dem dem Art. 151 ä. F. durch Ziff. XV beigefügten Abs. 2 im Anschlusse an den Gedanken des Art. 67 des Einf.Ges. z. BGB. die Vorschriften des Art. 134 (ä. F.) Abs. 1 für anwendbar erklärt.

2. Für den nach obigen Bestimmungen auch wegen Beschädigung des Zubehörs eines Grundstücks zu gewährenden Ersatzanspruch sind an die Stelle des in Art. 134

---

18) S. unten Art. 166 Ziff. X.

19) Motive B S. 104 f.; Becher, Mat. II S. 74.

n. F. Abs. 1 für anwendbar erklärten § 1128 des BGB. nach dem Vorbilde des Art. 53 Abs. 2 des E.G. z. BGB. die Vorschriften des § 1123 Abs. 2 Satz 1, des § 1124 Abs. 1, 3 und § 1127 Abs. 2 des BGB. getreten.[20]) Ein Vertheilungsverfahren ist hier nicht zugelassen.

3. Nach der Fassung des Art. 155 (neu 188) erstrecken sich die obenerwähnten Ergänzungen des Art. 151 ohne Weiteres auf die in ersterer Gesetzesstelle bestimmten Entschädigungen.[21])

Zu Ziff. XVI.

Die neue Fassung des Art. 154 (neu 187) ersetzt die auf die Verjährung bezügliche Vorschrift der älteren Fassung durch Verweisung auf die für die Verjährung von Ersatzansprüchen aus unerlaubten Handlungen geltenden Vorschriften des Bürgerlichen Gesetzbuchs. Nach § 852 Abs. 1 des BGB. verjährt der Anspruch auf Ersatz des aus einer unerlaubten Handlung entstandenen Schadens in drei Jahren von dem Zeitpunkte an, an welchem der Verletzte von dem Schaden und der Person des Ersatzpflichtigen Kenntniß erlangt, ohne Rücksicht auf diese Kenntniß in dreißig Jahren von der Begehung der Handlung an. Nach der Bestimmung des Art. 151, (neu 184) Abs. 1 hängt aber die Entschädigungspflicht des Bergwerksbesitzers nicht davon ab, ob die Beschädigung von ihm verschuldet ist oder nicht, sie tritt also auch ein, wenn der Schaden durch den in völlig erlaubter Weise geführten Betrieb entstanden ist.

Zu Ziff. XVII.

In den Fällen, in welchen das Bergwerkseigenthum durch Entziehung oder durch Verzicht aufgehoben wird (Art. 159 bis 163 ä. F., neu Art. 192 bis 196), wird das Grundbuch unrichtig. Die Sachlage ist die gleiche wie in den im Art. 62a ä. F. (neu 65) erwähnten Fällen, weshalb durch den neuen Abs. 3 zu Art. 162

---

20) BGB. § 1123: „Ist das Grundstück vermiethet oder verpachtet, so erstreckt sich die Hypothek auf die Mieth- oder Pachtzinsforderung.

Soweit die Forderung fällig ist, wird sie mit dem Ablauf eines Jahres nach dem Eintritte der Fälligkeit von der Haftung frei, wenn nicht vorher die Beschlagnahme zu Gunsten des Hypothekengläubigers erfolgt. Ist der Mieth- oder Pachtzins im Voraus zu entrichten, so erstreckt sich die Befreiung nicht auf den Mieth- oder Pachtzins für eine spätere Zeit als das zur Zeit der Beschlagnahme laufende und das folgende Kalendervierteljahr."

§ 1124 Abs. 1: „Wird der Mieth- oder Pachtzins eingezogen, bevor er zu Gunsten des Hypothekengläubigers in Beschlag genommen worden ist, oder wird vor der Beschlagnahme in anderer Weise über ihn verfügt, so ist die Verfügung dem Hypothekengläubiger gegenüber wirksam. Besteht die Verfügung in der Uebertragung der Forderung auf einen Dritten, so erlischt die Haftung der Forderung; erlangt ein Dritter ein Recht an der Forderung, so geht es der Hypothek im Range vor."

Abs. 3: „Der Uebertragung der Forderung auf einen Dritten steht es gleich, wenn das Grundstück ohne die Forderung veräußert wird."

§ 1127: Sind Gegenstände, die der Hypothek unterliegen, für den Eigenthümer oder den Eigenbesitzer des Grundstücks unter Versicherung gebracht, so erstreckt sich die Hypothek auf die Forderung gegen den Versicherer.

Die Haftung der Forderung gegen den Versicherer erlischt, wenn der versicherte Gegenstand wiederhergestellt oder Ersatz für ihn beschafft ist."

21) Motive B S. 105; Becher, Mat. II S. 74.

ä. F. (neu 195) auch in den daselbst bezeichneten Fällen die Vorschriften des Art. 36a (neu Art. 88) für entsprechend anwendbar erklärt wurden.

Zu Ziff. XVIII.

Die in der Ziff. XVIII enthaltene neue Fassung des Einganges des Art. 227 ä. F. (neu Art. 262) weicht von der früheren Fassung lediglich darin ab, daß unter den auf die Kuxe des älteren Rechtes nicht anwendbaren Vorschriften auch der Art. 93 ä. F. (neu 125) aufgeführt ist. Die Weglassung des Artikels 93, der in dem Gesammtbeschlusse der beiden Kammern des Landtages zu dem Art. 220 des Entwurfes eines Berggesetzes (Verh. der Kammer der ReichsR. 1868/69, Beil.Bd. VI S. 265 Nr. 36) mitangeführt war, beruhte auf einem Versehen.)[22])

Die im Eingange des Art. 227 ä. F. (neue 262) angeführten Artikel sind nun nach der Fassung des Gesetzes von 1900 die Art. 117 bis 120, 123, 125, 127, 128, 130 und 131.

Zu. Ziff. XIX.

Die Ziff. XIX ergänzt den Art. 228 ä. F. (neu 263) Abs. 2 durch die der neuen Fassung der Art. 40 (neu 42) und 41 (neu 43) Abs. 1 entsprechenden Vorschriften, daß die Kuxe des älteren Rechtes den Grundstücken gleichstehen und daß auf den Erwerb solcher Kuxe die für den Erwerb des Eigenthums an Grundstücken geltenden Vorschriften entsprechende Anwendung finden. Eine sachliche Aenderung des bisherigen Rechtes liegt hierin nicht. An die Stelle des Gegenbuchs tritt das Grundbuch. Bis zur Anlegung des Grundbuchs hat es beim Gegenbuche zu verbleiben.[23])

Zu Ziff. XX.

Die Streichung des auf die Veräußerung der Kuxe des älteren Rechts bezüglichen Theiles des Art. 229 (neu 264) Satz 2 ist die Folge der Aufnahme einer Verweisung auf den Art. 41 (neu 43) Abs. 1 in dem Art. 228 (neu Art. 263) Abs. 2, s. Ziff. XIX.

Zu Ziff. XXI.

Nach Art. 119 ä. F. (neu 151) kann der Gewerke seine Verurtheilung auf Zahlung seines durch Gewerkschaftsbeschluß bestimmten Beitrages und die Zwangsvollstreckung dadurch abwenden, daß er unter Ueberreichung des Kuxscheines den Verkauf seines Antheiles behufs Befriedigung der Gewerkschaft anheimstellt. Der Verkauf des Antheils erfolgt nach den Vorschriften über die Zwangsvollstreckung in das bewegliche Vermögen. Ist der Antheil unverkäuflich, so wird derselbe den anderen Gewerken nach Verhältniß ihrer Antheile in ganzen Kuxen, soweit dies aber nicht möglich ist, der Gewerkschaft als solcher lastenfrei zugeschrieben (Art. 120 ä. F., neu 152). Nach Art. 131 ä. F., (neu 153) ist jeder Gewerke befugt, auf seinen Antheil frei zu verzichten, wenn auf dem Antheile weder schuldige Beiträge noch sonstige Schuldverbindlichkeiten haften oder die ausdrückliche Einwilligung der Gläubiger beigebracht wird und außerdem die Rückgabe des Kuxscheins an die Gewerkschaft erfolgt. Der Antheil

---

22) Motive B S. 105; Becher, Mat. II S. 75. Der dem früheren Art. 93 entsprechende § 103 des preußischen Berggesetzes vom 24. Juni 1865 ist auch in dem dem Art. 227 ä. F. entsprechenden § 227 des preußischen Berggesetzes für nicht anwendbar erklärt.

23) Motive B S. 105; Becher, Mat. II S. 75.

soll alsdann, sofern die Gewerkschaft nicht anderweit über denselben verfügt, durch den Repräsentanten zu Gunsten der Gewerkschaft verkauft werden. Ist der Antheil unverkäuflich, so findet die für diesen Fall in Art. 120 (neu 152) getroffene Bestimmung Anwendung. In den vorbezeichneten Fällen hatte nach Art. 232 ä. F. der Verkauf eines Antheiles im Wege der Zwangsversteigerung unbeweglicher Sachen stattzufinden.

Die Vorschrift in Abs. 1 der dem Art. 232 (neu 267) gegebenen neuen Fassung hat ihren Grund darin, daß in den Fällen der Art. 119, 121 (n. 151, 153) die erforderlichen Erklärungen des Gewerken und des Gläubigers bei den Kuxen älteren Rechts, um den Antrag auf gerichtliche Versteigerung des Kuxes oder die Umschreibung des Kuxes im Grundbuche zu ermöglichen, öffentlich beurkundet oder öffentlich beglaubigt sein müssen (§ 29 d. Grundbuchordnung).

Der Verkauf des Antheils im Wege der Zwangsversteigerung unbeweglicher Sachen ist in Abs. 2 nunmehr nur noch für die Fälle der Art. 119, 120 (n. 151, 153) zugelassen, im Falle des Art. 121 (n. 153) verbleibt es bei der Vorschrift desselben, wonach der Antheil, sofern die Gewerkschaft nicht anderweit über denselben verfügt, durch den Repräsentanten zu Gunsten der Gewerkschaft verkauft werden soll. Im Falle der Unverkäuflichkeit eines Kuxes in den Fällen der Art. 120, 121 (n. 152, 153) tritt an die Stelle der Zuschreibung im Gewerkenbuche die Zuschreibung im Grundbuch.[24])

Zu Ziff. XXII.

1. Nach Art. 48 ä. F. (neu 50) ist der Bergwerkseigenthümer kraft des Bergwerkseigenthums berechtigt, im freien Felde Hilfsbaue anzulegen. Der Hilfsbau ist in Abs. 3 des Art. 48 als Zubehör des Bergwerks oder, falls die Eigenthümer mehrerer Bergwerke einen Hilfsbau gemeinschaftlich angelegt und eine besondere Vereinbarung nicht getroffen haben, als Zubehör der sämmtlichen Bergwerke bezeichnet. Dieser Absatz 3 wurde aufgehoben, da das Bürgerliche Gesetzbuch unbewegliches Zubehör nicht kennt und da derselbe überhaupt keinen selbständigen Inhalt hätte; denn der Ausdruck „Zubehör" bezweckte lediglich eine Erläuterung des in den Abs. 1, 2 ausgesprochenen Gedankens, daß das Recht zur Anlegung eines Hilfsbaues zu dem Inhalte des Bergwerkseigenthums gehört, und die Gemeinschaftlichkeit eines gemeinschaftlich angelegten Hilfsbaues versteht sich von selbst.[25])

2. Nach Art. 94 Abs. 1 (neu 126) können die Kuxe ohne Einwilligung der Mitgewerken auf andere Personen übertragen werden. In Abs. 2 war bestimmt, daß den Mitgewerken ein gesetzliches Vorkaufsrecht nicht zustehe. Diese Bestimmung fällt weg, weil das Bürgerliche Gesetzbuch das gesetzliche Vorkaufsrecht nicht aufgenommen hat, welches den Theilhabern einer Gemeinschaft im Abschnitt III § 27 Ziff. 2 Abs. 2 des Landtagsabschieds vom 10. November 1861 gewährt wurde.[26])

3. Der Repräsentant oder die Mitglieder des Grubenvorstandes sind aus den von ihnen im Namen der Gewerkschaft vorgenommenen Rechtshandlungen Dritten gegenüber für die Verbindlichkeiten der Gewerkschaft persönlich nicht verpflichtet (Art. 115 Abs. 1 ä. F.). Nach Abs. 2 dieses Artikels hatten dieselben jedoch für einen Schaden, den sie dadurch verursachen, daß sie außerhalb der Grenzen ihres Auftrags oder ent-

24) Motive B S. 105; Becher, Mat. II S. 75.
25) Motive B S. 102; Becher, Mat. II S. 70.
26) Motive B S. 103; Becher, Mat. II S. 72.

gegen der Vorschriften des vierten Titels des Berggesetzes (von den Rechtsverhältnissen der Mitbetheiligten eines Bergwerks) handeln, persönlich und als Gesammtschuldner zu haften. Abs. 2 wurde gestrichen, da diese Vorschrift nicht die Bedeutung einer bergrechtlichen Sondervorschrift hat, sondern lediglich der Vollständigkeit wegen das ausspricht, was sich aus den allgemeinen Vorschriften des bürgerlichen Rechts ergiebt, und da sie mit den Bestimmungen der §§ 179, 180 des BGB. nicht übereinstimmt. Es kommen also nunmehr die allgemeinen Vorschriften des Bürgerlichen Gesetzbuchs zur Anwendung.[27])

Sonstige Aufhebungen waren nicht veranlaßt. Der im Art. 118 Abs. 3 ä. F. bestimmte ausschließliche Gerichtsstand für die Klage der Gewerkschaft gegen einen Gewerken auf Zahlung des festgesetzten Beitrags ist schon durch den § 14 des Einführungsgesetzes aufgehoben worden.

Aenderungen des Berggesetzes ergeben sich auch daraus, daß das Bürgerliche Gesetzbuch neben der Hypothek die Grundschuld und die Rentenschuld als Formen des Grundkredits kennt, sowie daß die Rechtsverschiedenheit zwischen dem rechts- und dem linksrheinischen Liegenschaftsrechte durch das Bürgerliche Gesetzbuch beseitigt wird. Eine Abänderung der hier in Betracht kommenden Vorschriften des Berggesetzes (Art. 55, 57 bis 59, 61, 62, 88, 135, 140, 160, 161, 163, 229, 233 bis 236 ä. F.) in dem Ausführungsgesetze ist theils mit Rücksicht darauf, daß schon die Fassung der fraglichen Vorschriften die Berücksichtigung der Grund- und Rentenschulden gestattet, theils im Hinblick auf Art. 174 des Ausf.Ges. entbehrlich gewesen.[28]) In der neuen Fassung des Berggesetzes nach der Bekanntmachung vom 20. Juli 1900 sind demgemäß die angeführten Artikel entsprechend geändert.

Artikel 158.

Das Gesetz vom 29. April 1869, die Gemeindeordnung für die Landestheile diesseits des Rheins betreffend, wird dahin geändert:

I. Im Artikel 11 erhalten die Abs. 2, 3 folgende Fassung:

Als selbständig sind nicht zu erachten:

1) Personen, welche entmündigt sind;

2) Dienstboten und Gewerbsgehilfen, die in die häusliche Gemeinschaft des Dienstherrn aufgenommen sind, sowie Kinder, die dem elterlichen Hausstand angehören und von dem Familienhaupt unterhalten werden.

Steuern der Ehefrau, sofern nicht die eheliche Gemeinschaft nach § 1575 des Bürgerlichen Gesetzbuchs aufgehoben ist, und der minderjährigen im elterlichen Unterhalte stehenden Kinder sind dem Familienhaupte zuzurechnen.

II. Der Artikel 13 Abs. 2 lit. f erhält folgende Fassung:

f) wenn das Entmündigungsverfahren gegen ihn eingeleitet ist;

---

27) Motive B S. 104; Becher, Mat. II S. 72.

28) Motive B S. 105; Becher, Mat. II S. 76.

III. Im Artikel 15 Abs. 5 werden die Worte: „minderjährige und andere unselbständige Personen“ und im Artikel 47 Abs. 4 Satz 3 werden die Worte: „minderjährige und unter Kuratel stehende Personen“ ersetzt durch die Worte:

„Minderjährige und Personen, die entmündigt oder nach § 1906 des Bürgerlichen Gesetzbuchs unter vorläufige Vormundschaft gestellt sind“.

IV. Der Artikel 67 erhält folgende Fassung:

Ist die Erfüllung des Stiftungszwecks unmöglich geworden oder gefährdet sie das Gemeinwohl, so finden auch bei Stiftungen des öffentlichen Rechtes die Vorschriften des § 87 des Bürgerlichen Gesetzbuchs Anwendung.

Zu der zu treffenden Verfügung ist in Gemeinden mit städtischer Verfassung die Zustimmung der Gemeindebevollmächtigten, in den übrigen Gemeinden die Zustimmung der Gemeinde- beziehungsweise Ortsversammlung erforderlich. Der Beschluß bedarf der Genehmigung der vorgesetzten Verwaltungsbehörde.

VI. Der Artikel 156 Abs. 6 wird aufgehoben.

Das Gesetz vom 29. April 1869, die Gemeindeordnung für die Landestheile diesseits des Rheins betreffend [1]), hat bereits eine Revision erfahren durch das Gesetz vom 19. Januar 1872, die Abänderungen einiger Bestimmungen der Gemeindeordnung für die Landestheile diesseits des Rheins vom 29. April 1869 betreffend.[2]) Weitere Aenderungen enthält das Gesetz vom 14. März 1890, die Abänderung des Art. 38 der Gemeindeordnung für die Landestheile diesseits des Rheins vom 29. April 1869 betr.[3]), und die k. Deklaration vom 17. Juni 1896, Abänderungen der Gemeindeordnung für die Landestheile diesseits des Rheins vom 29. April 1869 betreffend.[4]) Die Aenderungen durch den Art. 158 des A.G., welche sämmtlich auf der

1) Gesetzblatt 1866/69 S. 865.

2) GB. 1871/72 S. 197.

3) G. u. V.Bl. 1890 S. 111.

4) G. u. V.Bl. 1896 S. 295. Außerdem ist die Gemeindeordnung auch nicht unberührt geblieben durch die Einführung der Reichswährung, durch die Reichscivilprozeßordnung, die Reichsstrafprozeßordnung und die bayer. Ausführungsgesetze zu beiden, sowie durch das Gesetz über die Errichtung eines Verwaltungsgerichtshofs u. s. w., ferner durch das Gesetz vom 15. Juli 1898, die Einführung einer Besitzänderungsabgabe für Gemeinden betreffend (G. u. V.Bl. S. 292). Zur Literatur: Dr. v. Kahr, bayer. Gemeindeordnung für die Landestheile diesseits des Rheins, 2 Bde., 1896; v. Seydel, bayer. Staatsrecht, 1896 2. Aufl. II S. 16 ff.; Pohl, Handbuch des Staats- und Verwaltungsrechts für das Königreich Bayern mit bes. Rücksicht auf die Geschäftsthätigkeit der rechtsrheinischen Gemeindebehörden, 1898/1900; v. Sicherer, die gemeindliche Finanz-, Polizei- und Staatsgewalt in Bezug auf Verbrauchssteuern und andere örtl. Abgaben (§§ 40 u. 41 d. G.O. diess. d. Rh.), 1893; Weber, bayer. G.O. für die Landestheile diess. d. Rh., Handausgabe mit Anmerkungen, 6. Aufl. 1899; Lindner-Hauck, bayer. G.O. f. d. Landestheile diess. d. Rh., erläutert und mit einem Anhange versehen, 3. Aufl. 1900.

Einführung des Bürgerlichen Gesetzbuchs beruhen, geben zu folgenden Erläuterungen Anlaß.

Zu Ziff. I.

1. Ziffer I gibt zunächst dem Abs. 2 des früheren Art. 11 die gleiche Fassung, welche der entsprechende Artikel 6 Abs. 5 des Heimatgesetzes seit dem Gesetze vom 17. Juni 1896 hat und in Ziff. III Ziff. 2 des Art. 154 des A.G. (vgl. oben die die Bemerkungen zu diesem Art. S. 263) erhielt. Die Aenderung des Abs. 3 von Art. 11 beruht auf dem gleichen Grunde wie die im Art. 154 des A.G. vorgenommene Aenderung des Art. 6 Abs. 6 des Heimatgesetzes (s. oben S. 264).

2. Ueber Entmündigung s. § 6 des BGB. Die vorläufige Vormundschaft, unter welche nach § 1906 BGB. ein Volljähriger, dessen Entmündigung beantragt ist, für die Dauer des Entmündigungsverfahrens gestellt werden kann, genügt nicht zur Entziehung der Selbständigkeit im Sinne der Ziff. 1 der neuen Fassung des Abs. 2 von Art. 11.

3. Ueber den Begriff „Dienstboten" s. oben Vorbemerkung zu Art. 15 ff. S. 47.

Zu Ziff. II.

Der Artikel 13 Abs. 2 lit. f der rechtsrheinischen Gemeindeordnung räumte in seiner früheren Fassung der Gemeinde die Befugniß ein, das Bürgerrecht zu versagen, wenn der Bewerber einem gerichtlichen Verfahren wegen Verhängung der Kuratel unterlegen war. An die Stelle des letzteren Verfahrens ist nun das Entmündigungsverfahren getreten (§ 648 CPO.), weshalb die neue Fassung die Versagung des Bürgerrechts zuläßt, wenn das Entmündigungsverfahren eingeleitet ist. Die Anordnung einer vorläufigen Vormundschaft ist im Gesetze auch hier nicht erwähnt, weil sie in der Regel erst nach Einleitung des Entmündigungsverfahrens erfolgen wird.

Zu Ziff. III.

Art. 15 Abs. 5. ä. F. bestimmt, daß Frauen, minderjährige und andere unselbständige Personen, dann juristische Personen und privatrechtliche Vereinigungen sich eines Vertreters bedienen müssen, wenn sie die mit dem Bürgerrechte verbundene Stimme ausüben wollen. In Art. 47 Abs. 4 ist vorgeschrieben, inwieweit solche Personen bei Beschlußfassung über die Einführung neuer und die Erhöhung bestehender Gemeindeumlagen, sowie über die eine Umlage erfordernden Unternehmungen in der Gemeindeversammlung (in Gemeinden mit nichtstädtischer Verfassung) vertreten werden. Die in Ziff. III vorgenommenen Aenderungen hängen mit den Bestimmungen des Bürgerlichen Gesetzbuchs über Entmündigung und Geschäftsunfähigkeit (§§ 6, 104, 114) zusammen. In den Fällen der Art. 15 und 47 sind die Personen, welche nach § 1906 BGB. unter vorläufiger Vormundschaft stehen, den Entmündigten ausdrücklich gleichgestellt.

Zu Ziff. IV.

1. Der § 87 des Bürgerlicheu Gesetzbuchs lautet:

„Ist die Erfüllung des Stiftungszweckes unmöglich geworden oder gefährdet sie das Gemeinwohl, so kann die zuständige Behörde der Stiftung eine andere Zweckbestimmung geben oder sie aufheben.

Bei der Umwandlung des Zweckes ist die Absicht des Stifters thunlichst zu berücksichtigen, insbesondere dafür Sorge zu tragen, daß die Erträge des Stiftungsvermögens dem Personenkreise, dem sie zu Statten kommen sollten, im Sinne des Stifters thunlichst erhalten bleiben. Die Behörde kann die Verfassung der Stiftung ändern, soweit die Umwandlung des Zweckes es erfordert.

Vor der Umwandlung des Zweckes und der Aenderung der Verfassung soll der Vorstand der Stiftung gehört werden."

Diese Bestimmung bezieht sich auf Stiftungen des bürgerlichen Rechts. Durch die neue Fassung des Art. 67 der rechtsrheinischen Gemeindeordnung sind nun die Vorschriften des § 87 BGB. aus Zweckmäßigkeitsgründen auch auf die unter Verwaltung einer Gemeinde stehenden Stiftungen des öffentlichen Rechtes erstreckt, um durch Schaffung gleichen Rechtes für alle von den Gemeindebehörden zu verwaltenden Stiftungen die nicht immer zweifelsfreie Entscheidung darüber, ob eine Stiftung des bürgerlichen oder eine Stiftung des öffentlichen Rechtes vorliegt,[5]) entbehrlich zu machen.[6])

2. „Zuständige Behörde" im Sinne des § 87 des BGB. ist in Gemeinden mit städtischer Verfassung der Magistrat, in den übrigen Gemeinden der Gemeindeausschuß (Art. 70, 123 d. Gemeindeordnung) und zwar sowohl in Bezug auf die Umwandlung des Stiftungszweckes und die Aenderung der Verfassung der Stiftung, soweit die Umwandlung solches erfordert, als auch in Bezug auf die Aufhebung der Stiftung. Nach Abs. 2 des Art. 67 n. F. ist zu der von der zuständigen Behörde zu treffenden Verfügung in Gemeinden mit städtischer Verfassung die Zustimmung der Gemeindebevollmächtigten, in den übrigen Gemeinden die Zustimmung der Gemeinde- beziehungsweise Ortsversammlung erforderlich und bedarf der Beschluß der Genehmigung der vorgesetzten Verwaltungsbehörde. Die in der alten Fassung des Art. 67 vorgeschriebene Erholung der Zustimmung der Betheiligten oder eines von der Verwaltungsbehörde aufzustellenden Vertreters der Stiftungsinteressen ist nun nicht mehr nothwendig, dagegen nach § 87 Abs. 3 BGB. vor der Umwandlung des Zweckes der Vorstand der Stiftung zu hören.

3. Die Vorschrift des Art. 67 n. F. Abs. 2 umfaßt alle unter gemeindlicher Verwaltung stehenden Stiftungen, auch wenn sie nicht Stiftungen des öffentlichen Rechtes im engeren Sinne sind.[7])

4. Durch die neue Fassung des Art. 67 ist an den Vorschriften des Titels IV § 9 Abs. 4, § 10 der Verfassungsurkunde (betreffend Stiftungen für den Kultus, den Unterricht oder die Wohlthätigkeit) und des § 47 der II. Beilage zu der Verfassungsurkunde (wonach das Kirchenvermögen unter keinem Vorwande zum Staatsvermögen eingezogen oder in der Substanz zum Besten eines anderen als des Stiftungszweckes ohne Zustimmung der Betheiligten, und sofern es allgemeine Stiftungen betrifft, ohne Zustimmung der Stände (des Landtages) nicht veräußert oder verwendet werden darf) nichts geändert. Diese Vorschriften bleiben sowohl bei einer Aenderung der Zweckbestimmung als auch bei der Aufhebung einer Stiftung unberührt.[8])

---

5) Ueber den Unterschied der Stiftungen des bürgerlichen Rechtes und des öffentlichen Rechtes s. oben zu Art. 5 Nr. 1. S. 36.

6) Motive B S. 106; Becher, Mat. II S. 77.

7) Vgl. hiezu Henle und Schneider, Note 9 zu Art. 158 und v. Kahr, a. a. O. Note 1b zu Art. 67 d. G.O.

8) Motive B S. 106; Becher, Mat. II S. 77.

Zu Ziff. V.

1. Die Bestimmung der Ziff. V wurde von dem Justizgesetzgebungsausschusse der K. d. A. bei zweiter Lesung neu eingestellt und beseitigt Abs. 6 von Art. 156 der rechtsrheinischen Gemeindeordnung, der die Verpflichtung der Gemeindebehörde zur Sicherung eines Nachlasses gegen Entwendung bis zur gerichtlichen Versiegelung vorgesehen hatte. An dessen Stelle ist nun Artikel 105 des A.G. (s. oben S. 171) getreten.

2. Der Art. 112 der rechtsrheinischen Gemeindeordnung bestimmt, in welchen Fällen der Magistrat an die Zustimmung der Gemeindebevollmächtigten gebunden ist, und schreibt insbesondere in Abs. 1 Ziff. 12 vor, daß dies der Fall ist bei Abschließung von Vergleichen oder bei Erklärung des Streitabstandes, wenn dadurch eine Aenderung an der Substanz des Gemeinde- oder Stiftungsvermögens herbeigeführt wird. Der Regierungsentwurf zu Art. 158 hatte unter Ziff. V vorgeschlagen, die Bestimmung dahin zu ändern, daß die Worte „oder bei Erklärung des Streitabstandes" gestrichen werden, daß also eine Zustimmung der Gemeindebevollmächtigten nicht mehr erforderlich sein solle, wenn der Streitabstand erklärt wird. Begründet wurde die Streichung damit, daß diese Vorschrift schon durch § 54 der Civilprozeßordnung[9]) beseitigt, daß der Streitabstand eine Prozeßhandlung und in Folge dessen eine Beschränkung der Vertretungsmacht auf das Erforderniß einer besonderen Ermächtigung mit Wirkung gegenüber dem Prozeßgegner nicht möglich sei. Der Landtag versagte jedoch dem Regierungsentwurf die Zustimmung, obwohl der Regierungskommissär Senatspräsident Dr. v. Jacubezky darauf hinwies, daß dies Erforderniß der besonderen Ermächtigung für den Streitabstand mit dem § 54 CPO. unvereinbar erscheine und daß für den Fall eines Verschuldens die Mitglieder des Magistrats ohnehin haftbar seien.[10])

Artikel 159.

Das Gesetz vom 29. April 1869, die Gemeindeordnung für die Pfalz betreffend, wird dahin geändert:

I. Im Artikel 10 erhalten die Abs. 2, 3 folgende Fassung:

Als selbständig sind nicht zu erachten:

1) Personen, welche entmündigt sind;

2) Dienstboten und Gewerbsgehilfen, die in die häusliche

---

9) § 54 d. C.P.O.: „Einzelne Prozeßhandlungen, zu welchen nach den Vorschriften des bürgerlichen Rechts eine besondere Ermächtigung erforderlich ist, sind ohne dieselbe giltig, wenn die Ermächtigung zur Prozeßführung im Allgemeinen ertheilt oder die Prozeßführung auch ohne eine solche Ermächtigung im Allgemeinen statthaft ist."

10) Motive B S. 106, A.A.Pr. S. 309 ff.; Becher, Mat. II S. 78, 232 ff. S. auch Henle und Schneider Note 2 zu Art. 158, woselbst insbesondere ausgeführt wird, daß Art. 112 Ziff. 12 nicht ein Verbot, die Vertretungsbefugniß zu gebrauchen, sondern eine absolute Schranke der Vertretungsbefugniß selbst enthalten sollte, welche auch das Gebot in sich begreift, diese Schranke nicht zu überschreiten, daß dieses Gebot nicht selbständig sei, sondern mit der Schranke selbst falle, mithin wenn die Schranke des Art. 112 § 12 mit der CPO. nicht vereinbar und durch solche aufgehoben, auch das darin liegende Verbot beseitigt sei.

Gemeinschaft des Dienstherrn aufgenommen sind, sowie Kinder, die dem elterlichen Hausstand angehören und von dem Familienhaupt unterhalten werden.

Steuern der Ehefrau, sofern nicht die eheliche Gemeinschaft nach § 1575 des Bürgerlichen Gesetzbuchs aufgehoben ist, und der minderjährigen im elterlichen Unterhalte stehenden Kinder sind dem Familienhaupte zuzurechnen.

II. Der Artikel 11 Abs. 2 lit. f erhält folgende Fassung:

f) wenn das Entmündigungsverfahren gegen ihn eingeleitet ist;

III. Im Artikel 37 Abs. 3 Satz 3 werden die Worte: „minderjährige und unter Kuratel stehende Personen" ersetzt durch die Worte:

„Minderjährige und Personen, die entmündigt oder nach § 1906 des Bürgerlichen Gesetzbuchs unter vorläufige Vormundschaft gestellt sind".

IV. Der Artikel 51 erhält folgende Fassung:

Ist die Erfüllung des Stiftungszwecks unmöglich geworden oder gefährdet sie das Gemeinwohl, so finden auch bei Stiftungen des öffentlichen Rechtes die Vorschriften des § 87 des Bürgerlichen Gesetzbuchs Anwendung.

Zu der zu treffenden Verfügung bedarf der Gemeinderath der Genehmigung der vorgesetzten Verwaltungsbehörde.

Zu Ziff. I—IV.

Die in vorstehendem Artikel an der Gemeindeordnung für die Pfalz vom 29. April 1869[1]) vorgenommenen Aenderungen stimmen im Wesentlichen mit den Aenderungen der rechtsrheinischen Gemeindeordnung in Art. 158 Ziff. I—IV überein. Es wird deshalb auf die Erläuterungen zu Art. 158 Ziff. I—IV Bezug genommen. In Ziff. IV des Art. 159 findet sich jedoch eine Abweichung insoferne, als in der durch Art. 158 dem Art. 67 Abs. 2 gegebenen Fassung die Bestimmung getroffen ist, daß zur Umwandlung eines Stiftungszweckes in Gemeinden mit städtischer Verfassung die Zustimmung der Gemeindebevollmächtigten, in den übrigen Gemeinden die Zustimmung der Gemeinde- bezw. Ortsversammlung erforderlich ist, während durch Art. 159 Ziff. IV bezw. Abs. 2 des entsprechenden Artikels 51 der pfälzischen Gemeindeordnung vorgeschrieben ist, daß die zu treffende Verfügung des Gemeinderaths die Genehmigung der vorgesetzten Verwaltungsbehörde bedürfe. Die letztere Bestimmung findet ihre Begründung darin, daß in der Pfalz nur eine Form der Gemeindeverfassung besteht, nach welcher der Gemeinderath der gesetzliche Vertreter der Gemeinde ist

---

1) Ges.Bl. 1866/69 S. 1009.

(Art. 8 und 54 der pfälz. G.O) und daß von dem Erfordernisse der Zustimmung der Gemeindeversammlung abzusehen war, weil dasselbe für die Umwandlung des Stiftungszweckes bisher nicht bestand und ein Grund zu dessen Einführung nicht vorhanden war.[2])

Artikel 160.

Das Gesetz vom 29. April 1869, die öffentliche Armen- und Krankenpflege betreffend, wird dahin geändert:

I. Der Artikel 5 Abs. 2 erhält folgende Fassung:

Desgleichen haben diejenigen, welche einem Hilfsbedürftigen gegenüber nach den Vorschriften des Bürgerlichen Gesetzbuchs unterhaltspflichtig waren, Ersatz der in Folge der Nichterfüllung ihrer Verpflichtung für dessen Unterhalt gemachten Aufwendungen zu leisten.

II. Der Artikel 5a Abs. 1 in der Fassung des Gesetzes vom 3. Februar 1888 hat zu lauten:

Auf Antrag der Armenpflege können der Ehegatte und der frühere Ehegatte, die Eltern und die Großeltern, die Kinder und Enkel eines Hilfsbedürftigen durch Beschluß der Distriktsverwaltungsbehörde angehalten werden, dem Hilfsbedürftigen nach Maßgabe ihrer gesetzlichen Unterhaltspflicht die erforderliche Unterstützung zu gewähren und Ersatz der in Folge der Nichterfüllung ihrer Verpflichtung für den Unterhalt gemachten Aufwendungen zu leisten. Das Gleiche gilt in Ansehung eines unehelichen Kindes von dem Vater, sofern er seine Vaterschaft nach § 1718 des Bürgerlichen Gesetzbuchs anerkannt hat oder seine Unterhaltspflicht in einem vollstreckbaren Titel festgestellt ist.

III. Im Artikel 7 in der Fassung des Gesetzes vom 3. Februar 1888 werden

1. die Worte: „wenn nicht arme Notherben vorhanden sind oder der Unterstützte von einer Wohlthätigkeitsanstalt beerbt wird" ersetzt durch die Worte:

„wenn nicht arme Pflichttheilsberechtigte vorhanden sind".

2. Als Abs. 2 werden folgende Vorschriften beigefügt:

Der Ersatzanspruch kann nicht zum Nachtheile der Nachlaßgläubiger geltend gemacht werden; Verbindlichkeiten aus

---

2) Motive B S. 105, 106; Becher, Mat. II S. 76 ff.; Henle u. Schneider Note 1 zu Art. 159.

Pflichttheilsrechten, Vermächtnissen und Auflagen bleiben außer Betracht. Trifft er mit dem Ersatzanspruch einer öffentlichen Wohlthätigkeitsanstalt zusammen, von der der Verstorbene innerhalb der letzten zehn Jahre vor dem Tode unterstützt oder unentgeltlich verpflegt worden ist, so kann er auch nicht zum Nachtheile dieses Anspruchs geltend gemacht werden.

IV. Im Artikel 8 werden

1. im Abs. 1 die Worte: „tax- und stempelfrei zu behandeln" ersetzt durch das Wort:

„gebührenfrei".

2. Der Abs. 2 erhält folgende Fassung:

In bürgerlichen Rechtsstreitigkeiten steht den Armenpflegen in dem Verfahren vor den bayerischen Gerichten Gebührenfreiheit zu.

V. Im Artikel 11 Abs. 1 werden hinter den Worten: „im Dienste oder in einer ständigen Arbeit stehen" die Worte eingeschaltet:

„und nicht kraft Gesetzes oder statutarischer Bestimmung der Krankenversicherungspflicht unterliegen".

VI. Im Artikel 20 Abs. 1 in der Fassung des § 41 des Landtagsabschieds vom 15. April 1875 wird das Wort „Reichswährung" gestrichen.

VII. Im Artikel 23 Abs. 3 erhalten die Ziff. 1, 3 folgende Fassung:

1) Personen, die entmündigt oder nach § 1906 des Bürgerlichen Gesetzbuchs unter vorläufige Vormundschaft gestellt sind;

2) Personen, über deren Vermögen der Konkurs eröffnet ist.

VIII. Der Artikel 36 Abs. 4 erhält folgende Fassung:

Der Armenpflegschaftsrath ist berechtigt, die Entmündigung wegen Verschwendung oder wegen Trunksucht zu beantragen, wenn Grund zu der Besorgniß besteht, daß der zu Entmündigende der Armenkasse zur Last fallen werde.

IX. Im Artikel 43 Abs. 1 werden die Worte: „vorbehaltlich dessen, was das Gesetz über den obersten Verwaltungsgerichtshof bestimmen wird" ersetzt durch die Worte:

„unbeschadet dessen, was das Gesetz vom 8. August 1878, betreffend die Errichtung eines Verwaltungsgerichtshofes und das Verfahren in Verwaltungsrechtssachen, bestimmt".

X. Im Eingange des Artikel 44 tritt an die Stelle des Wortes: „Arrest" das Wort:

„Haft".

Zu Ziff. I.

1. Nach Artikel 103 des Einführungsgesetzes zum Bürgerlichen Gesetzbuche bleiben die landesgesetzlichen Vorschriften unberührt, nach welchen der Staat sowie Verbände und Anstalten, die auf Grund des öffentlichen Rechtes zur Gewährung von Unterhalt verpflichtet sind, Ersatz der für den Unterhalt gemachten Aufwendungen von der Person, welcher sie den Unterhalt gewährt haben, sowie von denjenigen verlangen können, welche nach den Vorschriften des BGB. unterhaltspflichtig waren. In Folge dessen bleibt der Abs. 1 des Artikel 5 des Gesetzes, die öffentliche Armen- und Krankenpflege betr., vom 29. April 1869[1]) in der Fassung des Gesetzes vom 3. Februar 1888[2]) aufrecht, auch wenn er als eine Vorschrift des bürgerlichen Rechtes anzusehen sein sollte. Dagegen ist der Abs. 2 des Artikel 5, welcher lautet: „Desgleichen haben die zur Alimentation oder Unterstützung eines Hilfsbedürftigen Verpflichteten für die in Folge der Nichterfüllung ihrer Verbindlichkeit nothwendig gewordene öffentliche Armenunterstützung Ersatz zu leisten", insoweit außer Kraft getreten, als er den Unterhaltspflichtigen die aus einem anderen Grunde zur Unterstützung eines Hilfsbedürftigen Verpflichteten gleichstellt. Der Ersatzanspruch der Armenpflege gegen solche Verpflichtete, insbesondere gegen denjenigen, gegen welchen dem Hilfsbedürftigen wegen einer Verletzung des Körpers oder wegen Tödtung des Unterhaltspflichtigen (§§ 823, 843, § 844 Abs. 2 des BGB.) ein Anspruch auf Entrichtung einer Geldrente zusteht, gehört, wie sich aus dem Artikel 5a Abs. 3 und dem Artikel 43 Abs. 1 ergibt, dem Gebiete des bürgerlichen Rechtes an und bestimmt sich in Ermangelung eines Vorbehalts für landesgesetzliche Vorschriften nunmehr nach den all-

---

1) Ges.Bl. 1866/69 S. 1093. Das Gesetz hat seither Aenderungen erfahren durch das bayer. Vollzugsgesetz zum Reichsstrafgesetzbuch vom 26. Dez. 1871 (Ges.Bl. S. 81), den Landtagsabschied vom 15. April 1875 § 41 (G. u. V.Bl. S. 345), das bayerische Ausführungsgesetz zum Krankenversicherungsgesetze vom 28. Februar 1884 Art. 4 Abs. II (G. u. V.Bl. S. 75), das Gesetz, betr. die Abänderung einiger Bestimmungen des Ges. v. 29. April 1869 über die öffentl. Armen- und Krankenpflege, v. 3. Februar 1888 (G. u. V.Bl. S. 81), das Gesetz vom 26. Mai 1892 betr. die Ausführung des Krankenversich.Gesetzes Art. 1 (Ges. u. V.Bl. S. 144) und das Gesetz vom 17. Juni 1896, betr. die Abänderung einiger Bestimmungen der Gesetze über Heimat, Verehelichung und Aufenthalt und über öffentliche Armen- und Krankenpflege, (G. u. V.Bl. S. 297) §§ 10—12. Zur Literatur: Henle, Frhrn. v. Riedels Kommentar z. bayer. Ges., die öffentliche Armen- und Krankenpflege betr., 4. Aufl., 1898 nebst Ergänzungsheft v. 1900, Henle, das Gesetz betr. die öffentliche Armen- und Krankenpflege in der vom 1 Jan. 1900 an geltenden Fassung, Handausgabe mit Erläuterungen; Reger, Handausgabe des bayer. Gesetzes über die öffentliche Armen- und Krankenpflege, 4. Aufl. 1900.

2) Art. 5 Abs. 1 lautet: „Personen, welche ungeachtet des Besitzes genügender Mittel öffentliche Armenunterstützung erlangt oder binnen fünf Jahren nach Empfang solcher Unterstützung ein Vermögen erworben haben, welches ihnen unbeschadet der Sicherstellung ihres Lebensunterhaltes die Ersatzleistung ermöglicht, sind zum Ersatze des Empfangenen verpflichtet."

gemeinen Grundsätzen des Bürgerlichen Gesetzbuchs. Ziff. I bringt deshalb die Fassung des Artikel 5 Abs. 2 mit dem Artikel 103 des E.G. z. BGB. in Einklang.[3])

2. „Unterhaltspflichtig nach den Vorschriften des Bürgerlichen Gesetzbuchs" sind die Verwandten in gerader Linie gegenseitig (§§ 1601, 1739, 1766), die Ehegatten gegenseitig (§ 1360), unter bestimmten Voraussetzungen die Ehegatten auch bei Ungiltigkeit und nach Scheidung der Ehe (§§ 1345, 1351, 1578 ff.), der natürliche Vater gegenüber dem unehelichen Kinde (§§ 1708, 1703).

3. Der Ersatzanspruch nach Art. 5 Abs. 2 n. F. findet nur gegen den nach der obigen Vorschrift d. BGB. Verpflichteten statt, nicht auch gegen solche, welche die Unterhaltspflicht durch Rechtsgeschäft übernommen haben, auch nicht gegen solche Verpflichtete, denen die Unterhaltspflicht kraft öffentlichen Rechtes obliegt.[4])

Zu Ziff. II.

1. Der Artikel 5a Abs. 1 (Art. 2 des Gesetzes vom 3. Februar 1888) ermächtigt die Distriktsverwaltungsbehörde, auf Antrag der Armenpflege den Ehemann, die Ehefrau, die Eltern und Großeltern, die Kinder und Enkel sowie die uneheliche Mutter eines Hilfsbedürftigen und die unehelichen Kinder in Ansehung der hilfsbedürftigen Mutter durch vorläufig vollstreckbare Entscheidung anzuhalten, dem Hilfsbedürftigen nach Maßgabe ihrer gesetzlichen Verpflichtung Unterstützung zu gewähren und für die in Folge der Nichterfüllung ihrer Verbindlichkeit nothwendig gewordene Armenunterstützung Ersatz zu leisten. Ziff. II erstreckt die Vorschrift des Artikel 5a Abs. 1 mit Rücksicht darauf, daß nach den §§ 1589, 1705 des Bürgerlichen Gesetzbuchs die unehelichen Kinder zu der Mutter und den mütterlichen Großeltern in demselben Verwandtschaftsverhältnisse stehen wie die ehelichen, auf das Verhältniß zwischen einem unehelichen Kinde und den mütterlichen Großeltern, und läßt das Zwangsverfahren auch gegenüber dem unterhaltspflichtigen früheren Ehegatten und gegenüber dem Vater eines unehelichen Kindes zu.

2. Unter dem früheren Ehegatten ist der Ehegatte (Mann oder Frau) zu verstehen, dessen Ehe geschieden oder für nichtig erklärt ist, soweit eine Unterhaltspflicht gegenüber dem vormaligen Ehegatten (auch der Ehefrau) besteht. (BGB. §§ 1345, 1351, 1578 ff.)

3. Gegenüber dem Vater eines unehelichen Kindes ist mit Rücksicht auf die nach § 1717 des Bürgerlichen Gesetzbuchs statthafte Berufung auf die Beiwohnung eines Anderen erforderlich, daß die Vaterschaft nach § 1718 des Bürgerlichen Gesetzbuchs anerkannt oder die Unterhaltspflicht in einem vollstreckbaren Titel festgestellt sein muß.[5]) Als vollstreckbarer Titel kommt insbesondere die von dem Amtsgerichte beurkundete Anerkennung der Unterhaltspflicht (vgl. Art. 15 Abs. 2 des Ausf.Ges. zum GVG. in der Fassung des Art. 167 Ziff. I des Ausf.G. z. BGB. in Betracht, sofern der Vater sich in der Urkunde der sofortigen Zwangsvollstreckung unterworfen hat.[6])

---

3) Motive B S. 106; Becher, Mat. II S. 78.

4) S. auch Henle und Schneider, Note 1a zu Art. 160.

5) Daselbe wird auch gelten müssen, wenn die Anerkennung vor dem 1. Januar 1900 rechtsgiltig erfolgt ist; s. auch Henle und Schneider Note 6 z. Art. 160.

6) Motive B 106 f., A.A.Pr. 315, R.R.A.Pr. 11 S. 6; Becher, Mat. II S. 78, 240, 479.

Zu Ziff. III.

1. Nach der Vorschrift des Art. 7 in der Fassung des Ges. v. 3. Februar 1888 können die öffentlichen Armenpflegen, sowie die zur Armenunterstützung verbundenen öffentlichen Kassen aus dem Nachlasse der von ihnen im Laufe der letzten zehn Jahre vor eingetretenem Tode unterstützten Personen vollen Ersatz für die gewährte Unterstützung verlangen, wenn nicht arme Notherben vorhanden sind oder der Unterstützte von einer Wohlthätigkeitsanstalt beerbt wird. Diese Vorschrift des Art. 7 ä. F. wird durch den Vorbehalt des Art. 103 des E.G. z. BGB. gedeckt. Die in der Ziff. 3 vorgenommenen Aenderungen berücksichtigen, daß das Bürgerliche Gesetzbuch kein Notherbrecht, sondern nur ein Pflichttheilsrecht kennt und daß nach dem Art. 101 des Ausführungsgesetzes zum Bürgerlichen Gesetzbuche (s. oben S. 164) den öffentlichen Wohlthätigkeitsanstalten in Ansehung des Nachlasses der von ihnen unterstützten oder unentgeltlich verpflegten Personen nicht ein Erbrecht, sondern ein Ersatzanspruch zusteht. Diesem muß im Verhältnisse zu dem Ersatzanspruche der Armenpflege derselbe Vorrang zugestanden werden, den nach dem früheren Rechte das Erbrecht der Wohlthätigkeitsanstalten gegenüber dem Ersatzanspruche der Armenpflegen hatte.[7])

2. Daß der Ersatzanspruch der Armenpflege nicht zum Nachtheile der Nachlaßgläubiger geltend gemacht werden kann, und daß Verbindlichkeiten aus Pflichttheilsrechten, Vermächtnissen und Auflagen außer Betracht zu bleiben haben, wurde in zweiter Lesung des Ausschusses der Abg.K. beigefügt. Der Ersatz soll nur aus dem reinen Nachlaßvermögen verlangt werden können, nicht den Gläubigern des Verstorbenen, sondern den Erben soll die Ersatzleistung zur Last fallen. Durch den Beisatz soll gegenüber der Vorschrift des Art. 101 Abs. 2 d. A.G. z. BGB. jeder Zweifel beseitigt werden.[8])

3. Bezüglich des im Art. 102 des A.G. z. BGB. (s. oben S. 166) den Wohlthätigkeitsanstalten gewährten Rechtes auf die von der verpflegten Person eingebrachten Sachen wurde eine Bestimmung nicht erforderlich erachtet, weil diese Sachen nicht zum Nachlasse gehören, sondern mit dem Eintritte des Erbfalls in das Eigenthum der Anstalt übergehen.[9])

4. Auf die Fälle, in denen der Erblasser vor dem 1. Januar 1900 gestorben ist, wird nicht die neue Fassung der Ziffer III, sondern Art. 7 ä. F. anwendbar sein, da nach Art. 213 des E.G. z. BGB. für die erbrechtlichen Verhältnisse die bisherigen Gesetze maßgebend bleiben.[10])

Zu Ziff. IV.

1. Die Aenderung in Ziff. IV 1 entspricht dem Sprachgebrauche des Gebührengesetzes.

2. Nach Artikel 8 Abs. 2 ä. F. sind die Armenpflegen für Rechtsstreitigkeiten kraft des Gesetzes zum Armenrechte zugelassen. Das Armenrecht in bürgerlichen Rechtsstreitigkeiten ist nunmehr durch die Civilprozeßordnung §§ 114 bis 127 geregelt; ein Vorbehalt für die Landesgesetzgebung ist nicht gemacht; es konnte deshalb der bisherige Abs. 2 nicht aufrecht erhalten werden. Dagegen bleiben nach § 98 Abs. 2, 4 des Gerichtskostengesetzes die landesgesetzlichen Vorschriften unberührt, welche für gewisse Rechtssachen oder für gewisse Personen in dem Verfahren vor den

---

7) Motive B S. 107; Becher, Mat. S. 79.
8) A.A.Pr. S. 431; Becher, Mat. II S. 374.
9) Motive B S. 107; Becher, Mat. II S. 79.
10) S. auch Henle u. Schneider, Note 9 zu Art. 160.

Landesgerichten Gebührenfreiheit gewähren; soweit demjenigen, welchem die Gebührenfreiheit zusteht, Kosten des Verfahrens auferlegt werden, sind die Gebühren nicht zu erheben und erhobene zurückzubezahlen. Als eine landesgesetzliche Vorschrift dieses Inhalts ist die des Artikel 8 Abs. 2 jetzt anzusehen (Entsch. des Obersten Landesgerichts XV S. 163). Deshalb wurde dem Abs. 2 die entsprechende neue Fassung gegeben, durch welche selbstverständlich nicht die sonstigen aus dem Armenrecht in bürgerlichen Rechtsstreitigkeiten folgenden Vergünstigungen, insbes. nicht die Beigebung eines Rechtsanwaltes, Gerichtsvollziehers ertheilt sind.[11])

Zu Ziff. V.

Nach Art. 11 Abs. 1 ä. F. ist, wenn Dienstboten, Gewerbsgehilfen, Lehrlinge, Fabrik- oder andere Lohnarbeiter, welche außerhalb ihrer Heimat im Dienste oder in einer ständigen Arbeit stehen, wegen Erkrankung der Hilfe bedürfen, letztere nach Maßgabe des Art. 10 Abs. 2 Ziff. 2 von jener Gemeinde, in welcher sie zur Zeit der Erkrankung im Dienste oder in Arbeit stehen, zu gewähren, und zwar auch dann, wenn sie in einer anderen Gemeinde wohnen. Die Aenderung dieser Fassung durch Ziff. V beruht auf den Artikeln 1 und 2 des Gesetzes vom 26. Mai 1892, betreffend die Ausführung des Krankenversicherungsgesetzes.[12]) Nach Art. 121, 1 dieses Gesetzes gilt nämlich für die nach Vorschrift des § 1 bis einschließlich 3 b des Krankenversicherungsgesetzes vom $\frac{\text{15. Juni 1883}}{\text{10. April 1892}}$ versicherungspflichtigen Personen die landesgesetzlich bestehende Krankenversicherung als Gemeinde-Krankenversicherung mit der Maßgabe, daß an die Stelle der Artikel 11 und 20 des Gesetzes über die öffentliche Armen- und Krankenpflege die Vorschriften in § 4 Abs. 1, §§ 5 bis einschließlich 11, §§ 49 bis einschließlich 58, §§ 76a bis einschließlich 83 des Krankenversicherungsgesetzes getreten, im Uebrigen aber auch für die bezeichneten versicherungspflichtigen Personen die einschlägigen Bestimmungen des Gesetzes vom 29. April 1869 in Kraft geblieben sind; nach Artikel 2 Abs. 1 genannten Ausführungsgesetzes sind jedoch für diejenigen im Artikel 11 des Armenpflegegesetzes bezeichneten Personen, welche nicht der Krankenversicherung unterliegen, die Vorschriften der Art. 11 und 20 jenes Gesetzes in Kraft geblieben. Für die versicherungspflichtigen Personen des Art. 11 ist daher dessen Vorschrift unanwendbar geworden.

Zu Ziff. VI.

Die Streichung des Wortes „Reichswährung" im Artikel 20 Abs. 1 in der Fassung des Landtagsabschieds vom 15. April 1875 hat nur redaktionelle Bedeutung, da nur eine Währung, nämlich die Reichswährung, besteht.

Zu Ziff. VII.

Durch die neue Fassung des Art. 23 Abs. 3 Ziff. 1 und 3 ist lediglich der Text des Gesetzes dem neuen bürgerlichen Rechte angepaßt, ohne sachliche Aenderung.[13])

Zu Ziff. VIII.

In der Ziff. VIII wird zunächst die Fassung des Artikels 36 Abs. 4 dahin be-

11) Motive B S. 107; Becher, Mat. II S. 80.

12) G. u. V.Bl. 1892 S. 144.

13) Wie solches auch durch Artikel 140 des Ausf.G. (s. oben) bezüglich des Art. 5 Abs. 2 Ziff. 1 des Landtagswahlgesetzes vom 4. Juni 1848 geschehen ist.

richtigt, daß nicht die Bestellung einer gerichtlichen Kuratel, sondern die Entmündigung zu beantragen ist (§ 680 Abs. 5 der C.P.O.). Ferner ist von der der Landesgesetzgebung in § 680 der C.P.O. vorbehaltenen Befugniß Gebrauch gemacht, dem Armenpflegschaftsrath auch das Recht zur Stellung des Antrages auf Entmündigung wegen Trunksucht[14]) zu gewähren, wofür dieselben Gründe sprechen, wie bei der Verschwendung. In beiden Fällen ist jedoch der Armenpflegschaftsrath zur Stellung des Antrags nur berufen, wenn Grund zur Besorgniß besteht, daß der zu Entmündigende der Armenpflege zur Last fallen werde.[15]) Im Justizgesetzgebungsausschusse der K. der Abg. wurde vom Regierungskommissär, Ministerialrath von Thelemann als selbstverständlich bezeichnet, daß letztere Voraussetzung auch dann gegeben ist, wenn diese Befürchtung nicht sowohl in Betreff des Verschwendens des Trunksüchtigen selbst als seines Angehörigen besteht, da auch in anderen Punkten z. B. bezüglich der Frage der Hilfsbedürftigkeit die Absicht des Armengesetzes allgemein dahin geht, daß unter dem Familienhaupte immer auch die Familienglieder mitgegriffen werden. Wenn also die Besorgniß, der Armenpflege zur Last zu fallen, gegenüber einem Mitgliede der Familie vorhanden ist, deren alimentationspflichtiges Haupt Verschwender oder trunksüchtig ist, so ist es ebenso, wie wenn diese Besorgniß gegenüber seiner eigenen Person begründet wäre.[16])

Zu Ziff. IX.

Die neue Fassung des Art. 43 Abs. 1 entspricht (wie jene des Art. 52 Abs. 1 des Heimatsgesetzes, s. oben Art. 154 Ziff. XX, 1) dem geltenden Rechtszustande.

Zu Ziff. X.

Die Aenderung im Eingange des Art. 44 ist durch den Sprachgebrauch des Strafgesetzbuchs und des Polizeistrafgesetzbuchs veranlaßt.

Artikel 161.

Das Gesetz vom 29. April 1869, die privatrechtliche Stellung der Erwerbs- und Wirthschaftsgesellschaften betreffend, wird für die noch bestehenden registrirten Gesellschaften dahin geändert:

I. An die Stelle des Artikel 38 Abs. 3 tritt folgende Vorschrift:

In jedem Falle kann die Gesellschaft einen Gesellschafter aus den im Gesellschaftsvertrage festgesetzten Gründen sowie wegen Verlustes der bürgerlichen Ehrenrechte ausschließen.

II. An die Stelle des Artikel 74 Abs. 1 tritt folgende Vorschrift:

Das Register für die registrirten Gesellschaften wird von

---

14) Nach § 6 Abs. 1 Ziff. 3 des BGB. kann die Entmündigung wegen Trunksucht erfolgen, wenn Jemand in Folge von Trunksucht seine Angelegenheiten nicht zu besorgen vermag oder sich oder seine Familie der Gefahr des Nothstandes aussetzt oder die Sicherheit anderer gefährdet.

15) Motive B S. 107; Becher, Mat. II S. 79.

16) A.A.Prot. S. 317; Becher, Mat. II S. 245.

den Gerichten geführt, denen die Führung des Handelsregisters obliegt.

III. Der Artikel 43 Abs. 2 wird aufgehoben.

Nach § 1 des Reichsgesetzes vom 23. Juni 1873, die Einführung des Gesetzes des Norddeutschen Bundes über die privatrechtliche Stellung der Erwerbs- und Wirthschaftsgenossenschaften vom 4. Juli 1868 im Königreiche Bayern betreffend (R.G.Bl. S. 146) ist das Gesetz vom 4. Juli 1868 (Nordd. Bundesges.Bl. S. 415) nebst dem Reichsgesetze vom 19. Mai 1871, betreffend die Deklaration des § 1 des Gesetzes vom 4. Juli 1868 (R.G.Bl. S. 101), am 1. August 1873 im Königreiche Bayern in Kraft getreten. Nach § 2 des Gesetzes vom 23. Juni 1873 sind jedoch für die rechtlichen Verhältnisse der auf Grund des Bayerischen Gesetzes vom 29. April 1869, betreffend die privatrechtliche Stellung der Erwerbs- und Wirthschaftsgesellschaften,[1]) vor dem 1. August 1873 eingetragenen „registrirten Gesellschaften" die Bestimmungen des letzterwähnten bayerischen Gesetzes maßgebend geblieben. Dies wurde für jene registrirten Gesellschaften auch fernerhin beibehalten, als das Bundesgesetz vom 4. Juni 1868 durch das Reichsgesetz vom 1. Mai 1889, betr. die Erwerbs- und Wirthschaftsgenossenschaften, nach Art. 74 Abs. 1 (R.G.Bl. S. 55) ersetzt wurde.

Es handelt sich bei den Abänderungen des Gesetzes durch Art. 161 nur um eine kleine Zahl der aus der Zeit der früheren Gesetzgebung vorhandenen registrirten Gesellschaften. Nach Art. 72 Abs. 2 des Gesetzes vom 29. April 1869 finden auf das Verfahren, in welchem die Mitglieder des Vorstandes oder die Liquidatoren einer registrirten Gesellschaft durch Ordnungsstrafen zur Erfüllung der dort bezeichneten gesetzlichen Verpflichtungen angehalten werden, die Vorschriften der Art. 10 bis 24 des Einführungsgesetzes vom 10. November 1861 zum Handelsgesetzbuch Anwendung. An deren Stelle treten nach § 185 Abs. 2 des Gesetzes über die Angelegenheiten der freiwilligen Gerichtsbarkeit die Vorschriften der §§ 132 bis 139 dieses Gesetzes, die nach § 169 Abs. 2 des Genossenschaftsgesetzes auch für die eingetragenen Genossenschaften gelten.

Zu Ziff. I.

Die Aenderung des Art. 38 Abs. 3 ist keine wesentliche, sie ist bereits im Art. 79 des Ausführungsgesetzes zur Reichs-Civilprozeßordnung und Konkursordnung vom 23. Februar 1879 getroffen und von dort in den obigen Artikel nun herübergenommen worden, wogegen Art. 79 des genannten Gesetzes aufgehoben wurde (s. unten Art. 166 Ziff. XVI). Art. 38 des Ges. v. 29. April 1869 findet gemäß Art. 72 Abs. 1 dess. Gesetzes auch auf die registrirten Gesellschaften (Gesellschaften mit beschränkter Haftpflicht) Anwendung. Durch die Aenderung des Abs. 3 sind die Bestimmungen über den Ausschluß der Gesellschafter im Hinblick auf die Bestimmungen der §§ 32 ff. des Reichsstrafgesetzbuches über den Verlust der bürgerlichen Ehrenrechte mit der Bestimmung des Reichsgesetzes vom 4. Juli 1868 in Uebereinstimmung gebracht.

Zu Ziff. II.

Das Register für die registrirten Gesellschaften wurde früher, wie das Handels-

---

1) Ges.Bl. S. 1153 ff.

register und das Genossenschaftsregister, von dem Handelsgerichte, also bei dem Landgerichte geführt. Nach § 125 des Gesetzes über die Angelegenheiten der freiwilligen Gerichtsbarkeit vom 17. Mai 1898 (R.G.Bl. 771 ff.) sind für die Führung des Handelsregisters künftig die Amtsgerichte zuständig und kann durch Anordnung der Landesjustizverwaltung die Führung des Registers für mehrere Amtsgerichtsbezirke einem Amtsgerichte übertragen worden. Zufolge § 10 Abs. 2 des Gesetzes vom 1. Mai 1889, betr. die Erwerbs- und Wirthschaftsgenossenschaften, in der Fassung vom 20. Mai 1898 (R.G.Bl. 810 ff.), geht die Führung des Genossenschaftsregisters nunmehr auf die zur Führung des Handelsregisters zuständigen Amtsgerichte über. Ziff. II setzt nun an Stelle des Art. 74 Abs. 1 die allgemeine Vorschrift, daß das Register für die registrirten Gesellschaften von den Gerichten geführt wird, denen die Führung des Handelsregisters obliegt, also nunmehr von den Amtsgerichten.[2])

Zu Ziff. III.

Nach Artikel 43 Abs. 2 des Gesetzes vom 29. April 1869 müssen die Liquidatoren einer registrirten Gesellschaft die Veräußerung unbeweglicher Sachen, sofern nicht der Gesellschaftsvertrag oder ein Gesellschaftsbeschluß anders bestimmt, mittelst öffentlicher Versteigerung bewirken. Die entsprechende Vorschrift des § 87 des Genossenschaftsgesetzes ist als unzweckmäßig durch den Art. 10 Nr. **IX** des Einführungsgesetzes zum Handelsgesetzbuche vom 10. Mai 1897 aufgehoben worden. Ziff. III hebt deshalb den Art. 43 Abs. 2 auf, da auch der § 49 des Bürgerlichen Gesetzbuchs, die §§ 149, 298 des Handelsgesetzbuchs und der § 70 (bisher § 71) des Gesetzes vom 20. April 1892, betreffend die Gesellschaften mit beschränkter Haftung, eine Vorschrift dieses Inhalts nicht aufgenommen haben.

Artikel 162.

Das Polizeistrafgesetzbuch vom 26. Dezember 1871 wird dahin geändert:

I. Der Artikel 81 Abs. 2 erhält folgenden Zusatz:

Die Ermächtigung ist, wenn es sich um eine Maßregel handelt, zu der eine Anordnung des Vormundschaftsgerichts erforderlich ist, von der Erlassung dieser Anordnung abhängig zu machen.

II. Im Artikel 122 Abs. 2 wird statt „113" gesetzt „113 Ziff. 2, 3".

Zu Ziff. I.

Nach Art. 81 Abs. 2 des Polizeistrafgesetzbuchs[1]) kann, wenn jemand ihm angehötige und anvertraute Kinder, Kranke, Gebrechliche, Blödsinnige oder andere dergleichen hilflose Personen in Bezug auf Schutz, Aufsicht, Verpflegung oder ärztlichen

2) Vorschriften über die Führung des Handelsregisters s. J.M.Bl. 1899 S. 815.

1) Ges.Bl. 1871/82 S. 9. v. Riedel-Pröbst, Kommentar zum Polizeistrafgesetzbuch für Bayern, 5. Aufl., 1894; v. Staudinger, das Polizeistrafgesetzbuch für Bayern, Textausgabe mit Anmerkungen, 4. Aufl., 1899; Reger, Handausgabe der in Bayern giltigen allgemeinen Polizeistrafgesetzgebung, 3. Aufl. 1900.

Beistand verwahrlost und deshalb bestraft wird, die Polizeibehörde in dem Strafurtheil ermächtigt werden, auf Kosten des Pflichtigen für anderweitige Unterbringung der hilfsbedürftigen Person zu sorgen.

Diese Vorschrift wird, soweit sie die Ermächtigung enthält, demjenigen, welcher die Verpflichtung zur Obhut verletzt hat, die Kosten der anderweitigen Unterbringung aufzuerlegen, durch das Bürgerliche Gesetzbuch nicht berührt und bildet eine werthvolle Ergänzung der Bestimmungen des Gesetzes über die Armen- und Krankenpflege und der über die Zwangserziehung zu erlassenden Vorschriften.

Soweit dagegen die Vorschrift sich auf die Unterbringung bezieht, konnte sie gegenüber dem Bürgerlichen Gesetzbuche nicht unverändert belassen werden. Nach den §§ 1627, 1686, 1793, 1901, 1915 des Bürgerlichen Gesetzbuchs hat über die Unterbringung von Personen, die unter elterlicher Gewalt oder unter Vormundschaft oder Pflegschaft stehen, derjenige, welchem das Recht der Sorge für die Person des Kindes oder des Mündels oder Pfleglinges zusteht, und in den Fällen des § 1629, des § 1797 Abs. 1 Satz 2 und des § 1798 das Vormundschaftsgericht zu entscheiden. Für einen Eingriff in das Recht der Sorge für die Person wegen Verwahrlosung (§§ 1666, 1838) ist nur das Vormundschaftsgericht zuständig. Im Ermessen des Vormundschaftsgerichts steht auch die Art, in welcher wegen Verwahrlosung eingegriffen werden soll. Für Minderjährige gestattet allerdings Art. 135 Abs. 2 des Einführungsgesetzes zum Bürgerlichen Gesetzbuche den Landesgesetzen die Entscheidung darüber, ob der Minderjährige, dessen Zwangserziehung angeordnet ist, in einer Familie oder in einer Erziehungsanstalt oder Besserungsanstalt unterzubringen ist, einer Verwaltungsbehörde zu übertragen, sofern die Unterbringung auf öffentliche Kosten zu erfolgen hat. Der Vorbehalt kommt aber hier nicht in Betracht, weil die Unterbringung auf Kosten des Pflichtigen geschehen soll. Der Strafrichter muß deshalb die nach Art. 81 Abs. 2 im Urtheil auszusprechende Ermächtigung der Polizeibehörde, wenn es sich um eine Maßregel handelt, zu der eine Anordnung des Vormundschaftsgerichts erforderlich ist, nach dem Zusatze zu Art. 81 Abs. 2 nunmehr von der Erlassung dieser Anordnung abhängig machen.[2])

Zu Ziff. II.

Der Art. 122 Abs. 2, 3 regelt die Civilverantwortlichkeit des Familienhaupts oder Dienstherrn bei Feldfreveln der Kinder, Pflegekinder und Dienstleute. Die Vorschrift fällt im Allgemeinen unter den Vorbehalt des Art. 107 des Einführungsgesetzes zum Bürgerlichen Gesetzbuche, nach welchem die landesgesetzlichen Vorschriften über die Verpflichtung zum Ersatze des Schadens unberührt bleiben, der durch das Zuwiderhandeln gegen ein zum Schutze von Grundstücken erlassenes Strafgesetz verursacht wird, geht aber insofern weiter, als sie auch den Fall des Art. 113 Ziff. 1 (unbefugter Gebrauch fremder auf dem Felde zurückgelassener Ackergeräthe) einbezieht. Ziff. II scheidet diesen Fall nicht nur in Ansehung der Verpflichtung zum Schadensersatze, sondern, weil die Trennung unthunlich ist, auch in Ansehung der Haftung für Geldstrafe und Kosten aus.[3])

---

2) Motive B S. 108; Becher, Mat. II S. 81.
3) Motive B S. 108; Becher, Mat. II S. 82.

Artikel 163.

In dem Gesetze vom 28. April 1872, die Grundentlastung betreffend, erhält der Satz 2 des Artikel 17 Abs. 1 folgende Fassung:

Sie haben den gleichen Rang wie die Grundabgabe und die belasteten Grundstücke haften für sie in gleicher Weise wie für diese.

1. Nach Art. 17 Abs. 1 Satz 2 des Gesetzes vom 28. April 1872 [1]) stehen den auf Grund dieses Gesetzes zu entrichtenden Leistungen die gesetzlichen Vorzüge der bisherigen Grundabgabe zu und haften die belasteten Grundstücke für sie in gleicher Weise wie für die Grundabgabe. Unter den gesetzlichen Vorzügen verstand das Gesetz den Hypothekentitel nach § 12 Nr. 4 des Hypothekengesetzes und das im § 12 Art. 7 der Prioritätsordnung bestimmte Vorzugsrecht im Konkurs, an dessen Stelle der Rang nach Art. 108 Abs. 1 Ziff. 1 und Art. 151 Abs. 1 Ziff. 1 der Subhastationsordnung bei der Zwangsvollstreckung in das belastete Grundstück getreten ist. Obige Aenderung des Satzes 2 des Art. 17 Abs. 1 setzt ebenso wie in den Art. 141 Ziff. I, II, 150 Ziff. I, II, III und 153 Ziff. II des Ausf.G. an die Stelle der gesetzlichen Vorzüge der Grundabgabe den Rang dieser. Vgl. die Bemerkungen zu letztgenannten Gesetzesstellen oben S. 233.

Für die dem Staate oder der Ablösungskasse zustehenden Bodenzinse gewährt der Art. 128 Abs. 2 des Ausf.Ges. (s. oben S. 196) an Stelle des gesetzlichen Hypothekentitels das Recht auf Eintragung einer Sicherungshypothek.[2])

2. Die neue Fassung des Art. 17 Abs. 1 tritt erst vom Inkrafttreten des Grundbuchrechts an in Wirksamkeit gemäß Art. 177 des A.G. Vgl. auch für die Zeit vor der Anlegung des Grundbuchs die Art. 46, 53 und 54 des Ges. vom 9. Juni 1899, Uebergangsvorschriften zum BGB.

Artikel 164.

Das Gesetz vom 3. April 1875, die Brandversicherungsanstalt für Gebäude in den Landestheilen rechts des Rheins betreffend, wird dahin geändert:

I. Der Artikel 3 Abs. 1 erhält folgende Fassung:

Ausnahmsweise müssen der Anstalt einverleibt werden:
1) die sämmtlichen Gebäude des Staates;
2) die Gebäude der Gemeinden, der Kirchen, der Schul- und sonstigen Stiftungen;
3) die Gebäude der Pfarreien, Benefizien, ständigen Curatien, Pfarrvikariate und Exposituren.

II. Im Artikel 8 wird die Verweisung „(Art. 3 Ziff. 5)" gestrichen.

---

1) Ges.Bl. 1871/72 S. 349. Pözl, Gesetz, die Grundentlastung betr. vom 28. April 1872. Erläutert 1873; v. Stengel, die Grundentlastung in Bayern, 1874.
2) Motive B S. 109; Becher, Mat. II S. 82.

III. In den Artikel 10 wird zwischen Abs. 1 und Abs. 2 folgender neue Absatz eingefügt:

Die Versicherung kann auch von dem Nießbraucher zu Gunsten des Eigenthümers und für ein Gebäude, das im Eigenthume Mehrerer steht, von einem der Miteigenthümer zu Gunsten der sämmtlichen Eigenthümer genommen werden.

IV. Der Artikel 14 erhält folgende Fassung:

Bei den im Art. 3 Abs. 1 bezeichneten Gebäuden richtet sich der Mindestbetrag der Versicherung nach den jeweiligen besonderen Ministerialvorschriften, er darf jedoch nicht auf weniger als den halben Werth der verbrennbaren Theile bestimmt werden.

V. Der Artikel 15 Abs. 3 erhält folgende Fassung:

Die Minderung tritt mit dem nächstfolgenden Jahre in Wirksamkeit. Ist das Grundstück mit Hypotheken, Grundschulden oder Rentenschulden belastet, so ist der Nachweis erforderlich, daß die Gläubiger ihre Zustimmung in rechtsverbindlicher Weise erklärt haben.

VI. Der Artikel 39 Abs. 3 erhält folgende Fassung:

Die Bewilligung zum Wiederaufbau des abgebrannten Gebäudes auf einem Grundstücke mit anderer Plannummer sowie die Bewilligung zu einer anderen Verwendung der Entschädigungsgelder setzt, wenn das Grundstück mit Reallasten, Hypotheken, Grundschulden, Rentenschulden oder mit einem Nießbrauche belastet ist, den Nachweis voraus, daß die Berechtigten ihre Zustimmung in rechtsverbindlicher Weise erklärt haben. Der Nachweis ist zu den Akten zu bringen. Bei Reallasten, Hypotheken, Grundschulden und Rentenschulden genügt der Nachweis, daß die Berechtigten innerhalb der im § 1128 Abs. 1 des Bürgerlichen Gesetzbuchs bestimmten Frist einen Widerspruch nicht erhoben haben; die Anzeige von dem Eintritte des Schadens kann durch die nach Abs. 2 zuständige Behörde erfolgen. Der Nachweis ist nicht erforderlich, wenn das zuständige Gericht festgestellt hat, daß die Bewilligung für die Berechtigten unschädlich ist.

VII. Der Artikel 43 Satz 1, 2 erhält folgende Fassung:

Der Anspruch auf Entschädigungsgelder kann, soweit diese zu einem bestimmten Zwecke, insbesondere nach Art. 38, 39 zum Wiederaufbau des Gebäudes, zu verwenden sind, vorbehaltlich der Bestimmung des Art. 41 Abs. 2, nicht abgetreten werden. Der Anspruch auf die zum Wiederaufbau zu verwendenden Entschädigungsgelder kann jedoch mit der Baustelle unter der Bedingung des Wiederaufbaus veräußert werden.

VIII. Der Artikel 46 erhält folgende Fassung:

Ist das beschädigte Gebäude eines der vorsätzlichen oder fahrlässigen Brandstiftung beschuldigten Versicherten mit Hypotheken, Grundschulden, Rentenschulden oder mit einem Nießbrauche belastet oder ist von den Miteigenthümern des Gebäudes einer beschuldigt, so wird zwar zum Besten der Berechtigten oder der anderen Miteigenthümer die Entschädigungssumme gegen dereinstigen Ersatz aus dem Vermögen des Schuldigen von der Anstalt vorgeschossen, jedoch zu keinem anderen Zwecke als zu dem der Wiederherstellung der beschädigten Gegenstände.

Die Versicherungskammer ist berechtigt, für die festgesetzte Entschädigungssumme eine Sicherungshypothek an den Grundstücken des Beschuldigten eintragen zu lassen.

Die Eintragung der Hypothek an mehreren Grundstücken des Beschuldigten darf nur soweit verlangt werden, daß der Werth der Grundstücke das Doppelte des zu sichernden Betrags erreicht; der Werth wird unter Abzug der Belastungen berechnet, welche der Hypothek im Range vorgehen.

IX. Der Artikel 71 erhält folgende Fassung:

Steht das versicherte Gebäude im Miteigenthume Mehrerer, so haften die Miteigenthümer, welche die Versicherung genommen haben, für die Beiträge als Gesammtschuldner.

Das Grundstück haftet im Ganzen, auch wenn nur einer der Miteigenthümer die Versicherung genommen hat. Das Gleiche gilt, wenn der Nießbraucher die Versicherung zu Gunsten des Eigenthümers genommen hat.

X. Der Artikel 75 erhält folgende Fassung:

Werden Brandversicherungsbeiträge von einem Stellvertreter (Art. 70, 73, 74) vorgeschossen, so geht der Anspruch der Anstalt auf diesen über.

XI. Im Artikel 77 Abs. 1 werden die Worte: „insbesondere auch die Einwilligung der sämmtlichen Hypothekgläubiger oder amtliche Bescheinigung der Hypothekfreiheit“ gestrichen.

XII. Der Artikel 9 Abs. 2, der Artikel 32 Abs. 4 Satz 2, der

Artikel 47 Abs. 2, der Artikel 72, der Artikel 78 Abs. 1 Ziff. 3 und der Artikel 88 Satz 2 werden aufgehoben.

Die Aufhebung des Artikel 3 Abs. 1 Ziff. 6 und des Artikel 32 Abs. 4 Satz 2 sowie die Aenderungen der Artikel 10, 15, 71 treten schon vor der Zeit, zu welcher das Grundbuch als angelegt anzusehen ist, in Kraft.

Nach Art. 75 des Einführungsgesetzes zum Bürgerlichen Gesetzbuche bleiben die landesgesetzlichen Vorschriften, welche dem Versicherungsrecht angehören, insoweit unberührt, als nicht in dem Bürgerlichen Gesetzbuche besondere Bestimmungen getroffen sind.

Zu den durch die einzelnen Ziffern des Art. 164 getroffenen Aenderungen ist zu bemerken:

Zu Ziff. I.

1. Nach Art. 2 des Brandversicherungs-Gesetzes vom 3. April 1875[1]) ist die Theilnahme an der Brandversicherungsanstalt im Allgemeinen freigegeben; Art. 3 bestimmt, welche Gebäude ausnahmsweise der Anstalt einverleibt werden müssen. Der Art. 3 Abs. 1 des Gesetzes in seiner früheren Fassung des Gesetzes hat außer den in der neuen Fassung beibehaltenen Ziffern 2, 5, 6 und 7 noch andere Fälle der Versicherungspflicht aufgeführt, welche nunmehr in Folge des Bürgerlichen Gesetzbuchs in Wegfall gekommen sind. Bezüglich der Gebäude der minderjährigen oder sonst unter Kuratel stehenden Personen (Ziff. 2 der früheren Fassung) gehen die Motive mit Rücksicht auf die Bestimmungen des BGB. §§ 1793, 1853, 1897, 1915, ferner §§ 1799 und 1837 von der Annahme aus, daß es ohnehin in der Verpflichtung des Vormundes und des Vormundschaftsgerichts gelegen sei, Sicherheit des Vermögens der Pflegebefohlenen herbeizuführen und demgemäß auch die Versicherung der Gebäude zu bewirken.[2]) Für Gebäude, welche im Eigenthume Mehrerer sind (Ziff. 5 ä. F.) ist nun durch Ziff. II oben Vorsorge getroffen. Die Gebäude, auf welchen Hypotheken haften, mußten versichert werden, sobald der Hypothekengläubiger die Einverleibung verlangt (Ziff. 6). Auch diese Verpflichtung ist aufgehoben, wohl aber ist das Recht des Hypothekengläubigers, eine Versicherung zu verlangen, unberührt geblieben. Die Verpflichtung, Gebäude von Personen, die in Konkurs gerathen sind, zu versichern (Ziff. 7) ist durch § 4 des Einf.Ges. zur Konkursordnung beseitigt.

Die Aufhebung der Ziff. 6 tritt nach Abs. 2 des Art. 164 schon vor der Zeit, zu welcher das Grundbuch als angelangt anzusehen ist, in Kraft.

2. Alle Gebäude des Staates mußten, seitdem die Anstalt besteht, versichert werden. Die Versicherungspflicht für die Gebäude der Gemeinden, worunter im Sinne der Gemeindeordnung sowohl politische als Ortsgemeinden fallen, der Kirchen, unter welchen die staatlich anerkannten Kirchengesellschaften zu verstehen sind, der Schul- und sonstigen Stiftungen, sobald sie nur der Aufsicht oder Verwaltung des Staates unter-

---

1) Ges. u. V.Bl. 1875 S. 269; Hauck, die Brandversicherungsgesetze in Bayern, 3. Aufl. 1900.

2) Durch § 23 der Vormundschaftsordnung (J.-M.Bl. 1900 S. 195) ist dem Vormundschaftsgericht zur Pflicht gemacht, dafür zu sorgen, daß die Gebäude der Mündel versichert sind.

liegen, der Pfarreien, Benefizien, ständigen Curatien, Pfarrvikariate und Expondituren hat ihren Grund in der Pflicht des Staates, für Erhaltung des Vermögens derselben zu seiner Bestimmung zu sorgen. Hieraus rechtfertigt sich die Aufrechterhaltung der bezüglichen Bestimmungen mit der neuen Fassung des Art. 3 Abs. 1.[3])

Zu Ziff. II.

Die Streichung der Verweisung auf Art. 3 Ziff. 5 ist eine Folge des Wegfalls dieser Ziff. 5 (s. vorstehend zu Ziff. I).

Zu Ziff. III.

1. Der Nießbraucher ist nach § 1045 BGB. verpflichtet, die dem Nießbrauch unterliegende Sache für die Dauer des Nießbrauchs gegen Brandschaden und sonstige Unfälle auf seine Kosten unter Versicherung zu bringen, sofern die Versicherung einer ordnungsmäßigen Wirthschaft entspricht. Die Versicherung ist so zu nehmen, daß die Forderung gegen den Versicherer dem Eigenthümer zusteht. An der Forderung gegen den Versicherer steht nach § 1046 Abs. 1 dem Nießbraucher der Nießbrauch nach den Vorschriften zu, die für den Nießbrauch an einer auf Zinsen ausstehenden Forderung gelten (vgl. §§ 1070, 1077 bis 1079). Die Zulässigkeit einer Versicherung, die der Nießbraucher zu Gunsten des Eigenthümers nimmt, ist in dem Brandversicherungsgesetze nicht ausdrücklich anerkannt, aber auch nicht ausgeschlossen. Zur Vermeidung von Zweifeln ist nun die Zulässigkeit solcher Versicherungen durch den Zusatz zu Art. 10 ausdrücklich ausgesprochen.

2. Um die einzelnen Miteigenthümer in den Stand zu setzen, das gemeinschaftliche Gebäude zu versichern, gestattet der Zusatz zu Art. 10 jedem Miteigenthümer, die Versicherung zu Gunsten der sämmtlichen Miteigenthümer zu nehmen. Das Rechtsverhältniß aus einer solchen Versicherung gestaltet sich ähnlich, wie bei der Versicherung, die der Nießbraucher für sich und den Eigenthümer nimmt.[4])

3. Die Aenderung des Art. 10 tritt nach Abs. 2 des Art. 164 schon vor der Zeit, zu welcher das Grundbuch als angelegt anzusehen ist, in Kraft.

Zu Ziff. IV.

1. Der Artikel 14 ä. F. enthält eine Beschränkung der freien Bestimmung bezüglich der Größe der Versicherungssumme für die Fälle der Ziffern 2, 5, 6 u. 7 des Artikel 3 ä. F. (Gebäude der Bevormundeten, im Miteigenthume stehende, mit Hypotheken belastete, zu einer Konkursmasse gehörige Gebäude.)

Die Aenderung der Fassung von Art. 14 ist durch den Wegfall der Ziffern 2, 5—7 des Art. 3 (s. oben zu Ziff. I) bedingt. Bei den im Art, 3 Abs. 1 n. F bezeichneten Gebäuden richtet sich nun der Mindestbetrag der Versicherung nach den jeweiligen besonderen Ministerialvorschriften,[5]) darf jedoch nicht auf weniger als den halben Werth der verbrennbaren Theile bestimmt werden.

2. Die neue Fassung ist mit dem 1. Januar 1900 in Wirksamkeit getreten.

Zu Ziff. V.

1. Der Art. 15 Abs. 1 und 3 enthält die Bestimmung über die Zulässigkeit,

3) Hauck, a. a. O. S, 15.
4) Motive B S. 108 ff.; Becher, Mat. II S. 83 ff.
5) S. Ministeralverordnung vom 3. August 1878, Hauck a. a. O. S. 16.

eine Erhöhung oder Minderung der Versicherungssumme jeder Zeit zu beantragen, und über die Wirksamkeit der Erhöhung. Nach der Vorschrift des Abs. 15 ä. F. hatte eine Minderung den Nachweis zur Voraussetzung, daß die nach Art. 3 Ziff. 5—7 ä. F. Betheiligten ihre Zustimmung in rechtsverbindlicher Weise erklärt haben. Im neuen Abs. 3 des Art. 15 ist gleichfalls die Streichung der Ziffern 5—7 des Art. 3 (s. oben zu Ziff. I) berücksichtigt. Zugleich gewährt jedoch die neue Fassung den Hypothekengläubigern den Fortbestand der Versicherung, indem sie die Minderung der Versicherungssumme nur mit deren Zustimmung gestattet, was den die Förderung des Grundkredits bezweckenden, durch das Bürgerliche Gesetzbuch unberührt gebliebenen Vorschriften des öffentlichen Versicherungsrechtes entspricht.[6]) Neben den Hypotheken waren bei der Belastung auch die Grundschulden und die Rentenschulden zu nennen.

2. Die neue Fassung tritt gemäß Abs. 2 des Art. 164 schon vor der Zeit, zu welcher das Grundbuch als angelegt anzusehen ist, in Kraft.

3. Zu Ziff. V vgl. auch die Bekanntmachung des k. Staatsministeriums der Justiz vom 8. Dezember 1899, betr. das Ausführungsgesetz v. 9. Juli 1899 zum BGB., hier die Abänderung des Gesetzes vom 3. April 1875 (J.M.Bl. S. 540), wonach die Hypothekenämter wegen etwa nothwendiger Aufschlüsse über den Versicherungsstand eines Gebäudes nunmehr in der Regel nicht an die Versicherungskammer sich zu wenden, sondern von dem Versicherten die Aufnahmsurkunde oder den Auszug aus dem Grundbuche der Versicherungsanstalt sich vorlegen zu lassen haben.

Zu Ziff. VI.

1. Nach Art. 38 des Gesetzes wird die Entschädigung für ein Gebäude vorbehaltlich der Bestimmung des Art. 39 unter der Bedingung geleistet, daß dasselbe auf der alten Stelle bauordnungsmäßig wieder aufgebaut und die Entschädigung lediglich zu diesem Zwecke verwendet wird. Nach Art. 39 Abs. 1 ist die Wiederaufbauung des abgebrannten Gebäudes an einer anderen Stelle bei besonderen Umständen zulässig und durch die Bewilligung jener Distriktsverwaltungsbehörde bedingt, in deren Bezirk das abgebrannte Gebäude sich befand. In Abs. 2 des Art. 39 ist eine andere Verwendung der Entschädigungsgelder nur unter außerordentlichen Verhältnissen für zulässig erklärt, wozu die Distriktsverwaltungsbehörde die Bewilligung ertheilt, wenn die Entschädigungsgelder auf die Herstellung von Bauten innerhalb ihres Bezirks vollständig verwendet werden sollen. In allen übrigen Fällen ist zur Ertheilung der Bewilligung die Kreisregierung, Kammer des Innern, zuständig. Der Abs. 3 ä. F. machte die Bewilligung zum Wiederaufbaue auf einem Grundstücke mit anderer Plannummer, sowie die Genehmigung zu einer anderen Verwendung der Entschädigungsgelder von dem Nachweise abhängig, daß die nach Art. 3 Ziff. 5 (ä. F.) Betheiligten ihre Zustimmung in rechtsverbindlicher Weise erklärt, oder die Gerichte die Bewilligung als zulässig erkannt haben. Diese Vorschrift über die Bewilligung zum Wiederaufbau, sowie zur anderen Verwendung der Entschädigungsgelder hat nun durch Ziff. VI in der neuen Fassung des Abs. 3 eine Umgestaltung im Interesse der als civilrechtlich betheiligten Gläubiger von Reallasten, Hypotheken, Grundschulden, Rentenschulden, sowie der Nutznießer des abgebrannten Gebäudes erfahren.

2. Für das Recht der Hypotheken-, Grundschuld- und Rentenschuldgläubiger

6) Motive B S. 110 f.; Becher, Mat. II S. 85 f.

sowie der Reallastberechtigten ist der § 1128 Abs. 1 des Bürgerlichen Gesetzbuchs[7]) maßgebend; die Versicherungssumme wird von der Haftung frei, wenn der Berechtigte, nachdem ihm der Eintritt des Schadens von dem Versicherten angezeigt worden ist, nicht vor dem Ablauf eines Monats der Zahlung widerspricht. Die Anzeige der Versicherungsanstalt kann nach der neuen Fassung durch die Anzeige der für die Bewilligung der beabsichtigten Verwendung der Versicherungssumme zuständigen Verwaltungsbehörde ersetzt werden; insoweit ist diese berufen, für die Versicherungsanstalt zu handeln. Der Nachweis, daß die Anzeige erfolgt und Widerspruch nicht erhoben worden ist, soll sich aus den Akten der Verwaltungsbehörde ergeben; die Versicherungskammer soll in der Lage sein, auf Grund der Akten festzustellen, daß die Berechtigten mit ihrem Widerspruch ausgeschlossen sind. Ebenso soll, wenn die Berechtigten der Verwaltungsbehörde gegenüber ihre Zustimmung erklären, der Nachweis der Zustimmung zu den Akten gebracht werden.

Die Zustimmung der Hypotheken-, Grundschuld- und Rentenschuldgläubiger kann nach Art. 17 des Gesetzes vom 15. Juni 1898, das Unschädlichkeitszeugniß betreffend, durch die gerichtliche Feststellung ersetzt werden, daß die beabsichtigte Verwendung der Versicherungssumme für die Gläubiger unschädlich ist. Das Gleiche gilt auch für die Reallastberechtigten, deshalb ist nach der neuen Fassung der Nachweis nicht für erforderlich erachtet, wenn das zuständige Gericht festgestellt hat, daß die Bewilligung für die Berechtigten unschädlich ist.[8])

3. Für die Zustimmung des Nießbrauchers genügt obiger Nachweis, daß die Anzeige erfolgt und Widerspruch nicht erhoben wurde, nicht; solche ist ausdrücklich in rechtsverbindlicher Weise zu erklären.[9])

Zu Ziff. VII.

1. Nach Art. 43 ä. F. des Brandversicherungsgesetzes konnten Entschädigungsgelder mit Ausnahme der im Art. 41 Abs. 2 bezeichneten Falle[10]) unter keiner Voraus-

---

7) BGB. § 1128 Abs. 1: „Ist ein Gebäude versichert, so kann der Versicherer die Versicherungssumme mit Wirkung gegen den Hypothekgläubiger an den Versicherten erst zahlen, wenn er oder der Versicherte den Eintritt des Schadens dem Hypothekengläubiger angezeigt hat und seit dem Empfange der Anzeige ein Monat verstrichen ist. Der Hypothekengläubiger kann bis zum Ablaufe der Frist dem Versicherer gegenüber der Zahlung widersprechen. Die Anzeige darf unterbleiben, wenn sie unthunlich ist; in diesem Falle wird der Monat von dem Zeitpunkte an berechnet, in welchem die Versicherungssumme fällig wird."

8) Motive B S. 101; Becher, Mat. II S. 87.

9) Voraussetzung für die Nothwendigkeit der Zustimmung des Nießbrauchers wird jedoch immer sein, daß die Versicherungskammer Kenntniß vom Nießbrauche hat. Vgl. Hauck a. a. O. S. 81, woselbst bemerkt ist, daß deshalb von der Landesregierung angeordnet werden kann, daß der Nießbrauch für das Grundbuch der Abtheilung für Brandversicherung anzumelden ist, wenn er von der Versicherungskammer berücksichtigt werden soll.

10) Art. 41 Abs. 1 bestimmt, in welcher Art die Aushändigung der Entschädigungssumme an die Betheiligten stattfindet.

Abs. 2: „Den Beschädigten steht indessen die Befugniß zu, Accorde zur Wiederherstellung der Entschädigungsobjekte auf die Entschädigungssummen abzuschließen, eventuell Anweisung auf dieselbe auszustellen und diese sämmtlichen Handlungen bei der Distrikts-Verwaltungsbehörde kostenfrei protokolliren zu lassen."

setzung zu Gunsten eines Gläubigers des Beschädigten mit Arrest belegt oder überhaupt Gegenstand der Zwangsvollstreckung werden. Sie konnten jedoch mit der Baustelle als ein mit derselben verbundenes und den Werth des Gebäudes vertretendes Recht unter der Bedingung des Wiederaufbaues frei oder im Wege der Hilfsvollstreckung veräußert werden. Die Unpfändbarkeit der Entschädigungsforderung beruhte darauf, daß die Landesgesetzgebung der Entschädigungsforderung auf Grund des § 757 Abs. 2 der Civilprozeßordnung (ä. F.) die Eigenschaft eines unbeweglichen Vermögensstücks beigelegt hat. Die im § 757 Abs. 2 der Civilprozeßordnung ä. F. der Landesgesetzgebung vorbehaltene Befugniß, zu bestimmen, welche Sachen und Rechte in Ansehung der Zwangsvollstreckung zum unbeweglichen Vermögen gehören, ist nun aufgehoben. Nach § 865 Abs. 2 der C.Pr.O. (n. F.) unterliegen die Rechte, auf welche sich die Hypothek erstreckt, der Zwangsvollstreckung in das bewegliche Vermögen, solange nicht ihre Beschlagnahme im Wege der Zwangsvollstreckung in das unbewegliche Vermögen erfolgt ist. Eine nicht übertragbare Forderung kann nach § 851 Abs. 2 (n. F.) insoweit gepfändet und zur Einziehung überwiesen werden, als der geschuldete Gegenstand der Pfändung unterworfen ist. Die Pfändung kann aber die zum Inhalte des Schuldverhältnisses gehörende Zweckbestimmung der Versicherungssumme (Art. 38, Art. 39 Abs. 1, Art. 40) nicht ändern und hat wegen dieser Zweckbestimmung für den Gläubiger kein Interesse. Nur wenn nach Art. 39 Abs. 2 die Verwendung der Entschädigungssumme zu einem Zwecke bewilligt werden sollte, dessen Ausführung nicht der Ueberwachung durch die Anstaltsverwaltung unterliegt, ist die Pfändung der nun freies Vermögen des Versicherten bildenden Entschädigungsforderung mit dem Erfolge möglich, daß die Entschädigungssumme dem Gläubiger zukommt. Im Falle der Zwangsversteigerung geht nach § 20 Abs. 2, § 55 Abs. 1, § 90 Abs. 2 des Gesetzes über die Zwangsversteigerung und die Zwangsverwaltung der Anspruch auf die Entschädigungssumme mit dem Grundstück auf den Ersteher über. Ziffer VII beschränkt daher den Artikel 43 auf die rechtsgeschäftliche Uebertragung und ändert den Satz 1 dahin, daß die Abtretung des Anspruchs auf Entschädigungsgelder, soweit diese zu einem bestimmten Zwecke zu verwenden sind, vorbehaltlich des Art. 41 Abs. 9 ausgeschlossen ist. Aus der Unübertragbarkeit ergibt sich nach § 1274 Abs. 2 des Bürgerlichen Gesetzbuchs, wonach, soweit ein Recht nicht übertragbar ist, ein Pfandrecht an dem Rechte nicht bestellt werden kann, die Unzulässigkeit der Verpfändung.[11])

Dagegen kann nach Satz 2 der neuen Fassung der Anspruch auf die zum Wiederaufbau zu verwendenden Entschädigungsgelder **mit** der Baustelle, jedoch nur unter der Bedingung des Wiederaufbaues veräußert werden.

2. Die Bestimmung des Art. 43 ä. F. Satz 3, wonach der Erwerber die Entschädigungsgelder bei der Mitveräußerung der Baustelle in dem Maße erhält, wie sie der vorige Eigenthümer erhalten haben würde, ist geblieben. Dieselbe hat die Bedeutung, daß der Erwerber im gegebenen Falle ganz an die Stelle des Beschädigten tritt; er erhält daher unter der Bedingung der Wiederherstellung des Versicherungsobjektes nur nach der im Art. 41 angegebenen Weise und nur so viel von der Entschädigungssumme ausbezahlt, als er zur Wiederherstellung verwendet hat, auch hat er die Bestimmungen der Art. 38 bis 40 zu beachten.[12])

---

11) Motive B S. 101; **Becher**; Mat. II S. 87.

12) S. auch **Hauck**, a. a. O. S. 91.

Zu Ziff. VIII.

1. Wenn auf dem beschädigten Gebäude eines wegen vorsätzlicher oder fahrlässiger Brandstiftung beschuldigten Versicherten eine Hypothek haftet, oder Miteigenthumsverhältnisse in Frage sind, wird zwar zum Besten der Gläubiger oder der anderen Miteigenthümer die Entschädigung gegen seinerzeitige Rückvergütung aus dem Vermögen des Schuldigen von der Anstalt vorgeschossen, jedoch zu keinem anderen Zwecke, als zu dem der Wiederherstellung der beschädigten Gegenstände. Diese schon in Abs. 1 des Art. 46 ä. F. enthaltene Bestimmung ist durch die neue Fassung des Art. 1 nun ausgedehnt auf die Grundschulden- und Rentenschuldengläubiger, sowie auf die Nutznießer des Versicherungsobjektes.

2. In Abs. 2 wird mit Rücksicht auf Art. 91 des Einf.-Ges.Buchs zum BGB. statt der bisherigen gesetzlichen Hypothek eine Sicherungshypothek festgestellt. Im Abs. 3 wird zum Ersatze des § 11 Abs. 1 des Hypothekengesetzes das Maß von Sicherheit, welches von der Versicherungskammer beansprucht werden darf, wenn der Versicherte mehrere Grundstücke hat, in derselben Weise bestimmt, wie in den Artikeln 8 Abs. 2, 89 Abs. 2, 123 Abs. 1 und 128 Abs. 2 des Ausf.Ges. (s. oben S. 39, 149, 187, 196.)

3. Die neue Fassung des Art. 46 ist ohne Rücksicht auf die Anlegung des Grundbuchs sofort in Kraft getreten, wie sich aus Art. 50 des Uebergangsgesetzes vom 9. Juni 1899 ergiebt.

Zu Ziff. IX.

1. Die Aenderung des Art. 71 hängt mit dem neuen Abs. 2 des Art. 10 (s. oben Ziff. III) zusammen. Die persönliche Haftung für die Versicherungsbeiträge trifft nur diejenigen, welche den Versicherungsvertrag geschlossen haben; das Grundstück haftet aber, weil die Brandversicherungsbeiträge zu den öffentlichen Lasten desselben gehören, in gleicher Weise, wie wenn die Versicherung von allen Betheiligten genommen worden wäre. (Vgl. oben Art. 122.)

2. Die neue Fassung des Art. 71 tritt schon vor der Zeit, zu welcher das Grundbuch als angelegt anzusehen ist, in Kraft.

Zu Ziff. X.

Die in den Artikeln 70, 73, 84 bezeichneten Verpflichtungen der Stellvertreter (im Falle der Versicherer das Gebäude nicht selbst bewohnt ꝛc.) werden durch das Bürgerliche Gesetzbuch nicht berührt. Um den Stellvertretern die im Art. 75 eingeräumten Vorzugsrechte zu wahren, falls sie den Betrag vorschießen, läßt die neue Fassung den Anspruch der Anstalt auf die Stellvertreter übergehen, womit sie nach § 401 Abs. 2 BGB. auch die der Anstalt zustehenden Vorzugsrechte erlangen.[13])

Zu Ziff. XI.

Die durch Ziff. XI im Art. 77 Abs. 1 gestrichenen Worte sind mit Rücksicht auf die neue Fassung des Art. 15 Abs. 3 (s. Ziff. V) entbehrlich geworden und in sofern zu eng, als auch die Grundschulden und die Rentenschulden in Betracht kommen. In Verbindung mit der Bestimmung des Art. 15 Abs. 3 n. F. ergibt sich, daß nunmehr die Hypotheken-, Grundschuld- oder Rentenschuldgläubiger nicht verlangen können, daß der Eigenthümer das Gebäude versichert, aber im Stande sind, zu erzwingen,

13) Motive B S. 101; Becher, Mat, II S. 88.

daß die einmal genommene Versicherung weder aufgegeben noch willkürlich gemindert werde.[14])

Zu Ziff. XII.

1. Nach Art. 9 Abs. 2 ä. F. konnte die Aufnahme in die Versicherung vorbehaltlich der Bestimmungen in Art. 3 Ziff. 5, 6, 7 (ä. F.) verweigert werden für die Gebäude Derjenigen, welche wegen vorsätzlicher oder wiederholt wegen fahrlässiger Brandstiftung bestraft worden sind. Trotz der Beseitigung der im Art. 3 Abs. 1 Ziff. 5 bis 7 ä. F. bestimmten Versicherungszwangs mußten die in Art. 9 Abs. 2 bestimmten Ausnahmen von dem Ablehnungsrechte der Anstalt aus Gründen der Billigkeit und Zweckmäßigkeit aufrechterhalten werden. Das Ablehnungsrecht muß auch dem Nießbraucher gegenüber ausgeschlossen sein, sofern nicht die Voraussetzung der Ablehnung in einer Person zutrifft. Eine weitere Ausnahme ist für den Fall erforderlich, daß der Versicherungsantrag bei der Zwangsverwaltung von dem für diese bestellten Verwalter oder von einem Nachlaßverwalter (§§ 1975, 1981 bis 1988 des BGB.) oder von einem zur Verwaltung des Grundstücks berechtigten Testamentsvollstrecker (§ 2205 des BGB.) gestellt wird. Auch im Falle einer Vorerbschaft sprechen Gründe der Billigkeit dafür, das Ablehnungsrecht auszuschließen, wenn der Vorerbe die Versicherung im Interesse des Nacherben beantragt. Das Ablehnungsrecht muß hienach durch so viele Ausnahmen beschränkt werden, daß es nahezu bedeutungslos ist. Ziff. XII hebt deshalb den Artikel 9 Abs. 2 auf.[15])

2. der Art. 32 Abs. 4 Satz 2 (ä. F.), wonach bei Abminderung der Versicherungssumme zur allenfallsigen Berichtigung des bezüglichen Eintrags im Hypothekenbuch und Benachrichtigung der Hypothekengläubiger dem einschlägigen Hypothekenamte Kenntniß zu geben war, hing mit der Vorschrift des § 132 Abs. 1 Satz 2 des Hypothekengesetzes zusammen, nach welcher die Brandversicherungssumme im Hypothekenbuch anzugeben ist. Für das Grundbuch besteht eine gesetzliche Vorschrift dieses Inhalts nicht. Nach § 1 Abs. 2 der Grundbuchordnung kann die Landesjustizverwaltung die Angabe der Versicherungssumme im Grundbuch anordnen, ein Bedürfniß hierzu ist indessen nicht anzunehmen, deshalb wurde auch Satz 2 des Abs. 4 von Art. 32 aufgehoben.[16])

3. Nach Art. 47 des Gesetzes hat die Brandversicherungskammer für die geleistete oder zur Leistung anerkannte Brandentschädigung den Regreßanspruch gegen jeden für den Brand civilrechtlich Haftbaren. Der Abs. 2 (ä. F.) hatte die Bestimmung daß die Geltendmachung dieses Anspruchs durch Einleitung eines Strafverfahrens wegen vorsätzlicher oder fahrlässiger Brandstiftung, Einstellung des Strafverfahrens oder Freisprechung des Angeschuldigten nicht aufgehoben oder ausgeschlossen werde. Diese Bestimmung ist bereits durch § 14 des Einf.Ges. zur Civilprozeßordnung beseitigt, nunmehr durch Aufhebung des Abs. 2 aber formell noch besonders ausgesprochen.

4. Der Artikel 72, wonach der Konkursverwalter die Beiträge für die nach Art. 3 Ziff. 7 (ä. F.) der Anstalt einverleibten Gebäude aus der Konkursmasse ohne besondere Genehmigung zu leisten hatte, und der Art. 88 Satz 2, nach welchem bei Haftungen aus der Amtsführung oder Verwaltung der Brandversicherungsanstalt die

14) S. auch Henle und Schneider, Note 13 zu Art. 164.
15) Motive B S. 112; Becher, Mat. II S. 88.
16) Motive B S. 112; Becher, Mat. II S. 88.

Bestimmungen der Prioritätsordnung § 23 Nr. 5 Anwendung zu finden hatten, sind beide bereits durch § 4 des Einf.Ges. zur Konkursordnung beseitigt.

5. Der Art. 78 Abs. 1 Ziff. 3, wonach durch Beschluß der Brandversicherungskammer die Ausschließung eines Gebäudes von der Anstalt auch dann ausgesprochen werden konnte, wenn der Besitzer wegen vorsätzlicher Brandstiftung gestraft worden ist, ist infolge der Aufhebung des Artikels 9 Abs. 2 (s. oben Nr. 1) in Wegfall gekommen.

Zu Abs. 2 des Art. 164.

Die Aufhebung des Art. 3 Abs. 1 Ziff. 6 und des Art. 32 Abs. 4 Satz 2 sowie die Aenderungen der Art. 39, 43, 46 hängen mit dem Liegenschaftsrechte des Bürgerlichen Gesetzbuchs zusammen. Das Gleiche gilt von den Aenderungen der Art. 10, 71, soweit sie den Nießbrauch betreffen, und von der neuen Fassung des Art. 15 Abs. 3, soweit neben den Hypotheken die Grundschulden und die Rentenschulden erwähnt werden. Es erschien aber unbedenklich und zur Verhütung von Anständen zweckmäßig, die Aufhebung des Art. 3 Abs. 1 Ziff. 6 und des Art. 32 Abs. 4 Satz 2 ohne Rücksicht auf die Anlegung des Grundbuchs schon gleichzeitig mit dem Bürgerlichen Gesetzbuch in Kraft treten zu lassen, desgleichen auch die Aenderung des Art. 15, mit der diejenige des Art. 76 zusammenhängt, und der Art. 10 u. 71; die Erwähnung der Grundschulden und der Rentenschulden ist solange gegenstandslos, als solche Belastungen nicht bestehen.[17)]

Artikel 165.

Das Gesetz vom 8. August 1878, betreffend die Errichtung eines Verwaltungsgerichtshofes und das Verfahren in Verwaltungsrechtssachen, wird dahin geändert:

I. An die Stelle des Artikel 7 Abs. 2 treten folgende Vorschriften:

Der Verwaltungsgerichtshof ist berufen, in den Fällen, in welchen der Staat, eine Gemeinde oder ein anderer Kommunalverband wegen des Schadens in Anspruch genommen werden soll, den ein Beamter in Ausübung der ihm anvertrauten öffentlichen Gewalt vorsätzlich oder fahrlässig einem Dritten zugefügt hat, die Vorentscheidung darüber zu treffen, ob der Beamte sich einer Ueberschreitung seiner Amtsbefugnisse oder der Unterlassung einer ihm obliegenden Amtshandlung schuldig gemacht hat. Das Gleiche gilt, wenn ein Beamter wegen des Schadens in Anspruch genommen werden soll, den er durch eine in Ausübung oder in Veranlassung der Ausübung der ihm anvertrauten öffentlichen Gewalt vorgenommene Handlung einem Dritten zugefügt hat. Soweit der Staat oder der Verband, in dessen

---

17) Motive B S. 112; Becher, Mat. II S. 89.

Dienste der Beamte steht, einen Schaden zu ersetzen hat, für den der Beamte selbst nicht verantwortlich ist, hat der Verwaltungsgerichtshof die Vorentscheidung darüber zu treffen, ob der Beamte seine Amtsbefugnisse überschritten oder eine ihm obliegende Amtshandlung unterlassen hat. Bei Handlungen eines Beamten der streitigen oder der freiwilligen Gerichtsbarkeit ist die Vorentscheidung nicht erforderlich.

Die Vorentscheidung ist für das Gericht bindend.

Soll der Anspruch gegen den Staat oder den Verband wegen schuldhafter Verletzung der Amtspflicht erhoben werden, so wirkt die Vorentscheidung auch für das Verhältniß zwischen dem Staate oder dem Verband und dem Beamten.

Auf das Verfahren finden die für Verwaltungsrechtssachen geltenden Vorschriften Anwendung. Vor Erlassung der Vorentscheidung ist auch im Falle des Abs. 2 Satz 1 der Beamte zu hören.

II. In den Artikel 10 wird folgende Vorschrift als Ziff. 3a eingestellt:

3a) Umwandlung des Zweckes oder Aufhebung einer Stiftung nach den Vorschriften des § 87 des Bürgerlichen Gesetzbuchs, wenn von dem Vorstande der Stiftung oder von einem zum Genuß oder zum Mitgenusse der Stiftung Berechtigten bestritten wird, daß die Erfüllung des Stiftungszwecks unmöglich geworden sei oder das Gemeinwohl gefährde.

Zu Ziff. I.

Die neue Fassung des Art. 7 Abs. 2 des Gesetzes vom 8. August 1878, betreffend die Errichtung eines Verwaltungsgerichtshofes und das Verfahren in Verwaltungsrechtssachen[1]) war in dem Regierungsentwurfe zu Art. 165 nicht enthalten. Die alte Fassung des Art. 7 Abs. 2 regelte die Befugniß des Verwaltungsgerichtshofs zur Entscheidung der Vorfrage, ob ein Beamter sich einer Ueberschreitung seiner Amtsbefugnisse oder der Unterlassung einer ihm obliegenden Amtshandlung schuldig gemacht habe, lediglich für diejenigen Fälle, in welchen ein Beamter wegen der in Ausführung seines Amtes oder in Veranlassung der Ausübung seines Amtes vorgenommenen Handlungen strafrechtlich oder civilrechtlich verfolgt werden soll. Diese Bestimmung bedurfte einer Ergänzung mit Rücksicht auf die Neugestaltung, welche die Haftungsverbindlichkeit für Beschädigungen durch Amtshandlungen in den Art. 60, 61 des Ausf.Ges. (s. oben S. 103 ff.) in der Weise erfahren hat, daß in der Regel die

---

1) Ges. u. V.Bl. 1878 S. 368; v. Kahr, bayer. Ges. über die Errichtung eines Verwaltungsgerichtshofs 2c. 1879; Krais, Ges. betr. die Errichtung eines Verwaltungsgerichthofes 2c. 1879, mit Nachträgen 1879 und 1888; Müller, das bayer. Gesetz über den Verwaltungsgerichtshof 2c. 1891: Reger-Dyroff, Handausgabe des Ges., 3. Auflage, 1900.

primäre Haftpflicht den Staat oder die Gemeinde trifft. In dem von der k. Staatsregierung im Ausschusse der Reichsrathskammer nachträglich eingebrachten und zur Annahme gelangten Antrage wurde die Vorentscheidung des Verwaltungsgerichtshofs auch auf den Fall der gegen den Staat oder die Gemeinde erhobenen Haftungsklage erstreckt.[2])

2. Die nach der neuen Fassung des Art. 7 Abs. 2 dem Verwaltungsgerichtshofe zukommende Vorentscheidung ist, wie sich aus Satz 4 ergibt, wonach bei Handlungen eines Beamten der streitigen oder der freiwilligen Gerichtsbarkeit die Vorentscheidung nicht erforderlich ist, nur obligatorisch für die Fälle der Inanspruchnahme wegen Pflichtverletzungen aller sonstigen Beamten des Staates, einer Gemeinde oder eines anderen Kommunalverbandes.

3. In welchen Fällen der Staat, eine Gemeinde oder ein anderer Kommunalverband primär in Anspruch genommen werden können, ergibt sich zunächst aus den Bestimmungen der Art. 60, 61 des Ausf.Ges.

4. Die Vorentscheidung des Verwaltungsgerichtshofs hat lediglich festzustellen, ob der Beamte in den Fällen des Art. 7 Abs. 2, Satz 1, 2 sich einer Ueberschreitung seiner Amtsbefugnisse oder der Unterlassung einer ihm obliegenden Handlung schuldig gemacht hat, und in den Fällen des Satzes 3, wenn nämlich der Staat oder der Verband einen Schaden zu ersetzen hat, für den der Beamte selbst nicht verantwortlich ist, ob der Beamte seine Amtsbefugnisse überschritten oder eine ihm obliegende Amtshandlung unterlassen hat. Diese Feststellung soll die feste Grundlage für das Civilurtheil abgeben; dem Civilrichter allein kommt alsdann zu, zu untersuchen, ob die Schuld des Beamten eine derartige war, daß sie die Schadensersatzpflicht begründet, ob insbesondere und inwieweit ein Kausalzusammenhang besteht zwischen den festgestellten Pflichtverletzungen des Beamten und der eingetretenen Beschädigung.

5. Zu den Fällen, in welchen der Beamte für den vom Staate oder dem sonstigen Verbande zu ersetzenden Schaden selbst nicht verantwortlich ist, gehören vor Allem diejenigen, in welchen der Beamte sich im Zustande der Bewußtlosigkeit oder in einem Zustande krankhafter Störung der Geistesthätigkeit befunden hat (Art. 69 Abs. 1 des Ausf.Ges.) Die Vorschrift des Art. 7 Abs. 2 Satz 3 ist aber auch auf sonstige Fälle anzuwenden, z. B. den Fall der Ueberlastung des Beamten mit Dienstgeschäften. In allen diesen Fällen erstreckt sich die Vorentscheidung lediglich auf die Thatsache, ob der Beamte seine Amtsbefugnisse überschritten oder eine ihm obliegende Amtshandlung unterlassen hat, nicht auch wie bei Satz 1 und 2 auf das Verschulden. Hat der Verwaltungsgerichtshof eine Vorentscheidung für die Fälle der Sätze 1 u. 2 zu treffen, so bedarf es, wenn er die Pflichtverletzung bejaht, die Schuldfrage aber verneint hat, z. B. weil der Beamte in bewußtlosem Zustande gehandelt oder unterlassen hat, für die Klage nach Art. 61 einer zweiten Vorentscheidung nicht.[3])

6. Nach Satz 4 ist die Vorentscheidung nicht erforderlich bei Handlungen eines Beamten der streitigen oder der freiwilligen Gerichtsbarkeit. Bei Anwendung des Art. 7 wird es sich also hauptsächlich um Verwaltungssachen und Verwaltungsbeamte handeln. Die Frage, wer Beamter der streitigen oder der freiwilligen Gerichtsbarkeit ist, entscheidet sich nach der bisherigen Rechtsanschauung, wonach der Begriff

---

2) A.A.Pr. S. 431 f., 471, 483 ff. Beil. L zu den Verh. d. K. d. Abg. 1899; R.R.A. 11 Prot. S. 11, 15. Prot. S. 67; Becher, Mat. II S. 374, 386.

3) So auch Henle und Schneider, Note 78 und Art. 165.

„Beamter" in weiterem Sinne aufzufassen ist. Vgl. hiezu oben die Bemerkungen Nr. 1 b ff. zu Art. 60.

7. Die Vorentscheidung des Verwaltungsgerichtshofs ist für das Gericht bindend, der Richter hat also die vom Verwaltungsgerichtshofe entschiedene Vorfrage nicht nochmals einer Prüfung zu unterziehen, sondern die Vorentscheidung zur Grundlage der richterlichen Entscheidung zu nehmen. Diese Vorschrift ist für die Pfalz neu, wo früher die Vorentscheidung auf die Frage der Zulassung des Rechtsweges eingeschränkt war (Art. 75 der Konstitution vom 22. Frimaire VIII). Der betr. Rechtszustand war durch Art. 2 Ziff. 14 und 44g des Ausf.Ges. zur Strafprozeßordnung insoweit aufgehoben, als diese Vorfrage vom 1. Oktober 1879 an dann nicht mehr zu entscheiden war, wenn Strafsachen in Frage standen.[4])

9. Wenn der Staat oder der Verband wegen schuldhafter Verletzung der Amtspflicht in Anspruch genommen wird, wirkt die Vorentscheidung auch für das Verhältniß zwischen dem Staate oder dem Verbande und dem Beamten. Es bedarf daher zur Klarstellung dieses Verhältnisses nicht einer nochmaligen Vorentscheidung, wenn etwa die vollständige Erledigung der Sache sich in mehreren Prozessen abwickelt, wenn insbesondere der Staat rc. zuerst in Anspruch genommen ist und der Regreßprozeß zwischen dem Staate und dem Beamten nachfolgt, oder wenn der Beschädigte zwischen seinen Schuldnern wechselt, da seine Wahl nicht definitiv ist und den anderen nicht befreit.

8. Die für das Verfahren in Verwaltungsrechtssachen geltenden Vorschriften sind in den Art. 16 bis 44 des Gesetzes vom 8. August 1878 enthalten.

Zu Ziff II. a) Der Art. 10 des Ges. vom 8. Aug. 1878 bezeichnet die Angelegenheiten, in welchen der Verwaltungsgerichtshof außer den im Art. 8 erwähnten Fällen zur letztinstanziellen Bescheidung von Beschwerden gegen Beschlüsse oder Verfügungen der Kreisregierungen u. s. w. zuständig ist, und führt in der Ziff. 3 unter gewissen Voraussetzungen auch die Verfügungen in Gegenständen der Staatsaufsicht auf die Verwaltung des Kirchenvermögens, der kirchlichen Stiftungen und der Kirchengemeinde-Angelegenheiten auf. Nach § 87 des Bürgerlichen Gesetzbuchs kann, wenn die Erfüllung des Zweckes einer Stiftung des Bürgerlichen Rechtes unmöglich geworden ist oder wenn sie das Gemeinwohl gefährdet, die zuständige Behörde der Stiftung eine andere Zweckbestimmung geben oder sie aufheben. Diese Vorschrift soll nach Art. 158 Ziff. IV und Art. 159 Ziff. IV des A.G. (s. oben S. 291, 294) auch auf die örtlichen Stiftungen des öffentlichen Rechtes Anwendung finden. Die Aufhebung einer Stiftung und die Aenderung ihrer Zweckbestimmung sind mit der Entziehung der Rechtsfähigkeit eines Vereins nahe verwandt. Aehnliche Gründe wie diejenigen, wegen deren gegen den einem Vereine die Rechtsfähigkeit entziehenden Beschluß der Verwaltungsrechtsweg eröffnet ist (vgl. § 44 BGB., Art. 4 des Ausf.Ges.), sprechen dafür, auch die Anfechtung von Beschlüssen auf Umwandung des Stiftungszweckes oder Aufhebung der Stiftung im Verwaltungsstreitverfahren insoweit zuzulassen, als vom Vorstande der Stiftung oder einem zum Genuß oder Mitgenusse derselben Berechtigten bestritten wird, daß die Erfüllung des Stiftungszweckes unmöglich geworden sei oder das Gemeinwohl

---

4) Ueber einen Antrag der Abgeordneten Lerno und Gen. dahin gehend, zu beschließen „die Vorentscheidung sei nur für die Frage der Zulässigkeit des Rechtsweges bindend," entspann sich im Plenum der K. d. A. eine lebhafte Debatte, welche zur Ablehnung dieses Antrages führte; vgl. Sten. Berichte 1899 Bd. XIII S. 748, 758—768.

gefährde. Die Prüfung der Frage, ob das Gemeinwohl gefährdet ist, gehört hier ebenso zur Zuständigkeit des Verwaltungsgerichtshofs, wie in den Fällen des Art. 4 des Ausf.Ges. (s. oben S. 4), des Ausführungsgesetzes vom 28. November 1889 zum Genossenschaftsgesetze (G. u. V.Bl. S. 581) und des Ausf.Ges. vom 22. Mai 1892 zum Gesetze über die Gesellschaften mit beschränkter Haftpflicht. (Ges. u. V.Bl. S. 119.) In der Bestimmung des Streitverfahrens schließt sich daher die neu eingeschaltete Ziff. 3a den Vorschriften des Art. 4 des Ausf.Ges. an.[5])

b. Für das Verfahren gelten die Vorschriften des Art. 45 des Gesetzes vom 8. August 1878 und der k. Deklaration vom 15. Juni 1898, die Wahrung der Beschwerdefrist in Verwaltungsrechtssachen betr. (G. u. V.Bl. S. 295).

c. Nach Art. 6 des Ausf.Ges. (s. oben S. 38) sind für den Vollzug von Stiftungsbestimmungen und für die Aufsicht über die Stiftungen bei Verwaltungsbehörden, unbeschadet der Zuständigkeit des Verwaltungsgerichtshofs, die Verwaltungsbehörden nur zuständig, soferne nicht die Stiftung ausschließlich privaten Zwecken dient. Bei Stiftungen der letzteren Art, welche daher nicht unter der Aufsicht der Verwaltungsbehörde stehen, jedoch nur selten vorkommen werden, ist mithin die Anwendbarkeit der Vorschrift der neueingeschalteten Ziff. 3a ausgeschlossen.

Artikel 166.

Das Gesetz vom 23. Februar 1879 zur Ausführung der Reichs-Civilprozeßordnung und Konkursordnung wird dahin geändert:

I. Im Artikel 3 werden die Worte: „unbeschadet der Vorschriften in den §§ 394 und 397 der Civilprozeßordnung“ ersetzt durch die Worte:

„unbeschadet der Vorschriften der §§ 810, 811 des Bürgerlichen Gesetzbuchs.“

II. Als Artikel 9a wird folgende Vorschrift eingestellt:

Ueber das Vermögen einer der im Art. 9 Abs. 2 bezeichneten juristischen Personen des öffentlichen Rechtes findet ein Konkurs nicht statt.

III. Im Art. 10 erhält

1. der Abs. 1 folgende Fassung:

Die Ansprüche aus der Haftung des Staates oder der Gemeinden für den bei Zusammenrottungen verursachten Schaden sowie die Ansprüche des Fiskus gegen die betheiligten Gemeinden auf Ersatz der Kosten, die aus dem Einschreiten der bewaffneten Macht zur Erhaltung der inneren Sicherheit oder der gesetzlichen Ordnung entstehen, erlöschen mit dem Ablauf eines Jahres, wenn nicht vorher die Klage erhoben wird. Die einjährige Frist beginnt für die Ansprüche

---

5) Motive B S. 1 2; Becher, Mat. II S. 89 f.

der ersteren Art mit der Beschädigung, für die Ansprüche der letzteren Art mit dem Zeitpunkt, in welchem die Verwendung der bewaffneten Macht ihr Ende erreicht.

2. der Abs. 3 Satz 1 folgende Fassung:

Hinsichtlich des Vollzugs der gegen die Beklagten ergehenden Urtheile verbleibt es bei den Bestimmungen der Gesetze vom 12. März 1850 und vom 4. Mai 1851.

IV. Im Artikel 20 Abs. 1 werden die Worte: „in den nicht zur ordentlichen streitigen Gerichtsbarkeit gehörenden Sachen" ersetzt durch die Worte:

„in den Angelegenheiten, für welche die Landesgesetze maßgebend sind."

V. Die Ueberschrift vor dem Artikel 45 hat zu lauten:

„Zwangsenteignung."

VI. Im Art. 46 Abs. 1 werden

1. im Satz 1 die Worte: „und unter den Betheiligten nur noch die Frage über die Art oder den Betrag der zu leistenden Entschädigung streitig" gestrichen.

2. An die Stelle des Satz 2 treten folgende Vorschriften:

Der Antrag hat die genaue Bezeichnung des abzutretenden Grundstücks sowie die Angabe des Abtretungspflichtigen und der sonstigen Betheiligten zu enthalten. Der Antrag soll soweit thunlich für die in demselben Verwaltungsbezirke belegenen Grundstücke gleichzeitig gestellt werden.

VII. In den Artikel 47 Abs. 2 wird zwischen Satz 1 und Satz 2 folgende Vorschrift eingestellt:

Auf die Ladung finden die Vorschriften des Art. XV Abs. 1 Satz 2, Abs. 2, 3 des Gesetzes vom 17. November 1837 entsprechende Anwendung; schriftliche Mittheilung erfolgt nur an den Abtretungsberechtigten, die Abtretungspflichtigen und die sonstigen Betheiligten, die sich zur Theilnahme an dem Schätzungsverfahren bei der Distriktsverwaltungsbehörde gemeldet haben.

VIII. Der Abs. 2 des Artikel 50 erhält folgende Fassung:

Für die Klage ist das Gericht ausschließlich zuständig, in dessen Bezirke das abzutretende Grundstück liegt.

IX. Der Artikel 51 Satz 2 erhält folgende Fassung:

Ist der Abtretungsberechtigte der Staat, so kann an Stelle der Einweisung in den Besitz die sofortige Zwangsabtretung erwirkt werden; zu einer Sicherheitsleistung ist der Staat nicht verpflichtet.

X. Der Artikel 53 erhält folgende Fassung:

An der Entschädigungssumme stehen den Betheiligten, deren Rechte nach Art. XI des Gesetzes vom 17. November 1837 auf die Entschädigungssumme übergegangen sind, dieselben Rechte zu, die sie im Falle des Erlöschens ihrer Rechte durch Zwangsversteigerung an dem Erlöse haben würden. Der bisherige Eigenthümer und jeder Berechtigte kann die Eröffnung eines Vertheilungsverfahrens nach den für die Vertheilung des Erlöses im Falle der Zwangsversteigerung geltenden Vorschriften beantragen.

Das Gericht hat bei der Eröffnung des Verfahrens von Amtswegen das Grundbuchamt um die im § 19 Abs. 2 des Gesetzes über die Zwangsversteigerung und die Zwangsverwaltung bezeichneten Mittheilungen zu ersuchen.

Als Betheiligte im Sinne des § 9 Nr. 1 des Gesetzes über die Zwangsversteigerung und die Zwangsverwaltung gelten diejenigen, für welche zur Zeit der Ertheilung der beglaubigten Abschrift des Grundbuchblatts ein Recht im Grundbuch eingetragen oder durch Eintragung gesichert ist; die in Folge der Zwangsabtretung erfolgten Rechtsänderungen bleiben außer Betracht. Als Beschlagnahme im Sinne des § 13 des angeführten Gesetzes ist die Zwangsabtretung, im Falle der Einweisung des Abtretungsberechtigten in den Besitz die Einweisung anzusehen.

XI. Der Artikel 55 erhält folgenden Zusatz:

Vor dieser kann auch die Auflassung erklärt werden.

XII. Als Artikel 55a wird unter der Ueberschrift: „Ablösung" folgende Vorschrift eingestellt:

Bei der Ablösung eines Rechtes, das dem jeweiligen Eigenthümer eines Grundstücks zusteht, finden, wenn das Grundstück des Berechtigten mit Rechten Dritter belastet ist, auf die Ablösungssumme, soweit nicht besondere Vorschriften bestehen, die im Falle der Zwangsenteignung für die Entschädigung geltenden Vorschriften entsprechende Anwendung.

XIII. Als Artikel 68a wird unter der Ueberschrift: „Zwangsvollstreckung bei Fideikommissen, Lehen und landwirthschaftlichen Erbgütern gegen den Nachfolger" folgende Vorschrift eingestellt:

Bei Familienfideikommissen, Lehen mit Einschluß der

allodifizirten Lehen, Stammgütern und landwirthschaftlichen Erbgütern finden auf die Zwangsvollstreckung gegen den Rechtsnachfolger des Schuldners die für die Zwangsvollstreckung gegen den Erben des Schuldners geltenden Vorschriften entsprechende Anwendung.

XIV. An die Stelle des Artikel 69 treten unter der Ueberschrift: „Aufgebotsverfahren" folgende Vorschriften:

Artikel 69.

Für das Aufgebotsverfahren zum Zwecke der Kraftloserklärung ist bei Schuldverschreibungen des bayerischen Staates das Amtsgericht, bei welchem die Staatsschuldentilgungsanstalt ihren allgemeinen Gerichtsstand hat, bei Schuldverschreibungen, die von einer dem bayerischen Staate angehörenden Körperschaft, Stiftung oder Anstalt des öffentlichen Rechtes ausgestellt sind, das Amtsgericht, bei welchem die Körperschaft, Stiftung oder Anstalt ihren allgemeinen Gerichtsstand hat, ausschließlich zuständig.

Artikel 69a.

Für das Aufgebotsverfahren zum Zwecke der Kraftloserklärung einer Urkunde der im § 808 des Bürgerlichen Gesetzbuchs bezeichneten Art, für welche Zins- oder Rentenscheine nicht ausgegeben sind, sowie eines Hypotheken-, Grundschuld- oder Rentenschuldbriefs gelten die nachfolgenden besonderen Bestimmungen.

Die öffentliche Bekanntmachung des Aufgebots und der Zahlungssperre erfolgt durch Anheftung an die Gerichtstafel und durch zweimalige Einrückung in das für die Bekanntmachungen des Gerichts bestimmte Blatt. Das Gericht kann anordnen, daß die Bekanntmachung noch in anderen Blättern erfolgen soll. Die Aufgebotsfrist muß mindestens drei Monate betragen. Sie beginnt mit der ersten Einrückung in das für die Bekanntmachungen des Gerichts bestimmte Blatt.

Die im § 1017 Abs. 2, 3 und im § 1022 Abs. 1 der Civilprozeßordnung vorgeschriebenen Bekanntmachungen erfolgen in dem für die Bekanntmachungen des Gerichts bestimmten Blatte.

Auf Versicherungspolizen sowie auf Grundschuld- und Rentenschuldbriefe, die auf den Inhaber ausgestellt sind, finden diese Vorschriften keine Anwendung.

Artikel 69b.

Die öffentliche Bekanntmachung der in den §§ 977, 982, 988, 1002 der Civilprozeßordnung bezeichneten Aufgebote erfolgt durch Anheftung an die Gerichtstafel und einmalige Einrückung in das für die Bekanntmachungen des Gerichts bestimmte Blatt. Die Aufgebotsfrist beginnt mit der Einrückung in dieses Blatt.

Wird die öffentliche Bekanntmachung des wesentlichen Inhalts des Ausschlußurtheils angeordnet, so erfolgt sie durch das im Abs. 1 bezeichnete Blatt.

XV. Der Artikel 88 wird unter der Ueberschrift: „Feststellung des Datums einer Privaturkunde" als Artikel 70a eingestellt.

XVI. Die Artikel 12 bis 19, 23 bis 33, 56 bis 67, 71 bis 77, 79 bis 87, 89 bis 121, 123 bis 126, 135, 140 bis 168, 171 bis 174, 176 bis 219, 222 bis 224 werden aufgehoben.

Die Vorschriften der Artikel 25 bis 33, 125, 171 bleiben jedoch in Kraft, bis das Grundbuch als angelegt anzusehen ist. Für das im § 82 des Hypothekengesetzes bestimmte Aufgebot verbleibt es in Ansehung des Verfahrens bei den bisherigen Vorschriften mit der Maßgabe, daß die Vorschriften des Artikel 69b entsprechende Anwendung finden und die Aufgebotsfrist mindestens sechs Wochen betragen muß. Bei einer vertragsmäßigen Versteigerung von Grundstücken nach Artikel 202 bleiben für das Verfahren die Vorschriften des Artikel 202 Abs. 1, 4 bis 7 maßgebend.

Die Artikel 127 bis 134, 136 bleiben in Ansehung der Hypotheken in Kraft, welche zu der Zeit bestehen, zu der das Grundbuch als angelegt anzusehen ist.

Der Artikel 169 bleibt für Rechtsverhältnisse, die sich nach den bisherigen Vorschriften bestimmen, in Kraft, sofern der Wohnsitz vor dem Inkrafttreten des Bürgerlichen Gesetzbuchs erwählt worden ist.

Die Artikel 220, 221 bleiben für die nach den bisherigen Vorschriften errichteten Urkunden der in ihnen bezeichneten Art in Kraft.

Die noch geltenden Vorschriften der preußischen Allgemeinen Gerichtsordnung und der pfälzischen Civilprozeßordnung werden aufgehoben. Die Vorschrift des § 128 Theil I Titel 10 der preußischen Allgemeinen Gerichtsordnung bleibt jedoch für die vor dem 1. Januar 1876 erfolgten Eintragungen in die Kirchenbücher in Kraft.

Soweit nach dem Inkrafttreten des Bürgerlichen Gesetzbuchs das in Theil I Titel 51 §§ 100 bis 109 der preußischen Allgemeinen Gerichtsordnung bestimmte Aufgebot stattfindet, verbleibt es in Ansehung des Verfahrens bei den bisherigen Vorschriften. Das Gleiche gilt für das Hypothekenreinigungsverfahren nach pfälzischem Rechte.

Durch die Bestimmungen des Art. 166 hat das Gesetz zur Ausführung der Reichs-C.Pr.O. u. K.O. vom 23. Febr. 1879[1]) die Aenderungen erhalten, welche auf Grund des in den Gesetzen vom 17. Mai 1898, betreffend Aenderungen der Civilprozeßordnung und betreffend Aenderungen der Konkursordnung, enthaltenen Vorbehalte, sowie auf Grund der Einführungsgesetze zu diesen Gesetzen 1a) zu erlassen waren. Sodann trifft der Artikel mehrere Aenderungen an den bisherigen Vorschriften des Ausführungsgesetzes. Zu den einzelnen Ziffern ist zu bemerken:

Zu Ziff. I.

Der Art. 3 ä. F. bestimmt, daß von Urkunden, welche sich bei einer öffentlicher Behörde befinden, diese, unbeschadet der Vorschriften in den §§ 394 u. 397 der Civilprozeßordnung (ä. F.), sowie vorbehaltlich besonderer gesetzlicher Bestimmungen, Vorlage und Einsicht zu gewähren und beglaubigte Abschrift zu ertheilen habe, wenn die Zustimmung desjenigen, auf dessen Antrag oder in dessen Interesse die Urkunde bei der Behörde errichtet oder hinterlegt wurde, beigebracht oder seine Verpflichtung hiezu rechtskräftig ausgesprochen ist. Die in Ziff. I vorgenommene Aenderung war veranlaßt, da die maßgebenden Vorschriften jetzt im Bürgerlichen Gesetzbuche §§ 810 und 811 stehen und die neue Fassung der Civilprozeßordnung (§ 422) lediglich auf die Vorschriften des bürgerlichen Rechtes verweist.[2])

Zu Ziff. II.

Die hier neu eingestellte Vorschrift beruht auf Art. IV des Einführungsgesetzes

---

1) G. u. V.Bl. 1879 S. 63, neue Fassung nach Art. 179 des A.G. z. B.G.B. G. u. V.Bl. 1899 S. 401. Zur Literatur: Böhm, das Gesetz zur Ausf. der Reichs-Civilprozeßordnung und Konkursordnung, erläutert. 1889. (Neuauflage unter der Presse); Pemsel, Ges. z. Ausf. d. Reichs.Civ.Pr.O. u. K.O. (in Pemsel's „deutsche Civilprozeßordnung und deren Nebengesetze in Bayern) 1879; Henle, das bayer. Gesetz z. Ausf. d. R.CivilPr.O. u. K.O. in der Fassung vom 26. Juni 1899, Textausgabe mit Anmerkungen, 2. Aufl. bearbeitet von Habel, 1900.

1a) R.G.Bl. 1898, S. 256, 230, 332, 248.

2) R.R.A. XI Prot. S. 12; Becher, Mat. II S. 485.

BGB. § 810: „Wer ein rechtliches Interesse daran hat, eine in fremdem Besitze befindliche Urkunde einzusehen, kann von dem Besitzer die Gestattung der Einsicht verlangen, wenn die Urkunde in seinem Interesse errichtet oder in der Urkunde ein zwischen ihm und einem Anderen bestehendes Rechtsverhältniß beurkundet ist oder wenn die Urkunde Verhandlungen über ein Rechtsgeschäft enthält, die zwischen ihm und einem Anderen oder zwischen einem von beiden und einem gemeinschaftlichen Vermittler gepflogen worden sind."

§ 811: „Die Vorlegung hat in den Fällen der §§ 809, 810 an dem Orte zu erfolgen, an welchem sich die vorzulegende Sache befindet. Jeder Theil kann die Vorlegung an einem anderen Orte verlangen, wenn ein wichtiger Grund vorliegt.

Die Gefahr und die Kosten hat derjenige zu tragen, welcher die Vorlegung verlangt. Der Besitzer kann die Vorlegung verweigern, bis ihm der andere Theil die Kosten vorschießt und wegen der Gefahr Sicherheit leistet."

C.Pr.O. § 422 Abs. 1: „Der Gegner ist zur Vorlegung der Urkunde verpflichtet; 1. wenn der Beweisführer nach den Vorschriften des bürgerlichen Rechts die Herausgabe oder die Vorlegung der Urkunde verlangen kann; 2. wenn die Urkunde ihrem Inhalte nach eine für den Beweisführer und den Gegner gemeinschaftliche ist."

vom 17. Mai 1898[3]) zu dem Gesetze vom 17. Mai 1898 betr. Aenderungen der Konkursordnung vom gleichen Tage[4]) und entspricht der im Art. 9 Abs. 2 in Ansehung der Zwangsvollstreckung getroffenen Bestimmung. Art. 9 Abs. 2 läßt für die Zwangsvollstreckung wegen Geldforderungen gegen Gemeinden und die unter Leitung des Staats oder einer Gemeinde stehenden Körperschaften und Stiftungen nur diejenigen Zwangsmittel zu, welche den Aufsichtsbehörden auf Grund des öffentlichen Rechtes zustehen. Dieselben Gründe, welche dies erforderlich machen, schließen auch die Eröffnung des Konkurses über das Vermögen solcher juristischen Personen aus. Auf den Fiskus bezieht sich die Vorschrift des neuen Art. 9a nicht, da der Fiskus in Art. 9 Abs. 2 nicht genannt ist.

Zu Ziff. III.

Die neue Fassung des Art. 10 Abs. 1 und Abs. 3 Satz 1 ist lediglich formeller Natur und hängt mit der in Art. 142 des A.G. (s. oben S. 234) erfolgten Erstreckung des Gesetzes vom 12. März 1850, die Verpflichtung zum Ersatze des bei Aufläufen diesseits des Rheins verursachten Schadens betr., auf die Pfalz und dem Wegfall des Gesetzes vom 10. Vendémiaire IV zusammen.

Zu Ziff. IV.

Art. 20 (n. F. Art. 13) handelt von der Zustellung an Militärpersonen und zwar insbesondere auch „in den nicht zur ordentlichen streitigen Gerichtsbarkeit gehörenden Sachen.“ Letztere zerfallen nunmehr in zwei Arten, nämlich in solche, für welche Reichsgesetze, insbesondere das Reichsgesetz über die Angelegenheiten der nichtstreitigen Rechtspflege, maßgebend sind und in solche, auf welche die Landesgesetze Anwendung zu finden haben. Mit Rücksicht hierauf bezeichnet die Aenderung in Art. 20 Abs. 1 als Anwendungsgebiet dieses Artikels nunmehr die Angelegenheiten, für welche die Vorschriften der Landesgesetze maßgebend sind. Gleiche Aenderung ist im Art. 167 Ziff. VII, 1, X, 1, XIII, XXIII und XXIV (s. diesen Artikel) vorgenommen.

Zu Ziff. V.

Die Aendernng der Ueberschrift zu den Art. 45 bis 55 (n. Fassung Art. 16 ff.) „Verfahren bei Streitigkeiten über Entschädigung bei Zwangsenteignung“ in die Ueberschrift „Zwangsenteignung“ stellt klar, daß es sich bei den Artikeln 46, 47, dem Art. 48 Abs. 1 Satz 1, dem Art. 52 Abs. 1 und den Art. 53 bis 55 nicht nur um eine Streitigkeit über die Entschädigung handeln muß.

Zu Ziff. VI.

Die aus dem Artikel XIX Abs. 1 des Gesetzes vom 17. November 1837 übernommenen Worte des Artikel 46 (n. F. Art. 17) Abs. 1 Satz 1 sind als ungenau gestrichen; aus Satz 2 ergibt sich, daß das Bestehen eines Streites über die Entschädigung nicht Voraussetzung des Schätzungsverfahrens ist, der Abtretungsberechtigte dieses vielmehr in allen Fällen zu beantragen hat, in denen nicht schon eine Einigung über die Entschädigung erzielt worden ist. Auch der Fall der Einigung war nicht zu erwähnen; wenn die Einigung erfolgt ist, wird der Antrag nicht gestellt werden, wird er aber gestellt, weil über die Wirksamkeit der Einigung Streit besteht, so ist das Schätzungsverfahren anzuordnen.

Die Vorschrift des Art. 46 (n. F. 17) Abs. 1 Satz 2, nach welcher der Antrag auf Eröffnung des Schätzungsverfahrens auf alle in dem Verwaltungsbezirke belegenen

3) R.G.Bl. S. 248.
4) R.G.Bl. S. 230.

Grundstücke zu erstrecken ist, bezüglich deren die Abtretungspflicht feststeht und nicht schon eine Vereinbarung über die Entschädigung erfolgt ist, führt nicht selten zu Verzögerungen, die nicht nur dem Unternehmer, sondern auch den abtretungspflichtigen Grundeigenthümern Nachtheile bringen. Ziff. VI läßt deshalb, wie es der Art. 47 (n. F. 18) Abs. 1 für die Anordnung des Schätzungsverfahrens thut, Ausnahmen für die Fälle zu, in denen die gleichzeitige Stellung des Antrags für alle in demselben Verwaltungsbezirke belegenen Grundstücke unthunlich ist.[5])

Zu Ziff. VII.

Der Art. 47 (n. F. 18) Abs. 2 enthält keine Bestimmung darüber, in welcher Weise die Betheiligten zu dem Schätzungstermine zu laden sind. Ziff. VII ergänzt den Artikel 47 Abs. 2 durch Vorschriften, die sich an den § 25 Abs. 3, 4 des preußischen Gesetzes vom 11. Juni 1874 über die Enteignung von Grundeigenthum anschließen. Es ist nicht erforderlich, zu dem Schätzungsverfahren ebenso wie zu dem Verfahren über die Abtretungspflicht (Art. XV des Gesetzes vom 17. November 1837) außer dem Abtretungsberechtigten auch alle sonstigen Betheiligten besonders zu laden. Die meisten von diesen werden keinen Anlaß haben, an dem Schätzungsverfahren theilzunehmen. Denjenigen, die besonders geladen werden wollen, darf zugemuthet werden, daß sie sich zu diesem Zwecke bei der Distriktspolizeibehörde melden. Für diejenigen, die sich nicht gemeldet haben, genügt die öffentliche Bekanntmachung des Termins. Die öffentliche Bekanntmachung und die besonderen Ladungen sollen in gleicher Weise erfolgen wie in dem Verfahren über die Abtretungspflicht (Art. XV Abs. 1 Satz 2, Abs. 2, 3 des Gesetzes vom 17. November 1837 in der Fassung des Art. 13 des Ausf.Ges., s. oben S. 229). Für die Nebenbetheiligten, die sich besonders gemeldet haben, damit sie beigezogen werden, hat also die schriftliche Mittheilung der Ladung dieselbe Bedeutung, wie für die Hauptbetheiligten.[6])

Zu Ziff. VIII.

Nach Art. 50 (n. F. 21) Abs. 1 steht gegen die Feststellung der Entschädigungssumme durch die Distriktsverwaltungsbehörde sowohl den Abtretungspflichtigen als auch dem Abtretungsberechtigten innerhalb einer von Bekanntgabe der festgestellten Beträge an laufenden Ausschlußfrist von einem Monate die Betretung des Rechtsweges behufs richterlicher Entscheidung über den Betrag der zu leistenden Entschädigung offen. Der Abs. 2 betrifft die Zuständigkeit für solche Rechtsstreite. Die neue Fassung dieses Absatzes läßt die in der alten Fassung enthaltene Sondervorschrift für den Fall, daß es sich um Grundstücke handelt, die in einem Pertinenzverhältnisse zu einander stehen, weg, da das Bürgerliche Gesetzbuch nur bewegliches Zubehör (§ 97) kennt, für Fälle der Vereinigung mehrerer Grundstücke nach § 890 des Bürgerlichen Gesetzbuchs es bei der Vorschrift des § 36 Nr. 4 der Civilprozeßordnung, wonach die Bestimmung des zuständigen Gerichts durch das im Instanzenzuge nächst höhere Gericht erfolgt, verbleibt, und da das Berggesetz im Art. 9 (n. F.) Abs. 3 Satz 2 und im Art. 178 (n. F.) Abs. 2 Satz 2 eine Vorschrift dieser Art auch nicht enthält.

Das im Artikel 50 (n. F. 21) Abs. 2 bestimmte Gericht ist ausschließlich zuständig.[7])

5) Motive B S. 113; Becher, Mat. II S. 91.
6) Motive B S. 113; R.R.A. XI. Prot. S. 13; Becher, Mat. II S. 91, 487.
7) Motive B S. 113; Becher, Mat. II S. 91.

Zu Ziff. IX.

Nach der Bestimmung des Art. 54 (n. F. 22) Satz 1 ist nach Feststellung der Entschädigungssumme durch die Distriktsverwaltungsbehörde der Abtretungsberechtigte ohne Rücksicht darauf, ob die Frist zur Betretung des Rechtsweges noch läuft oder derselbe betreten wurde, befugt, gegen Erlage der festgestellten Entschädigungssumme und des Betrags der dem Abtretungspflichtigen erwachsenen Kosten die Einweisung in den Besitz der Abtretungsgegenstände durch die Distriktsverwaltungsbehörde zu erwirken und dann über dieselben nach Maßgabe der Zweckbestimmung frei zu verfügen, insoweit dies nicht auf Antrag des Abtretungspflichtigen nach Anordnung des angerufenen Gerichts von vorheriger Sicherheitsleistung für den Fall der Erhöhung der Entschädigungssumme durch richterliches Urtheil abhängig gemacht wird. Die frühere Fassung des Satzes 2 enthielt hiezu lediglich die Bestimmung, daß eine vorherige Sicherheitsleistung nicht beantragt werden könne, wenn der Abtretungsberechtigte der Staat ist. Nach der nunmehrigen Fassung des Satzes 2 ist der Staat, wenn er Abtretungsberechtigter ist, nicht nur nicht zu einer Sicherheitsleistung verpflichtet, sondern er kann auch an Stelle der Einweisung in den Besitz die sofortige Zwangsabtretung erwirken und hiedurch sofort ohne Sicherheitsleistung in das freie Eigenthum des Abtretungsgegenstandes gelangen. Es hat sich Letzteres insbesondere bei dem Eisenbahnbau als wünschenswerth erwiesen.

Zu Ziff. X.

1. Nach Art. 109 Satz 2 des Einführungsgesetzes zum Bürgerlichen Gesetzbuche finden, soweit nicht die Landesgesetze ein Anderes bestimmen, auf die nach landesgesetzlicher Vorschrift wegen Enteignung zu gewährende Entschädigung die Vorschriften der Art. 52, 53 des Einführungsgesetzes Anwendung, welche für die auf Grund Reichsgesetzes erfolgende Enteignung gelten. Die neue Fassung des Art. 53 (neu 24) nimmt in den Abs. 1 eine dem Art. 52 des Einführungsgesetzes entsprechende Vorschrift auf, wiederholt aber im Uebrigen den wesentlichen Inhalt des Art. 53 des Ausführungsgesetzes in einer sich an den Artikel 53 Abs. 1 Satz 2 des Einführungsgesetzes anschließenden Fassung. Die im Art. 53 Abs. 1 Satz 1 des Einführungsgesetzes vorgeschriebene entsprechende Anwendung der Vorschrift des § 1128 des Bürgerlichen Gesetzbuchs ist hier nicht mitübernommen, da solche mit dem Art. XI des Gesetzes vom 17. November 1837 nicht im Einklange stehen und, insbesondere, wenn die Anzeige von der Enteignung unthunlich ist, die Berechtigten einer Gefahr aussetzen würde, vor der das bisher geltende Recht sie schützt. Auch hier ist also wie bei dem Unschädlichkeitsgesetz daran festgehalten, daß die Rechte an dem Grundstücke erlöschen und daß den Berechtigten nur mehr ein Anspruch auf die Entschädigungssumme zusteht.

Ist die Person eines Berechtigten nicht zu ermitteln, so bietet der nach Art. 53 des Ausführungsgesetzes anwendbare § 138 des Gesetzes über die Zwangsversteigerung und die Zwangsverwaltung die Möglichkeit, ihm im Wege des Aufgebotsverfahrens mit seinem Rechte auf Befriedigung aus der Entschädigungssumme auszuschließen.

2. Die Abs. 2 und 3 der neuen Fassung wurden nach Antrag der Regierung im Justizgesetzgebungsausschuß d. K. d. A. beigefügt.

Zur Durchführung des Vertheilungsverfahrens bedarf das Gericht einer beglaubigten Abschrift des Grundbuchblattes sowie der übrigen Mittheilungen, die das Grundbuchamt im Falle der Zwangsversteigerung nach der Eintragung des Versteigerungsvermerkes dem Vollstreckungsgerichte zu machen hat (§ 19 Abs. 2 des Z.V.G.).

Da das Verfahren, wenn die Vertheilung von einem der Betheiligten beantragt wird, von Amtswegen durchzuführen ist, schreibt Abs. 2 der neuen Fassung vor, daß das Gericht die beglaubigte Abschrift und die übrigen Mittheilungen durch Ersuchen des Grundbuchamtes sich zu beschaffen hat.

Die Vorschriften des § 9 Nr. 1 des Ges. über die Zwangsversteigerung und Zwangsverwaltung, wonach im Zwangsvollstreckungsverfahren als Betheiligte auch diejenigen gelten, für welche zur Zeit der Eintragung des Vollstreckungsvermerkes ein Recht im Grundbuch eingetragen oder durch Eintragung gesichert ist, und des § 13 dess. Gesetzes, wonach die laufenden Beträge wiederkehrender Leistungen ihren Anfang von dem letzten Fälligkeitstermine vor der Beschlagnahme des Grundstücks nehmen, bedurften für das Zwangsenteignungsverfahren einer Ergänzung und wurden daher im Abs. 3 der neuen Fassung des Art. 53 (neu 24) entsprechend ergänzt. Hienach sind als aus dem Grundbuch ersichtliche Betheiligte (§ 9 Nr. 1 des Z.V.G.) diejenigen anzusehen, für welche eine Eintragung zu der Zeit besteht, zu welcher dem Gerichte die beglaubigte Abschrift des Grundbuchblattes ertheilt wird. Dabei bleiben die Rechtsänderungen, insbesondere Löschungen, die in Folge der Zwangsabtretung eingetragen worden sind, selbstverständlich außer Betracht. Für den Anfang der aus der Entschädigungssumme zu berichtigenden laufenden Beiträge wiederkehrender Leistungen (§ 13 des Z.V.G.) ist an die Stelle der Beschlagnahme des Grundstücks die Zwangsabtretung, im Falle der Einweisung in den Besitz die Einweisung getreten, weil von da an das Grundstück dem Eigenthümer entzogen ist und die Erträgnisse nicht mehr zur Entrichtung der wiederkehrenden Leistungen verwendet werden können.[9])

3. Die neue Fassung des Art. 53 (neu 24) findet erst Anwendung, wenn das Grundbuch angelegt ist.

Zu Ziff. XI.

Nach Art. 55 ä. F. wird eine gütliche Einigung der Betheiligten über die Abtretung oder über die zu leistende Entschädigung mit der Protokollirung durch die Distriktsverwaltungsbehörde rechtswirksam. Nach dem Einführungsgesetze zum Bürgerlichen Gesetzbuch Art. 109, 141, 143 kann die Beurkundung der Auflassung landesgesetzlich auch anderen Behörden als den Notaren und den Gerichten übertragen werden. Von diesem Vorbehalte ist in dem Zusatze zu Art. 55 (n. 26) Gebrauch gemacht; es kann demnach unter der Herrschaft des Bürgerlichen Gesetzbuchs nicht nur der in § 313 desselben bezeichnete Vertrag, sondern auch die Auflassung (§ 925 BGB.) von der Distriktsverwaltungsbehörde beurkundet werden.[8]) Diese Zuständigkeit der Distriktsverwaltungsbehörde ist aber keine ausschließliche, wenn sie auch in der Praxis die Regel bilden wird.

Zu Ziff. XII.

1. Wird ein der Ablösung unterliegendes Recht, das dem jeweiligen Eigenthümer eines Grundstücks zusteht, durch Zahlung der Ablösungssumme aufgehoben, so tritt die Ablösungssumme, wenn das Grundstück des Berechtigten mit Hypotheken oder anderen Rechten belastet ist, die von der Aufhebung des der Ablösung unterliegenden Rechtes betroffen werden, für diese Rechte in gleicher Weise an die Stelle des abgelösten Rechtes wie die Entschädigungssumme für ein dem jeweiligen Eigenthümer des

8) Motive B S. 114; **Becher**, Mat. II S. 93.

9) Beil. D zu den Verhandlungen des Justizgesetzgebungsausschusses d. K. d. A. 1898 Bd. XX S. 156/57, 161; **Becher**, Mat. II S. 363, 364.

belasteten Grundstücks zustehendes Recht, das im Wege der Zwangsenteignung aufgehoben wird (Art. 54 neu 25 f. das Ausf.Ges. z. die Prot. u. K.O). Die Haftung der Ablösungssumme für die Hypotheken und das Recht der Hypothekengläubiger, aus der Ablösungssumme Befriedigung zu erlangen, war bereits im § 38 Satz 3 des Hypothekengesetzes anerkannt.

Ziff. XII ersetzt in dem neuen Art. 55a den § 38 Satz 3 des aufgehobenen Hypothekengesetzes durch Verweisung auf die im Falle der Zwangsenteignung für die Entschädigung geltenden Vorschriften, wie solche im Ges. vom 17. Nov. 1837 und in den Art. 16 bis 26 des Ausf.Ges. z. C.P.O. n. F. enthalten sind. Die allgemeine Fassung der Verweisung bringt auch die Anwendbarkeit des Art. 18 des Gesetzes vom 15. Juni 1898, das Unschädlichkeitszeugniß betreffend, mit sich.

2. Als Ablösung im Sinne des Art. 55a wird auch die Beschränkung eines Forstrechts nach Art. 26 des Forstgesetzes angesehen werden können, wenn als Entschädigung eine Abfindung in Geld gewährt wird.

3. Der Zwischensatz „soweit nicht besondere Vorschriften bestehen", wurde auf Anfrage im Ausschusse der Kammer der Abgeordneten vom k. Regierungsvertreter dahin aufgeklärt, daß nur die Vorschriften der Art. 13, 14 des Gesetzes über Ablösung der Ehehaften vom 23. Febr. 1868 (s. oben Art. 153 Ziff. III) darunter begriffen werden könnten. Der Art. 34 des Grundlastenablösungsgesetzes vom 4. Juni 1848 spricht nur von der Ablösbarkeit dauernder Lasten, welche auf den Grundrenten ruhen, kann daher hier nicht in Betracht kommen.

Zu Ziff. XIII.

Nach der neuen Nr. 4, welche in den § 15 des Einf.Ges. z. C.Pr.O. durch den Art. II des Einf.Ges. zu dem Gesetze vom 17. Mai 1898, betr. Aenderungen der Civilprozeßordnung, aufgenommen worden ist, bleiben unberührt die landesgesetzlichen Vorschriften, nach welchen auch die Zwangsvollstreckung gegen einen Rechtsnachfolger des Schuldners, soweit sie in das zu einem Lehen, mit Einschluß eines allodifizirten Lehens, zu einem Stammgute, Familienfideikommiß oder Anerbengute gehörende Vermögen stattfinden soll, die Vorschriften über die Zwangsvollstreckung gegen einen Erben des Schuldners entsprechende Anwendung finden. Von diesem Vorbehalte macht Ziff. XIII für die Familienfideikommisse, Lehen mit Einschluß der allodifizirten Lehen, Stammgüter und landwirthschaftliche Erbgüter Gebrauch. Ein sachliche Aenderung des geltenden Rechts liegt hierin nicht.[10])

Zu Ziff. XIV.

1. Die Ueberschrift vor den Art. 69, 69a, 69b (neu 29, 30, 31) „Aufgebotsverfahren" statt der bisher vor Art. 69 (ä. F.) stehenden „Kraftloserklärung von Urkunden" bezeichnet, daß, wie sich auch aus einer Vergleichung der neuen Artikel miteinander ergibt, die in den erstgenannten Artikeln behandelten Aufgebote nicht nur die Kraftloserklärung von Urkunden, sondern auch andere Aufgebote, insbesondere die Fälle der §§ 977, 982, 988, 1002 der C.P.O. betreffen.

2. Die Vorschrift des Art. 69 Abs. 1 (ä. F.) ist hier in Wegfall gekommen. Für die von dem bayerischen Staate oder einer ihm angehörenden Gemeinde,

10) Motive B S. 114; Becher, Mat. II S. 94.

Stiftung oder Anstalt des öffentlichen Rechtes auf den Inhaber ausgestellten und auf den Namen des Gläubigers umgeschriebenen Schuldverschreibungen ist jene Vorschrift auf Grund des Vorbehaltes in Art. 101 des Einf.Ges. z. BGB. in das gegenwärtige Gesetz Art. 54 Abs. 2 und Art. 55, 57 ff. oben S. 94 ff.) übernommen, ohne einen Unterschied zwischen den Schuldverschreibungen, die erst nach dem Inkrafttreten des Bürgerlichen Gesetzbuchs umgeschrieben werden und denjenigen Schuldverschreibungen zu machen, deren Umschreibung schon vor diesem Zeitpunkt erfolgt ist. Für die übrigen nach dem Inkrafttreten des Bürgerlichen Gesetzbuchs ausgestellten Urkunden, die zu den in den §§ 1010 bis 1014 der Civilprozeßordnung bezeichneten Werthpapieren und Schuldurkunden gehören, ist der Vorbehalt gegenstandslos, weil landesgesetzliche Vorschriften, welche die Kraftloserklärung solcher Urkunden zulassen, nicht bestehen. Für die aus der Zeit vor dem Inkrafttreten des Bürgerlichen Gesetzbuchs stammenden Urkunden wird seine Tragweite dadurch wesentlich beschränkt, daß für die Kraftloserklärung von Urkunden der im § 808 des Bürgerlichen Gesetzbuchs bezeichneten Art und von Aktien nach den Artikeln 174, 177 des Einführungsgesetzes zum Bürgerlichen Gesetzbuch und Art. 26 des Einführungsgesetzes zum Handelsgesetzbuche die Vorschriften des Bürgerlichen Gesetzbuchs und des Handelsgesetzbuchs maßgebend sind. Es bleiben daher nur die auf den Namen des Berechtigten ausgestellten Urkunden anderer Art, insbesondere die Staatsschuldverschreibungen auf Namen übrig, für welche in dem Uebergangsgesetze Art. 7 eine dem Art. 69 Abs. 1 (ä. F.) entsprechende Bestimmung aufgenommen ist.

3. Die Vorschrift des Abs. 2 des bisherigen Artikels 69, in welchem für das Aufgebotsverfahren in Betreff bayerischer Staatsobligationen das Amtsgericht, bei welchem die Staatsschuldentilgungskommission ihren allgemeinen Gerichtsstand (München) hat, als ausschließlich zuständig erklärt wurde, ist in dem neuen Art. 69 (29) beibehalten; letzterer enthält aber auf Grund der Vorbehalte in § 11 des Einf.Ges. zum BGB. und der §§ 1006 Abs. 3 und 1023 der Civilprozeßordnung eine entsprechende Vorschrift für die Schuldverschreibungen, die von einer dem bayerischen Staate angehörenden Körperschaft, Stiftung oder Anstalt des öffentlichen Rechtes ausgestellt sind.

4. Nach § 1009 Abs. 3 Satz 2 und § 1017 Abs. 2 Satz 2, Abs. 3 der Civilprozeßordnung kann für Schuldverschreibungen, die von einem Bundesstaat ausgegeben sind, eine weitere öffentliche Bekanntmachung des Aufgebotes, des Ausschlußurtheils und des auf die Anfechtungsklage ergangenen Urtheils durch bestimmte Blätter landesgesetzlich vorgeschrieben werden. In der gleichen Weise wie das Aufgebot ist nach § 1019 Abs. 1 Satz 2 der Civilprozeßordnung auch die Zahlungssperre zu veröffentlichen, wenn sie mit dem Aufgebote verbunden wird. Eine Vorschrift dieser Art trifft das Gesetz vom 18. März 1896 einige Bestimmungen über die Inhaberpapiere betreffend,[11]) indem es das Staatsministerium der Finanzen ermächtigt, die Blätter zu bezeichnen, in welchen die weiteren Bekanntmachungen erfolgen sollen. Von der Bezeichnung solcher Blätter ist aber bisher abgesehen worden, weil weitere Bekanntmachungen, welche die ohnehin nicht unbeträchtlichen Kosten des Aufgebotsverfahrens erhöhen würden, für nicht erforderlich erachtet worden sind. Aus demselben Grunde wurde eine Vorschrift dieses Inhalts hier nicht aufgenommen.[12])

---

11) G. u. V.Bl. S. 174.

12) Motive B S. 115; Becher, Mat. II S. 95.

5. In den durch Ziff. XIII neu eingestellten Artikeln 69a, 69b ist von den Vorbehalten Gebrauch gemacht, durch welche die Civilprozeßordnung in den § 1023, 1024 für gewisse Fälle Erleichterungen der für das Aufgebotsverfahren geltenden Vorschriften zuläßt.

Der Art. 69a (neu 30) bezieht sich auf die Kraftloserklärung der im § 808 des Bürgerlichen Gesetzbuchs[13]) bezeichneten Urkunden, z. B. Sparurkunden (Sparbücher, Sparscheine), Hinterlegungsscheine, Pfandscheine, Versicherungspolizen, und auf die Kraftloserklärung von Hypotheken-, Grundschuld- und Rentenschuldbriefen. Bei diesen Urkunden ist es im Allgemeinen thunlich und wünschenswerth, dem Verlierer rascher und mit geringeren Kosten zu der Kraftloserklärung zu verhelfen. Die meisten der Urkunden der ersteren Art pflegen im Verkehre nicht von Hand zu Hand zu gehen, und ein großer Theil von ihnen hat Leistungen von so geringem Werthe zum Gegenstande, daß die von der Civilprozeßordnung vorgeschriebenen Bekanntmachungen in öffentlichen Blättern unverhältnißmäßige Kosten verursachen würden. Bei den Hypotheken-, Grundschuld- und Rentenschuldbriefen liegt die Gefahr eines Mißbrauchs des Aufgebotsverfahrens schon deswegen fern, weil derjenige, welcher das Recht oder ein Pfandrecht an dem Rechte erworben hat, durch die Vorschriften der §§ 1158, 1289 des Bürgerlichen Gesetzbuchs veranlaßt ist, dem Eigenthümer des belasteten Grundstücks von seinem Erwerb alsbald Kenntniß zu geben.

Der neue Art. 69a (neu 30) schließt sich im Wesentlichen an die Vorschriften an, welche in den Artikeln 114, 115, 117, 119 des Ausführungsgesetzes zum Bürgerlichen Gesetzbuche (s. oben S. 180 f.) für das von dem Vorstand einer öffentlichen Sparkasse zu erlassende Aufgebot von Sparurkunden getroffen sind. Die Aufgebotsfrist ist auf drei Monate herabgesetzt, für das Aufgebot und die Zahlungssperre ist zweimalige Einrückung in das für die amtlichen Bekanntmachungen des Gerichts bestimmte Blatt vorgeschrieben, die im § 1017 Abs. 2, 3 und im § 1022 Abs. 1 der Civilprozeßordnung[14]) vorgeschriebenen Bekanntmachungen sollen gleichfalls in diesem Blatte erfolgen.

---

13) BGB. § 808: „Wird eine Urkunde, in welcher der Gläubiger benannt ist, mit der Bestimmung ausgegeben, daß die in der Urkunde versprochene Leistung an jeden Inhaber bewirkt werden kann, so wird der Schuldner durch die Leistung an den Inhaber der Urkunde befreit. Der Inhaber ist nicht berechtigt, die Leistung zu verlangen.

Der Schuldner ist nur gegen Aushändigung der Urkunde zur Leistung verpflichtet. Ist die Urkunde abhanden gekommen, oder vernichtet, so kann sie, wenn nicht ein Anderes bestimmt ist, im Wege des Aufgebotsverfahrens für kraftlos erklärt werden. Die im § 803 für die Verjährung gegebenen Vorschriften finden Anwendung."

14) C.P.O. § 1017: „In dem Ausschlußurtheil ist die Urkunde für kraftlos zu erklären. Das Ausschlußurtheil ist seinem wesentlichen Inhalte nach durch den Deutschen Reichsanzeiger bekannt zu machen. Die Vorschriften des § 1009 Abs. 3 finden entsprechende Anwendung.

In gleicher Weise hat nach eingetretener Rechtskraft die Bekanntmachung des auf die Anfechtungsklage ergangenen Urtheils, soweit dadurch die Kraftloserklärung aufgehoben wird, zu erfolgen.

§ 1022 Abs. 1: „Wird das in Verlust gekommene Papier dem Gerichte vorgelegt oder wird das Aufgebotsverfahren in anderer Weise ohne Erlassung eines Ausschlußurtheils erledigt, so ist die Zahlungssperre vor der Einleitung des Aufgebotsver-

Für Urkunden der im § 808 des Bürgerlichen Gesetzbuchs bezeichneten Art, die mit Zins- oder Rentenscheinen versehen sind, sowie für Versicherungspolizen beläßt es die neue Bestimmung wegen der größeren Bedeutung, die sie für den Verkehr haben, bei den Vorschriften der Civilprozeßordnung. Ebenso muß es für Grundschuld- und Rentenschuldbriefe, die auf den Inhaber ausgestellt sind (§§ 1195, 1199 des BGB.), bei den für die Kraftloserklärung von Inhaberpapieren geltenden Vorschriften der Civilprozeßordnung verbleiben.[15]) Das Gleiche ist der Fall, sofern es sich um Schuldverschreibungen des Staates oder einer Gemeinde oder Pfandbriefe u. s. w. handelt, die auf den Inhaber gestellt sind; hier muß die dreimalige Einrückung in den Reichsanzeiger und in das für die öffentlichen Bekanntmachungen des Gerichts dienende Blatt erfolgen, auch wenn es sich nur um einen Abschnitt von 100 oder 200 M. handelt. Der Vorbehalt des § 1023 der C.P.O. beschränkt sich auf die im § 808 BGB. bezeichneten Urkunden, d. h. Urkunden, die zwar auf Namen lauten, bei deren Ausgabe aber der Aussteller sich das Recht vorbehalten hat die versprochene Leistung an jeden Inhaber, an den Vorzeiger der Urkunde zu bewirken.[16])

6. Von den im Art. 69b (n. 31) angeführten §§ der Civilprozeßordnung betreffen der § 977 das Aufgebot zum Zwecke der Ausschließung des Eigenthümers nach § 927 BGB., der § 982 das Aufgebot zum Zwecke der Ausschließung eines Hypotheken-, Grundschuld- oder Rentenschuldgläubigers auf Grund der §§ 1170, 1171 BGB., der § 988 das Aufgebot zum Zwecke der in den §§ 887, 1104, 1112, 1269 BGB. für die Vormerkung, das Vorkaufsrecht, die Reallast und für das Pfandrecht von Schiffen bestimmte Ausschließung des Berechtigten, und der § 1002 das Aufgebot zum Zwecke der Ausschließung eines Schiffsgläubigers auf Grund des § 765 des Handelsgesetzbuchs und des § 111 des Binnenschiffahrtsgesetzes. Nach § 1024 C.P.O. kann die Landesgesetzgebung die Art der Veröffentlichung des Aufgebotes und des Ausschlußurtheils sowie die Aufgebotsfrist anders bestimmen als in den §§ 948, 950 956 der Civilprozeßordnung vorgeschrieben ist. Da in den vorbezeichneten Aufgebotsfällen einerseits die Gefahr eines Mißbrauchs der Kraftloserklärung gering ist, andererseits insbesondere in den Landestheilen, in welchen der Grundbesitz stark zersplittert ist, die in den §§ 887, 927, 1170 des Bürgerlichen Gesetzbuchs zugelassenen Aufgebote nicht selten bei Grundstücken von geringem Werthe erforderlich sein werden, so begnügt sich die Bestimmung des Art. 69b (n. 31) nach dem Vorbilde des § 21 des preußischen Ausführungsgesetzes zur Civilprozeßordnung mit der Bekanntmachung des Aufgebots durch Anheftung an die Gerichtstafel und einmaliger Einrückung in das für die gerichtlichen Bekanntmachungen bestimmte Blatt. Wird die öffentliche Bekanntmachung des wesentlichen Inhalts des Ausschlußurtheils angeordnet, so soll sie durch dieses Blatt erfolgen. Für eine andere Bestimmung der Aufgebotsfrist besteht kein Bedürfniß,

---

fahrens angeordnet worden ist und die Einleitung nicht binnen sechs Monaten nach der Beseitigung des hier entgegenstehenden Hindernisses beantragt wird. Ist das Aufgebot oder die Zahlungssperre öffentlich bekannt gemacht worden, so ist die Erledigung des Verfahrens oder die Aufhebung der Zahlungssperre von Amtswegen durch den Deutschen Reichsanzeiger bekannt zu machen."

15) Motive B S. 145; Becher, Mat. II S. 95.

16) Aeußerung des Regierungskommissärs im Just.Gesetzgebgs.A. d. K. d. A. Senatspräsidenten Dr. von Jacubezky, A.A.Pr. S. 333, Becher, Mat. II S. 275.

die im § 950 der Civilprozeßordnung festgesetzte Frist von mindestens sechs Wochen entspricht den Verhältnissen.[17])

Zu Ziff. XVI.

1. Ueber die Aufhebung der in Ziff. XVI Abs. 1 bezeichneten Artikel ist Folgendes zu bemerken:

a) Die Art. 12 bis 14 über Schiedsverträge mußten wegfallen, da die Regelung dieser Materie der Landesgesetzgebung nicht vorbehalten ist.

b) Die Vorschriften der Art. 15, 16, welche von der sogenannten nothwendigen Streitverkündung handeln, sind im Bürgerl. Gesetzbuch geregelt (§§ 478, 485, 209 Nr. 4, 215), konnten daher mangels eines reichsgesetzlichen Vorbehalts nicht aufrecht erhalten werden.

c) Die Art. 17 bis 19 betreffen die Zustellung von Erklärungen außerhalb des Prozesses; bezüglich dieser Frage kommt nunmehr der § 132 des BGB. in Anwendung.

d) Der Art. 23, welcher die Betheiligung des Versteigerungspersonals und des Schuldners bei der Versteigerung von gepfändeten beweglichen Sachen, Forderungen oder anderen zum beweglichen Vermögen gehörigen Rechten betrifft, ist ersetzt durch die Bestimmungen der §§ 456 457, 1239 des BGB. und des § 816 Abs. 4 der C.P.O.

e) Für die Befriedigung aus Faustpfändern (Art. 24) gelten nunmehr die Vorschriften des BGB. §§ 1220 ff.

f) Von den Vorschriften der Art. 25 bis 31 (Vollziehung des Arrestes in das unbewegliche Vermögen) waren die Art. 25, 28 und 30 bereits durch Art. 45 Abs. 2 der Novelle zur Subhastationsordnung vom 26. Mai 1886 außer Wirksamkeit gesetzt. Im Uebrigen mußten die Vorschriften des Ausf.Ges. z. C.P.O. u. K.O. über die Vollziehung des Arrestes in das unbewegliche Vermögen mit der Einrichtung des Grundbuchs in Wegfall kommen, Art. 26 ist außerdem auch durch den § 792 der C.P.O. und den Art. 134 des A.G. z. BGB. (s. oben S. 213) ersetzt; dieselben bleiben jedoch nach Abs. 2 der Ziff. XVI in Kraft, bis das Grundbuch als angelegt anzusehen ist.

g) Auch die Aufhebung des Art. 32 (Eintragung des Veräußerungsverbotes im Hypothekenbuch) und des Art. 33 (Eintragungen in das Hypothekenbuch bei Eröffnung und Aufhebung des Konkurses) hängt mit der Einführung der Grundbuchordnung zusammen, weshalb auch diese Artikel noch in Wirksamkeit bleiben, bis das Grundbuch als angelegt anzusehen ist.

h) Die Art. 56 bis 67 handeln von der Beschwerde in Sachen der nichtstreitigen Rechtspflege. An deren Stelle sind für die Grundbuchsachen die §§ 71 bis 81 der Grundbuchordnung, für die durch Reichsgesetz den Gerichten übertragenen Angelegenheiten der freiwilligen Gerichtsbarkeit die §§ 19 bis 30 des Gesetzes über die Angelegenheiten der freiwilligen Gerichtsbarkeit und für diejenigen Angelegenheiten der freiwilligen Gerichtsbarkeit, für welche die Landesgesetze maßgebend bleiben, der Art. 129 des Ausf.Ges. z. BGB. (s. oben die Bemerkungen zu diesem Artikel S. 198) getreten.

17) Motive B S. 116; Becher, Mat. II S. 96.

i) Für die Beschwerde in Angelegenheiten der nichtstreitigen Rechtspflege (Art. 56—67) enthält der Art. 34 des Uebergangsgesetzes vom 9. Juni 1899 Uebergangsbestimmungen. Hierauf verbleibt es für die zur Zeit des Inkrafttretens des BGB. anhängigen Beschwerden in Angelegenheiten der freiwilligen Gerichtsbarkeit bei den bisherigen Vorschriften. Dies gilt insbesondere auch von der Anfechtung der Entscheidung des Beschwerdegerichts durch die weitere Beschwerde. In den Angelegenheiten, für welche früher die Landerichte in erster Instanz zuständig waren, verbleibt es für die Beschwerde gegen eine Entscheidung des Landgerichts bei den bisherigen Vorschriften, auch wenn die Beschwerde zur Zeit des Inkrafttretens des BGB. noch nicht eingelegt war.

k) Die Art. 71 bis 74 (Todeserklärung der in Folge der Kriege von 1866 und 1870/71 vermißten Personen) sind durch BGB. § 15 beseitigt. Soweit aber das Verfahren am 1. Jan. 1900 schon anhängig war, sind gemäß Art. 161 Abs. 1, 3 des Einf.Ges. z. BGB. die Art. 71 bis 73 auch in Kraft geblieben.

l) Die Vorschrift des Art. 75 (Abänderungen des Gesetzes vom 26. März 1859, die Gewährleistung bei Viehveräußerungen betreffend) ist mit dem Wegfall dieses Gesetzes (s. unten Art. 175 Nr. 15) gegenstandslos geworden.

m) Gleiches gilt bezüglich der Art. 76, 77 (Abänderungen des Gesetzes vom 10. November 1861, die Einführung des allgemeinen deutschen Handelsgesetzbuchs betreffend); s. unten Art. 175 Nr. 18.

n) Der Art. 79 (Abänderung der Gesetze vom 29. April 1869, die privatrechtliche Stellung der Erwerbs- und Wirthschaftsgesellschaften betreffend, ist durch Art. 161 Ziff. I des A.G. z. BGB. (s. oben S. 302) ersetzt.

o) Art. 80, welcher das Gesetz vom 29. April 1869 über die privatrechtliche Stellung von Vereinen änderte, kam in Wegfall, weil dieses Gesetz durch Art. 175 Nr. 23 aufgehoben ist. Nach der Bestimmung des Art. 1 des Gesetzes vom 9. Juni 1899, Uebergangsvorschriften zum BGB. betr., gelten die anerkannten Vereine seit Inkrafttreten des BGB. als eingetragene Vereine (§ 21 ff. BGB.).

p) Die Vorschriften des Art. 81 (Aufrechterhaltung einiger civilrechtlicher Bestimmungen der bayer. Gerichtsordnung von 1753) und die Art. 82 bis 84 (Besitzstreitigkeiten) sind sämmtlich durch das BGB. ersetzt.

q) Die Sondervorschriften über den Offenbarungseid (Art. 85) wurden beseitigt, da in Ansehung derjenigen Rechtsmaterien, für welche die Landesgesetze maßgebend sind, z. B. für das Fideikommißrecht, ein Bedürfniß hiefür nicht besteht.

r) Die Vorschriften des Art. 86 (Vergleiche), des Art. 87 (Absonderungsrecht der Nachlaßgläubiger und Vermächtnißnehmer) sind durch das BGB. ersetzt.

s) Gleiches gilt bezüglich der Art. 89 bis 93 (Ehesachen), 94 bis 102 (Vermögensverwaltung für Abwesende) und 103 bis 122 (Todeserklärung Verschollener). Für die Nichtigkeitsklage gegen eine vor dem Inkrafttreten des BGB. geschlossene Ehe muß jedoch, da nach Art. 198 Abs. 1 des Einf.Ges. z. BGB. die Gültigkeit einer vor diesem Zeitpunkte eingegangenen Ehe sich nach den bisherigen Gesetzen bestimmt, Art. 93 noch in Geltung bleiben. Ebenso sind nach Art. 161 des Einf.Ges. z. BGB. für ein zur Zeit des

Inkrafttretens des BGB. anhängiges Verfahren, das eine Todeserklärung zum Gegenstande hat, und für die Wirkungen der Todeserklärung die Vorschriften der Art. 103 bis 109, 121 in Kraft geblieben.

t) Die im Art. 123 enthaltenen Aenderungen des Hypothekengesetzes, deren Aufhebung mit dem Wegfall dieses Gesetzes (s. Art. 175 Nr. 1 unten) zusammenhängt, bleiben mit Rücksicht auf Art. 177 des A.G. z. BGB. noch so lange in Kraft, bis das Grundbuch als angelegt anzusehen ist. Für das im § 82 des Hypothekengesetzes bestimmte Aufgebot zur Nachforschung nach dem rechtmäßigen Inhaber einer Hypothekenforderung hat das Gesetz in Ziff. XVI Abs. 2 Satz 2 diejenigen Erleichterungen aufgenommen, welche nach § 982 der C.P.O. nunmehr für das Aufgebot zum Zwecke der Ausschließung eines Hypothekengläubigers gelten; vgl. oben zu Ziff. XIV Art. 69b. Auch die Bestimmungen der aus gleichem Grunde aufgehobenen Art. 124 (Unzulässigkeit eines Faustpfandes an unbeweglichen Sachen) und 125 (Eintragung der Pfändung einer Forderung im Hypothekenbuche) bleiben noch bis zur Anlage des Grundbuchs bestehen. Bezüglich des Art. 125 ist dies in Abs. 2 der Ziff. XVI ausdrücklich festgestellt.

u) Die im Art. 126 enthaltenen Aenderungen des Notariatsgesetzes sind, soweit sie nicht ganz entbehrlich geworden, in das neue Notariatsgesetz vom 9. Juni 1899 übernommen worden.

v) Der Art. 135, welcher die Berechtigung der Hypothekengläubiger betrifft, von den die Sache betreffenden Büchern Einsicht zu nehmen, Abschriften, Auszüge hievon zu verlangen, auch die Rechte des Besitzers auf Berichtigung des Besitztitels auszuüben, bleibt bis zur Anlegung des Grundbuchs bestehen, von da ab ist die bezügliche Bestimmung durch die §§ 11, 14 der Grundbuchordnung und den § 792 der C.P.O. ersetzt.

w) Die Bestimmungen des III. und IV. Abschnitts für diejenigen Landestheile, in welchen das bayerische Landrecht und das allgemeine preußische Landrecht galten (Art. 141 bis 162, sind ebenso wie jene des V. Abschnitts für die Pfalz (Art. 163 bis 168, 171 bis 174, 176 bis 197) durch das Bürgerliche Gesetzbuch und das Reichsgesetz über die Angelegenheiten der freiwilligen Gerichtsbarkeit ersetzt. Art. 171 bleibt indessen, wie Abs. 2 der Ziff. XVI ausdrücklich feststellt, bis zur Anlage des Grundbuchs bestehen.

Die erbrechtlichen Bestimmungen der Art. 150 bis 157 (erbschaftlicher Liquidationsprozeß) und des Art. 160 (öffentliche Aufforderung zur Vorladung unbekannter Erben) bleiben jedoch nach Art. 213 des E.G. z. BGB. für solche Fälle in Geltung, in welchen der Erblasser vor dem 1. Jannar 1900 gestorben ist. Vgl. auch die Uebergangsvorschriften im Uebergangsgesetze vom 9. Juni 1899 zu Art. 174 des A.G. z. C.P.O. u. K.O. (Verfahren in Abwesenheitsfällen) Art. 107 ff., Art. 142 ff., Art. 189 bis 197 (Ermächtigung zur Veräußerung von Dotalgütern, Gütertrennungsklage) in Art. 124 ff. des Uebergangsgesetzes.

Von den weiteren Bestimmungen für die Pfalz (Art. 198 bis 224) bleiben die Vorschriften der aufgehobenen Art. 198 bis 201 (Vorzugsrechte an pfälzischen Liegenschaften), 202 (vertragsmäßige Versteigerung von Grundstücken) und 203 bis 209 (Hypothekenreinigungsverfahren) noch bis zur Anlegung des Grundbuchs in Kraft; sofern nach Art. 202 eine vertragsmäßige

Versteigerung von Grundstücken schon vor Anlegung des Grundbuchs vereinbart worden ist, bleiben nach Ziff. XVI Abs. 2 Satz 3 auch nach Anlegung des Grundbuchs für das Verfahren die Vorschriften des Art. 202 Abs. 1, 4 bis 7 maßgebend. Die Vorschriften des Art. 219 (Erwerb von Eigenthum und dinglichen Rechten an unbeweglichen Sachen bleiben gleichfalls noch bis zur Anlegung des Grundbuchs bestehen. Dagegen sind schon seit 1. Jan. 1900 weggefallen und durch die Vorschriften des Bürgerlichen Gesetzbuchs beseitigt die Bestimmungen der Art. 210 bis 216 (über handelsrechtliche Verhältnisse), von welchen jedoch jene der Art. 212 bis 215 (Veröffentlichung güterrechtlicher Verhältnisse handeltreibender Ehegatten) nach Art. 139 Abs. 1 des Uebergangsges. für Ehen, für welche zur Zeit des Inkrafttretens des BGB. Dotalrecht besteht, maßgebend bleiben, ferner die Vorschrift des Art. 218 (Zahlungsanerbieten). Die Bestimmung des Art. 217 (Pfandbestellung an beweglichem Vermögen in Handelssachen) über die Anwendung des pfälzischen Civilgesetzbuchs Art. 2074, 2075 ist durch die Aufhebung dieses Gesetzbuches (Art. 175 Abs. 2 des Ausf.Ges. z. BGB.) gegenstandslos geworden.

x) Die Vorschriften der Art. 222 bis 224 (Ausfertigungen und Abschriften, Beglaubigung von Unterschriften und Handzeichen) sind durch die Bestimmungen der Art. 1, 17, 22, 44, 55, 57 bis 62 des Notariatsgesetzes vom 9. Juni 1899 ersetzt.

2. Die Art. 34 bis 44 (betr. Anfechtungen von Rechtshandlungen des Schuldners außerhalb des Konkurses) sind schon durch das Anfechtungsgesetz vom 21. Juli 1879, der Artikel 170 (Besitzklage) ist durch Art. 33 Ziff. 1 des Gesetzes vom 1. Juli 1898 über das Liegenschaftsrecht in der Pfalz (Ges. u. V.Bl. S. 370) und der Art. 175 (Familienrechtsbeschlüsse) ist durch Art. 41 Abs. 1 des übrigens nach Art. 175 Nr. 32 Ausf.Ges. in Wegfall gekommenen Gesetzes vom 26. April 1888, die Abänderung von Bestimmungen des in der Pfalz geltenden Hypotheken- und Vormundschaftsrechts betr., aufgehoben worden.

3. Die Art. 127 bis 134, 136 regeln die Vollstreckbarkeit von Hypothekurkunden. An ihre Stelle sind für die nach dem Inkrafttreten des Liegenschaftsrechtes des BGB. entstehenden Hypotheken die §§ 799, 800 der Civilprozeßordnung getreten. In Ansehung der Hypotheken dagegen, welche schon zu der Zeit bestehen, zu welcher das Grundbuch als angelegt anzusehen ist, bleiben nach Art. VIII des Einf.Ges. zu dem Gesetze vom 17. Mai 1898, betreffend Aenderungen der Civilprozeßordnung, die landesgesetzlichen Vorschriften über die Vollstreckbarkeit von Hypothekurkunden in Kraft. Auf diesem Vorbehalte beruht die Vorschrift des Abs. 2 des Art. 166 des A.G. z. BGB.

4. Der Art. 139, der die Vollstreckbarkeit von Ewiggeldbriefen regelt, bleibt auf Grund des § 801 der C.P.O. für die nach den bisherigen Vorschriften begründeten Ewiggelder in Kraft.

5. Die Vorschrift des Art. 169 über die Zustellung im erwählten Wohnsitze wurde nach Art. 157 des Einf.Ges. z. BGB. für Rechtsverhältnisse, die sich nach den bisherigen Vorschriften bestimmen, in Abs. 3 des Art. 166 d. Ausf.Ges. z. BGB. aufrecht erhalten, sofern der Wohnsitz vor dem Inkrafttreten des Bürgerlichen Gesetzbuchs gewählt worden ist.

6. Die nach den bisherigen Vorschriften des pfälzischen Rechts errichteten

Notariatsurkunden der im Art. 220 bezeichneten Art (Not.Urkunden über freiwillige gerichtliche Versteigerungen, über die Theilung einer Erb- oder sonstigen Masse oder eines sonstigen ungetheilten Gegenstandes sowie über Theilungsversteigerungen — Licitationen — behalten nach Abs. 4 des Art. 166 die Eigenschaft vollstreckbarer Urkunden, auch verbleibt es für die aus ihnen stattfindende Zwangsvollstreckung bei den Vorschriften des Art. 221.

7. Von den in Abs. 5 Satz 1 des Art. 166 aufgehobenen noch in Geltung gewesenen Vorschriften der preußischen Allgemeinen Gerichtsordnung wurde in Satz 2 die Vorschrift des § 128 Thl. I Tit. 10 der Pr.A.G.O. für die vor dem 1. Januar 1876 erfolgten Eintragungen in die Kirchenbücher ausgenommen und in Kraft erhalten mit Rücksicht auf den § 418 Abs. 3 der C.P.O.[18])

8. Für das Aufgebot nach Theil I Tit. 51 §§ 100 bis 109 der preuß. allgem. G.O. („zur Erhaltung einer Präklusion gegen unbekannte Realprätendenten oder zur vollständigen Berichtigung des Besitztitels"), soweit solches nach dem Inkrafttreten des BGB. (bis zur Anlegung des Grundbuchs) noch stattfindet, bleiben in Ansehung des Verfahrens die bestehenden Vorschriften (Art. 158 bis 160 des A.G. z. C.Pr.O. u. K.O.) in Kraft. Ebenso verbleibt es für das Hypothekenreinigungsverfahren nach pfälzischem Recht (Art. 203 bis 209 a. a. O.), soweit solches (bis zur Anlegung des Grundbuches) zulässig ist, bei den bisherigen Vorschriften.

Artikel 167.

Das Ausführungsgesetz vom 23. Februar 1879 zum Reichs-Gerichtsverfassungsgesetze wird dahin geändert:

I. Der Artikel 15 erhält folgende Fassung:

Die Amtsgerichte sind, soweit nicht andere Bestimmungen getroffen sind, für die Angelegenheiten zuständig, welche zur Zuständigkeit der Stadt- und Landgerichte gehört haben.

Die Amtsgerichte sind neben den Notaren zuständig für die Beurkundung von Vereinbarungen zwischen dem Vater eines unehelichen Kindes und diesem über den Unterhalt für die Zukunft oder über eine an Stelle des Unterhalts zu gewährende Abfindung sowie für Beurkundung einer Vereinbarung zwischen dem Vater eines unehelichen Kindes und der Mutter über die der Mutter aus der Beiwohnung und der Entbindung entstandenen Ansprüche, sofern diese

---

18) C.Pr.O. § 418: „Oeffentliche Urkunden, welche einen anderen, als den in den §§ 415, 417 bezeichneten Inhalt haben, begründen vollen Beweis der darin bezeugten Thatsachen.

Der Beweis der Unrichtigkeit der bezeugten Thatsachen ist zulässig, sofern nicht die Landesgesetze diesen Beweis ausschließen oder beschränken.

Beruht das Zeugniß nicht auf eigener Wahrnehmung der Behörde oder der Urkundsperson, so findet die Vorschrift des ersten Absatzes nur dann Anwendung, wenn sich aus den Landesgesetzen ergiebt, daß die Beweiskraft des Zeugnisses von der eigenen Wahrnehmung unabhängig ist."

Vereinbarung mit der Vereinbarung über den Unterhalt des Kindes in derselben Urkunde verbunden wird. Die Amtsgerichte sind nicht zuständig für die Beurkundungen, die nach den Vorschriften der Reichsgesetze durch ein Gericht oder einen Notar zu bewirken sind, sowie für die öffentliche Beglaubigung einer Unterschrift oder eines Handzeichens.

Die Amtsgerichte sind als Nachlaßgerichte nicht zuständig zur Aufnahme des Inventars.

II. Als Artikel 15a wird folgende Vorschrift eingestellt:

Die Amtsgerichte können für bestimmte Arten von Gutachten, soweit nicht besondere Vorschriften maßgebend sind, Sachverständige öffentlich bestellen und im Allgemeinen beeidigen.

III. Dem Artikel 17 Abs. 2 wird folgende Vorschrift beigefügt:

Ist die Dienstaufsicht zwischen mehreren Amtsrichtern getheilt, so bestimmt das Staatsministerium der Justiz denjenigen, welchem die Vertheilung der Geschäfte zusteht.

IV. Der Artikel 21 erhält folgende Fassung:

Die im Art. 20 Abs. 1 angeordnete Stellvertretung erstreckt sich nicht auf den Fall rechtlicher Verhinderung des Gerichts.

V. Der Artikel 22 erhält folgende Fassung:

Die Ausfertigungen in den nicht zur ordentlichen streitigen Gerichtsbarkeit gehörenden Angelegenheiten werden, soweit nicht besondere Vorschriften bestehen, von dem Amtsrichter unterschrieben.

VI. Der Artikel 29 erhält folgende Fassung:

Die in dem gegenwärtigen Gesetze den Landgerichten zugewiesenen, nicht zur ordentlichen streitigen Gerichtsbarkeit gehörenden Angelegenheiten werden von den Civilkammern erledigt.

VII. Im Artikel 30 erhält

1. der Abs. 1 folgende Fassung:

Die Vorschriften der §§ 61 bis 68, 77 des Reichs-Gerichtsverfassungsgesetzes gelten auch für die zur Zuständigkeit der Landgerichte gehörenden Angelegenheiten, für welche die Vorschriften der Landesgesetze maßgebend sind.

2. Im Abs. 3 werden die Worte: „in den Fällen des § 100

des Reichs-Gerichtsverfassungsgesetzes der Vorsitzende der Kammer für Handelssachen" gestrichen.

3. Der Abs. 4 erhält folgende Fassung:

Ausfertigungen in den Angelegenheiten der freiwilligen Gerichtsbarkeit werden von dem Gerichtsschreiber unterschrieben.

VIII. Im Artikel 36 Ziff. 2 werden die Worte: „nach den Vorschriften des gegenwärtigen Gesetzes" ersetzt durch die Worte: „nach Art. 28".

IX. Im Artikel 37 werden die Worte: „mit Ausnahme der Behandlung der im Art. 41 bezeichneten Strafsachen" gestrichen.

X. Der Artikel 38 erhält folgende Fassung:

Die Vorschriften der §§ 121, 124 des Reichs-Gerichtsverfassungsgesetzes gelten auch für die zur Zuständigkeit der Oberlandesgerichte gehörenden Angelegenheiten, für welche die Vorschriften der Landesgesetze maßgebend sind.

Auf die Vertretung des Präsidenten finden die Vorschriften des Art. 32 entsprechende Anwendung.

XI. Der Artikel 39 erhält folgende Fassung:

Die Vorschriften des Art. 30 Abs. 3, 5 finden bei den Oberlandesgerichten entsprechende Anwendung.

Ausfertigungen in Angelegenheiten der freiwilligen Gerichtsbarkeit, für die das Oberlandesgericht als oberes Gericht zuständig ist, werden von dem Gerichtsschreiber unterschrieben.

XII. An die Stelle des Artikel 42 Abs. 3 treten folgende Vorschriften:

Dem Obersten Landesgerichte wird ferner die Verhandlung und Entscheidung der zur Zuständigkeit der Oberlandesgerichte gehörenden Revisionen und Beschwerden in Strafsachen sowie, unbeschadet der Zuständigkeit des Reichsgerichts, die Entscheidung über das Rechtsmittel der weiteren Beschwerde in Grundbuchsachen und anderen Angelegenheiten der freiwilligen Gerichtsbarkeit zugewiesen.

Das Oberste Landesgericht ist, soweit nicht andere Bestimmungen getroffen sind, für die Angelegenheiten zuständig, welche zur Zuständigkeit des Obersten Gerichtshofs gehört haben.

XIII. Der Artikel 48 erhält folgende Fassung:

Die Civilsenate des Obersten Landesgerichts entscheiden in

den Angelegenheiten, für welche die Vorschriften der Landesgesetze maßgebend sind, in der Besetzung von sieben Mitgliedern mit Einschluß des Vorsitzenden, über das Rechtsmittel der weiteren Beschwerde gegen Entscheidungen der Landgerichte als Beschwerdegerichte und über die Bestimmung des zuständigen Gerichts jedoch in der Besetzung von fünf Mitgliedern mit Einschluß des Vorsitzenden.

XIV. Der Artikel 51 Abs. 1 erhält folgende Fassung:

Bei dem Obersten Landesgerichte wird ein Generalstaatsanwalt, bei jedem Oberlandesgerichte wird ein Oberstaatsanwalt, bei jedem Landgerichte wird ein Erster Staatsanwalt aufgestellt.

XV. Der Artikel 52 Abs. 1 erhält folgende Fassung:

Der Generalstaatsanwalt, die Oberstaatsanwälte und die Staatsanwälte werden vom König ernannt.

XVI. Der Artikel 63 erhält folgende Fassung:

Die Gerichtsschreiber bei den Amtsgerichten sind zuständig, Siegelungen und Entsiegelungen sowie die Verrichtungen einer Urkundsperson gemäß § 123 der Konkursordnung vorzunehmen und Vermögensverzeichnisse aufzunehmen, die nach gesetzlicher Vorschrift dem Vormundschaftsgericht einzureichen sind. Sie sollen sich diesen Geschäften nur auf Anordnung des Richters unterziehen.

Den Gerichtsschreibern bei den Amtsgerichten kann von dem Nachlaßgerichte die Aufnahme des Inventars übertragen werden.

Die Aufnahme eines Vermögensverzeichnisses nach Abs. 1 oder eines Inventars nach Abs. 2 soll nur angeordnet werden, wenn anzunehmen ist, daß der Werth des Vermögens oder des Nachlasses ohne Abzug der Schulden den Betrag von zweitausend Mark nicht oder nicht erheblich übersteigt.

XVII. Im Artikel 64 werden die Worte: „verpflichteten Schreiber" ersetzt durch das Wort:

„Gerichtsschreibereibediensteten".

XVIII. Im Artikel 65 werden die Worte: „sowie des Zustellungswesens in Sachen der nichtstreitigen Rechtspflege" gestrichen.

XIX. Im Artikel 69 erhält

1. die Ziff. 6 folgende Fassung:

6) dem Generalstaatsanwalte hinsichtlich der Staats-

anwaltschaft bei dem Obersten Landesgerichte, dem Oberstaatsanwalt und dem Ersten Staatsanwalt hinsichtlich der Staatsanwaltschaften ihres Bezirkes.

2. Zwischen Abs. 1 und Abs. 2 wird folgender neue Absatz eingefügt:

Der Präsident des Oberlandesgerichts und des Landgerichts kann sich mit Genehmigung des Staatsministeriums der Justiz bei der Erledigung einzelner Aufsichtsgeschäfte, die sich auf ein untergebenes Gericht beziehen, durch einen richterlichen Beamten des Gerichts, dessen Vorstand er ist, vertreten lassen.

3. Der bisherige Abs. 2 erhält folgenden Zusatz:

Wird der Präsident nach Abs. 2 durch einen richterlichen Beamten vertreten, der nicht Mitglied des Präsidiums ist, so nimmt dieser an der Beschlußfassung des Präsidiums mit berathender Stimme Theil.

XX. Als Art. 74a wird folgende Vorschrift eingestellt:

Die Aufsicht über die Amtsführung der Standesbeamten in der Pfalz gehört zu den Gegenständen der Justizverwaltung. Die erforderlichen Ausführungsbestimmungen erläßt das Staatsministerium der Justiz.

XXI. Der dreizehnte Titel erhält die Ueberschrift:

„Hinterlegungswesen."

XXII. Der Art. 76 erhält folgende Fassung:

Für die in Angelegenheiten des bürgerlichen Rechtes oder nach den Vorschriften über das gerichtliche Verfahren erfolgenden Hinterlegungen werden bei den Amtsgerichten Hinterlegungsstellen errichtet. Für mehrere Amtsgerichtsbezirke kann eine Hinterlegungsstelle errichtet werden.

Die näheren Bestimmungen über die Hinterlegung werden durch Königliche Verordnung getroffen.

Die Staatsregierung kann die Besorgung des Hinterlegungswesens der Königlichen Bank übertragen und die hiefür erforderlichen Ausführungsvorschriften erlassen.

Bei den amtsgerichtlichen Hinterlegungsstellen findet die Anlegung von Mündelgeld nach § 1808 des Bürgerlichen Gesetzbuchs nicht statt.

XXIII. Der Artikel 77 Abs. 1 erhält folgende Fassung:

Die Gerichte haben sich in den Angelegenheiten, für

welche die Vorschriften der Landesgesetze maßgebend sind, Rechtshülfe zu leisten.

XXIV. Im Artikel 78 Abs. 1 und im Artikel 79 werden die Worte: „in den nicht zur ordentlichen streitigen Gerichtsbarkeit gehörenden Angelegenheiten“ ersetzt durch die Worte:

„in den Angelegenheiten, für welche die Vorschriften der Landesgesetze maßgebend sind“.

XXV. Der Artikel 28 Abs. 2, 3 und die Artikel 41, 46, 47 werden aufgehoben.

Obige Aenderungen und Ergänzungen des Ausführungsgesetzes zum Gerichtsverfassungsgesetze vom 23. Februar 1879[1]) sind insbesondere durch die in den Artikeln I, III des Reichs-Gesetzes vom 17. Mai 1898, betreffend Aenderungen des Gerichtsverfassungsgesetzes und der Strafprozeßordnung, enthaltenen Aenderungen des Gerichtsverfassungsgesetzes und des Einführungsgesetzes zu diesem sowie durch das Gesetz über die Angelegenheiten der freiwilligen Gerichtsbarkeit veranlaßt.

Im Einzelnen ist zu bemerken:

Zu Ziff. I.

1. Der in der Ziff. I neu gefaßte Art. 15 wiederholt im Abs. 1 die allgemeine Zuständigkeitsvorschrift des Abs. 1 der bisherigen Fassung. Die neue Fassung unterscheidet sich nur unwesentlich von der bisherigen, welche lautete:

„Die Amtsgerichte sind zuständig für alle nicht zur ordentlichen streitigen Gerichtsbarkeit gehörenden Angelegenheiten, welche bisher zur Zuständigkeit der Stadt- und Landgerichte gehört haben oder den Amtsgerichten durch besondere gesetzliche Bestimmungen zugewiesen sind.“

In der Tragweite besteht aber ein erheblicher Unterschied, sofern durch die reichsrechtlichen Vorschriften über die Zuständigkeit der Amtsgerichte diesen eine Reihe von Angelegenheiten, die ihnen vom früheren Rechte nicht übertragen waren, zugewiesen (vgl. unten Ziff. XXIV) und zugleich die in Ansehung der Zuständigkeit in Angelegenheiten der freiwilligen Gerichtsbarkeit zwischen den Landestheilen rechts des Rheins und der Pfalz bestehende Verschiedenheit beseitigt ist.

Der bisherige Abs. 2 des Artikel 15 ist weggelassen. Nach dem bisherigen Abs. 2 umfaßte die Zuständigkeit der Amtsgerichte in den Landestheilen rechts des Rheins insbesondere das Hypotheken- und Grundbuchwesen nebst den Ewiggeldsachen, das Vormundschafts- und Kuratelwesen, die Verlassenschaften und alle übrigen Gegenstände der nichtstreitigen Rechtspflege, welche eine gerichtliche Prüfung, Bestätigung, überhaupt eine Beschlußfassung erforderte und nicht zur Zuständigkeit der Landgerichte oder der Oberlandesgerichte gehörten. Für die Grundbuchsachen ist die Zuständigkeit der Amtsgerichte in dem Ausführungsgesetze zu der Grundbuchordnung Art. 1 be-

1) G. u. V.Bl. S. 273; v. Lenggrießer, das Ausführungsgesetz für das Königreich Bayern v. 23. Februar 1879 zum G.V.G. mit Auslegungsbehelfen; Koller, Ausf.-Ges. z. G.V.G., Text m. A.; Habel, das bayer. Ausf.Ges. z. G.V.G. in der vom 1. Januar 1900 an geltenden Fassung, Textausgabe mit Anmerkung, (unter der Presse; Meikel, die bayerischen Ausführungsgesetze 2c. mit Wiedergabe der verwiesenen Paragraphen und kurzen Anmerkungen, 1900.

stimmt. Für die Verrichtungen des Vormundschaftsgerichts und des Nachlaßgerichts und für einen großen Theil der sonstigen im früheren Abs. 2 genannten Angelegenheiten beruht die Zuständigkeit der Amtsgerichte nunmehr auf den Bestimmungen des Reichs-Gesetzes über die Angelegenheiten der freiwilligen Gerichtsbarkeit §§ 35 (Vormundschaftssachen), 65 (Bestätigung des Vertrags über Annahme an Kindesstatt), 69 (dem Gerichte erster Instanz nach dem Personenstandsgesetze obliegende Verrichtungen), 72 (Nachlaßsachen), 125 (Führung des Handelsregisters), 164 Ernennung ꝛc. von Sachverständigen zur Untersuchung von Sachen), 165 (Bestellung des Verwahrers zur Verwahrung von Sachen), 166 (betr. die beim Pfandverkauf erforderlichen Entscheidungen.) Die übrigen Angelegenheiten haben theils schon zur Zuständigkeit der früheren Stadt- und Landgerichte gehört (Verrichtungen bei landwirthschaftlichen Erbgütern, Feststellung des Bestehens von Realgewerbeberechtigungen), theils sind sie durch besondere Vorschriften der auf sie bezüglichen Gesetze den Amtsgerichten zugewiesen, vgl. z. B. BGB. §§ 21, 29, 37 Abs. 2 (in gewissen Fällen Bestellung der Vorstandsmitglieder eines Vereins, Ermächtigung zur Einberufung der Mitgliederversammlung), § 73 (Entziehung der Rechtsfähigkeit eines Vereins), §§ 132 Abs. 2, 176 Abs. 2 (Bewilligung der öffentlichen Zustellung von Willenserklärungen, Kraftloserklärung einer Vollmacht) § 261 (Offenbarungseid), §§ 1141 Abs. 2 (Bestellung eines Vertreters für einen Abwesenden, dem eine Hypothek gekündigt werden soll), 1435 (Eintragung in das Güterrechtsregister), ferner Art. 12 des Gesetzes vom 21. April 1884, die Landeskulturrentenanstalt betr., s. unten Art. 170 Ziff. V (Aufforderung der Hypothekengläubiger zur Erklärung über Rangausweichung), Art. 30, 31 (n. F.) des Gesetzes vom 29. Mai 1886, die Flurbereinigung betr. — s. unten Art. 171 Ziff. XII und XIII (Aufforderung der Hypothekengläubiger zur Geltendmachung von Widersprüchen gegen die Aenderungen im Gegenstande ihrer Rechte), Art. 1 des Gesetzes vom 15. Juni 1898, das Unschädlichkeitszeugniß betr. (Feststellung der Unschädlichkeit), Art. 87 des Ausf.Ges. z. BGB. (s. oben S. 146, Ernennung, Beeidigung und Vernehmung von Sachverständigen zur amtlichen Ermittelung des Werthes von Grundstücken), § 4 des Gesetzes vom 4. Dezember 1899 über die gemeinsamen Rechte der Besitzer von Schuldverschreibungen (Einberufung von Versammlungen), Art. 67 des A.G. z. G.V.G. n. F. (s. Ziff. II des Art. 167, Hinterlegungsstellen bei den Amtsgerichten). Die sachliche Zuständigkeit der Amtsgerichte in Angelegenheiten der freiwilligen Gerichtsbarkeit ist demnach hauptsächlich durch das Reichsrecht geregelt.[2]) Es wurde deshalb im Abs. 1 von einer Aufzählung der einzelnen Angelegenheiten abgesehen und sich darauf beschränkt, zu bestimmen, daß die Amtsgerichte, soweit nicht andere Bestimmungen (nämlich in Reichs- oder Landesgesetzen) getroffen sind, für die Angelegenheiten zuständig sind, für welche früher die Stadt- und Landgerichte zuständig waren. Diese Fassung hat zwar das Mißliche, daß sie auf die ältere Gerichtsorganisation verweist, die nicht mehr allgemein bekannt ist, aber sie gibt doch, wie Henle und Schneider in Nr. 1 zu Art. 167 mit Recht bemerken, die Gewißheit, daß nichts übersehen ist.

2. Der Art. 15 Abs. 1 n. F. gibt auch Maß für die Zuständigkeit der Amtsgerichte in den Landestheilen rechts des Rheins in Hypotheken- und Grundbuch-

---

2) In Angelegenheiten der ordentlichen streitigen Gerichtsbarkeit sind die Bestimmungen des G.V.G. §§ 22 ff. maßgebend. Durch Art. 9 des A.G. z. G.V.G. kommt den Amtsgerichten auch die Gerichtsbarkeit nach der revidirten Rheinschiffahrtsakte zu.

sachen des bisherigen Rechts und in solchen Nachlaßsachen, die wegen des schon vor dem 1. Januar 1900 eingetrenen Todesfalls gemäß Art. 213 des E.G. z. BGB. nach dem bisherigen Rechte zu erledigen sind. Für die Pfalz sind Uebergangsvorschriften bezüglich der Zuständigkeit gegeben in den Art. 143 ff. des Uebergangsgesetzes vom 9. Juni 1899.

3. Der Abs. 2 der neuen Fassung grenzt die Zuständigkeit der Amtsgerichte und der Notare in Ansehung des Beurkundungswesens ab. Nach dem bisherigen bayerischen Rechte (Art. 11, 16, 17 des Notariatsges. vom 10. November 1861, Art. 1 des Gesetzes vom 25. Ventôse XI, Art. 224 des A.G. zur C.P.O. und K.O.) sind die Notare die Beurkundungsbeamten für rechtsgeschäftliche Erklärungen und solche thatsächliche Vorgänge, über die im bürgerlichen Verkehr eine öffentliche Urkunde zu errichten ist. Nach § 415 der C.P.O. sind zur Aufnahme öffentlicher Urkunden solcher Art die Gerichte nur in den Fällen zuständig, in welchen ihnen die Zuständigkeit durch besondere Vorschrift übertragen ist. Diesen Rechtszustand hält der Abs. 2 der neuen Fassung auf Grund des Art. 141 des Einführungsgesetzes zum Bürgerlichen Gesetzbuche sowie des § 189 und des § 191 Abs. 2 des Gesetzes über die Angelegenheiten der freiwilligen Gerichtsbarkeit aufrecht, indem er die Amtsgerichte für nicht zuständig erklärt für die Beurkundungen, die nach den Vorschriften der Reichsgesetze durch ein Gericht oder einen Notar zu bewirken sind, sowie für die öffentliche Beglaubigung einer Unterschrift oder eines Handzeichens. Unter die Beurkundungen, die nach den Vorschriften der Reichsgesetze durch ein Gericht oder einen Notar zu bewirken sind, fällt nicht nur die Beurkundung von Rechtsgeschäften (§ 167 Abs. 1 des Gesetzes über die Angelegenheiten der freiwilligen Gerichtsbarkeit, Einf.Ges. zum BGB. Art. 141), sondern auch die Aufnahme des Protokolls über thatsächliche Vorgänge (z. B. über die Beschlüsse der Generalversammlung einer Aktiengesellschaft oder Kommanditgesellschaft auf Aktien, H.G.B. § 229 Abs. 1, § 320, über die Erhebung eines Wechselprotestes, Art. 87, der W.O.).

Was die öffentliche Beglaubigung einer Unterschrift oder eines Handzeichens betrifft, so ist durch die Bestimmung des Abs. 2 Satz 2 nichts an den Vorschriften geändert, welche die Gemeindebehörden für zuständig erklären, wie auch schon nach Art. 20 Abs. 1 des Flurbereinigungsgesetzes in gewissen Fällen Vollmachtsurkunden von den Gemeindebehörden beglaubigt werden können, eine solche Vorschrift auch für das Verfahren zur Anlegung des Grundbuchs in § 10 der Verordnung vom 23. Juli 1898 gegeben ist. Es ist nicht ausgeschlossen, die Zahl dieser Fälle durch neuere besondere Vorschriften zu vermehren. Bei Prozeßvollmachten ist jedoch die Beglaubigung durch eine Gemeindebehörde nach § 80 Abs. 2 C.P.O. nicht ausreichend.

Vgl. zu Vorstehendem die Artikel 1 bis 3 des neuen Notariatsgesetzes vom 9. Juni 1899, durch welche die Zuständigkeit der Notare umgrenzt ist.

4. Von dem bisher geltenden Rechte weicht Abs. 2 n. F. nur insofern ab, als er in Satz 1 die Amtsgerichte für zuständig erklärt, für die Beurkundung von Vereinbarungen zwischen dem Vater eines unehelichen Kindes und diesem über den Unterhalt für die Zukunft und über eine an Stelle des Unterhalts zu gewährende Abfindung (BGB. § 1714) sowie über Beurkundung einer Vereinbarung zwischen dem Vater eines unehelichen Kindes und der Mutter über die Ansprüche der Mutter aus der Beiwohnung. Zur Aufnahme der Urkunde, in welcher die Vaterschaft anerkannt wird (§§ 1718, 1720 des BGB.), sind die Amtsgerichte nach § 167 Abs. 2 des Gesetzes über die Angelegenheiten der freiwilligen Gerichtsbarkeit ohnehin zuständig.

Die Bestimmung des Abs. 2 Satz 1 ist neu für die Pfalz, sofern dort bisher die Erforschung der Vaterschaft durch den Art. 340 Code civil untersagt war und auch die Bestimmungen über Beurkundung von Vertägen, bei welchen Minderjährige betheiligt sind, wesentlich von den diesseitigen sich unterschieden.

Für Beurkundung der in Abs. 2 Satz 1 angeführten Vereinbarungen sind die Amtsgerichte nicht ausschließlich zuständig, auch die Notare bleiben zuständig.[4])

Das Amtsgericht kann selbstverständlich in beiden Fällen des Abs. 2 Satz 1 auch die Unterwerfung des Schuldners unter die sofortige Zwangsvollstreckung beurkunden. Hierauf weist schon die Begründung des Entwurfs hin, nach welcher die Zuständigkeit für die Beurkundung dieser Vereinbarungen gerade zu dem Zwecke den Amtsgerichten zu übertragen war, um ihnen die Aufnahme von Urkunden zu ermöglichen, in denen sich die Väter der unehelichen Kinder der sofortigen Zwangsvollstreckung unterwerfen.[5])

5. Die Zuständigkeit der Amtsgerichte zur Beurkundung der in Abs. 2 Satz 1 bezeichneten Vereinbarung hängt mit deren Zuständigkeit als Vormundschaftsbehörde nicht zusammen. Das Amtsgericht ist hier Beurkundungsgericht, deshalb erscheint die Frage der örtlichen Zuständigkeit des Vormundschaftsgerichts hier nicht von Belang. Wenn es auch die Regel bleiben wird, daß die Beurkundung von dergleichen Vereinbarungen bei demjenigen Amtsgerichte erfolgt, welches zugleich das zuständige Vormundschaftsgericht ist, so ist doch nicht ausgeschlossen, daß auch jedes andere bayerische Amtsgericht um solche Beurkundung angegangen werden kann.

Daß mit der Beurkundung eine Vereinbarung im Sinne des Abs. 2 Satz 1 auch die Beurkundung der Anerkennung der Vaterschaft verbunden werden kann, ergibt sich aus den Vorschriften der §§ 167, 191 des Gesetzes über die Angelegenheiten der freiwilligen Gerichtsbarkeit, wonach die Amtsgerichte zu solcher Beurkundung zuständig sind.

6. Der neue Abs. 3 wahrt auf Grund des Art. 148 des Einführungsgesetzes zum Bürgerlichen Gesetzbuche die bisherige Zuständigkeit der Notare zur Aufnahme des Nachlaßinventars (Art. 19 des Notariatsgesetzes vom 10. November 1861, pfälz. Gesetz vom 6./27. März 1791 Art. 10), welche nun auch nach Art. 2 Ziff. 2 des neuen Not.Ges. vom 9. Juni 1899 begründet ist. Wieweit neben den Notaren die Gerichtsschreiber bei den Amtsgerichten zuständig sind, ist im Artikel 33 Abs. 2 u. 3 des Ausführungsgesetzes zum Gerichtsverfassungsgesetze (Ziff. XVI des gegenwärtigen Artikels 167 bestimmt. Hienach kann den Gerichtsschreibern bei den Amtsgerichten von dem Nachlaßgerichte die Aufnahme des Inventars übertragen werden. Die Aufnahme eines Inventars (und eines Vermögensverzeichnisses im Sinne des Art. 1 und Art. 63) soll jedoch nur angeordnet werden, wenn anzunehmen ist, daß der Werth des Nachlasses (des Vermögens) ohne Abzug der Schulden den Beitrag von 2000 Mk. nicht oder nicht erheblich übersteigt.

Zu Ziff. II.

1. Die Civilprozeßordnung § 404 Abs. 2, § 407 Abs. 1, § 410 Abs. 2 (bisher §§ 369, 372, 375), die Strafprozeßordnung § 73 Abs. 2, § 75 Abs. 1, § 79

---

4) A.A.Pr. S. 342; R.R.A.Pr. 11 S. 21; Becher, Mat. II S. 269, 501.

5) Motive B S. 113; R.R.A.Pr. 11 S. 22; Becher, Mat. II S. 101.

Abs. 2 und das Gesetz vom 8. August 1878 über den Verwaltungsgerichtshof Art. 20 Abs. 5 setzen das Vorhandensein von Sachverständigen voraus, welche zur Erstattung von Gutachten gewisser Art öffentlich bestellt und im Allgemeinen beeidigt sind. Allgemeine Vorschriften über die Zuständigkeit für die Bestellung und Beeidigung solcher Sachverständigen bestehen in Bayern nicht, es hatte sich jedoch schon auf Grund der Gerichtsordnung von 1753 cap. XII § 3 Nr. 2 und des Art. 443 der Civilprozeßordnung vom 29. April 1869, welche ähnliche Vorschriften enthielten, bei größeren Gerichten die Uebung gebildet, für die häufiger vorkommenden Arten von Gutachten Sachverständige öffentlich zu bestellen und im Allgemeinen zu beeidigen. Der Art. 15a (Ziff. II) gibt dieser Uebung eine gesetzliche Grundlage, indem er die Bestellung und Beeidigung der Sachverständigen den Amtsgerichten zuweist und zwar für das Gebiet der streitigen Gerichtsbarkeit (C.P.O., St.P.O.) sowohl, als auch der freiwilligen Gerichtsbarkeit und der Justizverwaltung.

Die nach Art. 87 Abs. 1 des Ausführungsgesetzes zum Bürgerlichen Gesetzbuche (s. oben S. 146) für die amtliche Feststellung des Werthes von Grundstücken zu bestellenden Schätzer werden auch zur Erstattung von Gutachten in streitigen Angelegenheiten zu bestimmen sein; in welchem Umfang im Uebrigen von der Befugniß zur Bestellung und Beeidigung von Sachverständigen Gebrauch zu machen ist, bestimmt sich nach den örtlichen Verhältnissen.

2. Die Bestellung der Sachverständigen ist Offizialsache, kann aber selbstverständlich von Betheiligten auch angeregt werden, denen im Nichtstattgebungsfalle lediglich zusteht, sich an die vorgesetzte Dienstaufsichtsstelle zu wenden. Die Beeidigung hat mangels besonderer Vorschrift nach Maßgabe der Prozeßordnungen zu erfolgen.

3. Eine Verpflichtung, sich als Sachverständiger öffentlich bestellen zu lassen, besteht für Niemanden. Inwieweit etwa Beamte zu Folge ihrer Dienstpflicht hiezu verbunden sind, entscheidet deren vorgesetzte Dienstesstelle.

4. Durch den Artikel 15a werden besondere Vorschriften über die Aufstellung und Beeidigung von Sachverständigen nicht berührt; (vergl. insbesondere für die Sachverständigenvereine, die nach den §§ 31, 49 des Gesetzes vom 11. Juni 1870 über das Urheberrecht an Schriftwerken u. s. w., § 16 des Gesetzes vom 9. Januar 1876 über das Urheberrecht an Werken der bildenden Künste, § 10 des Gesetzes vom 10. Januar 1876, betreffend den Schutz der Photographien gegen unbefugte Nachbildung, § 14 des Gesetzes vom 11. Januar 1876, betreffend das Urheberrecht an Mustern und Modellen, zu bilden sind, § 3 der Instruktion vom 4. November 1871 (Reichs-Gesetzbl. S. 1923) und Ziff. II der Bekanntmachung vom 2. März 1872 (R.Bl. S. 945), § 3 der Bestimmungen über die Zusammensetzung und den Geschäftsbetrieb der künstlerischen, photographischen und gewerblichen Sachverständigenvereine vom 29. Februar 1876 (Reichs-Gesetzbl. S. 302) und Ziff. II der Bekanntmachung vom 28. Juni 1876 (R.Bl. S. 387).[6])

Zu Ziff. III.

Die in der Ziff. III enthaltene Ergänzung des Art. 17 Abs. 2 beruht auf der neuen Fassung des § 22 Abs. 2 des Gerichtsverfassungsgesetzes, wonach nunmehr, wenn bei einem Amtsgerichte die Zahl der Richter höher als fünfzehn ist, die Dienstaufsicht, welche früher ungetheilt einem Richter zu übertragen war, zwischen mehreren

6) Motive B S. 118; Becher, Mat. II S. 101.

von ihnen getheilt werden kann, in welchem Falle doch die Geschäftsvertheilung selbst in einer Hand bleiben muß.

Zu Ziff. IV.

Nach Art. 20 Abs. 1 wird bei denjenigen Amtsgerichten, an welchen nur ein Richter angestellt ist, von dem Präsidenten des Landgerichts ein Richter eines benachbarten Amtsgerichts oder ein Mitglied des Landgerichts ständig mit der Stellvertretung des Amtsrichters beauftragt. Diese Bestimmung trifft natürlich im Falle der rechtlichen Verhinderung nicht zu, hiefür muß durch das vorgesetzte Gericht eine spezielle Anordnung getroffen werden. Hierüber enthielt Art. 21 Bestimmung. Im Abs. 1 ist für die streitige Gerichtsbarkeit auf die §§ 36 der C.P.O. und 15 der St.P.O. hingewiesen. Abs. 2 betraf dagegen die Angelegenheiten welche nicht zur ordentlichen streitigen Gerichtsbarkeit gehören. Da jedoch in § 5 des Gesetzes über die Angelegenheiten der freiwilligen Gerichtsbarkeit dem § 36 der C.P.O. entsprechende Vorschriften getroffen sind, nach Art. 129 des Ausführungsgesetzes z. BGB. (s. oben S. 198) die Vorschrift des § 5 des genannten Reichsgesetzes[7]) auch für die durch Landesgesetze geordneten Angelegenheiten der freiwilligen Gerichtsbarkeit gelten, auch Art. 8 des Ausf.Ges. zur Grundbuchordnung verordnet, daß wenn ein Grundstück in den Bezirken verschiedener Grundbuchämter liegt oder mehrere in den Bezirken verschiedener Grundbuchämter liegende Grundstücke zu einem Grundstücke vereinigt werden sollen, das zuständige Grundbuchamt durch das im Instanzenzuge zunächst höhere Gericht bestimmt wird, so bestimmt nun die neue Fassung des Art. 21 allgemein für streitige wie nichtstreitige Angelegenheiten die Unanwendbarkeit der Vorschrift des Art. 20 Abs. 1 im Falle der rechtlichen Verhinderung des Gerichts.[8])

Zu Ziff. V.

1. Die neue Fassung des Art. 22 beseitigt in Bezug auf die Ausfertigung zwischen den Landestheilen rechts des Rheins und der Pfalz, in welcher nach der früheren Fassung der Gerichtsschreiber die Ausfertigungen zu unterzeichnen hatte, bestandene Verschiedenheit.

Die Ausfertigung ist von dem Amtsrichter zu unterschreiben, der die Angelegenheit behandelt, nicht von dem Gerichtsvorstand als solchem, also in Vormundschaftssachen von dem Vormundschaftsrichter, in Nachlaßsachen vom Nachlaßrichter.

2. Die Bestimmung der neuen Fassung des Art. 22 über die Ausfertigung der Amtsgerichte trifft nicht die Ausfertigungen der Protokolle über die Beurkundung eines Rechtsgeschäftes. Hiefür ist § 682 des Reichs-Gesetzes über die Angelegenheiten der freiwilligen Gerichtsbarkeit maßgebend, wonach solche Ausfertigungen von dem Gerichtsschreiber zu unterschreiben und mit dem Gerichtssiegel zu versehen sind. In Betracht kommen insbesondere die Protokolle über die Anerkennung der unehelichen Vaterschaft (BGB. §§ 1718, 1720), über die Vereinbarung eines unehelichen Kindes

---

7) Nach Art. 5 des R.G. über die Angelegenheiten der freiwilligen Gerichtsbarkeit erfolgt, wenn das zuständige Gericht in einem einzelnen Falle an der Ausübung des Richteramts rechlich oder thatsächlich verhindert ist, die Bestimmung durch das im Instanzenzug vorgesetzte Gericht.

8) Motive B S. 119; Becher, Mat. II S. 102.

mit seinem Vater über den Unterhalt (BGB. § 1714), über die vor dem Nachlaßgerichte abgegebene Erklärungen der Betheiligten (R.G. über Angelegenheiten der freiw. Gerichtsbarkeit §§ 91 ff.). Die Ertheilung einer vollstreckbaren Ausfertigung hinsichtlich einer vom Gerichte in solchen Fällen aufgenommenen Urkunde hat nach § 797 der C.Pr.O. von dem Gerichtsschreiber zu geschehen, welcher die Urkunde aufgenommen hat. Dies gilt insbesondere auch von der Vereinbarung zwischen dem unehelichen Vater und dem Kinde oder der Mutter über den Unterhalt des Kindes und die Ansprüche der Mutter (s. Bekanntmachung das Vormundschaftswesen betr. v. 19. Jan. 1900, J.M.Bl. S. 181 ff., § 52), und von der Ausfertigung des Beschlusses, durch welchen eine vorgängige Vereinbarung oder Auseinandersetzung in Nachlaßsachen bestätigt wird (s. Bekanntmachung vom 31. Dezember 1899, das Nachlaßwesen betr., J.M.Bl. 1900, S. 1 ff. §§ 98 und 99 des Ges. über freiw. G.) Vgl. auch J.M.E. vom 28. Dezember 1899 Nr. 42206, Ziff. VII Abs. 2, die Dienstvorschriften für die Gerichtsschreiber betreffend.

Zu Ziff. VI.

Die neue Fassung des Art. 29 hängt zusammen mit der Aufhebung des Art. 28 Abs. 2 und 3 (s. Ziff. XXV), welche deshalb eintreten mußte, weil für die dortigen Angelegenheiten nach dem Gerichtsverfassungsgesetz jetzt nicht mehr die Landgerichte, sondern die Amtsgerichte zuständig sind.

Zu Ziff. VII.

1. Die Vorschriften der §§ 61 bis 68 des Reichsgerichtsverfassungsgesetzes betreffen den Vorsitz im Plenum und in der einzelnen Kammer des Landgerichts, die Vertheilung der Geschäfte unter die einzelnen Kammern, die Bildung des Präsidiums, die Zuendeführung von Strafsachen durch die vor Ablauf des Geschäftsjahres begonnenen Untersuchungen durch den treffenden Untersuchungsrichter und dnrch die mit der Sache bereits befaßten Kammern, die Stellvertretung des Vorsitzenden und die Vertheilung der Geschäfte innerhalb der Kammer, dann jene des § 77 die Mitgliederzahl der einzelnen Kammern. Die neue Fassung des Art. 30 Abs. 1 war nothwendig, weil für diejenigen Angelegenheiten, für welche die Reichsgesetze maßgebend sind, ohnehin die Reichsgesetze und insbesondere § 81 der Grundbuchordnung, dann §§ 8 und 30 Abs. 3 des Gesetzes über die Angelegenheiten der freiwilligen Gerichtsbarkeit die entsprechenden Bestimmungen treffen, demgemäß die §§ 61 bis 68 und 77 des Reichsgerichtsverfassungsgesetzes auf das Gebiet der landesrechtlichen Gesetzanwendung beschränkt werden mußten.

2. Abs. 3 des Art. 30 ä. F. lautete: Ausfertigungen der Landgerichte, insoweit hiefür nicht die Bestimmungen der Reichsprozeßordnungen maßgebend sind, unterzeichnet der Präsident, in dem Falle des § 100 des Reichsgerichtsverfassungsgesetzes der Vorsitzende der Kammer der Handelssachen.“ Ausfertigungen, für welche nicht die Bestimmungen der Prozeßordnungen maßgebend wären, können, da nach Art. 29 n. F. des Ausf.G. (s. Ziff. VI) die den Landgerichten zugewiesenen nicht zur ordentlichen streitigen Gerichtsbarkeit gehörenden Angelegenheiten den Civilkammern zugewiesen sind, die Führung der Handelsregister kraft Reichsrechts von den Amtsgerichten geführt wird, nicht mehr bei den Kammern für Handelssachen vorkommen, daher die in Abs. 3 bezügl. der Kammern für Handelssachen getroffene Sondervorschrift in Wegfall kommen mußte.

3. In Abs. 4 ä. F. des Art. 30 war bestimmt, daß in der Pfalz die Ausfertigungen von dem Gerichtsschreiber unterzeichnet werden. Die in Ziff. VII 3 dem Absatz 4 gegebene neue Fassung bringt eine sachliche Aenderung in doppelter Richtung, indem sie einerseits für die Landestheile rechts d. Rh. die Vorschrift enthält, daß in Angelegenheiten der freiwilligen Gerichtsbarkeit die Ausfertigungen nicht mehr vom Präsidenten des Landgerichts, sondern vom Gerichtsschreiber unterzeichnet werden, anderseits nunmehr in der Pfalz alle Ausfertigungen, sondern nur diejenigen, für welche die Reichsprozeßordnungen maßgebend sind und die Ausfertigungen in Angelegenheiten der freiwilligen Gerichtsbarkeit vom Gerichtsschreiber zu unterzeichnen sind.

Zu Ziff. VIII.

Art. 36 betrifft die Zuständigkeit der Oberlandesgerichte. Die Aenderung in Ziff. 2 hängt mit der neuen Fassung der Aufhebung der Abs. 2 und 3 des Art. 28 (s. Ziff. XXV) zusammen und berichtigt die Fassung des Artikel 36 Ziff. 2 dahin, daß diese die durch den Artikel 26 den Landgerichten zugewiesenen Angelegenheiten nicht umfaßt, weil für diese Angelegenheiten die Vorschriften des § 123 Nr. 1, 4 des Gerichtsverfassungsgesetzes maßgebend sind.

Die besondere Zuständigkeit der Oberlandesgerichte sowohl für Real- als auch gemischte Klagen gegen ein Mitglied des Königlichen Hauses bleibt aufrecht erhalten.[9])

Zu Ziff. IX.

Die Streichung in Art. 37, welcher die Verhandlung und Entscheidung über die den Oberlandesgerichten zugewiesenen Gegenstände mit Ausnahme der in Art. 41 bezeichneten Strafsachen den Civilsenaten zuweist, beruht auf dem Uebergange der in Art. 41 bezeichneten, bisher den Oberlandesgerichten zugewiesenen Revisionen und Beschwerden in Strafsachen auf das Oberste Landesgericht.

Zu Ziff. X.

1. Die dem Art. 38 gegebene neue Fassung in Abs. 1, wonach die Vorschriften des Reichsgerichtsverfassungsgesetzes § 121 (entsprechende Anwendung der §§ 61—68 des R.G.V.G.) und des § 124 (Besetzung der Senate der Oberlandesgerichte durch fünf Mitglieder mit Einschluß des Vorsitzenden) auch für die zur Zuständigkeit der Oberlandesgerichte gehörenden Angelegenheiten, für welche die Vorschriften der Landesgesetze maßgebend sind, gelten, beruht auf denselben Gründen, wie die Aenderung der Fassung des Art. 30 Abs. 1. S. die Bemerkung zu Ziff. VII Nr. 1.

2. Für die Vertretung des Präsidenten des Oberlandesgerichts begnügte sich die alte Fassung des Art. 38 mit der Verweisung auf § 121 des R.G.V.G., wonach für die Geschäfte, die dem Präsidenten nicht als ordentlichem Vorsitzenden eines Senats obliegen, nur die Senatspräsidenten als Vertreter berufen waren. Nach Artikel 32 des Ausf.G. z. R.G.V.G. wird der Präsident des Landgerichts, unbeschadet der Vorschrift des R.G.V.G. § 65 (Regelung der Dienst- und Geschäftsverhältnisse der Gerichtsvollzieher, sowie des Zustellungswesens in Sachen der nichtstreitigen Rechtspflege) in allen seinen Dienstgeschäften durch dasjenige Mitglied des Präsidiums vertreten, welches

---

9) R.R.A. Prot. 12 (Becher Mat. II S. 506), Konstatirung des Reichsraths Dr. von Schmitt und des Minist.-Kommissärs Dr. von Jacubezky.

Vgl. hiezu noch die Aeußerungen des k. Staatsministers der Justiz a. a. O. (Becher, Mat. II S. 507, 508.)

dem Range nach, bei gleichem Range dem Dienstalter nach und bei gleichem Dienstalter der Geburt nach das älteste ist. Da eine diesem Artikel entsprechende Vorschrift in dem Art. 38 ä. F. nicht aufgenommen, bei den Oberlandesgerichten, die nur einen Senatspräsidenten haben, aber das Bedürfniß hervorgetreten ist, die Vertretung des Präsidenten in der gleichen Weise wie die des Landgerichtspräsidenten zu ordnen, erklärt Abs. 2 der neuen Fassung des Art. 38 auch die Vorschrift des Art. 32 für entsprechend anwendbar.

Zu Ziff. XI.

1. Die durch Ziff. XI dem Artikel 39 gegebene neue Fassung beseitigt, wie Ziff V und VII, die Verschiedenheit zwischen den für die Landestheile rechts des Rheins und die Pfalz geltenden Vorschriften, indem sie sich an die in den Landestheilen rechts des Rheins geltenden Vorschriften anschließt.

2. Nach Abs. 2 der neuen Fassung werden jedoch nur die Ausfertigungen in Angelegenheiten der freiwilligen Gerichtsbarkeit, für die das Oberlandesgericht als oberes Gericht zuständig ist, von dem Gerichtsschreiber unterschrieben. In Fideikommißsachen und in standesherrlichen Vormundschaftssachen, für welche das Oberlandesgericht als erste Instanz zuständig ist (§ 10 Abs. 1 der IV. Beil. z. V.U.), werden die Ausfertigungen von dem Präsidenten unterschrieben.

Zu Ziff. XII.

1. Abs. 1 u. 2 des Art. 42 des A.G. z. R.G.V.G. sind unverändert geblieben. Abs. 2 weist dem Obersten Landesgericht die Verhandlung und Entscheidung der zur Zuständigkeit des Reichsgerichts gehörenden Revisionen und Beschwerden in bürgerlichen Rechtsstreitigkeiten nach Maßgabe des § 8 des Einf.Ges. zum R.G.V.G. zu. Nach § 8 Abs. 2 dieses Einf.Gesetzes erstreckt sich die Zuständigkeit des Obersten Landesgerichtes nicht auf die Rechtsstreitigkeiten, welche zur Zuständigkeit des Reichs-Oberhandelsgerichts gehört haben (G. vom 12. Juni 1869, die Errichtung eines obersten Gerichtshofs für Handelssachen §§ 12 und 13)[10]) oder durch besondere Gesetze dem Reichsgerichte zugewiesen werden. Seit dem Inkrafttreten des R.G.V.Gesetzes sind Zuweisungen an das Reichsgericht erfolgt durch den § 155 (früher § 146) des Gesetzes vom 1. Mai 1889, betr. die Erwerbs- und Wirthschaftsgenossenschaften (R.G.Bl. 1898 S. 810), den § 38 des Patentgesetzes vom 7. April 1891 (R.G.Bl. S. 79), den § 12 des Gesetzes vom 1. Juni 1891, betr. den Schutz der Gebrauchsmuster (R.G.Bl. S. 290), den § 43 des Reichsstempelgesetzes vom 27. April 1894 (n. F. R.G.Bl. 1900 S. 285), den § 21 des Gesetzes vom 12. Mai 1894 zum Schutze der Waarenbezeichnungen (R.G.Bl. S. 441), den § 130 (früher 138) des Gesetzes vom 15. Juni 1895, die privatrechtlichen Verhältnisse der Binnenschifffahrt betr. (R.G.Bl. 1898 S. 868), den § 31 des Gesetzes vom 15. Juni 1895, die privatrechtlichen Verhältnisse der Flößerei betr. (R.G.Bl. S. 347), den § 15 des Gesetzes vom 27. Mai 1896 zur Bekämpfung des unlauteren Wettbewerbes, den § 47 des Börsengesetzes vom 22. Juni 1896 (R.G.Bl. S. 145). Außerdem überträgt der Artikel 6 des Einf.G. zum BGB. dem Reichsgerichte die Verhandlung und Entscheidung in letzter Instanz in bürgerlichen Rechtsstreitigkeiten, in welchen durch Klage oder Widerklage ein Anspruch auf Grund des

---

10) In Bayern als Reichsgesetz eingeführt, s. Beil. z. G Bl. 1870/71 S. 62 ff.

Bürgerlichen Gesetzbuchs geltend gemacht ist, und die gleiche Bestimmung ist für Ansprüche aus dem Anfechtungsrechte der Gläubiger in Artikel IX des Einf.Ges. zu dem Gesetze vom 17. Mai 1898, betr. Aenderungen der Konkursordnung,[11]) getroffen.

2. Die Zuweisung der Revisionen und Beschwerden an das Oberste Landesgericht, welche früher zur Zuständigkeit der Oberlandesgerichte gehört hatten, erfolgte auf Grund des Vorbehaltes in Artikel 10 des Einf.Gesetzes zum Gerichtsverfassungsgesetze. Die Zuständigkeit des Obersten Landesgerichts entspricht dem Wesen dieser Angelegenheiten besser als die eines Oberlandesgerichtes, da sich die Rechtsprechung für das ganze Königreich einheitlich gestalten soll. Nach § 79 Abs. 1 der Grundbuchordnung und § 28 Abs. 1 des Gesetzes über die Angelegenheiten der freiwilligen Gerichtsbarkeit entscheidet über die weitere Beschwerde gegen die Entscheidungen der Landgerichte in Grundbuchsachen und in den durch Reichsgesetz den Gerichten übertragenen Angelegenheiten der freiwilligen Gerichtsbarkeit das Oberlandesgericht. Durch die Gesetzgebung eines Bundesstaats, in dem mehrere Oberlandesgerichte errichtet sind, kann jedoch die Entscheidung über das Rechtsmittel der weiteren Beschwerde einem der mehreren Oberlandesgerichte oder an Stelle eines solchen Oberlandesgerichts dem Obersten Landesgerichte zugewiesen werden (§ 102 der Grundbuchordnung, § 199 Abs. 1 des Ges. über die Angel. d. freiw. Ger.). Auch von letzteren Vorbehalten ist bei der neuen Fassung des Abs. 3 Gebrauch gemacht, um die frühere Vorschrift, nach welcher für die weitere Beschwerde in Sachen der nichtstreitigen Rechtspflege das Oberste Landesgericht zuständig war, dem Inhalte nach zu wahren. Deshalb wurde auch die Entscheidung über das Rechtsmittel der weiteren Beschwerde in Grundbuchsachen und anderen Angelegenheiten der freiwilligen Gerichtsbarkeit dem Obersten Landesgerichte zugewiesen, jedoch unbeschadet der Zuständigkeit des Reichsgerichts nach Vorschrift in der Grundbuchordnung § 79 Abs. 2, 3 und im Gesetze über die Angelegenheiten der freiwilligen Gerichtsbarkeit § 28 Abs. 2, 3, wonach die Sache dem Reichsgerichte zur Entscheidung vorzulegen ist, wenn das Oberste Landesgericht von einer auf weitere Beschwerde ergangenen Entscheidung eines außerbayerischen Oberlandesgerichts oder des Reichsgerichts abweichen will.[12])

3. Im früheren Abs. 3 des Artikel 42 ist das Oberste Landesgericht auch für die sonstigen nicht zur ordentlichen streitigen Gerichtsbarkeit gehörenden Angelegenheiten für zuständig erklärt, die ihm durch besondere Landesgesetze übertragen werden. Dieser Vorbehalt ist als selbstverständlich weggelassen worden; dagegen ist die Bestimmung, daß das Oberste Landesgericht im Allgemeinen an die Stelle des früheren Obersten Gerichtshofs getreten ist, als Abs. 4 aufgenommen.[13])

---

11) Ueber die Sätze des materiellen **Konkursrechtes**, welche nicht das Anfechtungsrecht betreffen, geht die Revision nicht an das Reichsgericht.

12) Motive B. S. 120, 121; Becher, Mat. II S. 105, 106. In Folge dessen ist das Oberste Landesgericht gemäß § 119 Abs. 2 des Ges. über die Angelegenheiten der freiw. Ger. auch für die Beschwerde gegen die dort bezeichneten Verfügungen des Landgerichts an die Stelle des nach § 64 und 143 Abs. 2 dieses Gesetzes zuständigen Oberlandesgerichts getreten und gilt es im Sinne der §§ 5, 46 dieses Gesetzes als gemeinschaftliches oberes Gericht für die bayerischen Gerichte. Vgl. hiezu auch oben Art. 129 des A.G., sowie Art. 8 des Ausf.G. z. Grundbuchordnung und zu dem Ges. über die Zwangsversteigerung (und Zwangsverwaltung vom 1. Juni 1899 (G. u. V.Bl. S. 125.

13) Motive B S. 121; Becher, Mat. II S. 106.

Zu Ziff. XIII.

Nach § 10 des Einf.Ges. zum Gerichtsverfassungsgesetze bestimmt sich die Besetzung der Senate des Obersten Landesgerichts in Strafsachen nach § 134, in bürgerlichen Rechtsstreitigkeiten nach § 140 des Gerichtsverfassungsgesetzes; die Senate entscheiden mithin in Strafsachen in der Besetzung von fünf und in bürgerlichen Rechtsstreitigkeiten in der Besetzung von sieben Mitgliedern mit Einschluß des Vorsitzenden. Auf die Besetzung der Senate des Obersten Landesgerichts in Grundbuchsachen, sowie in den nach § 199 des Gesetzes über die Angelegenheiten der freiwilligen Gerichtsbarkeit dem Obersten Landesgerichte zugewiesenen Angelegenheiten findet nach § 10 Abs. 3 des Einf.Ges. zum Gerichtsverfassungsgesetze der § 124 des Gerichtsverfassungsgesetzes Anwendung. Die Senate sind in diesen Sachen, in denen das Oberste Landesgericht ebenso wie in Strafsachen an die Stelle eines Oberlandesgerichts tritt, mit fünf Mitgliedern besetzt.

Für die Angelegenheiten, bezüglich welcher die Vorschriften der Landesgesetze maßgebend sind, hält die neue Fassung des Art. 48 die Regel der Besetzung mit sieben Mitgliedern aufrecht, schließt sich aber in Ansehung des Rechtsmittels der weiteren Beschwerde gegen Entscheidungen der Landgerichte als Beschwerdegerichte und in Ansehung der Bestimmung des zuständigen Gerichts an den § 10 Abs. 3 des Einf.-Ges. zum Gerichtsverfassungsgesetze an, weil es mißlich sein würde, die Besetzung der Senate für die Angelegenheiten der freiwilligen Gerichtsbarkeit, für welche die Vorschriften der Landesgesetze maßgebend sind, anders zu bestimmen, als für die durch Reichsgesetz geordneten Angelegenheiten der gleichen Art und weil auch Gründe der Zweckmäßigkeit gegen eine Unterscheidung zwischen Sachen der freiwilligen Gerichtsbarkeit und sonstigen Angelegenheiten sprechen. Die Besetzung der Senate mit fünf Mitgliedern steht auch im Einklange mit der für den Verwaltungsgerichtshof geltenden Vorschrift des Art. 39 des Gesetzes vom 8. August 1878.[14])

Zu Ziff. XVI.

1. Nach Abs. 2 der früheren Fassung des Art. 63 war in der Pfalz die Befugniß der Gerichtsschreiber zur Vornahme von Siegelungen und Entsiegelungen auf die Fälle des § 112 der Reichs-Konkursordnung (ä. F.) beschränkt. Diese Beschränkung ist in der neuen Fassung des Art. 63 mit Rücksicht auf den Wegfall der Rechtsverschiedenheit in Ansehung der freiwilligen Gerichtsbarkeit und des Notariats beseitigt.

Im Uebrigen erstreckt die neue Fassung des Art. 63 die Zuständigkeit der Gerichtsschreiber bei den Amtsgerichten auf die Aufnahme von Vermögensverzeichnissen, die dem Vormundschaftsgerichte einzureichen sind (BGB. § 1640 Abs. 2, § 1667 Abs. 2, § 1686, § 1760 Abs. 1 Satz 2), § 1802 Abs. 2, 3) und ergänzt die bisherige Bestimmung auch dahin, daß das Nachlaßgericht die Aufnahme des Inventars dem Gerichtsschreiber übertragen kann, sowie daß die Aufnahme eines Vermögensverzeichnisses nach Abs. 1 oder eines Inventars nach Abs. 2 nur angeordnet werden soll, wenn anzunehmen ist, daß der Werth des Vermögens oder des Nachlasses ohne Abzug der Schulden den Betrag von Zweitausend Mark nicht oder nicht erheblich übersteigt.

---

14) Motive B S. 121; Becher, Mat. II S. 106. Für die Uebergangsfälle vergleiche Gesetz vom 9. Juni 1899, Uebergangsvorschriften zum BGB. betr., Art. 34, für Notariatssachen Not.Gesetz Art. 60 Abs. 2.

Die Verweisung auf § 123 der Konkursordnung ist nicht auf die Siegelungen und Entsiegelungen zu beziehen; von dieser spricht auch nicht der § 123, sondern der § 122 der K.O.[15])

3. Bei der Berechnung des Werthes des Vermögens oder des Nachlasses nach Abs. 3 der neuen Fassung sind die Schulden nicht in Betracht zu ziehen; die Zuständigkeit kann von den Schulden schon deshalb nicht abhängig gemacht werden, weil man die Schulden zu der Zeit, zu der es sich darum handelt, wer das Inventar errichten soll, meistens nicht kennt.[16])

Zu Ziff. XVII.

Die Aenderung im Art. 64 entspricht nur der dermaligen Geschäftseinrichtung in den Gerichtsschreibereien.

Zu Ziff. XVIII.

Der Art. 65 bestimmte in seiner früheren Fassung, daß die Regelung der Dienst- und Geschäftsverhältnisse der Gerichtsvollzieher sowie des Zustellungswesens in Sachen der nichtstreitigen Rechtspflege den auf dem Verordnungswege zu erlassenden Dienstvorschriften und den zur Durchführung derselben vom Staatsministerium der Justiz zu erlassenden Anordnungen vorbehalten bleibt. Da jedoch die hierin über das Zustellungswesen in den Angelegenheiten der freiwilligen Gerichtsbarkeit enthaltene Bestimmung für die durch Reichsgesetz den Gerichten übertragenen Angelegenheiten durch § 16 des Gesetzes über die Angelegenheiten der freiwilligen Gerichtsbarkeit ersetzt ist, der § 16 nach Artikel 129 des A.G. z. BGB. (s. oben) auch für diejenigen Angelegenheiten der freiwill. G. gilt, für welche die Vorschriften der Landesgesetze maßgebend sind und für die Grundbuchsachen eine entsprechende Vorschrift in dem Ausführungsgesetze zur Grundbuchordnung Art. 8 enthalten ist, so wurde der Art. 65 nunmehr auf die Dienst- und Geschäftsverhältnisse der Gerichtsvollzieher beschränkt und demgemäß die Worte „sowie des Zustellungswesens in Sachen der nichtstreitigen Rechtspflege" gestrichen.

Zu Ziff. XIX.

1. Der Art. 69 handelt von der Dienstaufsicht der vorgesetzten Behörden. Nach Ziff. 6 der früheren Fassung war blos dem Oberstaatsanwalte und dem Ersten Staatsanwalte hinsichtlich der Staatsanwaltschaft ihres Bezirkes diese Aufsicht zugewiesen.

Nachdem aber nunmehr beim Obersten Landesgerichte ein Generalstaatsanwalt aufgestellt ist, so mußte auch für die Beamten der Staatsanwaltschaft bei diesem Gerichte durch die neue Fassung der Ziff. 6 Bestimmung getroffen werden.

2. Die Einschaltung des neuen Abs. 2 beruht darauf, daß einerseits die Aufgaben der Präsidenten der Oberlandesgerichte und der Landgerichte, insbesondere

---

15) Aeußerung des Senatspräsidenten Dr. von Jacubezky auf die Anfrage eines Ausschußmitgliedes, A.A.Pr. S. 358, Becher, Mat. II S. 319.

16) Auch in dieser Beziehung äußerte sich in obigem Sinne der genannte Regierungsvertreter auf Anfrage in dem Justizgesetzgebungsausschusse der Abg.K.; A.A.Pr. S. 358; Becher, Mat. II S. 320.

durch die Uebertragung der Aufsicht auf die Notare (Art. 63 Abs. 2 des Not.G.) eine bedeutende Mehrung erfahren haben und daß es anderseits nicht angeht, sie ihrem eigentlichen Berufe, nämlich der Leitung der Geschäfte ihren Gerichten völlig zu entziehen.[17])

3. Nach dem frühern Abs. 2 des Art. 69 hatte der Präsident des Obersten Landesgerichts, des Oberlandesgerichts und des Landgerichts in wichtigeren Angelegenheiten, welche sich auf die Aufsicht über das Gericht beziehen, dessen Vorstand er ist, namentlich bei Auflage von Zwangsstrafen, sowie bei allen auf untergebene Gerichte bezüglichen Aufsichtssachen den Beschluß des Präsidiums zu erwirken. Diese Bestimmung bleibt unberührt. Der derselben in Nr. 3 der Ziff. XIX angereihte Zusatz bezweckt, daß jenes Gerichtsmitglied, welches nach dem neuen Abs. 2 den Präsidenten in der Vornahme der Aufsichtsgeschäfte vertreten hat, auch seine Anschauungen und Wahrnehmungen im Präsidium mittheilen kann. Dasselbe hat jedoch nur berathende Stimme, wenn es nicht ohnehin schon Mitglied des Präsidiums ist. (Just.Min.Bl. 1900 S. 997.)

Zu Ziff. XX.

Die Einschaltung des im Reg.Entw. nicht enthaltenen Art. 74a geschah auf Antrag der k. Staatsregierung und war durch Rücksichtnahme auf die pfälzischen Verhältnisse bedingt. Eine materielle Aenderung betrifft diese neue Vorschrift nicht. Auf Grund des Art. 74a ist die Bekanntmachung des k. Staatsministeriums der Justiz vom 5. November 1899, die Aufsicht über die Amtsführung der Standesbeamten in der Pfalz betr. (J.M.Bl. S. 1305) erlassen, wonach diese Aufsicht der Staatsanwaltschaft (§ 1), mit der Befugniß zusteht, die ordnungsmäßige Ausführung der standesamtlichen Geschäfte zu überwachen, insbesondere die Standesurkunden zu prüfen, den Standesbeamten Weisungen über die formelle Geschäftsbehandlung, ferner Belobungen, Warnungen oder Verweise zu ertheilen und die Verfügung von Geldstrafen zu beantragen (§ 2). Bei der Prüfung der Standesurkunden haben die Amtsgerichte mitzuwirken (§ 3). Die Ertheilung einer Belobung, einer Warnung oder eines Verweises an den Standesbeamten erfolgt durch den Oberstaatsanwalt (§ 14), die Verfügung einer Geldstrafe durch die Civilkammer des Landgerichts, in dessen Bezirk der Standesbeamte seinen Sitz hat (§ 14, 15, 16). Gegen die Entscheidung des Landgerichts findet Beschwerde, gegen die Entscheidung des Beschwerdegerichts ein weiteres Rechtsmittel nicht statt (§§ 17,19).

Vgl. weiter die Just.Min. Bekanntmachung vom 26. Dezember 1899, die Amtsführung der Standesbeamten in der Pfalz betr. (J.M.Bl. S. 1221 ff.), und insbesondere noch die Anweisung des Oberstaatsanwalts bei dem Oberlandesgerichte Zweibrücken an die Standesbeamten in der Pfalz vom 20. Dezember 1899 (J.M.Bl. S. 1311 ff). s. auch Just.Min.Bek. v. 11. Juli 1900 (J.M.Bl. S. 997).

Zu Ziff. XXII.

1. Die in Ziff. XXII vorgenommenen Aenderungen des Artikel 76 Abs. 1 bis 3 enthalten, abgesehen davon, daß sie dessen Fassung mit dem Sprachgebrauche des Bürgerlichen Gesetzbuchs in Einklang bringen, nur zwei sachliche Abweichungen. Nach dem Abs. 1 der neuen Fassung werden nur bei den Amtsgerichten Hinterlegungsstellen

17) Eine solche Vertretung kann insbes. öfters nothwendig sein bezüglich der Visitation der Amtsgerichte, der Beaufsichtigung der Hypothekenbereinigung, der Grundbuchanlegung 2c. Vgl. Begründung zur Beil. D zu der Verh. d. Just.Gesetzgeb.A. d. K. d. Abg. 1898 Bd. XX Abth. I S. 156/57.

errichtet; dabei wird aber die Errichtung einer Hinterlegungsstelle für mehrere Amtsgerichtsbezirke zugelassen. Im Abs. 3 (n. F) ist die Ermächtigung, an Stelle der Amtsgerichte eine andere Behörde als Hinterlegungsstelle zu bezeichnen, auf die Königliche Bank beschränkt.

Der frühere Absatz 4 des Art. 76, welcher die gesetzlichen Bestimmungen über die Anlegung gerichtlicher Depositen aufrecht erhielt, ist entbehrlich geworden. Dagegen mußte, da die k. Bank nach § 3 Abs. 1 Ziff. 2 der Verordnung vom 13. Dezember 1878, die Formation und den Wirkungskreis der k. bayerischen Bank betr. (G.u.V.Bl. S. 489), auch Anlegungsstelle für Mündelgeld ist, von dem Vorbehalte des Art. 144 Satz 2 des Einführungsgesetzes z. BGB. Gebrauch gemacht und mit Rücksicht auf den § 1808 des BGB., wonach Mündelgeld bei den Hinterlegungsstellen angelegt werden kann, in dem nunmehrigen Abs. 4 bestimmt worden, daß die Anlegung von Mündelgeld bei den amtsgerichtlichen Hinterlegungsstellen nicht stattfindet.

2. Auf Grund der Bestimmungen des Art. 76 n. F. sind nunmehr folgende Verordnungen und sonstige Vorschriften in Geltung: die Hinterlegungsordnung vom 18. Dezember 1899 (J.M.Bl. S. 1057), die Hinterlegungsgebührenordnung vom 25. Dezember 1899 (J.M.Bl. S. 1074), die Bekanntmachung vom 28. Dezember 1899, die Errichtung von gemeinschaftlichen Hinterlegungsstellen betr. (J.M.Bl. S. 1079), die Bekanntmachung betr. die Geschäftsführung der amtsgerichtlichen Hinterlegungsstellen vom 28. Dezember 1899 (J.M.Bl. S. 1080), Bekanntmachung vom 28. Dez 1899, die Uebertragung der Besorgung des gerichtlichen Hinterlegungswesens an die K. Bank betr. (J.M.Bl. S. 1115), Bekanntmachung vom 28. Dezember 1899, die Besorgung des gerichtlichen Hinterlegungswesens durch die K. Bank betr. (J.M.Bl. S. 1116), Bekanntmachung vom 28. Dezember 1899, die Anlage der gerichtlichen Depositen bei der K. Bank betr. (J.M.Bl. S. 1121), Bekanntmachung vom 30. Dez. 1899, das Reglement für die Hinterlegungsstellen der K. Bank betr. (J.M.Bl. S. 1124), Bekanntmachung vom 12. Januar 1900 über die Erhebung der Hinterlegungsgebühren (J.M.Bl. S. 301), Bekanntmachung vom 4. Oktober 1900, die gemeinschaftlichen Hinterlegungsstellen betr. (J.M.Bl. S. 1167).

Zu Ziff. XXIII

Die Bestimmung des Art. 77 Abs. 1 in der neuen Fassung betrifft selbstverständlich nur die Rechtshülfe zwischen bayerischen Gerichten untereinander und gilt nur für solche Sachen, für welche die Vorschriften der Landesgesetze maßgebend sind. In den Angelegenheiten, für welche die Reichsgesetze entscheidend sind, ist die Vorschrift der gegenseitigen Rechtshülfe der deutschen Gerichte in § 157 des Gerichtsverfassungsgesetzes und § 52 des Ges. über die Angelegenheiten der freiwilligen Gerichtsbarkeit enthalten; für Grundbuchsachen gilt Art. 8 des Ausf.Ges. zur Grundbuchordnung.

Zu Ziff. XXV.

Von den Vorschriften, die in der Ziff. XXV aufgehoben sind, ist der Art. 28 Abs. 2 dadurch weggefallen, daß die Angelegenheiten, die er betrifft, durch die §§ 125, 145, 149 des Gesetzes über die Angelegenheiten der freiwilligen Gerichtsbarkeit den § 10 Abs. 2 des Genossenschaftsgesetzes vom 1. Mai 1889, den § 9 Abs. 1 des Gesetzes über das Urheberrecht an Mustern und Modellen vom 11. Januar 1876, den § 120 (ä. F. 121) Abs. 1 des Binnenschiffahrtsgesetzes vom 15. Juni 1895, den § 54 des Börsengesetzes vom 22. Juni 1896 und die neue Fassung des Art. 74 Abs. 1 des Gesetzes über die Erwerbs- und Wirthschaftsgesellschaften (vgl. oben Art. 161 d. A.G. z. BGB.) den Amtsgerichten übertragen wurden. In Ansehung der anerkannten Vereine (Gesetz vom 29. April 1869, die privatrechtliche Stellung von Vereinen betr., Art. 165 des Einf.Ges. z. BGB.) ist im Art. 1 des Uebergangsgesetzes vom 9. Juni 1899 bestimmt, daß solche vom 1. Januar 1900 an als eingetragene Vereine zu gelten haben. Hiedurch wird die Bedeutung des Art. 28 Abs. 1 des Ausf.Ges. z. G.V.G. Abs. 1[18]) eingeschränkt, ohne daß es eine Aenderung der Fassung bedurfte. Der Art. 28 Abs. 3 ist durch die Vorschriften des Handelsgesetzbuchs gegenstandslos geworden.

Die Streichung des Art. 41 ergiebt sich aus der neuen Fassung des Art. 42 Abs. 3 s. oben zu Ziff. XII Erläuterung Nr. 2. Die Art. 46, 47 über Verhandlung und Entscheidung vor den vereinigten Civilsenaten des Obersten Landgerichtes sind mit Rücksicht auf die Einschränkung der Zuständigkeit in bürgerlichen Rechtsstreitigkeiten als entbehrlich erachtet.

Die Art. 11 bis 14 A.G. z. G.V.G. sind, wie die Motive[19]) bemerken, deßhalb nicht aufgehoben worden, weil diese auf die Zuständigkeitsstreitigkeiten zwischen den bürgerlichen und den Militär-Gerichten bezüglichen Vorschriften mit Einführung der Militärstrafgerichtsordnung ohnehin außer Kraft treten. Die geringe Anzahl der in dieser Beziehung in Betracht kommenden Fälle gab keine Veranlassung dazu, für die kurze Uebergangszeit bis zum 1. Oktober 1900, dem Zeitpunkte des Inslebentretens der Mil.Str.G.O., besondere Bestimmungen zu treffen.[20])

Bei Streitigkeiten in Bezug auf die Zuständigkeit der bürgerlichen oder der Militärgerichte ist künftighin lediglich § 14 des Einf.Ges. zur Mil.Str.G.O. maßgebend. Das letztere Gesetz hat davon Abstand genommen, für die in Betracht kommenden Fälle einen besonderen Kompetenzkonfliktshof zu bestimmen. Es hat vielmehr, wie die Motive zum angeführten § 14 besagen,[21]) versucht, bis zur allgemeinen Regelung der Kompetenzkonflikte auf dem hier in Rede stehenden Gebiete einen Ausgleich herbeizuführen.[22])

Artikel 168.

Das Gesetz vom 18. August 1879 zur Ausführung der Reichs-Strafprozeßordnung wird dahin geändert:

---

18) Welcher lautet: „Soweit nicht andere Bestimmungen getroffen sind, gehören zur Zuständigkeit der Landgerichte alle Angelegenheiten, für welche bisher die Bezirksgerichte in erster Instanz zuständig waren."

19) Mot. B S. 56, Becher, Mat. II S. 109.

20) 12. R.R.A.Prot.; Becher, Mat. II S. 510 (Aeußerung des Minist.Kommissärs).

21) Stenogr. Ber. des Reichstags 1897/98 Anl. I S. 198.

22) Und zwar soll nach § 14 Einf.Ges. dieser Ausgleich in der Weise erfolgen, daß im Falle des positiven Kompetenz-Konfliktes das zuerst rechtskräftig gewordene Urtheil maßgebend ist, während einem negativen Kompetenz-Konflikte dadurch vorgebeugt werden soll, daß, wenn ein bürgerliches Gericht sich in rechtskräftiger Weise für unzuständig erklärt hat, weil die Sache vor ein Militärgericht gehöre, oder umgekehrt, damit die Zuständigkeitsfrage ihre Erledigung gefunden hat.

I. Im Artikel 107 werden die Worte: „Notare oder" gestrichen.
II. Die Artikel 14, 30, 31, 117 bis 121 werden aufgehoben.

Zu Ziff. I.

Der Artikel 107 des Ausführungsgesetzes zur Reichsstrafprozeßordnung vom 18. August 1879[1]) lautete in seiner früheren Fassung:

„Notare oder Gerichtsvollzieher, welche bei den ihnen in ihrer dienstlichen Eigenschaft anvertrauten Angelegenheiten wissentlich zum Nachtheile ihrer Auftraggeber handeln, werden mit Geld bis zu fünfzehnhundert Mark disciplinär bestraft."

Diese Vorschrift ist, soweit sie die Notare betrifft, entbehrlich geworden, da die desfallsigen Dienstvergehen der Notare nun seit 1. Jan. 1900 durch das neue Notariatsgesetz vom 9. Juni 1899 Artikel 67, 69 und 70 getroffen werden. Deßhalb wurden die Worte „Notare oder" gestrichen.

Zu Ziff. II.

1. Der Artikel 14 enthielt eine Sondervorschrift über die Verpflichtung zum Ersatze des Schadens, der durch eine mittelst einer nicht periodischen Druckschrift begangene strafbare Handlung verursacht wird, für den Fall, daß der Verfasser ein Ausländer ist oder ein Deutscher, der sich im Auslande aufhält. Für den Schaden sollte dem Verletzten auch der Verleger oder, falls ein Verleger nicht vorhanden, der Drucker haftbar sein. Artikel 30 bestimmte, daß mehrere Theile einer strafbaren Handlung und mehrere Theilnehmer für den Schaden als Gesammtschuldner haften. Im Art. 31 war die Erhebung einer Entschädigungsklage für das pfälzische Recht ausgeschlossen, wenn die Strafverfolgung verjährt ist. Diese Vorschriften gehören dem bürgerlichen Rechte an und sind nunmehr durch die Bestimmungen des Bürgerlichen Gesetzbuchs über unerlaubte Handlungen (§§ 830, 840, 852, 853) ersetzt, weshalb die Beseitigung der bezeichneten Artikel erfolgen mußte.

2. Wenn in den vorbezeichneten Fällen die Schadensansprüche vor dem 1. Jan. 1900 entstanden sind, so bleiben nach Maßgabe des Artikel 170 des E.G. z. BGB. die aufgehobenen Artikel noch maßgebend; bezüglich der Verjährung kommen jedoch auch in solchen Fällen die Bestimmungen des Art. 169 des gen. Einführungs-Gesetzes zur Anwendung.

3. Die Artikel 117 bis 121, welche besondere Vorschriften über das Verfahren in Notariatsdisciplinarstrafsachen enthielten, sind weggefallen, da solche nunmehr im neuen Notariatsgesetz vom 9. Juni 1899, sechsten Abschnitte, geregelt sind.

Artikel 169.

Das Gesetz vom 18. August 1879 über die Erbschaftssteuer wird dahin geändert:

I. Im Artikel 1 Abs. 1 erhält

---

1) G. u. V.Bl. S. 781. Zur Literatur: Reber, bayer. Ausf.Ges. z. St.Pr.O., Textausgabe mit Anm.; Koller, Ausf.Ges. z. St.Pr.O., 1894; Wagner, Bayer. Gesetz z. Ausführung der Reichsstrafprozeßordnung, erläutert 1886; v. Bomhard und Koller, Strafprozeßordnung für das deutsche Reich nebst bayer. Ausf.Ges.

1. die lit. a folgende Fassung:

a) von Erbschaften, Vermächtnissen und Schenkungen auf den Todesfall, aus Auflagen auf Zuwendungen dieser Art, die dem Empfänger der Leistung einen Vermögensvortheil zu verschaffen bezwecken, sowie aus Pflichttheilsrechten;

2. die lit. b fällt weg.

II. Im Artikel 4 erhält

1. die Ziff. 1 folgende Fassung:

1) Als Verwandtschaft gilt auch die durch Annahme an Kindesstatt begründete Verwandtschaft sowie das Verhältniß zwischen einem unehelichen Kinde und dessen Abkömmlingen einerseits und dem Vater und dessen Verwandten andererseits, sofern die Vaterschaft erweislich anerkannt ist.

2. die Ziff. 2 folgenden Zusatz:

Die Aufhebung der ehelichen Gemeinschaft nach § 1575 des Bürgerlichen Gesetzbuchs steht der Scheidung gleich.

III. An die Stelle der Artikel 7, 8 treten folgende Vorschriften:

Artikel 7.

Auf Grundstücke und denselben gleichstehende Rechte, welche sich außerhalb Bayerns befinden, erstreckt sich die Steuerpflicht nicht.

Innerhalb Bayerns befindliche Grundstücke und denselben gleichstehende Rechte unterliegen der Erbschaftssteuer ohne Unterschied, ob der Erblasser Bayer oder Nichtbayer war und ob er seinen Wohnsitz in Bayern hatte oder nicht.

Artikel 8.

Anderes als das im Art. 7 bezeichnete Vermögen unterliegt der Erbschaftssteuer, wenn der Erblasser zur Zeit seines Todes, im Falle der Todeserklärung bei dem Beginne der Verschollenheit, seinen Wohnsitz in Bayern hatte.

Soweit hienach außerhalb Bayerns befindliches Vermögen der Besteuerung unterliegt, wird auf die Erbschaftssteuer die in dem Staate, in welchem sich das Vermögen befindet, von diesem Vermögen zu entrichtende Erbschaftsabgabe angerechnet.

Hatte der Erblasser zur Zeit seines Todes, im Falle der Todeserklärung bei dem Beginne der Verschollenheit, keinen Wohnsitz, so unterliegt das bewegliche Vermögen der Erbschaftssteuer, soweit es zur Zeit des Todes des Erblassers, im Falle der Todeserklärung zur Zeit der Erlassung des die Todeserklärung aussprechenden Urtheils, sich in Bayern befindet.

Artikel 8a.

Für den Fall, daß der Erblasser seinen Wohnsitz in einem Staate gehabt hat, in dem die Erbschaftssteuer nach anderen als den im Art. 8 bestimmten Grundsätzen erhoben wird, oder Angehöriger eines solchen Staates gewesen ist, kann das Staatsministerium der Finanzen zum Zwecke der Ausgleichung und thunlichster Vermeidung einer Doppelbesteuerung anordnen, daß das bewegliche Vermögen

1) ohne Rücksicht auf den Wohnsitz des Erblassers der Erbschaftssteuer unterliegt, wenn der Erblasser bayerischer Staatsangehöriger gewesen ist;
2) ohne Rücksicht auf den Wohnsitz und die Staatsangehörigkeit des Erblassers der Erbschaftssteuer unterliegt, wenn das Vermögen sich in Bayern befindet.

IV. Im Artikel 11 werden die Worte: „oder die Einweisung in den Besitz des Vermögens eines Abwesenden (Art. 1b)" gestrichen.

V. Der Artikel 22 erhält folgende Fassung:

Bei einer Nacherbfolge oder einem Nachvermächtnisse wird der Vorerbe oder der erste Vermächtnißnehmer als Nießbraucher und der Nacherbe oder der Nachvermächtnißnehmer als Erwerber der Substanz des an ihn herauszugebenden Vermögens behandelt.

Ist jedoch die Einsetzung des Nacherben oder das Nachvermächtniß auf dasjenige beschränkt, was bei dem Eintritte des Falles der Nacherbfolge oder des Nachvermächtnisses übrig sein wird, so haben sowohl der Vorerbe oder der erste Vermächtnißnehmer von dem vollen Betrage des ihm angefallenen als der Nacherbe oder der Nachvermächtnißnehmer von dem vollen Betrage des an ihn herausgegebenen Vermögens nach ihrem Verhältnisse zum Erblasser die Erbschaftssteuer zu entrichten. Die von dem Vorerben oder dem Vorvermächtnißnehmer entrichtete Steuer wird für den Betrag, für welchen der Nacherbe oder der Nachvermächtnißnehmer steuerpflichtig ist, insoweit zurückvergütet, als sie den Betrag übersteigt, den der Vorerbe oder der Vorvermächtnißnehmer als Nießbraucher schulden würde.

VI. Im Artikel 23 erhält der Satz 1 folgende Fassung:

Haben Ehegatten gemeinschaftlich Verwandte des einen

oder beider Ehegatten als Erben eingesetzt oder mit anderen Zuwendungen von Todeswegen bedacht, so wird angenommen, daß der Anfall von dem dem Bedachten am nächsten verwandten Ehegatten herrühre, soweit dessen Nachlaß reicht, sofern sich nicht aus den Umständen ergibt, daß die Zuwendung von dem anderen Ehegatten ausgegangen ist.

VII. Der Artikel 26 erhält folgende Fassung:

Testamentsvollstrecker, gesetzliche Vertreter und Bevollmächtigte der Erbinteressenten, Nachlaßpfleger sowie die Verwalter von Familienstiftungen haften persönlich für die Steuer, wenn sie vor deren Entrichtung oder Sicherstellung die Erbschaft, einzelne Erbtheile, Vermächtnisse, Schenkungen auf den Todesfall, Pflichttheile oder Bezüge aus Familienstiftungen ausantworten oder steuerpflichtige Auflagen erfüllen.

VIII. Im Artikel 28 Abs. 2 werden die Worte „oder auf Einweisung in den Besitz des Vermögens eines Abwesenden" gestrichen.

IX. Im Artikel 30 werden ersetzt im Satz 1 die Worte: „letztwilliger Verfügungen" durch die Worte:

„einer Verfügung von Todeswegen"

und im Satz 2 die Worte: „letztwillige Verfügungen" durch die Worte:

„die Verfügungen von Todeswegen".

X. Im Artikel 31 Abs. 1 wird statt „notarielles Inventar" gesetzt „vorschriftsmäßig errichtetes Inventar".

XI. Der Artikel 34 erhält folgende Fassung:

Für Personen, die unter elterlicher Gewalt, unter Vormundschaft oder unter Pflegschaft stehen, sowie für juristische Personen sind die in den Art. 29, 31 bis 33 aufgestellten Verpflichtungen von den gesetzlichen Vertretern zu erfüllen.

XII. Im Artikel 35 Abs. 1 wird das Wort „notariellen" gestrichen.

XIII. Als Artikel 44a wird der Abs. 4 des Artikel 46 eingestellt.

XIV. Der Artikel 25 Abs. 3 Satz 2 und der Artikel 46 Abs. 1 bis 3 werden aufgehoben.

Soweit für einen nach dem Inkrafttreten des Bürgerlichen Gesetzbuchs eintretenden Anfall die Vorschriften des bisherigen bürgerlichen Rechtes maßgebend bleiben, gilt das Gleiche von den bisherigen Vorschriften des Gesetzes über die Erbschaftssteuer; die Vorschriften der Artikel 7 bis 8a der neuen Fassung gelten jedoch auch für solche Anfälle.

Die Bestimmungen des Erbschaftssteuergesetzes vom 18. August 1879[1]) bedurften infolge ihres Zusammenhanges mit dem im Bürgerlichen Gesetzbuche geregelten Erbrechte verschiedener Aenderungen und Ergänzungen. Außerdem enthält der Art. 169 die Verbesserung einiger Bestimmungen, die sich bei der Anwendung als nicht zweckmäßig erwiesen haben.

Im Einzelnen ist zu bemerken:

Zu Ziff. I des ersten Absatzes:

1. Nach der früheren Fassung des Art. 1 Abs. 1 lit. a waren der Erbschaftssteuer unterworfen: Erbschaften, Vermächtnisse und Schenkungen für den Todesfall. Die der lit. a nun gegebene neue Fassung fügt auch Auflagen auf die genannten Zuwendungen, die dem Empfänger der Leistung einen Vermögensvortheil zu beschaffen bezwecken, und die Anfälle aus Pflichttheilsrechten bei. Die Auflagen stehen den Vermächtnissen gleich, weil sie insbesondere in Verbindung mit der Bestellung eines Testamentsvollstreckers (§ 2203 BGB.) ein Vermächtniß zu ersetzen geeignet sind. Die Pflichttheilsansprüche sind gleichfalls dem Erwerbe durch Erbfolge oder Vermächtniß gleichzustellen, weil sie bezwecken, den nächsten Verwandten des Erblassers die Hälfte des Werthes ihrer gesetzlichen Erbtheile zu verschaffen. Der auf dem Pflichttheilsrechte beruhende Erwerb unterlag zwar schon nach dem früheren Rechte der Erbschaftssteuer; die ausdrückliche Hervorhebung der Pflichttheilsansprüche war jedoch dadurch veranlaßt, daß das Pflichttheilsrecht nach § 2303 BGB.[2]) nur ein Forderungsrecht begründet. In Frage kommt übrigens mit Rücksicht auf Art. 3 des Erbschaftssteuergesetzes[3]) und § 2303 des Bürgerlichen Gesetzbuchs nur der Pflichttheilsanspruch der Eltern.[4])

Der Pflichttheilsanspruch als solcher ist, so lange er nicht geltend gemacht ist, nicht zur Erbschaftssteuer herangezogen, wie bei einer Erbschaft, die zwar angefallen, aber ausgeschlagen ist. Es geht dies schon aus dem Art. 5 des Erbschaftssteuergesetzes hervor, wonach die Steuer nur von dem Betrage zu entrichten ist, um welchen derjenige, dem der Anfall zukommt, reicher wird. Der Ausdruck „Anfall" in dem Artikel 1 des Erbschaftssteuergesetzes ist nicht in dem juristisch-technischen Sinne des Wortes gebraucht. Es wird darunter nicht der Anfall einer Erbschaft oder eines Vermächtnisses, wie ihn schon früher gewisse Partikularrechte für bestimmte Fälle sofort

---

1) G. u. V.Bl. S. 883, neue Textirung 1899 S. 890. Zur Literatur: v. Pfaff, das bayer. Gesetz über die Erbschaftssteuer in der Bekanntm. v. 11. Nov. 1899, 2. Aufl. v. H. Schmidt, 1900.

2) BGB. § 2303: „Ist ein Abkömmling des Erblassers durch Verfügung von Todeswegen von der Erbfolge ausgeschlossen, so kann er von den Erben den Pflichttheil verlangen. Der Pflichttheil besteht in der Hälfte des Werthes des gesetzlichen Erbtheils.

Das gleiche Recht steht den Eltern und dem Ehegatten des Erblassers zu, wenn sie durch Verfügung von Todeswegen von der Erbfolge ausgeschlossen sind."

3) Nach Abs. 1 Ziff. 1 lit. a Art. 3 des Erbschaftssteuergesetzes sind von der Erbschaftssteuer befreit Anfälle, welche gelangen an Eltern bis zu dem Betrage von 1000 Mk. einschließlich, und sofern der Anfall mehr beträgt, mit zwanzig Prozent des Mehrbetrags, und zwar ohne Unterschied, ob der Anfall von einem oder beiden Elterntheilen erworben wird.

4) Motive B S. 123; Becher, Mat. II S. 110.

mit dem Erbfalle eintreten ließen, gemeint. Unter dem Anfall ist hier lediglich das verstanden, was der Erbbedachte thatsächlich zufolge der Erbschaft erhält.[5])

2. Nach lit. b des Abs. 1 von Art. 1 sollten der Erbschaftssteuer auch unterliegen die durch Besitzeinweisung gemäß code civil B. I Tit. 4 Kap. 2, 3 erfolgenden Anfälle und dem Vermögen Abwesender (Verschollener). Da das Bürgerliche Gesetzbuch eine solche Besitzeinweisung nicht kennt, hatte die Bestimmung der lit. b in Wegfall zu kommen. Mit der Streichung der lit. b hängen auch die Aenderungen des Art. 11 (Ziff. IV) und des Art. 28 Abs. 2 (Ziff. VIII) zusammen.

Wegen Besitzeinweisungen, welche nach den Vorschriften des Uebergangsgesetzes Art. 107, 111 noch nach dem 31. Dezember 1899 stattfinden, vgl. den Abs. 2 des Art. 169 und die Bemerkungen hiezu.

Zu Ziff. II.

1. Die Bestimmung des Art. 4 Ziff. 1 lautete in der früheren Fassung: „Es macht keinen Unterschied, ob das Verhältniß zwischen dem Erblasser und dem Erwerber des Anfalls durch eheliche oder erweislich anerkannte außereheliche Zeugung, durch Arrogation, Adoption oder Einkindschaft begründet ist.“ Die durch Ziff. II vorgenommene Aenderung der Fassung des Art. 4 Ziff. 1 ist nicht sachlicher Natur u. beruht auf dem Familienrechte des Bürgerlichen Gesetzbuchs (vgl. wegen der Annahme an Kindesstatt §§ 1757, 1762, 1763, wegen der unehelichen Kinder §§ 1589 Abs. 2, 1705, 1736, 1737). Die Einkindschaft ist dem Bürgerlichen Gesetzbuche fremd. Bezüglich der am 1. Januar 1900 vorhandenen Kinder vgl. oben Art. 154 Abs. 2 und Uebergangsgesetz Art. 72 Abs. 2 und 88 Abs. 2. Für solche eingekindschaftete Kinder wird auch nach dem Inkrafttreten des BGB. die frühere Vorschrift des Art. 4 Ziff. 1 anzuwenden, und werden dieselben in Beziehung auf die Erbschaftssteuer wie leibliche Kinder zu behandeln sein, gleichviel wann der Erbanfall eingetreten ist.[6])

2. Auch der der Ziff. 2 des Art. 4 gegebene Zusatz hängt mit dem nunmehrigen bürgerlichen Rechte zusammen, da nach BGB. § 1575 der Ehegatte, der auf Scheidung zu klagen berechtigt ist, statt Scheidung auf Aufhebung der ehelichen Gemeinschaft klagen kann und nach § 1586 bei gemäß § 1575 erfolgter Aufhebung der ehelichen Gemeinschaft die mit der Scheidung verbundenen Wirkungen eintreten.

Zu Ziff. III.

1. Nach den Vorschriften der früheren Fassung des Art. 7 Abs. 2 und des Art. 8 Abs. 2 war für die Steuerpflicht in Ansehung des nicht in Liegenschaften bestehenden Vermögens außer dem Orte, an dem das Vermögen sich befand, und dem Wohnsitze des Erben nicht nur die Staatsangehörigkeit, sondern auch der Wohnsitz des Erblassers maßgebend. Diese Bestimmungen haben zu mancherlei Schwierigkeiten und Anständen Veranlassung gegeben und in zahlreichen Fällen zu Doppelbesteuerungen geführt. Deshalb ist nunmehr davon abgesehen worden, die Erhebung der Steuer davon abhängig zu machen, ob der Erblasser bayerischer Staatsangehöriger war und ob der Erbe in Bayern wohnt. Lediglich der Wohnsitz des Erblassers soll nunmehr für die Steuererhebung maßgebend sein. Damit schließt sich die bayerische Gesetzgebung einer ganzen Reihe anderer deutscher Gesetze an, vgl. die preußischen Gesetze

---

5) R.R.A.Pr. 12 S. 4; Becher, Mat. II S. 512.

6) S. auch Henle u. Schneider Note 3 zu Art. 169; vgl. auch die dort angezogene FinanzM.Bek. vom 20. Dezember 1899 § 27 Abs. 4.

vom 29. Mai 1891 und vom 31. Juli 1895, das Braunschweig'sche Gesetz vom 10. Juni 1892, das anhaltische Gesetz vom 29. März 1892, das schwarzburg-sondershausen'sche Gesetz vom 19. Februar 1892, wie auch Bremen, Hamburg, Sachsen-Weimar, Oldenburg, Württemberg, Mecklenburg-Schwerin, Reuß j. L. und Elsaß-Lothringen von den gleichen Grundsätzen ausgehen. Es steht dies mit dem Reichsgesetze vom 13. Mai 1870 über Beseitigung der Doppelbesteuerung in Uebereinstimmung. Die Steuer wird also nicht von dem im Inlande befindlichen beweglichen Vermögen erhoben, wenn der Erblasser seinen Wohnsitz im Auslande hatte. Für das außerhalb Bayerns befindliche bewegliche Vermögen ist die im Art. 7 Abs. 2 ä. F. bestimmte Einschränkung beibehalten, daß es der bayerischen Erbschaftssteuer nur insoweit unterworfen ist, als in dem Staate, in dem es sich befindet, keine derartige Abgabe zu entrichten ist oder die bayerische Erbschaftssteuer die dort zu entrichtende Abgabe übersteigt. Im Falle der Todeserklärung tritt an die Stelle des Wohnsitzes des Erblassers zur Zeit des Todes der Wohnsitz, den er bei dem Beginne der Verschollenheit hatte. Für den allerdings nicht häufig vorkommenden Fall, daß der Erblasser bei seinem Tode, im Falle der Todeserklärung bei dem Beginne der Verschollenheit keinen Wohnsitz hatte, ist nach dem Vorbilde des preußischen Gesetzes vom 31. Juli 1895 bestimmt, daß dasjenige bewegliche Vermögen, welches zur Zeit des Todes des Erblassers, im Falle der Todeserklärung zur Zeit der Erblassung des die Todeserklärung aussprechenden Urtheils sich in Bayern befindet, der Erbschaftssteuer unterliegt. Diese auf das bewegliche Vermögen bezüglichen neuen Vorschriften sind bei der den Artikeln 7 und 8 gegebenen neuen Fassung in dem neuen Art. 8 zusammengefaßt. Um auch die für dies unbewegliche Vermögen geltenden Vorschriften, an denen nichts geändert wurde, in einem Artikel zu vereinigen ist der bisherige Abs. 2 des Art. 8 in den neuen Art. 7 versetzt.[7])

2. Durch den neu eingeschalteten Art. 8a (in der neuen Textirung d) soll die Möglichkeit geboten werden, mit Rücksicht auf fremde, insbesondere außerdeutsche Gesetzgebungen zum Zwecke der Ausgleichung und thunlichsten Vermeidung der Doppelbesteuerung Ausnahmen von der Regel des neuen Art. 8 zuzulassen, wenn es sich um den Nachlaß einer Person handelt, die ihren Wohnsitz in einem Staate gehabt oder einem Staate angehört hat, in dem die Erbschaftssteuer nach anderen internationalen Grundsätzen als in Bayern erhoben wird. An Stelle des Wohnsitzes soll die Staatsangehörigkeit des Erblassers oder der Ort, an dem sich das Vermögen befindet, für maßgebend erklärt werden können. Zur Erlassung solcher Anordnungen ist das kgl. Staatsministerium der Finanzen nach dem Vorbilde der Erbschaftssteuergesetze anderer deutscher Bundesstaaten ermächtigt, weil bei der Verschiedenartigkeit und Mannigfaltigkeit der in Betracht kommenden auswärtigen Gesetzgebungen eine erschöpfende gesetzliche Regel nicht aufgestellt werden kann.

3. Nach Abs. 2 des Art. 169 sind die in der Ziff. III gegebenen neuen Vorschriften auch dann in Anwendung zu bringen, wenn der Anfall vor dem 1. Januar 1900 bereits erfolgt war. Vgl. unter Bemerkung zum Abs. 2 des Art. 169.

Zu Ziff. IV.

Die Streichung im Art. 11 (n. T. 12) ist eine Folge der Beseitigung der Bestimmung des Art. 1 Abs. 1 lit. b; vgl. die Bemerkung zu Ziff. I Nr. 2.

---

7) Motive B S. 123; A.A.Pr. S. 361 f.; Becher, Mat. II S. 110 f., 325 f.

Zu Ziff. V.

1. Der Artikel 22 ä. F. betrachtet für die Berechnung der Erbschaftssteuer im Falle der fideikommissarischen Substitution den Fiduziar als Nutznießer und den Fideikommissar als Substanzerben der Erbschaft; bei einem auf den Ueberrest beschränkten Fideikommissar dagegen ist die Steuer von dem Fiduziar nach dem vollen Betrage der Erbschaft und von dem Fideikommissar nach dem vollen Betrage des an ihn herausgegebenen Vermögens zu entrichten.

Der fideikommissarischen Substitution entsprechen die Nacherbschaft (BGB. § 2100) und das Nachvermächtniß (BGB. § 2191), an die Stelle des Fiduziars tritt der Vorerbe oder der Vermächtnißnehmer, an die des Fideikommissärs tritt der Nacherbe oder der Nachvermächtnißnehmer. In diesem Sinne ändert zunächst die neue Fassung den Art. 22 (n. T. Art. 23).

2. Die Bestimmung des Abs. 2 des Art. 22 (ä. F.), daß sowohl der Fideikommissar wie der Fiduziar für den vollen Betrag des Vermögens, der ihnen zukommt, steuerpflichtig sein sollen, hat schon vielfach zu Klagen wegen Doppelbesteuerung geführt, welche aber bisher wegen der Rechtsverschiedenheit in Bayern nicht behoben werden konnte. Da nun diese Rechtsverschiedenheit durch das Bürgerliche Gesetzbuch beseitigt ist, wird nun auch die doppelte Besteuerung durch die Bestimmung des Abs. 2 des neuen Art. 22 (n. T. 23) beseitigt, wonach zwar sowohl der Vorerbe oder Vorvermächtnißnehmer als auch der Nacherbe oder Nachvermächtnißnehmer von dem vollen Betrage steuerpflichtig sind, wenn er zu einer bestimmten Zeit das noch vorhandene Vermögen an den Nacherben oder Nachvermächtnißnehmer auszuantworten hat, nur als Nutznießer betrachtet und nur für die Nutznießung (in geringerem Maße) besteuert wird und daher Alles zurückerhält, was er zu viel bezahlt hat. Hiedurch ist die steuerrechtliche Behandlung der Zuwendung des Ueberrestes mit dem für Zuwendungen unter einer auflösenden Bedingung geltenden Grundsatze des Art. 16 Abs. 2 (n. T. Art. 17) in Einklang gebracht.

2. Die Vorschrift des Abs. 2 ist auf die vor dem 1. Januar 1900 eingetretenen Erbfälle nicht anwendbar, mag auch der Fall der Nacherbfolge erst später eintreten.[8])

Zu Ziff. VI.

Die Vorschrift des Art. 23 (n. T. Art. 24) Satz 1 will die Frage entscheiden, welcher der Ehegatten im Zweifel als der Zuwendende anzusehen ist; nach der Person des Zuwendenden bestimmt sich die Erbschaftssteuer. Für die steuerrechtliche Behandlung des Anfalls ist die Erwägung maßgebend, daß die Zuwendung in der Regel um des Verhältnisses willen gemacht worden ist, in dem der Bedachte zu dem ihm am nächsten verwandten Ehegatten steht; es ist gleichgültig, ob der Bedachte das ihm von diesem Zugewendete unmittelbar aus dessen Nachlaß oder in der Rechtsform einer Zuwendung aus dem Nachlaß des anderen Ehegatten erhält; die neue Fassung, welche die Vorschrift des Art. 23 S. 1 sachlich unverändert läßt, stellt lediglich klar, daß dieser Satz von der Auslegungsregel des § 2269 des Bürgerlichen Gesetzbuchs, wonach bei gemeinschaftlicher Einsetzung eines Dritten als Nacherben im Zweifel anzunehmen ist, daß der Dritte für den gesammten Nachlaß als Erbe des zuletzt verstorbenen Ehegatten eingesetzt ist, nicht berührt wird.[9])

---

8) S. auch Henle und Schneider Note 7 zu Art. 169.

9) Motive B S. 124; Becher, Mat. II S. 112.

Zu Ziff. VII.

1. Die Erstreckung des Art. 26 ä. F. auf die „Verlassenschaftskommission", die in dem entsprechenden § 30 des preuß. Erbschaftssteuergesetzes nicht erwähnt sind, beruhte auf der in dem größten Theile des rechtsrheinischen Bayerns bisher bestehenden Einrichtung, daß der Erbe sich nicht selbst in den Besitz des Nachlasses setzen durfte, sondern daß das Nachlaßgericht den Nachlaß in seine Obhut zu nehmen, die Erben zu ermitteln und ihnen den Nachlaß auszuantworten hatte. Diese Einrichtung ist dem Bürgerlichen Gesetzbuch und dem Gesetz über die Angelegenheiten der freiwilligen Gerichtsbarkeit fremd. Die neue Fassung des Artikels (n. T. 27) läßt deshalb die Erwähnung der Verlassenschaftskommission weg. Zugleich setzt sie im Anschluß an den Sprachgebrauch des Bürgerlichen Gesetzbuchs (§§ 1960 bis 1962, 1975) für den Fall der Nachlaßpflegschaft an die Stelle der Bezeichnung „Nachlaßverwalter" das Wort „Nachlaßpfleger", weil das BGB. (§§ 1975 ff.) unter der Nachlaßverwaltung diejenige Nachlaßpflegschaft versteht, welche zum Zwecke der Befriedigung der Nachlaßgläubiger angeordnet wird.[10])

2. Im Gesetzgebungsausschusse der Kammer der Reichsräthe wurde ein Antrag des Reichsrathes Dr. von Schmitt, hier zu sagen: „die Erbschaft oder einzelne Erbschaftstheile ausantworten, Vermächtnisse, Schenkungen auf den Todesfall, Pflichttheilsansprüche oder Bezüge . . . . erfüllen" vom Ministerialkommissär bekämpft, und sodann vom Antragsteller zurückgezogen, nachdem festgestellt war, daß unter dem Ausdruck „erfüllen" das reale Ausfolgen gemeint sei. Die weitere Anregung seitens des Vorsitzenden des Ausschusses, die Worte „und Bevollmächtigte" zu streichen, weil es mit den Bestimmungen des Bürgerlichen Gesetzbuchs nicht vereinbarlich sei, den Bevollmächtigten die Verpflichtung aufzuerlegen, den Erbtheil nicht auszuantworten, bevor nicht die Erbschaftssteuer bezahlt sei, fand keinen Anklang, nachdem der k. Ministerialkommissär Dr. von Jacubezky dargelegt hatte, daß ein solches Verpflichtungsrecht wohl mit dem Bürgerlichen Gesetzbuch vereinbarlich sei.[11])

Zu Ziff. VIII.

Die Streichung hängt mit dem Wegfall der lit. b von Abs. 1 des Art. 1 zusammen; vgl. die Bemerkungen oben zu Ziff. I Nr. 2.

Zu Ziff. IX.

Ueber eine letztwillige Verfügung versteht das BGB. (§ 1937) nur eine einseitige Verfügung von Todeswegen. Da aber auch die vertragsmäßige Verfügung von Todeswegen (§ 1941 BGB.) unter den Artikel 30 fallen muß, ändert Ziff. IX die Fassung dieses Artikels (n. T. Art. 31) entsprechend ab.

Zu Ziff. X.

Die Ziff. X gibt dem Art. 31 Abs. 1 eine erweiterte Fassung mit Rücksicht darauf, daß nach Art. 63 des Ausf.Ges. zum Gerichtsverfassungsgesetze neuer Fassung (s. oben S. 352) nicht nur die Notare, sondern unter Umständen auch die Gerichtsschreiber des Amtsgerichts Nachlaßinventare errichten können. Der Art. 31 ä. F. ist im neuen Texte Art. 32.

---

10) Motive B S. 124; Becher, Mat. II S. 113.
11) R.R.A.Pr. 12 S. 5; Becher, Mat. II S. 513.

Zu Ziff. XI.

Die durch Ziff. XI dem Art. 34 (n. T. 35) gegebene neue Fassung berücksichtigt die elterliche Gewalt des Bürgerlichen Gesetzbuchs, führt neben der Vormundschaft die Pflegschaft an und läßt die Erwähnung der Vermögensmassen, welche den juristischen Personen gleichstehen, weg, weil das Bürgerliche Gesetzbuch solche Vermögensmassen, insbesondere die ruhende Erbschaft, nicht kennt.[12])

Zu Ziff. XII.

Die Streichung hängt mit der Aenderung des Art. 31 (s. Ziff. X oben) zusammen.

Zu Ziff. XIII, XIV.

Der Abs. 4 des Art. 46, welcher von der Verjährung der Strafverfolgung und der Strafvollstreckung für Zuwiderhandlungen gegen das Erbschaftssteuergesetz handelt, ist aufrecht erhalten und wegen seines Zusammenhangs mit den in den Art. 40 bis 44 (n. T. Art. 41—45) enthaltenen Strafbestimmungen als Art. 44a (n. T. Art. 46) eingestellt.

Die Vorschrift des Art. 25 Abs. 3 Satz 2 ältere Fassung, welche die Haftung des Erwerbers eines Universalvermächtnisses oder eines Vermächtnisses unter einem Universaltitel für die Erbschaftssteuer regelte, ist mit den Rechtseinrichtungen, auf welchen sie beruhte (Code civil Art. 1003 bis 1013) weggefallen. Die Absätze 1—3 des Art. 46 ä. F. über Verjährung der Erbschaftssteuer und des Rückersatzes wegen irrig erhobener Erbschaftssteuer sind durch die Art. 124, 125, 127 des Ausf.Ges. z. BGB. (s. oben S. 188, 192, 196) ersetzt. Ziff. XXIV hebt deshalb den Art. 25 Abs. 3 Satz 2 und den Art. 46 auf.[13])

Zu Absatz 2 des Art. 169.

Nach Art. 213 des Einf.Ges. z. BGB. bleiben für die erbrechtlichen Verhält-hältnisse, wenn der Erblasser vor dem Inkrafttreten des Bürgerlichen Gesetzbuchs gestorben ist, die früheren Gesetze maßgebend. Auch in Folge der Bestimmungen der Art. 161, 200 des genannten Einführungsgesetzes kann nach diesem Zeitpunkte ein Anfall auf Grund der früheren Vorschriften eintreten; insbesondere haben die bei dem Inkrafttreten des Bürgerlichen Gesetzbuches bestehenden Einkindschaftsverhältnisse ihre erbrechtliche Bedeutung behalten. Die Schlußbestimmung des Art. 168 bringt nun zum Ausdruck, daß, soweit das frühere bürgerliche Recht für einen steuerpflichtigen Anfall maßgebend bleibt, das Gleiche auch von den früheren Vorschriften des Erbschaftssteuergesetzes gilt. Die Vorschriften der Art. 7 bis 8a neuer Fassung (n. T. 7 bis 9) müssen aber, da sie nicht mit der Aenderung des bürgerlichen Rechtes zusammenhängen, auch in diesen Fällen zur Anwendung kommen.[14]) Vgl. oben zu Ziff. III Bem. Nr. 3.

---

12) Motive B S. 125; Becher, Mat. II S. 113.

13) Motive B S. 125; Becher, Mat. II S. 113.

14) Motive B S. 125; Becher, Mat. II S. 114. Im Ges.Geb.Aussch. der K. d. Abg. wollte der Berichterstatter hier im Gesetze selbst eine ausdrückliche Bestimmung über die Aufrechterhaltung der bei Inkrafttreten des Bürgerlichen Gesetzbuchs bestandenen Einkindschaftsverhältnisse eingeschaltet haben, verzichtete jedoch hierauf, nachdem vom Ministerialkommissär dargelegt worden, daß eine solche Einschaltung nicht in dieser Form passe, ein Mißverständniß auch nicht zu befürchten sei.

Artikel 170.

Das Gesetz vom 21. April 1884, die Landeskultur-Rentenanstalt betreffend, wird dahin geändert:

I. Im Artikel 7 erhält der Satz 2 folgende Fassung:

Grundbesitz, welcher schon mit Hypotheken, Grundschulden oder Rentenschulden belastet ist, kann überdieß nur dann als Sicherheit angenommen werden, wenn die Gläubiger der für das Darlehen und die Kulturrente zu bestellenden Hypothek im Range ausweichen.

II. Der Artikel 8 erhält folgende Fassung:

Die Sicherheit kann auch in der Weise geleistet werden, daß land- und forstwirthschaftlich benützbarer Grundbesitz mit der Kulturrente als ablösbarer Reallast belastet wird. Die Ablösungssumme muß innerhalb der ersten Werthshälfte zu stehen kommen. Ist der Grundbesitz schon mit Hypotheken, Grundschulden oder Rentenschulden belastet, so muß der Reallast der Vorrang eingeräumt werden.

Die Ablösung der Reallast kann binnen sechs Monaten von der Kommission gefordert werden

1) in den Fällen des Artikel 5 Abs. II Ziff. 1 und 2,
2) wenn der Erwerber des belasteten Grundbesitzes die persönliche Haftung für rückständige Renten nicht übernimmt,
3) wenn ohne Einwilligung der Anstaltsverwaltung und ohne gerichtliche Feststellung der Unschädlichkeit von dem belasteten Grundbesitz ein Grundstück oder eine Theilfläche oder ein Realrecht abgetrennt worden ist.

III. Der Artikel 9 Abs. 2 Ziff. 3 erhält folgende Fassung:

3) Die ermittelten Theilrenten sind öffentliche Lasten der Grundstücke, auf die sie nach Ziff. 2 vertheilt worden sind.

IV. Der Artikel 10 Abs. 2 Satz 3 erhält folgende Fassung:

Das Gesuch hat die Erklärung zu enthalten, ob die Sicherheit nach Artikel 7 oder nach Artikel 8 bestellt werden soll.

V. Im Artikel 12 werden

1. die Eingangsworte durch folgende Vorschriften ersetzt:

Soll als Sicherheit für das Darlehen und die Kulturrente eine Hypothek oder eine Reallast an dem Grundstücke bestellt werden, zu dessen Verbesserung das Darlehen gewährt wird, so findet auf Antrag des Gesuchstellers eine gerichtliche Aufforderung der Hypotheken-, Grundschuld- und Rentenschuldgläubiger zur Erklärung darüber statt, ob sie dem Vorrange der zu bestellenden Hypothek oder Reallast widersprechen. Ist das Recht eines der Gläubiger mit dem Rechte eines Dritten belastet, so ist die gerichtliche Aufforderung auch an den Dritten zu richten.

Für die gerichtliche Aufforderung gelten die nachfolgenden Bestimmungen:

2. Die Ziff. 2 erhält folgende Fassung:

Nach Zusicherung des Darlehens läßt die Kommission ihren Bescheid und das Darlehensgesuch mit den Beilagen durch die Distriktsverwaltungsbehörde dem Amtsgerichte, bei welchem das Grundbuch für das Grundstück geführt wird, mittheilen und das Amtsgericht um Erlassung der Aufforderung an die Hypotheken-, Grundschuld- und Rentenschuldgläubiger und, sofern ein Recht, das zurücktreten soll, mit dem Rechte eines Dritten belastet ist, an den Dritten ersuchen.

3. Die Ziff. 3 lit. b, c, d erhält folgende Fassung:

b) die Bezeichnung der Hypotheken, Grundschulden und Rentenschulden, welche der als Sicherheit für das Darlehen und die Kulturrente zu bestellenden Hypothek oder Reallast im Range ausweichen sollen;

c) die Mittheilung, daß die Beschreibung des Unternehmens mit den Plänen und Kostenvoranschlägen und der Bescheid der Kommission auf der Gerichtsschreiberei eingesehen werden können;

d) die Eröffnung, daß die Zustimmung des Hypotheken-, Grundschuld- oder Rentenschuldgläubigers und, sofern dessen Recht mit dem Rechte eines Dritten belastet ist, auch die Zustimmung des Dritten zu der Rangausweichung angenommen werde, wenn nicht innerhalb eines Monats bei dem Amtsgerichte schriftlich oder zum Protokolle des Gerichtsschreibers Widerspruch erhoben wird.

4. An die Stelle der Ziff. 3 Abs. 2 Satz 2 treten folgende Vorschriften:

Die öffentliche Zustellung erfolgt durch Anheftung an die Gerichtstafel und einmalige Einrückung in das für die Bekanntmachungen des Amtsgerichts bestimmte Blatt. Das Amtsgericht kann anordnen, daß die Veröffentlichung noch in einem anderen Blatte erfolgen soll. Die Erklärungsfrist beginnt mit dem Ablaufe von zwei Wochen seit der Einrückung, im Falle mehrfacher Einrückung seit der letzten Einrückung.

5. Die Ziff. 3 erhält folgenden Abs. 3:

Berechtigte, die nicht im Grundbuch eingetragen sind, werden nur berücksichtigt, wenn sie Erben eines eingetragenen Berechtigten sind oder wenn ihre Rechte angemeldet und auf Verlangen des Amtsgerichts glaubhaft gemacht sind.

6. Die Ziff. 4 erhält folgende Fassung:

Soweit innerhalb der Frist Widerspruch nicht erhoben ist, hat das Amtsgericht auszusprechen, daß die Rangausweichung als von den aufgeforderten Berechtigten bewilligt zu erachten ist. Die Berechtigten sind in dem Beschlusse zu bezeichnen.

7. Als Ziff. 6 wird folgende Vorschrift hinzugefügt:

In dem Falle der Ziff. 4 finden auf die Eintragung des Vorranges der als Sicherheit für das Darlehen und die Kulturrente bestellten Hypothek oder Reallast, soweit durch die Eintragung eine Hypothek, Grundschuld oder Rentenschuld betroffen wird, die Vorschriften der §§ 42 bis 44 der Grundbuchordnung keine Anwendung. Das Grundbuchamt hat den Besitzer des Hypotheken-, Grundschuld- oder Rentenschuldbriefs zur Vorlegung anzuhalten, um nach den Vorschriften des § 62 Abs. 1 und des § 70 Abs. 1 der Grundbuchordnung zu verfahren.

VI. Im Artikel 13 Abs. 4 werden

1. die Worte: „und unterliegt nur der in dieses Grundstück stattfindenden Zwangsvollstreckung" gestrichen,

2. folgende Vorschrift beigefügt:

Ist das Grundstück zum Zwecke der Zwangsvollstreckung in Beschlag genommen, so ist die Anstalt zu der Auszahlung nicht verpflichtet.

VII. Der Artikel 18 erhält folgende Fassung:

Die Bewilligung zur Löschung der für die Landeskultur-

Rentenanstalt eingetragenen Hypothek oder Reallast oder zur Umschreibung der Hypothek wird von der Anstaltsverwaltung durch schriftliche Erklärung ertheilt.

Hat die Hypothek den Vorrang vor den zur Zeit der Eintragung bestehenden Hypotheken, Grundschulden und Rentenschulden nach Artikel 12 Ziff. 4 erlangt, so kann diesen Rechten gegenüber der Vorrang, soweit sich die Hypothek mit dem Eigenthum an dem belasteten Grundstück in einer Person vereinigt, nicht geltend gemacht werden.

VIII. An die Stelle des Artikel 23 Abs. 1 Satz 2 treten folgende Vorschriften:

Für Schuldbekenntnisse und Bestellungen von Hypotheken und Reallasten, für Rangänderungen zu Gunsten der zu bestellenden Hypotheken oder Reallasten, mit Einschluß der Berichtigung der Hypotheken-, Grundschuld- und Rentenschuldbriefe, sowie für Eintragung und Löschung der Hypotheken und Reallasten und für die Umschreibung der Hypotheken auf den Eigenthümer des belasteten Grundstücks werden Gebühren zur Staatskasse nicht erhoben. Das Gleiche gilt für Erklärungen, welche die Aufhebung einer Hypothek, Grundschuld oder Rentenschuld zu Gunsten der zu bestellenden Hypothek oder Reallast betreffen.

IX. Der Artikel 22 wird aufgehoben.

Bis zu der Zeit, zu welcher das Grundbuch als angelegt anzusehen ist, bleibt die Geltung des Artikel 12 des Gesetzes vom 21. April 1884 auf die Landestheile rechts des Rheins beschränkt. Für die im Artikel 12 bestimmte gerichtliche Aufforderung tritt an die Stelle des Amtsgerichts, bei welchem das Grundbuch für das Grundstück geführt wird, das Amtsgericht, bei welchem das Hypothekenbuch für das Grundstück geführt wird; soweit es nach Artikel 12 Ziff. 3 Abs. 3 auf Eintragungen im Grundbuch ankommt, treten an deren Stelle die entsprechenden Eintragungen im Hypothekenbuche. Die Vorschrift des Artikel 18 Abs. 2 findet auf das nach § 84 des Hypothekengesetzes dem Schuldner zustehende Recht entsprechende Anwendung.

A. Das ursprüngliche Vorhaben der k. Staatsregierung, die in Aussicht genommene Revision des Gesetzes vom 21. April 1884 die Landeskultur-Rentenanstalt betr, (Ges. u. V.O.Bl. S. 113)[1]) mit dem Ausf.Ges. zum BGB. zu verbinden, ist

1) Literatur: Windstoßer, Ges. die L.K.R.A. vom 21. April 1884 betr. Ansbach 1884. Haag, Ges. über die L.K.R.A in der Handausg. „Die Landwirthschaft in Bayern" S. 649 ff.

nicht zur Ausführung gelangt, weil es sich dabei um einige ziemlich tief einschneidende Aenderungen materieller Art handelte.[2]) Eine solche theilweise andere Gestaltung wurde erst durch das Gesetz vom 18. Mai 1900, die Abänderung einiger Bestimmungen des Gesetzes über die L.K.R.A. betr. (Ges. u. V.O.Bl. S. 451) herbeigeführt. Art. 170 Ausf.Ges. stellte sich hauptsächlich die Aufgabe, den auf der Grundlage des in den Landestheilen rechts des Rheins bestehenden Hypothekenrechtes beruhenden und deßhalb zum Theile (vgl. Art. 8 und 12) in der Pfalz nicht anwendbaren Vorschriften des Gesetzes von 1884 mit Rücksicht auf das für das BGB. geltende Liegenschaftsrecht eine für das ganze Königreich maßgebende einheitliche Fassung zu geben. Wichtig für Art. 170 ist vorzugsweise der Vorbehalt des Art. 118 Satz 1 des Einf.Ges. z. BGB.[3]), welcher gegenüber den Vorschriften der Grundbuchordnung durch deren § 83 ergänzt wird. Die in Satz 2 des erwähnten Art. 118 enthaltene Einschränkung, daß zu Gunsten Dritter die Vorschriften der §§ 892, 893 BGB. Anwendung finden, entspricht dem in Bayern geltenden Rechte, nach welchem die für die L.K.R.A. bestellte Hypothek oder Reallast sowie deren Rang in das Hypothekenbuch eingetragen werden.

Die in Art. 170 Ausf.Ges. und in dem Gesetze vom 18. Mai 1900 getroffenen Aenderungen gaben dazu Anlaß, auf Grund der in § 12 des letzteren Ges. ertheilten Ermächtigung das Gesetz von 1884 in der nunmehr maßgebenden neuen Fassung öffentlich bekanntzugeben (vgl. die Bekanntmachung vom 30. Mai 1900, Ges. u. V.O.Bl. S. 465).

B. Zu den einzelnen Ziffern des Artikels[4]) ist Folgendes zu bemerken:

Zu Ziff. I.

1. In Art. 7 Abs. 2 (n. F.) ist ebenso wie in Art. 8 Abs. 1 und Art. 12 n. F. (s. u. die Ziffern II u. V) in Berücksichtigung gezogen, daß an dem zu Gunsten der L.K.R.A. bestehenden Grundstücke nicht bloß Hypotheken, sondern auch Grund- und Rentenschulden bestehen können. Der Ausdruck „Hypothekgläubiger“ in Satz 2 des Art. 7 ä. F. ist deßhalb durch „Gläubiger“ ersetzt und statt der Worte a. a. O. „Grundbesitz, welcher bereits verpfändet ist“ wurde gesagt: „Grundbesitz, welcher schon mit Hypotheken, Grundschulden oder Rentenschulden belastet ist“.

Was dagegen die Frage anbelangt, ob die für das Darlehen und die Kulturrente zu leistende Sicherheit auch durch Bestellung einer Grund- oder einer Rentenschuld soll bewirkt werden können, so hat das Gesetz, wie dessen Fassung

2) Aeußerung des Minist.Komm. Regierungsraths Brettreich A.A.Prot. S. 366 Becher, Mat. II S. 334.

3) Dieser Satz 1 des Art. 118 lautet: „Unberührt bleiben die landesgesetzlichen Vorschriften, welche einer Geldrente, Hypothek, Grundschuld oder Rentenschuld, die dem Staate oder einer öffentlichen Anstalt wegen eines zur Verbesserung des belasteten Grundstücks gewährten Darlehens zusteht, den Vorrang vor anderen Belastungen des Grundstücks einräumen.“

4) Die durch das Ges. v. 18. Mai 1900 bewirkten Aenderungen der dem Art. 7 vorausgehenden sowie der in Art. 170 Ausf.Ges. nicht berücksichtigten, durch jenes Ges. anders gefaßten Artikel des Ges. v. 1884 werden am Schlusse der Bemerkungen zu Art. 170 erwähnt werden. Dieselben betreffen — abgesehen von den Art. 7, 8 u. 9 — die Art. 1, 2, 6, 15, 16, 17, 19 u. 21. Vgl. hierüber unten Nr. 4.

„wenn die Gläubiger der für das Darlehen und die Kulturrente zu bestellenden Hypothek im Range ausweichen"

ersehen läßt, sich in dieser Beziehung verneinend entschieden.[5])

2. Durch § 4 des Gesetzes vom 18. Mai 1900 ist dem Art. 7 folgender Satz 3 hinzugefügt worden:

„Die Kommission ist befugt, von dem Erfordernisse der Rangausweichung ausnahmsweise abzusehen."

Zu Ziff. II.

1. Weil mit der Anlegung des Grundbuchs die zwischen dem rechtsrhein. Bayern und der Pfalz bestehende Verschiedenheit des Liegenschaftsrechts beseitigt wird, so wurde die Bestimmung des Art. 8 Abs. 1 auf die Pfalz ausgedehnt. Die Eingangsworte dieses Abs. 1 ä. F. „In den Landestheilen rechts des Rheins kann die Sicherheit auch in der Art geleistet werden" u. s. w. sind deßhalb dahin gefaßt worden: „Die Sicherheit kann auch in der Weise geleistet werden" u. s. w. Die übrigen Aenderungen des Abs. 1 erklären sich nach Art. 118 Abs. 1 Einf.Ges. z. BGB. (vgl. oben Ziff. 1) und aus der bereits zu Ziff. I erwähnten Rücksichtnahme auf die Belastung des Grundbesitzes mit Grund- und Rentenschulden. Statt „Realrente" sagt Art. 170, dem Sprachgebrauche des BGB. Rechnung tragend, „Reallast".

2. Die in Abs. 2 des Art. 8 ä. F. ausgesprochene Haftung des Besitznachfolgers für alle Rückstände steht mit den §§ 1107 u. 1108 BGB. nicht in Uebereinstimmung.[6]) Zum Ersatze hiefür erstreckt das Gesetz das durch Abs. 3 ä. F. (Abs. 2 n. F.) der Anstaltsverwaltung eingeräumte Recht, die Ablösung zu verlangen, in Ziff. 3 auf den Fall, daß der Erwerber des belasteten Grundbesitzes die persönliche Haftung für rückständige Renten nicht übernimmt.

---

5) Ueber die hiebei maßgebenden Gründe enthalten die Motive B S. 59 (Becher, Mat. II S. 114, 115) folgende Bemerkungen:

„Das preußische Gesetz vom 13. Mai 1879 die Errichtung von Landeskultur-Rentenbanken betreffend § 6 gestattet die Bestellung einer Grundschuld. Wird aber auf die persönliche Haftung des Eigenthümers (Art. 5 Abs. 2 Ziff. 3) Gewicht gelegt, so kann die Bestellung einer Grundschuld, für die auch die Vorschrift des § 416 BGB nicht gilt, zur Beschaffung einer Sicherheit nicht zugelassen werden. Noch weniger wird die Bestellung einer Rentenschuld als genügende Sicherheit anzuerkennen sein. Denn in Ermanglung eines Vorbehalts für die Landesgesetzgebung läßt sich die im Art. 5 Abs. 2 für die Hypothek und im Art. 8 Abs. 3 für die Reallast getroffene Vorschrift, daß die Zurückzahlung des Darlehens und die Ablösung der Reallast unter gewissen Voraussetzungen gefordert werden können, in Folge des § 1201 Abs. 2 BGB. auf die Rentenschuld nicht übertragen. Uebrigens besteht für die Zulassung der Rentenschuld neben der Möglichkeit, die Sicherheit durch Bestellung einer Reallast zu leisten, kein Bedürfniß. Für den Schuldner sind diese beiden Arten der Sicherheitsleistung gleichwerthig".

6) Ein Vorbehalt, welcher das Landesrecht zu einer Erweiterung der persönlichen Haftung des Eigenthümers ermächtigen würde, besteht nicht (abgesehen von der Uebergangsvorschrift in Art. 184 Einf.Ges. z. BGB.). Vgl. Mot. B S. 59, Becher Mat. II S. 115.

3. In Abs. 2 (n. F.) ist im Vergleiche zu Abs. 3 ä. F. die Ziff. 1 unverändert geblieben, während die Ziff. 2 (n. F.) neu eingeschaltet (vgl. lit. b) u. Ziff. 2 (ä. F.) in Ziff. 3 (n. F.) in geänderter Form aufgenommen wurde. Diese Abänderung hat in der Rücksichtnahme auf das Gesetz vom 15. Juni 1898 das Unschädlichkeitszeugniß betr. ihre Ursache.

4. In § 5 des Ges. vom 18. Mai 1900 wurde dem Art. 8 nachstehender Satz beigefügt:

„Die Kommission ist befugt, ausnahmsweise von der Einräumung des Vorranges abzusehen".

Zu Ziff. III.

1. Von Art. 9 Abs. 2 Ziff. 3 fällt der zweite Satz, welcher bisher lautete: „Denselben (d. i. den ermittelten Theilrenten) kommt das in Art. 108 Ziff. 1 der Subhastationsordnung vom 23. Februar 1879 bestimmte Vorzugsrecht zu" hinweg, weil an die Stelle der Subh.Ordn. das Reichsges. über die Zwangsversteigerung und die Zwangsverwaltung tritt. Der Inhalt dieses 2. Satzes bleibt indessen in sachlicher Beziehung aufrecht, weil die Theilrenten im 1. Satze der Ziff. 3 von Art. 9 Abs. 2 im Einklange mit der in Art. 148 Ausf.Ges. dem Art. 14 des Ges. v. 28. Mai 1852 über die Bewässerungs- u. Entwäss.Unternehmungen u. s. w. gegebenen neuen Fassung für öffentliche Lasten des Grundstücks im Sinne von § 10 Nro. 3 des Zwangsverst.Ges. erklärt werden.

2. Art. 9 Abs. 1 u. 2 Ziff. 1 u. 2 haben durch das Ges. vom 18. Mai 1900 § 6 eine neue Fassung erhalten.[7])

---

7) Diese Fassung ist folgende:

„An Gemeinden und unter staatlicher Aufsicht stehende Stiftungen können Darlehen ohne Sicherheitsbestellung gewährt werden.

Bezüglich der Darlehen an Genossenschaften, welche sich auf Grund des Art. 2 des Gesetzes über die Bewässerungs- und Entwässerungsunternehmungen zum Zwecke der Bodenkultur vom 28. Mai 1852 oder der Art. 14, 15 und 19 des Gesetzes über den Uferschutz und den Schutz gegen Ueberschwemmungen vom gleichen Tage gebildet haben, ferner bezüglich der Darlehen für Unternehmungen, über deren Ausführung die Gemeindebehörde auf Grund des Art. 55 Abs. 2 der Gemeindeordnung für die Landestheile diesseits des Rheins bezw. des Art. 40 Abs. 2 der Gemeindeordnung für Pfalz vom 29. April 1869 die nothwendigen Anordnungen getroffen und hinsichtlich des hiefür erforderlichen Aufwandes beschlossen hat, sowie für Flurbereinigungen, welche unter Mitwirkung der k. Flurbereinigungskommission durchgeführt werden, gelten folgende besondere Bestimmungen:

1. Die Darlehen sind in der Regel in höchstens 28 Jahren zurückzubezahlen.
2. Für die Vertheilung der Kulturrente auf die betheiligten Grundstücke sind bei den Bewässerungs- und Entwässerungsgenossenschaften die Bestimmungen des Art. 13 des einschlägigen Gesetzes vom 28. Mai 1852, bei den Uferschutzgenossenschaften und den Genossenschaften zum Schutze gegen Ueberschwemmungen ihre Satzungen, bei den Unternehmungen im Sinne des Art. 55 Abs. 2, bezw. Art. 40 Abs. 2 der Gemeindeordnungen die Bestimmungen des Art. 55 Abs. 3 bezw. Art. 40 Abs. 1 Ziff. 1 a. a. O. und bei den Flurbereinigungen Art. 44 Abs. 2 des Gesetzes, die Flurbereinigung betreffend, in der Fassung der Bekanntmachung vom 30. Juli 1899 maßgebend."

Art. 10 Abs. 2 lautete bisher im 3. Satze: „In den Landestheilen rechts des Rheines hat das Gesuch auch die Erklärung zu enthalten" u. s. w. Da Art. 8 (s. Ziff. II) auch auf die Pfalz erstreckt ist, so hat jener 3. Satz nunmehr die Wortform: „Das Gesuch hat die Erklärung zu enthalten" u. s. w.

Zu Ziff. V.

Die in Art. 12 nothwendig gewordenen Aenderungen, haben ihre Ursache in der Berücksichtigung der Grundschulden und Rentenschulden sowie in der Ausdehnung der Bestimmungen des Gesetzes auf die Pfalz. Wo im Gesetze vom Hypothekenamte bisher die Rede war, wird nunmehr von dem Amtsgerichte d. h. von demjenigen gesprochen, bei welchem das Grundbuch geführt wird.

1. Im Eingange war — abgesehen von der Beseitigung der Verschiedenheit in Bezug auf das für das rechts- und links-rheinische Bayern geltende Liegenschaftsrecht — in Betracht zu ziehen, daß Art. 118 des Einf.Ges. zum BGB. die Einräumung des Vorranges nur bei jenem Grundstücke als statthaft anerkennt, zu dessen Verbesserung das Darlehen gewährt wird.

2. Bei der Ziff. 2 mußte ebenso wie bei Ziff. 3d darauf Bedacht genommen werden, daß nach § 880 Abs. 3 BGB. dann, wenn ein Recht, welches mit dem Rechte eines Dritten belastet werden soll, auch die Zustimmung des Dritten erforderlich erscheint.

3. Das in Ziff. 3 Abs. 2 angezogene Gesetz vom 23. Februar 1879 die Zwangsvollstreckung in das unbewegliche Vermögen u. s. w. betr. ist durch das Reichsgesetz über die Zwangsversteigerung und die Zwangsverwaltung ersetzt. Die Vorschriften jenes Gesetzes über Zustellungen konnten daher auf die Zustellung der im Art. 12 erwähnten Aufforderung nicht als anwendbar erklärt werden. Auch vermochte die in Ziff. 3 Abs. 2 Satz 2 sich findende Bezugnahme auf Art. 18 des bezeichneten Gesetzes von 1879 nicht aufrecht erhalten zu werden. Die an dessen Stelle getretene neue Bestimmung schließt sich dem Art. 7 Abs. 3 des Ges. über das Unschädlichkeitszeugniß an; eine wesentliche Abweichung von dem bisherigen Rechte ist damit nicht gegeben.

4. Der neu eingeschaltete Abs. 3 der Ziff. 3 ist dem Art. 6 Abs. 2 des Ges. über das Unschädlichkeitszeugniß nachgebildet. Diese Ergänzung ist vorzugsweise durch die Briefhypothek veranlaßt, bei der im Falle der Uebertragung die Eintragung des Erwerbes manchmal längere Zeit unterbleiben wird.

5. Wenn nur ein Theil der aufgeforderten Berechtigten widerspricht, so hat die im Artikel 12 bezeichnete Feststellung nur den nicht widersprechenden Betheiligten gegenüber zu erfolgen. Dies macht eine Aenderung des Einganges der Ziff. 4 und die Hinzufügung der Vorschrift erforderlich, daß die Berechtigten in dem Beschlusse zu bezeichnen sind (vergl. Art. 7 Abs. 4 des Gesetzes über das Unschädlichkeitszeugniß). Für Ziff. 4 gilt auch die oben zu Ziff. 2 (s. lit. b) gemachte Bemerkung.

6. Wird die Einwilligung der Hypotheken-, Grundschuld- oder Rentenschuldgläubiger nach Artikel 12 Ziff. 4 durch Beschluß des Amtsgerichts ersetzt, so muß die Eintragung des Vorranges der für die Landeskultur-Rentenanstalt bestellten Hypothek oder Realrente ohne Vorlegung des Hypotheken-, Grundschuld- oder Rentenschuldbriefs und bei einer Hypothek für die Forderung aus einer Schuldverschreibung auf den Inhaber, aus einem Wechsel oder einem anderen Papiere, das durch Indos-

sament übertragen werden kann, ohne Vorlegung der Urkunde erfolgen dürfen (vgl. Motive zu Art. 75 des Entw. I. L. des Einf.Ges. zum BGB.).

7. Das Gesetz schließt deshalb in Uebereinstimmung mit dem Artikel 10 des Gesetzes über das Unschädlichkeitszeugniß die Anwendbarkeit der §§ 42 bis 44 der Grundbuchordnung in der neu hinzugefügten Ziff. 6 aus, trägt aber durch die Vorschrift, daß das Grundbuchamt die Briefe einfordern soll, um die Rangänderung nachträglich auf ihnen zu vermerken (vergl. die Begründung zu Art. 33 des Entw. Beil. B (Art. 166 des Ausf.Ges. unter Ziff. 4)[8]) dafür Sorge, daß die Briefe richtig gestellt werden.

8. Ziff. V gilt erst, wenn das Grundbuch angelegt ist (vgl. den letzten Abs. des Art. 170).

Zu Ziff. VI.

1. Der Schlußsatz des Art. 13 Abs. 4, daß der Anspruch auf die noch nicht ausbezahlten Darlehensbeträge nur der in das Grundstück, auf welchem das Unternehmen ausgeführt werden soll, stattfindenden Zwangsvollstreckung unterliege, also nicht nach den für die Pfändung von Forderungen geltenden Vorschriften gepfändet werden könne, läßt sich gegenüber den Bestimmungen der §§. 851 C.P.O. sowie 20 Abs. 2, 21, 146 Abs. 1 u. 148 Abs. 1 des Ges. über die Zwangsversteigerung und die Zwangsverwaltung nicht länger beibehalten. Hienach erklärt sich die Vorschrift der Ziff. VI Nro. 1.[9])

2. Die nach § 851 Abs. 2 C.P.O. zulässige Pfändung und Ueberweisung des Anspruchs zur Einziehung ist ohne thatsächliche Bedeutung. Die Auszahlung des Darlehens könnte der Gläubiger nur zu dem Zwecke begehren, um das Geld zur Ausführung des Unternehmens zu verwenden. Eine Pfändung zur Befriedigung des Gläubigers aus dem Gelde ist sonach ausgeschlossen. Um jedoch jeden Zweifel auszuschließen, spricht das Gesetz in dem neuen Zusatze zu Art. 13 Abs. 4 noch besonders aus, daß die Anstalt zu der Auszahlung für den Fall einer in das Grundstück erfolgenden Zwangsvollstreckung (welche, wie bereits bemerkt, das Forderungsrecht das Eigenthümers gegen die Anstalt an sich unberührt läßt) nicht verpflichtet ist.

3. Die durch Ziff. VI bewirkten Aenderungen des Art. 13 Abs. 4 sind ohne Rücksicht auf die Anlegung des Grundbuches gleichzeitig mit dem BGB. in Kraft getreten.[10])

Zu Ziff. VII.

1. Art. 18 hatte bisher folgenden Wortlaut:

„Die Bewilligung zur Löschung der für die Darlehen und Kulturrenten ein-

---

8) Motive B S. 47, Becher, Mat. II S. 90.

9) Aus der in Ziff. VI Nro. 1 verfügten Streichung ergibt sich keine Gefährdung für die Landeskultur-Rentenanstalt. Denn das Darlehen wird dem Eigenthümer des zu verbessernden Grundstücks nach Art. 13 Abs. 1 des Ges. nicht zu beliebiger Verwendung, sondern nur zur Ausführung eines bestimmten Unternehmens gewährt. Diese Zweckbestimmung gehört zum Inhalte des Vertrags über die Darlehensbewilligung und die Anstalt ist daher nicht verpflichtet, das Darlehen hinzugeben, wenn der Eigenthümer zur Ausführung des Unternehmens außer Stande ist.

10) Mot. B S. 61, Becher, Mat. II S. 117.

getragenen Hypotheken oder bestellten Realrenten wird von der Anstaltsverwaltung durch schriftliche Erklärung ertheilt".

Diese Bestimmung bleibt auch gegenüber den Vorschriften der Grundbuchordnung aufrecht. Die in der vorschriftsmäßigen Form ausgestellte schriftliche Erklärung der Anstaltsverwaltung ist eine öffentliche Urkunde im Sinne des § 29 der Grundb.O., da die L.K.R.A. nach Art. 1 Abs. 1 des Ges. — und zwar auch in der Fassung vom 30. Mai 1900 — eine Staatsanstalt und die sie nach Art. 1 Abs. 4 des Ges. und § 7 der V.O. v. 4. Juni 1884 (Ges. u. V.O.Bl. S. 413) vertretende Regierungsfinanzkammer eine staatliche Behörde ist.

2. Dagegen bedarf der Art. 18, abgesehen davon, daß neben der Löschung wegen der Vorschrift des § 1163 des Bürgerlichen Gesetzbuchs auch die Umschreibung der Hypothek auf den Eigenthümer zu erwähnen ist, nach einer anderen Richtung der Abänderung.

Das Bürgerliche Gesetzbuch geht im Gegensatze zum geltenden bayerischen Rechte davon aus, daß das Erlöschen der durch Hypothek gesicherten Forderung nicht das Erlöschen, sondern den Uebergang der Hypothek auf den Eigenthümer zur Folge hat. Soweit daher das Darlehen der Landeskultur-Rentenanstalt abgetragen wird, würde die Hypothek dem Eigenthümer zustehen und sich nach § 1177 des Bürgerlichen Gesetzbuchs in eine Grundschuld verwandeln. Die den übrigen Hypothekengläubigern im Range vorgehende Belastung würde also eine dauernde sein. Der Zweck, dem die im Artikel 118 des Einführungsgesetzes zugelassene Gewährung des Vorranges zu dienen bestimmt ist, erfordert aber nicht, daß die für das Darlehen der Anstalt bestellte Hypothek den Vorrang behält, wenn die Darlehensschuld getilgt und die Hypothek Eigenthümerhypothek geworden ist. Ein über den Zweck hinausgehender Eingriff in die bestehenden Rechte der Hypotheken-, Grundschuld- und Rentenschuldgläubiger muß schon deswegen für bedenklich erachtet werden, weil es leicht geschehen kann, daß im Falle der Zwangsversteigerung ein Erlös erzielt wird, der nicht um den vollen Betrag des Darlehens höher ist als derjenige, der ohne die Verbesserung des Grundstücks würde erzielt worden sein. Abgesehen von den Zufälligkeiten, die auf die Höhe des Erlöses bei Zwangsversteigerungen Einfluß üben, muß mit der Möglichkeit gerechnet werden, daß die Werthsteigerung von Anfang an hinter dem für die Verbesserung des Grundstücks gemachten Aufwande zurückbleibt und daß die hergestellte Anlage sich abnützt oder durch Naturereignisse zerstört wird. Die dem Eigenthümer im Artikel 13 Abs. 2 auferlegte Verpflichtung, die Anlage in gutem Zustande zu erhalten, wird nicht immer erfüllt werden und erlischt mit der Tilgung der Darlehensschuld. Die Erfahrung zeigt, daß insbesondere die im Artikel 2 Ziffer 1, 2, 4 bezeichneten Anlagen nicht von unbegrenzter Dauer sind und raschem Verfall unterliegen, wenn sie nicht gehörig unterhalten werden; an der gehörigen Unterhaltung aber pflegt es, wenn der Eigenthümer in mißliche Vermögensverhältnisse geräth, zu fehlen. Es ist deßhalb zu befürchten, daß der Werth der Anlage, wenn es nach der Tilgung der Darlehensschuld zur Zwangsversteigerung kommt, zu einem mehr oder minder großen Theile verschwunden ist. Der nach Artikel 12 erlangte Vorrang muß daher erlöschen, soweit sich die der Anstalt bestellte Hypothek mit dem Eigenthum an dem belasteten Grundstücke in einer Person vereinigt. Dadurch erhält der dem Art. 18 beigefügte Abs. 2 seine Rechtfertigung.

3. Die Bestimmung, die in Abs. 2 für Fall, daß die der Anstalt bestellte

Hypothek mit dem Eigenthum an dem belasteten Grundstücke in einer Person sich vereinigt, über ihren Rang getroffen ist, muß auf das der Eigenthümerhypothek des BGB. entsprechende Recht des Eigenthümers, an Stelle der erloschenen Hypothek eine neue zu begründen (§ 84 des Hypoth.Ges.), entsprechende Anwendung finden. Dieß sagt der Schlußsatz des Art. 170.

4. Der neue Abs. 2 des Art. 18 kann erst zur Anwendung kommen, wenn das Grundbuch angelegt ist, da er die Geltung des im BGB. geregelten Liegenschaftsrechts zur Voraussetzung hat.

Zu Ziff. VIII.

Bei Art. 23 Abs. 1 Satz 2 war — abgesehen von der Nothwendigkeit, die Grund- und Rentenschulden sowie die Umschreibung der Hypotheken auf den Eigenthümer zu erwähnen, — in Betracht zu ziehen, daß Hypothekengläubiger manchmal zu Gunsten der für die Kulturrente zu errichtenden Hypothek oder Reallast auf ihre Hypotheken verzichten. In derartigen Fällen wird unter der Herrschaft des BGB. an die Stelle des Verzichtes, welcher nicht das Erlöschen der Hypothek, sondern nur Uebergang auf den Eigenthümer zur Folge hat (§ 1168), die Aufhebung derselben durch den Gläubiger mit Zustimmung des Eigenthümers treten (§ 1183). Die Berichtigung der Hypotheken-, Grundschuld- und Rentenschuldbriefe (vgl. Ziff. V Nr. 7) ist ebenso wie im Falle des Art. 39 des Flurbereinigungsgesetzes gebührenfrei.

Zu Ziff. IX.

Art. 22 wurde als überflüssig aufgehoben im Hinblick auf Art. 56 des Ausf. Ges., nach welchem das Erlöschen und die Verjährung der Ansprüche aus einer Staatsschuldenverschreibung oder einem Zinsscheine denjenigen Fonds zustatten kommt, aus welchem die Zahlung zu leisten war. Die Landeskulturrentenschuld ist im Art. 1 Abs. 2 Satz 2 und in Abs. 3 als eine „besondere" Staatsschuld erklärt, welche „als besondere Fonds zu verwalten" ist.

C. Zu Abs. 2 des Art. 170 ist zu bemerken:

1. Die in Ziff. V bewirkten Aenderungen des Art. 12 kommen erst nach erfolgter Anlegung des Grundbuches zur Anwendung, da sie die Geltung des im BGB. geordneten Liegenschaftsrechts zur Voraussetzung haben.[11]) Bis zu jenem Zeitpunkte muß in den Landestheilen rechts des Rheines, für welche die bisherige Fassung des Art. 12 maßgebend war, nach dem Vorbilde des Art. 19 Abs. 1, 2 des Gesetzes über das Unschädlichkeitszeugniß an die Stelle des Amtsgerichtes, bei welchem das Grundbuch für das belastete Grundstück geführt wird, dasjenige Amtsgericht treten, bei dem für dieses Grundstück das Hypothekenbuch geführt wird. Soweit es hiebei nach Art. 11 Ziff. 3 Abs. 3 auf Eintragungen im Grundbuche ankommt, treten die entsprechenden Eintragungen im Hypothekenbuche an deren Stelle.

2. Zu dem auf Art. 18 Abs. 2 bezüglichen letzten Satze des Art. 170, vgl. man Bem. zu Ziff. VII Nr. 3.

3. Durch das Gesetz vom 18. Mai 1900 haben — abgesehen von den oben

---

11) Dasselbe ist der Fall, hinsichtlich der Aenderungen des Art. 18. Vgl. Bem. zu Ziff. VII, 4.

bereits berücksichtigten Art. 7, 8 und 9 — die Art. 1, 2, 6, 15, 16, 17, 19 und 21 eine Aenderung erfahren.[12])

---

12) a) Art. 1 Abs. 1 u. 2 haben durch § 1 jenes Gesetzes folgende Fassung erhalten:

„Die für das Königreich Bayern als Staatsanstalt errichtete Landeskultur-Rentenanstalt hat den Zweck, die Beschaffung von Kapitalien zur Ausführung von Kulturunternehmungen zu erleichtern.

Zu diesem Behufe werden Schuldverschreibungen (Landeskultur-Rentenscheine) in dem jeweils durch das Gesetz festgesetzten Maximalbetrag ausgegeben. Diese Schuldverschreibungen bilden eine unter verfassungsmäßiger Gewährschaft stehende besondere Staatsschuld.

b) § 2 des Gesetzes gibt dem Art. 2 nachstehende Fassung:

Die Anstalt gewährt nach Maßgabe der jeweils verfügbaren Mittel Darlehen zur Ausführung folgender Kulturunternehmungen:

1. Bewässerungs- und Entwässerungsunternehmungen,
2. Korrektion an Bächen und Privatflüssen, Anlagen zum Uferschutze und zum Schutze gegen Ueberschwemmungen,
3. Flurbereinigungen,
4. Urbarmachungen öder Flächen, Meliorationen von Feldern, Wiesen, Weiden und Moorgründen,
5. Aufforstungen öder Flächen,
6. Anlagen und Meliorationen von Weinbergen,
7. Obstbau- und Weidenkulturen,
8. Fischereianlagen,
9. Wegeanlagen, welche zu einer besseren Benützung land- oder forstwirthschaftlichen Grundbesitzes bestimmt sind,
10. Wasserversorgungen ländlicher Gemeinden.

c) Die durch § 3 bestimmte Abänderung des Art. 6 ist folgende:

Der Darlehensnehmer hat sich zu verpflichten, das Darlehen von dem auf die Darlehenshingabe folgenden Kulturrententermine angefangen, mit einem Betrage zu verzinsen, welcher jeweils um 1/4 vom Hundert hinter dem Zinssatze der aus Anlaß der Darlehenshingabe ausgegebenen Landeskulturrentenscheine zurückbleibt, und durch Zahlung eines jährlichen Zuschlages zu tilgen, welcher bei 3 3/4-prozentigen Darlehen 1/2 vom Hundert, bei 3 1/4-prozentigen Darlehen 3/4 vom Hundert und bei 2 3/4-prozentigen Darlehen 1 vom Hundert der ursprünglichen Darlehenssumme beträgt.

Diese Zins- und Tilgungsbeträge bilden zusammen die vom Schuldner zu entrichtende Kulturrente und sind in halbjährigen Raten an den durch Ministerialvorschrift festgesetzten Kulturrententerminen in baarem Gelde an die Anstalt abzuführen. Zugleich mit der ersten Halbjahresrate der Kulturrente hat der Darlehensnehmer den Stückzins für die Zeit zwischen der Darlehenshingabe und dem darauffolgenden Kulturrententermine einzubezahlen. Erfolgt die Darlehenshingabe ausnahmsweise erst nach dem Termine, zu welchem gemäß der Schuldurkunde die Verzinsung und Vertilgung zu bebeginnen hat, so wird dem Darlehensnehmer der entsprechende Stückzins gutgerechnet.

Die nach dem Darlehensnennwerthe festgesetzten Zinsen sind der fort-

Artikel 171.

Das Gesetz vom 29. Mai 1886, die Flurbereinigung betreffend, wird dahin geändert:

I. Als Artikel 9a wird folgende Vorschrift eingestellt:

Zu den im Flurbereinigungsverfahren abzugebenden Erklärungen bedarf der Vater oder die Mutter als Inhaber der elterlichen Gewalt sowie ein Vormund oder Pfleger

---

schreitenden Tilgung des Darlehens ungeachtet im vollen Betrage während der bestimmten Tilgungszeit fortzubezahlen und dienen, sowie sie mehr betragen als der Zins der Restschuld, zur Tilgung des Darlehens, welches durch Entrichtung der Kulturrente, bei $3^3/_4$prozentiger Verzinsung in 58 Jahren, bei $3^1/_4$prozentiger Verzinsung in 52 Jahren und bei $2^3/_4$prozentiger Verzinsung in $48^1/_2$ Jahren an Kapital und Zinsen getilgt wird.

Auf Antrag des Darlehensnehmers kann, bei Wasserversorgungen und Anlagen, welche einer rascheren Abnützung unterworfen sind, soll in der Regel bei der Darlehenshingabe ein höherer als in Abs. 2 vorgeschriebener jährlicher Tilgungsbetrag und dementsprechend eine Abkürzung der Tilgungsperiode von der Kommission festgesetzt werden.

d) Durch § 7 des Ges. v. 18. Mai 1900 wurde im Art. 15

1. bei Abs. 1 nach den Worten „oder in Rentenscheinen" eingeschaltet: „der entsprechenden Zinsgattung" und
2. im Abs. 2 statt „100 Mk." gesetzt: „50 Mk."

e) Im Art. 16 erfolgte nach dem Worte „Rentenscheine" die Einfügung: „der entsprechenden Zinsgattung". (§ 8.)

f) Durch § 9 erhielt Art. 17 nachstehende Fassung:

Die Verhältnißzahlen, mittelst welcher der durch Entrichtung der Kulturrente während eines bestimmten Zeitraumes getilgte Betrag sich berechnet, werden für die einzelnen Zinsgattungen durch Ministerial-Vorschrift bestimmt.

g) Zufolge § 10 erhielten in Art. 19

1. Abs. 1 und 2 folgende Fassung: Die Rentenscheine lauten auf den Inhaber, werden in Stücken zu 5000, 1000, 500, 200 und 100 Mk. ausgegeben und in halbjährigen Raten verzinst.

   Der Nennwerth der ausgegebenen Rentenscheine einer jeden Zinsgattung darf den Betrag der gewährten Darlehen der entsprechenden Zinsgattung nicht überschreiten.
2. Ferner wurde in Art. 19 Abs. 3 nach dem Worte „Rentenscheine" eingefügt: „der entsprechenden Zinsgattung."

h) Im Art. 21 Abs. 3 ist durch § 11 am Schlusse der Beisatz gemacht worden:

„insoweit die Einnahmen nicht zur Hingabe neuer Darlehen von der gleichen Zinsgattung verwendet werden können."

nicht der Genehmigung des Vormundschaftsgerichts oder des Familienraths, ein Nachlaßpfleger nicht der Genehmigung des Nachlaßgerichts, der gesetzliche Vertreter einer Körperschaft, Stiftung oder Anstalt des öffentlichen Rechtes oder einer unter der Verwaltung einer öffentlichen Behörde stehenden Stiftung nicht der Genehmigung der vorgesetzten Behörde.

II. Der Artikel 10 Abs. 1 erhält folgende Fassung:

Sind die in die Unternehmung einbezogenen Grundstücke desselben Eigenthümers verschieden belastet, so sind die an ihre Stelle tretenden Grundstücke in Ermangelung einer anderweitigen Uebereinkunft, soweit es zur Wahrung der auf sie übergehenden Rechte erforderlich ist, nach den verschiedenen Belastungen auszuscheiden und im Steuerkatasterplane mit besonderen Nummern zu bezeichnen. Verfügungsbeschränkungen stehen den Belastungen gleich.

III. Der Artikel 13 erhält folgende Fassung:

Wird bei einer Flurbereinigung zum Zwecke der Ausgleichung eine Geldentschädigung nach Art. 6 Abs. 5 geleistet, so ist sie zunächst zur Ablösung der Grundlasten zu verwenden, soweit diese wegen des Minderwerths der eingetauschten Grundstücke nicht auf diese übertragbar sind; auf den Rest finden, wenn die ausgetauschten Grundstücke mit Rechten Dritter belastet sind, die für die Haftung des Entschädigungsanspruchs und das Vertheilungsverfahren im Falle der Zwangsenteignung geltenden Vorschriften Anwendung.

Eine nach Art. 6 Abs. 6 zu leistende Geldentschädigung haftet für Reallasten, Hypotheken, Grundschulden und Rentenschulden, mit denen die ausgetauschten Grundstücke belastet sind, nach Maßgabe der Vorschriften des § 1123 Abs. 2 Satz 1 und des § 1124 Abs. 1, 3 des Bürgerlichen Gesetzbuchs.

IV. Der Artikel 16 Abs. 1 erhält folgende Fassung:

Die nach den Art. 20, 25, 32 ergehenden Ladungen und Mittheilungen sind, wenn Personen betheiligt sind, die unter Vormundschaft stehen oder für welche die Bestellung eines Pflegers oder eines Beistandes angeordnet ist, auch an das Vormundschaftsgericht, falls eine Nachlaßpflegschaft angeordnet ist, auch an das Nachlaßgericht, für Stiftungen auch an die Aufsichtsbehörde zu richten.

V. Der Artikel 18 Abs. 4 erhält folgenden Zusatz:

Bei Familienfideikommissen finden auch in solchen Fällen die Vorschriften des Art. 9 Anwendung.

VI. Der Artikel 20 Abs. 1 erhält folgende Fassung:

Ist eine Unternehmung als zur weiteren Instruirung geeignet erklärt, so sind die nach Maßgabe des hiebei festgesetzten Umfanges der Unternehmung betheiligten Grundeigenthümer beziehungsweise deren gesetzliche Vertreter durch die Distriktsverwaltungsbehörde zu einer Tagsfahrt mit der Eröffnung zu laden, daß

1) Einwendungen bezüglich der Voraussetzungen der Flurbereinigung (Art. 1 bis 5) bei Vermeidung des Ausschlusses entweder in der Tagsfahrt oder binnen vierzehn Tagen nach derselben bei der Distriktsverwaltungsbehörde vorgebracht werden müssen,

2) diejenigen, betheiligten Grundeigenthümer, welche weder in Person erscheinen noch durch einen Bevollmächtigten vertreten sind, unbeschadet der nach Ziff. 1 zu erhebenden Einwendungen, als der Inangriffnahme der Flurbereinigung zustimmend erachtet werden und auch aller Einwendungen gegen die sonstigen Beschlüsse der Tagsfahrt verlustig gehen,

3) zur Stellvertretung eine von der Gemeindebehörde des Wohnorts beglaubigte Vollmacht genügt.

VII. Im Artikel 21 erhält

1. der Eingang folgende Fassung:

Bei der von der Distriktsverwaltungsbehörde abzuhaltenden Tagsfahrt ist zunächst die beabsichtigte Unternehmung unter Bekanntgabe des zu erwartenden Betrags der Kosten darzulegen sowie auf den im Art. 20 Abs. 1 Ziff. 1 erwähnten Rechtsnachtheil hinzuweisen und sodann Beschluß zu fassen.

2. Der Abs. 5 wird aufgehoben.

VIII. Als Artikel 21a wird folgende Vorschrift eingestellt:

Werden in der Tagsfahrt nach Art. 21 oder während der im Art. 20 Abs. 1 Ziff. 1 festgesetzten Frist von den Betheiligten Einwendungen bezüglich der Voraussetzungen der Flurbereinigung erhoben, so hat die Flurbereinigungs-Kommission zunächst darüber zu entscheiden.

Der Bescheid ist den betheiligten Grundeigenthümern in Ausfertigung zuzustellen.

Gegen den Bescheid ist die Beschwerde an den Verwaltungsgerichtshof zulässig. Die Vorschriften des Art. 35 Abs. 3 finden Anwendung.

IX. Als Artikel 23a wird folgende Vorschrift eingestellt:

Der Ausschuß oder der beauftragte Geometer hat als Geschäftsführer des Unternehmens die auf dieses bezüglichen gemeinschaftlichen Angelegenheiten der betheiligten Grundeigenthümer gerichtlich und außergerichtlich wahrzunehmen.

X. Im Artikel 25 erhält

1. der Abs. 1 folgende Fassung:

Dem Ausschusse beziehungsweise dem beauftragten Geometer kommt der Betrieb aller auf die Ausarbeitung des Projekts bezüglichen Angelegenheiten zu. Hierunter fällt insbesondere die Herstellung des Uebersichtsplans, aus welchem das neu anzulegende Wegenetz und die weiter nöthigen gemeinsamen Anlagen ersichtlich sind, die Aufstellung des Forderungsregisters, die Entgegennahme von Erinnerungen der drittberechtigten Personen, die Vornahme der Werthsermittlungen, der Betrieb der Vermessungen, die Entwerfung des Vertheilungsplans mit Anfertigung der Vorschläge über die Vertheilung der Grundsteuern und Grundlasten sowie der verschiedenen Belastungen im Falle des Art. 10 Abs. 1 und die Ausscheidung der Kosten.

2. der Abs. 4 folgenden Zusatz:

Die vierzehntägige Frist beginnt mit dem Eröffnungstermine, wenn der Betheiligte ungeachtet ordnungsmäßiger Ladung in dem Termine nicht erschienen ist. Die Ladung erfolgt nach Art. 20 Abs. 3 und, wenn der Wohnort des Betheiligten nicht bekannt ist, nach Art. 20 Abs. 2, 4.

3. der Eingang des Abs. 5 folgende Fassung:

Nach Beschluß der Flurbereinigungs-Kommission kann die Anerkennung . . . .

XI. Als Artikel 25a werden folgende Vorschriften eingestellt:

Nach der Absteckung der neuen Flureintheilung kann die Flurbereinigungs-Kommission die betheiligten Grundeigenthümer auf Antrag von mindestens drei Viertheilen derselben vorläufig in den Besitz der Neuzutheilungen durch den Flurbereinigungs-Ausschuß beziehungsweise den beauftragten Geometer setzen, wenn aus einem längeren Aufschube der Ueberweisung den Antragstellern ein erheblicher Nachtheil erwachsen würde.

Soweit die Flureintheilung bei der endgiltigen Feststellung geändert wird, ist den widersprechenden Betheiligten der Schaden zu ersetzen, den sie dadurch erlitten haben, daß die Ueberweisung vor der endgiltigen Feststellung der Flureintheilung erfolgt ist. Der Schadensersatz gehört zu den Kosten des Unternehmens.

XII. Der Artikel 26 erhält folgende Fassung:

Die Hypotheken-, Grundschuld- und Rentenschuldgläubiger sowie die sonstigen nach Art. 8 Abs. 2 widerspruchsfähigen Personen sind auf Antrag des Ausschusses oder des beauftragten Geometers durch das Amtsgericht, bei welchem das Grundbuch für die auszutauschenden Grundstücke geführt wird, öffentlich aufzufordern, ihre Erinnerungen gegen die sich aus der bevorstehenden Flurbereinigung ergebenden Änderungen des Gegenstandes ihrer Rechte innerhalb einer Frist von einem Monat entweder bei dem Flurbereinigungs-Ausschusse beziehungsweise dem beauftragten Geometer oder schriftlich oder zum Protokolle des Gerichtsscheibers bei dem Amtsgerichte geltend zu machen. Die Aufforderung hat die Mittheilung zu enthalten, daß der genaue Ausweis des gegenwärtig den Gegenstand ihrer Rechte bildenden und des bei Durchführung der Unternehmung an dessen Stelle tretenden Grundbesitzes, der Schätzung beider und der etwaigen Geldentschädigungen auf der Gerichtsschreiberei eingesehen werden kann. In der Aufforderung ist darauf hinzuweisen, daß ein Widerspruchsrecht nur insoweit besteht, als der Grundbesitz, auf welchen die Rechte übergehen sollen, nicht mindestens den gleichen Werth hat wie der gegenwärtig den Gegenstand der Rechte bildende Grundbesitz. Als Rechtsnachtheil ist anzudrohen, daß das Widerspruchsrecht verloren geht, wenn es nicht vor dem Ablaufe der Frist geltend gemacht wird.

Die Aufforderung geschieht durch Anheftung an die Gerichtstafel und durch einmalige Einrückung in das für die Bekanntmachungen des Amtsgerichts bestimmte Blatt. Das Amtsgericht kann anordnen, daß die Veröffentlichung noch in einem anderen Blatte erfolgen soll. Die Erinnerungsfrist beginnt mit dem Ablaufe von zwei Wochen seit der Einrückung, im Falle der Einrückung in ein zweites Blatt seit der letzten Einrückung.

Der im Abs. 1 erwähnte Ausweis ist von dem Flurbereinigungs-Ausschusse beziehungsweise von dem beauftragten Geometer zu liefern.

XIII. Der Artikel 27 erhält folgende Fassung:

Nach dem Ablaufe der im Art. 26 bestimmten Frist hat das Amtsgericht das Ergebniß der Aufforderung dem Flurbereinigungs-Ausschusse beziehungsweise dem beauftragten Geometer mitzutheilen.

XIV. Im Artikel 28 Abs. 1 Satz 1 werden nach den Worten: „die Werthsermittlung" eingeschaltet die Worte:

„und auf die Höhe der nach Art. 25a zu leistenden Entschädigung".

XV. Im Artikel 34 Abs. 2 werden die Worte: „dann die Hypothekverhältnisse, Geldentschädigungen und Geldleistungen" ersetzt durch die Worte:

„die Ordnung der sich aus den Vorschriften der Art. 10, 12 ergebenden Belastungsverhältnisse, die Angabe der Geldentschädigungen und Geldleistungen".

XVI. In den Artikel 36 wird als Abs. 4 folgende Vorschrift aufgenommen:

Sind Geldentschädigungen festgesetzt, so erfolgt für den Grundbesitz, dessen Zuweisung mit den Entschädigungen zusammenhängt, die Ertheilung der vollziehbaren Auszüge und die Bezeichnung des Tages des Eigenthumsüberganges erst, wenn die von den Betheiligten zu leistenden Geldbeträge eingezahlt oder die Empfangsberechtigten befriedigt sind.

XVII. Der Artikel 37 erhält folgende Fassung:

Die Flurbereinigungs-Kommission hat das Grundbuchamt unter Mittheilung des Operats oder eines beglaubigten

Auszugs aus diesem um die erforderlichen Eintragungen in das Grundbuch zu ersuchen. In dem Ersuchen ist der Tag des Eigenthumsüberganges anzugeben. Bei Eintragungen, von denen Hypotheken, Grundschulden oder Rentenschulden betroffen werden, finden die Vorschriften der §§ 42 bis 44 der Grundbuchordnung keine Anwendung. Das Grundbuchamt hat den Besitzer des Hypotheken-, Grundschuld- oder Rentenschuldbriefs zur Vorlegung anzuhalten, um nach den Vorschriften des § 62 Abs. 1 und des § 70 Abs. 1 der Grundbuchordnung zu verfahren.

Von den nach Art. 6 Abs. 5 festgesetzten Geldentschädigungen hat die Flurbereinigungs-Kommission dem Amtsgerichte, welches für das im Art. 13 bezeichnete Vertheilungsverfahren zuständig ist, Mittheilung zu machen.

XVIII. Im Artikel 39 Abs. 1 werden die Worte: „Operatsauszügen und Hypothekenbriefen" ersetzt durch die Worte:

„Operatsauszügen, Hypotheken-, Grundschuld- und Rentenschuldbriefen".

XIX. Im Artikel 42 werden nach dem Worte: „Aussteckungspfähle" eingeschaltet die Worte:

„oder Sicherungssteine".

XX. Die Artikel 44 bis 50 werden aufgehoben.

Bis zu der Zeit, zu welcher das Grundbuch als angelegt anzusehen ist, tritt für die im Artikel 26 des Gesetzes vom 29. Mai 1886 bestimmte gerichtliche Aufforderung an die Stelle des Amtsgerichts, bei welchem das Grundbuch für die auszutauschenden Grundstücke geführt wird, in den Landestheilen rechts des Rheins das Amtsgericht, bei welchem das Hypothekenbuch für die Grundstücke geführt wird, in der Pfalz das Amtsgericht, in dessen Bezirke die Grundstücke belegen sind. Die Vorschriften des Artikel 37 Abs. 1 Satz 1 finden in den Landestheilen rechts des Rheins auf die Eintragungen in das Hypothekenbuch entsprechende Anwendung. In der Pfalz bleiben bis dahin an Stelle des Artikel 10 Abs. 1, 2 der Artikel 46 und an Stelle des Artikel 37 Abs. 1 der Artikel 49 in Geltung.

A. Das vermöge des Art. 113 Einf.Ges. zum BGB. aufrechterhaltene Gesetz vom 29. Mai 1886 die Flurbereinigung betr.[1]) hat theils wegen seines Zusammen-

---

1) Ges. u. V.Bl. S. 271. Literatur: v. Haag, das bayer. Gesetz betr. die Flurbereinigung vom $\frac{\text{29. Mai 1886}}{\text{9. Juni 1899}}$ 2. Aufl. von Brettreich 1900; v. Müller und v. Haag, das bayer. Ges. vom 29. Mai 1886 die Flurbereinigung betr. 1891; Wind-

hanges mit dem Liegenschaftsrechte und anderen Rechtsgebieten, theils wegen des Bestrebens, einige bei der Gesetzesanwendung gewonnene Erfahrungen zu verwerthen, mehrere Ergänzungen und Abänderungen erlitten. Auf Grund der in Art. 179 Ausf.Ges. ertheilten Ermächtigung wurde jenes Gesetz durch Bekanntmachung des k. Staatsministeriums des Innern vom 30. Juli 1899 (Ges. u. V.Bl. S. 469) in seiner neuen Fassung zur Veröffentlichung gebracht.

B. Zu den einzelnen Ziffern des Artikel 171 ist Nachstehendes hervorzuheben:

Zu Ziff. I.

Der Art. 9a (n. F. 10) berücksichtigt die Vorschriften des BGB. über die Stellung des Inhabers der elterlichen Gewalt sowie des Vormundes und Pflegers (§§ 1627 ff., 1686, 1793 ff. und 1915 BGB.) und faßt die Art. 50 und 21 Abs. 5 zusammen, von denen der letztere hinsichtlich seiner Erwähnung des Konkursgerichtes gegenüber den §§ 134 und 136 der Konkursordnung nicht zutreffend [2]) und durch Ziff. VII Nr. 2 aufgehoben ist. Ueber die Außerkraftsetzung des Art. 50 vergl. unten Ziff. XX. Die in Ziff. I erwähnten Personen erscheinen nicht nur bei Erklärungen im Vorverfahren, sondern für alle Erklärungen, welche im Flurbereinigungsverfahren erfolgen, zur selbständigen Vertretung befugt.[3])

Zu Ziff. II.

1. Die mit dem Liegenschaftsrechte in Verbindung stehende geänderte Fassung des Art. 10 Abs. 1 (Art. 11 Abs. n. T.) enthält im Vergleiche mit dem bisherigen Rechte keine wesentliche Abweichung.

2. Nach Art. 8 tritt der Ersatz, welchen der einzelne betheiligte Grundeigenthümer an Grund und Boden erhält, an Stelle der dafür abgetretenen Grundstücke und es gehen sowohl dingliche als auch persönliche Ansprüche der in Ansehung der betheiligten Grundflächen berechtigten dritten Personen von den ausgetauschten auf die

---

stoßer, das bayer. Ges. über die Flurbereinigung u. s. w. 4. Aufl., 1900; v. Roth, bayer. Civilrecht Bd. II Abth. I § 140 A (2. Aufl. von Becher) und Becher, bayer. Landescivilrecht § 85.

2) Die Anregung des Korref. Abg. Conrad, den Art. 9a an anderer Stelle vorzutragen, etwa dem Art. 16 anzureihen, wurde vom Minist.Kommissär Dr. v. Jacubezky nicht als begründet erachtet, da Art. 9a sich nicht wie Art. 16 auf Ladungen und Mittheilungen, sondern auf die Vertretungsmacht beziehe. Art. 9, an welchen Art. 9a sich anschließe, behandle dagegen für die Familienfideikommisse eine die Vertretungsmacht betreffende Frage. A.A.Prot. S. 369, Becher, Mat. II S. 341.

3) Ueber die Bedenken, welche Abg. Wagner vom Standpunkte der vormundschaftlichen Fürsorge dagegen vorbrachte, daß die Genehmigung des Vormundschaftsgerichtes nicht erforderlich sei, vergl. man dessen Ausführungen zu Art. 16 (Ziff. IV), A.A.Prot. S. 370, 371, Becher, Mat. II S. 342, 344. Uebrigens war auch nach Art. 21 Abs. 5 und Art. 50 der ält. Fass. eine solche Genehmigung nicht mehr nothwendig. Die Vertretung des Mündels obliegt nicht dem Vormundschaftsgerichte, sondern dem Vormunde. Diesen letzteren auf Schritt und Tritt zu leiten, ist nach dem BGB. nicht die Aufgabe des Gerichts. Die Landesgesetzgebung kann, wie der Ministerialkommissär (A.A.Prot. S. 371, Becher a. a. O. S. 343) mit Recht hervorgehoben hat, die Aufgaben des Vormundschaftsgerichtes nicht nach Belieben erweitern.

eingetauschten Grundstücke über. Sind nun die in eine Flurbereinigungs-Unternehmung einbezogenen Grundstücke des nämlichen Eigenthümers in verschiedener Weise d. h. mit verschiedenem oder in ungleichartigem Range stehenden Hypotheken, Grund- oder Rentenschulden belastet, so soll der eingetauschte Grundbesitz nicht als eine unausscheidbare Masse für die mehrfachen Belastungen haften, sondern es sind gemäß Art. 11 Abs. 1 (n. F.) die eingetauschten Grundstücke nach den verschiedenen Belastungen auszuscheiden und im Steuerkatasterplane mit besonderen Nummern zu versehen. Diese Vorschrift ist indeß keine zwingende; es kann vielmehr, da sie nur in Ermangelung einer anderweitigen Uebereinkunft gilt, durch Vereinbarung der Betheiligten etwas Anderes festgesetzt werden. Auch kann die angeordnete Ausscheidung dann unterlassen werden, wenn sie zur Wahrung der auf die eingetauschten Grundstücke übergehenden Rechte nicht nothwendig erscheint, wie z. B. unter Umständen im Falle des Art. 16.[4]) Erscheint die Ausscheidung zur Wahrung solcher Rechte aber geboten, so muß sie in Ermangelung eines Uebereinkommens von Amtswegen bewirkt werden.

3. Belastungen sind alle dinglichen Rechte (Dienstbarkeiten, Reallasten, Hypotheken, Grund- und Rentenschulden, Erbbaurecht und das dinglich wirkende Vorkaufsrecht (§ 1094 ff. BGB.). Verfügungsbeschränkungen wie z. B. Eintragung einer Beschlagnahme zum Zwecke der Zwangsversteigerung oder eine auf Grund einer einstweiligen Verfügung ergangene Vormerkung sind an sich keine Belastungen; aber sie wurden durch den 2. Satz des Art. 10 (neu 11) den letzteren gleichgestellt.

4. Art. 11 Abs. 1 gilt ebenso wie Abs. 2 nunmehr für ganz Bayern. In der Pfalz hat bis zu demjenigen Zeitpunkte, in welchem das Grundbuch als angelegt anzusehen ist, der Art. 46 des bisherigen Gesetzes noch weitere Geltung. Vgl. Art. 171 Abs. 2 des Ausf.Ges.).

Zu Ziff. III.

1. Nach dem bisherigen Wortlaute des Art. 13 ist die Geldentschädigung, welche bei einer Flurbereinigung zum Zwecke der Ausgleichung nach Art. 6 Abs. 5 geleistet wird, zunächst zur Ablösung von Grundlasten-Antheilen zu verwenden, welche wegen des Minderwerthes der eingetauschten Grundstücke auf diese nicht übertragen werden können, während der Restbetrag an die Hypothekengläubiger nach ihrer Rangordnung gegen Löschung der bezüglichen Forderungen hinauszugeben ist. Diese Vorschrift kann, insoweit sie die Verfügung über den Rest anbelangt, neben den Bestimmungen der Art. 52, 53, 109 des Einf.Ges. zum BGB. und des Art. 12 des Ges. vom 15. Juni 1898, das Unschädlichkeitszeugniß betr., nicht aufrechterhalten werden; sie wurde daher in Ziff. III Abs. 1 (Art. 14 Abs. 1 des neuen Textes) geändert.[5]) Bezüglich der bei dieser Aenderung in Bezug genommenen gesetzlichen Vorschriften

4) Ebenso auch v. Haag-Brettreich S. 79.

5) Die Motive B S. 128 (Becher, Mat. II S. 119) äußern sich in dieser Beziehung in folgender Weise:

„Die Entschädigungssumme bildet einen Theil des Ersatzes für die dem bisherigen Eigenthümer entzogenen Grundstücke und muß deshalb den Rechten, mit welchem diese Grundstücke belastet waren und die nunmehr auf den Ersatz übergehen, in der gleichen Weise unterworfen werden wie die als Ersatz dienenden Grundstücke. Das Verhältniß ist ganz dasselbe wie bei der Zwangsenteignung oder bei der auf Grund eines Unschädlichkeitszeugnisses erfolgenden lastenfreien Veräußerung eines Theiles des belasteten Grundstücks. Die Entschädigungs-

vgl. Art. 24 (früher 53) des Ausf.Ges. zur Civ.Pr.O. und Konk.O. (Ges. und V.Bl. 1899 S. 402 ff.) und §§ 105 ff. des Ges. v. 24. März 1897 über die Zwangsversteigerung und die Zwangsverwaltung (R.G.Bl. 1898 S. 713 ff.)

Die Geldentschädigung, welche Abs. 1 im Auge hat, ist bestimmt zur Ausgleichung wegen dauernder Werths- und Flächenunterschiede.

2. Abs. 2 betrifft die nach Art. 6 Abs. 6 zu gewährende Geldentschädigung, welche dem Zwecke dienen soll, einen vorübergehenden Mehrwerth auszugleichen, nämlich für den vom Grundeigenthümer auf ein Grundstück gemachten Aufwand wie z. B. für Aussaat, besondere Düngung u. s. w. Da dieselbe einen Theil des Ersatzes für die bisher haftenden Gegenstände bildet, so muß sie auch einer gewissen Haftung für die das ausgetauschte Grundstück bisher belastenden Hypotheken, Grund- und Rentenschulden sowie Reallasten unterworfen werden. Bei der nebensächlichen Bedeutung, welche sie für diese Rechte hat, erscheint es angemessen, ihre Haftung in der nämlichen Weise einzuschränken wie diejenige der Entschädigung für eine Benützung des Grundstücks oder für die Entziehung oder Beschädigung von Früchten oder Zubehörstücken (Art. 53, 109 Einf.Ges. zum BGB., ferner die Art. 7 Abs. 3, 162 u. 184 Abs. 2 des Berggesetzes n. F.). Nach § 1124 Abs. 1 Satz 1 BGB., welcher als entsprechend anwendbar erklärt ist, kann die Entschädigung an den Grundeigenthümer insolange bezahlt werden, als nicht die Forderung zu Gunsten eines der Berechtigten in Beschlag genommen worden ist. Zufolge § 1123 Abs. 2 BGB. wird die Entschädigung, mit dem Ablaufe eines Jahres nach dem Eintritte ihrer Fälligkeit von der Haftung frei, wenn nicht vorher die Beschlagnahme zu Gunsten eines der Berechtigten erfolgt ist. Der Uebertragung der Forderung auf einen Dritten steht es im Hinblick auf § 1124 Abs. 3 gleich, wenn das Grundstück ohne die Forderung zur Veräußerung gelangt.

3. Da Art. 13 (jetzt 14) Abs. 2 in seiner neuen Fassung die Giltigkeit des im BGB. geregelten Liegenschaftsrechtes voraussetzt, so kann derselbe erst nach erfolgter Anlegung des Grundbuches zur Anwenduug kommen.[6])

Zu Ziff. IV.

1. Die neue Fassung des Art. 16 Abs. 1 (jetzt Art. 17 Abs. 1) schließt eine sachliche Aenderung nicht in sich. Sie ist durch das Familien- und Erbrecht des BGB. hervorgerufen. Nach Art. 9a (neu Art. 10) ist die Genehmigung des Vormundschaftsgerichts, Nachlaßgerichts u. s. w. für die im Flurbereinigungsverfahren abzugebenden Erklärungen nicht mehr erforderlich. Durch die — überdies schon in

---

summe darf nicht ohne Weiteres zur Befriedigung von Hypotheken-, Grundschuld- oder Rentenschuldgläubigern verwendet werden, sondern es kommen auch andere Rechte, die von der eingetretenen Rechtsänderung betroffen werden z. B. ein Nießbrauch, eine Reallast in Betracht. Für das Recht der Hypotheken-, Grundschuld- oder Rentenschuldgläubiger auf die Entschädigung sind nicht lediglich die Eintragungen im Grundbuche maßgebend, es muß vielmehr den Betheiligten die Möglichkeit eröffnet werden, Einwendungen gegen den Bestand der eingetragenen Rechte oder den eingetragenen Rang geltend zu machen. Zu diesem Zwecke muß ihnen gestattet werden, die Eröffnung eines Vertheilungsverfahrens zu beantragen, für welches die für die Vertheilung des Erlöses bei der Zwangsversteigerung geltenden Vorschriften maßgebend sind.

6) Motive B S. 130, Becher, Mat. II S. 124.

dem bisherigen Rechte enthaltene — Bestimmung des Art. 16 Abs. 1 (neu Art. 17 Abs. 1) ist aber für das mangelnde Erforderniß der Genehmigung Ersatz geboten, indem das Vormundschaftsgericht von dem Verfahren Kenntniß erlangt und dadurch in die Lage kommt, eine Einwirkung auf den Vormund zu üben.[7]) Dasselbe ist der Fall, soweit das Nachlaßgericht und die für Stiftungen bestehende Aufsichtsbehörde in Frage kommen.[8])

Unter welchen Voraussetzungen bei der Zwangsversteigerung eine Zustellung an das Vormundschaftsgericht u. s. w. stattzufinden hat, ist in § 6 Abs. 3 des Ges. über die Zwangsversteigerung u. s. w. bestimmt.

2. Eine Betheiligung im Sinne des Abs. 1 besteht nur dann, wenn Grundstücke der daselbst erwähnten Personen sowie der Stiftungen zur Bereinigungsfläche gehören. (Art. 5 Abs. 2 u. 3.)

3. Der Begriff der Stiftung in Art. 16 (17) ist im weitesten Sinne aufzufassen; die Zweckbestimmung sowie die Art und Weise der Verwaltung sind hiebei ohne Belang.[9])

Zu Ziff. V.

1. Bei den im Fideikommißverbande stehenden Grundstücken haben die Oberlandesgerichte die Genehmigung der Veränderung (VII Verf.Beil. § 49) nach Art. 9 des Ges. nicht zu verweigern, wenn das daselbst näher bezeichnete Zeugniß der Flurbereinigungs-Kommission in Vorlage gebracht ist. Die Ertheilung eines solchen Zeugnisses hatte bisher die Durchführung eines förmlichen Flurbereinigungsverfahrens zur Voraussetzung. War dieses Verfahren nicht vorhergegangen wie im Falle des Art. 18 (nun 19) Abs. 4, welcher die durch Uebereinkunft zu Stande kommenden Flurbereinigungen im Auge hat, so konnte die Zustimmung der Anwärter nicht entbehrt werden und war allenfalls nur noch die Möglichkeit gegeben, in den hiezu geeigneten Fällen im Wege des Art. 14 des Gesetzes, das Unschädlichkeitszeugniß betr. Abhilfe zu schaffen.

Dieser Zustand sollte dadurch eine Verbesserung erfahren, daß durch Ziff. V des Reg.Entw. zu Art. 18 Abs. 4 des Ges. nachstehender Zusatz in Vorschlag gebracht wurde:

„Bei Familienfideikommissen kann die Flurbereinigungs-Kommission auch in solchen Fällen das im Art. 9 bezeichnete Zeugniß ertheilen."

Bei der Aufstellung des Entwurfs ging man von der Anschauung aus,[10]) daß, wenn ein Zeugniß der Flurbereinigungskommission für die Durchführung eines Arrondierungsaustausches vorliegt, eine Einvernahme der Anwärter nicht mehr nothwendig sei. Reichsrath v. Küffner machte als Referent im Ges.Geb.Aussch. der Kammer

---

7) A.A.Prot. S. 371; Becher Mat. II S. 344 (Äußerung des Minist.Kommiss. Dr. v. Jacubezky).

8) Die Vorschrift des Art. 17 Abs. 1 ist wie v. Haag-Brettreich mit Recht bemerkt, wegen des im Verfahren erfolgenden Ausschlusses der in Bezug auf die Voraussetzungen der Flurbereinigung etwa bestehenden Einwendungen (Art. 21 Abs. 1 Ziff. 1, Art. 22 Abs. 1 u. Art. 23) besonders bedeutsam.

9) Ebenso v. Haag-Brettreich S. 94. Für Art. 17 Abs. 1 kommen vorzugsweise Kirchen- u. Pfründe-Stiftungen in Betracht (Windstoßer S. 68).

10) Wie der Ministerialkommissär k. Regierungsrath Brettreich im Ges.Geb.Aussch. der K. der R.R. bemerkte (R.R.A. 12. Prot., Becher, Mat. II S. 520).

der Reichsräthe[11]) darauf aufmerksam, daß der in dem Reg.Entw. in Antrag gebrachte Beisatz zu Art. 18 Abs. 4 nur die Statthaftigkeit eines Zeugnisses zur Folge habe, jedoch die Vernehmung der Anwärter noch nicht überflüssig mache. Letzteres könne nur erreicht werden durch die Beifügung: „Art 9 Satz 2 findet Anwendung.“ Um nun dem Bedenken des Reichsraths v. Küffner Rechnung zu tragen, brachte der Minist.Kommissär Dr. v. Jacubezky die jetzt im Gesetze enthaltene Fassung in Vorschlag, welche eine Verweisung auf den ganzen Inhalt des Art. 9 in sich schließt. Die vom Ref. in der K. der Abg. in Anregung gebrachte weitere Anführung des Art. 22 (nun Art. 24) erschien aus den vom Ministerialkommissäre[12]) angegebenen Gründen nicht veranlaßt.

2. Mit Rücksicht auf den in Ziff. V enthaltenen Zusatz kann nunmehr die Flurbereinigungs-Kommission, wie der in Fußnote 12 bezeichnete Ministerialkommissär an der dort angegebenen Stelle bemerkte, die Sache einfach durch einen Kommissär an Ort und Stelle prüfen lassen und dann das Zeugniß ausstellen, ohne daß ein weiteres Verfahren eingeleitet zu werden braucht.

Zu Ziff. VI bis VIII.

1. Das Verfahren (Art. 18 bis 42 n. F.), welches im zweiten Abschnitte des Gesetzes behandelt ist, zerfällt in drei Haupttheile, nämlich

a) das Vorverfahren mit Einschluß der ersten Tagsfahrt und der Entscheidung über die bezüglich der Voraussetzungen der Flurbereinigung vorgebrachten Einwendungen,

b) die Detailprojektirung einschließlich der vorläufigen Besitzeinweisung und und des von der Flurbereinig.-Kommission erlassenen Endbescheides und

c) die endgiltige Durchführung des Unternehmens.

2. Die Aenderungen der Ziff. VI bis VIII sind von erheblicher Bedeutung. Zu der Tagsfahrt des Art. 21 (nun Art. 22), welche von der Distriktsverwaltungsbehörde erst dann abzuhalten ist, nachdem eine Unternehmung nach Maßgabe des Art. 19 (nun Art. 20) von der Flurbereinigungs-Kommission als zur weiteren Instruirung für geeignet erklärt worden ist, waren die betheiligten Grundeigenthümer bezw. deren gesetzliche Vertreter bisher nur unter den in Nro. 2 und 3 der Ziff. VI erwähnten Eröffnungen zu laden. Eine Neuerung bildet nun die Einschaltung der Nro. 1 in Ziff. VI, welche bestimmt, daß Einwendungen gegen die rechtlichen Voraussetzungen des Unternehmens[13]) (Art. 1 bis 5 des Gesetzes) bei Vermeidung des Ausschlusses entweder in der Tagsfahrt oder binnen 14 Tagen nach derselben vor der Distriktsverwaltungsbehörde geltend zu machen sind. Damit sollte bewirkt werden, daß ein Unternehmen nicht mehr wie bisher nach vollständig durchgeführtem Verfahren wegen Mangels der erforderlichen gesetzlichen Voraussetzungen abgelehnt werden kann und daß auf diese Weise Zeit und Kosten ganz umsonst aufgewendet sind.[14]) Nunmehr

---

11) R.R.A. 12. Prot., Becher, Mat. II S. 519, 520.

12) K. Reg.Rat Brettreich (A.A. Prot. S. 372, Becher, Mat. II S. 345 f.

13) Ziff. VI Nro. 2 bezieht sich dagegen auf die die Inangriffnahme der Flurbereinigung betreffenden thatsächlichen Voraussetzungen. Dieß verkannte der Ref. der Kammer der Abg. bei seinen zu Ziff. VI gegebenen Ausführungen (A.A.Prot. S. 372, Becher, Mat. II S. 346).

14) Mot. B S. 128, Becher, Mat. II S. 120. Denn nach den Art. 27, 35, 38 u. 39 ä. F. war bisher über das Vorhandensein der in den Art. 1 bis 5 bestimmten Voraus-

ist die Frage, ob die rechtlichen Voraussetzungen erfüllt sind, schon vor jenem Zeitpunkte zum Austrage zu bringen, bevor mit der Detailprojektierung begonnen wird. Erinnerungen, welche nur auf die in der Tagsfahrt durch Beschluß zu regelnden Einzelheiten sich beziehen, sind ausgeschlossen, insoweit sie nicht bei der Tagsfahrt geltend gemacht werden. Für Einwendungen hingegen, welche die rechtliche Zulässigkeit der Flurbereinigung betreffen, ist außer der Tagsfahrt noch eine vierzehntägige Frist eingeräumt, damit dieses wichtige Recht nicht verloren geht, wenn ein Betheiligter verhindert ist, der Tagsfahrt anzuwohnen. Die Nachfrist von 14 Tagen ist der in der C.P.O. bestimmten Einspruchsfrist gegen Versäumnißurtheile ähnlich; es bedarf deshalb nicht erst eines Wiedereinsetzungsverfahrens.[15]) Der Ausschluß von Einwendungen ist auch dem Besitznachfolger gegenüber wirksam. (Entsch. des Verw.Ger.Hofs Bd. 17. S. 24.)

3. Nur die betheiligten Grundeigenthümer bezw. deren gesetzliche Vertreter sind zur Tagsfahrt zu laden; die Ladung Drittberechtigter ist nicht erforderlich. (So auch Windstoßer S. 83.)

4. Ueber die rechtliche Zulässigkeit des Unternehmens wird nach dem Vorerörterten überhaupt nicht in der Tagsfahrt beschlossen. Die Beschlußfassung erfolgt vielmehr durch die Flurbereinigungs-Kommission in dem durch den eingeschalteten Art. 21a (neu Art. 23) geregelten Verfahren. (Ziff. VIII.) Erinnerungen nach Art. 20 Ziff. 1 (neu 21 Ziff. 1) sind auch nicht als Einwendungen gegen Beschlüsse der Tagsfahrt anzusehen. Ueber die Form des Entscheides der Flurber.Komm. vgl. § 66 der Vollz.-Vorschr. v. 29. Jan. 1900.

5. Bei der Tagsfahrt muß die Flurbereinigungskommission durch einen Kommissär vertreten sein, welcher bei den Verhandlungen entsprechend mitzuwirken hat (Art. 21 Abs. 5 n. F.). Als Kommissäre können nicht nur Mitglieder der Flurbereinigungskommission, sondern auch andere geeignete Persönlichkeiten, wie Kulturtechniker, Landwirthe u. s. w. verwendet werden.

6. Die Aenderung in Ziff. VII Nr. 1 steht mit derjenigen in Ziff. VI in Zusammenhang; die durch Ziff. VII nr. 2 verfügte Aufhebung des Art. 21 Abs. 5 hat ihre Ursache in Art. 9a (neu Art. 10). Man vgl. oben Bem. zu Ziff. I.

Zu Ziff. IX.

Es sind Zweifel darüber entstanden, ob dem Flurbereinigungsausschusse, welchem gleichwie dem in dessen Ermangelung beauftragten Geometer nach Art. 28 Abs. 1 und Art. 42 n. F. des Ges. der Betrieb aller auf die Ausarbeitung des Unternehmens bezüglichen Angelegenheiten obliegt, auch die gerichtliche und außergerichtliche Vertretung der Grundeigenthümer in den auf das Unternehmen sich beziehenden Gegenständen zukomme. Diesen Zweifeln zu begegnen, ist der Zweck des durch Ziff. IX eingestellten Art. 23a (neu 26). Der Flurbereinigungsausschuß ist, wie die Begründung des Reg.-Entwurfes[16]) hervorhebt, nicht Bevollmächtigter oder gesetzlicher Vertreter der bei der

---

setzungen erst im Endentscheide der Flurbereinigungs-Kommission und, falls gegen diesen Beschwerde eingelegt worden ist, in dem Bescheide des Verwaltungsgerichtshofes zu erkennen.

15) Aeußerungen des Minist.Kommiss. Dr. v. Jacubezky A.A.Prot. S. 374, Becher, Mat. II S. 348, 349.

16) Motive B S. 129; Becher, Mat. II S 121.

Flurbereinigung betheiligten Grundeigenthümer, sondern ein im öffentlichen Interesse geschaffenes und von dem Gesetze mit der zur Erfüllung seiner Aufgabe nothwendigen Verfügungsmacht ausgestattetes Organ zur Durchführung des Unternehmens. Er ist nicht nur auf die Ausarbeitung des Planes beschränkt, sondern auch zu den mit der Ausführung des Unternehmens in Zusammenhang stehenden rechtsgeschäftlichen Verfügungen ermächtigt. (Art. 42 n. F.) Seine rechtliche Stellung ist eine ähnliche wie die des Konkursverwalters, welcher nicht gesetzlicher Vertreter des Gemeinschuldners oder der Konkursgläubiger, sondern ein vom Gesetze geschaffenes Organ zur Erreichung der im Konkursverfahren angestrebten Zwecke mit selbständiger Verfügungsgewalt ist.[17])

Zu Ziff. X.

1. Mit Art. 25 (neu Art. 28) beginnt der zweite Haupttheil des Verfahrens.[18]) Art. 28 Abs. 1 ist in Satz 1 unverändert geblieben; Satz 2 hat dagegen am Schlusse eine andere Fassung erhalten.

Statt der Worte „die Entwerfung des Vertheilungsplanes mit Anfertigung der Vorschläge über die Vertheilung der Grundsteuern, Grundlasten und Hypothekschulden, die Ausscheidung der Kosten sowie die Herbeiführung der Einvernahme der widerspruchsfähigen drittberechtigten Personen, Miteigenthümer und Streitbetheiligten (Art. 8 Abs. 2 und 3)“ heißt es nunmehr:

„Die Entwerfung des Vertheilungsplanes mit Anfertigung der Vorschläge über die Vertheilung der Grundsteuern und Grundlasten sowie der verschiedenen Belastungen im Falle des Art. 10 Abs. 1 (neu Art. 11 Abs. 1) und die Ausscheidung der Kosten.“

Die Aenderung beruht darauf, daß die betreffende Arbeit nur für die ver-

---

17) Wie das Reichsg. Entsch. in Civ.S. Bd. 29 S. 29 ff. insbes. auf S. 36 eingehend darlegt. Bezüglich des Testamentsvollstreckers nimmt das Reichsg. in einem Urth vom 26. Jan. 1894 (Entsch. Bd. 32 S. 152) eine ähnliche Stellung an und dasselbe thun auch die Motive an der in Fußnote 16 angeführten Stelle. Ob diese Auffassung auch dem BGB. entspricht, mag dahin gestellt bleiben. Die Motive zu demselben (Bd. V S. 217) erklären ausdrücklich, daß sie diese Frage der Wissenschaft überlassen und deshalb hiezu keine Stellung nehmen wollen.

18) Der im Art. 24 Abs. 2 des Ges. erwähnte Flurbereinigungsausschuß, auf welchen auch Art. 28 sich bezieht, beginnt seine Thätigkeit mit der Begehung der Bereinigungsfläche, deren Grenzen nach dem von der Flurbereinigungskommission festgesetzten Umfange (Art. 20 des Ges.) von dem beauftragten Geometer auszustecken, zu vermessen und eventuell gleich abzumarken sind. Hierauf werden das Wegenetz, die Wasserläufe und die allenfalls erforderlichen gemeinsamen Anlagen (Art. 7 Abs. 2) bestimmt. Die Ergebnisse dieser als Grundlagen des Unternehmens nicht zu entbehrenden Festsetzungen und die Umrisse desselben werden mit größter Genauigkeit in einem eigenen aus Steuerblättern hergestellten Plane (dem Uebersichtsplane) eingezeichnet, welcher vom Ausschusse ausdrücklich festzustellen und zu unterfertigen ist. (§§ 17 bis 19 der Vollzugsvorschriften).

Das Forderungsregister, dessen endgiltiger Abschluß erst nach Vornahme der Werthsermittelungen erfolgen kann, ist ein nach § 42 der Vollzugsvorschriften anzulegendes Verzeichniß, in welchem die bei einer Flurbereinigung in die Masse eingeworfenen Grundstücke unter dem Namen der Grundeigenthümer zusammengestellt sind.

Die hauptsächlichsten Aufgaben des Flurbereinigungsausschusses sind bei v. Haag-Brettreich S. 123 einzeln aufgezählt.

schiedenen Belastungen im Falle des Art. 11 Abs. 1 n. F. von wesentlicher Bedeutung ist. Die Aufnahme der nach Art. 8 Abs. 2 auf die Ersatzgrundstücke übergehenden Belastungen in den Vertheilungsplan verzögert die Fertigstellung der Ausarbeitung und ist daher entbehrlich. „Die Herbeiführung der Einvernahme der widerspruchsfähigen drittberechtigten Personen, Miteigenthümer und Streitbetheiligten (Art. 8 Abs. 2 und 3)" wurde nicht weiter mehr erwähnt. Durch Abs. 2 bis 5 ist die Einvernahme der Miteigenthümer und Streitbetheiligten geregelt; eine gerichtliche Aufforderung ist hienach nur an die nach Art. 8 Abs. 2 widerspruchsfähigen „berechtigten dritten Personen" [19]) zu richten und es ist zweckmäßig, von dem Antrage auf Erlassung der gerichtlichen Aufforderung erst in Art. 26 (neu Art. 30) zu sprechen.

2. Der Zusatz in Ziff. X Nr. 2 ist dazu bestimmt, eine im bisherigen Rechte für den Fall, daß ein Betheiligter die vorgeschriebene Ladung nicht entgegennimmt, bestehende Lücke auszufüllen.

3. Art. 25 Abs. 5 ä. F. bezog sich nur auf Unternehmungen von größerem Umfange. Die Erfahrung hat indeß gezeigt, daß oft auch bei kleineren, jedoch in Folge besonderer Verhältnisse z. B. wegen einer großen Zahl oder einer ungewöhnlich unregelmäßigen Gestaltung der Parzellen schwierigen Unternehmungen das in Abs. 5 bezeichnete gesonderte Verfahren wünschenswerth ist. Die durch Ziff. X Nr. 3 bewirkte neue Fassung des Abs. 5 gibt es dem Ermessen der Flurbereinigungskommission anheim, ob ein gesondertes Verfahren stattfinden soll.

Zu Ziff. XI.

Nach Art. 42 Abs. 2 darf die Einweisung der betheiligten Grundeigenthümer in die ihnen zugetheilten Grundstücke erst angeordnet werden, wenn das Flurbereinigungsoperat für vollziehbar erklärt ist. Die Vollziehbarkeitserklärung wird indessen nicht selten durch einzelne widersprechende Betheiligte längere Zeit, unter Umständen auf Jahre hinaus, verzögert. Dadurch erleiden die mit dem Unternehmen einverstandenen Grundeigenthümer mitunter empfindlichen Schaden. Der Schaden entsteht insbesondere daraus, daß die Düngung unterlassen wird und die abzutretenden Grundstücke in unwirthschaftlicher Weise ausgenützt werden. Auch werden die Ausführungskosten durch die Nothwendigkeit wiederholter Messungen und Werthsermittelungen

---

19) Den nach Art. 8 berechtigten dritten Personen steht zur Wahrung ihrer Interessen zufolge jenes Artikels ein Erinnerungsrecht zu. Ein Widerspruchsrecht haben dieselben jedoch nur insoweit, als der eingetauschte Grundbesitz nicht mindestens den gleichen Werth hat als der ausgetauschte. Derselbe Widerspruch kommt Miteigenthümern und Streitbetheiligten zu, gegen deren Willen nach Art. 5 Abs. 2, 3 die Flurbereinigung stattfindet. Als berechtigte dritte Personen können in Betracht kommen: Lehensberechtigte, Fideikommißberechtigte, Hypotheken-, Grundschuld- und Rentenschuldgläubiger und alle übrigen dinglich Berechtigten nämlich Dienstbarkeits-, Vorkaufs-, Reallast- und Erbbauberechtigte. Als nur persönlich berechtigte dritte Personen sind zu nennen der Käufer des Grundstücks vor erfolgter Auflassung, der Pächter oder Miether desselben sowie derjenige, welcher ein nur obligatorisches Vorkaufsrecht hat. Ebenso auch v. Haag-Brettreich S. 72—74).

vermehrt. Der in Ziff. XI eingestellte Artikel 25a (neu Art. 29) ermöglicht es, diese Nachtheile durch eine vorläufige Besitzeinweisung zu vermeiden. In gleicher Weise verfahren auch andere Gesetzgebungen, z. B. der § 21 des preußischen Gesetzes vom 17. Januar 1883, betreffend die Abänderung des hannoverschen Gesetzes vom 30. Juni 1842. Zur Besitzeinweisung erklärt das Gesetz mit Rücksicht auf die Wichtigkeit dieser Maßregel nur die Flurbereinigungskommission für befugt. Die Besitzeinweisung ist von dem Antrage der Mehrheit der betheiligten Grundeigenthümer abhängig gemacht; die Mehrheit soll mindestens drei Viertheile der Betheiligten betragen. Die Berechnung der Mehrheit erfolgt nach Maßgabe des Artikel 5, dessen entsprechende Anwendbarkeit sich von selbst versteht. Die der Besitzeinweisung widersprechenden Grundeigenthümer müssen entschädigt werden, wenn die einstweilen in Vollzug gesetzte Flureintheilung bei der endgiltigen Feststellung geändert wird. Die Entschädigung muß zu den Kosten des Unternehmens gehören; es geht nicht an, den geschädigten Grundeigenthümer an den vielleicht zahlungsunfähigen Betheiligten zu verweisen, der vorläufig in den Besitz der Grundstücke des geschädigten Grundeigenthümers gelangt ist.

Zu Ziff. XII und XIII.

1. Nach den Art. 26, 27 ä. F. (Art. 30,31 n. F.) werden die Hypothekengläubiger und die sonstigen nach Art. 8 Abs. 2 widerspruchsfähigen Drittberechtigten (Nießbraucher, Vorkaufsberechtigte, Reallastenberechtigte, sofern es sich nicht um Grundlasten handelt,) von dem Amtsgericht, in dessen Bezirke die belasteten Grundstücke liegen, aufgefordert, etwaige Erinnerungen binnen der Frist von einem Monate geltend zu machen. Die Aufforderung muß an jeden Berechtigten einzeln ergehen und für jeden Berechtigten einen Ausweis des gegenwärtig belasteten und des bei Durchführung der Unternehmung an dessen Stelle tretenden Grundbesitzes, der Schätzung beider und der etwaigen Geldentschädigungen enthalten. Diese Gestaltung der Einvernehmung der Drittberechtigten verzögert die Erledigung der Flurbereinigung und veranlaßt nicht unerhebliche Kosten. Wie die Erfahrung zeigt, ist sie auch entbehrlich. Bei den bisher durchgeführten Flurbereinigungen ist Widerspruch nur in seltenen Fällen von Drittberechtigten erhoben und noch niemals aufrecht erhalten worden. Die Einvernahme der Drittberechtigten kann deshalb unbedenklich in der durch Ziff. XII und XIII vorgeschriebenen Art und Weise dadurch vereinfacht werden, daß nur eine öffentliche Aufforderung ergeht. Den Flurbereinigungsgesetzen der übrigen deutschen Staaten ist eine gerichtliche Aufforderung der Drittberechtigten nicht bekannt; dieselben begnügen sich mit dem auch in Art. 8 des bayer. Gesetzes aufgestellten Satze, daß der eingetauschte Grundbesitz an die Stelle des bisher Belasteten[20]) tritt. Bei der Ausgestaltung der öffentlichen Aufforderung hat sich die Ziff. XII an Art. 170 Ziff. V Nr. 4 des Ausf.Ges., welcher sich auf die Aenderungen des Ges., die Landeskulturrentenanstalt betr., bezieht, angeschlossen.

2. Bis zu der Zeit, zu welcher das Grundbuch als angelegt anzusehen ist, gilt für

---

20) Man vgl. z. B. § 148 der preußischen Gemeinheitstheilungsordnung vom 7. Juni 1821, §§ 23 bis 25 des sächsischen Gesetzes vom 23. Juli 1861, Art. 52 des württembergischen Gesetzes vom 30. März 1886, Art. 13 des badischen Gesetzes vom 5. Mai 1856 und Art. 18 des hessischen Gesetzes vom 18. August 1871. Auch das österreich. Gesetz vom 7. Juni 1883 § 15 steht auf diesem Standpunkte.

die in Art. 27 (neu Art. 30) bestimmte gerichtliche Aufforderung die Uebergangsvorschrift des Art. 171 Abs. 2 Ausf.Ges.

Zu Ziff. XIV.

Nach der neuen Fassung des Art. 28 (jetzt Art. 32) obliegt dem daselbst erwähnten Schiedsgerichte nicht blos die Austragung der in Bezug auf die Werthsermittelung[21]) bestehenden Streitfrage, sondern auch die Festsetzung der Höhe hinsichtlich der nach Art. 29 n. F. zu leistenden Entschädigung. Die durch Ziff. XIV bewirkte Einschaltung in letzterer Beziehung steht mit Art. 29 in Zusammenhang.

Zu Ziff. XV.

Die in Art. 34 Abs. 2 (neu Art. 38 Abs. 2) vorgenommene Aenderung ist durch die in Ziff. X enthaltene neue Fassung des Art. 25 (neu Art. 28) Abs. 1 Satz 2 bedingt.

Zu Ziff. XVI.

Durch diese Ziffer erhielt Art. 36 (neu Art. 40) einen 4. Absatz. Bezüglich desselben äußert sich die Begründung des Reg.Entw.[22]) in folgender Weise:

„Für den mit der Flurbereinigung verbundenen Eigenthumswechsel gilt nach Art. 6 Abs. 1 der Grundsatz des Enteignungsrechts, daß der bisherige Eigenthümer vollen Ersatz erhalten muß. Sind Geldentschädigungen zu leisten, so genügt es nicht, die Leistungspflicht festzustellen, sondern die Empfangsberechtigten müssen befriedigt sein oder es muß die Auszahlung an den Eigenthümer oder gegebenen Falles an das für das Vertheilungsverfahren nach Art. 13 zuständige Gericht sofort erfolgen können. Solange nicht die Empfangsberechtigten befriedigt sind oder der zu leistende Geldbetrag zur Auszahlung bereit liegt, darf dem Eigenthümer und den übrigen Berechtigten der Gegenstand ihrer Rechte nicht entzogen werden. Der Entwurf macht deshalb für den Grundbesitz, dessen Zuweisung mit den Geldentschädigungen zusammenhängt, im Art. 36 Abs. 4 (Ziff. XVI) die Ertheilung der vollziehbaren Auszüge aus dem Flurbereinigungsoperat und die Bestimmung des Tages des Eigenthumsüberganges von der Befriedigung der Empfangsberechtigten oder der Einzahlung der von den Betheiligten zu leistenden Geldbeträge bei dem Flurbereinigungsausschuß oder dem beauftragten Geometer (Art. 38 Abs. 2) abhängig. Mit einer Geldentschädigung hängt nicht nur die Zuweisung derjenigen Grundstücke zusammen, deren bisheriger Eigenthümer die Entschädignng zu erhalten hat, sondern wenn dessen bisheriger Grundbesitz einem Dritten und der Grundbesitz des Dritten dem Schuldner des als Entschädigung zu leistenden Geldbetrags zugewiesen wird, auch die Zuweisung des Grundbesitzes des dritten.

Um die Flurbereinigungskommission in den Stand zu setzen, die einstweilen ausgesetzten Handlungen vorzunehmen, wird der Flurbereinigungsausschuß oder der beauftragte Geometer ihr von der Einzahlung Anzeige zu machen haben. Hat der zur Zahlung einer Entschädigung Verpflichtete die Empfangsberechtigten selbst befriedigt, so muß die Befriedigung der Flurbereinigungskommission nachgewiesen werden."

---

21) Die Werthsermittelung bildet die Grundlage der Neuvertheilung von Grund und Boden.

22) Motive B S. 130; Becher, Mat. II S. 123.

Zu Ziff. XVII.

1. Die bisherige Fassung des Art. 37 regelte die von den Hypothekenämtern auf Grund des ihnen von der Flurbereinigungs-Kommission mitgetheilten Operates oder beglaubigten Auszuges aus demselben zu entfaltende Thätigkeit. Die durch Ziff. XVII vorgeschriebene Fassung des Art. 37 (neu Art. 41) bezieht sich auf die Thätigkeit des Grundbuchamtes, welches von der Flurbereinigungs-Kommission um die erforderlichen Eintragungen in das Grundbuch zu ersuchen ist. (§ 39 der Grundbuchordnung.) In dem betreffenden Ersuchen ist der Tag des Eigenthumsüberganges anzugeben. Nach dem zu Ziff. XVI Angeführten kann das Ersuchen in dem Falle, daß Geldentschädigungen festgesetzt sind, für den Grundbesitz, dessen Zuweisung mit den Entschädigungen in Zusammenhang steht, erst dann gestellt worden, wenn die Geldbeträge einbezahlt oder die Empfangsberechtigten befriedigt sind. Die Eintragung findet erst statt, wenn der Eigenthumswechsel eingetreten ist. Da bei Hypotheken, Grund- und Rentenschulden die durch die Flurbereinigungen veranlaßten Eintragungen wegen Nichtanwendbarkeit der §§ 42 bis 44 der Grundbuchordnung erfolgen müßten, auch wenn der Hypotheken-, Grundschuld- oder Rentenschuldbrief [23]) nicht vorliegt, so verpflichtet Ziff. XVII das Grundbuchamt, den Brief zur Richtigstellung (§§ 62 Abs. 1 und 70 Abs. 1 der Grundbuchordnung) einzufordern.

An Stelle der Benachrichtigung der Hypothekengläubiger von den nach Art. 6 Abs. 5 festgesetzten Geldentschädigungen tritt, wie Ziff. XVII Abs. 2 mit Rücksicht auf Ziff. III anordnet, die Mittheilnng an das für das Vertheilungsverfahren zuständige Gericht. Die Verständigung der Hypothekengläubiger erschien im Hinblick auf § 55 der Grundbuchordnung als entbehrlich.

2. Uebergangsvorschriften, welche den Art. 37 (bezw. 41) Abs. 1 für die Landestheile rechts des Rheines und die Pfalz betreffen, finden sich in Art. 171 Abs. 2 Ausf.Ges. vor.

3. Der bisherige Abs. 2 des Art. 37 ist neben dem § 172 des Hypoth.Ges. als überflüssig zu erachten und kommt daher in Wegfall.

Zu Ziff. XVIII und XIX.

Der durch Ziff. XVIII herbeigeführte Zusatz der Worte „Grundschuld- und Rentenschuldbriefen" zu Art. 39 (neu Art. 43), wonach die in letzterem gewährte Gebührenfreiheit ausgedehnt wird, bedarf keiner weiteren Begründung. Die Hypothekenbriefe des bisherigen Rechtes sind unter der in Ziff. XVIII enthaltenen Bezeichnung „Hypothekenbriefe" inbegriffen. Die Ziff. XIX erstreckt den strafrechtlichen Schutz des Art. 42 (neu Art. 46) auch auf die Sicherungssteine und zwar, wie die Begründung des R.Entwurfes [24]) sagt, in der Erwägung, daß es im Interesse der Kostenersparung wünschenswerth erscheint, die Wegnetzlinien und sonstige der dauernden Sicherung bedürftigen Punkte von vorneherein mit Steinen zu versehen.

---

23) Oder bei einer Hypothek für die Forderung aus einer Schuldverschreibung auf den Inhaber, aus einem Wechsel oder einem anderen Papiere, welches durch Indossament übertragen werden kann, die betreffende Urkunde.

24) Mot. B S. 130, Becher, Mat. II S. 124. Auf Veranlassung das Minist.Kommissärs wurde vor dem Ausdrucke „Sicherungssteine" das im Reg.Entw. fehlende Wort „oder" eingeschaltet (A.A.Prot. S. 377, Becher a. a. O. S. 354).

Zu Ziff. XX.

Durch diese Ziffer sind die Art. 44 bis 49 deßhalb aufgehoben, weil dieselben für die Pfalz eine Reihe von besonderen Bestimmungen treffen, welche nur durch die Rücksichtnahme auf das bisher dort geltende, nach Art. 175 Abs. 2 Ausf.Ges. z. BGB. in Wegfall gekommene bürgerliche Recht veranlaßt sind. Die Außerkraftsetzung des Art. 50 hat ihre Ursache in der Aufnahme des Art. 9a (neu Art. 10). Vgl. oben die Bem. zu Ziff I.

C. Da die Art. 26 und 37 Abs. 1 (neu Art. 30 und 41 Abs. 1) die Geltung des im BGB. geordneten Liegenschaftsrechts zur Voraussetzung haben, und deshalb erst nach Anlegung des Grundbuchs zur Anwendung kommen können, so bedurfte es für die Zwischenzeit der in Abs. 2 des Art. 171 enthaltenen Uebergangsvorschrift. Bei dieser schloß sich das Gesetz an seinen Art. 170 Abs. 2 sowie an Art. 19 des Gesetzes vom 15. Juni 1898 das Unschädlichkeitszeugniß betr. an. Bis zu demjenigen Zeitpunkte, in welchem das Grundbuch als angelegt anzusehen ist, finden die Bestimmungen des Art. 37 (41) Abs. 1 Satz 1 auf die Eintragungen in das Hypothekenbuch entsprechende Anwendung; in der Pfalz verbleibt es dagegen für die Zwischenzeit bei den Anordnungen des Art. 49. Ebenso hat insolange auch Art. 46 für die Pfalz noch Giltigkeit, da Art. 10 (neu Art. 11) Abs. 1 und 2 dortselbst erst nach erfolgter Anlegung des Grundbuches in Kraft treten können.

Artikel 172.

Der Artikel 4 des Gesetzes vom 5. Mai 1890, die Vereinigung der Brandversicherungsanstalt der Pfalz mit jener in den Landestheilen rechts des Rheins sowie die Abänderung einiger Bestimmungen des Brandversicherungsgesetzes vom 3. April 1875 und des Polizeistrafgesetzbuches vom 26. Dezember 1871 betreffend, wird aufgehoben.

Daß das BGB. auch auf das oben angeführte Gesetz vom 4. Mai 1890 (Ges. und V.Bl. S. 223) von Einfluß erscheint, ist in den Motiven zu Art. 164 Ausf.-Ges.[1]) näher erörtert. Der Art. 4 jenes Gesetzes von 1890 enthält für die Pfalz eine Sonderbestimmung, welche wegen der zwischen den Landestheilen rechts und denjenigen links des Rheins bisher bestehenden Verschiedenheit des Hypotheken- und Vormundschaftsrechtes erforderlich war. Mit dem Wegfalle dieser Verschiedenheit entfällt auch der Grund, den genannten Art. 4 weiter fortbestehen zu lassen. Ueberdies wurde der letztere in Folge derjenigen Aenderungen, welche Art. 3 des Brandversicherungsgesetzes vom 3. April 1875 durch Art. 164 Ziff. I des Ausf.Ges. erfahren hat, auch gegenstandslos.[2])

Artikel 173.

In dem Gesetze vom 2. Februar 1898, die Fortsetzung der Grundentlastung betreffend, wird der Artikel 22 Abs. 1 Satz 2 aufgehoben.

---

1) Motive B S. 109; Becher, Mat. II S. 83.

2) Mot. B S. 131; Becher, a. a. O. S. 125.

Nach Art. 22 Abs. 1 des vorbezeichneten Gesetzes vom 2. Februar 1898 (Ges. u. V.Bl. S. 19) ist der Eigenthümer eines Grundstücks, welches mit einem unter die Vorschriften dieses Gesetzes fallenden Bodenzinse belastet ist, bei Ablösung der Bodenzinspflicht dazu befugt, für ein Kapital bis zum Betrage der Ablösungssumme eine Hypothek zu bestellen, welche den zur Zeit der Ablösung eingetragenen Hypotheken im Range vorhergeht. Die jährliche Zinsenleistung darf jedoch, wie Abs. 1 Satz 2 bestimmt, den Betrag der seitherigen Jahresschuldigkeit nicht übersteigen. Die durch diesen Satz 2 festgesetzte Beschränkung steht nicht im Einklange mit § 1119 Abs. 1 BGB., wonach die Hypothek ohne Zustimmung der im Range gleich- oder nachstehenden Berechtigten dahin erweitert werden darf, daß das Grundstück für Zinsen bis zu fünf vom Hundert haftet. Aus diesem Grunde erfolgte die Aufhebung jenes zweiten Satzes.

Artikel 174.

Was in den in Kraft bleibenden landesgesetzlichen Vorschriften von dem Hypothekenbuch und dem Hypothekenamte bestimmt ist, findet auf das Grundbuch und das Grundbuchamt entsprechende Anwendung.

Die Vorschriften über Hypotheken finden entsprechende Anwendung auf Grundschulden und Rentenschulden.

Die noch in Geltung verbleibenden landesgesetzlichen Bestimmungen, welche von dem Hypothekenbuche und dem Hypothekenamte sprechen,[1]) sind nicht an und für sich schon auf das Grundbuch und Grundbuchamt zu beziehen. Um nicht für die einzelnen Gesetze Aenderungen eintreten lassen zu müssen, gibt Art. 174 eine diese Bezugnahme anordnende allgemeine Vorschrift, welche zugleich noch ausspricht, daß die landesrechtlichen Bestimmungen über Hypotheken auch auf Grundschulden und Rentenschulden entsprechende Anwendung zu finden haben.

---

1) In den Motiven B S. 131 (Becher, Mat. II S. 126) sind als solche Vorschriften beispielsweise aufgeführt: §§ 10, 26, 68, 70 und 101 der VII. Verfass.Beil., § 6 des Gesetzes vom 11. September 1825 die Anwendung u. s. w. einiger Bestimmungen des Fideikommißediktes betr., Art. XI, XV und XVI des Gesetzes vom 17. Novbr. 1837 über die Zwangsenteignung, Art. 34 des Grundlastenablös.Ges. vom 4. Juni 1848, Art. 31 Abs. 3 und Art. 32 des Ges. über die Bewässerungs- und Entwässerungs-Unternehmungen vom 28. Mai 1852, Art. 27 und 28 des Weideablösungsges. vom 28. Mai 1852, Art. 8 Abs. 1, Art. 9 Abs. 2 des Gesetzes über die Zehentbaupflicht vom 28. Mai 1852, Art. 3 Ziff. 3, Art. 4, Art. 6 Abs. 1 und Art. 34 des Erbgütergesetzes vom 22. Februar 1855, Art. 13 des Gesetzes über die Ablösbarkeit der Ehehaftsverhältnisse vom 23. Februar 1868, Art. 55, 57 bis 59, 61, 62, 88, 134, 135, 140, 160, 161, 163, 229, 233 bis 236 des Berggesetzes vom 20. März 1869, Art. 32 Abs. 4, Art. 44, Art. 46 Abs. 1, Art. 77 Abs. 1 des Brandversicherungsgesetzes vom 3. April 1875, Art. 132 und 134 des Ausf.Ges. zur Civ.Pr.O. und K.O., Art. 7, Art. 8 Abs. 1 und Art. 12 des Ges. vom 21. April 1884 die Landeskultur-Renten-Anstalt betr., Art. 10, 13, 25, 26 Abs. 1 Art. 27 Abs. 1, Art. 34 Abs. 2, Art. 37 und 39 des Gesetzes vom 29. Mai 1886 die Flurbereinigung betr. (Einzelne der hier angeführten Artikel sind in den neuveröffentlichten Texten der betreffenden Gesetze mit anderen Zahlen als bisher versehen.)

Mit Rücksicht auf diese allgemeine Vorschrift wurden für die einzelnen in dieser Beziehung in Betracht kommenden Landesgesetze nur dann Aenderungen vorgenommen, wenn dieselben aus anderen Gründen erforderlich waren. (Vgl. z. B. die durch Art. 170 A.G. abgeänderten Art. 7, 8 und 12 des Gesetzes die Landeskultur-Renten-Anstalt betr. sowie die durch Art. 171 A.G. geänderten Art. 37 und 39 des Gesetzes die Flurbereinigung betr. in ihrer neuen Fassung.)

Schlußbestimmungen.

Artikel 175.

Aufgehoben sind:

1. das Hypothekengesetz vom 1. Juni 1822;
2. das Gesetz vom 1. Juni 1822, die Einführung des Hypothekengesetzes und der Prioritätsordnung betreffend;
3. das Gesetz vom 11. September 1825, die Förmlichkeiten bei Anlegung und Abnahme der gerichtlichen Siegel, dann bei denjenigen Vermögensabtheilungen und Veräußerungen, welche unter Mitwirkung des Richteramts geschehen müssen, betreffend;
4. das Gesetz vom 11. September 1825, die Aufhebung einiger Bestimmungen des Reglements für den Geschäftsgang der Justizämter im Fürstenthume Leiningen vom 31. August 1805 betreffend;
5. der § 30 Abs. 6 und die § 31 bis 34 des Finanzgesetzes vom 28. Dezember 1831;
6. das Gesetz vom 28. Dezember 1831, die Privatvereine zur Versicherung der Feldfrüchte gegen Wetter- und insbesondere Hagelschäden betreffend;
7. das Gesetz vom 28. Dezember 1831, einige civilrechtliche Gegenstände auf den Fall des Eindringens der asiatischen Cholera in Bayern betreffend;
8. die Ziff. 73 lit. a der Nummer III des Landtagsabschieds vom 29. Dezember 1831;
9. das Gesetz vom 23. Mai 1846, die Regulierung des Biersatzes und die Verhältnisse der Bräuer zu den Wirthen und dem Publikum betreffend;
10. das Gesetz vom 29. Juni 1851, die kaufmännischen Anweisungen betreffend;
11. das Gesetz vom 29. Juni 1851, die bürgerlichen Rechte der israelitischen Glaubensgenossen betreffend;
12. das Gesetz vom 22. Februar 1855, die Statutar- und Gewohnheitsrechte der K. Haupt- und Residenzstadt München betreffend;

13. das Gesetz vom 22. Februar 1855, die Aufhebung der lex Anastasiana und anderer bezüglich der Abtretung von Rechten vorgeschriebenen Beschränkungen betreffend;
14. das Gesetz vom 26. März 1859, die Verjährungsfristen betreffend;
15. das Gesetz vom 26. März 1859, die Gewährleistung bei Viehveräußerungen betreffend;
16. das Gesetz vom 29. September 1861, die Verjährung der Forderungen aus Staats-Schuldurkunden der Staatsschulden-Tilgungsanstalt betreffend;
17. der § 26 Ziff. 2 und der § 28 Ziff. 2 Abs. 2 des III. Abschnitts des Landtagsabschieds vom 10. November 1861;
18. das Gesetz vom 10. November 1861, die Einführung des allgemeinen deutschen Handelsgesetzbuchs betreffend;
19. das Gesetz vom 5. Dezember 1867, die Abänderung der gesetzlichen Bestimmungen über die Zinsen betreffend;
20. das Gesetz vom 2. Mai 1868 über die Schließung und Trennung der Ehen der keiner anerkannten Religionsgesellschaft angehörenden Personen;
21. das Gesetz vom 16. Mai 1868, Abänderung einiger Bestimmungen des in der Pfalz geltenden Civilgesetzbuchs über Privilegien und Hypotheken betreffend;
22. der § 60 des Landtagsabschieds vom 29. April 1869;
23. das Gesetz vom 29. April 1869, die privatrechtliche Stellung von Vereinen betreffend;
24. das Gesetz vom 14. Januar 1871, die Intercessionen betreffend;
25. der § 21 des Landtagsabschieds vom 18. Februar 1871;
26. das Gesetz vom 29. Dezember 1873, die Todeserklärung der in Folge des Krieges von 1870/71 vermißten Personen betreffend;
27. das Gesetz vom 27. Juli 1874, die Todeserklärung der in Folge des Krieges von 1866 vermißten Personen betreffend;
28. das Gesetz vom 28. Februar 1880, die Abänderung des Art. 9 des pfälzischen Notariatsgesetzes vom 25. Ventôse XI betreffend;
29. das Gesetz vom 20. März 1882, die Vollstreckungsbefehle in der Pfalz betreffend;
30. das Gesetz vom 29. Mai 1886, die Abänderung einiger Bestimmungen des Hypothekengesetzes betreffend;
31. das Gesetz vom 18. Dezember 1887, die der Pfändung nicht unterworfenen Sachen und Forderungen betreffend;
32. das Gesetz vom 26. April 1888, die Abänderung von Bestimmungen des in der Pfalz geltenden Hypotheken- und Vormundschaftsrechts betreffend;

33. das Gesetz vom 5. Mai 1890, die Form einiger Rechtsgeschäfte betreffend;

34. das Gesetz vom 18. März 1896, die Abänderung des Art. 19 des Notariatsgesetzes vom 10. November 1861 betreffend;

35. das Gesetz vom 18. März 1896, einige Bestimmungen über die Inhaberpapiere betreffend.

Das in der Pfalz geltende Civilgesetzbuch (Code civil) tritt außer Kraft.

Die im § 7 Ziff. I lit. e der Verordnung vom 31. Juli 1817, die Organisation der Generaladministration der Posten betreffend, enthaltene Fristbestimmung für die Beschreitung des Rechtswegs fällt weg.

A. Nach Art. 55 Einf.Ges. zum BGB. sind die in den Landesgesetzen enthaltenen Vorschriften des bürgerlichen Rechts seit dem 1. Januar 1900 insoweit außer Kraft getreten, als nicht in dem bezeichneten Einf.Gesetze oder dem BGB. ein Anderes bestimmt ist.[1]) Die hiedurch bereits unwirksam gewordenen Gesetze bedürfen keiner nochmaligen Aufhebung durch die Landesgesetzgebung. Insoweit sich Art. 175, welcher allerdings keine Ausscheidung nach der Richtung trifft, ob der Verlust der Giltigkeit in Vorschriften der Reichsgesetze oder in solchen des Landesrechtes seine Ursache hat, nur auf die durch reichsgesetzliche Bestimmungen getroffenen Gesetze bezieht, ist er lediglich deklaratorischer Natur.

Der bei Aufzählung der in Wegfall gekommenen — jedoch vermöge der durch Art. 177 A.G. bewirkten Aufrechterhaltung der Bestimmungen des Liegenschaftsrechtes zum Theile vorübergehend noch in Geltung gebliebenen — Landesgesetze maßgebende Zweck geht dahin, der Rechtsanwendung eine Erleichterung zu bieten.[2]) Die Erstreckung dieser Aufzählung auf die vor Erlassung der Verfassungsurkunde verkündeten Gesetze war im Hinblick auf Art. 1 Ausf.Ges. nicht erforderlich.

B. Zu den einzelnen Ziffern des Artikels sei Folgendes bemerkt:

---

1) Den gleichen Grundsatz enthalten Art. 15 Einf.Ges. zum Handelsgesetzbuch sowie § 1 des Einf.Ges. zu dem Ges. über die Zwangsversteigerung und die Zwangsverwaltung, ferner § 82 Abs. 2 der Grundbuchordnung. In beiden letzteren Paragraphen ist Art. 55 Einf.Ges. als entsprechend anwendbar erklärt. Ebenso verlieren mit Rücksicht auf § 14 des Einf.Ges. zur Civ.Pr.O. und auf § 4 des Einf.Ges. zur Konk.O. die landesgesetzlichen Vorschriften ihre Geltung, welche sich auf die durch die Aenderungen der Civ.Pr.O. und der Konk.O. geregelten Rechtsgebiete beziehen. Weniger enge Grenzen zieht das Gesetz über die Angelegenheiten der freiwilligen Gerichtsbarkeit, indem dasselbe in seinem § 200 Abs. 1 landesgesetzliche Vorschriften zur Ergänzung und Ausführung auch insoweit als statthaft erklärt, als dieses letztere Gesetz für das Landesrecht Vorbehalte nicht enthält.

2) Zur Zeit der Einführung des Strafges.B. und der beiden Prozeßordnungen verfuhr die bayerische Gesetzgebung in derselben Weise wie jetzt. Vgl. Art. 2 des Ges. vom 26. Dezbr. 1871 den Vollzug der Einführung des Str.G.B. u. s. w. betr., Art. 235 Ausf.Ges. zur Civ.Pr.O. und Konk.O. vom 23. Februar 1879 und Art. 2 Ausf.Ges. zur St.Pr.O. vom 18. August 1879.

Zu Ziff. 1 u. 2.

1. Der fortdauernden Giltigkeit des Hypothekengesetzes vom 1. Juni 1822 im Allgemeinen stehen das BGB. und die Grundbb.Ordn. entgegen. Nur wenige einzelne Bestimmungen desselben würden hiedurch nicht getroffen, so nämlich § 12 Ziff. 1, 2, 4, 10, sowie die §§ 37, 38, 87 und 131. Allein der von den gesetzlichen Hypothektiteln handelnde § 12 wird hinsichtlich der angegebenen Ziffern durch Art, 123, 89, 128 Abs. 2 und Art. 14 des Ausf.Ges. z. BGB. ersetzt, während § 37 in Folge der Art. 1 bis 12 und 16 des Ges. vom 15. Juni 1898 das Unschädlichkeitszeugniß betr., § 38 Satz 3 wegen Art. 166 Ziff. XII dieses Ausf.Ges. und § 131 mit Rücksicht auf Art. 13 des Ausf.Ges. zur Grundbuchordnung entbehrlich geworden sind. Daß die durch § 87 in Verbindung mit Tit. X § 1 des K. Familienstatuts für die Mitglieder des Königlichen Hauses begründete Zuständigkeit der Oberlandesgerichte zur Hypothekenamtsführung nach erfolgter Anlegung des Grundbuches nicht mehr fortbesteht, ist bereits auf S. 9 oben dargelegt worden. Da sonach auch die angeführten Paragraphen nicht mehr dem geltenden Rechte angehören, so war es entsprechend, das ganze Hypothekengesetz für aufgehoben zu erklären.

In ähnlicher Weise verhält es sich mit dem Gesetze vom 1. Juni 1822 die Einführung des Hypothekengesetzes und die Prioritätsordnung betr.

2. Zu Ziff. 3.

Für die Anzeige der Sterbefälle und die Nachlaßversiegelung sind jetzt maßgebend §§ 1960, 1961 BGB., § 74 Ges. üb. Ang. der freiw. G., Art. 105, 106 Ausf.Ges., Art. 144 Ges. Ueberg.Vorschr. betr. sowie §§ 1 bis 24 der Nachlaßordnung. Die Einrichtung der freiwilligen gerichtlichen Versteigerung ist vom BGB. für die hier in Betracht kommenden Angelegenheiten nicht eingeführt worden.

3. Zu Ziff. 4.

Die Bestimmungen des im Fürstenthum Leiningen in Geltung gewesenen Reglements, welche das Gesetz vom 11. Septbr. 1825 aufhob, sind die §§ 32 und 36[1], wonach die Verträge bei Strafe der Ungiltigkeit gerichtlich protokollirt werden mußten und die Verlobten zur Abschließung von Eheverträgen genöthigt waren. Mit Rücksicht auf die Vorschriften des BGB. können jene §§ 32 und 36[1] ohnedieß nicht mehr zu Recht bestehen; es konnte deßhalb das sie beseitigende Gesetz von 1825 unbedenklich außer Wirksamkeit treten.

4. Zu Ziff. 5.

An Stelle des § 30 Abs. 6 sowie der §§ 31 bis 34 des Finanzgesetzes vom 28. Dezbr. 1831, welche die Verjährung der Rückstände an Staatsgefällen sowie anderer an die Staatskasse geschuldeter Zahlungen und die Verjährung der gegen die Staatskasse bestehenden Forderungen zum Gegenstande haben, sind jetzt die Art. 124, 125 ff. Ausf.Ges. getreten.

5. Zu Ziff. 6.

Das hier angeführte Gesetz vom 28. Dezbr. 1831 die Privatvereine zur Versicherung u. s. w. betr. hat mit Rücksicht auf das Hagelversicherungsgesetz vom 13. Februar 1884 thatsächlich seine Bedeutung völlig verloren.[3])

6. Zu Ziff. 7.

Die Vorschriften des Gesetzes vom 28. Dezbr. 1831 sind theils durch das BGB., die Civ.Pr.O. und das Ges. über Angel. der freiw. Ger. beseitigt, theils durch die inzwischen eingetretene Aenderung der Gesetzgebung gegenstandslos geworden. Die aufhebende Wirkung des BGB. bezieht sich auf die durch das Gesetz von 1831 in §§ 1 und 2 begründete außerordentliche Testamentsform. (Vgl. §§ 2250 und 2252 BGB.).

7. Zu Ziff. 8.

Durch die Nummer III Ziff. 73 lit. a des Landtagsabschieds vom 28. Dezbr. 1831 wurde das Erbrecht des Fiskus an dem erblosen Nachlasse für den Fall aufgehoben, daß der Verstorbene eine Wittwe hinterlassen hat. Im Hinblick auf §§ 1931 und 1936 BGB. erscheint jene aufhebende Vorschrift nunmehr als entbehrlich.

8. Zu Ziff. 9.

Da die Art. 13 und 14 des gegenw. Ausf.Ges. an die Stelle des Gesetzes vom 23. Mai 1846 getreten sind, so war es angemessen, das Letztere formell aufzuheben.

9. Zu Ziff. 10.

Art. 21 Satz 2 Einf.Ges. z. Handelsgesetzbuche hat dem Gesetze vom 29. Juni 1851 die kaufmännischen Anweisungen betr. seine Wirksamkeit entzogen.

10. Zu Ziff. 11.

Das die bürgerlichen Rechte der israelitischen Glaubensgenossen betreffende Gesetz vom 29. Juni 1851 setzte die civilrechtlichen Vorschriften des jüdischen Rechtes insoweit außer Wirksamkeit, als sie auf das Erbrecht und das eheliche Güterrecht sich beziehen, ließ sie aber insoferne fortbestehen, als sie die Eingehung und Scheidung der Ehe zum Gegenstande haben. Jene Vorschriften, welche zum Theile schon durch das Gesetz über die Beurkundung des Personenstandes u. s. w. vom 6. Febr. 1875 entkräftet wurden, können nun nicht mehr länger in Geltung bleiben, da das Einf. Ges. z. BGB. keinen sie aufrecht erhaltenden Vorbehalt ausgesprochen hat.

11. Zu Ziff. 12.

Vermöge des die Münchner Statutar- und Gewohnheitsrechte betreffenden Gesetzes vom 22. Februar 1855 kommen diese Rechte in dem ganzen Umfange der Burgfriedensgrenze zur Anwendung, insoweit sich dieselbe z. Z. der Erlassung des Gesetzes erstreckte oder später erstreckt hat. Das zu jenen Rechten zählende privilegium Albertinum über das Erbrecht der Ehegatten sowie die hieher gehörigen Vorschriften über das Ewiggeld sind von der Einführung des BGB. an außer Kraft getreten, während

3) Die Motive B (Becher, Mat. II S. 127) fügen bei: „Der Entwurf will es deshalb ebenso aufheben, wie der Art. 39 des Gesetzes vom 18. März 1896, einige Bestimmungen über die Inhaberpapiere betr. das Gesetz vom 11. September 1825 die Creditvereine der bayerischen Gutsbesitzer betr. beseitigt hat."

das Münchner Kommun-Mauerrecht und einige hieher zu rechnende nachbarrechtliche Bestimmungen in Anbetracht der Art. 68 ff. und 62 ff. des gegenw. Ausf.Ges. nicht mehr geltendes Recht sein können. Nach Art. 65 Einf.Ges. zum BGB. könnte allerdings das in den Generalmandaten vom 7. November 1724 und 23. Januar 1775 bestätigte Recht der Stadt München auf die Verlandungen der Isar noch fortbestehen. Allein Art. 1 des gegenw. Ausf.Ges., welcher den Art. 65 Einf.Ges. z. BGB. nicht mit angeführt hat, steht der weiteren Giltigkeit im Wege.

12. Zu Ziff. 13.

Die durch das Gesetz von 1855 aufgehobenen landesrechtlichen Vorschriften stehen mit dem BGB. nicht im Einklange. Jenes Gesetz kann deshalb unbedenklich in Wegfall kommen.

13. Zu Ziff. 14 und 15.

Das Gesetz über die Verjährungsfristen ist durch das BGB. §§ 194 ff., dasjenige über die Gewährleistung bei Viehveräußerungen durch §§ 481 ff. BGB., zu deren Vollzug die Kaiserliche Verordnung vom 27. März 1898 (R.G.Bl. S. 219) ergangen ist, ersetzt.

14. Zu Ziff. 16.

Von den Vorschriften des Gesetzes vom 29. September 1861 könnten nur noch die Art. 1, 2, 4, 6 und 7 in Betracht kommen. Allein für die auf den Namen des Gläubigers umgeschriebenen Staatsschuldverschreibungen auf den Inhaber, von welchen Art. 101 Einf.Ges. zum BGB. spricht, ersetzt Art. 54 Abs. 1 des gegenwärtigen Ausf.Ges. die bisherigen Bestimmungen über die Verjährung durch die daselbst für anwendbar erklärten §§ 801 und 802 BGB. Das Gleiche ist gemäß Art. 55 Ausf.Ges. der Fall bezüglich den Staatsschuldverschreibungen, deren Umschreibung auf den Namen des Gläubigers schon vor dem Inkrafttreten des BGB. erfolgt ist. Die finanzrechtlichen Bestimmungen des Art. 1 und 2 des Gesetzes von 1861 sind mit Art. 56 Ausf.Ges. in Wegfall gekommen.

Die in Art. 4 des Gesetzes von 1861 vorausgesetzte Verwaltungseinrichtung, vermöge deren die Staatsschuldenverwaltung bei Einlösung der Haupturkunde von der Befugniß, den Betrag der fehlenden Zinsscheine in Abzug zu bringen, keinen Gebrauch macht, wenn für diesen Betrag Sicherheit geleistet wird, ist, wie dies schon oben S. 96 bemerkt wurde, durch § 803 Abs. 2 BGB. nicht ausgeschlossen. Vgl. auch noch Art. 8 des Gesetzes Uebergangsvorschriften betr.

15. Zu Ziff. 17.

Vom III. Abschnitte des Landtagsabschieds vom 10. Novbr. 1861 sind § 26 Ziff. 2 durch Art. 13 und 14 des gegenwärtigen Ausf.Ges. und § 28 Ziff. 2 durch die Bestimmungen des BGB. über die Gemeinschaft[4]) ersetzt. § 28 hob in seiner Ziff. 2 alle gesetzlichen Vorkaufsrechte mit Ausnahme desjenigen der Theilhaber an einer Gemeinschaft auf. Nicht berührt durch diesen § 28 wird jedoch das auch nach Art. 58 Einf.Ges. zum BGB. bestehen bleibende Vorkaufsrecht des Staates an den vormals

---

4) Welche abgesehen von dem Falle der Erbengemeinschaft (§ 2034) ein Vorkaufsrecht nicht gewähren.

reichsständischen Besitzungen der Standesherrn (Deklaration vom 19. März 1807 H Ziff. 14 mit Art. 27 der Rheinbundsakte vom 12. Juli 1806 sowie § 65 der VI. Verfass.Beilage).

16. Zu Ziff. 18.

Die Bestimmungen des bayer. Einf.Ges. zum Handelsgesetzbuch sind, insoweit sie nicht schon früher aufgehoben wurden, durch das BGB., das Gesetz über die Angel. der freiw. Gerichtsb. und das Handelsgesetzbuch vom 10. Mai 1897 außer Wirksamkeit gesetzt[5]) oder doch entbehrlich geworden.

17. Zu Ziff. 19.

In dieser Beziehung gilt jetzt § 247 BGB.

18. Zu Ziff. 20.

Für die Schließung und Trennung der Ehen sind nur die Vorschriften des BGB. §§ 1303 ff., 1323 ff. und 1564 ff. entscheidend. Damit kommt das Gesetz vom 2. Mai 1868 in Wegfall.

19. Zu Ziff. 21.

Die Beseitigung des Gesetzes vom 16. Mai 1868 hat ihre Ursache in der Aufhebung des code civil sowie in der Einführung des Grundbuches.

20. Zu Ziff. 22.

§ 60 des Landtagsabschieds vom 29. April 1869 enthält eine authentische Interpretation des Art. 14 des Notariatsges. von 1861. Da dieselbe auf das Hypothekenrecht sich bezieht, so wird jener § 60 erst mit erfolgter Anlegung des Grundbuches außer Kraft treten.

21. Zu Ziff. 23.

Bezüglich der Vereine sind nunmehr die Bestimmungen in §§ 21 ff. BGB. entscheidend. Diejenigen Vereine, welche am 1. Januar 1900 auf Grund des Gesetzes vom 29. April 1869 bereits bestanden, haben nach Art. 1 des Gesetzes Uebergangsvorschriften betr. von jenem Zeitpunkte an als eingetragene zu gelten.

22. Zu Ziff. 24.

Es sind in dieser Hinsicht nunmehr die §§ 765 ff. BGB. in Anwendung zu bringen.

23. Zu Ziff. 25.

Für die durch § 21 des Landtagsabschieds vom 18. Februar 1871 geregelten

5) Die Art. 1 bis 5 sind als Einführungsvorschriften sowie die Art. 25, 26, 29, 30 u. 37 bis 40 als Uebergangsbestimmungen jetzt ohne Bedeutung. Art. 7 fällt weg mit Rücksicht auf BGB. § 113, die Art. 8 bis 24 und 28 sind durch §§ 125 ff. Ges. über freiw. Ger., die Art. 48 bis 51 durch §§ 1235 ff. BGB. beseitigt. Da dem H.G.B. von 1897 amtliche Handelsmäkler nicht mehr bekannt sind, so könnten auch die Art. 31 bis 36 nicht mehr fortbestehen. Art. 47 steht in Zusammenhang mit dem durch Art. 175 Ziff. 10 aufgehobenen Gesetze von 1851 die kaufmännischen Anweisungen betr.

Rechtsverhältnisse der Miether von Liegenschaften gegenüber neuen Erwerbern sind dermalen die Vorschriften in 571 ff. BGB. maßgebend.

24. Zu Ziff. 26 und 27.

Die Gesetze vom 29. Dezbr. 1873 und vom 27. Juli 1874 können Angesichts der §§ 13 bis 17 BGB. nicht weiter mehr in Geltung bleiben.

25. Zu Ziff. 28.

Da das pfälzische Notariatsgesetz vom 25. Ventôse XI durch Art. 130 Ziff. 3 des Notariatsgesetzes vom 9. Juni 1899 aufgehoben ist, so wird auch das dessen Art. 9 abändernde Gesetz vom 28. Februar 1880 gegenstandslos.[6])

26. Zu Ziff. 29.

Nach dem Gesetze vom 20. März 1882 wurden in der Pfalz durch Vollstreckungsbefehle gerichtliche Hypotheken (code civil Art. 2123) begründet. Nach § 866 Abs. 3 Civ.Pr.O. kann aber auf Grund eines Vollstreckungsbefehls eine Sicherungshypothek nicht eingetragen werden.[7])

27. Zu Ziff. 30.

Mit der in Art. 175 Ziff. 1 ausgesprochenen, nach erfolgtem Inkrafttreten des Grundbuchrechts sich verwirklichenden Aufhebung des Hypothekengesetzes von 1822 wird auch die hiezu erlassene Novelle vom 29. Mai 1886 hinfällig. Die in Art. 1 Ziff. 1 der letzteren enthaltene Vorschrift wird durch Art. 128 Abs. 1 Ausf.Ges. ersetzt.

28. Zu Ziff. 31.

Im Hinblick auf Art. 81 Einf.Ges. zum BGB. könnte Art. 2 des Gesetzes vom 18. Dezbr. 1887 theilweise noch in Geltung bleiben. Insoweit dies der Fall ist, wurde dessen Inhalt in Art. 12 des gegenwärtige Ausf.Ges. aufgenommen.

29. Zu Ziff. 32.

Das Gesetz vom 26. April 1880 ist, insoweit es das Vormundschaftsrecht zum Gegenstande hat, schon mit Einführung des BGB. außer Wirksamkeit getreten, während dessen das Hypothekenrecht betreffenden Bestimmungen bis zum Inslebentreten des Grundbuchsrechts noch fortbestehen. Art. 17 desselben hat in Art. 134 des Ausf. Ges. einen Ersatz gefunden.

30. Zu Ziff. 33.

Da für die Form der Rechtsgeschäfte das BGB.[8]) maßgebend ist, so kann das Gesetz vom 5. Mai 1890 nicht weiter mehr fortbestehen.

---

6) Dasselbe wird, wie dies Henle und Schneider in Anm. 28 zu Art. 175 bemerken, insoweit es die Nothwendigkeit der Zuziehung von Zeugen bei der notariellen Beurkundung von Rechtsgeschäften betrifft, durch §§ 168 ff. des Ges. über die Ang. der freiw. Ger. und §§ 2233 ff. und 2276 BGB., im Uebrigen aber durch Art. 31 Not.-Ges. ersetzt. Vgl. auch Not.Gesch.O. §§ 101 bis 106.

7) Vgl. Art. 12 des pfälz. Liegenschaftsges., welcher hienach sich modifizirt.

8) Vgl. hier hauptsächlich dessen §§ 1434, 2276, 2277 und 2348.

31. Zu Ziff. 34.

Der sachliche Inhalt des den Art. 19 des Not.Ges. von 1861 abändernden Gesetzes vom 19. März 1896 ist in Art. 63 Ausf.Ges. zum G.V.G. (in der Fassung des Art. 167 Ziff. XVI des gegenwärtigen Ausf.Ges.) übernommen worden.

32. Zu Ziff. 35.

Das Gesetz vom 18. März 1896 regelte die Kraftloserklärung von Inhaberpapieren, die staatliche Genehmigung zur Ausgabe von Schuldverschreibungen auf den Inhaber, in denen die Zahlung einer bestimmten Geldsumme versprochen wird, sowie die Bestellung von Inhaberhypotheken. Nur wenige Vorschriften des Gesetzes sind durch die Bestimmungen der §§ 795, 799 ff., 1187 BGB. und der §§ 1009 ff. und 1019 ff. Civ.Pr.O. unberührt geblieben. Es sind dies -- abgesehen von dem auf die Gebührenfrage sich beziehenden Art. 38 Abs. 3 — die Art. 4 Abs. 2 und Art. 9 Abs. 2, welche hiedurch gar nicht, und die Art. 2 und Art. 17 Abs. 2, welche nur theilweise getroffen werden. Die in den Art. 4 Abs. 2 und 9 Abs. 2 erwähnten weiteren Bekanntmachungen erscheinen, wie sich aus der Begründung der Reg.Entw. zu Art. 33 der Beil. B[9]) ergibt, nicht als nothwendig. Der in Art. 2 angezogene Art. 69 Abs. 2 Ausf.Ges. zur C.Pr.O. und K.O. erhielt durch Art. 166 Ziff. XIV des gegenwärtigen A.G. eine neue Fassung, während zur Aufrechterhaltung der Strafvorschrift des Art. 17 Abs. 2 kein Bedürfniß besteht.[10]) Da Art. 38 Abs. 3 im Gebührengesetz neuer Fassung Berücksichtigung fand, so konnte das ganze Gesetz, dessen die Bestellung von Inhaberhypotheken betreffenden Art. 18 bis 37 übrigens bis zur erfolgten Anlegung des Grundbuchs noch in Wirksamkeit verbleiben, unbedenklich in Wegfall kommen.[11])

C. Zu Abs. 2. In seinen dem bürgerlichen Rechte angehörenden Bestimmungen ist der code civil mit Rücksicht auf Art. 1 Abs. 1 Ausf.Ges. am 1. Januar 1900 insoweit außer Kraft getreten, als jene nicht durch den ebendaselbst enthaltenen Vorbehalt gedeckt sind. Wenn dessen Aufhebung in Abs. 2 des Art. 175 noch besonders ausgesprochen wurde, so war hiebei die Absicht maßgebend, das erstere Gesetz auch in seinen dem öffentlichen Rechte und den in Art. 1 Abs. 1 vorbehaltenen Gebieten angehörenden Vorschriften[12]) und somit vollständig außer Wirksamkeit zu setzen. Maßgebend war hiebei, wie aus den Aeußerungen der k. Staatsregierung zu entnehmen ist, vorzugsweise die Erwägung, daß die Art. 910 und 937 c. c., welche

---

9) Mot. B S. 116; Becher, Mat. II S. 95.

10) Diese Strafvorschrift könnte an und für sich neben dem durch Art. 34 Nr. IV Einf.-Ges. z. BGB. eingeschalteten § 145a des Strafgesetzbuchs insoweit noch in Geltung bleiben, als sie Zuwiderhandlungen gegen diejenigen Bestimmungen, unter denen die staatliche Genehmigung ertheilt wurde, zum Gegenstande hat. (Mot. B S. 133; Becher, Mat. II S. 130).

11) Vgl. hiezu noch das Reichsges. über die gemeinsamen Rechte der Besitzer von Schuldverschreibungen vom 4. Dezbr. 1899 (R.Ges.Bl. S. 691) und das Hypothekenbankgesetz vom 13. Juli 1899 (R.Ges.Bl. S. 375).

12) Von den hienach aufgehobenen Vorschriften sind einige z. B. die Art. 910 und 937, welche Amortisationsbestimmungen enthielten, durch anderweitige im Ausf.Ges. z. BGB. befindliche Anordnungen ersetzt worden, während andere in Wegfall geriethen, ohne einen Ersatz gefunden zu haben. Vgl. in dieser Beziehung Näheres bei Henle und Schneider zu Art. 175 Anm. 36.

Amortisationsbestimmungen für die Pfalz enthielten, durch Art. 7 bis 11 Ausf.Ges. z. BGB. ersetzt worden sind.[13])

Von den in der Pfalz bisher in Geltung gewesenen, aus der Zeit vor deren Vereinigung mit Bayern stammenden Gesetzen sind durch das Ausf.Ges. zum BGB. — abgesehen von dem code civil — nur die Bestimmungen der pfälzischen Civ.Pr.O. aufgehoben worden (Art. 166 Abs. 5). Jene Gesetze bestehen deßhalb noch weiter fort, insoferne ihr Inhalt dem öffentlichen Rechte angehört. Die gesetzlichen Vorschriften civilrechtlicher Natur dagegen, seien dieselben in bürgerlich-rechtlichen Gesetzen oder vereinzelt in öffentlich-rechtlichen enthalten, werden durch Art. 1 Abs. 1 des gegenwärtigen A.G. nur insoweit in Wirksamkeit belassen, als sie einem der ebendaselbst vorbehaltenen Gebiete angehören. Vgl. hinsichtlich der betreffenden Vorschriften oben die Bem. zu Art. 1 S. 4 ff.

D. Zu Abs. 3. Nach § 7 Ziff. I lit. c der V.O. vom 31. Juli 1817 die Organisation der Generaladministration der Posten betr. (Reg.Bl. S. 733), welche nach der Rechtsprechung bei Haftungsentbindungsklagen von Staatsbahn-Beamten und -Bediensteten in Eisenbahn-Reklamationssachen analoge Anwendung gefunden hat, ist die Haftentbindungsklage binnen einer Frist von zwei Monaten bei Verlust des Klagerechts zu erheben. Obwohl nach Art. 80 Einf.Ges. z. BGB. diese Fristbestimmung aufrecht erhalten werden könnte, so wurde dieselbe dennoch im Interesse der Rechtsgleichheit fallen gelassen, da für das Fortbestehen einer solchen Sondervorschrift kein innerer Grund vorhanden ist. Abs. 3, welcher aus Art. 124 der Beil. A des Reg.-Entw.[15]) übernommen worden ist, spricht daher ausdrücklich die Aufhebung jener Fristbestimmung aus.

Artikel 176.

Dieses Gesetz tritt gleichzeitig mit dem Bürgerlichen Gesetzbuch in Kraft.

Artikel 177.

Die in diesem Gesetz abgeänderten oder für aufgehoben erklärten Vorschriften des Liegenschaftsrechts bleiben, unbeschadet der Vorschriften des Artikel 67, insoweit in Kraft, als ihre Geltung im Artikel 189 des Einführungsgesetzes zum Bürgerlichen Gesetzbuche vorbehalten ist.

1. Während die im BGB. enthaltenen Vorschriften über Schuldverhältnisse und andere Bestimmungen desselben Gesetzes schon am 1. Januar 1900 in Wirksamkeit

---

13) Der Minist.Kommiss. k. Oberreg.R. Schneider bemerkte A.A.Prot. S. 886 (Becher, Mat. III S. 313) geradezu: „Die ausdrückliche Aufhebung des ganzen Gesetzbuches ist also lediglich eine Folge der anderweitigen Regelung der Amortisationsgesetze."

14) Insoweit in aufrecht erhaltenen Gesetzen auf den code civil verwiesen ist, treten nach Art. 4 Einf.Ges. z. BGB. die entsprechenden Bestimmungen dieses Ges.Buchs oder des BGB. an die Stelle der in Bezug genommenen Vorschriften.

15) An Stelle der V.O. vom 2. Sept. 1811 die besondere Versiegelung u. s. w. bei dem Ableben eines Staatsbeamten betr. (Reg.Bl. S. 1105), welche durch jenen Art. 124 gleichfalls zur ausdrücklichen Aufhebung bestimmt war, ist Art. 106 Ausf.Ges. mit der hiezu erlassenen V.O. vom 7. Dez. 1899 getreten. Vgl. oben S. 172, 173.

getreten sind, war dies mit den das Liegenschaftsrecht betreffenden Vorschriften nicht der Fall. Dieselben stehen wie z. B. § 873 BGB. in so innigem Zusammenhange mit dem Grundbuche, daß vor dessen Anlegung es nicht möglich erscheint, sie vollständig in Kraft treten zu lassen.

Bis zu dem Zeitpunkte, in welchem das Grundbuch als angelegt anzusehen ist (Art. 186 Einf.Ges. z. BGB.), gelten daher nach der reichsrechtlichen Vorschrift des Art. 189 Einf.Ges. z. BGB. die bisherigen Gesetze, insoweit es sich um den Erwerb und Verlust des Eigenthums sowie die Begründung, Uebertragung, Belastung und Aufhebung eines anderen Rechtes an einem Grundstücke oder eines Rechtes an einem solchen Rechte handelt. Die Aufhebung eines Rechtes, mit dem ein Grundstück oder ein Recht an einem Grundstücke zu der Zeit belastet war, zu welcher das Grundbuch als angelegt anzusehen ist, bemißt sich nach Art. 189 Abs. 3 sogar auch nach erfolgter Anlegung des Grundbuchs und zwar insolange nach den bisherigen Gesetzen, bis das betreffende Recht im Grundbuche eingetragen ist.

Auch die Aenderung des Inhalts sowie des Ranges der Rechte ist vermöge des Art. 189 Abs. 1, der Schutz im Besitze einer Grunddienstbarkeit oder einer beschränkten persönlichen Dienstbarkeit im Hinblick auf Art. 191 Abs. 1 bis zur erfolgten Grundbuchanlegung nach dem bisherigen Rechte zu beurtheilen. Insoweit das letztere nach Art. 189 Abs. 1 als noch fortbestehend anzusehen ist, gilt jedoch eine Einschränkung, da ein nach Maßstab der Vorschriften des BGB. unzulässiges Recht nach dem 1. Januar 1900 nicht mehr begründet werden kann.[1])

2. Insolange und insoweit die bisherigen Bestimmungen des Liegenschaftsrechts nach Art. 189 Einf.Ges. z. BGB. noch in Kraft bleiben, gelten die seitherigen Landesgesetze und demgemäß auch die im Ausf.Ges. zum BGB. abgeänderten oder für aufgehoben erklärten diesbezüglichen landesrechtlichen Vorschriften des Liegenschaftsrechts.[2]) Dies zur Vermeidung von Mißverständnissen besonders auszusprechen, ist der Zweck des Art. 177 Ausf.Ges. Nach dem Wortlaute dieses Artikels können Rechte, die nach dem Ausf.Ges. z. BGB. als unzulässig erscheinen, bis zur erfolgten Grundbuchanlegung fernerhin noch begründet werden; denn der in Art. 177 angeführte Art. 189 Abs. 1 Einf.Ges. steht bloß der Begründung der nach dem BGB. unzulässigen Rechte entgegen. Der Wille des Gesetzgebers ging aber sicher dahin, daß auch Rechte, welche nach dem Ausf.Ges. als unstatthaft erscheinen, in Zukunft nicht mehr zur Entstehung sollen gelangen, daß also z. B Reallasten anderer Art, als dies Art. 85 zuläßt, nicht mehr begründet werden können.

3. Der auf den Schutz im Besitze einer Grunddienstbarkeit oder einer beschränkten persönlichen Dienstbarkeit sich beziehende Art. 191 Einf.Ges. z. BGB. ist in Art. 177 nicht erwähnt. Die in Art. 191 für den Schutz der Ausübung von Grunddienstbarkeiten gegebenen Bestimmungen eignen sich, wie die Motive zu Art. 30 des Entw. des Ges. Uebergangsvorschriften[3]) betr. bemerken, dazu, schon vor der Anlegung des

---

1) Z. B. Emphyteusis, Erbzinsrecht, Erbpachtrecht, Antichrese (Motive zum Entw. des BGB. Bd. III S. 6, 628 ff., 808).

2) Für den Inhalt der dinglichen Rechte, die bis zur Anlegung des Grundbuchs begründet werden, ist das bisherige Landesrecht entscheidend, soweit nicht besondere Vorschriften bestehen wie z. B. in Art. 181, 184 Einf.Ges. z. BGB., Art. 85 Ausf.-Gesetz und Art. 46 Ges.Ueberg.Vorschr. betr.

3) Mot. 270; Becher, Mat. VII S. 49.

Grundbuches an die Stelle der in den Landestheilen rechts des Rheins geltenden Bestimmuhgen zu treten, wie sie in der Pfalz nach Art. 22, des Ges. vom 1. Juli 1898 über das Liegenschaftsrecht in der Pfalz seit dem 1. Januar 1900 die Vorschriften des bisherigen Rechtes ersetzen. Vgl. Art. 45 Ges.Uebergangsvorschr. betr.

4. Die im Reg.Entw. nicht enthalten gewesenen Worte „unbeschadet der Vorschriften des Art. 67" sind im Ausschusse der Kammer der Abg, eingeschaltet worden.[4]) Dies war deßhalb angemessen, weil die liegenschaftsrechtlichen Bestimmungen des Art. 67 schon am 1. Januar 1900 in Wirksamkeit getreten sind (vgl. oben S. 116 Bem. 3).

Artikel 178.

Die Wahl der Waisenräthe findet nach den Vorschriften des Artikel 96 zum ersten Male im Jahre 1899 statt.

Ueber die Wahl der Waisenräthe vgl. oben S. 159, 160. Die erstmalige Wahl hat im Novbr. und Dezbr. 1899 stattgefunden (rechtsrhein. G.O. Art. 176, pfälz. G.O. Art. 105, Gesetz über Armen- und Krankenpflege Art. 22). Die hierauf bezüglichen, in den Kreisamtsblättern enthaltenen Bekanntmachungen der einzelnen Kreisregierungen sind bei Henle und Schneider S. 376 näher angegeben. Vgl. auch noch die an die Amtsgerichte erlassene autograph. Just.Min.Entschl. vom 26. Juli 1899 Nr. 23273.

Artikel 179.

Die Staatsregierung wird ermächtigt, die Texte:

1. des Gesetzes über Heimat, Verehelichung und Aufenthalt vom 16. April 1868,
2. des Gesetzes, die öffentliche Armen- und Kranken-Pflege betreffend, vom 29. April 1869,
3. des ersten Abschnitts des Gesetzes zur Ausführung der Reichs-Civilprozeßordnung und Konkursordnung vom 23. Februar 1879,
4. des Gesetzes über die Erbschaftssteuer vom 18. August 1879,
5. des Gesetzes, die Flurbereinigung betreffend, vom 29. Mai 1886,

wie sie sich aus den Aenderungen ergeben, welche in

diesem Gesetze,
dem Gesetze vom 26. Dezember 1871 (G.-Bl. S. 81),
dem Gesetze vom 23. Februar 1872 (G.-Bl. S. 214),
dem Landtagsabschiede vom 15. April 1875 (G.- u. V.-Bl. S. 345),
dem Gesetze vom 28. Februar 1884 (G.- u. V.-Bl. S. 75),
dem Gesetze vom 21. April 1884 (G.- u. V.-Bl. S. 213),
dem Gesetze vom 3. Februar 1888 (G.- u. V.-Bl. S 81)

---

4) A.A.Prot. S. 386, Becher I S. 596.

dem Gesetze vom 17. März 1892 (G.- u. V.-Bl. S. 51),
dem Gesetze vom 26. Mai 1892 (G.- u. V.-Bl. S. 144),
dem Gesetze vom 17. Juni 1896 (G.- u. V.-Bl. S. 297)
vorgesehen sind, unter fortlaufender Nummernfolge der Artikel und bei den in einzelnen Artikeln enthaltenen Aufzählungen unter fortlaufender Reihenfolge der Ziffern oder Buchstaben sowie unter Berichtigung der Verweisungen, durch das Gesetz- und Verordnungs-Blatt bekannt zu machen.

Bei der Bekanntmachung des ersten Abschnitts des Gesetzes vom 23. Februar 1879 bleiben die Ueberschrift sowie die Vorschriften, die nur noch als Uebergangsbestimmungen gelten, weg.

Gegeben zu München, den 9. Juni 1899.

Luitpold
Prinz von Bayern
des Königreichs Bayern Verweser.

Dr. Frhr. v. Crailsheim. Dr. Frhr. v. Riedel. Frhr. v. Feilitzsch. Dr. Frhr. v. Leonrod. Frhr. v. Asch. Dr. v. Landmann.

Auf Allerhöchsten Befehl:
Der Oberregierungsrath im k. Staatsministerium des Innern:
Dr. Proebst.

Die neue Fassung der im Art. 179 aufgezählten Gesetze ist enthalten:

1. für das Gesetz vom 16. April 1868 im Ges. u. V.Bl. 1899 S. 470,
2. „ „ „ „ 29. April 1869 „ „ „ S. 489,
3. „ „ „ „ 23. Febr. 1879 „ „ „ S. 402.
4. „ „ „ „ 18. August 1879 „ „ „ S. 890,
5. „ „ „ „ 29. Mai 1886 „ „ „ S. 507.

Verzeichniß der einzelnen Artikel des Gesetzes unter Hinweisung auf die dazu gehörigen Artikel des Regierungsentwurfs mit Begründung (Motiven), Ausschuß- und öffentlichen Verhandlungen des Landtags.*)

Art. des Ges.	Art. des R.Entwurfes	Motive	A.A.Prot.	Oeff. Verh. der Abg.K.	R.R.A.Prot.	Oeff. Verh. der R.R.K.
1	A 1	16, 17 B. I 39, 40	3—13, 29—39, 383, 387, 535, B. I 138—157, 185—199, 591, 607, 929	613, B. III 23	B. I 737—746, 751—754, 889, III 244	299 B. III 277
2	A 2	17, B. I 40	39—44, 388, B. I 200—210, 610	667 ff. B. III 92	B. I 755	364, 372, B. III 277^{27}, 277^{30}
3	D 1^{a}	157, B. I 600	388, 425, 535, B. I 608, 674, 930	do.	B. I 756, 891, 925	do.
4	A 3	17, B. I 40	44, 45, 383, 388, B. I 212, 213, 591, 610	do.	B. I 756	do.
5	A 4	17, B. I 41	45—48, 383, 388, 389, B. I 212—218, 591, 610, 611	do.	B. I 757, 891	do.
6	O 4^{a}	—	535—538, B. I 929—934	do.	B. I 897 ff.	do.
7	Z^{a} 4^{b}	—	13—15, 17—29, 387, 868—879, 881—885,	614—666, 1005, 1030,	B. I 702 ff.,	311—364, 456,

*) Zur Erläuterung dieses Verzeichnisses sei Folgendes bemerkt:

A=Beil. A zu den Verhandlungen des Justiz-Gesetzgebungsausschusses der Kammer der Abgeordneten 1898 (Beil. Bd. XX Abt. I, enthaltend den Entwurf eines Ausführungsgesetzes zum Bürgerlichen Gesetzbuch,

B=Beil. B zu den erwähnten Verhandlungen (Beil. Bd. XX Abt. I, enthaltend den Entw. eines Gesetzes, die durch die Einführung des BGB. veranlaßten Aenderungen der seit 1818 erlassenen Gesetze betr.,

Motive=Begründung des Regierungsentwurfs und zwar bei den Artikeln mit dem Beisatze A zur Beil. A, bei denjenigen mit dem Beisatze B zur Beil. B,

D=Beil. D zu den Verh. des Justiz-Ges.Geb.Aussch. der K. der Abg. 1898 Bd. XX Abt. I, enthaltend einen Antrag der Staatsregierung zu den Beil. A u. B,

E, O, T, Z^{a} u. s. w. = Beil. E. O, T, Z^{a}, u. s. w. zu den angegebenen Verlungen.

A.A.Prot. = Verhandlungen des Just.Ges.Aussch. der Kammer der Abgeordneten (Beil. Bd. XX Abt. II zu den Verh. der K. d. Abg. 1898),

R.R.A.Prot.=Verhandlungen der Just.Ges.Geb.Aussch. der Kammer der Reichsräte 1898/99,

B. I, II, III = Becher, die gesammten Materialien zu den das BGB. und seine Nebengesetze betreffenden bayerischen Gesetzen und Verordnungen Abth. IV u. V Bd. I, II, III. Sonst wird das Werk von Becher, welches 8 Abth. und dessen Abth. IV u. V drei Bände hat, citiert mit Abth. I, II u. s. w.)

Art. des Ges.	Art. des R.Entwurfes	Motive	A.A.Prot.	Oeff. Verh. der Abg.K.	R.R.A.Prot.	Oeff. Verh. der R.R.K.
			B. I 158—161, 162—185, 607, III 279—311	1103, B III 25—92, 314, 345	746 ff., III 244—255	B. III 277^4—277^{27}, 361
8	$Z^a\ 4^c$	—	do.	do.	do.	do.
9	$Z^f 4b^8$	—	868 ff., 881 ff., B. III 279—311	1005, 1030 B. III 315, 345	—	456 ff. B. III 362
10	$Z^f\ 4^d$	—	Wie zu Art. 7	Wie zu	Art.	7
11	A 5	18, B. I 42	48—53, 383, 389, 390, 538 ff., B. I 218—229, 592, 611 ff., 934 ff.	668 B. III 92	B. I 758 ff., 901, 925	Wie zu Art. 2
12	A 6	18, B. I 42, 43	55—58, 390—395, B. I 230—237, 614—623	do.	B. I 760	do.
13	A 7	18, 19, B. I 43, 44	58—70, 425, 540, B. I 237—261, 674, 938 ff.	do.	B. I 760—764, 902 ff., 925	do.
14	A 8	19, B. I 44, 45	70, 395, B. I 261, 623	do.	B. I 764, 765	do.
15	A 9	19, B. I 45, 48	70 ff., 395, B. I 262 ff., 623	668 ff., B. III 92 ff.	B. I 768 ff.	do.
16	A 10	19 ff., B. I 45 ff., 48	72, 73, 395, 541 ff., B I 265, ff., 623, 941, 942	671 B. III 98	B. I 770—776, 904, 925	do.
17	A 11	21, B. I 49	75—77, 395, B. I 268—273, 623	do.	B. I 776	do.
18	A 12	22, B. I 49, 50	77—79, 395, B. I 273—276, 623	do.	B. I 776, 777	do.
19	A 13	22, 23 B. I 50, 51	79—83, 383, 395, 542, B. I 276—285, 592, 623, 942	671 ff., B. III 98 ff.	B. I 777—783	do.
20	A 14	23 B. I 52	83—87, 395, 542, B. I 285—293, 623, 942	673, 674, B. III 103 ff.	B. I 783—788, 904, 926	do.
21	A 15	23, 24 B. I 52, 53	87—92, 383, 396, 397, B. I 293—303, 592, 625, 626	677 ff., B. III 110 ff.	B. I 789 ff., 905 ff.	Wie zu Art. 2
22	A 16	24, 25, B. I 54—57	93—96, 383, B. I 303—310, 592	679, B. III 113	B. I 791	do.
23	A 17	26, 27, B. I 57 ff.	96, 97, 544, B. I 310, 311, 946	do.	B. I 792, 908, 926	do.
24	A 18	do.	97—103, 383, 397 ff., 425, 544 ff. B. I 311—323, 592, 626 ff., 674, 946 ff.	679—681 B. III 113—117	B. I 792—800, 908, 926, III 258	do.
25	A 19	do.	103—108, 384, 545—547, B. I 323—333, 592, 949—953	681—684 B. III 117—122	B. I 801—812, 909, 926, III 258 ff.	do.
26	A 20	27 B. I 59	108, 109, 384, 548, B. I 333—335, 593, 953, 954	684 B. III 122	B. I 812, 909, 926	do.
27	A 21	27, 28, B. I 60, 61	109, 110, B. I 335, 336	684 B. III 122	B. I 812, 813, 909, 926	do.
28	A 22	28, B. I 61	110, 111 B. I 336—338	do.	B. I 813—816	do.
29	T 22 a	29, B. I 64	111—113, 398 B. I 339 ff., 629 ff.	684—690 B. III 122—133	B. III 262—265	do.
30	A 23	29, B. I 63, 64	114, B. I 338 ff.	684 B. III 122	B. I 816	do.
31	A 24	29, B. I 65	114, B. I 344	do.	B. I 816, 817,	do.
32	A 25	30, B. I 65, 66	115—117, B. I 345—348	705 B. III 133	B. I 817 ff., III 265	do.
33	A 26	30, B. I 65, 66	117, 118, B. I 349—351	do.	B. I 817 ff.	do

Art. des Ges.	Art. des R.Entwurfes	Motive	K.A.Prot.	Oeff. Verh. der Abg.K.	R.K.A.Prot.	Oeff. Verh. der R.R.K.
34	A 27	30, B. I 65—67	118 B. I 351	do.	do.	do.
35	A 28	31, B. I 65—67	118, 119, 384, B. I 351—353, 593	do.	do.	do.
36	A 29	30, 31, B. I 65, 67	119, 384, B. I 353, 593	do.	do.	do.
37	A 30	30, 31, B. I 65, 67	120—122, B. I 354—358	do.	do.	do.
38	A 31	30, 31, B. I 65—68	122, 123, B. I 358—361	do.	do.	do.
39	A 32	31, B. I 68	123—128, 384, 548, 549, B. I 361—369, 593, 954 ff.	705, 706, B. III 133—135	B. I 817 ff., 910, 927	do.
40	A 33	31, B. I 68	128, B. I 369	706 B. III 135	B. I 817 ff.	do.
41	A 34	31, B. I 68, 69	128, B. I 369	do.	do.	do.
42	A 35	32, B. I 69	128, 129, B. I 369, 370	do.	do.	do.
43	A 36	32, B. I 69, 70	129, 130, B. I 370—372	do.	do.	do.
44	A 37	do.	129, 130, B. I 370—372	do.	B. I 817 ff. III 266	do.
45	A 38	do.	do.	do.	B. I 817 ff.	do.
46	A 39	32, B. I 70, 71	130, B. I 372	do.	do.	do.
47	A 40	33, B. I 71	130, B. I 372, 373	do.	do.	do.
48	A 41	do.	130, 131, 384, 401, B. I 373—375, 593, 634	707, B. III 135	B. I 817 ff.	Wie zu Art. 2
49	A 42	33, 34, 35, B. I 71 ff.	133—135, B. I 376—379	do.	B. I 819, 820	do.
50	A 43	do.	135, 136, 384, B. I 379—382, 593	do.	do.	do.
51	A 44	do.	136, 137, 885, B. I 382, 383, III 311	do.	do.	do. u. B. III 278
52	A 45	do.	137, B. I 383	do.	do.	Wie zu Art. 2
53	A 46	do.	137, B. I 384	do.	do.	do.
54	A 47	do.	137, 138, 384, B. I 384, 385, 593	do.	do.	do.
55	A 48	do.	138, B. I 385, 386	do.	do.	do.
56	A 49	35, B. I 76	138, 139, B. I 386	do.	do.	do.
57	A 50	35, B. I 76	139, B. I 387	do.	do.	do.
58	A 51	35, 36, B. I 76, 77	139—141, B. I 387—391	do.	B. I 820	do.
59	A 52	36, B. I 77	140, 141—147, B. I 388, 391—402	do.	do.	do.
60	A 53	36—38 B. I 78—81	149—160, 403—408, 549—551, B. I 403—425, 635—644, 957—960	706—709, B. III 135—140	B. I 821—826, 910—923, 927, III 268	do.
61	O 53a	—	549—551, 553—561, B. I 957—960, 961—976	708, 709, B. III 138—140	B. I 921—923, 927	do.

Art. des Ges.	Art. des R. Entwurfes	Motive	K.A.Prot.	Oeff. Verh. der Abg.K.	R.R.A.Prot.	Oeff. Verh. der R.R.K.
62	A 54	38, 39, B. I 81, 84	164, 165, B. I 432, 433	709, B. III 140	B. I 826– 828	do.
63	A 55	38, 39, B. I 81, 84	165, B. I 434	do.	B. I 828, 829	do.
64	A 56	do.	165, 166, B. I 434	do.	B. I 829	do.
65	A 57	do.	166, B. I 434, 435	do.	do.	do.
66	A 58	do.	167, 168, B. I 435—437	do.	do.	do.
67	A 59	40, 41, B. I 87	168—171, 385, B. I 437 —443, 594	do.	B. I 829—834	do.
68	A 60	41, 42, B. I 89—91	171, 172, B. I 443—445	do.	B. I 834—837 923, 927	do.
69	A 61	41, 42, B. I 89—92	172, 173, B. I 445—447	do.	B. I 837	do.
70	A 62	do.	173, B. I 447	do.	do.	do.
71	A 63	42, 43, B. I 91, 92	173, 174, B. I 447—449	do.	B. I 837—842	do.
72	A 64	do.	174—176, 408, B. I 449 —453, 644	do.	do.	do.
73	A 65	do.	176, B. I 453, 454	do.	do.	do.
74	A 66	43, B. I 91, 92	176—178, 385, 408, 409, B. I 454—458, 594, 645—647	do.	do.	do.
75	A 67	43, B. I 91, 92	178, 179, 409, B. I 458 —460, 648	710, B. III 140—142	B. I 842, 843 III 269	Wie zu Art. 2
76	A 68	43, 44, B. I 92—94	180—183, 385, B. I 460 —468, 594	710 B. III 142	B. I 843	do.
77	A 69	44, 45, B. I 94, 95	183, 184, B. I 468, 469	do.	B. I 843, 923, 928	do.
78	A 70	do.	184, B. I 469	do.	B. I 844, 845	do.
79	A 71	do.	184, 185, 385, B I 469 —471, 595	do.	do.	do.
80	A 72	45, B. I 96	185, B. I 471	do.	B. I 845, 846	do.
81	A 73	45, B. I 96, 97	187—191, 410 ff., 415—417 B. I 471—480, 648 ff., 659—662	710, 711, B. III 142	B. I 846,	do.
82	A 74	45, B. I 97	191, 192, B. I 480, 481	711, B. III 142	B. I 847	do.
83	A 75	46, B. I 98, 99	192, 193, B. I 481—483	do.	B. I 847, 848	do.
84	A 76, D 76	46, 157, 158, B. I 98, 99, 600	193—195, 417—419, 425, B. I 483—488, 662—666, 674	do.	B. I 847, 848, 928	do.
85	A 77, D 76	46, 47, 158, B. I 99, 100, 600	195—197, 419, 420, B. I 488—493, 667	do.	B. I 848, 849	do.
86	D 77 a	158, B. I 601	420, B. I 667	do.	do.	do.
87	A 78	47, B. I 100 101	197—202, B. I 493—502	do.	B. I 849—851	do.
88	A 79	47, 48, B. I 101, 102	202, B. I 502	do.	do.	do.

Art. des Ges.	Art. des R.Entwurfes	Motive	A.A.Prot.	Oeff. Verh. der Abg.K.	R.R.A.Prot.	Oeff. Verh. der R.R.K.
89	A 80	48, B. I 102, 103	202, B. I 502, 503	do.	B. I 851	do.
90	D 80 a	158, B. I 601	420, B. I 667, 668	do.	B. I 851	do.
91	A 81	49, B. I 103 —105	202, 203, B. I 503, 504	do.	B. I 852	do.
92	A 82	49, 50, B. I 105—107	205—207, B. I 504—508	do.	B. I 852—854	do.
93	A 83	50—52, B. I 107—110	207—219, B. I 508—531	713—732, B. III 142—172	B. I 854—858	do.
94	A 84	do.	207—219, 420, B. I 508 —531, 668, 669	do.	do.	do.
95	A 85	do.	219, B. I 532	do.	do.	do.
96	A 86	do.	219, 385, B. I 532, 595	do.	do.	do.
97	A 87	do.	219—222, B. I 532—537	do.	do.	do.
98	A 88	do.	222, 420, 421, 425, B. I 537—539, 669, 675	do.	do.	do.
99	A 89	do.	223, 385, B. I 539, 595	do.	do.	do.
100	A 90	52, 53, B. I 110—113	225, 226, B. I 540, 541	732, B. III 172	B. I 858, 859	do.
101	A 92 (E 90 a)	54, 55, B. I 114 ff.	226—229, 385, B. I 542—549, 595	do.	B. I 859—866	do.
102	A 93 (E 90 b)	54, 55, B. I 114 ff.	226—229, 385, B. I 542—549, 595	732, B. III 172	B. I 859—866	Wie zu Art. 2
103	A 91	53, 54, B. I 113, 114	229, 230, B. I 549—551	do.	B. I 867	do.
104	A 94 D 94	55, 158, 159, B. I 117, 601, 602	230, 231, 410—415, B. I 551—553, 649—659	732, B. III 173	B. I 867, 868, 924, 928	do.
105	D 94 a	159, B. I 602, 603	420, B. I 669	do.	B. I 868	do.
106	A 95	56, B. I 117 —119	231, 232, B. I 553—555	do.	do.	do.
107	A 96	56, 57, B. I 119	232—234, B. I 555—558	732, B. III 173	B. I 869	do.
108	O 96 a	—	566, B. I 986, 987	732, 733, B. III 173	B. I 924, 928	do.
109	A 97	57, B. I 119 —121	234, 385, B. I 558, 559, 595	733, B. III 173	B. I 869	do.
110	A 98	57, 58, B. I 121, 122	234, 235, B. I 560	do.	do.	do.
111	A 99	58, 59, B. I 122—124	235, B. I 560, 561	do.	do.	do.
112	A 100	do.	235, B. I 561	do.	do.	do.
113	A 101	do.	235, B. I 561	do.	do.	do.
114	A 102	do.	235, 236, B. I 561—563	do.	do.	do.
115	A 103	do.	237, 385, B. I 563—565, 595	do.	do.	do.
116	A 104	do.	237, 238, B. I 565, 566	do.	do.	do.

Art. des Ges.	Art. des R.Entwurfes	Motive	A.A.Prot.	Oeff. Verh. der Abg.K.	R.R.A.Prot.	Oeff. Verh. der R.R.K.
117	A 105	do.	238, 239, B. I 566—568	do.	do.	do.
118	A 106	do.	239, B. I 568	do.	do.	do.
119	A 107	do.	239, 240, 246, 385, B. I 568, 569, 581, 582, 595, 596	do.	do.	do.
120	A 108	do.	240, B. I 570	do.	do.	do.
121	A 109	59, B. I 124	241, B. I 570	do.	do.	do.
122	A 110	59, 60, B. I 124—126	240, 241, B. I 570, 571	do.	do.	do.
123	A 111	60, B. I 126	241, 242, B. I 571—573	do.	do.	do.
124	A 112	60, 61, B. I 126—129	242—245, 421, 426, B. I 573—579, 670, 675	do.	do.	do.
125	A 113	61, B. I 128, 129	245, B. I 579, 580	do.	do.	do.
126	D 113a	159, B. I 603, 604	421, 426, B. I 669, 670, 675	do.	do.	do.
127	D 113b	159, B. I 603, 604	421, B. I 670, 671	do.	do.	do.
128	A 128	61, 62, 159, B. I 129, 130, 604	245, 246, 385, 386, 422, B. I 580—582, 596, 671	do.	do.	do.
129	A 115	62, 63, B. I 130—132	246—248, 422, B. I 582—585, 671, 672	do.	B. I 870, 871	do.
130	D 115a	159—161 B. I 604—606	422, B. I 671, 672	do.	B. I 871	do.
131	D 115b	do.	422, B. I 672	do.	do.	do.
132	D 115c	do.	do.	do.	do.	do.
133	D 215d	do.	do.	do.	do.	do.
134	A 122	64, B. I 134, 135	248—250, 386, B. I 585—589, 596	733, B. III 174	do.	do.
135	B 1 (O 122[1])	88, B. II 41 42	253—257, B. II 131—139	736, 737, B. III 174—176	B. II 436—441	372, B. III 372
136	B 2 (O 122[2])	88, 89, B. II 42—44	257—260, 567, B. II 139—145, 548, 549	737, B. III 176	B. II 441—447, 538	do.
137	B 3 (O 122[3])	89, B. II 44	260, 261, B. II 146	do.	B. II 447	do.
138	B 4 (O 122[4])	89—91, B. II 44—47	261—264, 429, 567, B. II 146—151, 370, 371, 548, 549	do.	B. II 447—449	do.
139	B 5 (O 122[5])	91, 92, B. II 47—49	264—267, 567, B. II 151—158, 549	737—739, B. III 176—179	B. II 450—455	do.
140	B 6 (O 122[6])	92, B. II 49	267, B. II 158	739, B. III 179	B. II 455	do.
141	B 7 (O 122[7])	92, B. II 49, 50	267—270, B. II 158—162	739 B. III 179, 180	do.	do.
142	B 8 (O 122[8])	92, 93, B. II 50	270, B. II 163	739, B. III 180, 181	B. II 456	do.
143	B 9 (O 122[9])	93, 94, B. II 51—53	270—272, B. II 163—167	do.	B. II 456—459	do.

Art. des Ges.	Art. des R.Entwurfes	Motive	A.A.Prot.	Oeff. Verh. der Abg.K.	R.R.A.Prot.	Oeff. Verh. der R.R.K.
144	B 10 (O 122[10])	94, 95, B. II 53—55	273—283, 567, B. II 167—186, 549, 550	do.	B. II 459—462	do.
145	B 12 (O 122[11])	95, B. II 55	283, B. II 185, 186	739, B. III 181	B. II 464	do.
146	B 13 (O 122[12])	95, 90, B. II 55, 45, 46	283, 261—263, B. II 186, 146—151	do.	do.	do.
147	B 14 (O 122[13])	95, 96, B. II 55—57	283—288, B. II 186—196	do.	do.	do.
148	B 15 (O 122[14])	96, B. II 57	288, B. II 196	do.	B. II 464, 465	do.
149	B 16 (O 122[15])	96, B. II 58	289, B. II 196, 197	do.	B. II 465	do.
150	B 17 (O 122[16])	do.	289, B. II 197	do.	do.	do.
151	B 18 (O 122[17])	do.	289, B. II 197, 198	do.	do.	do.
152	B 19 (O 122[18])	96, 97, B. II 58—60	289—292, B. II 198—203	do.	do.	do.
153	B 20 (O 122[19])	98, B. II 60, 61	292, 292, B. II 203, 204	do.	B. II 465, 466	do.
154	B 21 (O 122[20])	98—101, B. II 61—66	295—304, 430, 431, 567, B. II 205—222, 371—373, 550 ff.	740, B. III 181, 182	B. II 466—470, 534, 535, 539, 540	do.
155	B 22 (O 122[21])	101, B. II 67	304, 305, B. II 222—225	740, B. III 182	B. II 470, 471	do.
156	B 23 (O 122[22])	101, 102, B. II 67, 68	305—507, B. II 225—227	740, B. III 182	B. II 471—473	372, B. III 372
157	B 24 (O 122[23])	102—105, B. II 69—76	307, 308, 379, 380, B. II 227, 228, 360	740—743, B. III 182—188	B. II 473, 474	do.
158	B 25 (O 122[24])	106, B. II 76—78	308—313, 380, 427, 431, B. II 229—239, 360, 366, 373	743, 744, B. III 188, 189	B. II 474—479	do.
159	B 26 (O 122[25])	do.	308—313, B. II 229—239	744, B. III 189, 190	B. II 479	do.
160	B 27 (O 122[26])	106, 107, B. II 78—80	315—318, 431, B. II 239—245, 373, 374	744, B. III 189, 190	B. II 479, 480	do.
161	B 28 (O 122[27])	107, 108, B. II 80, 81	318, 319, B. II 246, 247	745, B. III 190	B. II 480, 481	do.
162	B 29 (O 122[28])	108, B. II 81, 82	319—322, B. II 247—255	745—747, B. III 190—196	B. II 481	do.
163	B 30 (O 122[29])	108, 109, B. II 82	322, 323, B. II 255	748, B. III 196	do.	do.
164	B 31 (O 122[30])	109—112, B. II 82—89	323—329, B. II 255—268	748, B. III 196, 197	B. II 482, 483	do.
165	B 32 (O 122[31])	112, B. II 89, 90	330, 431, 432, B. II 268, 269, 374, 375	748—756, 758—768, B. III 198—233	B. II 483, 484, 535—537, 540	do.
166	B 33 (O 122[32])	112—117, B. II 90—99	330—335, 432, 575, B. II 269—270, 376, 563	768, 769, B. III 233, 234	B. II 484—492, 540	do.
167	B 34 (O 122[33])	117—123, B. II 99—109	337—360, 431, 432, 575, 576, B. II 278—324, 376, 377, 563—565	769, 770, B. III 234—237	B. II 492—511, 537, 541	do.
168	B 35 (O 122[34])	123, B. II 109, 110	360, B. II 324	771, B. III 237, 238	B. II 511	do.
169	B 36 (O 122[35])	123—125, B. II 110—114	360—365, 433, 576, B. II 324—334, 377, 378, 565	771, B. III 237, 238	B. II 511—516, 541	do.

Art. des Ges.	Art. des R.Entwurfes	Motive	A.A.Prot.	Oeff. Verh. der Abg.K.	R.R.A.Prot.	Oeff. Verh. der R.R.K.
170	B37 (O 122[36])	125—127, B. II 114—119	365—368, B. II 334—339	771, 772, B. III 238, 239	B. II 516—518	do. do.
171	B38 (O 122[37])	127—131, B. II 119—125	369—378, 576, B. II 340—356, 565, 566	772, B. III 239, 240	B. II 518—524, 541	do.
172	B39 (O 122[38])	131, B. II 125	378, B. II 356	772, B. III 240	B. II 524	
173	B40 (O 122[39])	131, B. II 125	378, B. II 356, 357	772, B. III 240	B. II 524	do.
174	B41 (O 122[40])	131, B. II 125, 126	378, B. II 357	do.	do.	do.
175	B42 (O 122[41])	131—133, B. II 126—130	do.	do.	B. II 524, 525	do.
176	A 125 B43 (O 122[42])	—	251, B. I 590	773, B. III 241	B. I 872	do.
177	A 123 B 44	64, 65, B. I 135, 136,	250, 386, B. I 589, 596	772, B. I 240	B. I 871	do.
178	A 86[9]) E125 a	51, B. I 107	219, 386, B. I 532, 596	773, B. III 241	do.	do.
179	B45 (O 125 b	—	379, B. II 357	do.	B. II 526	do.

Alphabetisches Sachregister.

Die einzelnen Ziffern geben die Seitenzahl an.

J. Schweitzer Verlag (Arthur Sellier) München

Staudinger, K. Geh. Rath **Dr. J. v.,** Senatspräsident a. D. **Kommentar zum Bürgerlichen Gesetzbuche für das Deutsche Reich nebst Einführungsgesetz.** In Gemeinschaft mit Prof. Dr. **Th. Löwenfeld,** k. Landger.-R. **K. Kober,** Rechtsanwalt Dr. **F. Herzfelder,** k. Oberlandesgerichts-Rath **Ph. Mayring,** k. Landger.-R. Dr. **Th. Engelmann,** k. Oberlandesgerichts-Rath **J. Wagner** herausgegeben.

Die bis Mai 1901 erschienenen **16** Lieferungen enthalten:
Bd. I. Allgemeiner Theil (§§ 1—64) erl. von **Th. Löwenfeld.**
Bd. II. Recht der Schuldverhältnisse (vollständig) erl. v. **Ph. Mayring, J. v. Staudinger, K. Kober** und **Th. Engelmann.**
Bd. III. Sachenrecht (vollständig) erl. v. **K. Kober.**
Bd. IV. Familienrecht (vollständig) erl. v. **Th. Engelmann** u. **J. v. Staudinger.**
Bd. V. Erbrecht (§§ 1922—2101) erl. v. **F. Herzfelder.**
Bd. VI. Einführungsgesetz (vollständig) erl. v. **J. Wagner.**

Der Preis dieser 16 Lieferungen beträgt Mk. 50.20; zu den vollständigen Bänden II, III u. IV. können Einbanddecken in Halbfranz zum Preise von à Mk. 1.50 bezogen werden. Bd. VI wird s. Z. mit dem Gesammtregister zusammengebunden.

Einzelne Bände oder Theile werden nicht abgegeben.

Vom k. b. Staatsministerium der Justiz wird der Kommentar für alle Gerichte und Staatsanwaltschaften bezogen.

Jaeger, Dr. E., Professor in Würzburg. **Das Bürgerliche Gesetzbuch mit Nebengesetzen** und einem Gesammtregister für den praktischen Gebrauch. **Ausgabe für das Königreich Bayern.** gr. 8°. (1400 Seiten). Eleg. in sol. Halbfranzband gebd. **Mk. 10.50.** In diesem Werke sind ca. 45 Reichsgesetze und 14 Landesausführungsgesetze enthalten. — Empfohlen im Justizministerialblatt Nr. XXV vom 31. Juli 1900.

Dispeker, Dr. S., Rechtsanwalt. Alphabetisch geordneter **Führer durch das Bürgerliche Gesetzbuch** und dessen Nebengesetze mit besonderer Berücksichtigung der für Bayern geltenden Bestimmungen und unter vergleichender Bezugnahme auf die römisch-rechtl. Benennungen. gr. 8°. (VIII, 372 S.) 1900. In Halbfr. geb. **Mk. 9.—.**

Meikel, Dr. G., k. Amtsrichter. **Bayer. Ausführungsgesetze** zum Bürgerl. Gesetzbuche, zur Civilprozeßordnung und zum Gerichtsverfassungsgesetz mit Wiedergabe der citirten Paragraphen, Anmerkungen 2c. 8°. 40 Bogen ungebd. **Mk. 6.—;** in Ganzleinen gebd. **Mk. 7.—.**

Die vorliegende Ausgabe enthält:
I. Gesetz. **Uebergangsvorschriften zum Bürgerl. Gesetzbuche** betr. v. 9. Juni 1899; **II.** das **Ausführungsgesetz zum Bürgerl. Gesetzbuche** v. 9. Juni 1899; **III.** das **Ausführungsgesetz zur Grundbuchordnung** u. **zum Gesetz über die Zwangsversteigerung u. d. Zwangsverwaltung** v. 9. Juni 1899; **IVa.** den **1. Abschnitt** des Gesetzes **zur Ausführung** der **Reichs-Civilprozeßordnung und zur Konkursordnung** in der Fassung der Bekanntmachung v. 26. Juni 1899; **IVb.** das **Ausführungsgesetz zur Reichs-Civilprozeßordnung und zur Konkursordnung** v. 23. Febr. 1879, soweit dasselbe, wenn auch nur für die Uebergangszeit, noch Geltung hat, und zwar gleichzeitig unter Gegenüberstellung des bisherigen Textes u. der durch Art. 166 A.G. z. B.G.B. getroffenen Aenderungen; **V.** das **Ausführungsgesetz zum Reichs-Gerichtsverfassungsgesetz** vom 23. Febr. 1879 in der Fassung nach Art. 167 A.G. z. B.G.B.; **VI.** in einem Anhange die wichtigsten zur Ausführung des Bürgerl. Gesetzbuchs ergangenen Allerhöchsten **Verordnungen und Ministerialbekanntmachungen,** die, wie z. B. die „Zuständigkeitsverordnung v. 24. Dez. 1899", von allgemeiner Bedeutung sind.

Kaisenberg, H., k. Notar. **Kommentar zum bayer. Notariatsgesetz** vom 9. Juni 1899. gr. 8. 1. und 2. Lieferung (10 Bogen) **Mk. 3.—.**

Lieferung 3 erscheint im Mai 1901. Der Gesammtumfang wird etwa 25 Druckbogen, der Preis ca. Mk. 8.— betragen.

Kaisenberg, H., Die Notariatsgebührenordnung für das Königreich Bayern, mit den einschlägigen Bestimmungen des Gebührengesetzes in der Fassung vom 11. Nov. 1899, und einer **Tabellarischen Berechnung** der bei Notariatsgeschäften anfallenden Staats- Gemeinde- und Notariatsgebühren. gr. 8°. (XII, 239 S.) 1900. Brosch. **Mk. 10.—;** geb. **Mk. 12.—.**

FSC
www.fsc.org
MIX
Papier | Fördert
gute Waldnutzung
FSC® C083411

Kolibri 360 GmbH
Ferdinand-Jühlke-Straße 7
99095 Erfurt, Deutschland
produktsicherheit@kolibri360.de